Elogios ao *Scrum Essencial*

"Coaches de métodos ágeis, vocês vão ficar felizes com esse livro. Kenny Rubim criou uma fonte indispensável para nós. Você tem um gerente que ainda não 'sacou'? Dê esse livro a ele e mande-o ir no Capítulo 3 para uma explicação completa de como o Scrum é menos arriscado do que o gerenciamento orientado a planos. Foi escrito para eles — na linguagem dos gerentes. Quer ajudar a equipe a chegar em entendimento comum do Scrum? A linguagem visual de ícones usada ao longo desse livro vai lhe ajudar a ajudá--los. Essas são duas maneiras como esse livro pode lhe auxiliar a fazer o coach das suas equipes Scrum. Use-o bem."

—Lyssa Adkins, Coach of Agile Coaches, Agile Coaching Institute; autora de *Coaching Agile Teams*

"Uma das melhores e mais abrangentes descrições do framework central do Scrum que há por aí! O *Scrum Essencial* é para todos — novos ou experientes com o Scrum — que estejam interessados nos aspectos mais importantes do processo. Kenny faz um trabalho excelente de destilar os princípios-chave do framework Scrum em um formato simples com recursos visuais convincentes. Como um coach Scrum para muitas equipes, eu continuamente consulto o material em busca de novas maneiras de ajudar as equipes que estão aprendendo e praticando o framework. Faz mais de dez anos que vejo o Scrum mal interpretado e pobremente implementado por grandes companhias e fornecedores de ferramentas. Ler esse livro vai lhe ajudar a voltar ao básico e focar no que é importante."

—Joe Balistrieri, Process Development Manager, Rockwell Automation

"A liderança da TI Corporativa, que tem sido lenta na adoção dos métodos ágeis, se beneficiaria imensamente ao dar uma cópia desse livro a todos seus gerentes de projeto e de entrega. Kenny Rubin expôs nesse livro todos os casos de negócio pragmáticos e os materiais de processo necessários para que qualquer TI corporativa adquira para implementar o Scrum com sucesso."

—John F. Bauer III, veterano de entrega de soluções técnicas em grandes companhias de TI

"A experiência extensa do Kenny como consultor, treinador e antigo diretor gerente da Scrum Alliance é evidente nesse livro. Juntamente com fornecer o básico e a introdução ao Scrum, esse livro trata das questões das massas — o que acontece com os gerentes de projeto? O Scrum Essencial nos ajuda a entender o quadro geral e guia como os líderes das organizações podem apoiar e ficar envolvidos com suas equipes Scrum para transformações bem-sucedidas para os métodos ágeis."

—Sameer S. Bendre, CSM, PMP, Senior Consultant, 3i Infotech Inc.

"Se você for novo no desenvolvimento ágil ou no Scrum, esse livro vai lhe dar um pontapé inicial. Os exemplos e as descrições são claras e vívidas e você frequentemente vai se ver fazendo uma pergunta logo antes de o livro tratar desse exato tópico."

—Johannes Brodwall, Principal Solution Architect, Steria Norway

"As explicações bem estruturadas do Kenny têm uma clareza que ecoam as sensibilidades do Smalltalk — o ambiente de desenvolvimento com o qual ele trabalhou por anos e do qual tanto o Scrum quanto a Extreme Programming nasceram. Esse livro junta um minucioso conjunto de princípios de gerenciamento que realmente atingem o ponto e, sem dúvida, vão lhe guiar na direção de uma abordagem ágil mais efetiva."

—Rowan Bunning, Fundador, Scrum WithStyle

"Há muitos livros sobre o Scrum atualmente, mas esse livro dá um novo ângulo: um banho de realidade para os praticantes de software. O Kenny usa exemplos do mundo real e ilustrações claras para mostrar o que forma uma fundação sólida para um desenvolvimento ágil bem-sucedido. Os leitores vão entender o valor de construir com qualidade, e a realidade de que não vamos entender tudo antecipadamente; devemos trabalhar incrementalmente e aprender à medida que prosseguimos. Ele pode ter 'Scrum' no título, mas o livro tira proveito de práticas efetivas de um universo ágil maior para ajudar os gerentes e suas equipes a serem bem-sucedidos."

—Lisa Crispin, coautora, *Agile Testing*

"Kenny Rubin conseguiu escrever o livro que eu quero que todos os associados com o desenvolvimento em Scrum leiam! Ele cobre tudo que você vai precisar saber sobre o Scrum e mais!"

—Martine Devos, European Scrum Pioneer e Certified Scrum Trainer

"Revisei uma quantidade de livros sobre métodos ágeis nos últimos anos, então a questão 'Nós realmente precisamos de mais um?' sempre vem à minha mente. No caso do livro do Kenny, eu bem acredito que a resposta seja 'sim'. Conseguir o benefício de perspectivas diferentes e experientes sobre materiais comumente encontrados e necessários é valioso. Kenny tem umas dessas perspectivas valiosas. Um aspecto singular desse livro é uma 'iconografia' interessante — uma nova linguagem visual de ícones para o Scrum e os métodos ágeis que o Kenny criou. Acredito que você vai encontrar material de valor agregado nesse livro para expandir suas ideias de como o Scrum pode ser aplicado."

—Scott Duncan, coach e treinador de Métodos Ágeis/Scrum

"Qualquer um que tenha tido treinamento Scrum ou tenha sido parte de uma equipe Scrum vai considerar o *Scrum Essencial* como uma ótima leitura complementar. Ele mergulha em detalhes de como se tornar mais ágil através da implementação de processos Scrum, e explica exatamente como partir projetos complexos em iniciativas gerenciáveis (ou 'sprints'). Kenny Rubin fornece uma riqueza de estudos de caso relevantes sobre o que funcionou — ou o que não funcionou — em uma variedade de organizações. O layout simples e os gráficos práticos tornam fácil olhar rapidamente e encontrar tópicos específicos. Qualquer organização que esteja buscando evoluir de uma abordagem waterfall tradicional em direção a uma metodologia mais ágil vai considerar o *Scrum Essencial* um guia definitivo para a jornada."

—Julia Frazier, gerente de produto

"Desenvolver software é difícil. Adotar uma nova maneira de trabalhar enquanto se está trabalhando em um projeto é ainda mais difícil. Esse livro oferece um atalho para muitos dos percalços e vai acelerar a habilidade da equipe em produzir valor de negócio e se tornar bem-sucedida com o Scrum. Gostaria de ter tido esse tipo de livro quando comecei a usar o Scrum."

—Geir Hedemark, Development Manager, Basefarm AS

"Estou convencido que o *Scrum Essencial* vai se tornar uma referência fundamental para a próxima geração de praticantes do Scrum. Não apenas ele é a mais abrangente introdução ao Scrum disponível atualmente, mas ele também é extremamente bem escrito e fácil de entender com sua nova e fantástica linguagem visual do Scrum. Se isso não for o suficiente, Kenny compartilha uma quantidade de seus valiosos insights pessoais e experiências das quais todos certamente podemos aprender algo."

—Ilan Goldstein, Agile Solutions Manager, Reed Elsevier

"O Scrum é elegantemente simples, e ainda assim enganadoramente complexo. No *Scrum Essencial*, Kenny Rubin nos fornece um guia passo a passo para essas complexidades enquanto mantém a simplicidade essencial. Experiências do mundo real, juntamente com ilustrações iluminadoras fazem o Scrum ganhar vida. Para ambos gerentes sênior e membros de equipe, esse livro é uma leitura obrigatória para implementar o Scrum na sua organização. Esse certamente vai ser um livro que vou recomendar para meus alunos."

—John Hebley, Hebley & Associates

"Kenny traz uma riqueza de sabedoria e conhecimento no *Scrum Essencial*, fornecendo insights valiosos e abrangentes para a aplicação prática do Scrum/métodos ágeis. Quer você seja novo nos métodos ágeis ou esteja buscando alcançar uma maior maturidade da melhoria contínua na sua organização, esse é definitivamente o livro para sua caixa de ferramentas."

—David Luzquiños, Head of Agile Enablement, Agile Coach, Betfair

"Kenny Rubin continua a fornecer clareza e insight sobre a adoção dos métodos ágeis de uma maneira pragmática. Em uma mão ele tem a definição formal ou ideal do Scrum, e na outra, a aplicação pragmática dele. Ele traz a sabedoria dos seus workshops e anos de experiência para a mesa, para que você leia no seu último livro. Se você estiver para começar sua jornada na adoção dos métodos ágeis ou buscando orientação no meio do caminho, compre esse livro."

—Cuan Mulligan, coach freelance coativo de Métodos Ágeis

"Uma década depois da publicação dos primeiros livros sobre Scrum, é hora de combinar os aspectos essenciais do framework Scrum com as experiências práticas e abordagens dos últimos dez anos. O Kenny Rubin faz isso de uma maneira satisfatória e não dogmática. O leitor consegue um olhar pragmático sobre o Scrum e aprende quanto e como aplicar o Scrum da melhor maneira para alcançar benefícios de negócio."

—Yves Stalgies, Ph.D., Director IT, www.etracker.com

"A adoção do Scrum é mais bem-sucedida quando todos os envolvidos — mesmo perifericamente — com o desenvolvimento do produto têm um bom entendimento dos fundamentos. O *Scrum Essencial* fornece uma visão geral ideal tanto do quadro geral quanto dos detalhes, de uma maneira acessível. Com certeza ele vai se tornar uma referência padrão."

—Kevin Tureski, Principal, Kevin Tureski Consulting

Scrum Essencial

Um Guia Prático para o Mais Popular Processo Ágil

Scrum Essencial

Um Guia Prático para o Mais Popular Processo Ágil

Kenneth S. Rubin

ALTA BOOKS
EDITORA

Rio de Janeiro, 2017

Scrum Essencial — Um Guia Prático para o Mais Popular Processo Ágil
Copyright © 2017 da Starlin Alta Editora e Consultoria Eireli. ISBN: 978-85-508-0185-8

Translated from original Essential Scrum — a practical guide to the most popular agile process. Copyright © 2013 by Kenneth S. Rubin. ISBN 978-0-13-704329-3. This translation is published and sold by permission of Pearson Education, Inc., the owner of all rights to publish and sell the same. PORTUGUESE language edition published by Starlin Alta Editora e Consultoria Eireli, Copyright © 2017 by Starlin Alta Editora e Consultoria Eireli.

Todos os direitos estão reservados e protegidos por Lei. Nenhuma parte deste livro, sem autorização prévia por escrito da editora, poderá ser reproduzida ou transmitida. A violação dos Direitos Autorais é crime estabelecido na Lei nº 9.610/98 e com punição de acordo com o artigo 184 do Código Penal.

A editora não se responsabiliza pelo conteúdo da obra, formulada exclusivamente pelo(s) autor(es).

Marcas Registradas: Todos os termos mencionados e reconhecidos como Marca Registrada e/ou Comercial são de responsabilidade de seus proprietários. A editora informa não estar associada a nenhum produto e/ou fornecedor apresentado no livro.

Impresso no Brasil — 2017 - Edição revisada conforme o Acordo Ortográfico da Língua Portuguesa de 2009.

Publique seu livro com a Alta Books. Para mais informações envie um e-mail para autoria@altabooks.com.br

Obra disponível para venda corporativa e/ou personalizada. Para mais informações, fale com projetos@altabooks.com.br

Produção Editorial Editora Alta Books **Produtor Editorial** Thiê Alves	Gerência Editorial Anderson Vieira **Supervisão de Qualidade Editorial** Sergio de Souza	Produtor Editorial (Design) Aurélio Corrêa **Editor de Aquisição** José Rugeri j.rugeri@altabooks.com.br	Marketing Editorial Silas Amaro marketing@altabooks.com.br **Vendas Corporativas** Sandro Souza sandro@altabooks.com.br	Vendas Atacado e Varejo Daniele Fonseca Viviane Paiva comercial@altabooks.com.br **Ouvidoria** ouvidoria@altabooks.com.br
Equipe Editorial	Bianca Teodoro Christian Danniel	Claudia Braga Ian Verçosa	Illysabelle Trajano Juliana de Oliveira	Renan Castro
Tradução Roberto Rezende	**Revisão Gramatical** Priscila Gurgel	**Diagramação** Luisa Maria Gomes	**Revisão Técnica** Marconi Vieira PMP, EXIN ASF, SFC, CUE, CUA, CACP Storage Specialist, MCP, MCT Instrutor e SCRUM Coach	

Erratas e arquivos de apoio: No site da editora relatamos, com a devida correção, qualquer erro encontrado em nossos livros, bem como disponibilizamos arquivos de apoio se aplicáveis à obra em questão.

Acesse o site www.altabooks.com.br e procure pelo título do livro desejado para ter acesso às erratas, aos arquivos de apoio e/ou a outros conteúdos aplicáveis à obra.

Suporte Técnico: A obra é comercializada na forma em que está, sem direito a suporte técnico ou orientação pessoal/exclusiva ao leitor.

Dados Internacionais de Catalogação na Publicação (CIP)
Vagner Rodolfo CRB-8/9410

R896s   Rubin, Kenneth S.
       Scrum essencial: um guia prático para o mais popular processo ágil / Kenneth S. Rubin ; traduzido por Roberto Rezende. - Rio de Janeiro : Alta Books, 2017.
         496 p. : il. ; 17cm x 24cm.

       Tradução de: Essential scrum: a practical guide to the most popular agile
       Inclui bibliografia e índice.
       ISBN: 978-85-508-0185-8

       1. Ciências da Computação. 2. Desenvolvimento de software. I. Rezende, Roberto. II. Título.

                                                              CDD 004
                                                              CDU 004

Rua Viúva Cláudio, 291 - Bairro Industrial do Jacaré
CEP: 20.970-031 - Rio de Janeiro (RJ)
Tels.: (21) 3278-8069 / 3278-8419
www.altabooks.com.br — altabooks@altabooks.com.br
www.facebook.com/altabooks — www.instagram.com/altabooks

Para minha esposa, Jenine, por todo seu apoio amoroso
Para os meus filhos, Jonah e Asher, por me inspirarem
Para o meu pai, Manny, por me ensinar o valor do trabalho duro
(que sua memória seja sempre uma benção)
Para minha mãe, Joyce, por me mostrar o que é coragem verdadeira
(que sua memória seja sempre uma benção)

CONTEÚDO

Lista de Figuras — xxv
Prefácio de Mike Cohn — xxxi
Prefácio de Ron Jeffries — xxxiii
Prefácio — xxxv
Agradecimentos — xxxix
Sobre o Autor — xliii

Capítulo 1 Introdução — 1
  O Que É Scrum? — 1
  Origens do Scrum — 3
  Por que Scrum? — 4
  Resultados da Genomica — 4
  Será que o Scrum Pode Lhe Ajudar? — 5
    Domínio Complexo — 8
    Domínio Complicado — 8
    Domínio Simples — 8
    Domínio Caótico — 9
    Desordem — 9
    Trabalho Orientado a Interrupção — 9
  Fechamento — 10

PARTE I Conceitos Centrais — 11

Capítulo 2 Framework Scrum — 13
  Visão Geral — 13
  Papéis no Scrum — 14
    Product Owner — 15
    ScrumMaster — 16
    Equipe de Desenvolvimento — 16
  Atividades e Artefatos Scrum — 16
    Product Backlog — 18

Sprints	20
Sprint Planning	21
Sprint Execution	23
Daily Scrum	23
Pronto	25
Sprint Review	26
Sprint Retrospective	27
Fechamento	28

Capítulo 3   Princípios Ágeis — 29

Visão Geral	29
Variabilidade e Incerteza	32
Abrace a Variabilidade Útil	32
Empregue o Desenvolvimento Iterativo e Incremental	33
Tire Proveito da Variabilidade através da Inspeção, Adaptação e Transparência	35
Reduza Simultaneamente Todas as Formas de Incerteza	36
Predição e Adaptação	37
Mantenha as Opções Abertas	37
Aceite que Você Não Vai Acertar de Primeira	38
Favoreça uma Abordagem Adaptativa, Exploratória	39
Abrace a Mudança de uma Maneira Economicamente Viável	40
Equilibre o Trabalho Preditivo de Antemão com o Trabalho Adaptativo Just-in-time	43
Aprendizado Validado	44
Valide Rápido as Premissas Importantes	45
Tire Proveito de Múltiplos Loops Concorrentes de Aprendizado	45
Organize o Workflow para um Feedback Rápido	46
Trabalho em Processo (Work in Process — WIP)	48
Use Tamanhos de Lote Economicamente Sensatos	48
Reconheça o Inventário e Gerencie-o para um Fluxo Bom	49
Foque no Trabalho Ocioso, Não nos Trabalhadores Ociosos	51
Considere o Custo do Atraso	52
Progresso	54
Adapte-se às Informações em Tempo Real e Replaneje	54
Meça o Progresso ao Validar Recursos Funcionais	54
Foque numa Entrega Centrada no Valor	55
Performance	56
Vá Rápido, mas Nunca se Apresse	56
Construa Qualidade	56
Empregue Formalidades Minimamente Suficientes	57
Fechamento	58

Capítulo 4 Sprints 61
　Visão Geral 61
　Timeboxed (Duração Fixa) 62
　　Estabelece um Limite para o WIP 62
　　Força a Priorização 62
　　Demonstra Progresso 62
　　Evita Perfeccionismo Desnecessário 63
　　Motiva o Fechamento 63
　　Melhora a Previsibilidade 64
　Curta Duração 64
　　Facilidade de Planejamento 64
　　Feedback Rápido 64
　　Retorno de Investimento Melhorado 65
　　Erros Limitados 65
　　Excitação Renovada 65
　　Checkpoints Frequentes 66
　Duração Consistente 67
　　Cadencie os Benefícios 67
　　Simplifica o Planejamento 68
　Sem Mudanças que Alterem o Objetivo 69
　　O Que É um Sprint Goal? 69
　　Comprometimento Mútuo 69
　　Mudança versus Clarificação 69
　　Consequências da Mudança 70
　　Sendo Pragmático 72
　　Cancelamento Anormal 72
　Definição de Pronto (Definition of Done) 74
　　O Que É a Definição de Pronto? 74
　　A Definição de Pronto Pode Evoluir com o Tempo 76
　　Definição de Pronto versus Critérios de Aceitação 77
　　Pronto versus Pronto-pronto 77
　Fechamento 78

Capítulo 5 Requisitos e User Stories 79
　Visão Geral 79
　Usando Conversações 81
　Refinamento Progressivo 82
　O Que São User Stories? 83
　　Cartão 83
　　Conversação 84
　　Confirmação 85

Nível de Detalhe	86
Invista em Boas User Stories	88
Independente	88
Negociável	89
Valiosa	90
Estimável	91
Sucinta (Tamanho Apropriado)	92
Testável	92
Requisitos Não Funcionais	93
Histórias para Aquisição de Conhecimento	93
Coletando User Stories	95
Workshop de Escrita de User Stories	95
Mapeamento de Histórias	96
Fechamento	98

Capítulo 6   Product Backlog — 99

Visão Geral	99
Itens do Product Backlog	100
Características de um Bom Product Backlog	101
Detalhado Apropriadamente	101
Emergente	102
Estimado	102
Priorizado	103
Grooming	104
O Que É Grooming?	104
Quem Faz o Grooming?	105
Quando o Grooming Acontece?	106
Definição de Ready	108
Gerenciamento de Fluxo	110
Gerenciamento do Fluxo de Releases	110
Gerenciamento do Fluxo da Sprint	111
Quais e Quantos Product Backlogs?	112
O Que É um Produto?	113
Produtos Grandes — Backlogs Hierárquicos	114
Múltiplas Equipes — Um Product Backlog	115
Uma Equipe — Múltiplos Produtos	117
Fechamento	118

Capítulo 7   Estimação e Velocidade — 119

Visão Geral	119
O Que e Quando Estimamos	120
Estimativas de Itens do Portfolio Backlog	121

Estimativas do Product Backlog	121
Estimativas de Tarefas	122
Conceitos de Estimação de PBIs	123
Estime como uma Equipe	123
Estimativas Não São Compromissos	124
Acurácia versus Precisão	125
Estimação de Tamanho Relativo	125
Unidades de Estimação de PBI	128
Story Points	128
Ideal Days	128
Planning Poker	129
Escala da Estimação	130
Como Usar	131
Benefícios	133
O Que É Velocidade?	133
Calcule um Intervalo de Velocidades	134
Prevendo a Velocidade	135
Afetando a Velocidade	135
Má Utilização da Velocidade	137
Fechamento	138

Capítulo 8 Dívida Técnica 139

Visão Geral	139
Consequências da Dívida Técnica	141
Tipping Point Imprevisível	142
Tempo de Entrega Aumentado	142
Número Significante de Defeitos	142
Aumento dos Custos de Desenvolvimento e Suporte	142
Atrofia do Produto	143
Previsibilidade Reduzida	143
Subperformance	143
Frustração Universal	144
Satisfação do Cliente Decrescente	144
Causas da Dívida Técnica	144
Pressão para Atender um Deadline	144
Tentativa de Acelerar a Velocidade Falsamente	145
Mito: Menos Testes Podem Acelerar a Velocidade	145
Dívidas se Acumulam	147
Dívida Técnica Deve Ser Gerenciada	148
Gerenciando o Acúmulo de Dívida Técnica	149
Use Boas Práticas Técnicas	149
Use uma Definição de Pronto Forte	149
Entenda Apropriadamente a Economia de uma Dívida Técnica	150

Tornando uma Dívida Técnica Visível 153
    Tornando uma Dívida Técnica Visível no Nível de Negócios 153
    Tornando uma Dívida Técnica Visível no Nível Técnico 154
Pagando a Dívida Técnica 155
    Nem Toda a Dívida Técnica Deve Ser Paga 157
    Aplique a Regra dos Escoteiros
       (Pague a Dívida Quando Você a Encontrar) 158
    Pague a Dívida Técnica Incrementalmente 159
    Pague Primeiro as Dívidas Técnicas com os Maiores Juros 160
    Pague a Dívida Técnica Enquanto Realiza Trabalho
       de Valor para o Cliente 160
Fechamento 162

PARTE II   Papéis   163

Capítulo 9   Product Owner   165

Visão Geral 165
Responsabilidades Principais 166
    Gerenciar a Economia 167
    Participa do Planejamento 168
    Realiza o Grooming do Product Backlog 169
    Define Critérios de Aceitação e Verifica que Eles Sejam Atendidos 169
    Colabora com a Equipe de Desenvolvimento 170
    Colabora com os Stakeholders 171
Características/Habilidades 171
    Habilidades do Domínio 171
    Habilidades Interpessoais 172
    Tomada de Decisão 173
    Responsabilidade (Accountability) 173
Um Dia na Vida 174
Quem Deve Ser um Product Owner? 176
    Desenvolvimento Interno 176
    Desenvolvimento Comercial 177
    Desenvolvimento de Projeto Terceirizado 180
    Desenvolvimento de Componente 180
Product Owner Combinado com Outros Papéis 181
Equipe de Product Owners 182
    Proxy de Product Owner 183
    Product Owner Chefe 183
Fechamento 184

Capítulo 10   ScrumMaster   185
Visão Geral   185
Responsabilidades Principais   185
    Coach   185
    Líder Servil   186
    Autoridade do Processo   186
    Escudo contra Interferência   187
    Removedor de Impedimentos   187
    Agente de Mudanças   187
Características/Habilidades   188
    Conhecedor   188
    Questionador   188
    Paciente   189
    Colaborativo   189
    Protetor   189
    Transparente   189
Um Dia na Vida   190
Preenchendo o Papel   191
    Quem Deve Ser um ScrumMaster?   191
    O ScrumMaster É um Trabalho em Tempo Integral?   192
    ScrumMaster Combinado com Outros Papéis   192
Fechamento   193

Capítulo 11   Equipe de Desenvolvimento   195
Visão Geral   195
Equipes de Papéis Específicos   195
Responsabilidades Principais   196
    Realizar a Sprint Execution   196
    Inspecionar e Adaptar a Cada Dia   197
    Fazer o Grooming do Product Backlog   197
    Planejar o Sprint   197
    Inspecionar e Adaptar o Produto e o Processo   197
Características/Habilidades   198
    Auto-organização   198
    Cross-funcional Diversa e Suficiente   200
    Habilidades T-shaped   201
    Atitude de Mosqueteiro   203
    Comunicações de Banda Larga   204
    Comunicação Transparente   205
    Do Tamanho Certo   206
    Focado e Comprometido   207

Trabalhando num Passo Sustentável 208
Vida Longa 209
Fechamento 211

Capítulo 12   Estruturas de Equipes Scrum   213
Visão Geral 213
Equipes de Features versus Equipes de Componentes 213
Coordenação de Múltiplas Equipes 218
    Scrum de Scrums 218
    Release Train 220
Fechamento 223

Capítulo 13   Gerentes   225
Visão Geral 225
Criando Equipes 227
    Definir Limites 227
    Fornecer um Objetivo Claro e Elevado 228
    Formar Equipes 228
    Mudar a Composição das Equipes 229
    Empoderar Equipes 230
Cuidar das Equipes 231
    Energizar as Pessoas 231
    Desenvolver Competência 231
    Fornecer Liderança na Área Funcional 232
    Manter a Integridade da Equipe 233
Alinhando e Adaptando o Ambiente 233
    Promover os Valores Ágeis 233
    Remover Impedimentos Organizacionais 234
    Alinhar os Grupos Internos 234
    Alinhar Parceiros 234
Gerenciando o Fluxo de Criação e Valor 235
    Tem uma Perspectiva de Sistema 235
    Gerencia a Economia 236
    Monitora Medidas e Relatórios 236
Gerentes de Projeto 237
    Responsabilidades da Gerência de Projetos em uma Equipe Scrum 237
    Retendo um Papel Separado de Gerente de Projeto 239
Fechamento 243

PARTE III   Planejamento   245

Capítulo 14   Princípios de Planejamento do Scrum   247
Visão Geral   247
Não Assuma que Podemos Planejar Tudo Certo Antecipadamente   248
Planejamento Antecipado Deve Ser Útil sem Ser Excessivo   248
Mantenha as Opções de Planejamento Abertas até
    o Último Momento Responsável   249
Foque Mais em Adaptar e Replanejar do que em
    Se Conformar com um Plano   249
Gerencie Corretamente o Inventário do Planejamento   251
Favoreça Releases Menores e Mais Frequentes   252
Planeje Aprender Rápido e Pivotear Quando Necessário   254
Fechamento   255

Capítulo 15   Planejamento Multinível   257
Visão Geral   257
Planejamento de Portfólio   259
Planejamento de Produto (Envisioning)   259
    Visão   259
    Product Backlog de Alto Nível   259
    Roadmap do Produto   260
Planejamento de Release   261
Planejamento de Sprint   264
Planejamento Diário   264
Fechamento   265

Capítulo 16   Planejamento de Portfólio   267
Visão Geral   267
    Timing   267
    Participantes   268
    Processo   268
Estratégias de Agendamento   270
    Otimizar para os Lucros de Ciclo de Vida   270
    Calcular o Custo do Atraso   271
    Estimar para Acurácia, Não Precisão   274
Estratégias de Inflow   275
    Aplicar o Filtro Econômico   275
    Equilibrar a Taxa de Chegada com a Taxa de Saída   276
    Abraçar Rapidamente as Oportunidades Emergentes   278

Planejar para Releases Menores e Mais Frequentes	279
Estratégias de Outflow	280
Focar no Trabalho Inativo, Não nos Trabalhadores Inativos	281
Estabelecer um Limite de WIP	281
Esperar por uma Equipe Completa	282
Estratégias In-process	283
Usar a Economia Marginal	283
Fechamento	285

Capítulo 17   Concepção (Planejamento de Produto)   287

Visão Geral	287
Timing	287
Participantes	288
Processo	290
Exemplo SR4U	290
Visão	291
Criação do Product Backlog de Alto Nível	294
Definição do Roadmap do Produto	295
Outras Atividades	298
Concepção Economicamente Sensata	299
Almejar um Limite de Confiança Realista	300
Focar num Horizonte Curto	302
Agir Rapidamente	302
Pagar por Aprendizado Validado	303
Usar Financiamento Incremental/Provisório	304
Aprender Rápido e Pivotear (também conhecido como Fail Fast)	305
Fechamento	306

Capítulo 18   Planejamento de Release (Planejamento a Longo Prazo)   307

Visão Geral	307
Timing	308
Participantes	308
Processo	309
Restrições da Release	311
Tudo Fixo	311
Escopo e Data Fixos	312
Escopo Fixo	313
Data Fixa	313
Qualidade Variável	314
Atualizando Restrições	314
Grooming do Product Backlog	315

Refinar as Minimum Releasable Features (MRFs)	316
Mapeamento de Sprint (PBI Slotting)	316
Planejamento de Release de Data Fixa	318
Planejamento de Release de Escopo Fixo	323
Calculando Custos	325
Comunicação	326
Comunicando Progresso em uma Release de Escopo Fixo	327
Comunicando Progresso em uma Release de Data Fixa	329
Fechamento	330

PARTE IV   Sprints   333

Capítulo 19   Sprint Planning   335

Visão Geral	335
Timing	335
Participantes	335
Processo	336
Abordagens do Sprint Planning	338
Sprint Planning de Duas Partes	338
Sprint Planning de Uma Parte	339
Determinando a Capacidade	340
O Que É a Capacidade?	340
Capacidade em Story Points	342
Capacidade em Esforço-Hora	342
Selecionando Itens do Product Backlog	343
Adquirindo Confiança	344
Refinar o Sprint Goal	346
Finalizar o Compromisso	346
Fechamento	346

Capítulo 20   Sprint Execution   347

Visão Geral	347
Timing	347
Participantes	348
Processo	348
Planejamento da Sprint Execution	349
Gerenciamento do Fluxo	349
Trabalho Paralelo e Swarming	350
Que Trabalho Começar	352
Como Organizar o Trabalho nas Tarefas	352

Que Trabalho Precisa Ser Feito?	353
Quem Faz o Trabalho?	354
Daily Scrum	354
Performance na Tarefa — Práticas Técnicas	355
Comunicação	356
Quadro de Tarefas	356
Gráfico de Sprint Burndown	357
Gráfico de Sprint Burnup	359
Fechamento	360

Capítulo 21 Sprint Review 363

Visão Geral	363
Participantes	364
Pré-trabalho	365
Determinar Quem Convidar	366
Agendar a Atividade	366
Confirmar que o Trabalho do Sprint Esteja Pronto	367
Preparar para a Demonstração	368
Determinar Quem Faz o Quê	368
Abordagem	368
Resumir	369
Demonstrar	370
Discutir	371
Adaptar	371
Problemas na Sprint Review	372
Sign-offs	372
Audiência Esporádica	372
Grandes Esforços de Desenvolvimento	373
Fechamento	373

Capítulo 22 Sprint Retrospective 375

Visão Geral	375
Participantes	377
Pré-trabalho	378
Definir o Foco da Retrospectiva	378
Selecionar os Exercícios	379
Coletar Dados Objetivos	379
Estruturar a Retrospectiva	380
Abordagem	380
Preparar a Atmosfera	382
Compartilhe o Contexto	382

Identificar Insights	385
Determinar as Ações	387
Fechar a Retrospectiva	390
Acompanhar (Follow Through)	391
Problemas da Sprint Retrospective	392
Fechamento	393

Capítulo 23   O Caminho Adiante   395

Não Há Estado Final	395
Descobrir Seu Próprio Caminho	396
Compartilhando Boas Práticas	396
Usando o Scrum para Descobrir o Caminho Adiante	397
Comece!	398

Glossário   401

Referências   423

Índice   427

Lista de Figuras

Figura 1.1	Visão geral do desenvolvimento Ágil	2
Figura 1.2	Benefícios do Scrum	6
Figura 1.3	Framework Cynefin	7
Figura 2.1	Práticas do Scrum	14
Figura 2.2	Papéis (roles) no Scrum	15
Figura 2.3	Framework Scrum	17
Figura 2.4	Product backlog	19
Figura 2.5	Product backlog grooming	19
Figura 2.6	Tamanhos dos itens no product backlog	20
Figura 2.7	Características do Sprint	21
Figura 2.8	Sprint planning	21
Figura 2.9	Sprint backlog	22
Figura 2.10	Sprint execution	23
Figura 2.11	Daily scrum	24
Figura 2.12	Resultados do sprint (incremento potencialmente entregável do produto)	25
Figura 2.13	Sprint review	27
Figura 2.14	Sprint retrospective	27
Figura 3.1	Processo em cascata (waterfall)	30
Figura 3.2	Categorização de princípios	31
Figura 3.3	Processo definido	32
Figura 3.4	O Scrum usa desenvolvimento iterativo e incremental	34
Figura 3.5	Modelo de processo do Scrum	36
Figura 3.6	Tome decisões no último momento responsável	38
Figura 3.7	Aquisição de requisitos orientados a planejamento em relação ao conhecimento sobre o produto	39
Figura 3.8	Custo histórico da exploração	40
Figura 3.9	Significativo custo de mudança tardia com o desenvolvimento sequencial	41
Figura 3.10	Profecia autorrealizável	42
Figura 3.11	Achatando a curva do custo da mudança	43
Figura 3.12	Equilibrando o trabalho preditivo com o adaptativo	44
Figura 3.13	Padrão de loop de aprendizado	46
Figura 3.14	Integração de componentes	47
Figura 3.15	Como a utilização afeta o tamanho da fila (atraso)	52
Figura 3.16	Entregue features de alto valor cedo	55

Figura 3.17	Escala de cerimônia	58
Figura 4.1	Sprints são o esqueleto do framework Scrum	61
Figura 4.2	Os benefícios do timeboxing	63
Figura 4.3	Os benefícios de sprints de curta duração	64
Figura 4.4	Excitação ao longo do tempo	65
Figura 4.5	Comparação de checkpoints	66
Figura 4.6	Investimento cumulativo em estados diferentes	71
Figura 4.7	Decidindo o tamanho do próximo sprint depois do cancelamento do sprint	73
Figura 5.1	O Scrum usa placeholders para os requisitos	81
Figura 5.2	Um template e cartão de user story	83
Figura 5.3	User story com dados adicionais anexados	84
Figura 5.4	Condições de satisfação da user story	85
Figura 5.5	Hierarquia de abstração da user story	87
Figura 5.6	Exemplo de épico	87
Figura 5.7	Exemplo de tema	88
Figura 5.8	User stories altamente dependentes	89
Figura 5.9	Exemplo de user story técnica	90
Figura 5.10	História técnica indesejável	91
Figura 5.11	Requisitos não funcionais	93
Figura 5.12	História de aquisição de conhecimento	94
Figura 5.13	Mapa de história	97
Figura 6.1	O product backlog está no coração do framework Scrum	99
Figura 6.2	Itens do product backlog	100
Figura 6.3	Itens do product backlog têm tamanhos diferentes	102
Figura 6.4	Itens do product backlog items são estimados	103
Figura 6.5	Itens do product backlog são priorizados	104
Figura 6.6	O grooming reformata o product backlog	105
Figura 6.7	O grooming é um esforço colaborativo	106
Figura 6.8	Grooming fora do fluxo primário nos projetos sequenciais	107
Figura 6.9	Quando o grooming acontece	108
Figura 6.10	Definição de ready	109
Figura 6.11	Visão do nível da release do product backlog	111
Figura 6.12	O product backlog como um duto de requisitos	112
Figura 6.13	O product backlog é associado ao produto	113
Figura 6.14	Product backlogs hierárquicos	115
Figura 6.15	Visão do product backlog específica da equipe	116
Figura 6.16	Cenários para product backlogs múltiplos	117

Figura 7.1	O relacionamento entre tamanho, velocidade e duração	120
Figura 7.2	O que e quando estimamos	121
Figura 7.3	Conceitos de estimação de itens do product backlog	123
Figura 7.4	A equipe Scrum inteira participa na estimação	124
Figura 7.5	Efeito do comprometimento nas estimativas	124
Figura 7.6	Esforço versus acurácia ao se estimar	126
Figura 7.7	Estimação por tamanho relativo	126
Figura 7.8	Estimação de tamanho absoluto versus relativo	127
Figura 7.9	Conceitos do Planning Poker	129
Figura 7.10	Planning Poker usa agrupamentos	130
Figura 7.11	Cartas de Planning Poker Innolution	131
Figura 7.12	Calculando e usando um intervalo de velocidade	134
Figura 7.13	A velocidade de uma equipe no tempo	136
Figura 7.14	O efeito da hora extra na velocidade (baseado numa figura de Cook 2008)	137
Figura 8.1	Consequências da dívida técnica	141
Figura 8.2	Curva do custo da mudança afetada pela dívida técnica	143
Figura 8.3	Pressão para atender a um deadline pode levar à dívida técnica	145
Figura 8.4	Acumulando dívida técnica para atender escopo e datas fixos não razoáveis	146
Figura 8.5	O mito, realidade e boa prática de como os testes afetam a velocidade	146
Figura 8.6	À medida que a dívida técnica aumenta, a velocidade diminui	147
Figura 8.7	Atividades para o gerenciamento de dívida técnica	148
Figura 8.8	Exemplo de análise econômica de dívida técnica	150
Figura 8.9	Maneiras de tornar a dívida técnica visível no nível técnico	154
Figura 8.10	Abordagens para o pagamento de uma dívida técnica	156
Figura 8.11	Uma técnica para o gerenciamento de dívida técnica ao se usar o Scrum	161
Figura 9.1	O product owner encara duas direções simultaneamente	165
Figura 9.2	Responsabilidades principais do product owner	166
Figura 9.3	O product owner gerencia a economia	167
Figura 9.4	Comparação do engajamento do cliente ou negócio no tempo	170
Figura 9.5	Características do product owner	172
Figura 9.6	Um dia na vida de um product owner	174
Figura 9.7	Exemplo de um product owner no desenvolvimento interno	177
Figura 9.8	Exemplo de um product owner num desenvolvimento comercial	178
Figura 9.9	O framework Pragmatic Marketing	179
Figura 9.10	Exemplo de um product owner em um desenvolvimento terceirizado	180

Figura 9.11	Exemplo de um product owner em um desenvolvimento de componente	181
Figura 9.12	Mesma pessoa como product owner de mais de uma equipe Scrum	182
Figura 9.13	Papel hierárquico de product owner	184
Figura 10.1	Principais responsabilidades do ScrumMaster	186
Figura 10.2	Características do ScrumMaster	188
Figura 10.3	Um dia na vida de um ScrumMaster	190
Figura 10.4	Mesma pessoa como ScrumMaster para mais de uma equipe	193
Figura 11.1	Responsabilidades da equipe de desenvolvimento com relação às atividades Scrum	196
Figura 11.2	Características da equipe de desenvolvimento	198
Figura 11.3	A formação de bando (flocking) não é o resultado de um planejamento de cima para baixo.	199
Figura 11.4	Flocking: regras simples e feedback frequente	200
Figura 11.5	Diversidade da equipe	201
Figura 11.6	Habilidades T-shaped	202
Figura 11.7	Membros da equipe devem agir como se estivessem no mesmo barco	204
Figura 11.8	O custo da multitarefa	208
Figura 11.9	Passo sustentável ao longo do tempo	209
Figura 12.1	Um produto e múltiplas equipes de componente	214
Figura 12.2	Dois produtos e múltiplas equipes de componente	215
Figura 12.3	Equipes de componente e feature combinadas	217
Figura 12.4	Scrum de scrums	219
Figura 12.5	Estrutura do release train	221
Figura 13.1	As maiores preocupações sobre a adoção dos métodos ágeis	225
Figura 13.2	Responsabilidades de um gerente funcional em uma organização Scrum	226
Figura 13.3	Os gerentes definem os limites	227
Figura 13.4	Gerentes funcionais criam coletivamente as equipes Scrum	228
Figura 13.5	Equipes raramente têm canais de comunicação completamente conectados	240
Figura 13.6	Equipes frequentemente formam clusters de colaboração	241
Figura 13.7	Afunilando a coordenação através de um gerente de programa ou de projeto	242
Figura 13.8	Gerente de projeto em desenvolvimentos complexos e multigrupo	243
Figura 14.1	Princípios do planejamento Scrum	247
Figura 14.2	Um grande gráfico Gantt antecipado	250
Figura 14.3	Quando o mapa e o terreno não concordam, acredite no terreno	251

Figura 14.4	A economia da release única	253
Figura 14.5	A economia de múltiplas releases	253
Figura 15.1	Diferentes níveis de planejamento	257
Figura 15.2	Roadmap do produto do website da Scrum Alliance	261
Figura 15.3	Uma linha de release no product backlog	262
Figura 15.4	As releases do roadmap do produto mapeadas no product backlog	263
Figura 15.5	Uma release pode conter um ou mais sprints	263
Figura 15.6	Cada sprint tem um sprint backlog	264
Figura 15.7	Planejamento hierárquico no Scrum	266
Figura 16.1	Atividade de planejamento de portfólio	268
Figura 16.2	Estratégias de planejamento de portfólio	269
Figura 16.3	Perfis do custo de atraso	273
Figura 16.4	Aplicando o filtro econômico	276
Figura 16.5	Equilibrando inflow e outflow no portfolio backlog	277
Figura 16.6	O valor de muitas oportunidades emergentes decai rapidamente	279
Figura 16.7	Produtos grandes no portfolio backlog criam um comboio	280
Figura 16.8	Equipes são a unidade de capacidade para estabelecer o limite WIP do produto	282
Figura 16.9	Fluxo de decisão de produto in-process baseado em economia marginal	284
Figura 17.1	Concepção é uma atividade contínua	288
Figura 17.2	Atividade de concepção (planejamento de produto)	289
Figura 17.3	Áreas de valor para os stakeholders	292
Figura 17.4	Releases fixadas e periódicas	296
Figura 17.5	Road mao do produto SmartReview4You	297
Figura 17.6	Storyboard SR4Udo sprint de aquisição de conhecimento do SR4U	298
Figura 17.7	Diretrizes para uma concepção economicamente sensata	300
Figura 17.8	Consequências de definir um limite de confiança muito alto	301
Figura 17.9	Tomada de decisão sob a ilusão de certeza	303
Figura 17.10	Financiamento incremental/provisório	304
Figura 18.1	Diferentes cadências de releases	307
Figura 18.2	Quando ocorre o planejamento de release	309
Figura 18.3	Atividade de planejamento de release	310
Figura 18.4	Escopo fixo e data fixa estão competindo um contra o outro	312
Figura 18.5	Mapeamento de itens do product backlog nos sprints	317
Figura 18.6	Calendário de sprints para o SR4U Release 1.0	319
Figura 18.7	Product backlog pronto para o planejamento da release	321
Figura 18.8	Determinando a faixa de features de uma release de data fixa	322

Figura 18.9	Localização de features do tipo 'tem que ter' em relação à faixa de features entregáveis	322
Figura 18.10	Resultados de um planejamento de escopo fixo	325
Figura 18.11	Gráfico de burndown para release de escopo fixo	327
Figura 18.12	Gráfico de burnup para release de escopo fixo	328
Figura 18.13	Gráfico de burnup para release de escopo variável	329
Figura 18.14	Gráfico de burnup para release de data fixa (com product backlog invertido)	330
Figura 19.1	Quando ocorre o sprint planning	336
Figura 19.2	Atividade de sprint planning	337
Figura 19.3	Abordagem de duas partes para o sprint planning	339
Figura 19.4	Abordagem de uma parte para o sprint planning	340
Figura 19.5	Capacidade da equipe de desenvolvimento em um sprint	341
Figura 19.6	Sprint backlog mostrando os PBIs e o plano de tarefas	345
Figura 20.1	Quando acontece a sprint execution	347
Figura 20.2	Atividade de sprint execution	348
Figura 20.3	Custo de multitarefas	350
Figura 20.4	Minicascata (waterfall) durante uma sprint execution — uma má ideia	352
Figura 20.5	Subconjunto de práticas técnicas de Extreme Programming	355
Figura 20.6	Exemplo de quadro de tarefas	356
Figura 20.7	Gráfico de sprint burndown	358
Figura 20.8	Gráfico de sprint burndown com linhas de tendências	359
Figura 20.9	Gráfico de sprint burnup	360
Figura 21.1	Quando ocorre a sprint review	363
Figura 21.2	Pré-trabalho da sprint review	366
Figura 21.3	Atividade de sprint review	369
Figura 22.1	Edward Urso ilustrando a necessidade de uma retrospectiva	376
Figura 22.2	Quando acontece a sprint retrospective	376
Figura 22.3	Pré-trabalho da sprint retrospective	378
Figura 22.4	Atividade de sprint retrospective	381
Figura 22.5	Alinhando perspectivas para criar um contexto compartilhado	383
Figura 22.6	Timeline de eventos do sprint	384
Figura 22.7	Sismograma de emoções	385
Figura 22.8	Mural dos cartões de insight da retrospectiva	386
Figura 22.9	Cartões de insight agrupados em blocos de similaridade	386
Figura 22.10	Cartões de insight colocados em grupos predeterminados	387
Figura 22.11	Exemplo de votação por pontos	388
Figura 22.12	Problemas da sprint retrospective	391

Prefácio
de Mike Cohn

Almocei hoje num Burger King. Um cartaz na parede dizia que o restaurante era a "Casa do Whopper" e então prosseguia me dizendo que havia mais de um milhão de maneiras diferentes de pedir um Whopper. Se várias combinações de com extra ou sem pickles, tomate, alface, queijo e assim por diante podem levar a um milhão de maneiras de se fazer um hambúrguer, deve haver um bilhão de maneiras de implementar o Scrum. E mesmo não havendo uma única maneira certa, há maneiras melhores e piores de implementar o Scrum.

No *Scrum Essencial*, Kenny Rubin ajuda os leitores a encontrar as melhores maneiras. Ele não é um livro prescritivo — ele não diz, "Você deve fazer isso." Em vez disso, ele ensina os princípios essenciais subjacentes ao sucesso com o Scrum e então nos dá escolhas de como podemos alcançar esses princípios. Por exemplo, não há uma maneira certa de todas as equipes planejarem um sprint. O que funciona em uma companhia ou projeto vai dar errado em outro. Então Kenny nos dá opções. Ele descreve uma estrutura geral do porquê equipes Scrum planejam sprints e o que deve resultar do sprint planning e nos dá algumas alternativas de abordagens que vão funcionar. Mas em última instância, a decisão pertence a cada equipe. Felizmente para essas equipes, elas agora têm esse livro para as ajudar.

Um benefício inesperado do Scrum Essencial é a linguagem visual que o Kenny introduz para falar sobre o Scrum. Achei essas imagens muito úteis juntas ao texto e suspeito que elas vão se tornar um lugar comum em futuras discussões sobre o Scrum.

O mundo precisava desse livro há muito tempo. O Scrum começou como um pequeno conceito. O primeiro livro a falar sobre ele — *Wicked Problems, Righteous Solutions* em 1990 por DeGrace e Stahl — fez isso em seis páginas. Mas, nos mais de 20 anos desde que aquele livro apareceu, o Scrum expandiu. Novos papéis, reuniões e artefatos foram introduzidos e refinados. Com cada novo pedaço que foi adicionado, ficávamos com risco de perder o coração do Scrum, aquela parte dele que é sobre uma equipe planejando como fazer algo, fazendo uma pequena parte e então refletindo sobre o que os membros da equipe fizeram e quão bem eles fizeram aquilo juntos.

Com o *Scrum Essencial*, Kenny nos trouxe de volta ao coração do Scrum. E dali as equipes podem começar a tomar as decisões necessárias para implementar o Scrum, tornando-o seu. Esse livro serve como um guia indispensável, ajudando as equipes a escolher entre as bilhões de maneiras possíveis de implementar o Scrum e a encontrar uma que as leve ao sucesso.

—Mike Cohn
Autor do *Succeeding with Agile, Agile Estimating and Planning* e *User Stories Applied*
www.mountaingoatsoftware.com (conteúdo em inglês)

Prefácio
de Ron Jeffries

Quando Kenny me pediu para escrever o prefácio para o *Scrum Essencial,* pensei: "vai ser rápido e fácil; deve ser um livro curto indo direto para uma descrição simples do que é o Scrum." Eu conhecia o trabalho do Kenny, então sabia que ia ser uma boa leitura, e curta também. O que poderia ser melhor do que isso!

Imagine minha surpresa e deleite quando descobri que esse livro cobre praticamente tudo que você vai precisar saber sobre o Scrum, seja no seu primeiro dia de uso do Scrum ou depois de anos de uso. E o Kenny não para aí. Ele começa com as ideias centrais, incluindo os princípios ágeis que são a base de todos os métodos ágeis, e uma visão rápida do framework Scrum. Então ele vai mais fundo. Ainda é uma boa leitura e é bem abrangente também.

O Kenny cobre o planejamento em detalhes, olhando os requisitos, user stories, o backlog, estimativas, velocidade. Então ele nos leva mais a fundo nos princípios e nos ajuda a lidar com todos os níveis de planejamento e todos os horizontes de tempo. Ele descreve como os sprints são planejados, executados, revisados e melhorados. E ao longo de tudo isso, ele nos dá mais do que o básico, destacando os problemas-chave que você pode encontrar ao usar o Scrum.

Meu próprio foco no Scrum e nos métodos ágeis é nas habilidades necessárias dos desenvolvedores para garantir que as equipes possam entregar, sprint após sprint, um software real, que rode bem e seja focado no negócio. O Kenny nos ajuda a entender como usar bem ideias como velocidade e dívida técnica. Ambos são tópicos críticos e eu os comentei para chamar sua atenção.

A velocidade nos diz quanto a equipe está entregando no tempo. Podemos usá-la para ter uma ideia de quanto estamos conseguindo fazer e se estamos melhorando. Kenny nos avisa, entretanto, que usar velocidade como medida de performance é danoso para nossos resultados de negócios e ele nos ajuda a entender o porquê.

Dívida técnica se tornou um termo muito amplo, se referindo a quase tudo que pode dar errado no código. Kenny nos ajuda a separar todos os vários significados e nos ajuda a entender por que nos importamos sobre esses aparentes detalhes técnicos. Em particular, gosto da descrição dele de como colocar a equipe sob pressão vai inevitavelmente prejudicar nossas perspectivas de conseguir um bom produto a tempo.

O Scrum, como todos os métodos ágeis, se baseia numa abordagem exploratória com feedback rápido. O Kenny nos conta uma história de seu breve uso de cartões perfurados e me lembrou da minha experiência inicial com computação, muitos anos antes de o Kenny ver seu primeiro cartão perfurado.

Como estudante universitário, fui sortudo o suficiente para obter um trabalho como estagiário no quartel general do Strategic Air Command em Omaha. Naqueles dias toda a computação era em cartões. Meus cartões eram enviados diversos andares abaixo do QG do SAC e rodados num computador que iria rodar a guerra, se tivéssemos alguma. Eu tinha sorte se conseguisse uma ou duas rodadas por dia.

Assim que a permissão de segurança chegava, eu descia para a sala do computador no meio da noite. Eu passava uma conversa no Sargento Whittaker para me deixar rodar meus próprios programas, sentado no console da máquina — sim, a máquina cujo principal trabalho era lançar um ataque nuclear. Fique tranquilo: o botão vermelho não estava naquela sala.

Trabalhando direto na máquina, eu conseguia fazer dez vezes mais trabalho do que quando tinha de esperar meus cartões serem levados para baixo e meus resultados serem trazidos para cima. O feedback vinha mais rápido, eu aprendia mais rápido e meus programas funcionavam mais cedo.

É disso que se trata o Scrum. Em vez de esperar meses, ou mesmo anos para descobrir o que os programadores estão fazendo, no Scrum descobrimos a cada poucas semanas. Um product owner no Scrum com uma equipe realmente boa vai ver features reais ganhando forma a cada poucos dias!

E é sobre isso que trata o livro do Kenny. Se você for novo no Scrum, leia-o do início ao fim. E então mantenha-o por perto. Se você já vem praticando o Scrum há algum tempo, dê uma lida por alto e então mantenha-o por perto.

Quando você se encontrar pensando sobre algo que está acontecendo com sua equipe, ou pensando sobre diferentes coisas a serem tentadas, pegue esse livro e dê uma olhada. Há chance de que você venha a achar algo de valor.

—Ron Jeffries

Prefácio

Esse livro discute o Scrum Essencial — as coisas que você tem de saber se vai ser bem-sucedido ao usar o Scrum para desenvolver produtos e serviços inovativos.

O Que É o Scrum Essencial?

O Scrum é baseado em um pequeno conjunto de **valores** centrais, **princípios** e **práticas** (coletivamente conhecidos como **framework Scrum**). Organizações que usam o Scrum devem abraçar o framework Scrum inteiramente, talvez não na organização inteira de uma vez, mas certamente dentro das equipes iniciais que vão usar o Scrum. Abraçar tudo do Scrum não significa, entretanto, que as organizações devem implementar o Scrum de acordo com alguma fórmula geral. Em vez disso, significa que as organizações devem sempre tentar se manter verdadeiras ao framework Scrum, ao mesmo tempo em que escolhem a mistura apropriada de **abordagens** para suas implementações Scrum.

O *Scrum Essencial* combina os valores, princípios e práticas do Scrum com um conjunto de abordagens testadas e aprovadas que são consistentes com, mas não ordenadas, pelo framework Scrum. Algumas dessas abordagens serão apropriadas para sua situação; outras não serão. Qualquer abordagem vai precisar ser inspecionada e adaptada para suas circunstâncias singulares.

Origens Desse Livro

Como um coach e treinador ágil/Scrum, frequentemente me perguntam por um livro de referência — um que forneça uma visão geral abrangente do framework Scrum e também apresente as abordagens mais populares para a aplicação do Scrum. Como tenho sido incapaz de encontrar um livro único que cobrisse esses tópicos num nível profundo o suficiente para ser útil para os praticantes atuais, eu acabava recomendando uma coleção de livros: alguns que discutiam o framework Scrum, mas eram defasados ou incompletos; diversos livros altamente renomados sobre métodos ágeis, mas que não focavam apenas no Scrum; e alguns que eram focados num aspecto específico do Scrum ou numa abordagem específica, mas não cobriam o framework Scrum inteiro em profundidade. Era um monte de livros para quem queria uma fonte única e independente que cobrisse o essencial do Scrum!

Os criadores do Scrum (Jeff Sutherland e Ken Schwaber) têm uma publicação específica do Scrum chamada "The Scrum Guide". Esse documento curto (umas 15 páginas) é descrito por seus autores como o "o livro de regras definitivo do Scrum e a documentação do Scrum em si" (Schwaber e Sutherland 2011). Eles equiparam seu documento às regras do jogo de xadrez, "descrevendo como as peças se movem, como as tomadas são executadas, o que é uma vitória e assim por diante". Apesar de ser útil como uma visão geral do Scrum, ou um livro de regras, o "The Scrum Guide" não foi feito, por projeto, para ser uma fonte abrangente do conhecimento essencial sobre o Scrum. Estendendo a analogia dos autores, dar a uma equipe Scrum nova apenas o "The Scrum Guide" e esperar bons resultados seria como dar a um jogador novo de xadrez uma descrição de 15 páginas das regras do jogo e esperar que ele seja capaz de jogar uma partida de xadrez razoável depois de a ler. Ele simplesmente não é uma fonte assim.

Este livro, o *Scrum Essencial*, é uma tentativa de ser a fonte autônoma que faltava para o conhecimento essencial do Scrum. Ele inclui uma discussão em profundidade sobre os valores, princípios e práticas do Scrum — uma que em muitos casos concorda com outros líderes do movimento dos métodos ágeis e com o "The Scrum Guide". (Onde este livro oferece uma perspectiva diferente do que é amplamente promovido em outros lugares, eu indico e explico o porquê.) Este livro também descreve abordagens que são consistentes com o framework Scrum e que têm sido usadas com sucesso por mim e pelas equipes para quem faço coach. Não pretendi que este livro substituísse outros livros que forneçam um tratamento vertical profundo de uma dada prática ou abordagem do Scrum. Tais livros são complementares a este livro e o estendem. Em vez disso, pense no *Scrum Essencial* como o ponto de partida da jornada sobre usar o Scrum para deleitar os clientes.

Audiência Pretendida

Para as milhares de pessoas que fizeram meus cursos Working on a Scrum Team, Certified ScrumMaster e Certified Scrum Product Owner, e para as muitas equipes pra quem fiz coach, este livro vai relembrar e até mesmo clarificar alguns tópicos que já tenhamos discutido. E para o número ainda maior de pessoas com quem eu ainda não tive o prazer de trabalhar, este livro vai ser ou sua primeira introdução ao Scrum e aos métodos ágeis ou ele vai ser uma chance de olhar o Scrum sob uma luz diferente e talvez até mesmo melhorar como você realiza o Scrum.

Não escrevi este livro para um papel específico — esse não é um livro especificamente para product owners, ou ScrumMasters ou membros da equipe de desenvolvimento. Em vez disso, esse é um livro pensado para dar a todos os envolvidos com o Scrum, desde todos os membros da equipe Scrum até àqueles com os quais eles interagem na organização, um entendimento comum do Scrum baseado em um conjunto central de conceitos com um vocabulário claro para os discutir. Com essa fundação compartilhada, minha esperança é que sua organização vá estar numa melhor posição para usar o Scrum com sucesso para entregar valor de negócio.

Imagino que todo membro de uma equipe Scrum teria uma cópia deste livro na sua mesa, aberto em um capítulo relevante para o trabalho à mão. Também visualizo gerentes de todos os níveis da organização lendo-o para entender por que o Scrum pode ser uma abordagem efetiva para gerenciar trabalho e para entender o tipo de mudança organizacional que pode ser necessária para implementar com sucesso o Scrum. As organizações usando ou planejando usar uma outra abordagem ágil que não seja o Scrum também vão encontrar as informações relevantes e úteis para sua adoção específica de um método ágil.

Organização Deste Livro

Este livro começa com uma breve introdução ao Scrum (Capítulo 1) e conclui com uma discussão de onde você pode ir em seguida (Capítulo 23). Os capítulos restantes são organizados em quatro partes:

- Parte I — Conceitos Centrais (Capítulos 2 – 8): Framework Scrum, princípios ágeis, sprints, requisitos e user stories, product backlog, estimação e velocidade, e dívida técnica
- Parte II — Papéis (Capítulos 9 – 13): product owner, ScrumMaster, equipe de desenvolvimento, estruturas de equipes Scrum e gerentes
- Parte III — Planejamento (capítulos 14 – 18): Princípios de planejamento Scrum, planejamento multinível, planejamento de portfólio, concepção/planejamento de produto e planejamento de release
- Parte IV — Sprints (Capítulos 19 – 22): sprint planning, sprint execution, sprint review e sprint retrospective

Como Usar Este Livro

Como você poderia esperar, escrevi esse livro assumindo que a maioria das pessoas o leria linearmente do início ao fim. Se você for novo no Scrum, deveria usar essa abordagem, porque os capítulos tendem a se apoiar um no outro. Dito isso, se você estiver buscando por um local para ter uma visão geral de ponta a ponta do framework Scrum (uma cartilha altamente visual), leia e consulte o Capítulo 2.

Para quem for familiar com o Scrum, você pode usar este livro como uma guia de referência do Scrum. Se estiver interessado em sprint retrospectives, pule diretamente para o Capítulo 22. Se estiver interessado em explorar as nuances do product backlog, pule direto para o Capítulo 16. Entretanto, eu altamente recomendo que todos, mesmo aqueles familiares com o Scrum, leiam o Capítulo 3 por inteiro. Os princípios explicados ali formam a fundação do framework Scrum e do resto deste livro. Não é apenas uma cópia dos valores e princípios do Manifesto Ágil (Beck et al 2001), que é comum a muitas outras descrições escritas do Scrum.

Visual AGILExicon

Tenho orgulho de incluir neste livro o Visual AGILExicon, um modelo gráfico visualmente rico que foi usado para criar mais de 200 gráficos deste livro. O Visual AGILExicon é composto por um vocabulário de ícones, que foram projetados para capturar os papéis, atividades e artefatos essenciais do Scrum. Essa linguagem visual do Scrum é uma maneira efetiva de comunicar conceitos e melhorar a compreensão compartilhada do Scrum. Se você estiver interessado em obter e usar o Visual AGILExicon (este livro está impresso em preto e branco), visite o site www.innolution.com para mais detalhes. O site vai conter também uma variedade de recursos e discussões relacionadas ao livro. Esse e todos os outros sites indicados ao longo do livro possuem conteúdo em inglês.

Vamos Começar

Então, qualquer que seja seu papel, qualquer que seja sua situação, você pegou este livro por uma razão. Gastar um pouco de tempo conhecendo o Scrum. Nas páginas que seguem, você pode encontrar um framework poderoso que você pode tornar seu, lhe permitindo melhorar substancialmente a maneira como desenvolve e entrega produtos e serviços para encantar seus consumidores.

Agradecimentos

Este livro não seria possível sem o input de muitas pessoas, incluindo milhares de pessoas que fizeram meus cursos relacionados aos métodos ágeis e minhas sessões de coaching. Ao mencionar algumas pessoas por nome, corro o risco de falhar em mencionar outras. Para aqueles cujos nomes eu falhei em mencionar, por favor saibam que todas nossas discussões e trocas de emails foram valiosas para mim e definitivamente influenciaram este livro!

Há três pessoas em particular que eu gostaria de agradecer: Mike Cohn, Rebecca Traeger e Jeff Schaich. Sem o envolvimento singular de cada um, este livro seria uma mera sombra do que é.

Mike Cohn tem sido um amigo e colega desde quando primeiro trabalhamos juntos na Genomica em 2000. Ele foi gentil o suficiente de incluir meu livro na Mike Cohn Signature Series; ao ser afiliado ao Mike e a outros autores de prestígio, "Pareço bem por conta da companhia", como meus pais diriam. Mike era minha pessoa de confiança sempre que eu queria trocar umas ideias ou discutir estratégias do livro. Ele sempre arranjava um tempo na agenda insana dele para revisar cada capítulo e me dar seu feedback ponderado. Trabalhar com o Mike todos esses anos tem sido uma experiência recompensadora — uma que eu espero que continue muito tempo no futuro.

Rebecca Traeger tem sido minha editora pessoal nesse livro. Temos trabalhado juntos desde meus dias como diretor gerente da Scrum Allience em 2007. Naquela época Rebecca era a editora do website da Scrum Alliance e através daquele trabalho (e desde então muito mais) se tornou a editora principal da indústria para materiais relacionados a métodos ágeis. No início da escrita desse livro, busquei a Rebecca e perguntei se ela trabalharia comigo de novo, e para minha sorte, ela concordou. Ninguém via nenhum capítulo a menos que a Rebecca tivesse visto primeiro. Teve momentos onde o feedback dela me fez corar, porque ela frequentemente melhorava como eu dizia algo, fazendo com que soasse tanto mais compreensível quanto mais abordável. Se você simplesmente amou alguma seção desse livro, pode ter certeza que tem as mãos da Rebecca nela. Se não gostar, eu provavelmente tolamente escolhi ignorar as recomendações dela.

Jeff Schaich é um artista/designer extraordinário. Trabalhamos em tantos projetos de arte diferentes que não consigo lembrar de todos. Bem no início da formulação deste livro, eu queria criar um vocabulário de ícones Scrum/métodos ágeis, para usar como base para minhas apresentações de treino e em muitas das mais de 200 figuras do livro. Sabia que precisava de um grande designer para conseguir isso. Jeff concordou em aceitar o desafio. Houve momentos onde esse livro paracia como se fosse dois projetos diferentes — escrever o conteúdo e criar os conceitos artísticos. Honestamente não sei o que levou mais tempo. Entretanto, tenho certeza que sem o input artístico do Jeff, este livro teria sofrido imensamente.

Tenho a profunda honra de ter ambos Mike Cohn e Ron Jeffries, dois luminares da comunidade de métodos ágeis, escrevendo prefácios para o livro! Da maneira única de cada um deles, eles fizeram o grande trabalho de colocar o livro em contexto e abrir a porta para a discussão do Scrum Essencial. E também, Mike, pare de comer no Burguer King, e Ron, obrigado por não apertar o botão vermelho!

Também gostaria de agradecer às muitas pessoas que tiraram um tempo de suas agendas ocupadas para revisar capítulos e me enviar seus feedbacks. Deixe-me começar por mencionar revisores que forneceram um feedback extensivo: Joe Balistrieri, Johannes Brodwall, Leyna Cotran, Martine Devos, Scott Duncan, Ilan Goldstein, John Hebley, Geir Hedemark, James Kovacs, Lauri Mackinnon, Robert Maksimchuk e Kevin Tureski.

Além disso, gostaria de agradecer outros revisores que forneceram um feedback excelente em capítulos selecionados: Lyssa Adkins, John Bauer, Sameer Bendre, Susan Briscoe, Pawel Brodzinski, Rowan Bunning, Josh Chappell, Lisa Crispin, Ward Cunningham, Cornelius Engelbrecht, Julia Frazier, Brindusa Gabur, Caroline Gordon, Drew Jemilo, Mike Klimkosky, Tom Langerhorst, Bjarne Larsen, Dean Leffingwell, Maurice le Rutte, David Luzquiños, Lv Yi, Shay McAulay, Armond Mehrabian, Sheriff Mohamed, Cuan Mulligan, Greg Pease, Roman Pichler, Jacopo Romei, Jens Schauder, Bill Schroeder, Yves Stalgies, Branko Stojaković, Howard Sublett, Julie Sylvain, Kevin Tambascio, Stephen Wolfram e Michael Wollin.

Também gostaria de agradecer à equipe da Pearson que foram grandes parceiros nesse projeto. Eles toleraram meus atrasos com paciência e sempre me ofereceram encorajamento. Um obrigado especial para Chris Guzikowski, que supervisionou a coisa toda do início ao fim. Ele estava lá desde minha primeira reunião com a Pearson num bar em Lexington, MA, até a produção final. Gostaria de agradecer a Olivia Basegio por habilmente tratar da logística e a Julie Nahil que fez um trabalho fantástico supervisionando o projeto. Além disso, obrigado a Barbara Wood pelo grande trabalho ajudando a polir o manuscrito e a Gail Cocker por organizar toda a arte em um todo coerente e bonito.

Também sou grato à minha assistente, Lindsey Kalicki, a quem eu fui capaz de delegar muitas tarefas importantes para que pudesse ficar focado no desenvolvimento do livro. Tenho sorte de poder trabalhar com uma profissional tão habilidosa.

Acima de tudo, gostaria de agradecer à minha família — Jenine, Jonah e Asher — e ao papel crítico que eles tiveram. Pedi muito deles durante esse longo esforço de criação deste livro. Nenhuma quantidade de gratidão pode compensar pela pressão na família que isso causou e nosso tempo junto que foi perdido.

Jenine é minha querida alma gêmea e permaneceu firme comigo ao longo de todos os altos e baixos da escrita deste livro. Os sacrifícios que ela fez para que eu pudesse escrever iriam dobrar o tamanho desse livro se eu tentasse listá-los todos. Não teria conseguido sem ela!

É engraçado, um ano depois de termos nos casado em 1993, publiquei meu primeiro livro *Succeeding with Objects*. Naquela época, Jenine me fez prometer que eu nunca mais escreveria outro livro. Para minha sorte, depois de 15 anos, as memórias se enfraquecem e a carga de trabalho exaustiva não parece assim tão ruim em retrospecto, então quando ela me pediu para escrever este aqui, fiquei surpreso para dizer o mínimo! Ela ainda não me disse que não posso fazer o livro número três, mas suspeito que pode levar mais uns 15 anos antes da memória desse aqui diminuir o suficiente para que algum de nós querer que eu escreva outro!

Também sou profundamente grato pelo apoio amoroso dos meus filhos, Jonah e Asher. Eles deixaram de lado o tempo com o pai para que eu pudesse escrever. Eles estavam sempre por perto para jogar algumas ideias e dar algum input para o livro. Uma quantidade das sugestões deles de conteúdo e arte acabaram nesse livro — e ele é melhor por causa deles! Espero que eles tenham aprendido o valor da perseverança e que mesmo o trabalho mais desafiador pode ser completado se você der um passo de cada vez e não desistir.

Finalmente, gostaria de agradecer a meus pais, Joyce e Manny Rubin, por todo o amor e apoio que me deram. Sem a influência deles, este livro nunca teria sido possível. Tristemente, eles não viveram para ver sua publicação. Mamãe faleceu em janeiro de 2012 e papai em julho do mesmo ano, deixando um vazio na minha vida e nas vidas de nossa família que nunca poderá ser preenchido. Eles foram pessoas muito especiais para as muitas vidas que tocaram. Mãe e pai, sinto a falta de vocês mais do que eu posso expressar.

Sobre o Autor

Kennu Rubin dá treinamento Scrum e de métodos ágeis e faz coaching para ajudar companhias a desenvolver produtos de uma maneira efetiva e economicamente sensata. Um Certified Scrum Trainer, Kenny treinou mais de 19.000 pessoas em métodos ágeis e Scrum, desenvolvimento Smalltalk, gerenciamento de projetos orientados a objeto e gerenciamento de transição. Ele fez coaching para mais de 200 companhias, indo de start-ups até Fortune 10.

Kenny foi o primeiro Managing Director da Scrum Alliance mundial, uma organização sem fins lucrativos, focada na adoção bem-sucedida do Scrum. Além deste livro, Kenny é também o coautor do livro de 1995 *Succeeding with Objects: Decision Frameworks for Project Management*. Ele recebeu o bacharelado em Information and Computer Science do Georgia Institute of Technology e seu mestrado em Ciência da Computação pela Universidade de Stanford.

O background de Kenny é enraizado na comunidade de tecnologia de orientação a objetos. Ele começou como um desenvolvedor Smalltalk em um projeto financiado pela NASA em 1985 e desenvolveu o primeiro sistema especialista de blackboard fora do LISP. Em 1998, ele foi afortunado de se juntar à ParcPlace Systems, uma companhia start-up formada como um spin-off da Xerox PARC, cujo objetivo era trazer a tecnologia de orientação a objetos para fora do laboratório e soltá-la no mundo. Como um consultor de desenvolvimento Smalltalk com muitas organizações diferentes no final da década de 1980 e ao longo de toda a década de 1990, Kenny foi um dos primeiros a adotar as práticas dos métodos ágeis. Seu primeiro uso do Scrum foi em 2000 para desenvolver software de bioinformática.

Ao longo da carreira dele, Kenny teve muitos papéis, incluindo períodos bem sucedidos como um product owner do Scrum, ScrumMaster e membro da equipe de desenvolvimento. Além disso, ele teve muitos papéis de gerência executiva: CEO, COO, VP de Engenharia, VP de Gerência de Produto e VP de Serviços Profissionais. Ele também supervisionou o desenvolvimento de suítes de produtos de software comercial, gerando mais de $200M em renda agregada. Além disso, ele esteve diretamente envolvido em levantar mais de $150M em capital de risco e deu assistência em tornar públicas, na NASDAQ, duas companhias.

Seu background multifacetado dá ao Kenny a habilidade de entender (e explicar) o Scrum e suas implicações igualmente bem de múltiplas perspectivas: da equipe de desenvolvimento até o comitê executivo.

Capítulo 1
Introdução

Em 21 de junho de 2000, eu estava empregado como Vice-Presidente Executivo na Genomica, uma companhia de bioinformática em Boulder, Colorado. Lembro da data porque meu filho Asher nasceu à 1h da madrugada daquele dia.

O nascimento dele foi um bom início para o dia. O Asher realmente nasceu na data prevista (nos Estados Unidos isso acontece em 5% do tempo). Então, nós (na verdade a minha esposa Jenine) finalizamos nosso "projeto" de nove meses no prazo. E para melhorar ainda mais, o Asher teve uma alta nota no Apgar, indicando que tínhamos produzido um resultado saudável e de boa qualidade! Nosso maior stakeholder, nosso filho mais velho, Jonah, estava empolgado em ter um irmão mais novo. No prazo, com qualidade e com stakeholders felizes — realmente foi um dia bom!

Depois de um cochilo, olhei meu e-mail e vi que o CEO da Genomica tinha me enviado uma mensagem urgente, pedindo para estar na reunião de diretores às 8h da manhã daquele mesmo dia. Relutantemente, saí do hospital e fui para a reunião.

Quando cheguei, fui informado que o VP de Engenharia tinha sido demitido na noite anterior e que eu tinha herdado uma equipe de engenharia com 90 pessoas. Não fiquei surpreso. Há diversos meses, a equipe executiva e a diretoria vinham discutindo a inabilidade da Genomica em entregar produtos com valor, no prazo e com qualidade aceitável, e o VP de Engenharia era o centro dessa discussão.

Agora era minha responsabilidade gerenciar o esforço de melhorar substancialmente os resultados da nossa organização de desenvolvimento de produtos. Lembro de pensar na ironia do parto bem-sucedido e das minhas novas responsabilidades.

Como eu já estava bastante ocupado gerenciando as vendas e o marketing, foi-me dito que poderia contratar um novo VP de Engenharia para se reportar a mim. A pessoa que escolhi contratar foi Mike Cohn (Cohn 2004; Cohn 2006; Cohn 2010) e Scrum foi a abordagem que decidimos usar.

O Que É Scrum?

Scrum é uma abordagem **ágil** para o desenvolvimento de produtos e serviços inovativos. A Figura 1.1 mostra uma abordagem de desenvolvimento ágil, simples e genérica.

Com uma abordagem ágil, começa-se criando um **product backlog** — uma lista priorizada das features e outras capacidades necessárias para se desenvolver um produto de sucesso. Guiado pelo product backlog, trabalha-se primeiro sempre nos itens de mais importância ou de maior prioridade. Quando acabarem os recursos (como o tempo), qualquer trabalho não finalizado vai ser de menor prioridade do que o trabalho finalizado.

FIGURA 1.1 Visão geral do desenvolvimento Ágil

O trabalho em si é realizado em **iterações** curtas e timeboxed (duração fixa), que usualmente variam de uma semana a um mês. Durante cada iteração, uma **equipe cross-funcional** e auto-organizada faz todo o trabalho — design, construção e testes — necessário para produzir features funcionais e finalizadas que possam ser postas em produção.

Tipicamente, a quantidade de trabalho no product backlog é muito maior do que a que poderia ser completada por uma equipe em uma iteração de curta duração. Então, no início de cada iteração, a equipe planeja qual subconjunto de alta prioridade do product backlog vai ser criado naquela iteração. Na Figura 1.1, por exemplo, a equipe concordou que poderia criar as features A, B e C.

No fim da iteração, a equipe revisa as features completadas com os stakeholders para obter um feedback. Baseado nele, o product owner e a equipe podem alterar tanto o que planejaram trabalhar em seguida, quanto como a equipe planejava fazer o trabalho. Por exemplo, se os stakeholders veem uma feature finalizada e então percebem que outra feature que nunca foi considerada também deve ser incluída no produto, o product owner pode simplesmente criar um novo item representando essa feature e inseri--lo no product backlog na ordem correta para ser trabalhado numa iteração futura.

No fim de cada iteração, a equipe deve ter um produto potencialmente entregável (ou um incremento do produto), um que possa ser lançado se apropriado. Se o lançamento após cada iteração não for apropriado, um conjunto de features de múltiplas iterações pode ser lançado junto.

À medida que cada iteração termina, o processo inteiro recomeça com o planejamento da nova iteração.

Origens do Scrum

A rica história do Scrum pode ser traçada até um artigo da *Harvard Business Review*, "The New New Product Development Game" (Takeuchi e Nonaka 1986). Esse artigo descreve como companhias como Honda, Canon e Fuji-Xerox produziram resultados de alto nível usando abordagem escalável baseada em equipes para um **desenvolvimento de produto all-at-once**. O artigo também enfatizava a importância de equipes auto-organizadas e empoderadas, e delineava o papel do gerenciamento no processo de desenvolvimento.

O artigo de 1986 foi influente em costurar muitos dos conceitos que deram origem ao que hoje chamamos de Scrum. Scrum não é um acrônimo, é um termo emprestado do esporte rugby, onde se refere a uma maneira de reiniciar a partida depois de uma falta acidental ou quando a bola tenha saído de jogo. Mesmo que não seja um fã de rugby, você provavelmente já viu um scrum onde dois conjuntos de forwards se juntam em torno da bola com braços travados e, com as cabeças abaixadas, tentam ganhar posse da bola.

Takeshi e Nonaka usaram as metáforas do rugby e do scrum para descrever o desenvolvimento de produto:

> A ... abordagem "corrida de revezamento" para o desenvolvimento de produtos ... pode entrar em conflito com os objetivos de velocidade e flexibilidade máximas. Em vez disso, uma abordagem holística ou "rugby" — onde um time tenta correr aquela distância como uma unidade, passando a bola de um para o outro — pode servir melhor aos requisitos competitivos de hoje em dia.

Em 1993, Jeff Sutherland e sua equipe na Easel Corporation criaram o processo Scrum para usar em um esforço de desenvolvimento de software, ao combinarem os conceitos do artigo de 1986 com conceitos de desenvolvimento orientado a objetos, controle de processos empíricos, desenvolvimento incremental e iterativo, sistemas adaptativos complexos e de pesquisa de processo e produtividade de software. Em 1995, Ken Schwaber publicou o primeiro paper sobre Scrum em OOPSLA 1995 (Schwaber 1995). Desde então, Schwaber e Sutherland, juntos e separados, produziram diversas publicações específicas sobre Scrum, incluindo *Agile Software Development with Scrum* (Schwaber e Beedle 2001), *Agile Project Management with Scrum* (Schwaber 2004) e "The Scrum Guide" (Schwaber e Sutherland 2011).

Apesar de o Scrum ser mais comumente usado para desenvolver produtos de software, os valores e princípios centrais do Scrum podem ser e são usados para desenvolver diferentes tipos de produtos ou para organizar o **fluxo** de vários tipos de trabalhos. Por exemplo, trabalhei com organizações que usaram Scrum com sucesso para organizar e gerenciar o trabalho associado com desenvolvimento de hardware, programas de marketing e iniciativas de vendas.

Por que o Scrum?

Então, o que tornou uma abordagem ágil como o Scrum uma boa escolha para a Genomica? Primeiro, estava claro que a abordagem anterior de desenvolvimento não estava funcionando. Essa era a má notícia; a boa notícia era que quase todo mundo concordava.

A Genomica operava em um domínio complexo onde havia mais coisas desconhecidas do que conhecidas. Construíamos produtos que nunca haviam sido construídos. Nosso foco era no estado-da-arte, avançado e em contínua evolução, para plataformas informáticas de descobertas, que cientistas pesquisadores poderiam usar para lhes ajudar a descobrir a próxima molécula arrasa-quarteirão. Precisávamos de uma forma de desenvolvimento que nos permitisse explorar novas ideias e abordagens e aprender rápido quais soluções eram viáveis e quais não eram. Tínhamos um parceiro estratégico corporativo para quem precisávamos mostrar resultados funcionais a cada poucas semanas para receber um feedback, porque nosso produto tinha de se integrar com a linha principal de sequenciadores de DNA deles. Essa necessidade de rápida exploração e feedback não funcionava direito com o planejamento detalhado de antemão que estávamos fazendo.

Também queríamos evitar grandes projetos arquiteturais de antemão. Uma tentativa anterior de criar uma próxima geração do produto central da Genomica viu a organização gastar quase um ano fazendo apenas trabalho de arquitetura para criar uma grande e unificada plataforma de bioinformática. Quando a primeira aplicação para cientistas foi posta em cima dessa arquitetura e finalmente validaríamos as decisões de design feitas meses antes, levou 42 segundos para ir de um campo na tela para o outro. Se você acha que um usuário típico é impaciente, imagine um biólogo molecular com PhD tendo que esperar 42 segundos! Foi um desastre. Precisávamos de uma abordagem diferente e mais equilibrada para o design, que incluísse algum design de antemão com uma saudável dose do então emergente design just-in-time.

Também queríamos que nossas equipes fossem mais cross-funcionais. Historicamente, a Genomica operava como a maioria das organizações. O desenvolvimento mandaria o trabalho para as equipes de teste apenas depois de ele estar completo. Agora desejávamos que todos os membros da equipe se sincronizassem frequentemente — diariamente era o objetivo. No passado, os erros acumulavam porque os problemas eram discutidos muito tarde no esforço de desenvolvimento. As pessoas em áreas diferentes não estavam se comunicando com frequência suficiente.

Por essas e outras razões, determinamos que o Scrum seria uma boa pedida para a Genomica.

Resultados da Genomica

Quando escolhemos usar o Scrum, ele não era bem conhecido; o primeiro livro sobre Scrum só apareceu no ano seguinte (Schwaber e Beedle 2001). Entretanto, juntamos as informações disponíveis e fizemos o melhor que pudemos, que foi substancialmente melhor do que tínhamos feito antes (veja a Tabela 1.1).

Da perspectiva do esforço, com o desenvolvimento em Scrum precisamos de um décimo do esforço (calculado em pessoas–mês) em comparação com nosso uso anterior

TABELA 1.1 Resultados do Scrum na Genomica

Medida	Cascata	Scrum
Esforço	10x	1x
Velocidade	1x	7x
Satisfação do cliente	Ruim	Excelente

de uma **abordagem em cascata**, orientada a planejamento, para desenvolver uma quantidade comparável de features do produto. Igualmente importante, o desenvolvimento em Scrum progrediu sete vezes mais rápido do que no desenvolvimento em cascata, significando que, por unidade de tempo, o desenvolvimento em Scrum produziu sete vezes mais features valiosas do que o desenvolvimento em cascata. Ainda mais convincente foi que entregamos o software para nosso parceiro num espaço de tempo que atendia às expectativas para o lançamento da nova plataforma de hardware dele. Isso nos possibilitou reforçar uma parceria de longo prazo que substancialmente aumentou o valor da Genomica para os acionistas.

Será que o Scrum Pode Lhe Ajudar?

A experiência pré-Scrum da Genomica em construir features que ninguém queria e entregá-las tarde e com pouca qualidade não era incomum. A Genomica, como muitas outras organizações, tinha sobrevivido por não ser pior que seus competidores. Vi os mesmos problemas quando comecei a trabalhar com desenvolvimento comercial de software em meados da década de 1980. E para muitos, após quase 30 anos, a situação não melhorou.

Hoje em dia, se você juntar o pessoal de negócios e os desenvolvedores e perguntar: "Vocês estão felizes com os resultados dos nossos esforços de desenvolvimento de software?" ou "Vocês acham que entregamos um bom valor para o consumidor de forma oportuna, econômica e com qualidade?", o que você diria?

Mais frequentemente do que não, as pessoas que encontro durante meu trabalho de coach e treinador pelo mundo respondem ambas questões com um sonoro "Não". Isso é seguido por um coro de "A taxa de falha do projeto está inaceitavelmente alta"; "Os deliverables estão atrasados"; "O retorno do investimento frequentemente fica aquém das expectativas"; "A qualidade do software é ruim"; "A produtividade é uma vergonha"; "Ninguém é responsabilizado pelos resultados"; "A moral dos empregados é baixa"; "A substituição de empregados está muito alta". E ainda há o risinho sem graça que acompanha o comentário jocoso "Tem de haver uma maneira melhor".

Ainda assim, mesmo com todo esses descontentamentos, a maioria das pessoas parece resignada com o fato que o desgosto é parte da realidade do desenvolvimento de software. Não tem que ser assim.

As organizações que têm aplicado diligentemente o Scrum experimentam uma realidade diferente (veja a Figura 1.2).

```
                    ┌─ Clientes deslumbrados
                    │
                    ├─ Retorno de investimento melhorado
                    │
                    ├─ Custos reduzidos
Benefícios do Scrum ┤
                    ├─ Resultados rápidos
                    │
                    ├─ Confiança de ser bem-sucedido em um mundo complexo
                    │
                    └─ Mais alegria
```

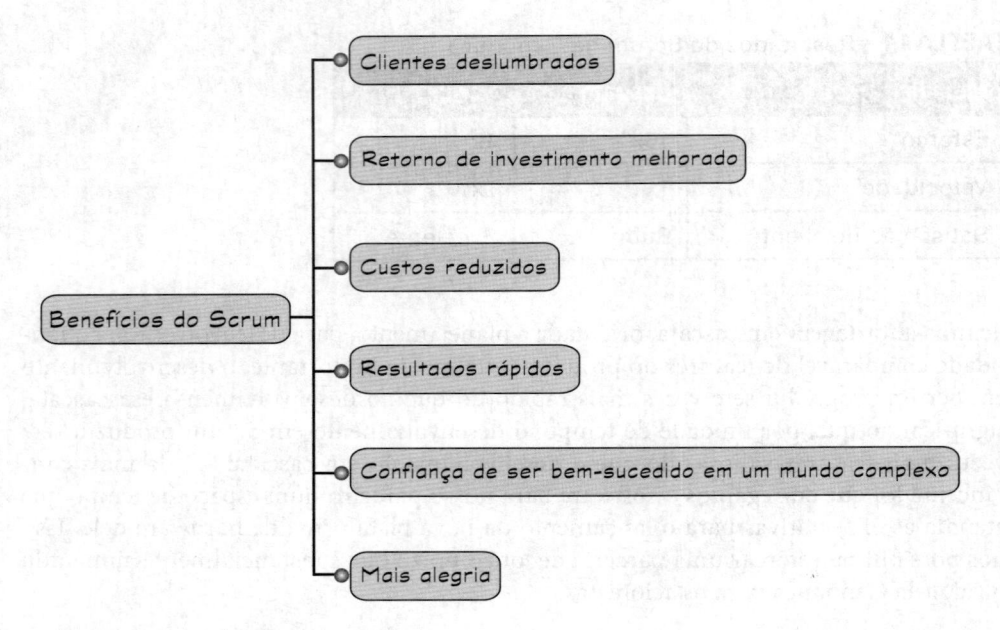

FIGURA 1.2 Benefícios do Scrum

Essas organizações repetidamente deslumbram seus clientes dando-lhes o que realmente queriam e não apenas as features que possam ter especificado no primeiro dia, quando pouco sabiam sobre suas próprias necessidades. Elas também veem um melhor retorno de investimento ao entregar **releases** menores e mais frequentes. E por expor incansavelmente as disfunções e os **desperdícios** organizacionais, essas organizações também são capazes de reduzir custos.

O foco do Scrum em entregar features funcionais, integradas, testadas e valiosas para o negócio a cada iteração faz com que os resultados sejam entregues mais rápidos. O Scrum também é adequado para ajudar as organizações a serem bem-sucedidas em um mundo complexo que deve se adaptar rapidamente, baseado nas ações interconectadas dos competidores, clientes, usuários, agências de regulação e outros stakeholders. E o Scrum alegra todos os participantes. Não apenas os clientes ficam deslumbrados, mas também as pessoas fazendo o trabalho realmente gostam! Elas gostam da colaboração frequente e significativa, levando a relações interpessoais melhores e maior confiança mútua entre os membros da equipe.

Não me entenda errado. Apesar de o Scrum ser uma excelente solução para muitas situações, ele não é a solução apropriada para todas as circunstâncias. O framework **Cynefin** (Snowden e Boone 2007) é um framework de análise que nos ajuda a entender a situação na qual temos que operar e decidir sobre uma abordagem apropriada a ela. Ele define e compara as características dos cinco tipos diferentes de domínio: **simples**, **complicado**, **caótico**, **complexo** e um quinto domínio, **desordem**, que ocorre quando não se sabe em qual domínio se está (veja a Figura 1.3). Usarei o framework Cynefin para discutir as situações onde o Scrum é uma boa pedida e onde ele não é.

Primeiro, é importante perceber que as muitas facetas do desenvolvimento e suporte de software não se encaixam precisamente em apenas um domínio Cynefin. Desenvolvimento de software é um empreendimento rico, com aspectos que se sobrepõem e atividades que caem em todos os diferentes domínios (Pelrine 2011). Então, enquanto que a maior parte do trabalho de desenvolvimento de software cai nos domínios complicado ou complexo, afirmar que o desenvolvimento de software é um domínio complexo seria ingênuo, especialmente se definirmos desenvolvimento de software para incluir o espectro de trabalho indo do desenvolvimento inovativo de novos produtos à manutenção contínua de um produto de software, até operações e suporte.

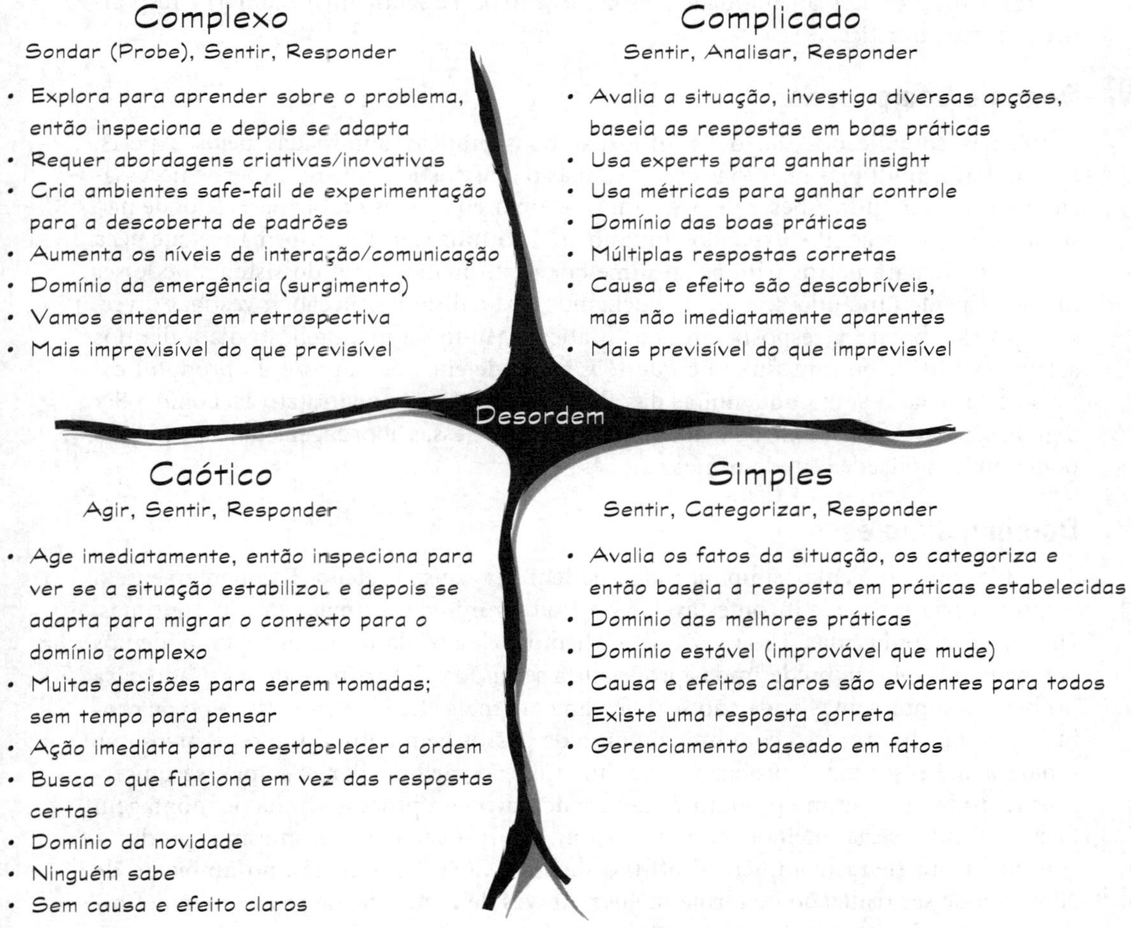

Complexo
Sondar (Probe), Sentir, Responder

- Explora para aprender sobre o problema, então inspeciona e depois se adapta
- Requer abordagens criativas/inovativas
- Cria ambientes safe-fail de experimentação para a descoberta de padrões
- Aumenta os níveis de interação/comunicação
- Domínio da emergência (surgimento)
- Vamos entender em retrospectiva
- Mais imprevisível do que previsível

Complicado
Sentir, Analisar, Responder

- Avalia a situação, investiga diversas opções, baseia as respostas em boas práticas
- Usa experts para ganhar insight
- Usa métricas para ganhar controle
- Domínio das boas práticas
- Múltiplas respostas corretas
- Causa e efeito são descobríveis, mas não imediatamente aparentes
- Mais previsível do que imprevisível

Desordem

Caótico
Agir, Sentir, Responder

- Age imediatamente, então inspeciona para ver se a situação estabilizou e depois se adapta para migrar o contexto para o domínio complexo
- Muitas decisões para serem tomadas; sem tempo para pensar
- Ação imediata para reestabelecer a ordem
- Busca o que funciona em vez das respostas certas
- Domínio da novidade
- Ninguém sabe
- Sem causa e efeito claros

Simples
Sentir, Categorizar, Responder

- Avalia os fatos da situação, os categoriza e então baseia a resposta em práticas estabelecidas
- Domínio das melhores práticas
- Domínio estável (improvável que mude)
- Causa e efeitos claros são evidentes para todos
- Existe uma resposta correta
- Gerenciamento baseado em fatos

FIGURA 1.3 Framework Cynefin

Domínio Complexo

Ao lidar com problemas complexos, as coisas são mais imprevisíveis do que previsíveis. Se há uma resposta correta, só vamos saber em retrospecto. Esse é o domínio da **emergência** (no sentido de surgirem situações novas, não no sentido de pânico). Precisamos explorar para aprender sobre o problema, e então **inspecionar e adaptar** baseados no que aprendemos. Trabalhar com domínios complexos requer abordagens inovativas e criativas. Soluções de rotinas pré-prontas não funcionam. Precisamos criar um ambiente safe-fail (falha-segura) para experimentação de forma que possamos descobrir informações importantes. Neste ambiente, altos níveis de interação e comunicação são essenciais. O desenvolvimento inovativo de novos produtos está nesta categoria, assim como o aprimoramento de produtos existentes com novas features.

O Scrum é particularmente bem adaptado para operar em um domínio complexo. Em tais situações, nossa habilidade de sondar (explorar), sentir (inspecionar) e responder (adaptar) é crítica.

Domínio Complicado

Problemas complicados são o domínio das boas práticas dominadas pelos experts. Podem haver múltiplas respostas corretas, mas o diagnóstico por um expert é necessário para as distinguir. Apesar de o Scrum funcionar com esses problemas, ele pode não ser a melhor solução. Por exemplo, um esforço de otimização de performance que peça um ajuste de parâmetros para achar a melhor performance geral do sistema pode ser melhor servido juntando-se experts e deixando-os analisar a situação, investigar diversas opções e basear a resposta em boas práticas. Muito da manutenção dia a dia dos softwares (lidar com um fluxo de questões sobre defeitos ou suporte do produto) cai nessa categoria. É aqui onde muitas das abordagens táticas e quantitativas, como a Six Sigma, são particularmente bem adaptadas, apesar de essas abordagens táticas também poderem ser aplicadas em domínios simples.

Domínio Simples

Ao lidar com problemas simples, todos podem ver causa e efeito. Frequentemente a resposta certa é óbvia e incontestável. Esse é o domínio das ótimas práticas legítimas. Há soluções conhecidas. Uma vez que avaliemos os fatos da nossa situação, podemos determinar a solução predefinida apropriada a ser usada. O Scrum pode ser usado para problemas simples, mas pode não ser a ferramenta mais eficiente para esse tipo de problema. Usar um processo com um conjunto de passos bem definidos e repetitivos que sabidamente resolvem o problema seria uma opção melhor. Por exemplo, se quisermos reproduzir o mesmo produto de novo e de novo, um processo linha de montagem bem definido seria melhor que o Scrum. Ou implementar o mesmo produto-direto-da-prateleira (commercial-off-the-shelf — COTS) no centésimo ambiente de cliente pode ser realizado de forma melhor através de uma série de passos bem definidos e conhecidos para instalação e configuração do produto.

Domínio Caótico

Problemas caóticos requerem uma resposta rápida. Estamos numa crise e precisamos agir na hora para prevenir mais danos e restabelecer alguma ordem. Por exemplo, suponha que uma universidade publicou um artigo declarando que nosso produto tem um algoritmo falho que está produzindo resultados errôneos. Nossos clientes fizeram um substancial investimento de negócios baseados nos resultados do nosso produto e estão entrando com ações contra nós por perdas e danos. Nosso principal projetista de algoritmos está de férias na selva e não pode ser encontrado por duas semanas. O Scrum não é a melhor solução aqui. Não estamos interessados em priorizar um backlog de trabalho e determinar que trabalho realizar na próxima iteração. Precisamos da habilidade para agir imediata e decisivamente para parar o sangramento. Com problemas caóticos, alguém precisa tomar a frente da situação e agir.

Desordem

Você está no domínio da desordem quando não sabe em qual dos outros domínios está. Esse é um lugar perigoso para se estar, porque não se sabe como fazer sentido da situação. Nesses casos, as pessoas tendem a interpretar e agir de acordo com sua preferência pessoal de ação. No desenvolvimento de software, muitas pessoas estão familiarizadas e portanto têm uma preferência pessoal por abordagens sequenciais baseadas em fases que funcionam direito em domínios simples. Infelizmente, como discutirei no Capítulo 3, elas tendem a ser uma má pedida para muito do desenvolvimento de software. Quando você está no domínio da desordem, a maneira de sair é dividir a situação em partes e atribuí-las a cada um dos outros quatro domínios. Você não está tentando aplicar Scrum no domínio da desordem; você está tentando sair desse domínio.

Trabalho Orientado a Interrupção

O Scrum não é muito adequado para trabalhos altamente orientados a interrupção. Digamos que você gerencie uma organização de suporte e queira usar o Scrum para organizar e gerenciar suas atividades de suporte. Seu product backlog é preenchido continuamente à medida que recebe requisições por telefone ou e-mail. Em nenhum momento você tem um product backlog que se estenda muito à frente no futuro e o conteúdo e a ordem do backlog podem mudar frequentemente (talvez a cada hora ou a cada poucos minutos).

Nessa situação, você não vai ser capaz de planejar confiavelmente iterações de uma semana ou mais, porque não sabe qual o trabalho que terá tão longe assim no futuro. E, mesmo se achar que conhece o trabalho, há uma boa chance de um pedido de suporte de alta prioridade chegar e evitar quaisquer desses planos de antecipação.

Em ambientes orientados à interrupção, seria melhor considerar uma abordagem ágil alternativa chamada **Kanban**. Ela não é uma solução de processo por si só, mas uma abordagem que é sobreposta em um processo existente. Em particular, o Kanban advoga que você:

- Visualize como o trabalho flui pelo sistema (por exemplo, os passos que a organização de suporte dá para resolver um pedido de suporte)
- Limite o trabalho em processo (Work In Process — WIP) em cada passo para garantir que não está fazendo mais trabalho do que tem a capacidade de fazer
- Meça e otimize o fluxo do trabalho através do sistema para fazer melhorias contínuas

Os locais ideias para o Kanban são as áreas de suporte e manutenção de software. Alguns praticantes de Kanban apontam que o foco dele em eliminar sobrecarga (ao alinhar WIP com a capacidade) e reduzir a variabilidade no fluxo, ao mesmo tempo que encoraja uma abordagem evolutiva para as mudanças, torna-o apropriado também para uso em domínios complexos.

Scrum e Kanban são ambas abordagens ágeis de desenvolvimento e cada uma tem forças e fraquezas que devem ser consideradas uma vez que se entenda o domínio no qual se está operando. Em algumas organizações, ambos Scrum e Kanban podem ser usados para atender a diferentes necessidades coexistentes do sistema. Por exemplo, o Scrum pode ser usado no desenvolvimento de novos produtos e o Kanban para o suporte e manutenção.

Fechamento

O Scrum não é uma bala de prata ou uma cura mágica. Entretanto, ele pode possibilitar que se abrace as mudanças que acompanham todos os **esforços complexos de desenvolvimento de produto**. Ele funcionou na Genomica e em muitas outras companhias que decidiram empregar uma abordagem de desenvolvimento de software que melhor atendesse às circunstâncias delas.

Apesar do framework Scrum ser simples, pode ser um erro assumir que ele seja fácil e indolor de ser aplicado. O Scrum não responde prescritivamente às suas questões de processo; em vez disso, ele empodera as equipes para que elas perguntem e respondam suas próprias grandes questões. O Scrum não dá aos indivíduos um livro de receitas para suas doenças organizacionais; em vez disso, ele torna visíveis as disfunções e os desperdícios que previnem as organizações de alcançarem seus verdadeiros potenciais.

Essas percepções podem ser dolorosas para muitas organizações. Entretanto, se elas superarem o desconforto inicial e trabalharem para resolver os problemas que o Scrum desenterra, então elas poderão dar grandes passos, tanto em termos de seus produtos e processos de desenvolvimento de software, quanto em termos dos níveis de satisfação de seus empregados e clientes.

O resto desse livro é dedicado a discutir os aspectos essenciais do Scrum. Começarei com uma descrição do framework inteiro do Scrum, incluindo seus papéis, atividades, artefatos e regras. Quem sabe; se você usar o Scrum da maneira certa e nas condições apropriadas, talvez você também entregue valor com tanto sucesso quanto minha esposa conseguiu entregar naquele bendito dia no ano 2000.

PARTE I
CONCEITOS CENTRAIS

Capítulo 2
FRAMEWORK SCRUM

Este capítulo fornece uma visão geral do framework Scrum, com foco primário nas suas práticas, incluindo papéis, atividades e artefatos. Os capítulos subsequentes fornecerão um tratamento mais profundo de cada uma dessas práticas, incluindo uma olhada em profundidade nos princípios que as sublinham.

Visão Geral

O Scrum não é um processo padronizado onde segue-se metodicamente uma série de passos em sequência que garantidamente geram um produto de alta qualidade no prazo e dentro do orçamento e que deslumbre os clientes. Em vez disso, o Scrum é um **framework** para organizar e gerenciar o trabalho. O framework Scrum é baseado numa série de valores, princípios e práticas que fornecem a fundação onde sua organização vai adicionar sua própria implementação individual das práticas de engenharia relevantes e suas abordagens específicas para a realização das práticas Scrum. O resultado vai ser uma versão do Scrum que é unicamente sua.

Para entender melhor o conceito desse framework, imagine que ele é a fundação e as paredes de um prédio. Os valores, princípios e práticas do Scrum seriam os componentes estruturais-chave. Você não pode ignorar ou mudar fundamentalmente um valor, princípio ou prática sem arriscar o colapso. O que pode ser feito, entretanto, é customizar dentro da estrutura do Scrum, adicionando fixtures e características até que se tenha um processo que funcione para você.

O Scrum é um framework simples e focado nas pessoas, baseado nos valores de honestidade, abertura, coragem, respeito, foco, confiança, empoderamento e colaboração. O Capítulo 3 vai descrever os princípios em profundidade; os capítulos subsequentes destacarão como as práticas e abordagens específicas são enraizadas nesses princípios e valores.

As práticas em si do Scrum são incorporadas em específicos papéis, atividades, artefatos e suas regras associadas (veja a Figura 2.1).

O restante desse capítulo vai focar nas práticas do Scrum.

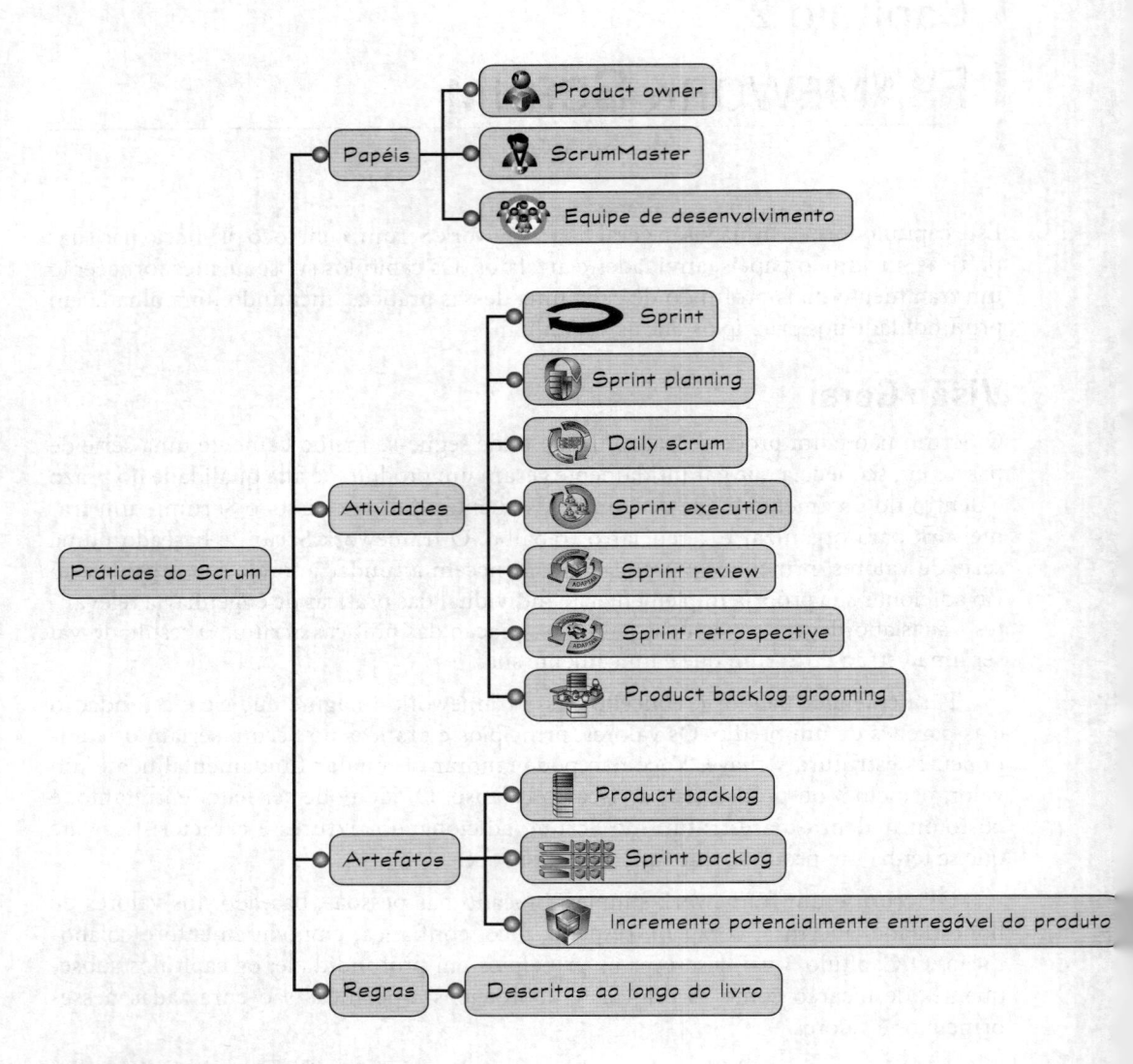

FIGURA 2.1 Práticas do Scrum

Papéis no Scrum

Os esforços de desenvolvimento Scrum se consistem de uma ou mais **equipes Scrum**, cada uma composta de três papéis (roles) Scrum: **product owner, ScrumMaster** e a **equipe de desenvolvimento** (veja a Figura 2.2). Podem haver outros papéis ao se usar o Scrum, mas o framework requer apenas os três listados aqui.

Equipe Scrum

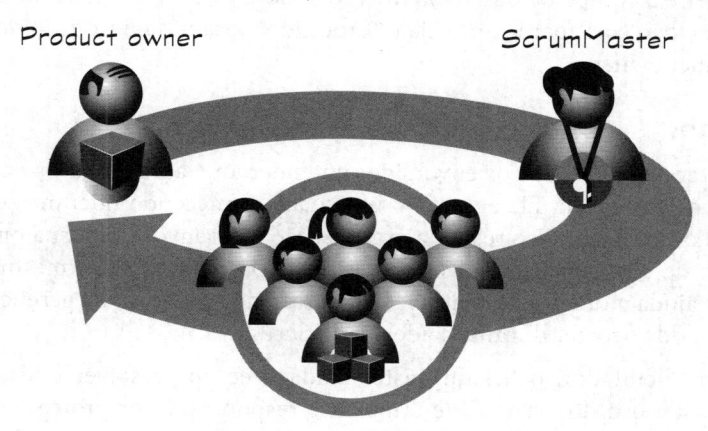

Product owner   ScrumMaster

Equipe de Desenvolvimento

FIGURA 2.2 Papéis (roles) no Scrum

O product owner é responsável pelo que vai ser desenvolvido e em que ordem. O ScrumMaster é responsável por guiar a equipe em criar e seguir seu próprio processo, baseado no framework Scrum geral. A equipe de desenvolvimento é responsável por determinar como entregar o que o product owner pediu.

Se você for um gerente, não se preocupe com "gerente" não estar aparecendo como um papel na Figura 2.2; gerentes ainda têm um papel importante nas organizações que usam Scrum (veja o Capítulo 13). O framework Scrum define apenas os papéis que são específicos do Scrum, não todos os papéis que podem e devem existir dentro de uma oganização que use o Scrum.

Product Owner

O product owner é o ponto central empoderado da liderança do produto. Ele é a autoridade única responsável por decidir quais features e funcionalidades construir e a ordem na qual as construir. O product owner mantém e comunica a todos os outros participantes uma visão clara do que a equipe Scrum está tentando alcançar. Como tal, o product owner é responsável pelo sucesso geral da solução sendo desenvolvida ou mantida.

Não importa se o foco é num produto externo ou numa aplicação interna; o product owner ainda tem a obrigação de garantir que o trabalho mais valioso possível, que pode incluir trabalho tecnicamente focado, seja sempre realizado. Para garantir que a equipe rapidamente construa o que o product owner quer, ele colabora ativamente com o ScrumMaster e a equipe de desenvolvimento, e deve estar disponível para responder às questões tão logo elas apareçam. Veja o Capítulo 9 para uma descrição detalhada do papel do product owner.

ScrumMaster

O ScrumMaster ajuda a todos os envolvidos entenderem e abraçarem os valores, princípios e práticas do Scrum. Ele age como um coach, fornecendo liderança de processo e ajudando a equipe Scrum e o resto da organização a desenvolverem sua própria abordagem Scrum de alta performance e específica da organização. Ao mesmo tempo, o ScrumMaster ajuda a organização através do desafiador processo de gerenciamento de mudança que pode ocorrer durante a adoção do Scrum.

Como um facilitador, o ScrumMaster ajuda a equipe resolver questões e fazer melhorias em seu uso do Scrum. Ele também é responsável por proteger a equipe de interferências externas e tem um papel de liderança na remoção de **impedimentos** que inibam a produtividade da equipe (quando os indivíduos em si não puderem resolver razoavelmente). O ScrumMaster não tem autoridade para exercer controle sobre a equipe, então esse papel não é o mesmo que o papel tradicional do gerente de projeto ou gerente de desenvolvimento. O ScrumMaster funciona como um líder, não um gerente. Discutirei os papéis de gerente funcional e gerente de projeto no Capítulo 13. Veja o Capítulo 10 para mais detalhes sobre o papel ScrumMaster.

Equipe de Desenvolvimento

Abordagens tradicionais de desenvolvimento de software discutem vários tipos de trabalho, tais como arquiteto, programador, testador, administrador de banco de dados, designer de UI e assim por diante. O Scrum define o papel de uma equipe de desenvolvimento, que é simplesmente uma coleção diversa e cross-functional desses tipos de pessoas que são responsáveis por projetar, construir e testar o produto desejado.

A equipe de desenvolvimento se auto-organiza para determinar a melhor maneira de realizar o objetivo definido pelo product owner. A equipe de desenvolvimento é tipicamente composta por cinco a nove pessoas; seus membros devem coletivamente ter todas as habilidades necessárias para produzir um software funcional de boa qualidade. Claro que o Scrum pode ser usado em esforços de desenvolvimento que requeiram equipes muito maiores. Entretanto, em vez de ter uma equipe Scrum com, digamos, 35 pessoas, seria muito mais provável ter quatro ou cinco equipes Scrum, cada uma com uma equipe de desenvolvimento de nove ou menos pessoas. Veja o Capítulo 11 para mais detalhes sobre o papel da equipe de desenvolvimento e o Capítulo 12 para mais detalhes sobre a coordenação de múltiplas equipes.

Atividades e Artefatos do Scrum

A Figura 2.3 ilustra a maioria das atividades e artefatos e como eles se encaixam.

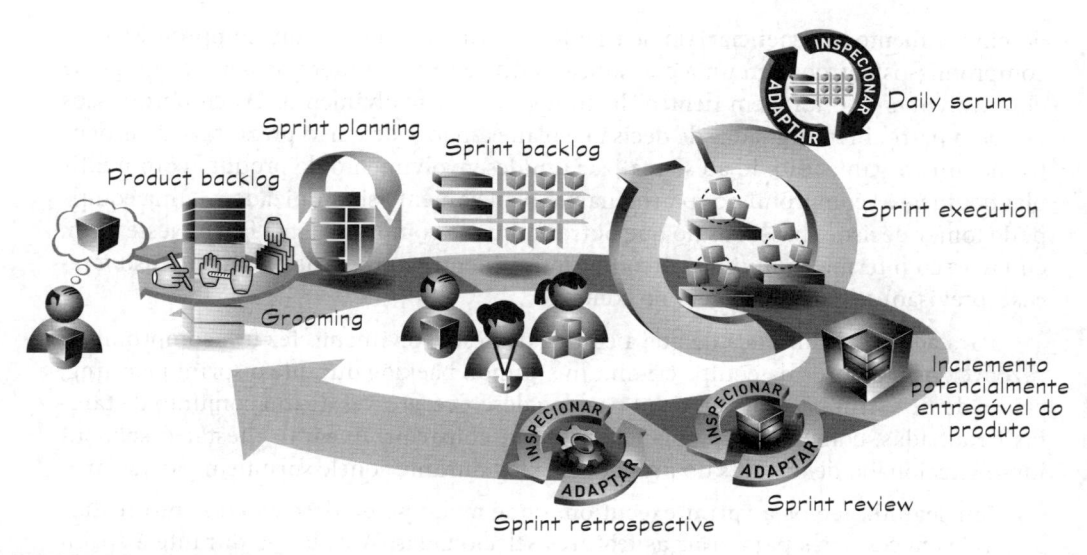

FIGURA 2.3 Framework Scrum

Vamos resumir o diagrama, começando do lado esquerdo da figura e indo no sentido horário da seta principal (o sprint).

O product owner tem uma visão do que ele quer criar (o cubo grande). Como o cubo pode ser grande, através de uma atividade chamada **grooming** ele é dividido em uma série de features que são coletadas em uma lista priorizada chamada product backlog.

Um sprint começa com um sprint planning, engloba o trabalho de desenvolvimento durante o sprint (chamado de sprint execution) e termina com a sprint review e a sprint retrospective. O sprint é representando pela seta grande em loop que domina o centro da figura. O número de itens no product backlog provavelmente vai ser maior do que a equipe de desenvolvimento pode completar num sprint de curta duração. Por essa razão, no início de cada sprint, a equipe de desenvolvimento deve determinar um subconjunto dos itens do product backlog que ela acredita que pode completar — uma atividade chamada de sprint planning, mostrada à direita do grande cubo do product backlog.

Como um breve aparte, em 2011 uma mudança no "The Scrum Guide" (Schwaber e Sutherland 2011) gerou debate sobre se o termo apropriado para descrever o resultado do sprint planning era um **forecast** (*previsão*) ou um **commitment** (*compromisso*). Os defensores da palavra *forecast* gostam dela porque sentem que apesar da equipe de desenvolvimento estar fazendo sua melhor estimativa possível naquele momento, a estimativa pode mudar à medida que mais informações ficarem disponíveis durante o curso do sprint. Alguns também acreditam que um commitment (compromisso) da parte da equipe pode fazer com que ela sacrifique qualidade para atender ao compromisso, ou pode fazer com que a equipe faça um "under-commit" (comprometa-se com menos) para garantir que o compromisso seja atendido.

Concordo que todas as equipes de desenvolvimento devem gerar uma previsão (estimativa) do que elas podem entregar a cada sprint. Entretanto, muitas equipes de desenvolvimento se beneficiariam de usar a previsão para derivar um compromisso. Os compromissos patrocinam uma confiança mútua entre o product owner e a equipe de desenvolvimento e também dentro da equipe de desenvolvimento. Os compromissos também patrocinam tomadas de decisão e planejamento de curto prazo razoáveis dentro de uma organização. E, ao se realizar um desenvolvimento de produto com múltiplas equipes, os compromissos patrocinam o planejamento sincronizado — uma equipe pode tomar decisões baseadas no que outra equipe se comprometeu a fazer. Neste livro, eu favoreço o termo *commitment* (compromisso); entretanto, ocasionalmente uso *forecast* (previsão) se parecer correto no contexto.

Para adquirir confiança de que a equipe de desenvolvimento fez um compromisso razoável, os membros da equipe criam um segundo backlog durante o sprint planning, chamado de sprint backlog. O sprint backlog descreve, através de um conjunto de **tarefas** detalhadas, como a equipe planeja projetar, construir, integrar e testar o subconjunto selecionado de features do product backlog durante aquele sprint em particular.

Em seguida temos a sprint execution, onde a equipe de desenvolvimento realiza as tarefas necessárias para criar as features selecionadas. A cada dia durante a sprint execution, os membros da equipe ajudam a gerenciar o fluxo de trabalho conduzindo uma atividade de sincronização, inspeção e planejamento adaptativo conhecida como daily scrum. No fim da sprint execution a equipe produziu um incremento potencialmente entregável do produto, que representa uma parte da visão do product owner, mas não toda.

A equipe Scrum completa o sprint realizando duas atividades de inspeção e adaptação. Na primeira, chamada de sprint review, os stakeholders e a equipe Scrum inspecionam o produto sendo construído. Na segunda, chamada sprint retrospective, a equipe Scrum inspeciona o processo Scrum sendo usado para criar o produto. Os resultados dessas atividades podem ser adaptações que sejam colocadas no product backlog ou podem ser incluídas como parte do processo de desenvolvimento da equipe.

Nesse ponto o ciclo de sprint do Scrum se repete, começando novamente com a equipe de desenvolvimento determinando o próximo conjunto de itens importantes do product backlog que ela pode completar. Depois de um apropriado número de sprints ter sido completado, a visão do product owner vai ser realizada e o release da solução pode ser feito.

Product Backlog

Usando o Scrum, sempre fazemos o trabalho de mais valor primeiro. O product owner, com informações do resto da equipe Scrum e dos stakeholders, é o responsável final por determinar e gerenciar a sequência desse trabalho e a comunicação dele na forma de uma lista priorizada (ou ordenada), conhecida como **product backlog** (veja a Figura 2.4). No desenvolvimento de novos produtos, os itens no product backlog são features necessárias para atender à visão do product owner. Para um desenvolvimento continuado de produto, o product backlog pode conter também novas features, mudanças em features existentes, defeitos precisando de reparos, melhorias técnicas e assim por diante.

O product owner colabora com os stakeholders internos e externos para definir os itens do product backlog. Ele então assegura que os itens do product backlog estejam

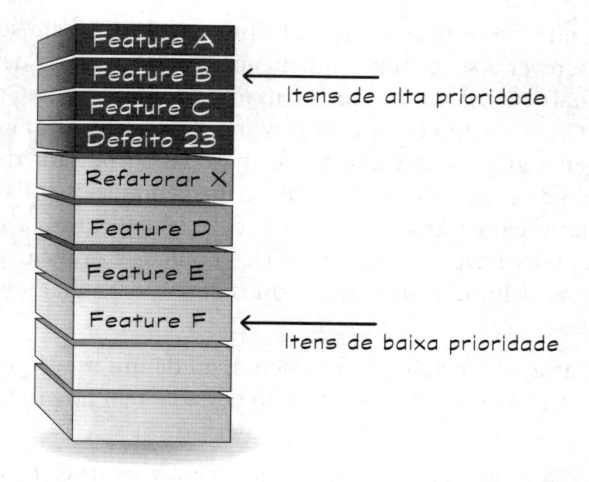

FIGURA 2.4   Product backlog

colocados na sequência correta (usando fatores tais como valor, custo, conhecimento e risco) de forma que itens de alto valor apareçam no topo do product backlog e os itens de menor valor apareçam mais embaixo. O product backlog é um artefato em constante evolução. Itens podem ser adicionados, deletados e revisados pelo product owner à medida que as condições do negócio mudem, ou à medida que o entendimento da equipe sobre o produto aumente (através de feedback com relação ao software produzido durante cada sprint).

De modo geral, a atividade de criação e refinamento dos itens do product backlog, estimando-os e priorizando-os, é conhecida como **grooming** (veja a Figura 2.5).

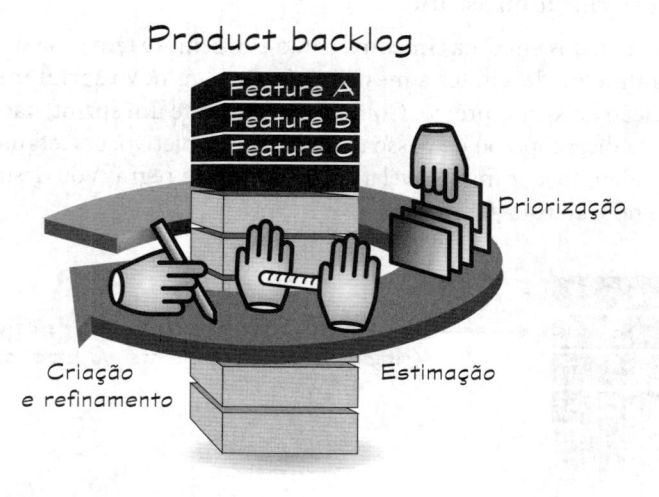

FIGURA 2.5   Product backlog grooming

Como um segundo breve aparte, em 2011 houve outro debate sobre se o termo apropriado para descrever a sequência de itens no product backlog deveria ser *priorizada* (o termo original) ou *ordenada*, o termo usado no "The Scrum Guide" (Schwaber e Sutherland 2011). O argumento era que priorizar é simplesmente uma forma de ordenar (e, de acordo com alguns, nem mesmo a forma mais apropriada de ordenamento). Entretanto, a questão de como melhor sequenciar itens no product backlog é influenciada por muitos fatores e uma única palavra nunca vai capturar toda a abrangência do conceito. Apesar de poder haver um mérito teórico no debate ordenar-versus-priorizar, a maioria das pessoas (incluindo eu) usa os termos de forma intercambiável ao discutir os itens no product backlog.

Antes de finalizar a priorização, ordenamento, ou de um modo geral a arrumação do product backlog, precisamos saber o tamanho de cada item no product backlog (veja a Figura 2.6).

Tamanho é igual a custo, e os product owners precisam saber o custo de um item para determinar apropriadamente sua prioridade. O Scrum não dita qual medida de tamanho usar para itens no product backlog. Na prática, muitas equipes usam uma **medida de tamanho relativo** tal como **story points** ou **ideal days**. Uma medida de tamanho relativo expressa o tamanho geral de um item de tal forma que o valor absoluto não é considerado, mas o tamanho relativo de um item comparado com outros itens é considerado. Por exemplo, na Figura 2.6, a feature C tem tamanho 2 e a feature E tem tamanho 8. O que concluímos é que a feature E é quatro vezes maior que a feature C. Vou discutir essas medidas mais no Capítulo 7.

Sprints

No Scrum, o trabalho é realizado em iterações ou ciclos de até um mês, chamados **sprints** (veja a Figura 2.7). O trabalho completado em cada sprint deve criar algo de valor tangível para o cliente ou usuário.

Sprints são planejados em uma **timebox**, então eles sempre têm uma data de início e fim fixadas, e geralmente devem ter a mesma duração. Um novo sprint imediatamente se segue à finalização do sprint prévio. Como regra, durante um sprint, não permitimos nenhuma mudança de escopo ou de pessoal que altere o objetivo; entretanto, necessidades de negócios podem tornar impossível a aderência a essa regra. Vou descrever sprints em mais detalhes no Capítulo 4.

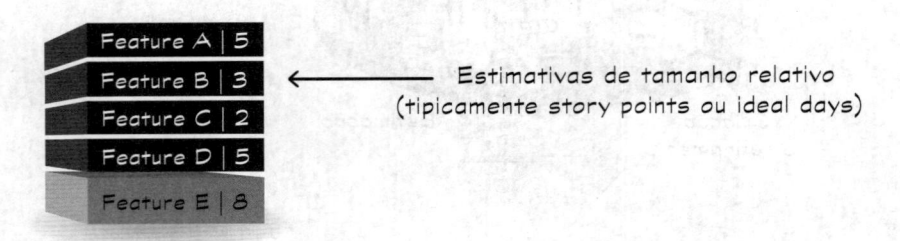

FIGURA 2.6 Tamanhos dos itens no product backlog

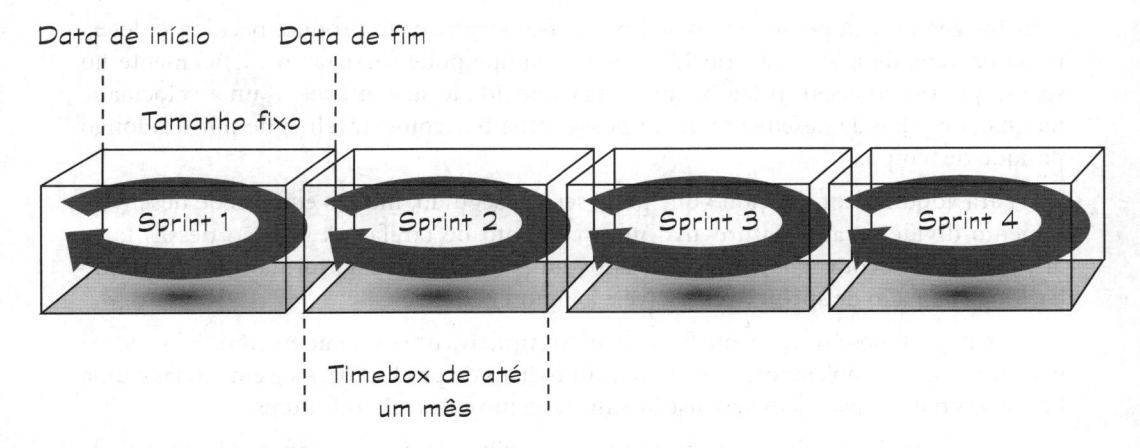

FIGURA 2.7 Características do Sprint

Sprint Planning

Um product backlog pode representar muitas semanas ou meses de trabalho, que é muito mais do que pode ser completado em um único sprint de curta duração. Para determinar o subconjunto mais importante de itens do product backlog a serem construídos no sprint seguinte, o product owner, a equipe de desenvolvimento e o ScrumMaster realizam um **sprint planning** (veja a Figura 2.8).

Durante o sprint planning, o product owner e a equipe de desenvolvimento concordam num **sprint goal** que define o que o sprint que vai começar deve alcançar. Usando

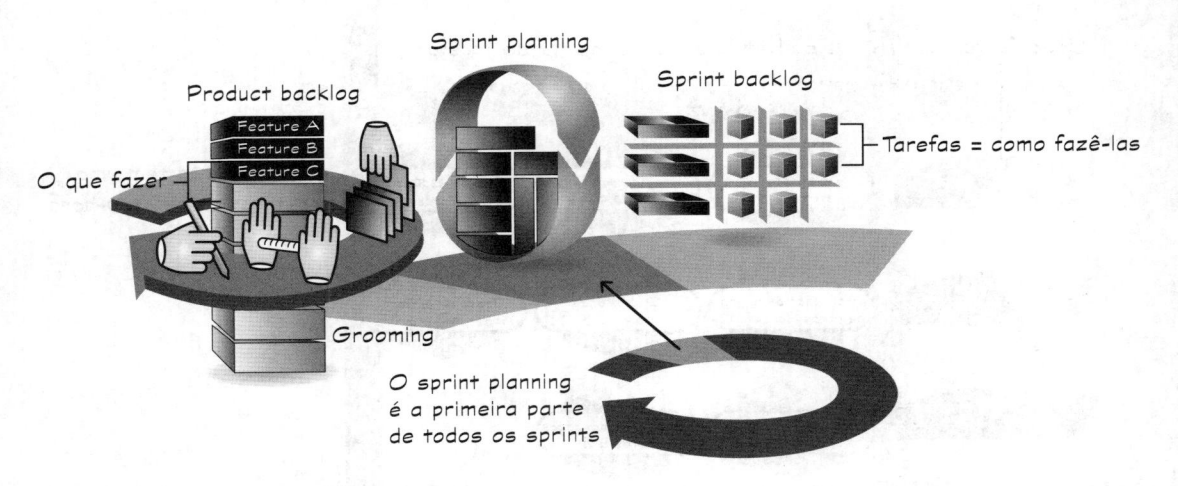

FIGURA 2.8 Sprint planning

o sprint goal, a equipe de desenvolvimento faz a revisão do product backlog e determina os itens de mais alta prioridade que a equipe pode finalizar realisticamente no sprint que vai começar, trabalhando numa **velocidade sustentável** — uma velocidade na qual a equipe de desenvolvimento possa trabalhar confortavelmente por um longo período de tempo.

Para adquirir confiança no que pode ser conseguido, muitas equipes de desenvolvimento dividem cada feature-alvo num conjunto de tarefas. A coleção dessas tarefas, juntamente com seus itens associados no product backlog, formam um segundo backlog chamado de **sprint backlog** (veja a Figura 2.9).

A equipe de desenvolvimento fornece uma estimativa (tipicamente em horas) do esforço necessário para completar cada tarefa. Dividir os itens do product backlog em tarefas é uma forma de projeto e planejamento **just-in-time** de como construir as features.

A maioria das equipes Scrum que fazem sprints de duas semanas até um mês de duração tenta completar o sprint planning entre quatro e oito horas. Um sprint de uma semana não leva mais do que um par de horas para ser planejado (provavelmente menos). Durante esse tempo, há diversas abordagens que podem ser usadas. A abordagem que uso mais frequentemente segue um ciclo simples: seleciono um item do product backlog (sempre que possível, o item mais importante a seguir como definido pelo product owner), divido o item em tarefas e determino se o item selecionado vai se encaixar razoavelmente dentro do sprint (em combinação com outros itens destinados para o mesmo sprint). Se ele não se encaixar e houver mais capacidade para finalizar trabalho, repita o ciclo até que a equipe não tenha capacidade de fazer mais trabalho.

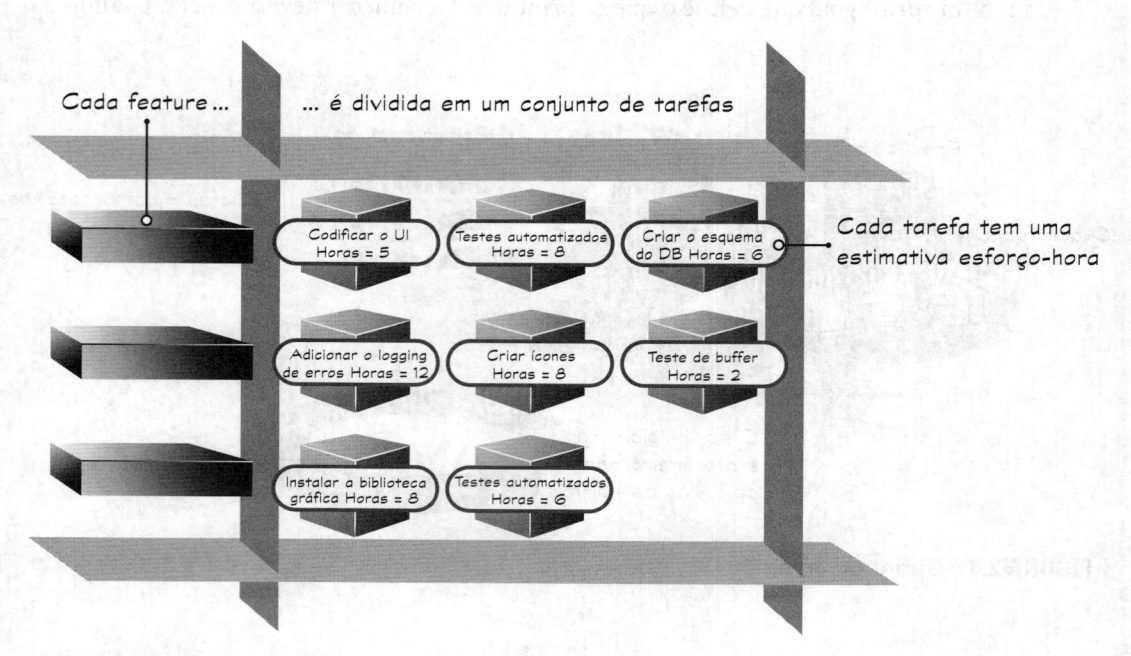

FIGURA 2.9 Sprint backlog

Uma abordagem alternativa seria o product owner e a equipe selecionarem todos os itens-alvo do product backlog. A equipe de desenvolvimento sozinha faz o breakdown da tarefa para confirmar que pode realmente entregar todos os itens selecionados do product backlog. Descreverei essa abordagem com mais detalhes no Capítulo 19.

Sprint Execution

Quando a equipe Scrum finalizar o sprint planning e concordar com o conteúdo do próximo sprint, a equipe de desenvolvimento, guiada pelo coaching do ScrumMaster, vai realizar todo o trabalho necessário no nível das tarefas para aprontar as features (veja a Figura 2.10), onde "pronto" ("done" em inglês) significa que há um alto grau de confiança que todo o trabalho necessário para produzir features de boa qualidade tenha sido feito.

Exatamente quais tarefas a equipe realiza depende é claro da natureza do trabalho (por exemplo, estamos construindo um software e que tipo de software, ou estamos construindo hardware, ou isso é um trabalho de marketing?).

Ninguém diz à equipe de desenvolvimento em qual ordem ou como fazer o trabalho no nível da tarefa no sprint backlog. Em vez disso, os membros da equipe definem seu próprio trabalho na tarefa e então se auto-organizam de qualquer maneira que se sintam melhores para alcançar o objetivo do sprint. Veja o Capítulo 20 para mais detalhes sobre a sprint execution.

Daily Scrum

A cada dia do sprint, idealmente na mesma hora, os membros da equipe de desenvolvimento realizam uma reunião de duração fixa (15 minutos ou menos), chamada **daily scrum** (veja a Figura 2.11). Essa atividade de inspeção e adaptação é algumas vezes chamada de **daily stand-up** por causa da prática comum de todos ficarem em pé durante a reunião para incentivar que ela seja breve.

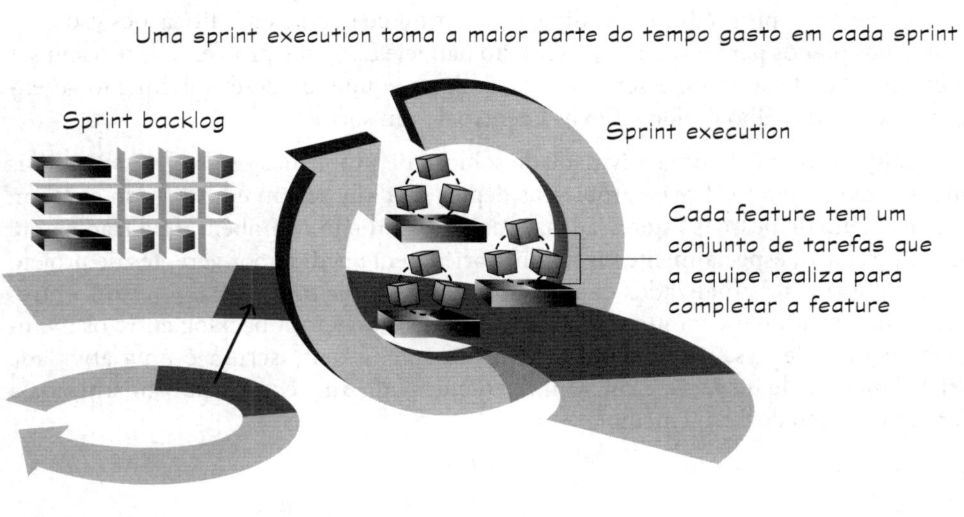

FIGURA 2.10 Sprint execution

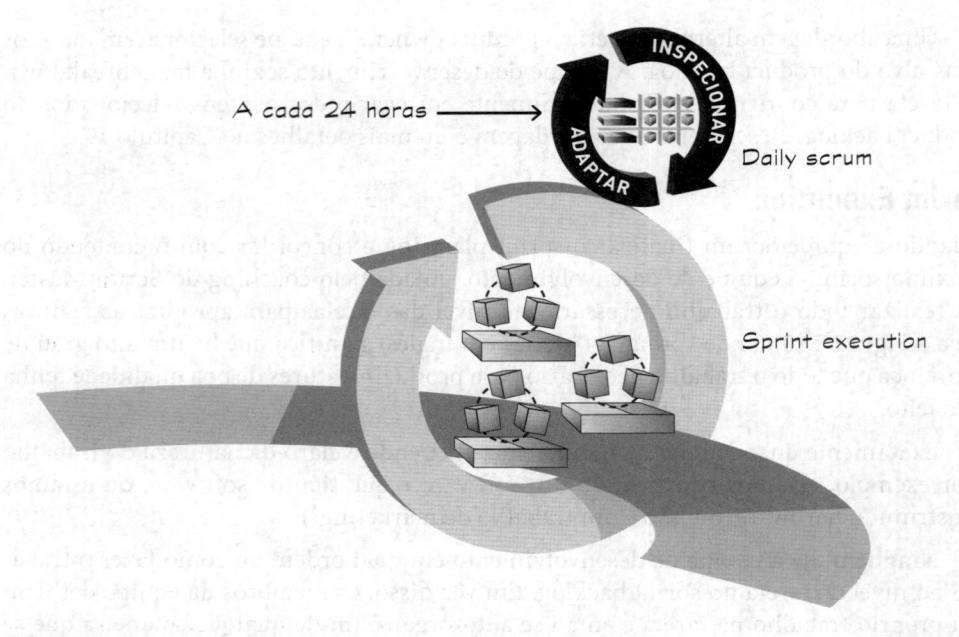

FIGURA 2.11 Daily scrum

Uma abordagem comum na realização da daily scrum é ter o ScrumMaster como facilitador e cada membro da equipe respondendo três perguntas para o benefício dos outros membros da equipe:

- O que eu realizei desde a última daily scrum?
- O que eu planejo trabalhar para a próxima daily scrum?
- Quais são os obstáculos ou impedimentos que estão evitando que eu progrida?

Ao responder essas questões, todos entendem o quadro geral do que está acontecendo, como estão progredindo em direção ao sprint goal, quais modificações vão querer fazer nos planos para o trabalho a ser feito naquele dia e que problemas precisam ser resolvidos. A daily scrum é essencial para ajudar a equipe de desenvolvimento gerenciar o fluxo de trabalho rápido e flexível dentro de um sprint.

A daily scrum não é uma atividade de solução de problemas. Em vez disso, muitas equipes decidem falar sobre os problemas depois da daily scrum e fazem isso com um grupo pequeno de pessoas interessadas. A daily scrum não é também uma tradicional reunião de status, especialmente do tipo historicamente pedida por gerentes de projeto para que possam ser atualizados quanto ao status do projeto. Uma daily scrum, entretanto, pode ser útil para comunicar o status dos itens do sprint backlog entre os membros da equipe de desenvolvimento. Principalmente, a daily scrum é uma atividade diária adaptativa de inspeção e sincronização que ajuda uma equipe auto-organizada a fazer seu trabalho de forma melhor.

Apesar de o uso ter saído de moda, o Scrum usava os termos "**porcos**" e "**galinhas**" para distinguir quem deveria participar durante a daily scrum e quem simplesmente observaria. Esses animais vieram de uma antiga piada (que tem diversas variantes): "Em um lanche com bacon e ovos, a galinha está envolvida, mas o porco está comprometido." Obviamente a intenção do uso desses termos no Scrum é distinguir entre aqueles que estão envolvidos (as galinhas) e aqueles que estão comprometidos com a realização dos objetivos do sprint (os porcos). Na daily scrum, apenas os porcos devem falar: as galinhas, se houver, devem ficar apenas como observadoras.

Tenho achado mais útil considerar todos na equipe Scrum como porcos e todos que não estão, como galinhas. Nem todos concordam. Por exemplo, não é necessário que o product owner esteja na daily scrum, então alguns o consideram como uma galinha (a lógica sendo, como você pode estar "comprometido" se não é necessário que esteja lá?). Isso parece errado para mim, porque não consigo imaginar como o product owner, como um membro da equipe Scrum, possa estar menos comprometido com o resultado de um sprint do que a equipe de desenvolvimento. A metáfora de porcos e galinhas quebra se você tentar aplicá-la dentro da equipe Scrum.

Pronto

No Scrum, nos referimos aos resultados do sprint como um **incremento potencialmente entregável do produto** (potentially shippable product increment) (veja a Figura 2.12), significando que o que quer que a equipe Scrum tenha concordado em fazer está

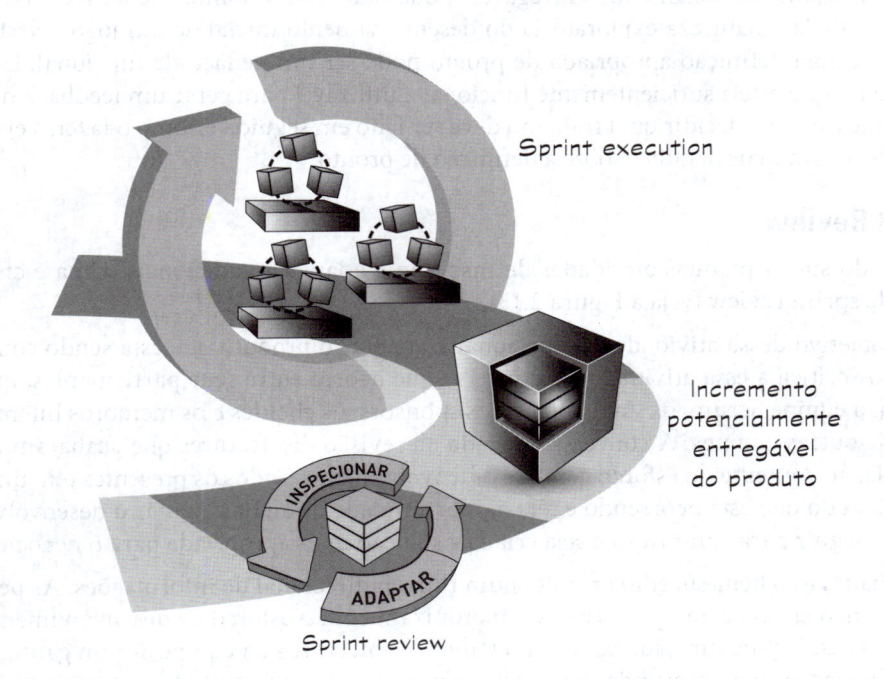

FIGURA 2.12 Resultados do sprint (incremento potencialmente entregável do produto)

realmente feito de acordo com a definição da equipe do que seja estar pronto. Essa definição especifica o grau de confiança de que o trabalho completado seja de boa qualidade e seja potencialmente entregável. Por exemplo, ao se desenvolver software, uma definição mínima de pronto deve gerar um trecho inteiro de funcionalidade do produto que esteja projetado, construído, integrado, testado e documentado.

Uma definição agressiva de pronto possibilita que o negócio decida a cada sprint se ele quer entregar (ou implementar ou lançar) o que foi construído para os clientes internos ou externos.

Sendo claro, "potencialmente entregável" não significa que o que foi construído deve ser entregue. Entregar é uma decisão de negócios, que é frequentemente influenciada por coisas como "Temos features o suficiente ou um workflow suficiente para justificar uma implementação no cliente?" ou "Será que nossos clientes podem absorver outra mudança, dado que acabamos de fazer um release há duas semanas?"

Potencialmente entregável é melhor entendido como um estado de confiança que o que foi construído no sprint esteja realmente pronto, significando que não há trabalho incompleto que seja materialmente importante (tal como testes importantes ou integração e assim por diante) e que precise ser finalizado antes de podermos entregar os resultados do sprint, se a entrega for o desejo do negócio.

Como uma questão prática, com o tempo muitas equipes podem variar a definição de pronto. Por exemplo, nos estágios iniciais do desenvolvimento de um jogo, ter features que sejam potencialmente entregáveis pode não ser economicamente factível ou desejável (dada a natureza exploratória do desenvolvimento inicial de um jogo). Nestas situações, uma definição apropriada de pronto pode ser um pedaço de funcionalidade do produto que esteja suficientemente funcional e utilizável para gerar um feedback que possibilite à equipe decidir qual trabalho deve ser feito em seguida e como o fazer. Veja o Capítulo 4 para mais detalhes sobre a definição de pronto.

Sprint Review

No fim do sprint há duas atividades de inspeção e adaptação adicionais. Uma é chamada de **sprint review** (veja a Figura 2.13).

O objetivo dessa atividade é inspecionar e adaptar o produto que está sendo construído. A crítica a essa atividade é a conversa que ocorre entre seus participantes, que incluem a equipe Scrum, os stakeholders, os sponsors, os clientes e os membros interessados de outras equipes. A conversa é focada na revisão das features que acabaram de ser feitas, no contexto do esforço geral de desenvolvimento. Todos os presentes têm uma visão clara do que está ocorrendo e têm a oportunidade de ajudar a guiar o desenvolvimento a seguir para garantir que seja criada a solução mais apropriada para o negócio.

Uma revisão bem-sucedida resulta num fluxo bidirecional de informações. As pessoas que não estão na equipe Scrum se sincronizam com o esforço de desenvolvimento e ajudam a guiar sua direção. Ao mesmo tempo, os membros da equipe Scrum ganham uma apreciação mais profunda das áreas de negócios e marketing do seu produto ao conseguir um feedback em relação a convergência do produto em direção a clientes ou usuários deslumbrados. Assim, a sprint review representa uma oportunidade agendada para inspecionar e adaptar o produto. Como uma questão prática, as pessoas fora da

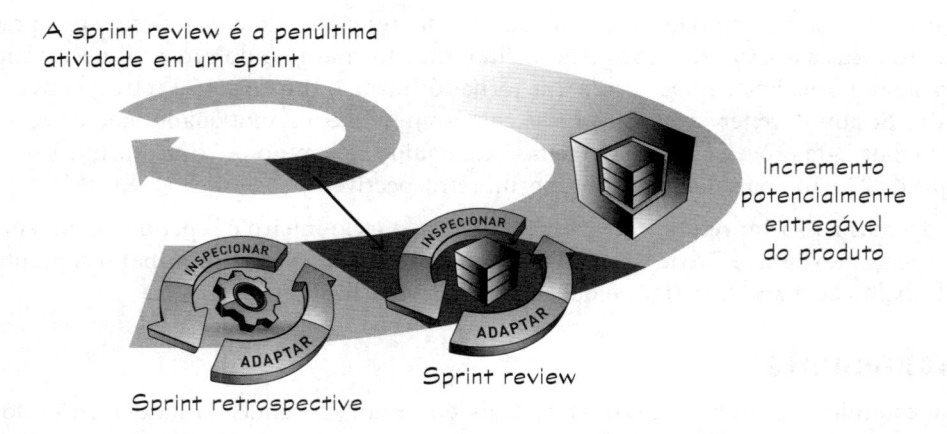

FIGURA 2.13   Sprint review

equipe Scrum podem realizar revisões de features durante um sprint para fornecer feedback para ajudar a equipe Scrum a alcançar melhor seu sprint goal. Veja o Capítulo 21 para mais detalhes sobre a sprint review.

Sprint Retrospective

A segunda atividade de inspeção e adaptação no fim do sprint é a **sprint retrospective** (veja a Figura 2.14). Essa atividade frequentemente ocorre depois da sprint review e antes do próximo sprint planning.

Onde a sprint review é um momento de inspecionar e adaptar o produto, a sprint retrospective é uma oportunidade de inspecionar e adaptar o processo. Durante a sprint retrospective, a equipe de desenvolvimento, o ScrumMaster e o product owner

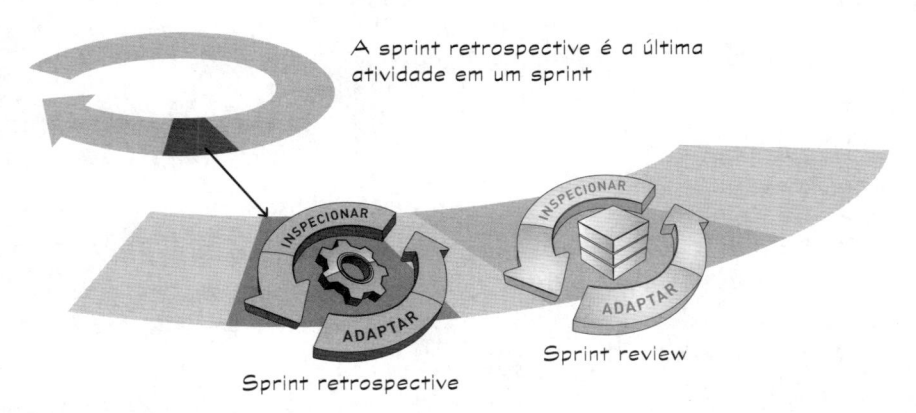

FIGURA 2.14   Sprint retrospective

se juntam para discutir o que está e o que não está funcionando com o Scrum e as práticas técnicas associadas. O foco é no melhoramento contínuo do processo necessário para ajudar uma boa equipe Scrum a se tornar ótima. No fim da sprint retrospective, a equipe Scrum deve ter identificado e se comprometido com uma quantidade de ações de melhoria de processo que serão feitas pela equipe Scrum no próximo sprint. Veja o Capítulo 22 para mais detalhes sobre sprint retrospective.

Depois da sprint retrospective ser finalizada, o ciclo inteiro é repetido novamente — começando com seção de sprint planning seguinte, feita para determinar o conjunto de trabalho de mais alto valor no qual o grupo deve se focar.

Fechamento

Esse capítulo descreveu as práticas centrais do Scrum, focando numa descrição dos papéis, atividades e artefatos do framework Scrum. Há outras práticas, tais como o planejamento de mais alto nível e práticas de acompanhamento de progresso, que muitas equipes Scrum usam. Estes serão descritos em capítulos subsequentes. No capítulo seguinte, fornecerei uma descrição dos princípios centrais nos quais o Scrum é baseado. Isso vai facilitar uma exploração mais profunda do framework Scrum nos capítulos subsequentes.

Capítulo 3
PRINCÍPIOS ÁGEIS

Antes de nos aprofundarmos nas mecânicas do Scrum, vai ser útil entender os princípios subjacentes que direcionam e formam estas mecânicas.

Este capítulo descreve os princípios ágeis onde o Scrum se baseia e os compara com os princípios do tradicional desenvolvimento de produto orientado por planejamento. Ao fazer isso, esse capítulo prepara o palco para se entender como o Scrum difere das formas tradicionais de desenvolvimento de produto e para uma análise mais detalhada das práticas do Scrum nos capítulos seguintes.

Visão Geral

Acho instrutivo introduzir os princípios subjacentes ao Scrum comparando-os com as crenças que direcionam o mais tradicional desenvolvimento sequencial orientado por planejamento. Fazer isso facilita que as pessoas entendam como o Scrum é similar ou diferente de algo que elas conhecem e entendem.

O objetivo da comparação de princípios ágeis com os princípios do desenvolvimento tradicional não é tentar dizer que o desenvolvimento sequencial orientado a planejamento é mau e o Scrum é bom. Ambos são ferramentas no kit do desenvolvedor profissional: não existe má ferramenta, há momentos inapropriados para usar tal ferramenta. Como descrevi brevemente no contexto do framework Cynefin no Capítulo 1, o Scrum e o tradicional desenvolvimento sequencial orientado a planejamento são apropriados para uso em diferentes classes de problemas.

Ao fazer a comparação entre duas abordagens, estou usando a descrição teórica do desenvolvimento sequencial orientado a planejamento. Usando essa perspectiva ao descrever o desenvolvimento tradicional, sou melhor capacitado para mostrar as distinções e ilustrar mais claramente os princípios nos quais o desenvolvimento Scrum se baseia.

Uma forma pura do tradicional desenvolvimento orientado a planejamento frequentemente é chamada de **cascata** (**waterfall**) (veja a Figura 3.1). Entretanto, esse é apenas um exemplo de uma ampla classe de processos **orientados a planejamento** (também conhecidos como processos de desenvolvimento **tradicionais, sequenciais, antecipatórios, preditivos** ou **prescritivos**).

Processos orientados a planejamento recebem esse nome porque eles tentam planejar e antecipar todas as features que o usuário pode querer no produto final, e determinar como construir da melhor maneira essas features. A ideia aqui é quanto melhor o planejamento, melhor o entendimento e, portanto, melhor a execução. Processos orientados a planejamento são frequentemente chamados processos sequenciais, porque os praticantes realizam, em sequência, uma completa análise de requisitos, seguida por um design completo, seguido pela construção/codificação e então pelos testes.

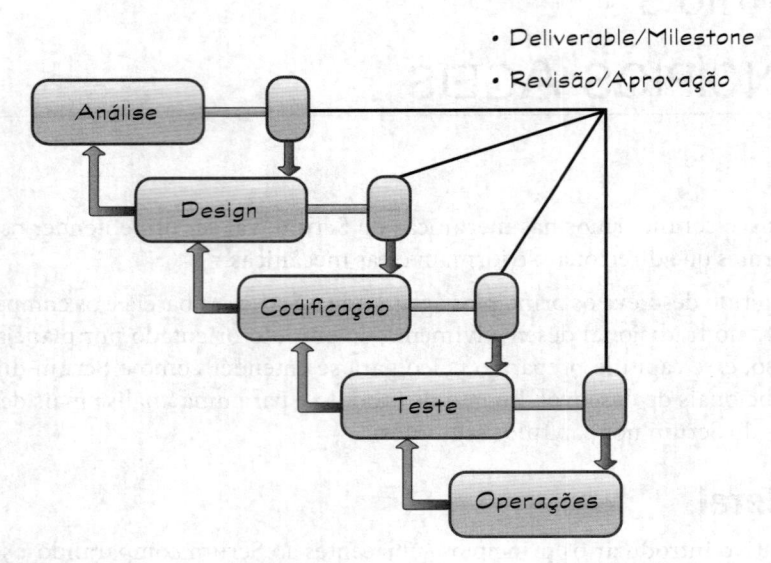

FIGURA 3.1 Processo em cascata (waterfall)

Desenvolvimento orientado a planejamento funciona bem se você o estiver aplicando a problemas que sejam bem definidos, previsíveis e com pouca probabilidade de possuírem alguma mudança. O problema é que a maioria dos esforços de desenvolvimento são tudo menos previsíveis, especialmente no início. Então, enquanto um processo orientado a planejamento dá a impressão de uma abordagem mensurável, previsível e responsável, essa impressão pode levar a um falso senso de segurança. Afinal, desenvolver um produto raramente ocorre como planejado.

Para muitos, um processo sequencial orientado a planejamento simplesmente faz sentido, entenda-o, projete-o, codifique-o, teste-o e implemente-o, tudo de acordo com um bem definido plano prescrito. Há uma crença que isso *deveria* funcionar. Se a aplicação de uma abordagem orientada a planejamento não funciona, a atitude prevalente é que simplesmente fizemos algo errado. Mesmo se um processo orientado a planejamento repetidamente produzir resultados desapontadores, muitas organizações continuam a aplicar a mesma abordagem, certas de que se fizerem melhor, seus resultados vão melhorar. O problema, entretanto, não é com a execução. É que abordagens orientadas a planejamento são baseadas num conjunto de crenças que não se encaixam na incerteza inerente da maioria dos esforços de desenvolvimento de produto.

O Scrum, por outro lado, é baseado em um conjunto diferente de crenças — um que coincide bem com problemas com incertezas o suficiente para dificultar altos níveis de previsibilidade. Os princípios que descrevo nesse capítulo foram tirados de uma quantidade de fontes, incluindo o Agile Manifesto (Beck et al. 2001), desenvolvimento enxuto de produtos (Reinertsten 2009b; Poppendieck e Poppendieck 2003) e "The Scrum Guide" (Schwaber e Sutherland 2011).

Estes princípios estão organizados em diversas categorias como mostrado na Figura 3.2.

Visão Geral **31**

Princípios

- **Variabilidade e incerteza**
  - Abrace a variabilidade útil
  - Empregue o desenvolvimento iterativo e incremental
  - Tire proveito da variabilidade através da inspeção, adaptação e transparência
  - Reduza todas as formas de incerteza simultaneamente

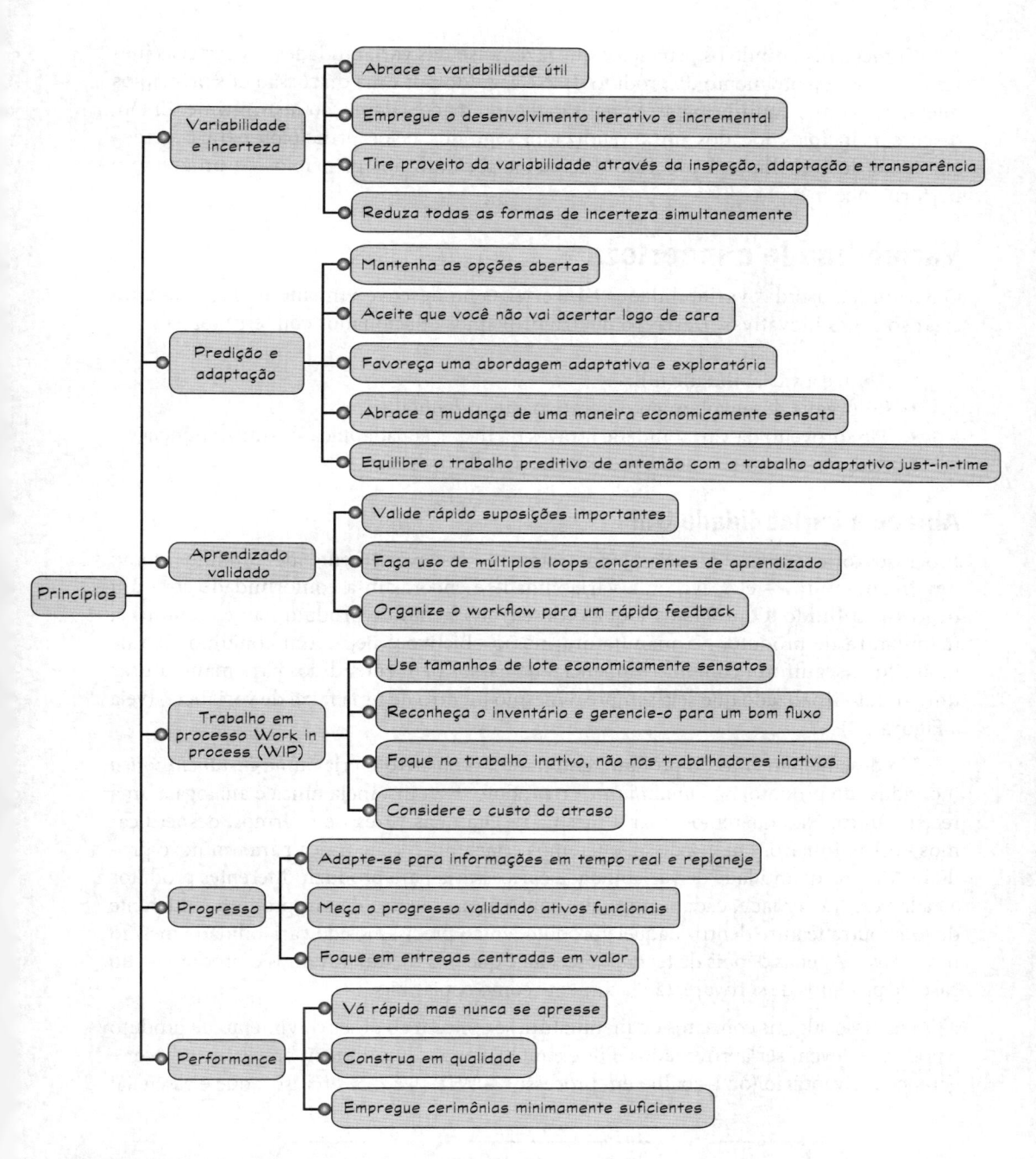

- **Predição e adaptação**
  - Mantenha as opções abertas
  - Aceite que você não vai acertar logo de cara
  - Favoreça uma abordagem adaptativa e exploratória
  - Abrace a mudança de uma maneira economicamente sensata
  - Equilibre o trabalho preditivo de antemão com o trabalho adaptativo just-in-time

- **Aprendizado validado**
  - Valide rápido suposições importantes
  - Faça uso de múltiplos loops concorrentes de aprendizado
  - Organize o workflow para um rápido feedback

- **Trabalho em processo Work in process (WIP)**
  - Use tamanhos de lote economicamente sensatos
  - Reconheça o inventário e gerencie-o para um bom fluxo
  - Foque no trabalho inativo, não nos trabalhadores inativos
  - Considere o custo do atraso

- **Progresso**
  - Adapte-se para informações em tempo real e replaneje
  - Meça o progresso validando ativos funcionais
  - Foque em entregas centradas em valor

- **Performance**
  - Vá rápido mas nunca se apresse
  - Construa em qualidade
  - Empregue cerimônias minimamente suficientes

FIGURA 3.2 Categorização de princípios

Começo discutindo os princípios que fazem uso das variabilidades e incertezas inerentes ao desenvolvimento de produto. Isso é seguido por uma discussão dos princípios que lidam com o equilíbrio entre previsão de antemão e adaptação just-in-time. Então, discuto princípios focados no aprendizado, seguidos pelos princípios para o gerenciamento do trabalho em processo. E concluo focando nos princípios de progresso e performance.

Variabilidade e Incerteza

O Scrum faz uso das **variabilidades** e **incertezas** no desenvolvimento de produto para criar soluções inovativas. Descrevo quatro princípios relacionados com esse tópico:

- Abrace a variabilidade útil.
- Empregue desenvolvimento iterativo e incremental.
- Tire proveito da variabilidade através da inspeção, adaptação e transparência.
- Reduza simultaneamente todas as formas de incerteza.

Abrace a Variabilidade Útil

Processos orientados a planejamento tratam o desenvolvimento de produtos como uma manufatura — eles evitam a variabilidade e encorajam a conformidade com um **processo definido**. O problema é que o desenvolvimento de produto não é como uma manufatura de produto. Na manufatura, nosso objetivo é pegar um conjunto fixo de requisitos e seguir um conjunto sequencial de passos bem entendidos para manufaturar um produto finalizado que seja sempre o mesmo (dentro de uma faixa de variância) (veja a Figura 3.3).

No desenvolvimento de produto, entretanto, o objetivo é criar uma *instância única* individual do produto, não *manufaturar* o produto. Esta instância única é análoga a uma receita única. Não queremos criar a mesma receita duas vezes; se fizermos, desperdiçamos nosso dinheiro. Em vez disso, queremos criar uma receita única para um novo produto. Alguma quantidade de variabilidade é necessária para produzir diferentes produtos a cada vez. Na verdade, cada feature que construímos dentro de um produto é diferente de toda outra feature dentro daquele produto, então precisamos de variabilidade mesmo nesse nível. Apenas depois de termos a receita é que nós manufaturamos o produto — no caso de produtos de software, tão facilmente como copiar bits.

Dito isso, alguns conceitos da manufatura se aplicam ao desenvolvimento de produto e podem e devem ser aproveitados. Por exemplo, como discutirei em breve, reconhecer e gerenciar **inventário** (ou trabalho em processo — WIP [*work in process*]), que é essencial

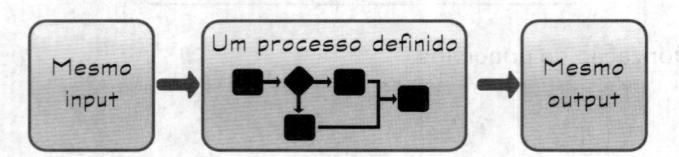

FIGURA 3.3 Processo definido

na manufatura, também é essencial no desenvolvimento de produto. Entretanto, pela própria natureza do trabalho envolvido, o desenvolvimento de produto e a manufatura de produto não são a mesma coisa e como tais necessitam de processos muito diferentes.

Empregue o Desenvolvimento Iterativo e Incremental

O desenvolvimento sequencial orientado a planejamento assume que vamos entender as coisas de saída ou que todos os pedaços do produto vão se juntar sem problema mais tarde no esforço.

O Scrum, por outro lado, é baseado no **desenvolvimento incremental e iterativo**. Apesar desses dois termos serem frequentemente usados como se fossem um conceito único, o desenvolvimento iterativo é na realidade diferente do desenvolvimento incremental.

O **desenvolvimento iterativo** reconhece que provavelmente vamos entender errado as coisas antes de as entender corretamente, que vamos fazer as coisas de maneira pobre antes de as fazer direito (Goldberg e Rubin, 1995). Como tal, o desenvolvimento iterativo é uma estratégia de retrabalho planejado. Fazemos múltiplas passadas no que estamos construindo para que possamos convergir para uma boa solução. Por exemplo, podemos começar criando um protótipo para adquirir conhecimento sobre um trecho mal conhecido do produto. Então podemos criar uma versão revisada que seja melhor de alguma maneira, que por sua vez pode ser seguida por uma versão ótima.

O desenvolvimento iterativo é uma excelente maneira de melhorar o produto enquanto ele está sendo desenvolvido. O grande problema do desenvolvimento iterativo é que, na presença de incerteza, pode ser difícil determinar (planejar) de antemão quantas passadas de melhorias serão necessárias.

O **desenvolvimento incremental** é baseado num antigo princípio de "Construir um pouco antes de construir tudo". Evitamos ter um grande evento *estilo big-bang* no fim do desenvolvimento onde todos os pedaços são reunidos e o produto inteiro é entregue. Em vez disso, dividimos o produto em pedaços menores para que possamos construir uma parte dele, aprender como cada pedaço vai sobreviver no ambiente onde ele tem de existir, adaptar baseado no que aprendemos e então construir mais. Enquanto escrevia este livro, escrevi um capítulo por vez e enviava cada capítulo para revisão à medida que o terminava, em vez de tentar receber um feedback do livro inteiro de uma vez. Isso me deu a oportunidade de incorporar aquele feedback nos capítulos futuros, ajustando meu tom, estilo e discurso conforme necessário. Isso também me deu a oportunidade de aprender incrementalmente e aplicar o que aprendi dos primeiros capítulos nos capítulos mais a frente.

O desenvolvimento incremental nos dá informações importantes que nos permitem adaptar nosso esforço de desenvolvimento e mudar como procedemos. O grande senão do desenvolvimento incremental é que, ao construirmos por partes, arriscamos perder o quadro geral (vemos as árvores, mas não a floresta).

O Scrum tira proveito dos benefícios de ambos desenvolvimentos iterativo e incremental, enquanto que evita as desvantagens de os usar individualmente. O Scrum faz isso ao usar ambas ideias em uma série adaptativa de iterações de duração fixa (timeboxed) chamadas de sprints (veja a Figura 3.4).

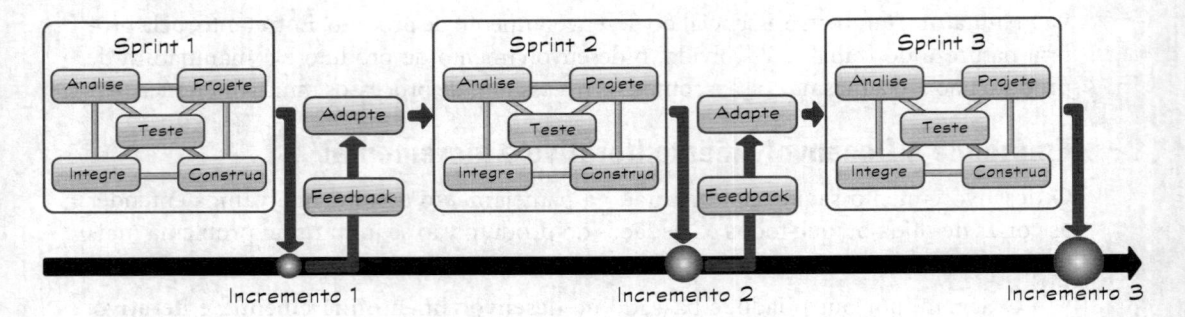

FIGURA 3.4 O Scrum usa desenvolvimento iterativo e incremental

Durante cada sprint, realizamos todas as atividades necessárias para criar um incremento funcional do produto (uma parte do produto, não todo ele). Isso é ilustrado na Figura 3.4 ao mostrarmos que algum trabalho de análise, design, construção, integração e teste é completado em cada sprint. Essa abordagem all-at-once tem o benefício de validar rapidamente as suposições que são feitas ao se desenvolverem as features do produto. Por exemplo, tomamos algumas decisões de design, criamos algum código baseado nessas decisões e então testamos o design e o código — tudo no mesmo sprint. Ao fazermos todo o trabalho relacionado dentro de um sprint, somos capazes de rapidamente retrabalhar as features, assim alcançando os benefícios do desenvolvimento iterativo, sem ter de planejar especificamente para iterações adicionais.

Um mau uso do conceito de sprint é focar cada sprint em apenas um tipo de trabalho — por exemplo, sprint 1 (análise), sprint 2 (design), sprint 3 (programação) e sprint 4 (testes). Tal abordagem tenta sobrepor no Scrum a estrutura de divisão de trabalho do estilo cascata (waterfall). Frequentemente me refiro a essa abordagem mal-entendida como **WaterScrum** e já ouvi outros se referirem a isso como **Scrummerfall**.

No Scrum não trabalhamos numa fase por vez; trabalhamos em uma feature por vez. Então, no fim do sprint criamos um valioso incremento do produto (algumas, mas não todas as features do produto). Esse incremento inclui ou é integrado e testado com quaisquer features previamente desenvolvidas; caso contrário, ele não é considerado pronto. Por exemplo, o incremento 2 na Figura 3.4 inclui as features do incremento 1. No fim do sprint, podemos conseguir um feedback sobre as features novas dentro do contexto das features já completadas. Isso nos ajuda a ver o produto de uma perspectiva mais geral do que faríamos de outra maneira.

Recebemos feedback sobre os resultados do sprint, que nos permite adaptar. Podemos escolher diferentes features para trabalharmos no próximo sprint ou alterar o processo que vamos usar para construir o próximo conjunto de features. Em alguns casos, podemos aprender que o incremento, apesar de tecnicamente atender às especificações, não está tão bom como poderia. Quando isso acontece, podemos agendar um retrabalho para um sprint futuro como parte do nosso compromisso com o desenvolvimento iterativo e a melhora continuada. Isso nos ajuda a superar a questão de não saber de antemão exatamente quantas passadas de melhoria serão necessárias. O Scrum não requer que predeterminemos um conjunto de iterações. O fluxo contínuo de feedback vai nos guiar para fazermos o número apropriado e economicamente sensato de iterações enquanto desenvolvemos o produto incrementalmente.

Tire Proveito da Variabilidade através da Inspeção, Adaptação e Transparência

Processos orientados a planejamento e o Scrum são fundamentalmente diferentes em diversas dimensões (veja a Tabela 3.1, baseada em dimensões sugeridas por Reinertsen 2009a).

Um processo de desenvolvimento sequencial e orientado a planejamento assume nenhuma ou pouca variabilidade na saída. Ele segue um conjunto de passos bem definidos e usa apenas pequenas quantidades de feedback mais tarde no processo. Em contraste, o Scrum abraça o fato que, no desenvolvimento de produtos, algum nível de variabilidade é necessário para construir algo novo. O Scrum também assume que o processo necessário para criar o produto é complexo e portanto desafiaria uma definição de antemão completa. Ainda mais, ele gera feedbacks de forma frequente e com antecedência, para garantir que o produto certo esteja sendo construído da maneira correta.

No coração do Scrum estão os princípios de **inspeção, adaptação** e **transparência** (referidos coletivamente por Schwaber e Beedle 2001 como **empirical process control**). No Scrum, inspecionamos e adaptamos não apenas o que estamos construindo, mas também como estamos construindo (veja a Figura 3.5).

Para fazer isso direito, confiamos na transparência: toda as informações que são importantes para produzir um produto devem estar disponíveis para as pessoas envolvidas na criação do produto. A transparência torna a inspeção possível, que é necessária para a adaptação. A transparência também permite que todos os envolvidos observem e entendam o que está acontecendo. Isso leva a mais comunicação e estabelece confiança (tanto no processo quanto entre os membros da equipe).

TABELA 3.1 Comparação de Processos Orientados a Planejamento e Scrum

Dimensão	Planejado	Scrum
Grau da definição do processo	Um conjunto bem definido de passos sequenciais	Um processo complexo que desafiaria uma definição de antemão completa
Aleatoriedade do resultado	Pouca ou nenhuma variabilidade no resultado	Variabilidade esperada, porque não estamos tentando construir a mesma coisa de novo e de novo
Quantidade de feedback usado	Pouco e tarde	Frequente e antecipadamente

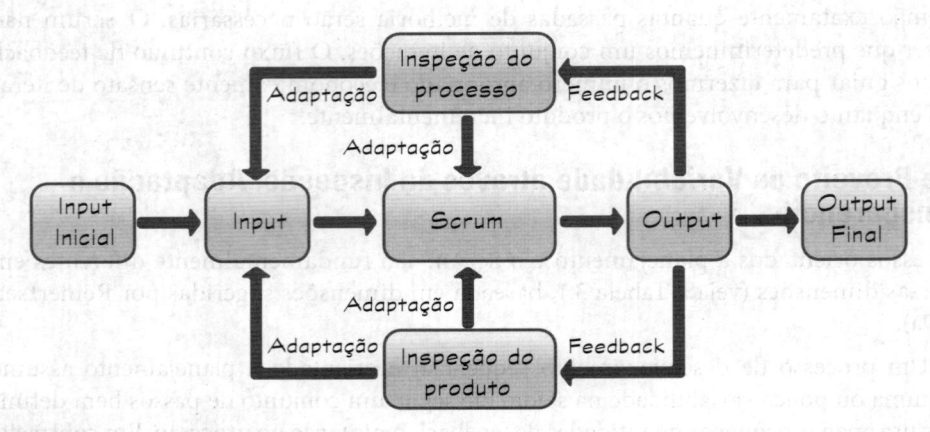

FIGURA 3.5 Modelo de processo do Scrum

Reduza Simultaneamente Todas as Formas de Incerteza

Desenvolver novos produtos é um empreendimento complexo com um alto grau de incerteza. Essa incerteza pode ser dividida duas grandes categorias (Laufer 1996):

- **Incerteza quanto ao final** (incerteza do *que*) — a incerteza acerca das features do produto final
- **Incerteza quanto ao meio** (incerteza do *como*) — a incerteza acerca do processo e das tecnologias usadas para desenvolver um produto

Em ambientes particulares ou com produtos particulares pode também haver uma **incerteza quanto ao cliente** (incerteza do *quem*). Por exemplo, organizações start-up (incluindo grandes organizações que focam em produtos novos) podem apenas ter suposições com relação a quem serão os reais clientes dos seus produtos. Essa incerteza deve ser trabalhada, ou elas podem construir produtos brilhantes para os mercados errados.

O processo de desenvolvimento sequencial tradicional foca primeiro na eliminação de todas as incertezas ao definir completamente de antemão o que deve ser construído, e apenas depois lidando com a incerteza quanto ao meio.

Essa abordagem simplista e linear para a redução de incerteza não é bem adequada para o domínio complexo do desenvolvimento de produto onde nossas ações e o ambiente no qual operamos restringem mutualmente um ao outro. Por exemplo:

- Decidimos construir uma feature (nossa ação).
- Então mostramos a feature para um cliente, que, uma vez que a vê, muda sua ideia sobre o que realmente quer, ou percebe que ele não indicou adequadamente os detalhes da feature (nossa ação induz uma resposta do ambiente).

- Fazemos mudanças no design baseadas no feedback (a reação do ambiente nos influencia a tomar outra ação, que não havia sido prevista).

No Scrum, não nos restringimos ao tratar completamente um tipo de incerteza antes de tratarmos o próximo tipo. Em vez disso, abordamos holisticamente e focamos em reduzir simultaneamente todas as incertezas (fim, meio, cliente e assim por diante). Claro, em qualquer momento podemos nos focar mais em um tipo de incerteza do que em outra. Tratar simultaneamente múltiplos tipos de incertezas é facilitado pelo desenvolvimento iterativo e incremental e guiado pela constante inspeção, adaptação e transparência. Tal abordagem nos permite sondar de forma oportuna nosso ambiente para identificar e aprender sobre os **desconhecidos não conhecidos** (as coisas que nós ainda não sabemos que não sabemos) à medida que eles surgem.

Predição e Adaptação

Ao usarmos o Scrum, estamos constantemente equilibrando o desejo por predições com a necessidade de adaptações. Descrevo cinco princípios ágeis relacionados a esse tópico:

- Mantenha as opções abertas.
- Aceite que você não vai acertar de primeira.
- Favoreça uma abordagem adaptativa e exploratória.
- Abrace a mudança de uma maneira economicamente sensata.
- Equilibre o trabalho preditivo de antemão com o trabalho adaptativo just-in-time.

Mantenha as Opções Abertas

O desenvolvimento sequencial orientado a planejamento requer que importantes decisões em áreas como requisitos sejam feitas, revisadas e aprovadas dentro de suas respectivas fases. Essas decisões devem ser feitas antes de podermos transicionar para a próxima fase, mesmo se essas decisões forem baseadas em conhecimento limitado.

O Scrum argumenta que nunca devemos tomar uma decisão prematura apenas porque um processo genérico dita que agora seria o momento de a tomar. Em vez disso, ao usar o Scrum, favorecemos uma estratégia de manter nossas opções abertas. Frequentemente esse princípio é referido como **último momento responsável (last responsible moment — LRM)** (Poppendieck e Poppendieck 2003), significando que adiamos o comprometimento e não tomamos decisões importantes e irreversíveis até o último momento responsável. E quando seria isso? Quando o custo de não tomar uma decisão se tornar maior que o custo de tomar uma decisão (veja Figura 3.6). Nesse momento, tomamos a decisão.

Para apreciar esse princípio, considere isso. No primeiro dia de um esforço de desenvolvimento de produto temos a menor quantidade de informações sobre o que estamos fazendo. A cada dia subsequente do esforço de desenvolvimento, aprendemos um pouco mais. Por que, então, decidiríamos tomar todas as decisões mais críticas, e

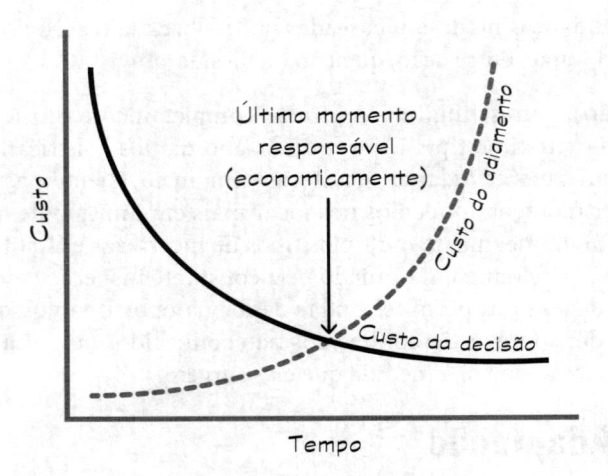

FIGURA 3.6 Tome decisões no último momento responsável

talvez irreversíveis, no primeiro dia ou muito cedo? Muitos de nós preferiríamos esperar até termos mais informações para que possamos tomar decisões mais bem informadas. Ao lidarmos com decisões importantes e irreversíveis, se decidirmos muito cedo e estivermos errados, estaremos na parte exponencial da curva custo da decisão da Figura 3.6. À medida que adquirimos um melhor entendimento com relação a decisão, o custo de decidir diminui (a probabilidade de tomar uma má decisão diminui por causa do aumento da certeza técnica ou de mercado). É por isso que devemos esperar até termos melhores informações antes de nos comprometermos com uma decisão.

Aceite que Você Não Vai Acertar de Primeira

Processos orientados a planejamento não apenas demandam todos os requisitos e um plano completo; eles também supõem que podemos "entender direito" de antemão. Na realidade é muito improvável que consigamos acertar de antemão todos os requisitos ou o plano detalhado baseado nesses requisitos. O que é pior é que, quando os requisitos mudam, temos de modificar os requisitos básicos e o plano para coincidir com a realidade atual (mais sobre isso no Capítulo 5).

No Scrum, reconhecemos que não vamos conseguir acertar de antemão todos os requisitos ou os planos. Na verdade, acreditamos que tentar fazer é perigoso, porque provavelmente nos falta algum conhecimento importante, levando à criação de uma grande quantidade de requisitos de baixa qualidade (veja a Figura 3.7).

Essa figura ilustra que, quando usamos um processo sequencial orientado a planejamento, um grande número de requisitos são produzidos precipitadamente, quando temos a menor quantidade de conhecimento cumulativo sobre o produto. Essa abordagem é arriscada, porque há uma ilusão de que tenhamos eliminado a incerteza de fim. Ela potencialmente também vai gerar muito desperdício na medida em que nosso entendimento melhorar ou as coisas mudarem (como vou descrever em breve).

Zona de perigo! Há um monte de requisitos de baixa qualidade especificados quando não temos conhecimento suficiente

Quantidade de requisitos produzidos em cada ponto no tempo

– – – Conhecimento cumulativo

Nosso conhecimento cumulativo do produto cresce com o tempo

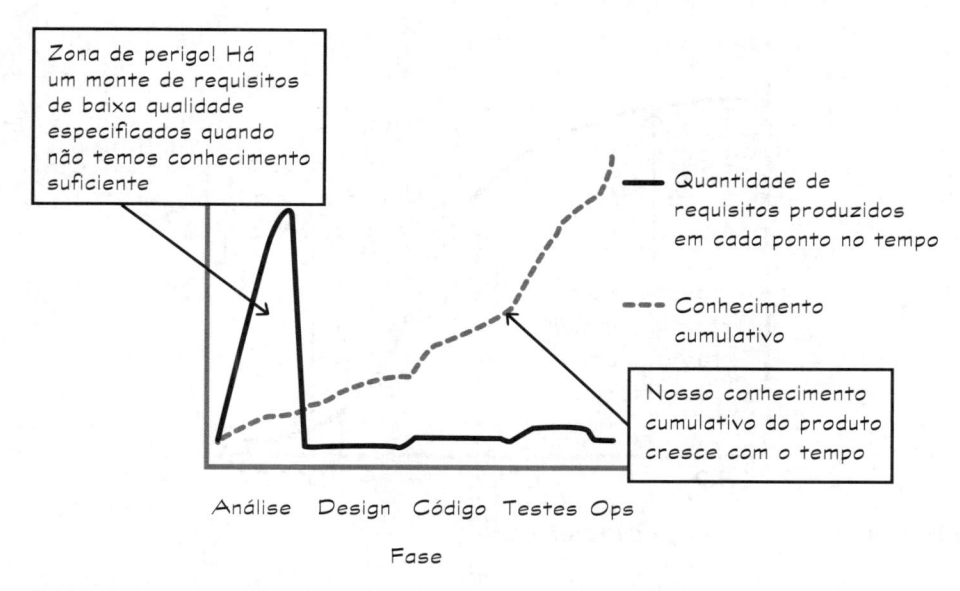

Análise Design Código Testes Ops

Fase

FIGURA 3.7 Aquisição de requisitos orientados a planejamento em relação ao conhecimento sobre o produto

Com o Scrum, ainda produzimos alguns requisitos e planos de antemão, mas apenas o suficiente e com a suposição de que vamos preencher os detalhes desses requisitos e planos na medida em que aprendermos mais sobre os produtos que estamos construindo. Afinal, mesmo se acharmos que estamos 100% certos sobre o que construir e como organizar de antemão o trabalho para o construir, vamos aprender que estamos errados tão logo disponibilizemos nossas entregas incrementais no ambiente no qual elas devem existir. Nesse momento, todas as inconvenientes realidades do que é realmente necessário vão nos guiar a fazer mudanças.

Favoreça uma Abordagem Adaptativa, Exploratória

Processos sequenciais orientados a planejamento focam na utilização (ou aproveitamento) do que é conhecido no momento e na previsão do que não for conhecido. O Scrum favorece uma abordagem mais adaptativa de tentativa e erro, baseada no uso apropriado da exploração.

Exploração se refere aos momentos quando escolhemos ganhar conhecimento ao fazer alguma atividade, tal como construir um protótipo, criar uma prova de conceito, realizar um estudo ou conduzir um experimento. Em outras palavras, quando confrontados com a incerteza, compramos informações através da exploração.

Nossas ferramentas e tecnologias significativamente influenciam o custo da exploração. Historicamente a exploração no desenvolvimento de um produto de software tem sido cara, um fato que favoreceu uma abordagem mais preditiva de tentar acertar de antemão (veja a Figura 3.8).

Como um exemplo, no meu primeiro ano na Georgia Tech (início da década de 1980), eu (brevemente) usei cartões perfurados — uma ferramenta que, como a

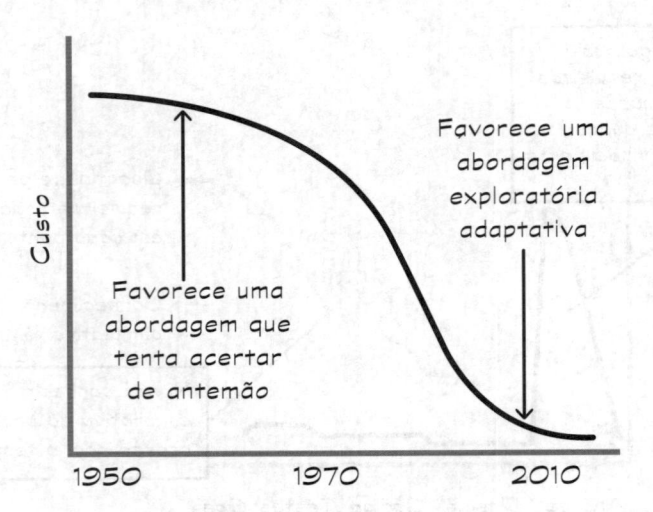

FIGURA 3.8 Custo histórico da exploração

máquina de escrever, fazia você odiar quaisquer erros ou modificações. Era difícil abraçar o conceito de "Vamos tentar isso rapidamente e ver o que acontece." se, para cada solução potencial, você tivesse de trabalhosamente criar os cartões perfurados, ficar na fila do mainframe e esperar até 24 horas para conseguir uma validação da sua solução. Mesmo o custo de um simples erro de digitação era pelo menos um dia do cronograma. Fazia sentido econômico um processo em estilo cascata que permitisse uma consideração cuidadosa do conhecimento atual e a predição de incertezas numa tentativa de se chegar a uma boa solução.

Felizmente, ferramentas e tecnologias melhoraram e o custo da exploração diminuiu muito. Não há mais uma falta de incentivo econômico na exploração. Na verdade, atualmente, é frequentemente mais barato adaptar-se ao feedback do usuário ao se construir algo rápido do que investir em tentar entender tudo de antemão. Isso também é bom, porque o contexto (as tecnologias ao redor) no qual nossa solução deve existir está ficando cada vez mais complexo.

No Scrum, se tivermos conhecimento o suficiente para darmos um passo à frente razoável e informado com a nossa solução, então avançamos. Entretanto, ao nos depararmos com incertezas, em vez de tentar prevê-las, usamos exploração de baixo custo para conseguir informações relevantes que possamos então usar para dar um passo à frente razoável e informado com nossa solução. O feedback da nossa ação vai nos ajudar a determinar se e quando vamos precisar de mais explorações.

Abrace a Mudança de uma Maneira Economicamente Viável

Quando usamos o desenvolvimento sequencial, a mudança, conforme todos aprendemos, é substancialmente mais cara com atraso do que com antecedência (veja Figura 3.9 baseada em Boehm 1981).

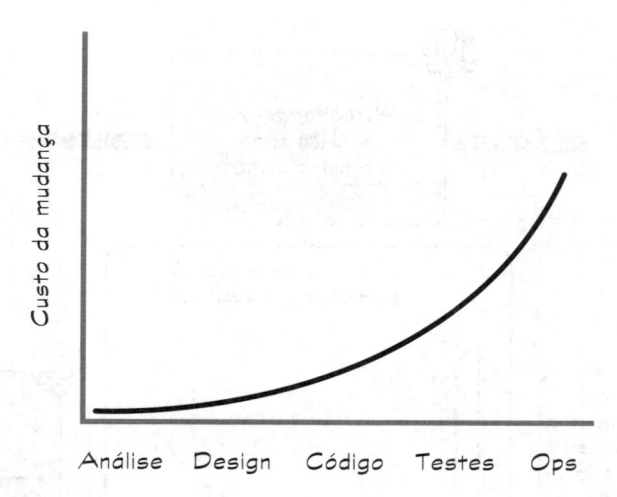

FIGURA 3.9 Significativo custo de mudança tardia com o desenvolvimento sequencial

Como um exemplo, uma mudança feita durante a análise pode custar $1; a mesma mudança feita mais tarde durante os testes pode custar $1.000. Por que tamanha diferença? Se cometemos um erro durante a análise e o encontramos durante a análise, é um conserto barato. Se o mesmo erro não for encontrado até o design, teremos que consertar não apenas o requisito incorreto, mas potencialmente partes do nosso design baseadas nesse requisito errado. A composição dos erros continua através de cada fase subsequente, tornando o que poderia ter sido um erro pequeno durante a análise em um erro muito maior para ser corrigido no momento de testes ou da operação.

Para evitar mudanças mais tarde, o processo sequencial busca controlar cuidadosamente e minimizar quaisquer mudanças de requisitos ou de designs ao aumentar a precisão das previsões sobre o que o sistema precisa fazer ou como se supõe que ele deva fazer.

Infelizmente, ser excessivamente preditivo nas fases de atividades iniciais frequentemente tem o efeito oposto. Isso apenas falha em eliminar a mudança; mas realmente contribui para entregas atrasadas e além do orçamento. Por que essa verdade paradoxal? Primeiro, o desejo de eliminar mudanças caras nos força a investir demasiadamente em cada fase — fazendo mais trabalho do que o necessário ou o prático. Segundo, somos forçados a tomar decisões baseadas em suposições importantes com antecedência no processo, antes de termos validado essas suposições com nossos stakeholders através de feedbacks baseados em recursos funcionais. Como resultado, produzimos um grande inventário de produtos para trabalho baseado nessas suposições. Mais tarde, esse inventário vai provavelmente ter de ser corrigido ou descartado à medida que validarmos (ou invalidarmos) nossas suposições, ou quando mudanças ocorrerem (por exemplo, requisitos emergindo ou evoluindo), como sempre acontece. Isso se encaixa no clássico padrão de uma profecia autorrealizável (veja a Figura 3.10).

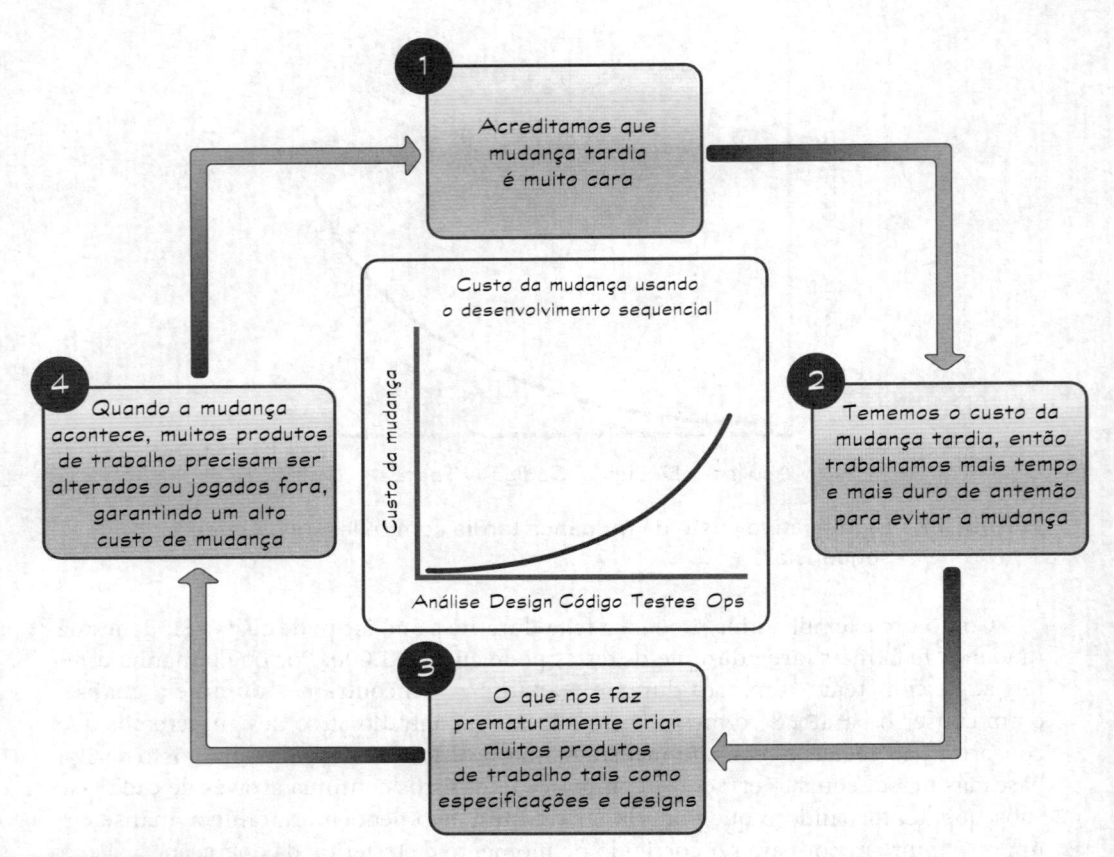

FIGURA 3.10 Profecia autorrealizável

No Scrum, assumimos que a mudança é a norma. Acreditamos que não conseguimos prever a incerteza inerente que existe durante o desenvolvimento do produto, ao trabalharmos mais tempo e mais duro de antemão. Assim sendo, devemos estar preparados para abraçar a mudança. E quando essa mudança ocorrer, queremos que o lado econômico seja mais convincente do que com um desenvolvimento tradicional, mesmo quando a mudança ocorrer tarde no esforço de desenvolvimento do produto.

Nosso objetivo, portanto, é manter plana a curva custo da mudança tanto quanto possível — tornando economicamente sensato abraçar mesmo uma mudança tardia. A Figura 3.11 ilustra essa ideia.

Podemos alcançar esse objetivo ao gerenciarmos a quantidade de trabalho em processo e o fluxo desse trabalho, de forma que o custo da mudança ao utilizarmos o Scrum seja menos afetado pelo tempo do que em projetos sequenciais.

Não importando qual abordagem de desenvolvimento de produto utilizemos, queremos que o seguinte relacionamento seja verdade: uma pequena mudança nos requisitos deve levar a uma pequena mudança proporcional na implementação e, portanto,

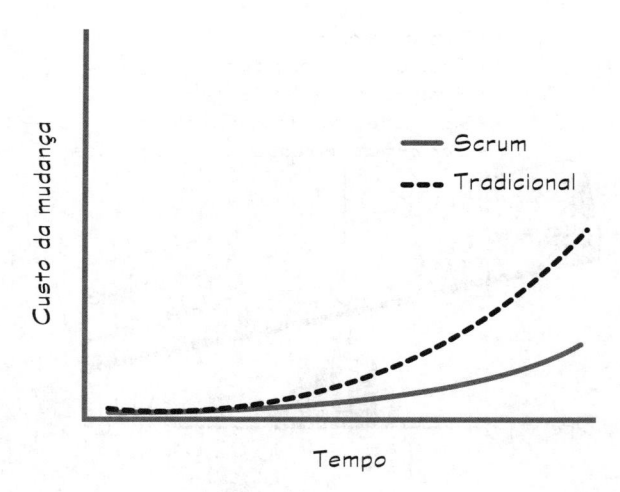

FIGURA 3.11 Achatando a curva do custo da mudança

no custo (obviamente que esperamos que uma grande mudança custe mais). Outra propriedade desejável desse relacionamento é que queremos que ele seja verdade não importando *quando* a mudança seja feita.

Com o Scrum, produzimos muitos produtos de trabalho (tais como requisitos detalhados, designs e casos de teste) de uma maneira just-in-time, evitando a criação de artefatos potencialmente desnecessários. Como um resultado, quando uma mudança é feita, há tipicamente muito menos artefatos ou decisões restritivas baseadas em suposições que possam ser descartadas ou retrabalhadas, assim mantendo o custo mais proporcional com relação ao tamanho da mudança pedida.

Usando o desenvolvimento sequencial, a criação antecipada de artefatos e o incentivo para tomadas de decisão prematuras significa que o custo de uma mudança aumenta rapidamente com o tempo à medida que o inventário aumente. Isso determina antecipadamente o ponto de inflexão (onde a linha começa a subir agressivamente) na curva tradicional na Figura 3.11. Quando desenvolvemos com o Scrum, chega um momento quando o custo da mudança não vai mais ser proporcional ao tamanho do pedido, mas esse ponto no tempo (como ilustrado pelo ponto de inflexão na curva do Scrum na Figura 3.11) ocorre mais tarde.

Equilibre o Trabalho Preditivo de Antemão com o Trabalho Adaptativo Just-in-time

Uma crença fundamental do desenvolvimento orientado a planejamento é que o detalhamento de antemão dos requisitos e do planejamento são críticos e devem ser finalizados antes de seguirmos em frente. No Scrum, acreditamos que o trabalho de antemão deve ser útil sem ser excessivo.

- Tipo do produto
- Grau de incerteza de fim
- Grau de incerteza de meio
- Restrições ao desenvolvimento
- Conformidade/requisitos regulatórios

Preditivo (antemão) — Adaptativo (just-in-time)

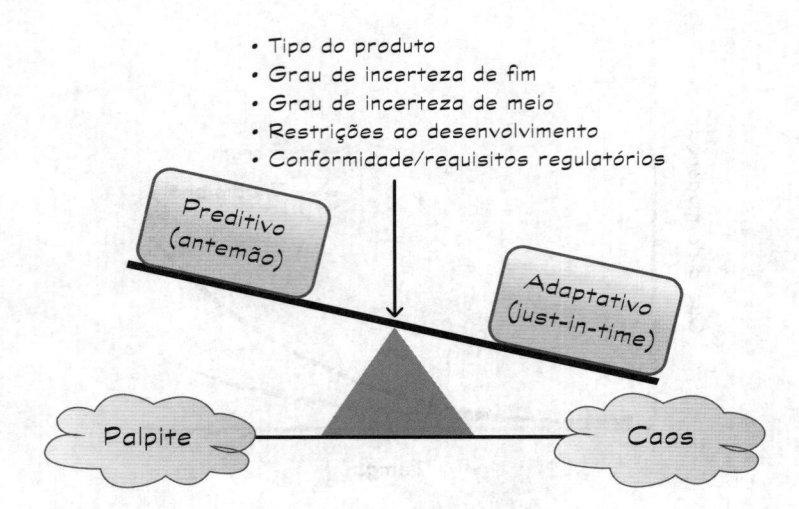

Palpite — Caos

FIGURA 3.12 Equilibrando o trabalho preditivo com o adaptativo

Com o Scrum, reconhecemos que não é possível de antemão ter todos os requisitos e planos de forma precisa. Isso significa que não devemos encontrar os requisitos ou planejar o trabalho de antemão? Claro que não! O Scrum é sobre encontrar equilíbrio entre o trabalho preditivo de antemão e o trabalho adaptativo just-in-time (veja a Figura 3.12, adaptada de uma imagem em Cohn 2009).

Ao se desenvolver um produto, o ponto de equilíbrio deve ser colocado de uma maneira economicamente sensata para maximizar a quantidade de adaptação contínua baseada num feedback rápido e minimizar a quantidade de predição de antemão, ao mesmo tempo que se atende aos objetivos de conformidade, regulatórios e/ou corporativos.

Exatamente como esse equilíbrio é alcançado é algo guiado em parte pelo tipo de produto sendo construído, pelo grau de incerteza que existe tanto no que queremos construir (incerteza de fim) quanto em como queremos construir (incerteza de meio) e pelas restrições colocadas ao desenvolvimento. Ser preditivo demais requereria que fizéssemos muitas suposições na presença de grande incerteza. Ser adaptativo demais poderia nos fazer viver em um estado de constante mudança, fazendo com que nosso trabalho se sentisse ineficiente e caótico. Para desenvolver rapidamente produtos inovativos, precisamos operar em um espaço onde a adaptabilidade é contrabalançada com previsão o suficiente para evitar que escorreguemos para dentro do caos. O framework Scrum opera bem nesse ponto de equilíbrio de ordem e caos.

Aprendizado Validado

Ao usarmos o Scrum, organizamos o trabalho para criar rapidamente **aprendizado validado** (um termo proposto por Ries 2011). Adquirimos aprendizado validado quando obtemos conhecimento que confirma ou refuta uma suposição que tenhamos feito. Descrevo três princípios ágeis relacionados com esse tópico:

- Valide rápido as suposições importantes.
- Tire proveito de múltiplos loops concorrentes de aprendizado.
- Organize o workflow para um rápido feedback.

Valide Rápido as Suposições Importantes

Uma **suposição** é um palpite, uma crença, que é suposta como verdadeira, real ou certa mesmo que não tenhamos nenhum aprendizado validado de que ela seja verdadeira. O desenvolvimento orientado a planejamento é muito mais tolerante com relação a suposições de vida longa do que o Scrum. Ao usar o desenvolvimento orientado a planejamento, produzimos requisitos e planos extensivos de antemão, que provavelmente têm muitas suposições importantes embutidas, suposições que não serão validadas até uma fase muito posterior do desenvolvimento.

Suposições representam um **risco** significativo no desenvolvimento. No Scrum, tentamos minimizar o número de suposições importantes que existem a qualquer dado tempo. Também não queremos deixar que suposições importantes existam sem validação por muito tempo. A combinação de desenvolvimento iterativo e incremental, juntamente com um foco em exploração de baixo custo pode ser usada para validar rápido as suposições. Como um resultado, se fizermos uma suposição fundamentalmente errada ao usarmos o Scrum, provavelmente vamos descobrir nosso erro rápido e ter uma chance de nos recuperarmos dele. Em um desenvolvimento sequencial orientado a planejamento, a mesma má suposição, se validada tarde, pode causar uma falha substancial ou total do esforço de desenvolvimento.

Tire Proveito de Múltiplos Loops Concorrentes de Aprendizado

Há aprendizado que ocorre quando usamos desenvolvimento sequencial. Entretanto, uma forma importante de aprendizado ocorre apenas depois que algumas features tenham sido construídas, integradas e testadas, o que significa que um aprendizado considerável ocorre perto do fim do esforço. Aprendizado tardio fornece benefícios reduzidos, porque pode haver tempo insuficiente para fazer uso desse aprendizado, ou o custo de fazer uso dele pode ser muito alto.

No Scrum, entendemos que o aprendizado constante é uma chave para nosso sucesso. Quando usamos o Scrum, identificamos e exploramos os loops de feedback para aumentar o aprendizado. Um padrão recorrente nesse estilo de desenvolvimento de produto é fazer uma suposição (ou definir um objetivo), construir algo (realizar algumas atividades), conseguir feedback sobre o que construímos, e então usar esse feedback para inspecionar o que fizemos em relação ao que supusemos. Então fazemos adaptações no produto, processo e/ou nossas crenças baseado no que aprendemos (veja a Figura 3.13).

O Scrum faz uso de diversos **loops de aprendizado** predefinidos. Por exemplo, o daily scrum é um loop diário e a sprint review é um loop no nível da iteração. Descreverei estes e outros em capítulos subsequentes.

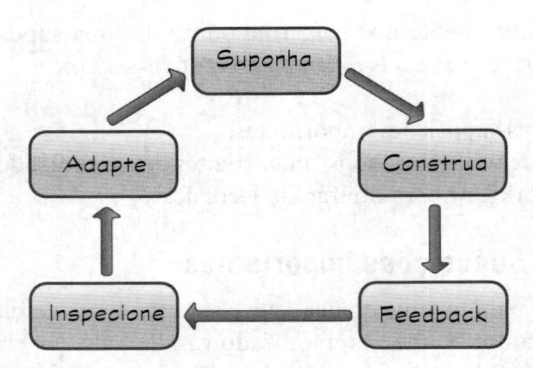

FIGURA 3.13 Padrão de loop de aprendizado

O framework Scrum é também flexível o suficiente para abraçar muitos outros loops de aprendizado. Por exemplo, apesar de isso não ser especificado pelo Scrum, loops de feedback de prática técnica, tais como programação em pares (feedback em segundos) e desenvolvimento orientado a testes (feedback em minutos) são frequentemente usados com o desenvolvimento em Scrum.

Organize o Workflow para um Feedback Rápido

Ser tolerante com suposições de vida longa também torna os processos orientados a planejamento tolerantes com aprendizado tardio, então um **feedback rápido** não é um foco. Com o Scrum, nos empenhamos por um feedback rápido, porque ele é crítico para ajudar a truncar antecipadamente os caminhos errados, e é vital para descobrir rapidamente e explorar oportunidades emergentes e sensíveis ao momento.

Em um esforço de desenvolvimento orientado a planejamento, toda a atividade é planejada para ocorrer em um dado momento baseado numa sequência bem definida de fases. Essa abordagem assume que as atividades iniciais podem ser completadas sem o feedback gerado por atividades mais tardias. Como resultado, pode haver um longo período de tempo entre fazer algo e receber um feedback sobre o que foi feito (e assim fechar o loop de aprendizado).

Vamos usar os testes e a **integração** de componentes como um exemplo. Digamos que estamos desenvolvendo três componentes em paralelo. Em algum momento estes componentes terão de ser integrados e testados antes que tenhamos um produto entregável. Até que tentemos fazer a integração, nós realmente não sabemos se desenvolvemos os componentes corretamente. Tentar a integração vai fornecer um feedback crítico sobre o trabalho de desenvolvimento de componente.

Usando o desenvolvimento sequencial, a integração e os testes não ocorreriam até a fase predeterminada mais à frente, onde muitos ou todos os componentes seriam integrados. Infelizmente, a ideia de que podemos desenvolver um bando de componentes em paralelo e então mais tarde, na fase de integração, juntá-los tranquilamente em um todo coeso não é muito provável. De fato, mesmo com interfaces bem concebidas, definidas antes de desenvolver os componentes, é possível que algo dê errado quando os integrarmos (veja a Figura 3.14).

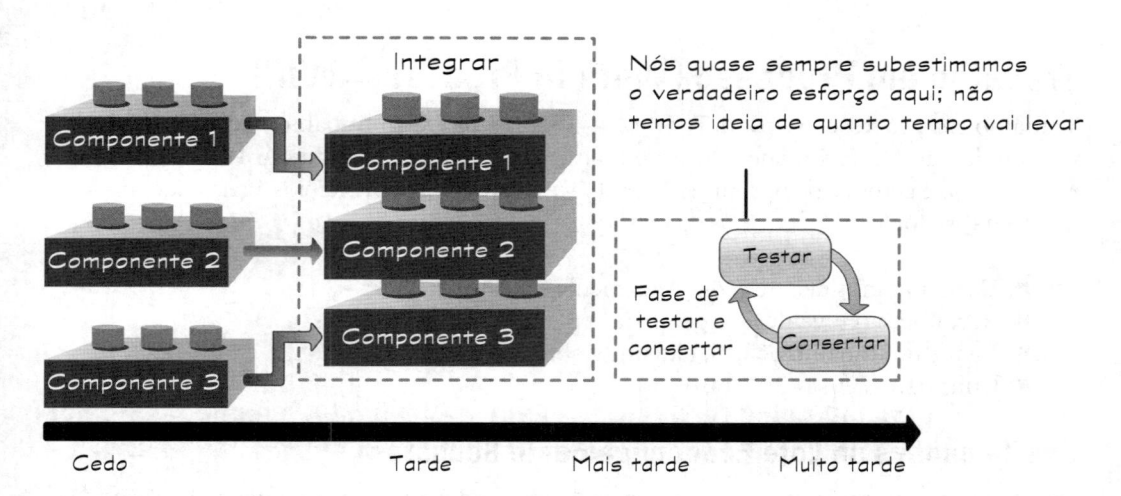

FIGURA 3.14 Integração de componentes

Atividades geradoras de feedback que ocorrem num tempo muito depois do desenvolvimento têm efeitos colaterais infelizes, tal como transformar a fase de integração em uma enorme fase de testes e remendos, porque os componentes desenvolvidos separadamente um do outro frequentemente não se integram sem problema. Nesse ponto, quanto tempo vai levar e quanto vai custar para consertar é só um palpite.

No Scrum, organizamos o fluxo de trabalho para nos mover através do loop de aprendizado na Figura 3.13 e conseguir um feedback o mais rápido possível. Ao fazermos isso, asseguramos que as atividades geradoras de feedback ocorram pouco tempo depois do trabalho original. Feedback rápido fornece benefícios econômicos superiores, porque os erros se acumulam se atrasarmos o feedback, resultando em falhas exponencialmente maiores.

Vamos olhar de novo o nosso exemplo de integração de componentes. Quando projetamos os componentes, fizemos suposições importantes sobre como eles se integrariam. Baseados nessas suposições, seguimos um determinado caminho de design. Não sabemos, nesse ponto, se o caminho de design selecionado está certo ou errado. É apenas nosso melhor palpite.

Uma vez que tenhamos escolhido um caminho, entretanto, nós então tomamos muitas outras decisões que são baseadas nessa escolha. Quando mais esperamos para validar a suposição de design original, maior o número de decisões dependentes. Se mais tarde determinarmos (através de feedback durante a fase de integração) que a suposição original estava errada, teremos nas nossas mãos uma grande bagunça composta. Não apenas teremos muitas más decisões que terão que ser retrabalhadas; também teremos que fazer isso depois de uma boa quantidade de tempo. Como a memória das pessoas terá esvaído, elas vão gastar tempo relembrando o trabalho que fizeram antes.

Quando fatoramos nisso o custo total de retrabalhar decisões dependentes potencialmente más e o custo do atraso do produto, os benefícios econômicos de um feedback rápido ficam muito atraentes. Feedbacks rápidos fecham rapidamente os loops de aprendizado, nos permitindo truncar caminhos de desenvolvimento ruins antes que eles causem sérios danos econômicos.

Trabalho em Processo (Work in Process — WIP)

Trabalho em processo (Work in Process — WIP) se refere ao trabalho que foi iniciado mas ainda não foi terminado. Durante o desenvolvimento de produto o WIP deve ser reconhecido e gerenciado apropriadamente. Descrevo quatro princípios ágeis relacionados com esse tópico:

- Use tamanhos de lote economicamente sensatos.
- Reconheça o inventário e gerencie-o para um fluxo bom.
- Foque no trabalho ocioso, não nos trabalhadores ociosos.
- Considere o custo do atraso.

Use Tamanhos de Lote Economicamente Sensatos

Outra crença central subjacente aos processos de desenvolvimento sequencial orientados a planejamento é que é preferível criar um lote inteiro de um tipo de trabalho e realizá-lo em uma única fase. Eu me refiro a isso como a abordagem **todo antes de algum**, onde completamos toda (ou substancialmente toda) uma atividade antes de começar a próxima. Digamos que tenhamos criado todos os requisitos durante a fase de análise. Em seguida, levamos o lote de requisitos para a fase de design. Como geramos o conjunto completo de requisitos, nosso **tamanho de lote** nesse exemplo é 100%.

Essa abordagem todo antes de algum é, em parte, uma consequência da crença que o antigo princípio de manufatura sobre economia de escala se aplica ao desenvolvimento de produto. Esse princípio diz que o custo de produzir uma unidade vai diminuir à medida que aumentarmos o número de unidades (o tamanho do lote) que são produzidas. Então, a crença do desenvolvimento sequencial é que grandes lotes no desenvolvimento de produto também irão gerar economia de escala.

No Scrum, aceitamos que, apesar do pensamento sobre economia de escala ter sido o princípio base da manufatura, aplicá-lo dogmaticamente no desenvolvimento de produto vai causar um dano econômico significativo.

Mesmo soando contraintuitivo, trabalhar com lotes menores durante o desenvolvimento de produto tem muitos benefícios. Reinertsen discute as questões sobre tamanho de lote em profundidade e a Tabela 3.2 inclui um subconjunto dos benefícios dos tamanhos menores de lotes que ele descreve (Reinertsen 2009b).

Se lotes menores são melhores que lotes maiores, não deveríamos então usar um tamanho de lote de um, significando que trabalharíamos em apenas um requisito por vez e o passaríamos por todas as atividades até que estivesse finalizado e pronto para um cliente? Algumas pessoas se referem a isso como um **fluxo single-piece**. Como mostrarei em capítulos mais adiante, um tamanho de lote de um pode ser apropriado em alguns casos, mas assumir que "um" é o objetivo pode subotimizar o fluxo e nossa economia em geral.

TABELA 3.2 Benefícios Reinertsen de Tamanho Pequeno de Lotes

Benefício	Descrição
Ciclo de vida reduzido	Lotes menores levam a menores quantidades de trabalho esperando para ser processado, o que, por sua vez, significa menos tempo esperando que um trabalho seja terminado. Então, fazemos as coisas mais rápido.
Reduzida variabilidade do fluxo	Pense num restaurante onde pequenos grupos vêm e vão (eles fluem pelo restaurante sem problema). Agora imagine um grande ônibus de turismo (lote grande) descarregando e o efeito que ele teria no fluxo do restaurante.
Feedback acelerado	Lotes menores aceleram o feedback rápido, tornando menores as consequências de um erro.
Risco reduzido	Lotes pequenos representam menos inventário sujeito a mudanças. Lotes menores também têm menor probabilidade de falhar (há um risco maior que uma falha ocorra com dez pedaços de trabalho do que com cinco).
Sobrecarga reduzida	Há sobrecarga no gerenciamento de grandes lotes — por exemplo, manter uma lista de 3.000 itens de trabalho requer mais esforço do que uma lista de 30.
Motivação e urgência aumentadas	Lotes menores fornecem foco e um senso de responsabilidade. É muito mais fácil entender o efeito de atrasos e falhas quando lidamos com lotes menores do que com lotes grandes.
Crescimento reduzido de custo e cronograma	Quando estamos errados em lotes grandes, estamos errados de uma maneira grande com relação ao custo e ao cronograma. Quando fazemos coisas em escala menor, não vamos errar por muito.

Reconheça o Inventário e Gerencie-o para um Fluxo Bom

Ao longo deste capítulo, venho lembrando a você que o desenvolvimento de produto e a manufatura não são a mesma coisa, e dessa forma devem ser abordados de formas diferentes. Entretanto, há uma lição que a manufatura aprendeu que deveríamos aplicar no desenvolvimento de produto e ainda assim frequentemente não fazemos. Essa lição tem a ver com o alto custo do inventário, também conhecido como trabalho em processo (work in process — WIP). A comunidade de desenvolvimento enxuto de produto tem sabido há muitos anos a importância do WIP (Poppendieck e Poppendieck 2003; Reinertsen 2009b) e equipes Scrum abraçam esse conceito.

Fabricantes são agudamente cientes de seus inventários e das implicações financeiras desses inventários. Como não seriam? O inventário rapidamente começa a empilhar no chão, esperando para ser processado. Não apenas o inventário de fábrica é fisicamente visível; ele também é financeiramente visível. Pergunte ao CFO de uma companhia de manufatura quanto inventário (ou WIP) tem na fábrica ou quanto mudou no mês anterior e ele pode lhe dar uma resposta definitiva.

Nenhuma manufatura competente se senta em cima de uma grande quantidade de inventário. Partes que ficam no chão da fábrica esperando para serem postas em bens estão se depreciando nos livros caixa. Pior ainda, o que acontece se comprarmos um caminhão de partes e então mudarmos o design do produto? O que fazemos com todas aquelas partes? Talvez as retrabalhemos para que se encaixem no novo design. Ou pior, talvez as descartemos porque não podem ser mais usadas. Ou para evitar desperdiçar partes que já compramos, evitamos mudar nosso design (mesmo que mudar fosse a decisão correta em termos de design) para que possamos usar essas partes — com o risco de produzir um produto menos satisfatório?

É óbvio que se sentarmos em cima de um monte de inventário e então algo mudar, vamos experimentar uma ou mais formas significantes de desperdício. Para minimizar riscos, manufaturas competentes gerenciam inventário de uma maneira economicamente sensata — elas mantêm algum inventário a mão, mas usam uma boa dose de gerenciamento just-in-time de inventário.

Organizações de desenvolvimento de produto, falando genericamente, não são tão cientes do seu trabalho em processo (WIP). Parte do problema vem do fato que em desenvolvimento de produto lidamos com recursos de conhecimento que não são fisicamente visíveis da mesma maneira que as partes no chão da fábrica. Recursos de conhecimento são muito menos intrusivos, tal como um código em um disco, um documento em um armário ou um mural na parede.

O inventário no desenvolvimento de produto também é tipicamente invisível financeiramente. Pergunte ao CFO de uma organização de desenvolvimento de produtos quanto inventário existe na organização e ele provavelmente vai lhe dar um olhar confuso e dizer: "Nenhum". Enquanto que a equipe financeira está acompanhando outras medidas de um esforço de desenvolvimento de produto, ela provavelmente não vai estar acompanhando o inventário de desenvolvimento de produto desse tipo.

Infelizmente, inventário (WIP) é uma variável crítica a ser gerenciada durante o desenvolvimento de produto e as abordagens tradicionais de desenvolvimento de produto não focam no seu gerenciamento. Uma consequência importante de ter um monte de WIP no desenvolvimento de produto é que ele afeta significantemente a curva do custo de mudança que descrevi mais cedo (veja a Figura 3.9).

Apesar de precisarmos de alguns requisitos, se vamos começar o desenvolvimento, não temos de ter *todos* os requisitos. Se tivermos muitos requisitos, vamos provavelmente experimentar um desperdício de inventário quando eles mudarem. Por outro lado, se não tivermos um inventário suficiente de requisitos, vamos interromper o fluxo rápido de trabalho, que também é uma forma de desperdício. No Scrum, nosso objetivo é encontrar o equilíbrio apropriado entre inventário suficiente e inventário demais.

É importante perceber que os requisitos são apenas uma forma de inventário que existe no desenvolvimento de produto. Há muitos locais e momentos diferentes durante o desenvolvimento de produto onde temos WIP. Precisamos proativamente identificar e gerenciar estes também.

Foque no Trabalho Ocioso, Não nos Trabalhadores Ociosos

No Scrum, acreditamos que o trabalho ocioso é mais dispendioso e economicamente danoso do que trabalhadores ociosos. **Trabalho ocioso** é trabalho que queremos fazer (tal como construir ou testar algo), mas não podemos porque algo está nos impedindo. Talvez estejamos bloqueados esperando outra equipe fazer algo e, até que a equipe tenha completado o trabalho dela, não podemos fazer o nosso. Ou talvez tenhamos tanto trabalho para fazer que ele não pode ser feito todo de uma vez. Nesse caso, algum trabalho fica ocioso até que estejamos disponíveis para trabalhar nele. **Trabalhadores ociosos**, por outro lado, são pessoas que têm uma **capacidade** disponível de fazer mais trabalho porque não estão sendo utilizados 100% no momento.

Muitas organizações de desenvolvimento de produto focam mais em eliminar o desperdício com trabalhadores ociosos do que o desperdício com trabalho ocioso. Por exemplo, no pensamento tradicional, se eu contrato você para ser um testador, espero que você gaste 100% do seu tempo testando. Se você gastar menos do que 100% do seu tempo testando, eu tenho desperdício (você está ocioso quando poderia estar testando). Para evitar esse problema, vou encontrar mais trabalho de testes para você fazer — talvez colocando você em múltiplos projetos — para elevar sua utilização até 100%.

Infelizmente, essa abordagem reduz uma forma de desperdício (com trabalhador ocioso) enquanto que simultaneamente aumenta outra forma de desperdício (com trabalho ocioso). E, na maior parte do tempo, o custo do trabalho ocioso é muito maior do que o custo do trabalhador ocioso. Vamos explorar o porquê disso ser verdade.

Para ilustrar a questão, vamos aplicar a estratégia de manter os trabalhadores 100% ocupados numa corrida de revezamento 4x100 das Olimpíadas. Baseando-se na estratégia de os manter ocupados, essa corrida parece altamente ineficiente. Eu pago as pessoas para correrem e me parece que elas estão correndo apenas um quarto do tempo. O resto do tempo ela estão apenas ali paradas. Bem, isso não está certo! Pago a elas 100% do salário então quero que elas corram 100% do tempo. Que tal se enquanto elas não estiverem carregando o bastão ela fiquem correndo para cima e para baixo nas arquibancadas ou talvez corram outra corrida numa pista próxima? Dessa maneira elas estarão utilizadas 100% do tempo correndo.

Claro, todos sabemos que não se vence uma corrida de revezamento mantendo os corredores 100% ocupados. Você vence ao chegar primeiro com o bastão na linha de chegada. Então, o que podemos tirar de importante é: "Olhe o bastão, não os corredores" (Larman e Vodde 2009). No contexto do desenvolvimento de produto, o bastão parado no chão é igual ao trabalho que está pronto para ser realizado, mas está bloqueado esperando pelos recursos necessários. Você não vence a corrida (entrega os produtos) quando o bastão está no chão. (Realmente gosto da analogia do bastão e do corredor, porque ela ilustra direito que devemos olhar o trabalho, não os trabalhadores. Entretanto, como qualquer analogia, ela tem limites. Neste caso, a abordagem de corrida de revezamento para o tratamento do trabalho é precisamente um aspecto do desenvolvimento de produto sequencial tradicional que queremos evitar!)

Também, todos sabem as consequências de se manter os recursos 100% ocupados. Se eu pegar um gráfico emprestado da teoria de filas, podemos ver o dano óbvio causado quando nos esforçamos para 100% de utilização (veja a Figura 3.15).

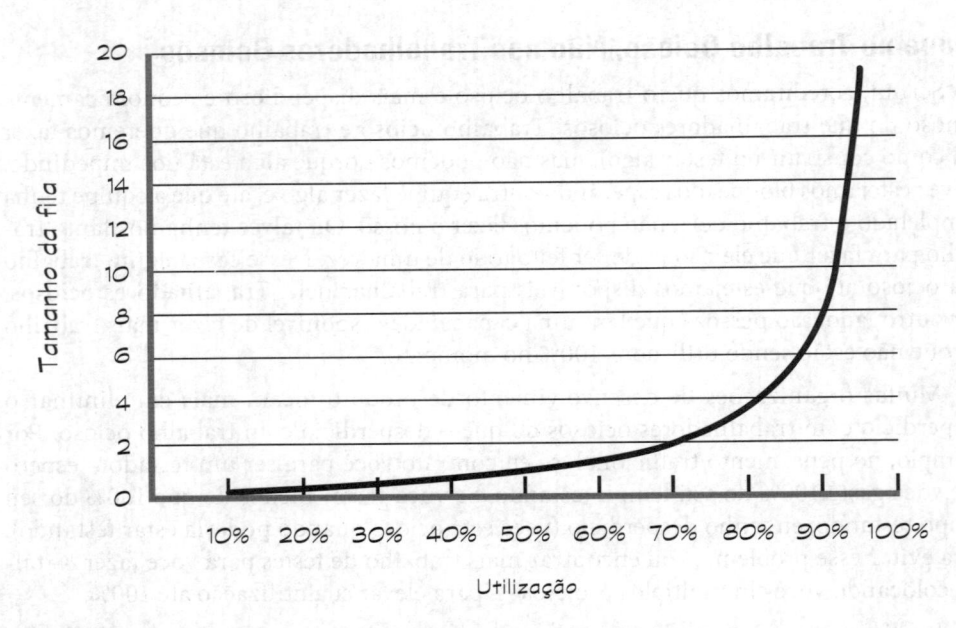

FIGURA 3.15 Como a utilização afeta o tamanho da fila (atraso)

Qualquer um que tenha um computador entende esse gráfico. O que acontece se você rodar seu computador a 100% (utilização total de memória e processamento)? Ele começa a falhar e todo o trabalho no computador fica lento. Em outras palavras, o computador está trabalhando em mais coisas e na verdade faz um trabalho menos produtivo. Uma vez que você chegue nesse estado, é muito difícil sair dele (você provavelmente tem de começar a matar processos ou reiniciar a máquina). Seu computador seria muito mais eficiente se você o rodasse perto de 80% da utilização. Na Figura 3.15, o tamanho da fila é igual a atraso e atraso é igual ao bastão caído no chão.

O trabalho ocioso (trabalho atrasado) cresce exponencialmente uma vez que cheguemos em altos níveis de utilização. E esse trabalho ocioso pode ser muito caro, frequentemente muitas vezes mais caro do que o custo dos trabalhadores ociosos (para um exemplo, veja a próxima seção sobre o custo do atraso). Então, no Scrum somos agudamente cientes que encontrar gargalos no fluxo de trabalho e focar nossos esforços na eliminação deles é uma atividade com muito mais sentido econômico do que tentar manter todo mundo 100% ocupado.

Considere o Custo do Atraso

Custo do atraso é o custo financeiro associado com o atraso do trabalho ou o atraso em alcançar uma milestone. A Figura 3.15 ilustra que, à medida que a capacidade de utilização aumenta, o tamanho da fila e o atraso também aumentam. Portanto, ao reduzir o desperdício com trabalhadores ociosos (aumentando a utilização deles), nós simultaneamente aumentamos o desperdício associado com o trabalho ocioso (o trabalho parado em filas esperando para ser feito). Usando o custo do atraso, podemos calcular qual desperdício é mais economicamente danoso.

Infelizmente, 85% das organizações não quantifica o custo do atraso (Reinertsen 2009b). Combine isso com o fato que a maioria das organizações de desenvolvimento não percebe que tem trabalho acumulado (inventário) parado em filas, e é fácil ver porque o comportamento padrão delas é focar na eliminação do desperdício visível com trabalhadores ociosos.

Aqui está um exemplo simples para ilustrar porque o custo do trabalho ocioso é tipicamente maior do que o custo com trabalhadores ociosos. Considere essa questão: devemos colocar um documentador na equipe no primeiro dia de desenvolvimento ou no fim do desenvolvimento? A Tabela 3.3 ilustra uma comparação dessas duas opções (há outras opções que poderíamos ter usado).

Assuma que escalamos um documentador em tempo integral por 12 meses para trabalhar nesse produto, mesmo que ele não seja necessário 100% do tempo. Fazer isso custa um incremento de $75K (pense nisso como um desperdício com trabalhador ocioso) acima do que custaria se só o trouxéssemos por dois meses no fim, uma vez que o produto tenha alcançado o estado de "completo, mas sem documentação".

Se atribuirmos um documentador para fazer toda a documentação no fim, vamos precisar dele em tempo integral por apenas dois meses, mas também vamos atrasar a

TABELA 3.3 Exemplo de Cálculo do Custo do Atraso

Parâmetro	Valor
Duração com um documentador em tempo integral	12 meses
Duração com um documentador escalado no fim (quando chegamos no estado "completo, mas não documentado")	14 meses
Custo em tempo de ciclo por fazer a documentação no final	2 meses
Custo do atraso, por mês	$250K
Custo total do atraso	**$500K**
Custo anual de um documentador completamente ocupado	$90K
Custo mensal de um documentador completamente ocupado	$7,5K
Custo de um documentador em tempo integral	$90K
Custo por documentador se escalado no final	$15K
Custo incremental por documentador em tempo integral	**$75K**

entrega do produto pelos mesmos dois meses. Se atrasarmos a entrega do produto por dois meses, o custo calculado do atraso em termos de lucros do ciclo de vida é de $500k (**lucro do ciclo de vida** é o lucro potencial total de um produto sobre seu ciclo de vida; neste exemplo, esse potencial diminui em $500k).

Neste exemplo, o custo do trabalhador ocioso é $75K e o custo do trabalho ocioso é $500K. Se focarmos na otimização da utilização do documentador, vamos subotimizar substancialmente a economia produto geral. Durante o desenvolvimento do produto somos confrontados com esses tipos de trade-offs continuamente: o custo do atraso vai ser uma das mais importantes variáveis a serem consideradas ao se tomar decisões economicamente sensatas.

Progresso

Quando usamos o Scrum, medimos o progresso pelo que entregamos e validamos, não por como estamos procedendo de acordo com um plano predefinido ou quão longe estamos em uma fase em particular ou estágio de desenvolvimento. Descrevo três princípios ágeis relacionados com esse tópico:

- Adapte-se às informações em tempo real e replaneje.
- Mensure o progresso ao validar recursos funcionais.
- Foque numa entrega centrada no valor.

Adapte-se às Informações em Tempo Real e Replaneje

Em um processo sequencial orientado a planejamento, o plano é a fonte de autoridade sobre como e quando o trabalho deve ocorrer. Como tal, a conformidade com o plano é esperada. Em contraste, no Scrum acreditamos que muita fé no plano frequentemente vai nos cegar para o fato de que o plano pode estar errado.

Num esforço de desenvolvimento em Scrum nosso objetivo não é ficar em conformidade com um plano, alguma predição de antemão sobre como achamos que as coisas devem ocorrer. Em vez disso, nosso objetivo é rapidamente replanejar e nos adaptar ao fluxo de informações economicamente importantes que chegam continuamente durante o esforço de desenvolvimento.

Meça o Progresso ao Validar Recursos Funcionais

O progresso durante um esforço de desenvolvimento sequencial orientado a planejamento é demonstrado ao se completar uma fase e poder entrar na fase seguinte. Como resultado, se cada fase iniciar e finalizar como esperado, o esforço de desenvolvimento do produto pode ser visto como progredindo muito bem. Ainda assim, no fim, o produto que criamos em completa concordância com o planejamento pode acabar entregando muito menos valor para o consumidor do que antecipamos. Será que ainda podemos chamar de sucesso se finalizamos no prazo e no orçamento, mas falhamos em atender as expectativas do consumidor?

Com o Scrum, medimos o progresso construindo recursos funcionais e validados que entregam valor e que podem ser usados para validar suposições importantes. Isso nos dá o feedback para saber qual é o próximo passo correto. No Scrum, não se trata de quanto trabalho iniciamos; se trata de quanto trabalho valioso para o consumidor nós terminamos.

Foque numa Entrega Centrada no Valor

Desenvolvimento sequencial orientado a planejamento foca em seguir diligentemente o processo. Por sua própria estrutura, a integração e a entrega das features durante o desenvolvimento sequencial acontecem no fim do esforço (veja a Figura 3.16). Com essa abordagem há um risco de que venhamos a ficar sem recursos (tempo ou dinheiro) antes de entregarmos todo o valor importante para nossos clientes.

Uma crença relacionada do desenvolvimento tradicional é que os artefatos de planejamento e documentação que são produzidos durante o processo de entrega das features são valiosos por si sós. Se esses artefatos forem mesmo valiosos, a maior parte do tempo eles são valiosos apenas no processo e não para os clientes. E, se não forem valiosos para o cliente, esse valor conta apenas se um produto desejável for entregue ao cliente. Até que isso aconteça, esses artefatos não fornecem nenhum valor direto para o cliente.

O Scrum, por outro lado, é uma forma de desenvolvimento centrada no valor para o cliente. Ele é baseado num modelo de entrega priorizado e incremental no qual as features de maior valor são continuamente construídas e entregues na iteração seguinte. Como resultado, os clientes recebem antecipadamente um fluxo contínuo de features de alto valor.

No Scrum, o valor é gerado ao entregarmos recursos funcionais para os clientes, ao validar suposições importantes ou ao adquirirmos conhecimento valioso. No Scrum, acreditamos que os artefatos intermediários não fornecem um valor perceptível para o cliente e são meramente um meio para um fim se eles em si não puderem ser usados para gerar um feedback importante ou adquirir um conhecimento importante.

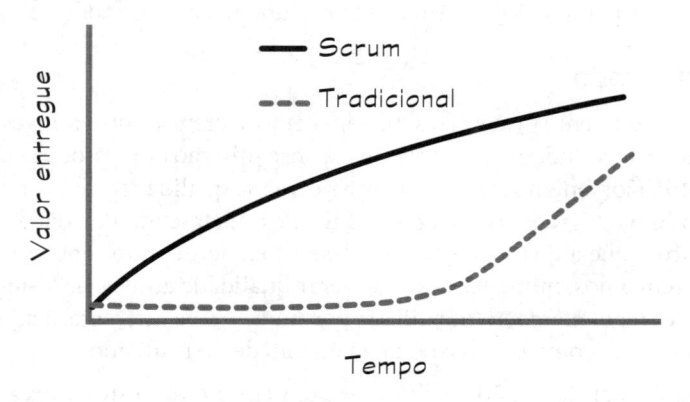

FIGURA 3.16 Entregue features de alto valor cedo

Performance

Há características específicas relacionadas à performance que esperamos ao usarmos o Scrum. Descrevo três princípios ágeis relacionados a esse tópico:

- Vá rápido, mas nunca se apresse.
- Construa qualidade.
- Empregue cerimônias minimamente suficientes.

Vá Rápido, mas Nunca se Apresse

O desenvolvimento orientado a planejamento acredita que se seguirmos o plano e fizermos as coisas direito da primeira vez, vamos evitar um retrabalho custoso e que consome tempo. Mover de um passo para o outro rapidamente claro que é desejável, mas não é um objetivo principal.

No Scrum, um objetivo central é ser ágil, adaptável e rápido. Ao ser rápido, entregamos rápido, recebemos feedback rápido e entregamos valor nas mãos do cliente mais cedo. Aprender e reagir rapidamente nos permite gerar renda e/ou reduzir custos com antecipação.

Entretanto, não confunda ir rápido com ser apressado. No Scrum, tempo é essencial, mas não corremos para terminar as coisas. Fazer isso provavelmente violaria o princípio do Scrum sobre **passo sustentável** — as pessoas devem ser capazes de trabalhar num passo que elas possam manter por um longo período de tempo. Além disso, se apressar provavelmente vai vir em detrimento da qualidade.

Um exemplo pode ajudar a clarificar a diferença entre rápido e apressado. Eu estudo Muay Thai. Como é verdade em todas as artes marciais, a performance no Muay Thai é melhorada com a velocidade. Ser capaz de realizar katas ou sparring rapidamente e com precisão melhora o prazer do esporte e o resultado. Entretanto, se apressar nos movimentos com a intenção de os terminar reduz substancialmente a efetividade deles e pode causar sérios danos no corpo durante o sparring. Ao praticar o Muay Thai, você se move rápido, ágil e deliberadamente ao mesmo tempo que se adapta rapidamente à situação. Em outras palavras, você tem de ser rápido, não apressado.

Construa Qualidade

Durante o desenvolvimento orientado a planejamento, a crença é que, através de uma performance sequencial e cuidadosa de trabalho, conseguiremos um produto de alta qualidade. Entretanto, não podemos realmente verificar essa qualidade até que tenhamos feito os testes no produto integrado, o que ocorre durante uma fase mais tardia do processo. Se os testes indicarem que a qualidade deixa a desejar, então devemos entrar numa custosa fase de testes e remendos, numa tentativa de gerar qualidade através de testes. E também, como cada fase é frequentemente trabalhada por uma equipe diferente, a equipe de testes é frequentemente vista como sendo a dona da qualidade do resultado.

No Scrum, a qualidade não é algo que uma equipe de testes "força" no final; é algo que uma equipe Scrum cross-funcional possui e constrói continuamente e verifica a cada sprint. Cada incremento de valor criado é completado até um alto nível de confiança, e tem o potencial de ser posto em produção ou enviado para os clientes (veja o Capítulo 4 para uma discussão mais profunda sobre a definição de pronto). Como resultado, a necessidade de que qualquer teste tardio lide com a qualidade é substancialmente reduzida.

Empregue Formalidades Minimamente Suficientes

Processos orientados a planejamento tendem a ser abordagens **altamente formalizadas**, focadas em documentação e cheias de processos. Um efeito colateral do Scrum ser centrado no valor é que se põe muito pouca ênfase em formalidades centradas em processos. Não quero dizer que toda formalidade é má. Por exemplo, uma "formalidade" de ir no bar para socializar toda sexta-feira depois do trabalho seria uma boa formalidade. Estou me referindo a **formalidades desnecessárias**. Alguns poderiam chamar de "processo pelo processo em si". Tais formalidades têm um custo, mas trazem pouco ou nenhum valor (em outras palavras, são um tipo de desperdício).

Exemplos de formalidades que podem ser desnecessárias incluem as seguintes:

- Um processo pesado de três dias é necessário para aprovar e migrar o código de um ambiente de desenvolvimento para o ambiente de QA antes que nos permitam começar a testar.
- Todas as anomalias têm que ser logadas em uma ferramenta de software para que possam ser acompanhadas e relatadas, mesmo se eu pudesse simplesmente cutucar o ombro da pessoa sentada perto de mim e dizer: "Ei, isso não está funcionando. Dá para consertar?" e fazer com que ela faça um remendo para que eu possa continuar meu trabalho.
- Eu escrevo um documento porque agora é a hora indicada para escrever aquele documento, mesmo que ninguém saiba claramente porque aquele documento é necessário ou valioso.

No Scrum, nosso objetivo é eliminar as formalidades desnecessárias. Assim sendo, definimos um nível de formalidade baixo, um que seja minimamente suficiente ou bom o suficiente. Claro, o que constitui minimamente suficiente ou bom o suficiente pode diferir de organização para organização. Se estivermos construindo um novo website de mídia social, nossa necessidade de formalidades pode ser excepcionalmente baixa. Por outro lado, se estivermos construindo um marca-passo e estivermos sujeitos a numerosas regulamentações governamentais que requeiram tipos específicos de formalidades, o nível do minimamente suficiente vai ser mais alto (veja a Figura 3.17)

Frequentemente o foco do Scrum no mínimo suficiente de formalidade é mau interpretado como se dissesse coisas como: "O Scrum é antidocumentação". O Scrum não é antidocumentação. Em vez disso, ao usar o Scrum, adotamos uma perspectiva econômica e cuidadosamente revisamos quais documentos vamos criar. Se escrevermos um documento que é só para guardar e não traz nenhum valor, desperdiçamos tempo e dinheiro criando um documento morto. Entretanto, nem todos os documentos são mortos. Por exemplo, provavelmente vamos escrever um documento se:

- Ele for algo a ser entregue como parte do produto (por exemplo, instruções de instalação, guia do usuário e assim por diante)

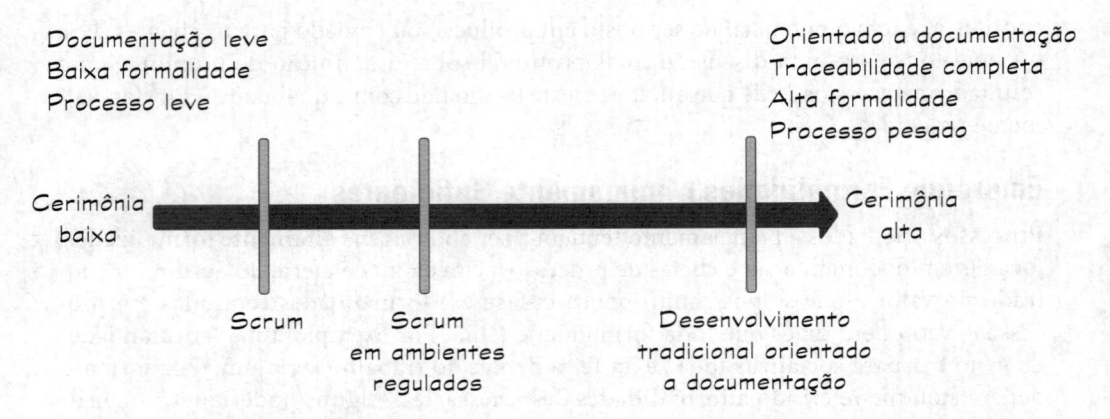

FIGURA 3.17 Escala de cerimônia

- Nosso objetivo for capturar uma discussão importante, decisão ou acordo para que no futuro tenhamos uma memória clara do que foi discutido, decidido ou acordado
- For uma maneira de alto valor de ajudar novos membros da equipe a se inteirarem rapidamente
- Houver um requisito regulatório de que um certo documento seja escrito (um custo de se fazer negócios em uma indústria regulada)

O que estamos tentando evitar é um trabalho que não traga nenhum valor econômico a curto prazo ou a longo prazo. No Scrum, acreditamos que tempo e dinheiro são melhor gastos entregando valor para o cliente.

Fechamento

Nesse capítulo foquei na descrição dos princípios ágeis centrais — as crenças fundamentais que direcionam como desenvolvemos com o Scrum. Ao fazer isso, comparei como essas crenças são diferentes das crenças que embasam o desenvolvimento sequencial orientado a planejamento, teórico e tradicional (que está resumido na Tabela 3.4).

Meu objetivo ao fazer essa comparação não é convencê-lo que cascata (waterfall) é ruim e Scrum é bom. Em vez disso, meu objetivo é ilustrar que as crenças subjacentes ao estilo cascata o tornam apropriado para uma classe diferente de problemas do que o Scrum. Você pode avaliar por si só que tipo de problemas sua organização lida e, portanto, qual a ferramenta mais apropriada para usar. Os capítulos subsequentes deste livro fornecem uma descrição detalhada de como esses princípios reforçam um ao outro, fornecendo uma abordagem poderosa para o desenvolvimento de produto.

TABELA 3.4 Resumo Comparativo dos Princípios Ágeis e Orientados a Planejamento

Tópico	Princípio Orientado a Planos	Princípio Ágil
Similaridade entre desenvolvimento e manufatura	Ambos seguem um processo definido	Desenvolvimento não é manufatura; o desenvolvimento cria a receita para o produto
Estrutura do processo	O desenvolvimento é baseado em fases e sequencial	O desenvolvimento deve ser iterativo e incremental
Grau de variabilidade do processo e do produto	Tenta eliminar a variabilidade do processo e do produto	Tira proveito da variabilidade através da inspeção, adaptação e transparência
Gerenciamento de incertezas	Elimina primeiro a incerteza de fim e depois a incerteza de meio	Reduz as incertezas simultaneamente
Tomada de decisão	Toma cada decisão em sua fase apropriada	Mantém as opções abertas
Fazendo certo da primeira vez	Assume que temos todas as informações corretas de antemão para criar os requisitos e os planos	Não vamos acertar de primeira
Exploração	Explore o que é conhecido atualmente e preveja o que não for	Favorece uma abordagem adaptativa e exploratória
Mudança/emergência	A mudança é disruptiva para os planos e cara, então deve ser evitada	Abrace a mudança de uma forma economicamente sensata
Preditivo versus adaptativo	O processo é altamente preditivo	Equilibra trabalho preditivo de antemão com trabalho adaptativo just-in-time
Suposições (conhecimento não validado)	O processo é tolerante com suposições de vida longa	Valide rapidamente suposições importantes
Feedback	Aprendizado crítico ocorre em um grande loop de análise-design-código-teste	Tira proveito de múltiplos loops concorrentes de aprendizagem
Feedback rápido	O processo é tolerante com aprendizado tardio	Organiza o workflow para um rápido feedback

continua

TABELA 3.4 Resumo Comparativo dos Princípios Ágeis e Orientados a Planejamento (*Continuação*)

Tópico	Princípio Orientado a Planos	Princípio Ágil
Tamanho de lote (quanto trabalho é completado antes de a próxima atividade poder começar)	Lotes são grandes, frequentemente de 100% — todos antes de alguns. Economia de escala deve funcionar	Use tamanhos de lote menores e economicamente sensatos.
Inventário/trabalho em processo (WIP)	Inventário não é parte de um sistema de crenças, então não é um foco	Reconheça o inventário e gerencie-o para conseguir um bom fluxo
Desperdício de pessoas versus de trabalho	Aloque as pessoas para alcançar altos níveis de utilização	Foque no trabalho ocioso, não nos trabalhadores ociosos
Custo do atraso	Custo do atraso é raramente considerado	Sempre considere o custo do atraso
Conformidade com o plano	Conformidade é considerada um meio primário de alcançar um bom resultado	Adapte-se e replaneje em vez de se conformar com um plano
Progresso	Demonstre progresso ao progredir através de estágios ou fases	Meça o progresso ao validar recursos funcionais
Centralidade	Centrado no processo — siga o processo	Centrado no valor — entregue o valor
Velocidade	Siga o processo; faça coisas direito da primeira vez e vá rápido	Vá rápido, mas nunca se apresse
Quando conseguimos alta qualidade	A qualidade vem no fim, depois de uma extensiva fase de testes e consertos	Construa com qualidade desde o início
Formalidade	Formalidade (procedimentos e checkpoints bem definidos) é importante para uma execução efetiva	Empregue a formalidade minimamente suficiente

Capítulo 4
Sprints

O Scrum organiza o trabalho em iterações ou ciclos de até um mês chamados sprints. Esse capítulo dá uma descrição mais detalhada do que são os sprints. Ele então discute diversas características-chave dos sprints: eles têm duração fixa (timebox), têm uma duração curta e consistente, têm um objetivo que não deve ser alterado uma vez iniciado e devem chegar num estado final especificado pela definição de pronto (*definition of done*) da equipe.

Visão Geral

Os sprints são o esqueleto do framework Scrum (veja a Figura 4.1).

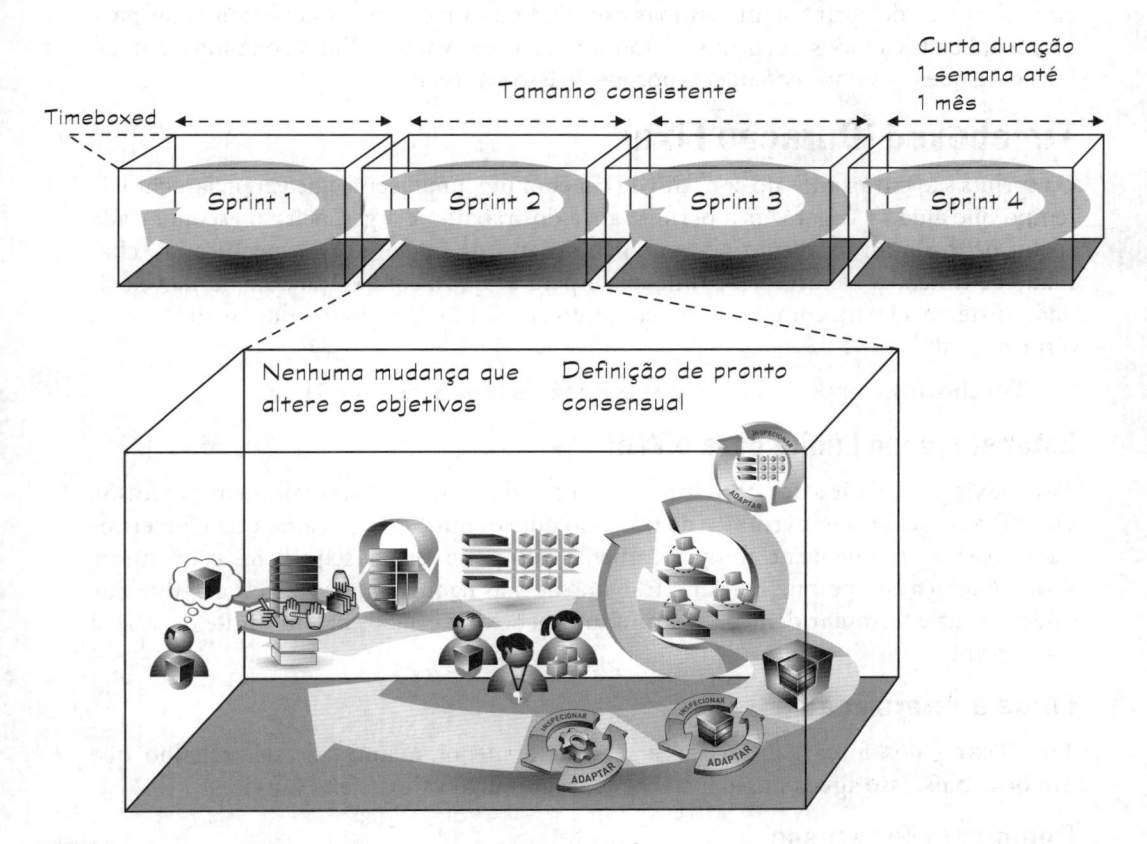

FIGURA 4.1 Sprints são o esqueleto do framework Scrum.

A principal seta cinza em loop na figura, que se estende do product backlog através do loop da sprint execution e envolve os membros da equipe Scrum, representa o sprint, no qual os outros artefatos e atividades do Scrum são mostrados orientados pelo seu momento relativo de ocorrência dentro do sprint. Apesar de a sprint execution ser frequentemente confundida como sendo "o sprint", ela é apenas uma atividade que ocorre durante o sprint, juntamente com o sprint planning, a sprint review e a sprint retrospective.

Todos os sprints ocorrem em timeboxes, isso significa que eles têm datas fixadas de início e fim. Os sprints também devem ser curtos, em torno de uma semana até um mês. Os sprints devem ser consistentes em tamanho, apesar de serem permitidas exceções sob certas circunstâncias. Como regra, durante o sprint não são permitidas mudanças que alterem a equipe ou o escopo do objetivo. Finalmente, durante cada sprint, um incremento potencialmente entregável do produto (potentially shippable product increment) é finalizado em conformidade com a definição de pronto acordada pela equipe Scrum.

Apesar de cada organização ter sua própria implementação única do Scrum, estas características do sprint, com algumas exceções que vamos explorar, foram feitas para serem aplicadas a todos os sprints e a todas as equipes. Vamos olhar cada uma em detalhes para que possamos entender o porquê de isso ser assim.

Timeboxed (Duração Fixa)

Os sprints são enraizados no conceito de **timeboxing**, uma técnica de gerenciamento de tempo que ajuda a organizar a performance do trabalho e a gerenciar o escopo. Cada sprint ocorre num momento no tempo com datas de início e fim especificadas, chamado de timebox. Dentro desse timebox, espera-se que a equipe trabalhe numa velocidade sustentável para completar um conjunto escolhido de trabalho que se alinhe com o sprint goal.

Timeboxing é importante por diversas razões (veja a Figura 4.2).

Estabelece um Limite para o WIP

Timeboxing é uma técnica para limitar a quantidade de WIP (trabalho em processo). O WIP representa um inventário de trabalho que foi iniciado, mas ainda não foi terminado. Falhar em gerenciar apropriadamente isso pode ter consequências econômicas sérias. Como a equipe vai planejar o trabalho apenas naqueles itens que ela acredita que pode iniciar e terminar dentro do sprint, o timeboxing estabelece um limite de WIP a cada sprint.

Força a Priorização

Timeboxing nos força a priorizar e realizar a menor quantidade de trabalho que importa mais. Isso aguça nosso foco em conseguir algo valioso feito rápido.

Demonstra Progresso

Timeboxing também nos ajuda a demonstrar progresso relevante ao completar e validar blocos importantes do trabalho até uma data conhecida (o fim do sprint). Esse tipo

Benefícios do timebox
- Estabelece um limite de WIP
- Força a priorização
- Demonstra progresso
- Evita perfeccionismo desnecessário
- Motiva o fechamento
- Melhora a previsibilidade

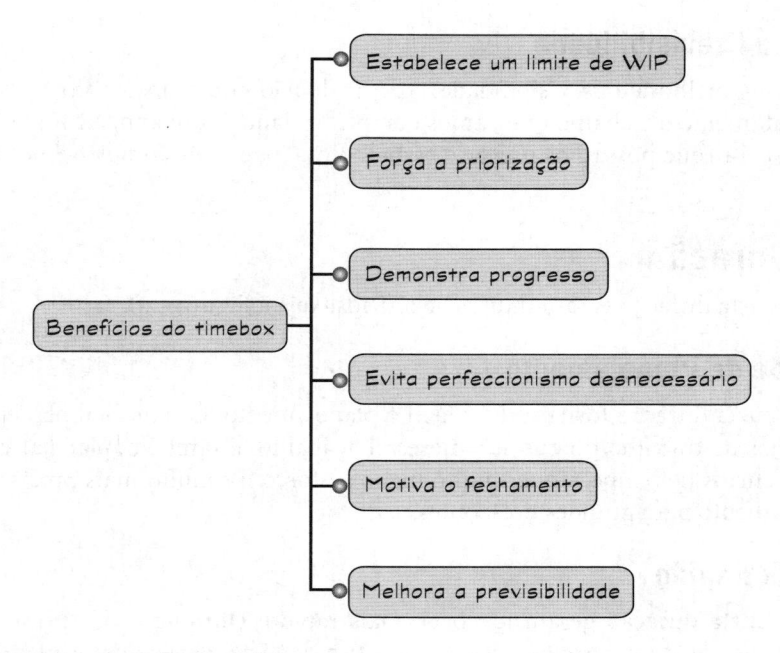

FIGURA 4.2 Os benefícios do timeboxing

de progresso reduz o risco organizacional ao mudar o foco para longe de formas não confiáveis de relatar progresso, tal como conformidade com o plano. O timeboxing também nos ajuda a demonstrar o progresso em relação às grandes features que requerem mais de um timebox para serem concluídas. Completar algum trabalho na direção dessas features assegura que um progresso mensurável e valioso está sendo feito a cada sprint. Isso também ajuda os stakeholders e a equipe aprenderem o que falta ser feito para entregar a feature inteira.

Evita Perfeccionismo Desnecessário

Timeboxing ajuda a evitar perfeccionismo desnecessário. Num momento ou outro todos já gastamos muito tempo tentando tornar algo "perfeito" ou dando uma "banhada a ouro" quando um "bom o suficiente" bastaria. O timeboxing força um fim para um trabalho potencialmente não limitado ao estabelecer uma data final fixa para o sprint, até a qual uma boa solução tem de ter sido feita.

Motiva o Fechamento

O timeboxing também motiva o fechamento. Minha experiência é que as coisas serão feitas com mais certeza quando as equipes tiverem uma data final conhecida. O fato de que o fim do sprint traz com ele uma deadline rígida encoraja os membros da equipe a se aplicarem diligentemente para completar o trabalho a tempo. Sem uma data final conhecida, há menos um senso de urgência para completar o trabalho.

Melhora a Previsibilidade

O timeboxing melhora a previsibilidade. Apesar de não podermos prever com grande certeza exatamente o trabalho que vamos completar daqui a um ano, é completamente razoável esperar que possamos prever o trabalho que podemos completar no próximo sprint.

Curta Duração

Sprints de curta duração geram muitos benefícios (veja a Figura 4.3).

Facilidade de Planejamento

Sprints de curta duração tornam mais fácil o planejamento. É mais fácil planejar algumas semanas de trabalho do que seis meses de trabalho. E também, planejar em horizontes tão curtos de tempo requer muito menos esforço e é muito mais preciso do que um planejamento para grandes horizontes.

Feedback Rápido

Sprints de curta duração geram feedback mais rápido. Durante cada sprint criamos algum software funcional e então temos a oportunidade de inspecionar e adaptar o que criamos e como criamos. Esse feedback rápido nos possibilita rapidamente podar caminhos do produto ou abordagens de desenvolvimento desfavoráveis, antes que tenhamos composto uma má decisão com muitas outras decisões decorrentes, que são acopladas

```
                              ┌─ Facilidade de planejamento
                              │
                              ├─ Feedback rápido
                              │
                              ├─ Erros limitados
Benefícios da curta duração ──┤
                              ├─ Retorno de investimento melhorado
                              │
                              ├─ Excitação rejuvenescida
                              │
                              └─ Checkpoints frequentes
```

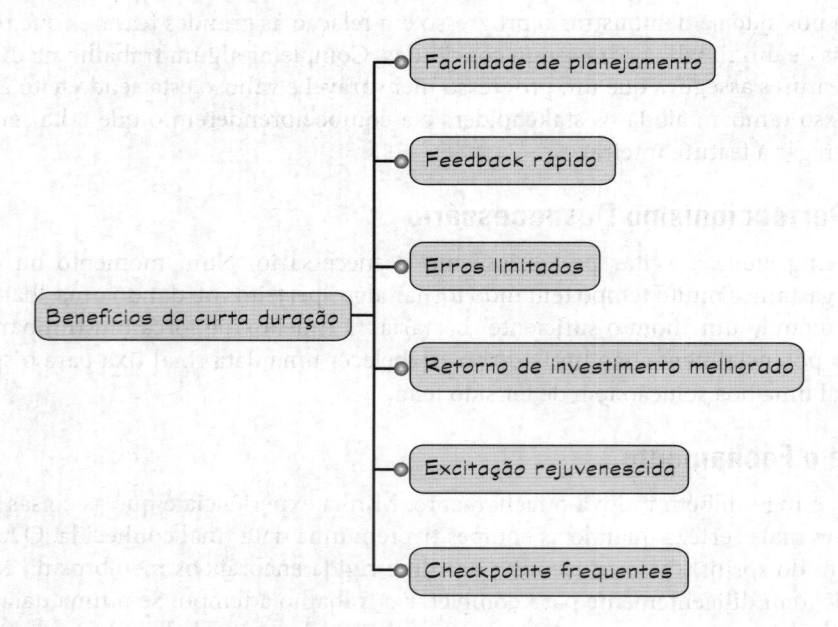

FIGURA 4.3 Os benefícios de sprints de curta duração

naquela má decisão. Um feedback rápido também nos permite descobrir e explorar de forma mais rápida oportunidades emergentes sensíveis ao momento.

Retorno de Investimento Melhorado

Sprints de curta duração não apenas melhoram a economia através de feedbacks rápidos; eles também permitem entregas antecipadas e mais frequentes. Como resultado, temos a oportunidade de gerar renda antecipadamente, melhorando o retorno de investimento geral (veja o Capítulo 14 para um exemplo).

Erros Limitados

Sprints de curta duração também limitam os erros. Quão errados podemos estar em um sprint de duas semanas? Mesmo se errarmos a coisa toda, perdemos apenas duas semanas. Insistimos em sprints de curta duração porque eles nos dão coordenação e feedbacks frequentes. Dessa maneira se você estiver errado, pelo menos vai estar errado de uma maneira pequena.

Excitação Renovada

Sprints de curta duração podem ajudar a renovar a excitação. É da natureza humana que o interesse e a excitação declinem quanto mais você tiver de esperar pela gratificação (veja a Figura 4.4).

Se trabalharmos em um projeto de duração muito longa, não apenas é mais provável que falhemos; também é mais provável que eventualmente percamos entusiasmo pelo esforço. (Quando trabalhei na IBM, costumávamos chamar estes projetos de "ferver o oceano", porque eles levariam realmente um tempo muito longo e muito esforço

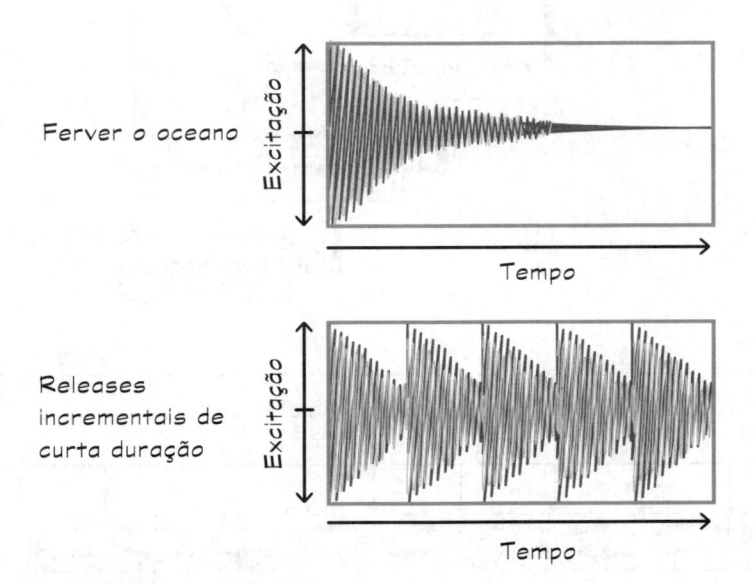

FIGURA 4.4 Excitação ao longo do tempo

para serem completados, se fossem completados, como se tentássemos ferver um oceano.) Sem um progresso visível e nenhum fim a vista, as pessoas começam a ficar desinteressadas. Mais para o fim, elas podem até estar dispostas a *pagar* alguém para as mudar para outro produto!

Sprints de curta duração mantêm alta a excitação dos participantes ao entregar recursos funcionais frequentemente. A gratificação gerada por entregas antecipadas e frequentes renova nosso interesse e nosso desejo de continuar trabalhando em direção ao objetivo.

Checkpoints Frequentes

Sprints de curta duração também fornecem checkpoints múltiplos e significativos (veja a Figura 4.5).

Um aspecto valorizado dos projetos sequenciais é um bem definido conjunto de milestones. Estas milestones fornecem aos gerentes checkpoints conhecidos do ciclo de vida do projeto, que normalmente são amarrados a decisões de financiamento go/no-go para a fase seguinte. Apesar de potencialmente úteis de uma perspectiva de governância, como discuti no Capítulo 3, essas milestones dão uma indicação não confiável do status real da entrega de valor para o cliente.

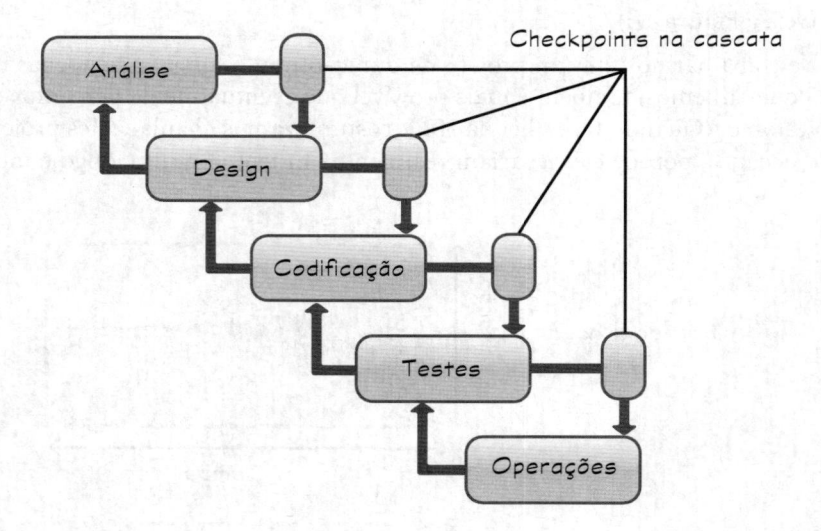

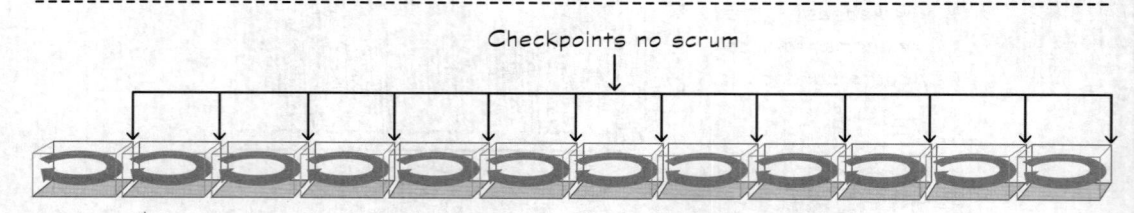

FIGURA 4.5 Comparação de checkpoints

O Scrum fornece aos gerentes, stakeholders, product owner e outros muito mais checkpoints do que eles teriam com os projetos sequenciais. No fim de cada sprint curto há um checkpoint significativo (a sprint review) que permite que todos baseiem suas decisões em features funcionais demonstráveis. As pessoas são mais capazes de lidar com um ambiente complexo quando têm mais oportunidades de ter checkpoints acionáveis para inspecionar e se adaptar.

Duração Consistente

Como uma regra, em um dado esforço de desenvolvimento, uma equipe deve escolher uma duração consistente para seus sprints e não a mudar a menos que haja uma boa razão. Boas razões podem incluir o seguinte:

- Você está considerando mudar de sprints de quatro semanas para sprints de duas semanas a fim de obter um feedback mais frequente, mas quer tentar alguns sprints de duas semanas antes de uma decisão final.
- As férias anuais ou o fim do ano fiscal tornam mais prático fazer um sprint de três semanas do que o usual sprint de duas semanas.
- A release do produto ocorre em uma semana, então um sprint de duas semanas seria um desperdício.

O fato de a equipe não conseguir terminar todo o trabalho dentro do tamanho atual do sprint não é uma boa razão para estender o tamanho do sprint. Nem tampouco é permissível chegar no último dia do sprint, perceber que não vai estar pronto e pedir mais um dia extra, ou uma semana. Estes são sintomas de disfunção e oportunidades para melhoria; eles não são boas razões para mudar o tamanho do sprint.

Como regra, portanto, se uma equipe concorda em realizar sprints de duas semanas, todos os sprints devem ter duas semanas. Como regra prática, a maioria (mas não todas) das equipes vai definir duas semanas como sendo dez dias úteis. Se houver um feriado ou evento de treinamento durante o sprint, isso reduz a capacidade da equipe para aquele sprint, mas não necessita uma mudança no tamanho do sprint.

Usar o mesmo tamanho de sprint também aproveita os benefícios da cadência e simplifica o planejamento.

Cadencie os Benefícios

Sprints com a mesma duração nos fornecem uma **cadência** — um ritmo regular e previsível para um esforço de desenvolvimento Scrum. Um ritmo consistente e saudável permite que a equipe Scrum e a organização adquiram uma importante familiaridade rítmica com quando as coisas têm de acontecer para alcançar um fluxo de valor de negócios rápido e flexível. Em minha experiência, ter uma cadência regular nos sprints possibilita que as pessoas "entrem no ritmo". Acredito que isso acontece porque uma cadência regular torna habituais as atividades mundanas porém necessárias e, portanto, libera a capacidade mental para ficar focada no trabalho divertido e de valor.

Ter uma cadência de sprint curta também tende a nivelar a intensidade do trabalho. Ao contrário do projeto sequencial tradicional, onde vemos um aumento marcante na intensidade nas fases mais tardias, cada sprint tem um perfil de intensidade que é similar ao de outros sprints. Como vou discutir no Capítulo 11, a cadência do sprint possibilita que as equipes trabalhem numa velocidade sustentável.

Fazer o sprint numa cadência regular também reduz significantemente a sobrecarga de coordenação. Com sprints de duração fixa podemos agendar previsivelmente as atividades de sprint planning, sprint review e sprint retrospective para muitos sprints ao mesmo tempo. Como todos sabem quando as atividades vão ocorrer, a sobrecarga necessária para as agendar para um grande número de sprints é reduzida substancialmente.

Como um exemplo, se fizermos sprints de duas semanas em um esforço de desenvolvimento de um ano inteiro, podemos enviar esse evento recorrente para o calendário de todos para as próximas 26 sprint reviews. Se permitirmos que a duração dos sprints varie de sprint para sprint, imagine o esforço extra que seria necessário para coordenar as agendas dos stakeholders no que poderia ser um prazo de uma ou duas semanas para a sprint review seguinte! Isso assumindo que poderíamos encontrar um horário que funcionasse para o conjunto principal de stakeholders, cujas agendas possivelmente estão preenchidas por muitas semanas.

Finalmente, se tivermos múltiplas equipes no mesmo projeto, ter todas as equipes com uma cadência de sprint similar permite uma sincronização de trabalho com todas as equipes (veja o Capítulo 12 para uma discussão mais detalhada).

Simplifica o Planejamento

Usar uma duração consistente também simplifica as atividades de planejamento. Quando todos os sprints são do mesmo tamanho, a equipe fica confortável com a quantidade de trabalho que consegue fazer num sprint típico (conhecido como sua **velocidade**). A velocidade é tipicamente normalizada com relação a um sprint. Se o tamanho do sprint puder variar, não temos realmente uma unidade de sprint normalizada.

Certamente é possível computar a velocidade de uma equipe mesmo se ela usar sprints de tamanhos variados, mas é mais complicado. Manter-se com uma duração de sprint consistente simplifica os cálculos que fazemos nos dados históricos de velocidade de uma equipe.

Durações de sprint consistentes também simplificam o resto da matemática de planejamento. Por exemplo, se nós estamos trabalhando com uma **data de release fixada** e temos sprints de duração consistente, calcular o número de sprints até a release é um simples exercício em matemática de calendário (sabemos a data de hoje, sabemos a data da release e sabemos que os sprints têm o mesmo tamanho). Se a duração dos sprints puder variar, calcular o número de sprints até a release pode ser significantemente mais complicado (porque teríamos de fazer um planejamento prévio extensivo), e vai implicar numa sobrecarga desnecessária, e provavelmente ser menos confiável do que com uma duração consistente de sprint.

Sem Mudanças que Alterem o Objetivo

Uma importante regra do Scrum diz que, uma vez que o sprint goal (objetivo do sprint) tenha sido estabelecido e a sprint execution tenha começado, não são permitidas mudanças que possam afetar materialmente o sprint goal.

O Que É um Sprint Goal?

Cada sprint pode ser resumido por um sprint goal que descreve o valor e o propósito de negócios do sprint. Tipicamente o sprint goal tem um foco claro e simples, tal como:

- Suportar a geração inicial de relatórios.
- Carregar e organizar os dados de mapas da América do Norte.
- Demonstrar a habilidade de enviar uma mensagem de texto através de uma pilha de software integrado, firmware e hardware.

Há vezes quando um sprint goal pode ser multifacetado, por exemplo: "Conseguir uma impressão básica funcional e um suportar busca por data".

Durante o sprint planning, a equipe de desenvolvimento deve ajudar a refinar e concordar com o sprint goal, e usá-lo para determinar os itens do product backlog que ela pode completar até o fim do sprint (veja o Capítulo 19 para mais detalhes). Estes itens do product backlog servem para elaborar ainda mais o sprint goal.

Comprometimento Mútuo

O sprint goal é a fundação de um comprometimento mútuo feito pela equipe e o product owner. A equipe compromete-se a atender o objetivo no fim do sprint e o product owner compromete-se a não alterar o objetivo durante o sprint.

Esse comprometimento mútuo demonstra a importância dos sprints no equilíbrio das necessidades do negócio entre ser adaptativo às mudanças, ao mesmo tempo em que permite que a equipe se concentre e aplique eficientemente seus talentos para criar valor durante uma duração curta e fixada. Ao definir e aderir a um sprint goal, a equipe Scrum é capaz de ficar focada em um alvo valioso e bem definido.

Mudança versus Clarificação

Apesar de o sprint goal não dever ser materialmente *mudado*, é permissível *clarificar* o objetivo. Deixe-me diferenciar os dois.

O que constitui uma mudança? Uma mudança é qualquer alteração no trabalho ou recursos, que tem o potencial de gerar desperdício economicamente significativo, interromper danosamente o fluxo do trabalho, ou substancialmente aumentar o escopo do trabalho dentro de um sprint. Adicionar ou remover um item do product backlog em um sprint ou alterar significantemente o escopo de um item do product backlog que já esteja no sprint constituem mudanças. O seguinte exemplo ilustra uma mudança:

Product Owner: "Oh, quando eu disse que precisávamos ser capazes de buscar no banco de dados da polícia por um delinquente juvenil, eu não estava querendo dizer apenas o nome e sobrenome, eu queria dizer que deveríamos ser capazes de buscar no banco de dados baseado numa imagem das tatuagens do corpo do suspeito!"

Adicionar a habilidade de buscar baseado numa imagem provavelmente representa substancialmente muito esforço e quase certamente afetaria a habilidade da equipe de atender um compromisso de entregar uma busca baseada no nome e sobrenome. Neste caso, o product owner deve considerar a criação de um novo item do product backlog que capture a feature de busca por imagem e a adição dele ao product backlog para ser trabalhado em uma sprint subsequente.

O que constitui uma clarificação? Clarificações são detalhes adicionais fornecidos durante o sprint que ajudam a equipe a alcançar o sprint goal. Como vou discutir no Capítulo 5, todos os detalhes associados com os itens do product backlog podem não estar completamente conhecidos ou especificados no início do sprint. Portanto, é completamente razoável que a equipe faça perguntas de clarificação durante um sprint e que o product owner as responda. O seguinte exemplo ilustra uma clarificação:

Equipe de Desenvolvimento: "Quando você disse que as ocorrências para o delinquente juvenil devem ser exibidas em uma lista, você tem uma preferência sobre como essa lista deve ser ordenada?"

Product Owner: "Sim, classifique alfabeticamente pelo sobrenome."

Equipe de Desenvolvimento: "Ok, dá para fazer isso."

Dessa maneira, o product owner pode e deve fornecer clarificações durante o sprint.

Consequências da Mudança

Pode parecer que a regra de não ter mudanças que alterem o objetivo esteja em conflito direto com o princípio central do Scrum de que devemos abraçar a mudança. Nós abraçamos a mudança, mas queremos abraçá-la de uma maneira equilibrada e economicamente sensata.

As consequências econômicas de uma mudança aumentam à medida que aumenta nosso nível de investimento no trabalho alterado (veja Figura 4.6).

Investimos nos itens do product backlog para os deixar em prontidão (ready) para serem trabalhados num sprint. Entretanto, uma vez que o sprint comece, nosso investimento nesses itens do product backlog aumentou (porque gastamos tempo durante o planejamento para discutir e planejá-los ao nível das tarefas). Se quisermos fazer uma mudança depois de o sprint planning ter ocorrido, não apenas colocamos em perigo o investimento do planejamento, mas também incorremos em custos adicionais por ter de replanejar quaisquer mudanças durante o sprint.

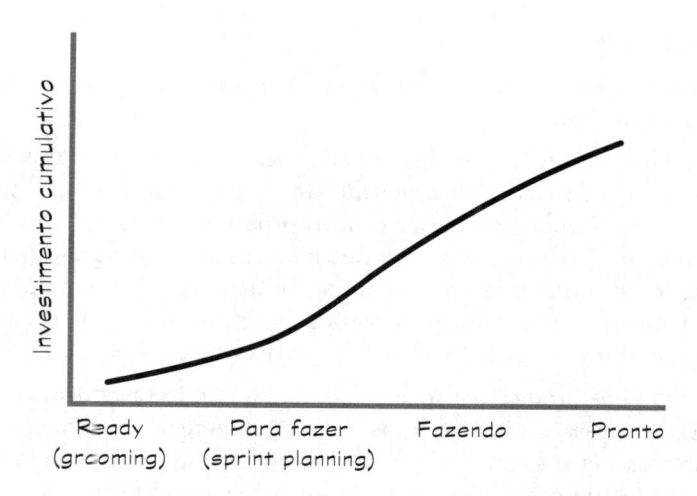

FIGURA 4.6 Investimento cumulativo em estados diferentes

Além disso, uma vez que tenhamos começado a sprint execution, nosso investimento no trabalho aumenta ainda mais, à medida que os itens do product backlog transitam pelos estados de to do (trabalho ainda não iniciado), fazendo (trabalho em processo) e pronto (trabalho finalizado).

Digamos que queremos trocar nossa feature X, atualmente parte do compromisso do sprint, e substituí-la pela feature Y, que não é parte do compromisso existente. Mesmo se não tivéssemos começado o trabalho na feature X, ainda incorreríamos em desperdício de planejamento. Além disso, a feature X pode também ter dependências com relação a outras features no sprint, então uma mudança que afete a feature X pode afetar uma ou mais features, assim amplificando o efeito no sprint goal.

Se o trabalho na feature X já tiver começado, além do desperdício já mencionado, poderíamos ter outros desperdícios potenciais. Por exemplo, todo o trabalho já feito na feature X pode ter que ser jogado fora. E podemos ter o desperdício adicional de remover um trabalho parcialmente completo na feature X, que podemos nunca usar no futuro (não vamos incluir trabalho parcialmente completado em um incremento potencialmente entregável de produto no fim do sprint).

E, é claro, se a feature X já estiver completada, poderíamos ter desperdiçado o investimento inteiro feito na feature X. Todos esses desperdícios se somam!

Em adição à consequência econômica direta do desperdício, a economia pode ser indiretamente afetada pela potencial deterioração da motivação e da confiança da equipe que podem acompanhar uma mudança. Quando o product owner estabelece um compromisso de não alterar o objetivo e então viola esse compromisso, a equipe naturalmente vai ficar desmotivada, o que quase certamente vai afetar seu desejo de trabalhar diligentemente para completar os outros itens do product backlog. Além disso, violar o compromisso pode danificar a confiança dentro da equipe Scrum, porque a equipe de desenvolvimento não vai confiar que o product owner vá respeitar seus compromissos.

Sendo Pragmático

A regra de não alteração de objetivos é apenas isso — uma regra, não uma lei. A equipe Scrum tem de ser pragmática.

E se as condições de negócio mudassem de tal maneira que fazer uma mudança no sprint goal parecesse justificada? Digamos que um competidor lance um novo produto durante nosso sprint. Depois de revisar o novo produto, concluímos que precisamos mudar o objetivo que estabelecemos para nosso sprint atual, porque o que estávamos fazendo tem agora muito menos valor econômico, dado o que nosso competidor fez. Será que deveríamos seguir cegamente a regra sobre nenhuma mudança alteradora de objetivo e não alterar nosso sprint? Provavelmente não.

E se um sistema de produção crítico tivesse falhado miseravelmente e algumas ou todas as pessoas na nossa equipe forem as únicas que podem consertar? Será que não deveríamos interromper o sprint atual para corrigir? Vamos dizer para o negócio que vamos consertar a falha no início do próximo sprint? Provavelmente não.

No fim, ser pragmático se sobrepõe à regra de não fazer mudanças que alterem os objetivos. Se mudarmos o sprint corrente, vamos experimentar as consequências econômicas negativas que discuti previamente. Entretanto, se as consequências econômicas de uma mudança foram muito menores do que as consequências econômicas de adiar a mudança, fazer a mudança é a decisão de negócios mais sensata. Se a economia de mudar versus não mudar for imaterial, não deve ser feita nenhuma alteração no objetivo do sprint.

Com relação a motivação e a confiança da equipe, na minha experiência, quando um product owner tem uma discussão franca e economicamente focada com a equipe sobre a necessidade da mudança, a maioria das equipes entendem e apreciam a necessidade, então a integridade da motivação e da confiança são mantidas.

Cancelamento Anormal

Se o sprint goal se tornar completamente inválido, a equipe Scrum pode decidir que continuar com o sprint atual não faz sentido e aconselhar o product owner a cancelar anormalmente o sprint. Quando um sprint é cancelado anormalmente, o sprint atual chega a um fim abrupto e a equipe Scrum se junta para fazer uma sprint retrospective. A equipe então se reúne com o product owner para planejar o sprint seguinte, com um objetivo diferente e um conjunto diferente de itens do product backlog.

O cancelamento do sprint é usado quando ocorre um evento economicamente significante, tipo alguma ação de um competidor que invalide o sprint ou o financiamento do produto ser mudado materialmente.

Apesar de o product owner ter a opção de cancelar todo e cada sprint, na minha experiência é raro que o product owner invoque essa opção. Lembre-se, sprints são curtos e em média a equipe vai estar para lá da metade do sprint quando surgir uma situação que cause mudanças. Como pode haver apenas uma semana ou tanto de tempo ainda no sprint quando a mudança ocorrer, a economia de cancelar pode ser menos favorável do que simplesmente ficar no mesmo caminho. E muitas vezes é possível fazer mudanças menos dramáticas, tais como ignorar uma feature para permitir tempo para remendar uma falha crítica na produção, em vez de cancelar o sprint.

É importante perceber que cancelar um sprint precipitadamente, além de ter um efeito negativo no moral, é uma séria interrupção no fluxo rápido e flexível de features, e nega muitos dos benefícios dos sprints de duração consistente que mencionei anteriormente. Cancelar um sprint deve ser o último recurso.

Se um sprint for cancelado, a equipe Scrum vai ter que determinar o tamanho do próximo sprint (veja a Figura 4.7).

Há três opções aparentes:

1. Ficar com o tamanho original do sprint. Isso tem a vantagem de manter um tamanho uniforme de sprint ao longo do desenvolvimento (exceto pelo sprint cancelado, é claro). Se múltiplas equipes Scrum estiverem colaborando no mesmo esforço de desenvolvimento, usar o tamanho do sprint original vai colocar a equipe Scrum que cancelou seu sprint fora de sincronia com as outras equipes.
2. Tornar o sprint seguinte do tamanho suficiente para chegar na data final do sprint cancelado. Por exemplo, se a equipe Scrum cancelou um sprint de duas semanas no fim da primeira semana, o próximo sprint seria de apenas uma semana para fazer a equipe se ressincronizar com a cadência de sprint original.
3. Tornar o sprint seguinte maior do que o normal para cobrir o tempo restante do sprint finalizado e mais o tempo para o sprint seguinte inteiro. Então, no exemplo anterior, faríamos o sprint seguinte ter três semanas para que a equipe voltasse a se ressincronizar com sua cadência original de sprint.

Em um esforço multiequipe, as opções 2 ou 3 seriam as preferidas. Em todos os casos, você vai ter de considerar seu contexto específico para saber que opção é a melhor.

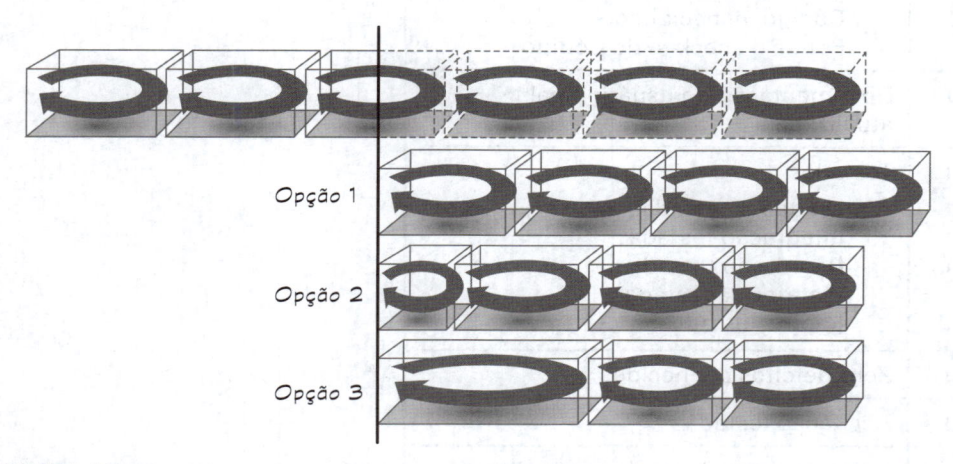

FIGURA 4.7 Decidindo o tamanho do próximo sprint depois do cancelamento do sprint

Definição de Pronto (Definition of Done)

No Capítulo 3, discuti como o resultado de cada sprint deve ser um incremento potencialmente entregável do produto. Também mencionei que "potencialmente entregável" não significa que o que foi construído deve ser realmente entregue. Entregar é uma decisão de negócios que frequentemente ocorre em uma cadência diferente; em algumas organizações pode não fazer sentido entregar no fim de cada sprint.

Potencialmente entregável é melhor entendido como um estado de confiança de que o que construímos no sprint está realmente pronto, significando que não há trabalho material importante não feito (tal como um teste importante ou a integração e assim por diante), que precise ser completado antes que possamos entregar os resultados do sprint, se entregar for nosso desejo de negócios. Para determinar se o que produzimos é potencialmente entregável, a equipe Scrum deve ter uma definição de pronto bem definida e consensual.

O Que É a Definição de Pronto?

Conceitualmente a **definição de pronto** (*definition of done*) é uma checklist de tipos de trabalho que se espera que a equipe tenha completado com sucesso antes de declarar seu trabalho como potencialmente entregável (veja a Tabela 4.1).

TABELA 4.1 Exemplo de Checklist de Definição de Pronto

	Definição de Pronto
❏	Design revisado
❏	Código concluído
❏	Código refatorado
❏	Código em formato padrão
❏	Código está comentado
❏	Código inspecionado
❏	Fez-se o check-in do Código
❏	Documentação do usuário final atualizada
❏	Testados
❏	Unidades testadas
❏	Integração testada
❏	Regressão testada
❏	Plataforma testada
❏	Idioma testado
❏	Zero defeitos conhecidos
❏	Aceitação testada
❏	No ar nos servidores de produção

Obviamente os itens específicos na checklist vão depender de um número de variáveis:

- A natureza do produto sendo construído
- As tecnologias sendo usadas para o construir
- A organização que o está construindo
- Os impedimentos correntes que afetam o que é possível

Na maioria do tempo, uma definição mínima de pronto deve render um trecho completo de funcionalidade do produto, um que tenha sido planejado, construído, integrado, testado e documentado e que entregue valor validado para o cliente. Para se ter uma checklist útil, entretanto, estes itens de trabalho de nível alto devem ser mais refinados. Por exemplo, o que significa estar testado? Teste de unidade? Teste de integração? Teste de sistema? Teste de plataforma? Teste de internacionalização? Você provavelmente consegue pensar em muitas outras formas de testar que sejam específicas do seu produto. Todos esses tipos de teste estão incluídos na definição de pronto?

Tenha em mente que se você não fizer um tipo importante de teste a cada sprint (digamos, teste de performance), você vai ter que o fazer em algum momento. Você vai ter algum sprint especializado no futuro onde a única coisa que se faz seja testar performance? Se sim, e o teste de performance é essencial para o estar "pronto", você não tem realmente um incremento potencialmente entregável do produto a cada sprint. E ainda pior, quando você realmente fizer o teste de performance em uma data mais tardia e ele não sair como o planejado, não apenas você vai descobrir um problema crítico muito tarde no processo, mas também vai ter de gastar muito tempo e dinheiro para o consertar naquele momento do que se tivesse feito o teste de performance anteriormente.

Algumas vezes testar pode levar mais tempo do que a duração de um sprint. Se isso ocorrer porque a equipe de desenvolvimento acumulou um grande débito manual de teste, ela precisa começar a automatizar seus testes para que o processo de testes seja completado dentro de um sprint. Se isso ocorrer por causa da natureza dos testes, vamos precisar aceitar iniciar os testes em um sprint e finalizá-los em algum sprint futuro. Por exemplo, uma organização para a qual fiz coach estava construindo um dispositivo composto de hardware, firmware e software. Um de seus testes padrão era o teste de burn-in de 1.500 horas, onde o dispositivo funcionava direto aquela quantidade de tempo para ver se falharia. Esse teste não pode ser completado em um sprint de duas semanas, então a equipe Scrum ajustou a definição de pronto para que um sprint pudesse ser dito pronto mesmo se o teste de 1.500 horas ainda não tivesse sido concluído.

Frequentemente me perguntam: "E se houver um defeito significante que continue existindo no último dia do sprint; o item do product backlog está pronto?" Não, ele não está pronto! E como, via de regra, não estendemos sprints além do fim do timebox planejado, não estenderíamos o sprint por um dia ou dois para consertar o defeito no sprint corrente. Em vez disso, no fim planejado do sprint, o item incompleto do product backlog é pego do sprint atual e reinserido no product backlog na ordem apropriada, baseado nos outros itens que estejam correntemente no product backlog. O item incompleto pode então ser finalizado em algum sprint futuro.

Equipes Scrum precisam ter uma definição de pronto robusta, uma que forneça um alto nível de confiança que o que foi construído seja de alta qualidade e possa ser entregue. Qualquer coisa menor rouba da organização as oportunidades de negócio de entregar se for o desejado, e pode levar ao acúmulo de débito técnico (como vou discutir no Capítulo 8).

A Definição de Pronto Pode Evoluir com o Tempo

Você pode pensar na definição de pronto como definir o estado do trabalho no fim do sprint. Para muitas equipes de alta performance, esse almejado estado final do trabalho possibilita que ele seja potencialmente entregável — e esse estado final continua relativamente constante durante o ciclo de vida do desenvolvimento.

Por exemplo, quando fui o product owner para o projeto de redesign do website da Scrum Alliance em 2007, fazíamos sprints de uma semana. O estado final da nossa definição de pronto poderia ser resumido como "no ar nos servidores de produção". A equipe e eu determinamos que isso era um estado perfeitamente razoável para alcançarmos a cada sprint. Definimos esse estado final no início do esforço de desenvolvimento; esse estado final alvo não mudou durante o tempo que fui o product owner para esse site.

Muitas equipes, entretanto, começam como uma definição de pronto que não termina em um estado onde todas as features estejam completas no sentido de que possam ser postas online ou entregues. Para alguns, impedimentos reais podem evitar que eles alcancem esse estado no início do desenvolvimento, mesmo que ele seja o objetivo principal. Como resultado, eles podem (necessariamente) começar com um estado final inferior e deixar sua definição de pronto evoluir com o tempo, à medida que os impedimentos organizacionais sejam removidos.

Por exemplo, visitei uma organização que constrói um sistema de informática para clínicas. Seu produto é instalado em uma clínica médica e coleta uma variedade de dados clínicos (alguns diretamente das máquinas que fazem os testes diagnósticos). A equipe sabia que testes clínicos, que envolviam a instalação do produto em um laboratório clínico para garantir que ele funcionasse com um hardware clínico, seriam necessários antes que pudessem entregar o produto. Entretanto, como a equipe não tinha acesso regular a um laboratório, ela não incluiu inicialmente os testes clínicos na definição de pronto. Em vez disso ela incluiu sprints de testes clínicos no fim de cada realease.

Na nossa discussão, aprendi que o marketing e a equipe odiavam esses testes clínicos pré-release. Ninguém conseguia prever quantos sprints levaria para sanar todos os defeitos e o produto não poderia ser lançado até que os defeitos fossem removidos. À medida que fizemos um brainstorm em busca de soluções potenciais, o VP de Engenharia interferiu. Ele perguntou para a equipe: "Se vocês tivesses acesso a um laboratório clínico, seriam capazes de fazer estes testes clínicos em cada sprint?"

Os membros da equipe discutiram a questão dele e responderam: "Sim, mas isso significa que vamos completar menos features em cada sprint." O VP concordou em remover o impedimento ao conseguir para a equipe um acesso ao laboratório clínico de uma universidade local. O product owner concordou que ter menos features completadas em cada sprint era um trade-off viável para saber que as features entregues teriam sido testadas clinicamente. Nesse ponto a equipe foi capaz de evoluir sua definição de pronto para realmente chegar no "potencialmente entregável", dando a todos um alto grau de confiança no trabalho completado a cada sprint.

Outras vezes uma equipe pode ter um impedimento que ela sabe que não pode ser removido de cara. Como resultado, ela sabe que a definição de pronto durante seu esforço de desenvolvimento do produto vai necessariamente evoluir. Um exemplo comum é um produto que inclua hardware e software. Tenho visto o Scrum aplicado ao desenvolvimento de muitos desses produtos e frequentemente escuto o pessoal do software dizer: "O hardware sempre chega tarde!" Em casos como esse, se a equipe estiver construindo software e não tiver um hardware real onde testar o software, ela não pode dizer que os resultados produzidos no fim do sprint são potencialmente entregáveis. Quando muito, pode dizer que está "pronto em termos de emulador", porque testar durante os sprints iniciais é tipicamente realizado num emulador em software do hardware real. Mais tarde, quando o hardware real estiver disponível, a definição de pronto vai evoluir para significar potencialmente entregável ou pelo menos algo próximo a isso.

Definição de Pronto versus Critérios de Aceitação

A definição de pronto se aplica ao incremento do produto sendo desenvolvido durante o sprint. O incremento do produto é composto de um conjunto de itens do product backlog, então cada item deve estar completo em conformidade com o trabalho especificado pela checklist da definição de pronto.

Como vou discutir no Capítulo 5, cada item do product backlog que seja trazido para o sprint deve ter um conjunto de **condições de satisfação** (critérios de aceitação específicos do item, especificados pelo product owner. Estes **critérios de aceitação** eventualmente vão ser verificados em **testes de aceitação** que o product owner vai confirmar para determinar se o item do backlog funciona como desejado. Por exemplo, se o item do product backlog for "Permitir a um cliente comprar com um cartão de crédito", as condições de satisfação podem ser "Funciona com AmEx, Visa e MasterCard". Então cada item do product backlog vai ter seu próprio conjunto de critérios de aceitação. Esses critérios específicos para o item são em adição aos, e não em substituição dos, critérios de pronto especificados pela checklist da definição de pronto, que se aplicam a todos os itens do product backlog.

Um item do product backlog pode ser considerado pronto apenas quando tanto os critérios de aceitação específicos do item (por exemplo, "funciona com todos os cartões de crédito"), quanto a definição de pronto no nível do sprint (por exemplo, "online no servidor de produção") tiverem sido atendidos.

Se for confuso se referir aos itens do product backlog que passaram nos critérios de aceitação como *prontos*, chame-os de *completos* ou *aceitos*.

Pronto versus Pronto-pronto

Algumas equipes tem adotado o conceito de "pronto" versus "pronto-pronto". De alguma forma pronto-pronto é tido como mais pronto do que pronto! Equipes não deveriam precisar de dois conceitos diferentes, mas tenho de admitir que uso ambos termos com meu filho e o dever de casa dele. Eu costumava perguntar ao meu filho se o dever de casa dele estava "pronto" e ele dizia sim. Então eu ia nas reuniões de pais e professores, e durante a discussão com a professora dele eu perguntava: "Então, quando ele entrega o dever de casa, ele está pronto?" Ela dizia: "Não realmente!"

Depois de uma discussão mais profunda com meu filho, entendi que a definição de pronto dele era "Fiz tanto trabalho quanto eu estava preparado para fazer!" Então desse ponto em diante, comecei a usar o termo *pronto-pronto*, que ambos concordamos que queria dizer "pronto num ponto onde sua professora vai achar que está pronto".

Equipes que estejam desacostumadas a realmente aprontar as coisas com antecedência e frequência são mais prováveis de usar pronto-pronto como um apoio. Para elas, usar pronto-pronto indica que estar pronto (fazer tanto trabalho quanto elas estavam preparadas para fazer) é um estado diferente do pronto-pronto (fazer o trabalho necessário para que os clientes achem que está pronto). Equipes que internalizaram que você está pronto apenas se fez todo o trabalho necessário para satisfazer os clientes não precisam ter os dois estados; para elas, pronto significa pronto-pronto!

Fechamento

Neste capítulo enfatizei o papel crucial dos sprints no framework Scrum. Os sprints fornecem o esqueleto Scrum necessário no qual a maioria das atividades e artefatos podem ser postos. Os sprints são curtos, de duração fixa e consistentes em duração. Eles tipicamente são definidos por um sprint goal, um objetivo que não deve ser alterado sem uma boa causa econômica. Os sprints devem produzir um incremento potencialmente entregável do produto que esteja completado em conformidade com uma definição de pronto acordada. No próximo capítulo focarei nos inputs para os sprints — os requisitos e suas representações comuns, as user stories.

Capítulo 5
REQUISITOS E USER STORIES

Neste capítulo discuto como os requisitos num projeto Scrum são tratados de forma diferente do que num projeto tradicional. Dado esse contexto, descrevo o papel das user stories como um formato comum para representar itens de valor para o negócio. Foco no que são as user stories, como elas podem representar valores de negócio em múltiplos níveis de abstração e como determinar quando as user stories são boas. Então descrevo como tratar requisitos não funcionais e o trabalho de aquisição de conhecimento em um projeto Scrum. Finalizo detalhando duas técnicas para coletar user stories.

Visão Geral

Desenvolvimento de produto tradicional e em Scrum tratam os requisitos muito diferentemente. Com o desenvolvimento sequencial de produto, os requisitos não são negociáveis, detalhados de antemão e devem bastar por si sós. No Scrum, os detalhes de um requisito são negociados através de conversações que acontecem continuamente durante o desenvolvimento e são finalizados *no momento* e *apenas o suficiente* para que as equipes comecem a construir funcionalidades para suportar esse requisito.

Com o desenvolvimento sequencial de produto, os requisitos são tratados muito parecidos como na manufatura: eles são especificações necessárias e não negociáveis às quais o produto deve estar em conformidade. Esses requisitos são criados de antemão e dados ao grupo de desenvolvimento na forma de um documento altamente detalhado. É o trabalho do grupo de desenvolvimento, então, construir um produto que esteja em conformidade com os requisitos detalhados.

Quando uma mudança no plano original é tida como necessária, ela é gerenciada através de um processo de controle formal. Como a conformidade com as especificações é o objetivo, estes desvios são caros e indesejáveis. Afinal, muito do trabalho em processo (WIP), na forma de requisitos altamente detalhados (e todo o trabalho baseado neles), pode precisar ser alterado ou descartado.

Em contraste, o Scrum vê os requisitos com um importante grau de liberdade que podemos manipular para atender nossos objetivos de negócio. Por exemplo, se estivermos ficando sem tempo ou dinheiro, podemos ignorar os requisitos de menor valor. Se, durante o desenvolvimento, novas informações indicarem que a razão custo/benefício de um requisito se tornou significantemente menos favorável, podemos escolher tirar o requisito do produto. E se um novo requisito de alto valor emergir, temos a habilidade de o adicionar ao produto, talvez descartando um requisito de menor valor para abrir espaço.

Provavelmente todos já tiveram a experiência de escrever um documento "completo" dos requisitos no início de um desenvolvimento, apenas para descobrir mais tarde que um requisito importante ficou faltando. Quando descobríamos esse requisito faltante, a conversa provavelmente soava assim:

Cliente: "Agora que estou vendo estas features construídas, percebi que preciso de outra feature que não está no documento dos requisitos."

Desenvolvedores: "Se você queria essa feature, por que não especificou antes?"

Cliente: "Bem, não tinha percebido que precisava dessa feature até que vi o produto ficando pronto."

Desenvolvedores: "Bem, se você tivesse pensado melhor sobre os requisitos, teria sabido que precisava dessa feature lá, em vez de agora."

O fato é, ao desenvolver produtos inovativos, você simplesmente não consegue criar requisitos ou designs completos antecipadamente simplesmente trabalhando mais tempo ou mais duro. Alguns requisitos e designs vão sempre emergir uma vez que o desenvolvimento do produto esteja ocorrendo: nenhuma quantidade de trabalho abrangente antecipado vai prevenir isso.

Assim, ao usar o Scrum, não investimos muito tempo e dinheiro em descobrir antecipadamente os detalhes de um requisito. Como esperamos que as especificidades mudem com o tempo e à medida que aprendamos mais sobre o que estamos construindo, evitamos investir demasiadamente em requisitos que podem ser descartados mais tarde. Em vez de compilar de antemão um grande inventário de requisitos detalhados, criamos placeholders para os requisitos, chamados **itens do product backlog (product backlog items — PBIs)**. Cada item do product backlog representa um desejável valor de negócio (veja a Figura 5.1).

Inicialmente os itens do product backlog são grandes (representando grandes trechos do valor de negócio) e há muito poucos detalhes associados a eles. Com o tempo, passamos esses itens do product backlog através de uma série de conversações entre os stakeholders, o product owner e a equipe de desenvolvimento, refinando-os em uma coleção de PBIs menores e mais detalhados. Eventualmente um item do product backlog é pequeno e detalhado o suficiente para ser movido para um sprint, onde ele vai ser projetado, construído e testado. Mesmo durante o sprint, entretanto, mais detalhes serão expostos em conversações entre o product owner e a equipe de desenvolvimento.

Como vou discutir no Capítulo 6, o product backlog é simplesmente um snapshot da coleção atual de itens do product backlog e seus detalhes associados.

Enquanto o Scrum não especifica nenhum formato padrão para esses itens do product backlog, muitas equipes representam os PBIs como user stories. Você não é obrigado. Algumas equipes preferem casos de uso e outras escolhem representar seus PBIs em seus próprios formatos personalizados.

Neste livro, emprego user stories como a representação dos itens do product backlog. Vou discutir os detalhes delas mais tarde nesse capítulo. Mesmo se escolher usar alguma outra coisa, você ainda vai achar útil a discussão sobre as user stories para entender que características vai querer de qualquer outra representação.

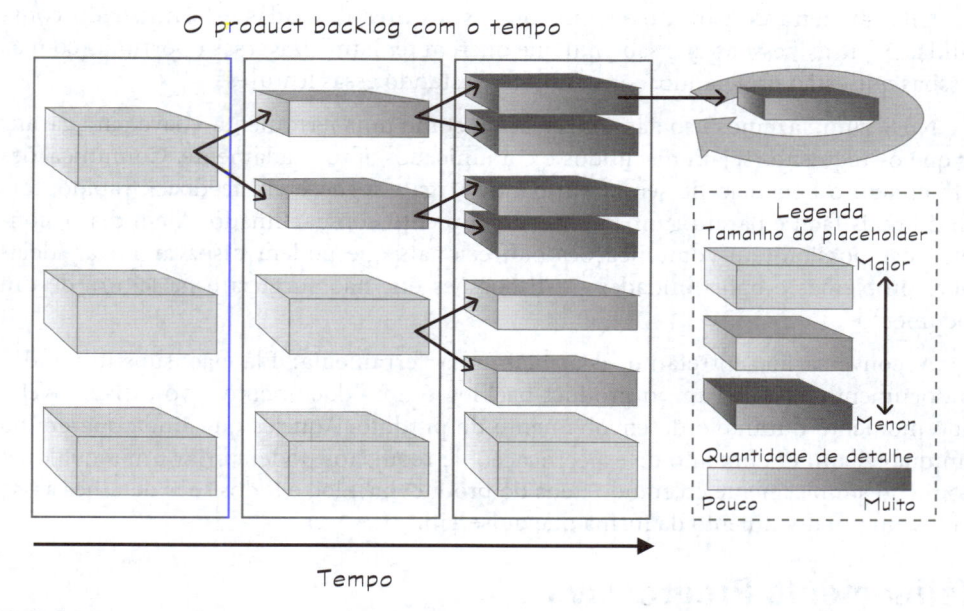

FIGURA 5.1 O Scrum usa placeholders para os requisitos.

Usando Conversações

Como um veículo de comunicação, os requisitos facilitam um entendimento compartilhado do que precisa ser construído. Eles permitem que as pessoas entendam o que deve ser criado, para poderem comunicar claramente seus desejos para as pessoas que têm que criar.

O desenvolvimento sequencial de produtos se apoia fortemente em requisitos escritos, que parecem impressionantes, mas podem ser facilmente mal-entendidos. Me lembro de uma conversa com um VP de Gerência de Produtos em uma companhia que visitei. Perguntei a essa pessoa, que gerenciava todos os analistas de negócio da companhia, como eles tratavam os requisitos. Ele disse como ilustração: "Em 1º de janeiro minha equipe fornece para a organização de engenharia um documento de requisitos e em 31 de dezembro aparecemos e vemos o que conseguimos."

Perguntei a ele sobre quem da equipe dele estaria disponível durante o ano para responder a questões dos desenvolvedores para clarificar requisitos. Ele disse: "Ninguém. Todo o tempo que meu grupo tinha para investir nesse projeto foi gasto escrevendo o documento de requisitos. Meus analistas estão trabalhando em documentos de requisitos para outros projetos. Mas não se preocupe, escrevemos um bom documento, e qualquer questão que os desenvolvedores ou testadores tenham pode ser respondida lendo cuidadosamente o documento."

Pareceu-me improvável que não houvesse ambiguidades nesse documento de caso de uso de 150 páginas para um novo sistema de registros médicos eletrônicos. O inglês não é tão preciso assim: mesmo se fosse, as pessoas simplesmente não são tão precisas quando escrevem.

Uma maneira de garantir melhor que as features desejadas estejam sendo construídas é que as pessoas que sabem o que querem tenham conversas oportunas com as pessoas que estão projetando, construindo e testando essas features.

No Scrum, fazemos uso das conversações como uma ferramenta-chave para garantir que os requisitos sejam discutidos e comunicados apropriadamente. Comunicações verbais têm o benefício de serem em banda larga e fornecerem feedback rápido, tornando mais fácil e barato ganhar um entendimento compartilhado. Além disso, conversações possibilitam comunicações bidirecionais que podem disparar novas ideias sobre problemas e oportunidades — discussões que não surgiriam na leitura de um documento.

A conversação, entretanto, é apenas uma ferramenta. Ela não substitui todos os documentos. No Scrum, o product backlog é um "documento vivo", disponível a todo momento durante o desenvolvimento do produto. Aqueles que ainda querem ou têm que ter um documento de especificação de requisitos podem criar um a qualquer momento simplesmente coletando itens do product backlog e todos seus detalhes associados em um documento da forma que quiserem.

Refinamento Progressivo

Com o desenvolvimento sequencial de produto todos os requisitos devem estar no mesmo nível de detalhe ao mesmo tempo. Em particular, o documento de requisitos aprovado deve especificar todos os requisitos para que as equipes fazendo o trabalho de design, construção e testes possam entender como ficar em conformidade com as especificações. Não há detalhes deixados para depois.

Forçar todos os requisitos para o mesmo nível de detalhes ao mesmo tempo tem muitas desvantagens:

- Devemos prever todos esses detalhes com antecedência durante o desenvolvimento do produto, quando temos a menor quantidade possível de conhecimento.
- Tratamos todos os requisitos da mesma forma, não importando sua prioridade, nos forçando a dedicar recursos valiosos hoje a criar detalhes para requisitos que podem nunca ser construídos.
- Criamos um grande inventário de requisitos que provavelmente serão caros de retrabalhar ou descartar quando as coisas mudarem.
- Reduzimos a probabilidade de usar conversações para elaborar e clarificar requisitos, porque os requisitos já estão "completos".

Como a Figura 5.1 ilustra, quando se usa o Scrum, nem todos os requisitos têm de estar no mesmo nível de detalhes ao mesmo tempo. Requisitos que vamos trabalhar com antecedência serão menores e mais detalhados do que aqueles que não serão trabalhados durante algum tempo. Empregamos uma estratégia de **refinamento progressivo** para desagregar, de uma maneira just-in-time, grandes conjuntos de requisitos levemente detalhados em um conjunto de itens menores e mais detalhados.

O Que São User Stories?

User stories são um formato conveniente para expressar o desejado valor de negócio para muitos tipos de itens do product backlog, especialmente features. As user stories são criadas de uma maneira que as tornem entendíveis, tanto para o pessoal de negócios, quanto para o pessoal técnico. Elas são estruturalmente simples e fornecem um ótimo placeholder para uma conversação. Adicionalmente, elas podem ser escritas em vários níveis de granularidade e são fáceis de serem refinadas progressivamente.

Por mais adaptadas que as user stories possam ser às nossas necessidades, não as considero como a única maneira de representar itens do product backlog. Elas são simplesmente uma abordagem leve, que combina harmoniosamente com os princípios ágeis centrais e com nossa necessidade de um placeholder efetivo. Uso-as como o placeholder central ao qual vou anexar quaisquer outras informações que eu pense serem relevantes e úteis para detalhar um requisito. Se eu achar que as user stories estão forçadas em uma situação em particular (tal como representar certos defeitos), vou usar outra abordagem. Por exemplo, uma vez vi uma equipe escrever a seguinte user story: "Como cliente, gostaria que o sistema não corrompesse o banco de dados". Acho que podemos concordar que uma user story não é a melhor maneira de representar essa questão. Talvez uma referência simples para o defeito no sistema de acompanhamento de defeitos fosse mais apropriado.

Então o que exatamente são user stories? Ron Jeffries oferece uma maneira simples mas efetiva de pensar sobre elas (Jeffries 2001). Ele as descreve como três Cs: cartão, conversação e confirmação.

Cartão

A ideia do cartão é bem simples. As pessoas originalmente escreviam (e muitas ainda escrevem) as user stories diretamente em um cartão de índice 3 × 5–polegadas ou em notas adesivas (veja a Figura 5.2)

Um formato comum de template para escrever user stories (como mostrado na esquerda da Figura 5.2) é especificar a classe dos usuários (o papel do usuário), o que essa classe de usuários quer alcançar (o objetivo) e por que os usuários querem alcançar o objetivo (o benefício) (Cohn 2004). A parte "para" de uma user story é opcional,

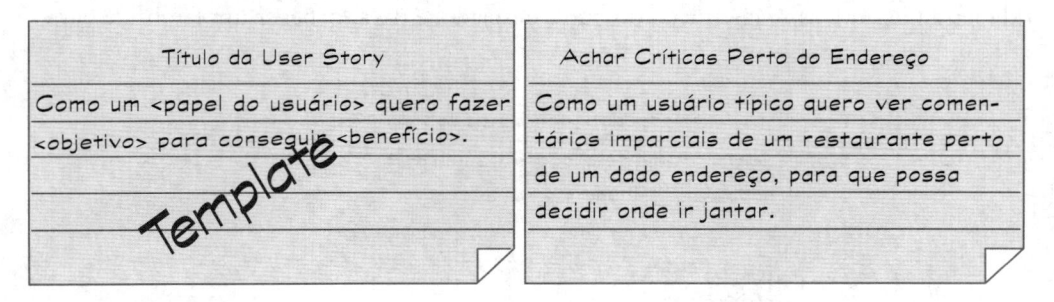

Título da User Story	Achar Críticas Perto do Endereço
Como um <papel do usuário> quero fazer <objetivo> para conseguir <benefício>. *Template*	Como um usuário típico quero ver comentários imparciais de um restaurante perto de um dado endereço, para que possa decidir onde ir jantar.

FIGURA 5.2 Um template e cartão de user story

mas a menos que a proposta da user story seja completamente óbvia para todos, devemos incluir essa parte em todas as user stories. O lado direito da Figura 5.2 mostra um exemplo de uma user story baseada nesse template.

Não é a intenção do cartão capturar todas as informações que compõem o requisito. Na verdade, deliberadamente usamos cartões pequenos com espaço limitado para promover a brevidade. Um cartão deve conter poucas frases que capturem a essência ou intenção de um requisito. Ele serve como um placeholder para discussões mais detalhadas, que vão ter lugar entre os stakeholders, o product owner e a equipe de desenvolvimento.

Conversação

Os detalhes de um requisito são expostos e comunicados em uma conversação entre a equipe de desenvolvimento, o product owner e os stakeholders. A user story é simplesmente uma promessa de ter essa conversa.

Eu digo "essa conversa", mas, na verdade, a conversa não é tipicamente um evento único, mas um diálogo contínuo. Pode haver uma conversa inicial quando a user story for escrita, outra quando ela for refinada e ainda outra quando ela for estimada, outra durante o sprint planning (quando a equipe estiver mergulhando nos detalhes no nível das tarefas) e, finalmente, conversas continuadas enquanto a user story estiver sendo projetada, construída e testada durante o sprint.

Um dos benefícios das user stories é que elas mudam o foco para a conversa, em vez da escrita. Estas conversações possibilitam uma forma mais rica de colaboração e troca de informações, para garantir que os requisitos corretos sejam expressos e entendidos por todos.

Apesar de as conversações serem largamente verbais, elas podem ser, e frequentemente são, suplementadas com documentos. Conversações podem levar a um rascunho de UI ou a uma elaboração de regras de negócio e que acaba sendo escrita. Por exemplo, visitei uma organização que estava desenvolvendo um software de imagens médicas. Uma de suas user stories está mostrada na Figura 5.3.

Perceba que a user story faz referência a um artigo inteiro para leitura futura e conversação.

Então não estamos jogando fora todos nossos documentos em favor das user stories e seus cartões associados. As user stories são simplesmente um bom ponto de partida para buscar a essência inicial do que é desejado, e para fornecer um lembrete para

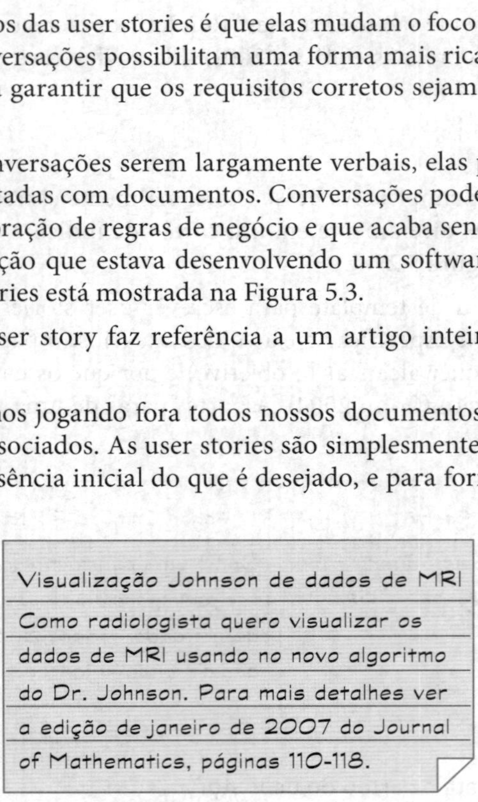

> Visualização Johnson de dados de MRI
>
> Como radiologista quero visualizar os dados de MRI usando no novo algoritmo do Dr. Johnson. Para mais detalhes ver a edição de janeiro de 2007 do Journal of Mathematics, páginas 110-118.

FIGURA 5.3 User story com dados adicionais anexados

discutir os requisitos em mais detalhes quando for apropriado. Entretanto, user stories podem e devem ser suplementadas com quaisquer que sejam as outras informações escritas que ajudem a fornecer clareza para o que é desejado.

Confirmação

Uma user story também contém informações de confirmação na forma de condições de satisfação. Elas são critérios de aceitação que clarificam o comportamento desejado. Eles são usadas pela equipe de desenvolvimento para entender melhor o que construir e testar, e pelo product owner para confirmar que a user story foi implementada satisfatoriamente.

Se a frente do cartão tem uma descrição de poucas linhas da user story, a parte de trás dele pode especificar as condições de satisfação (veja a Figura 5.4).

Essas condições podem ser expressas como testes de aceitação de alto nível. Entretanto, estes testes não seriam os únicos a serem rodados quando a user story estiver sendo desenvolvida. Na verdade, para um punhado desses testes de aceitação associados com a user story, a equipe vai ter muitos testes a mais (talvez 10 ou 100 vezes mais) em um nível técnico detalhado que o product onwer nem sabe.

Os testes de aceitação associados com a user story existem por diversas razões. Primeiro, eles são uma maneira importante para capturar e comunicar, na perspectiva do product owner, como determinar se a user story foi implementada corretamente.

Esses testes também podem ser uma maneira útil de criar user stories iniciais e refiná-las à medida que mais detalhes forem conhecidos. Essa abordagem é algumas vezes conhecida como **especificação por exemplo** ou **desenvolvimento orientado a testes de aceitação** (acceptance-test-driven development — ATDD). A ideia é bastante intuitiva. Discussões sobre as user stories podem, e frequentemente focam em, definir exemplos específicos ou comportamentos desejados. Por exemplo, na user story de "Upload de Arquivo" da Figura 5.4, a conversa provavelmente foi algo assim:

> Inicialmente, vamos limitar o tamanho dos arquivos para upload em 1GB ou menos. Além disso, garanta que possamos carregar apropriadamente texto comum e arquivos de imagem. E, por razões legais, não podemos ter nenhum arquivo com restrições digital rights management (DRM) carregados na wiki.

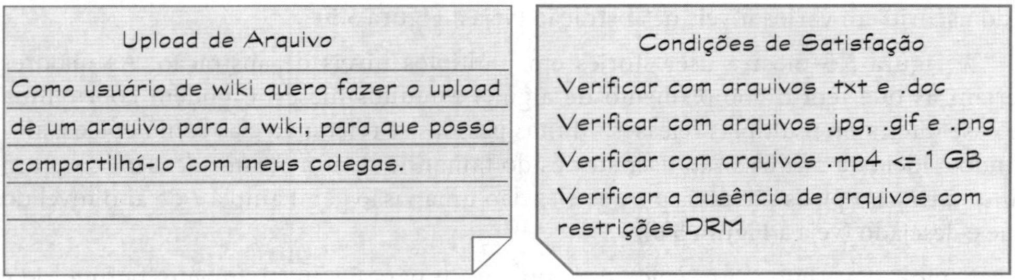

```
Upload de Arquivo
Como usuário de wiki quero fazer o upload
de um arquivo para a wiki, para que possa
compartilhá-lo com meus colegas.
```

```
Condições de Satisfação
Verificar com arquivos .txt e .doc
Verificar com arquivos .jpg, .gif e .png
Verificar com arquivos .mp4 <= 1 GB
Verificar a ausência de arquivos com
restrições DRM
```

FIGURA 5.4 Condições de satisfação da user story

TABELA 5.1 Exemplo de Teste Automatizado

Tamanho	Valid()
0	True
1,073,741,824	True
1,073,741,825	False

Se estivermos usando uma ferramenta como Fit ou FitNesse, poderíamos definir convenientemente estes testes em uma tabela como a Tabela 5.1, que mostra exemplos de tamanhos de arquivos diferentes e se eles são ou não válidos.

Ao elaborar sobre exemplos específicos como esses, podemos direcionar a criação e o processo de refinamento da user story e ter testes de aceitação (automatizados) disponíveis para cada uma.

Nível de Detalhe

User stories são um excelente veículo para carregar itens de valor para o cliente ou usuário através do fluxo de criação de valor do Scrum. Entretanto, se tivermos apenas um tamanho de user story (o tamanho que confortavelmente caberia num sprint de curta duração), vai ser difícil fazer planejamento de alto nível e colher os benefícios do refinamento progressivo.

User stories pequenas usadas no nível do sprint são muito pequenas e muito numerosas para suportar planejamento de alto nível de produto e release. Nesses níveis, precisamos de menos itens, pouco detalhados e mais abstratos. Caso contrário, vamos ficar atolados num pântano de detalhes, em sua maioria irrelevantes. Imagine ter 500 pequenas user stories e pedirem para que você forneça uma descrição de nível executivo do produto proposto para garantir seu financiamento. Ou tentar priorizar entre estes 500 itens realmente pequenos para definir a release seguinte.

Também, se houver apenas um tamanho (pequeno) de user story, vamos ser obrigados a definir todos os requisitos num nível de detalhe muito grande antes do que deveríamos. Ter apenas pequenas user stories impede o benefício de se refinar progressivamente os requisitos de forma apenas o suficiente, just-in-time.

Felizmente, user stories podem ser escritas para capturar as necessidades do cliente e do usuário em vários níveis de abstração (veja a Figura 5.5).

A Figura 5.5 mostra user stories em múltiplos níveis de abstração. As maiores seriam as que têm o comprimento de alguns a muitos meses, e podem cobrir uma release inteira ou múltiplas releases. Muitas pessoas se referem a elas como **épicos**, aludindo a ideia de que elas são user stories do tamanho de um *Senhor dos Anéis* ou um *Guerra e Paz*. Épicos são úteis porque eles dão uma visão geral ampla e de alto nível do que é desejado (veja a Figura 5.6).

Nunca moveríamos um épico para um sprint para desenvolvimento, porque ele é muito grande e não muito detalhado. Em vez disso, épicos são excelentes placeholders

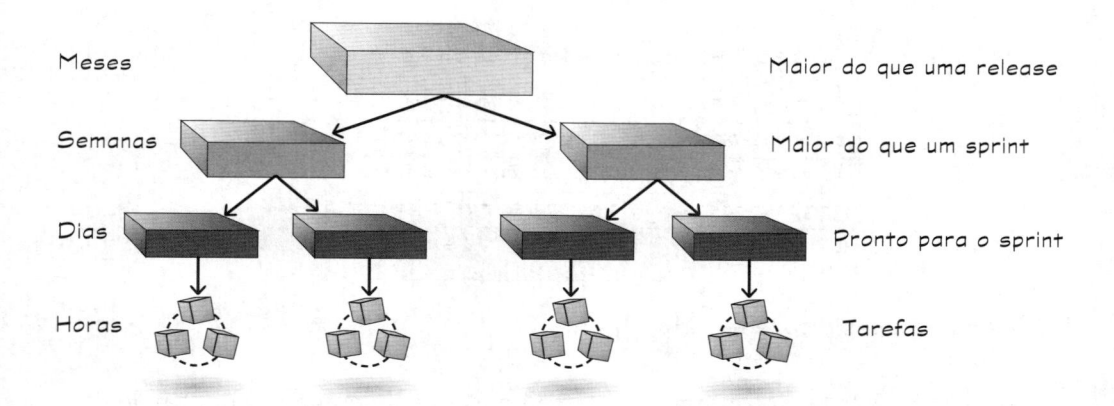

FIGURA 5.5 Hierarquia de abstração da user story

> **Épico do Treinamento de Preferência**
>
> Como um usuário típico, quero treinar o sistema sobre quais tipos de produtos e resenhas de serviços eu prefiro, para que ele saiba que características usar ao filtrar resenhas para mim.

FIGURA 5.6 Exemplo de épico

para uma grande coleção de user stories mais detalhadas a serem criadas num momento futuro apropriado. Vou ilustrar o uso de épicos durante a discussão sobre planejamento do produto no Capítulo 17.

O próximo tamanho de user stories na Figura 5.5 são aquelas que frequentemente têm o comprimento da ordem de semanas e, portanto, são muito grandes para um único sprint. Algumas equipes podem chamar estas de **features**.

As menores formas de user stories são aquelas que eu tipicamente chamo de **histórias**. Para evitar confusão com épicos, features ou outros itens grandes que também são "histórias", algumas pessoas chamam essas histórias ou de **sprintable stories** ou de **implementable stories**, para indicar que elas são da ordem de dias e, portanto, pequenas o suficiente para se encaixarem em um sprint para serem implementadas. A Figura 5.2 fornece um exemplo de uma sprintable story.

Algumas equipes também usam o termo **tema** para se referir a uma coleção de user stories relacionadas. Temas fornecem uma maneira conveniente de dizer que um bando de user stories tem algo em comum, tal como estarem na mesma área funcional. Na Figura 5.7, o tema representa a coleção de user stories que vão fornecer os detalhes de como realizar treinamento de palavra-chave.

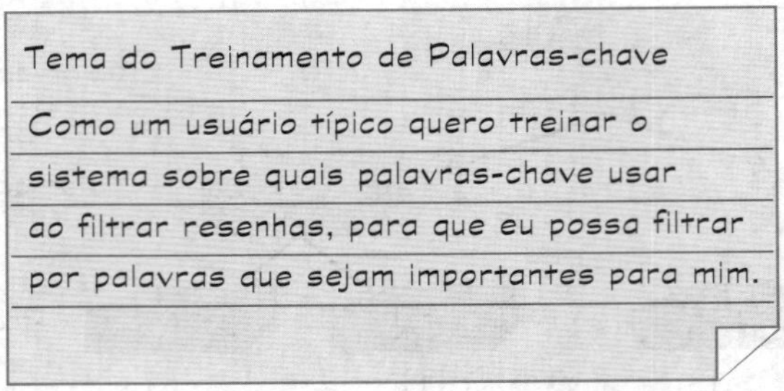

> Tema do Treinamento de Palavras-chave
>
> Como um usuário típico quero treinar o sistema sobre quais palavras-chave usar ao filtrar resenhas, para que eu possa filtrar por palavras que sejam importantes para mim.

FIGURA 5.7 Exemplo de tema

Frequentemente penso em um tema como um cartão de resumo de um bando de cartões de anotação amarrados com um elástico para indicar que eles são similares um ao outro em uma área que achamos que seja importante.

Tarefas são a camada abaixo das sprintable stories, tipicamente trabalhadas por apenas uma pessoa, ou talvez um par. Tarefas tipicamente necessitam algumas horas para serem realizadas. Quando vamos para o nível das tarefas, estamos especificando *como* construir algo em vez *do que* construir (representados por épicos, features e histórias). Tarefas não são user stories, então devemos evitar incluir detalhamento ao nível de tarefa quando escrevermos as user stories.

É importante ter em mente que termos como *épico*, *feature*, *história* e *tema* são apenas rótulos de conveniência e não são compartilhados universalmente. Realmente não importa que rótulos você usa, desde que os use consistentemente. O que importa é reconhecer que user stories podem existir em múltiplos níveis de abstração, e que fazer isso direito dá suporte aos nossos esforços para planejar em múltiplos níveis de abstração e refinar progressivamente os itens grandes em itens pequenos com o tempo.

Invista em Boas User Stories

Como sabemos se as user stories que estamos escrevendo são boas? Bill Wake ofereceu seis critérios (resumidos pelo acrônimo INVEST) que se provaram úteis ao avaliar se nossas user stories são adequadas para seu uso pretendido ou requerem algum trabalho adicional (Wake 2003).

Os critérios **INVEST** são *Independente*, *Negociável*, *Valioso*, *Estimável*, *Sucinto* (com o tamanho apropriado) e *Testável*. Quando combinamos as informações derivadas da aplicação de cada critério, conseguimos uma imagem clara de quais mudanças, se houver, que poderíamos querer fazer numa user story. Vamos examinar cada critério.

Independente

Tanto quanto for prático, as user stories devem ser *independentes*, ou pelo menos fracamente acopladas umas com as outras. User stories que exibem um alto grau de interdependência complicam a estimação, a priorização e o planejamento. Por exemplo, no lado esquerdo da Figura 5.8, a story #10 depende de muitas outras.

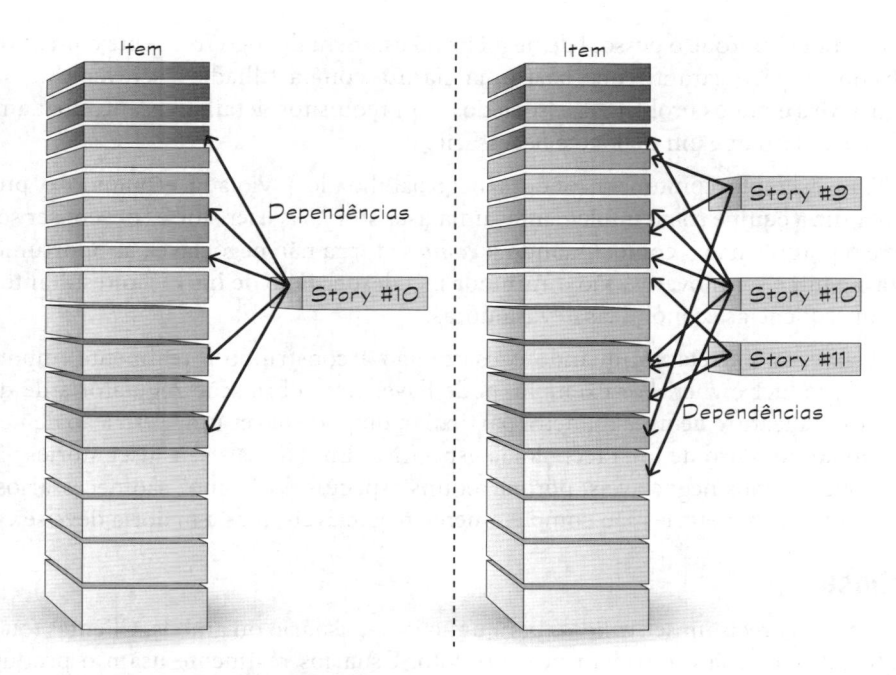

FIGURA 5.8 User stories altamente dependentes

Antes de podermos trabalhar na story #10, devemos primeiro desenvolver todas as user stories dependentes. Neste caso aqui, isso pode não ser tão ruim. Entretanto, imagine que você tenha muitas user stories diferentes e com alto grau de interdependência, como ilustrado pelo lado direito da Figura 5.8. Tentar determinar como priorizar todas elas e decidir quais trabalhar em um sprint seria, no mínimo, difícil.

Ao aplicarmos o critério de *independência*, o objetivo não é eliminar todas as dependências, mas sim escrever user stories de uma maneira que minimize as dependências.

Negociável

Os detalhes das user stories devem também ser *negociáveis*. User stories não são contratos escritos na forma de um documento de requisitos. Em vez disso, elas são placeholders para conversações onde os detalhes serão negociados.

Boas user stories capturam claramente a essência de qual funcionalidade de negócio é desejada, e por que ela é desejada. Entretanto, elas deixam espaço para que o product owner, os stakeholders e a equipe de desenvolvimento negociem os detalhes.

Essa negociabilidade ajuda que todos os envolvidos evitem a mentalidade de 'nós contra eles', que é um lugar comum com documentos detalhados de requisitos. Quando as user stories são negociáveis, os desenvolvedores não podem realmente dizer: "Ei, se você queria isso, deveria ter posto no documento", porque os detalhes vão ser negociados com os desenvolvedores. E o pessoal de negócio não pode realmente dizer: "Ei, vocês obviamente não entenderam o documento de requisitos, porque construíram a coisa errada", porque o pessoal de negócio vai estar em diálogo frequente com os desenvolvedores, para garantir que haja uma clareza compartilhada. Escrever user stories negociáveis evita os problemas associados com requisitos detalhados antecipadamente, ao tornar claro que um diálogo é necessário.

Um exemplo comum de onde a negociabilidade é violada é quando o product owner diz à equipe *como* implementar uma user story. As user stories devem ser sobre o que e o porquê, não o como. Quando o *como* se torna não negociável, as oportunidades para a equipe ser inovativa são diminuídas. O **desperdício de inovação** resultante pode ter consequências econômicas devastadoras.

Há vezes, entretanto, quando o *como* algo é construído é realmente importante para o product owner. Por exemplo, pode haver uma obrigação regulatória de desenvolver uma feature de uma maneira particular, ou pode haver uma restrição de negócio direcionando o uso de uma tecnologia específica. Em tais casos, as user stories vão ser um pouco menos negociáveis, porque alguns aspectos do "como" são necessários. Ok: nem todas as user stories são completamente negociáveis, mas a maioria deve ser.

Valiosa

User stories precisam ser *valiosas* para um cliente, usuário ou ambos. Clientes (ou escolhedores) selecionam e pagam pelo produto. Usuários realmente usam o produto. Se uma user story não for valiosa para alguém, ela não pertence ao product backlog. Não consigo me imaginar dizendo: "A story #10 não é valiosa para ninguém, mas vamos construí-la de qualquer jeito." Não faríamos isso. Ou reescreveríamos a user story para a tornar valiosa para um cliente ou usuário, ou simplesmente a descartaríamos.

E user stories que são valiosas para os desenvolvedores, mas não são de valor óbvio para os clientes ou usuários. É OK ter **histórias técnicas** como a mostrada na Figura 5.9?

O problema fundamental com histórias técnicas é que o product owner pode não perceber nenhum valor nelas, tornando difícil, se não impossível, priorizá-las em relação a user stories valiosas para o negócio. Para que uma história técnica exista, o product owner deve entender por que ele está pagando por ela e, portanto, que valor ele vai receber em última instância.

> Migrar para uma Nova Versão do Oracle
>
> Como desenvolvedor quero migrar o sistema para funcionar com a última versão do DBMS Oracle, para que não estejamos operando numa versão que a Oracle vá descontinuar em breve.

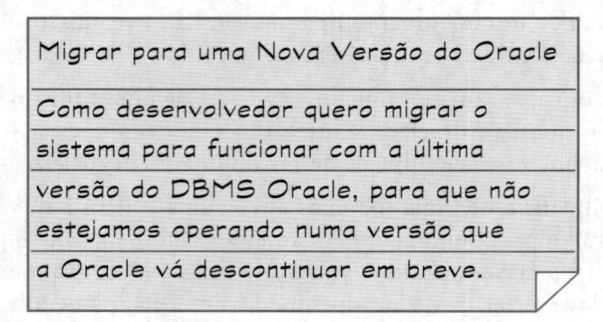

FIGURA 5.9 Exemplo de user story técnica

No caso da história técnica "Migrar para uma nova versão do Oracle", o product owner pode não entender inicialmente por que é valioso mudar de banco de dados. Entretanto, uma vez que a equipe explique os riscos de continuar a desenvolver em uma versão não suportada de um banco de dados, o product owner pode decidir que migrar o banco de dados é valioso o suficiente para atrasar a construção de algumas novas features até que a migração seja feita. Ao entender o valor, o product owner pode tratar a história técnica como qualquer outra user story com valor para o negócio e fazer trade-offs informados. Como resultado, essa história técnica pode ser incluída no product backlog.

Na prática, entretanto, a maioria das histórias técnicas (como a da Figura 5.10) não deve ser incluída no product backlog.

Em vez disso, esses tipos de história devem ser tarefas associadas com a realização de user stories de valor para o negócio. Se a equipe de desenvolvimento tiver uma definição de pronto forte, não deve haver a necessidade de escrever histórias como essas, porque o trabalho estará implícito na definição do que seja estar pronto.

O cerne do critério de *valor* é que todas as user stories no backlog devem ser valiosas (vale a pena investir nelas) na perspectiva do product owner, que representa as perspectivas do cliente e do usuário. Nem todas as user stories são independentes e nem todas são totalmente negociáveis, mas todas elas devem ser valiosas.

Estimável

User stories devem ser *estimáveis* pela equipe que for projetar, construir e testar. Estimativas fornecem uma indicação do tamanho e, portanto, do esforço e custo das user stories (user stories maiores precisam de mais esforço e, portanto, custam mais dinheiro para desenvolver do que user stories menores).

Saber o tamanho de uma user story fornece informações acionáveis para a equipe Scrum. O product owner, por exemplo, precisa saber o custo de uma user story para determinar sua prioridade final no product backlog. A equipe Scrum, por outro lado, pode determinar a partir do tamanho da user story se é necessário um refinamento adicional ou uma desagregação. Se planejamos trabalhar em breve numa grande user story, ela vai precisar ser dividida em um conjunto de user stories menores.

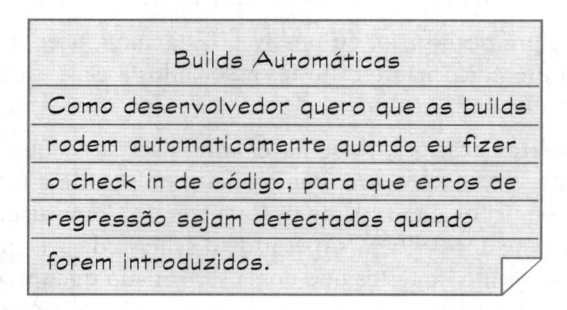

> **Builds Automáticas**
>
> Como desenvolvedor quero que as builds rodem automaticamente quando eu fizer o check in de código, para que erros de regressão sejam detectados quando forem introduzidos.

FIGURA 5.10 História técnica indesejável

Se a equipe não for capaz de estimar o tamanho de uma user story, então ela é ou muito grande ou muito ambígua para ser estimada, ou a equipe não tem conhecimento suficiente para estimar um tamanho. Se for grande demais, a equipe vai precisar trabalhar com o product owner para a dividir em user stories mais gerenciáveis. Se a equipe não tiver conhecimento, alguma forma de atividade exploratória vai ser necessária para adquirir as informações (vou discutir esse tópico em breve).

Sucinta (Tamanho Apropriado)

User stories devem ter o *tamanho apropriado* para quando planejarmos trabalhar nelas. User stories trabalhadas em sprints devem ser *pequenas*. Se estivermos fazendo um sprint de diversas semanas, queremos trabalhar em diversas user stories que tenham alguns dias de tamanho cada uma. Se tivermos um sprint de duas semanas, não queremos uma user story com o tamanho de duas semanas, porque o risco de não a terminar é muito grande.

Então em última instância precisamos de user stories pequenas, mas não é porque ela é muito grande que isso signifique que ela seja má. Digamos que tenho uma user story do tamanho de um épico que não estamos planejando trabalhar até o outro ano. É argumentável que a user story tem o tamanho apropriado para quando planejarmos trabalhar nela. Na verdade, se gastarmos tempo hoje dividindo esse épico em uma coleção de user stories menores, poderia ser facilmente uma perda de tempo. Claro, se temos um épico que queremos trabalhar no próximo sprint, ele não está com o tamanho apropriado e temos de fazer mais trabalho para diminuir o tamanho dele. Você deve considerar *quando* a user story vai ser trabalhada ao aplicar esse critério.

Testável

User stories devem ser *testáveis* de uma maneira binária — ou passam ou não passam em seus testes associados. Ser testável significa ter um bom critério de aceitação (relacionado às condições de satisfação) associado à user story, que é o aspecto de "confirmação" de uma user story que discuti anteriormente.

Sem critérios testáveis, como saberíamos se a user story está pronta no fim do sprint? E também, como estes testes frequentemente fornecem detalhes importantes da user story, eles podem ser necessários antes da equipe poder estimá-la.

Pode não ser sempre necessário, ou possível, testar uma user story. Por exemplo, user stories de tamanho épico não têm testes associados a elas, e nem precisam (não construímos diretamente os épicos).

E também, em certas ocasiões, pode haver uma user story que o product owner ache valiosa, e ainda assim não existir uma maneira prática de a testar. Essas, muito provavelmente, são requisitos não funcionais, tais como "Como usuário, quero que o sistema tenha um uptime de 99,999%." Apesar de o critério de aceitação parecer claro, pode não haver um conjunto de testes que possa ser rodado quando o sistema é posto em produção e que possa provar que esse nível de uptime foi atendido, mas o requisito ainda é valioso, na medida em que ele vai guiar o design.

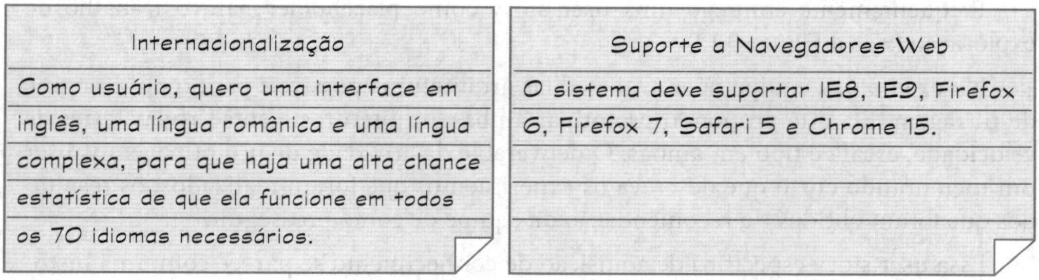

Internacionalização	Suporte a Navegadores Web
Como usuário, quero uma interface em inglês, uma língua romântica e uma língua complexa, para que haja uma alta chance estatística de que ela funcione em todos os 70 idiomas necessários.	O sistema deve suportar IE8, IE9, Firefox 6, Firefox 7, Safari 5 e Chrome 15.

FIGURA 5.11 Requisitos não funcionais

Requisitos Não Funcionais

Requisitos não funcionais representam restrições no nível do sistema. Frequentemente escrevo requisitos não funcionais como user stories (veja o lado esquerdo da Figura 5.11), mas não me sinto obrigado a fazer isso, especialmente se parecer estranho ou mais conveniente escrevê-los em um formato diferente (lado direito da Figura 5.11)

Como restrições no nível de sistema, os requisitos não funcionais são importantes, porque eles afetam o design e os testes da maioria ou de todas as user stories no product backlog. Por exemplo, ter um requisito não funcional "Suporte a Navegador Web" (lado direito da Figura 5.11), seria comum a qualquer projeto de website. Quando a equipe desenvolve as features do website, ela deve garantir que elas funcionem com todos os navegadores especificados.

A equipe deve também decidir quando testar todos os navegadores. Cada requisito não funcional é um alvo primário para ser incluído na definição de pronto da equipe. Se a equipe incluir o requisito não funcional "Suporte a Navegador Web" na definição de pronto, a equipe vai ter de testar em todos os navegadores listados quaisquer novas features adicionadas no sprint. Se elas não funcionarem com todos eles, a user story não está pronta.

Recomendo que as equipes tentem incluir tantos requisitos não funcionais quanto possível na sua definição de pronto. Esperar para testar requisitos não funcionais até mais tarde no esforço de desenvolvimento atrasa o recebimento rápido de feedback sobre características de performance críticas do sistema.

Histórias para Aquisição de Conhecimento

Algumas vezes precisamos criar um item do product backlog que foque na aquisição de conhecimento. Talvez não tenhamos conhecimentos exploráveis o suficiente sobre o produto, ou o processo de construção do produto, para prosseguirmos. Então, como discuti no Capítulo 3, precisamos explorar. Tal exploração é conhecida por muitos nomes: *protótipo, prova de conceito, experimento, estudo, spike* e assim por diante. Elas são todas basicamente atividades de exploração que envolvem comprar informações.

Frequentemente emprego uma user story como placeholder para o trabalho de exploração (veja a Figura 5.12).

No exemplo, a equipe quer avaliar duas arquiteturas possíveis para o novo engine de filtragem. Ela está propondo prototipar ambas arquiteturas e então rodar testes de velocidade, escala e tipo em ambas. O deliverable da atividade de prototipagem vai ser um memorando curto que descreva os experimentos que foram realizados, os resultados que foram obtidos e a recomendação da equipe de como prosseguir.

Essa user story específica de aquisição de conhecimento se parece com uma história técnica e, como eu disse antes, o valor de negócio de qualquer história técnica tem de ser justificável para o product owner. Como os product owners pensam em termos econômicos, há a necessidade de uma justificativa econômica para fazer esse trabalho de prototipagem. Há provavelmente um argumento técnico convincente para fazer essa história de aquisição de conhecimento, porque a equipe tipicamente estará impedida de progredir até que o conhecimento seja produzido pela história. A questão para a equipe Scrum é se o valor da informação adquirida excede o custo de a obter.

Aqui está como uma equipe Scrum abordaria a resposta a essa questão. Primeiro, precisamos saber o custo da prototipagem. Nenhum product owner bom vai autorizar exploração sem limites. A equipe pode não ser capaz de responder questões específicas até que uma decisão arquitetural tenha sido feita, mas ela deve ser capaz de responder a questão de quanto esforço ela quer gastar para comprar as informações necessárias para tomar a decisão arquitetural. Então, pedimos à equipe para dimensionar a user story da prototipagem.

Digamos que o tamanho estimado indica que a equipe inteira teria de trabalhar na user story durante um sprint inteiro. Sabemos quem está na equipe e o tamanho do sprint, então também sabemos o custo de adquirir a informação. (Digamos que seja $10k.) Agora precisamos saber o valor da informação.

Aqui temos uma maneira de estimar o valor. Imagine que eu jogo uma moeda. Se ela cair cara, fazemos com a arquitetura A; se for coroa, fazemos com a arquitetura B. Agora, pergunto à equipe para estimar o custo de se estar errado. Por exemplo, se eu jogar uma moeda e ela sair cara e começarmos a construir features do negócio em cima da arquitetura A e ela se mostra a abordagem errada, qual seria o custo de desfazer a má

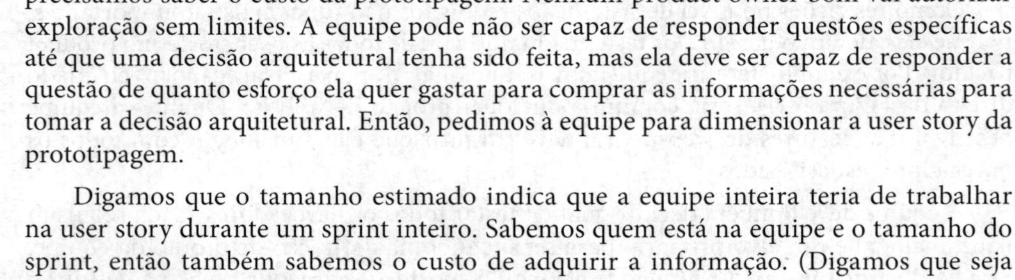

Avaliação da Arquitetura do Engine de Filtragem
Como desenvolvedor quero prototipar duas alternativas para o novo engine de filtragem, para que eu saiba qual é a melhor escolha a longo prazo.

Condições de Satisfação
Rode um teste de velocidade em ambos protótipos.
Rode um teste de escala em ambos protótipos.
Rode um teste de tipos em ambos protótipos.
Escreva um pequeno relatório descrevendo os experimentos, resultados e recomendações.

FIGURA 5.12 História de aquisição de conhecimento

decisão e reconstruir tudo em cima da arquitetura B? Digamos que a equipe estime que o custo seria $500K.

Agora temos informações suficientes para tomar uma decisão econômica sensata. Estamos dispostos a gastar $10k para comprar informações que têm um valor esperado de $250k (metade das vezes que jogarmos a moeda estaríamos certos)? Claro, isso parece uma decisão sensata de negócios. Agora o product owner pode justificar por que essa user story está no backlog.

Como uma ilustração final do uso de economia para justificar histórias de aquisição de conhecimento, vamos alterar os números. E se a resposta da equipe a "Quanto custaria se estivéssemos errados?" fosse $15k? Nesse caso, seria uma má decisão fazer a user story de prototipagem. Por que gastar $10k para comprar informações que têm um valor esperado de $7,5k? Estaríamos melhor simplesmente jogando uma moeda (ou fazendo um palpite) e, se estivermos errados, simplesmente refaríamos o trabalho usando a outra arquitetura. Na verdade, dada as atuais tecnologias sempre avançando, esse cenário não é tão exagerado quando parece. É um exemplo do que algumas pessoas chamam de uma estratégia **fail-fast** (tente algo, obtenha logo um feedback e inspecione e se adapte rapidamente).

Coletando User Stories

Como as user stories surgem? Abordagens tradicionais para coleta de requisitos envolvem perguntar aos usuários o que eles querem. Nunca fui muito bem-sucedido com essa abordagem. Na minha experiência, usuários são melhores críticos do que autores.

Então, se você perguntar a um usuário: "O que você quer?", ele pode ou não ser capaz de responder. Mesmo se responder a questão e construirmos exatamente o que foi pedido, ele pode dizer: "Sim, você me deu exatamente o que eu pedi, e agora que estou vendo, quero algo diferente." Tenho certeza que todos já tivemos essa experiência.

Uma abordagem melhor é envolver os usuários como parte da equipe que está determinando o que construir e constantemente revisando o que está sendo construído. Para promover esse nível de participação, muitas organizações preferem empregar workshops de escrita de user story como o principal meio de gerar pelo menos um conjunto inicial de user stories. Algumas também empregam mapeamento de histórias para organizar e fornecer um contexto centrado no usuário para suas user stories. Vou descrever brevemente cada técnica.

Workshop de Escrita de User Stories

O objetivo de um **workshop de escrita de user stories** é fazer um brainstorm coletivo dos valores de negócio desejados e criar placeholders de user stories para o que se supõe que o produto ou serviço deva fazer.

O workshop frequentemente inclui o product owner, o ScrumMaster e a equipe de desenvolvimento, em conjunto com stakeholders internos e externos. A maioria dos workshops dura algo em torno de algumas horas até alguns dias. Raramente os vi durando mais, nem acho que deveriam. O objetivo não é gerar um conjunto completo de user stories antecipadamente (o que seria parecido com a especificação completa de requisitos num projeto de desenvolvimento sequencial). Em vez disso, o workshop tipicamente tem um foco específico. Por exemplo, frequentemente faço um workshop em conjunto com o planejamento da realease inicial para gerar um conjunto de user stories candidatas para a release vindoura (veja o Capítulo 18 para mais detalhes).

Se esse for o primeiro workshop, usualmente começo fazendo uma análise dos papéis dos usuários. O objetivo é determinar a coleção de papéis de usuário que podem ser usados para preencher a parte do papel do usuário nas nossas user stories ("Como um <papel do usuário>, quero..."). Claro, o pessoal de marketing ou de pesquisa de mercado pode ter criado uma boa definição dos nossos usuários em uma atividade separada anterior ao workshop de escrita de user story.

Podemos também ter **personas**, que são indivíduos prototípicos que representam as características centrais de um papel. Por exemplo, "Lilly", juntamente a sua descrição associada, pode ser uma persona correspondendo ao papel de jogadora de sete a nove anos de um videogame para meninas jovens. Uma vez que Lilly tenha sido definida, escreveríamos user stories com ela na posição de papel do usuário, em vez de um papel mais abstrato como "Jovem Jogadora". Por exemplo, "Como Lilly, quero selecionar dentre muitos vestidos diferentes para que eu possa personalizar o meu avatar como quiser."

Durante o workshop não há maneira padrão de gerar user stories. Algumas equipes preferem trabalhar de cima para baixo e outra preferem de baixo para cima. A abordagem de cima para baixo envolve a equipe começando com uma grande user story (como um épico) e então concentrando seus esforços na geração de uma coleção razoável de user stories menores associadas com o épico.

Como alternativa, pode-se trabalhar mais de baixo para cima e começar imediatamente a fazer o brainstorm de user stories que sejam associadas à próxima release de um sistema existente. Não há abordagem certa ou errada; use a abordagem que funcionar melhor, ou troque de abordagens para conseguir o melhor de ambas.

Mapeamento de Histórias

Mapeamento de histórias é uma técnica popularizada por Jeff Patton (Patton 2009) que usa uma perspectiva centrada no usuário para gerar um conjunto de user stories. A ideia básica é decompor atividades de alto nível do usuário em um workflow que possa ser decomposto ainda mais em um conjunto de tarefas detalhadas (veja a Figura 5.13).

Patton usa termos como *atividade*, *tarefa* e *subtarefa* para descrever a hierarquia dentro de um mapa de histórias. Para ser consistente com a terminologia que introduzi anteriormente, uso *épico*, *tema* e *sprintable story*.

No nível mais alto estão os épicos, representando as grandes atividades de valor econômico mensurável para o usuário — por exemplo, o épico "Comprar um Produto".

Em seguida pensamos sobre a sequência ou o workflow comum de tarefas do usuário que compõem o épico (representadas por temas — coleções de user stories relacionadas). Podemos dispor os temas ao longo de uma timeline, onde os temas que no workflow ocorreriam naturalmente mais cedo são posicionados à esquerda daqueles que ocorreriam mais tarde. Por exemplo, o tema "Buscar pelo Produto" estaria na esquerda do tema "Gerenciar o Carrinho de Compras".

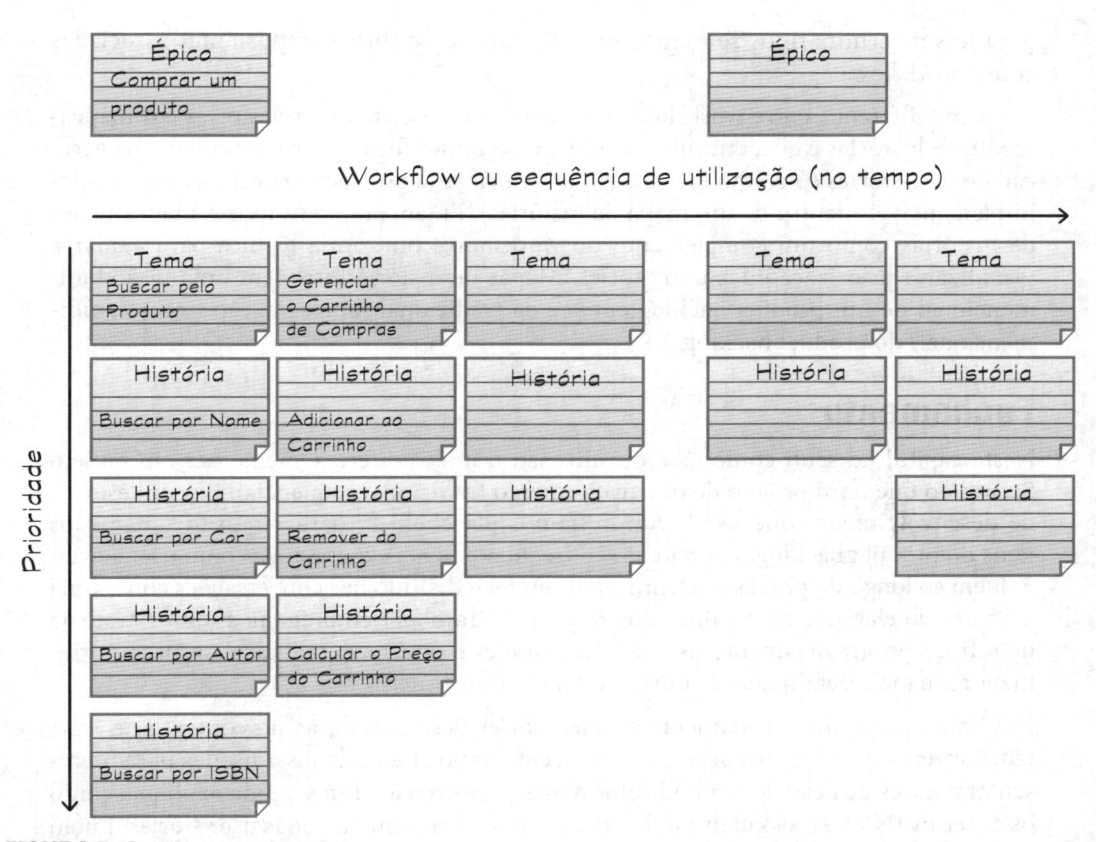

FIGURA 5.13 Mapa de história

Cada tema é então decomposto em um conjunto de user stories implementáveis que são arranjadas verticalmente em ordem de prioridade (na verdade, na ordem em que elas são desejáveis, porque é improvável que essas user stories já tenham sido estimadas, e não podemos realmente saber a prioridade final delas até que saibamos seu custo). Nem todas as user stories dentro de um tema precisam ser incluídas na mesma release. Por exemplo, a user story "Buscar por Cor" pode não estar indicada para a primeira release, enquanto a "Buscar por Nome" provavelmente estará.

O mapeamento de histórias combina os conceitos de design centrado no usuário com decomposição de histórias. Bons mapas de histórias mostram um fluxo de atividades a partir da perspectiva do usuário e fornecem um contexto para o entendimento das user stories individuais em relação às grandes unidades de valor para o usuário.

Mesmo se você não fizer um mapeamento de histórias formal, ainda acho que a ideia de usar workflow é útil durante meus workshops de escrita de user stories. Eles focam a discussão sobre a escrita de user storeis dentro do contexto de entregar um completo workflow de valor para o usuário. Ao ter o contexto do workflow, é mais fácil para nós determinarmos se esquecemos algumas user stories importantes associadas com o workflow.

Uma diferença entre workshops tradicionais de escrita de user stories e o mapeamento de histórias é que, durante o workshop, estamos focados primeiramente na geração de user stories e não tão focados em as priorizar (a posição vertical das user stories implementáveis dentro de um mapa de histórias). Então, podemos usar o mapeamento de histórias como um complemento do workshop, como uma técnica para ajudar a visualizar a priorização das user stories. Mapas de história fornecem uma visão bidimencional de um product backlog em vez da tradicional representação linear (unidimensional) do product backlog.

Fechamento

Neste capítulo discuti como os requisitos são tratados diferentemente em um projeto Scrum do que num projeto de desenvolvimento tradicional sequencial. Em um esforço de desenvolvimento que use Scrum, criamos placeholders para requisitos chamados itens do product backlog. Estes itens são frequentemente expressados como user stories e fluem ao longo do processo Scrum, com um foco distinto nas conversações como uma maneira de elaborar os detalhes dos requisitos. Também empregamos uma estratégia de refinar progressivamente user stories grandes e poucos detalhadas em user stories menores e mais detalhadas de uma maneira just-in-time.

Então introduzi formalmente as user stories descrevendo-as no contexto de "cartão, conversação e confirmação". Então discuti como elas podem ser usadas para representar valores de negócio em múltiplos níveis de abstração. Em seguida expliquei como os critérios INVEST são úteis para determinar se temos ou não boas user stories. Então introduzi uma maneira de lidar com requisitos não funcionais e atividades de aquisição de conhecimento. Concluí com uma discussão de como coletar user stories, focando nos workshops de escrita de user stories e no mapeamento de histórias. No próximo capítulo vou discutir o product backlog.

Capítulo 6
PRODUCT BACKLOG

Neste capítulo, descrevo o papel importante que o product backlog tem num projeto de desenvolvimento em Scrum. Começo descrevendo os tipos diferentes de itens que tipicamente compõem um product backlog. Em seguida discuto quatro características de um bom product backlog e como um bom grooming do backlog ajuda a garantir que essas características sejam alcançadas. Então descrevo por que o product backlog é um elemento-chave para o gerenciamento de um fluxo rápido e flexível, tanto no nível da release, quando do sprint. Finalizo discutindo como determinar quais e quantos product backlogs devemos ter.

Visão Geral

O product backlog é uma lista priorizada de funcionalidades desejadas do produto. Ele fornece um entendimento centralizado e compartilhado do que construir e em que ordem. É um artefato altamente visível no coração do framework Scrum e que é acessível a todos os participantes do projeto (veja a Figura 6.1).

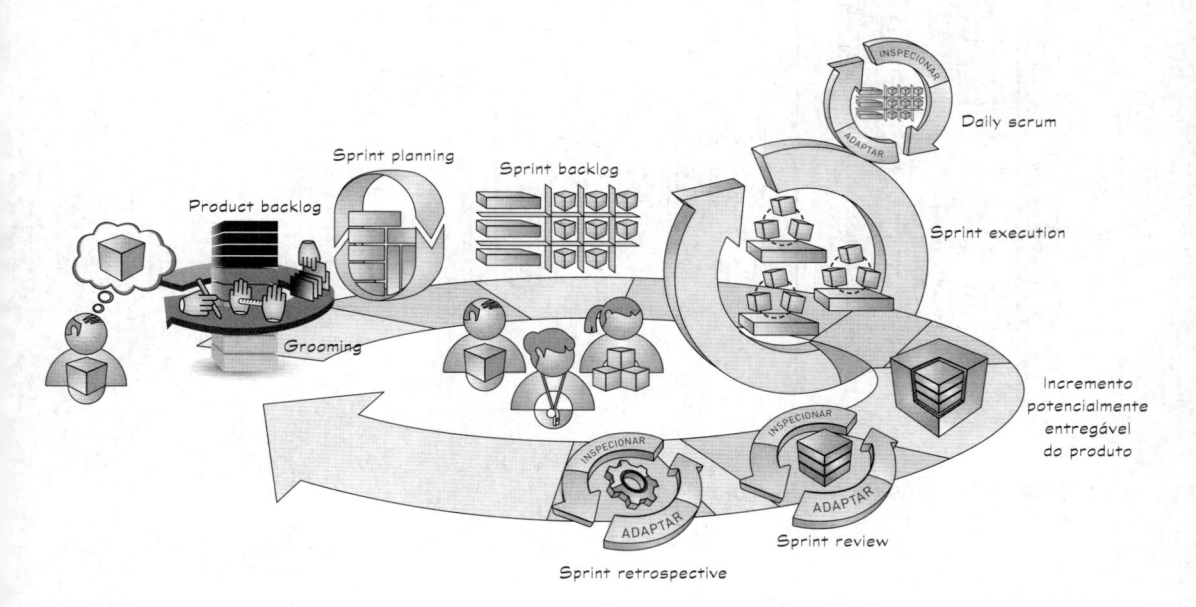

FIGURA 6.1 O product backlog está no coração do framework Scrum.

Enquanto houver um produto ou um sistema sendo construído, melhorado ou suportado, haverá um product backlog.

Itens do Product Backlog

O product backlog é composto de itens de backlog, aos quais me refiro como PBIs, itens de backlog ou simplesmente itens (veja a Figura 6.2).

A maioria dos PBIs são features, itens de funcionalidade que terão um valor tangível para o usuário ou cliente. Eles são frequentemente escritos como user stories (apesar de o Scrum não especificar o formato dos PBIs). Exemplos de features incluem algo novo em folha (uma tela de login para um novo website), ou uma mudança numa feature existente (uma tela de login mais amigável para um website já existente). Outros PBIs incluem a necessidade de reparos, melhorias técnicas, trabalho de aquisição de conhecimento e qualquer outro trabalho que o product owner ache valioso. Veja a Tabela 6.1 para exemplos de diferentes tipos de PBIs.

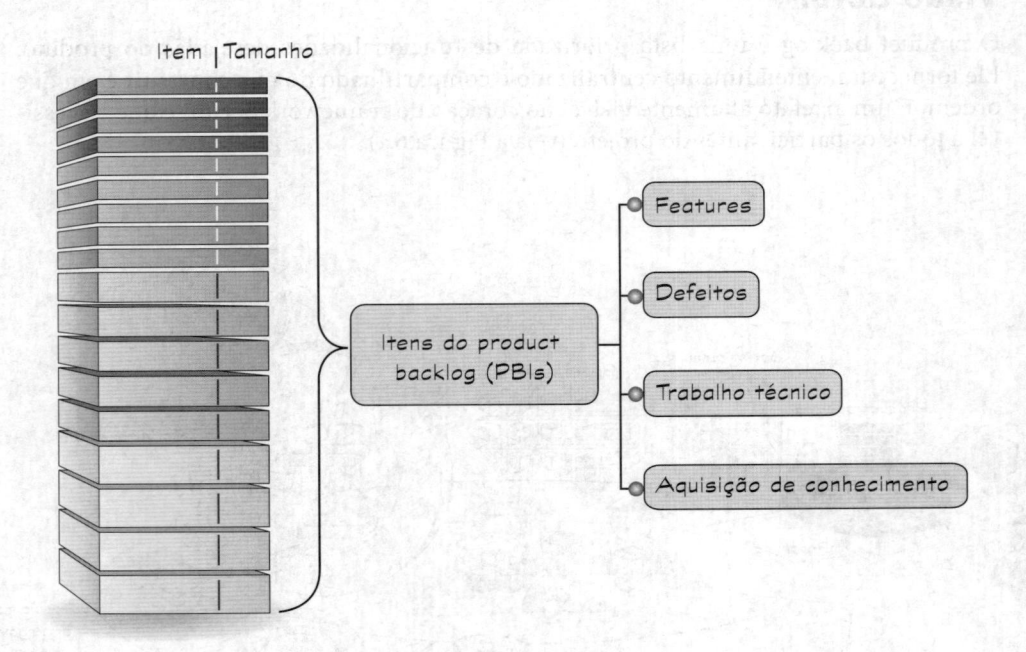

FIGURA 6.2 Itens do product backlog

TABELA 6.1 Exemplos de Itens do Product Backlog

Tipo de PBI	Exemplo
Feature	Como um representante de serviços ao cliente, quero criar um tíquete para um problema no atendimento ao cliente para que eu possa registrar e gerenciar o pedido de suporte do cliente.
Mudança	Como um representante de serviços ao cliente, quero que o ordenamento padrão dos resultados de busca sejam pelo sobrenome em vez de pelo número do tíquete, para que seja mais fácil encontrar um tíquete do suporte.
Defeito	Conserte o defeito #256 no sistema de acompanhamento de defeitos, para que os caracteres especiais nos termos de busca não façam as buscas dos clientes darem crash.
Melhoria Técnica	Troque para a última versão do DBMS Oracle.
Aquisição de Conhecimento	Crie um protótipo ou uma prova de conceito de duas arquiteturas e roce três testes para determinar qual seria a melhor abordagem para nosso produto.

Características de um Bom Product Backlog

Bons product backlogs exibem características similares. Roman Pichler (Pichler 2010) e Mike Cohn cunharam o acrônimo **DEEP** para resumir diversas características importantes de bons product backlogs: *Detalhado apropriadamente, Emergente, Estimado* e *Priorizado*. Assim como os critérios INVEST (veja o Capítulo 5) são úteis para julgar a qualidade de uma user story, os critérios DEEP são úteis para determinar se um product backlog foi estruturado de uma boa maneira.

Detalhado Apropriadamente

Nem todos os itens de um product backlog estarão no mesmo nível de detalhe ao mesmo tempo (veja a Figura 6.3)

Os PBIs que planejamos trabalhar em breve devem estar próximos do topo do backlog, pequenos em tamanho e muito detalhados, para que possam ser trabalhados em um sprint próximo. Os PBIs que não vamos trabalhar por algum tempo devem estar mais para o fundo do backlog, maiores em tamanho e menos detalhados. Tudo OK; não planejamos trabalhar nestes PBIs tão cedo.

Na medida em que nos aproximamos de trabalhar em um PBI maior, como um épico, dividimos essa user story em uma coleção de user stories menores e prontas para sprints. Isso deve acontecer de uma maneira just-in-time. Se refinarmos muito cedo, podemos gastar um bom tempo descobrindo os detalhes, apenas para acabar nunca implementando a user story. Se esperarmos muito tempo, vamos impedir o fluxo dos PBIs para o sprint e diminuir a velocidade da equipe. Precisamos encontrar o equilíbrio apropriado entre o suficiente e o just-in-time.

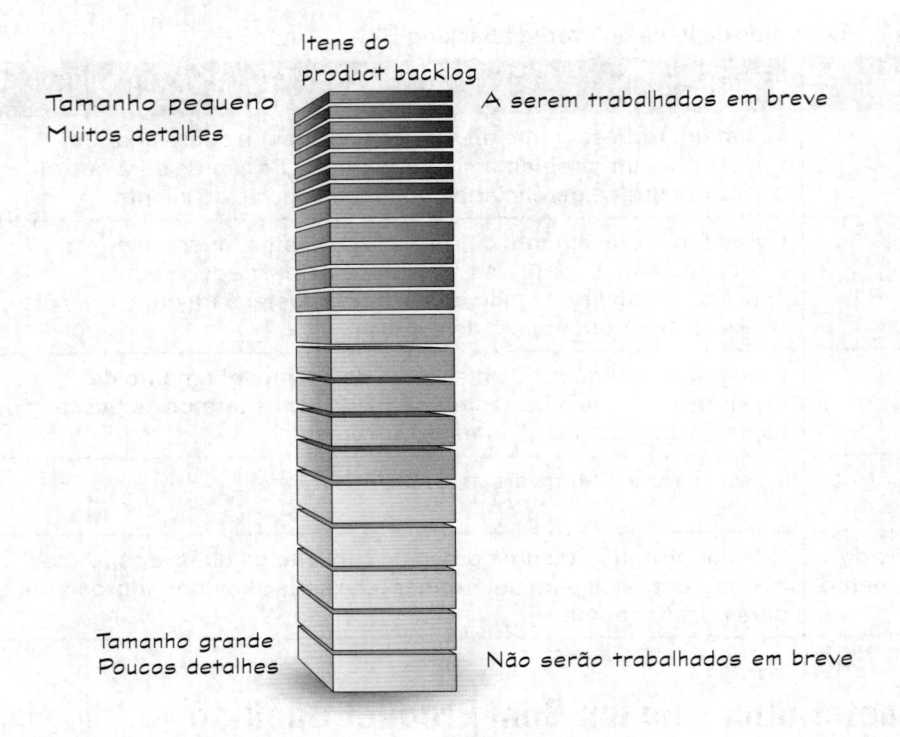

FIGURA 6.3 Itens do product backlog têm tamanhos diferentes.

Emergente

Desde que haja um produto sendo desenvolvido ou mantido, o product backlog nunca está completo ou congelado. Em vez disso, ele é continuamente atualizado baseado em um fluxo de informações economicamente valiosas que estão constantemente chegando. Por exemplo, clientes podem mudar de ideia sobre o que eles querem; competidores podem fazer movimentos destemidos e imprevisíveis; ou problemas técnicos não previstos podem aparecer. O product backlog é projetado para se adaptar a estas ocorrências.

A estrutura de um product backlog está, portanto, constantemente emergindo ao longo do tempo. Na medida em que novos itens são adicionados ou itens existentes são refinados, o product owner deve reequilibrar e repriorizar o product backlog, levando em conta as novas informações.

Estimado

Cada item do product backlog tem uma estimativa de tamanho correspondente ao esforço necessário para se desenvolver o item (veja a Figura 6.4).

O product owner usa essas estimativas como um dos diversos inputs para ajudar a determinar a prioridade dos PBIs (e, portanto, sua posição) no product backlog. E também, um PBI de alta prioridade e grande (próximo do topo do backlog) sinaliza ao

Características de um Bom Product Backlog

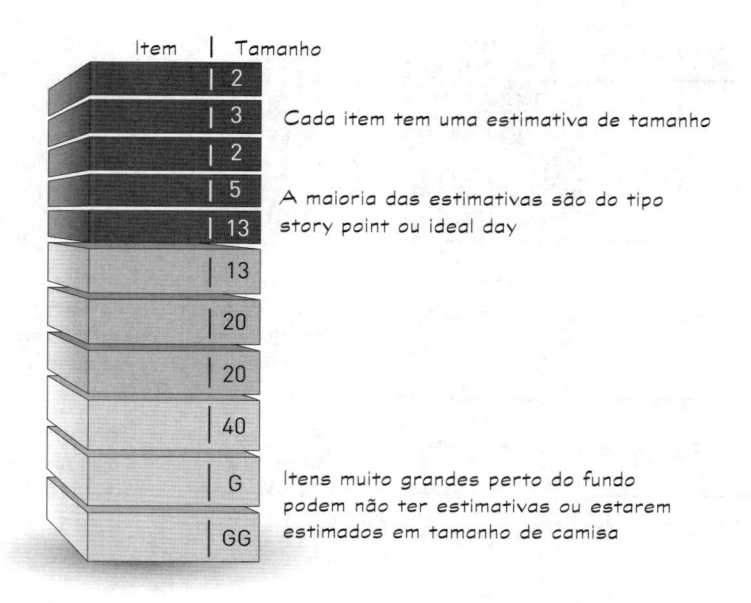

FIGURA 6.4 Itens do product backlog são estimados.

product owner que é necessário um refinamento adicional naquele item antes que ele possa ser movido para um sprint próximo.

Como discutirei em mais detalhes no Capítulo 7, a maioria dos PBIs são estimados ou em story points ou em ideal days. Estas estimativas de tamanho precisam ser razoavelmente acuradas sem serem exageradamente precisas. Como itens próximos do topo do backlog são menores e mais detalhados, eles vão ter estimativas de tamanho menores e mais acuradas. Pode não ser possível fornecer uma estimativa numérica acurada para itens grandes (como épicos) localizados próximos ao fundo do backlog, então algumas equipes podem escolher não estimar nenhum, ou usar estimativas de tamanho de camiseta (P, M, G, GG etc). À medida que esses itens forem refinados em um conjunto de itens menores, cada um dos itens menores vai ser, então, estimado com números.

Priorizado

Apesar de o product backlog ser uma lista priorizada de PBIs, é improvável que todos os itens no backlog estejam priorizados (veja a Figura 6.5).

É útil priorizar os itens próximos que estão destinados para alguns dos próximos sprints. Talvez seja valioso priorizar para baixo no backlog tanto quanto achamos que conseguimos fazer para a Release 1. Ir além desse ponto com qualquer coisa além de um nível grosseiro de priorização não vale o tempo gasto.

Por exemplo, podemos declarar que um item está destinado para a Release 2 ou Release 3 de acordo nosso product roadmap. Entretanto, se estamos no início do

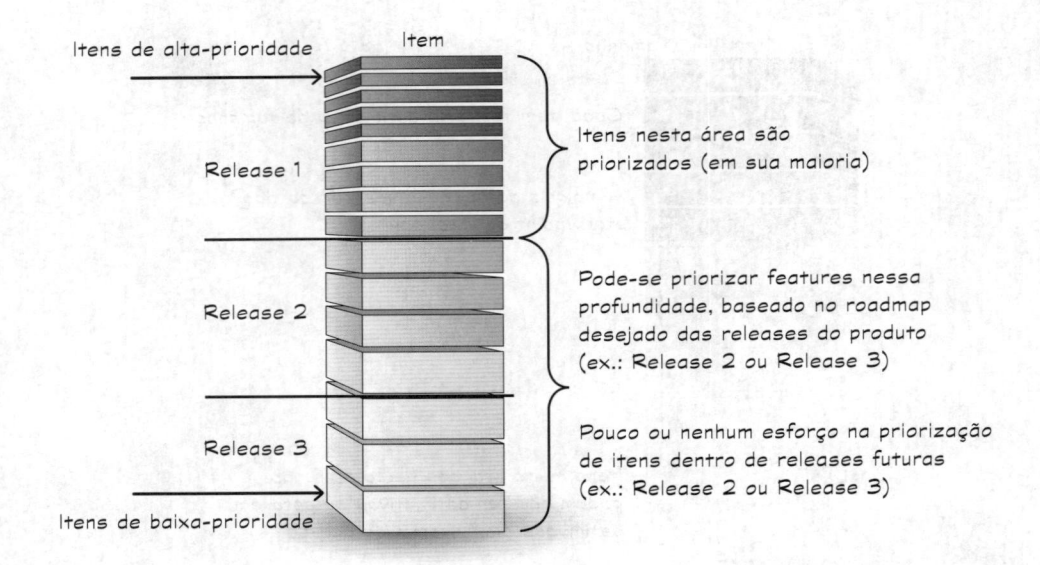

```
Itens de alta-prioridade          Item
                          ┌──────────┐
                          │          │ ┐
                          │          │ │
                          │ Release 1│ ├─ Itens nesta área são
                          │          │ │  priorizados (em sua maioria)
                          │          │ │
                          ├──────────┤ ┘
                          │          │ ┐
                          │          │ │  Pode-se priorizar features nessa
                          │ Release 2│ ├─ profundidade, baseado no roadmap
                          │          │ │  desejado das releases do produto
                          │          │ │  (ex.: Release 2 ou Release 3)
                          ├──────────┤ ┘
                          │          │ ┐
                          │ Release 3│ ├─ Pouco ou nenhum esforço na priorização
                          │          │ │  de itens dentro de releases futuras
                          └──────────┘ ┘  (ex.: Release 2 ou Release 3)
Itens de baixa-prioridade
```

FIGURA 6.5   Itens do product backlog são priorizados.

desenvolvimento das features do Release 1, gastar nosso valioso tempo nos preocupando como priorizar features que podemos vir a trabalhar alguma dia na Release 2 ou Release 3 não é provavelmente um bom investimento. Podemos acabar não fazendo uma Release 2 ou Release 3, ou nossas ideias com relação a essas releases podem mudar significantemente durante o desenvolvimento da Release 1. Então o tempo gasto priorizando tão longe assim tem uma alta probabilidade de ser desperdiçado.

É claro, na medida em que novos itens emergem durante o curso do desenvolvimento, o product owner é responsável por inseri-los na ordem correta baseada no itens que já existem no backlog.

Grooming

Para ter um product backlog bom e com DEEP, devemos proativamente gerenciá-lo, organizá-lo e administrá-lo, ou, como acabou sendo conhecido, fazer o grooming dele.

O Que É Grooming?

Grooming se refere a um conjunto de três atividades principais: criar e refinar PBIs (adicionar detalhes), estimar PBIs e priorizar PBIs.

A Figura 6.6 ilustra algumas tarefas específicas de grooming e como elas afetam a estrutura do product backlog.

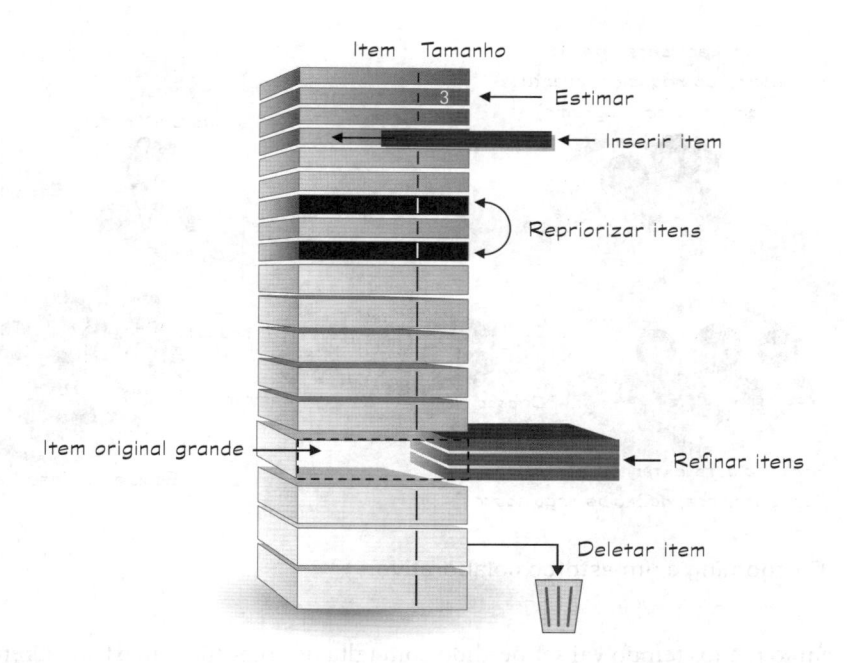

FIGURA 6.6 O grooming reformata o product backlog.

No momento apropriado, todos os PBIs precisam ser estimados para ajudar a determinar a ordem deles no backlog e para ajudar a decidir se é necessário um trabalho de refinamento adicional. E também, na medida que informações importantes se tornem disponíveis, novos itens são criados e inseridos no backlog na ordem correta. É claro, se as prioridades mudarem, vamos querer reordenar os itens no backlog. E na medida em que chegarmos perto de um item grande, vamos querer refiná-lo em uma coleção de itens menores. Também podemos decidir que um item de backlog em particular não é necessário, nesse caso, o deletamos.

Quem Faz o Grooming?

Fazer o grooming de um product backlog é um esforço colaborativo contínuo, chefiado pelo product owner e incluindo uma participação significativa de stakeholders internos e externos, assim como do ScrumMaster e da equipe de desenvolvimento (veja a Figura 6.7).

Em última instância há um tomador de decisão com relação ao grooming: o product owner. Entretanto, bons product owners entendem que um grooming colaborativo incentiva um diálogo importante entre todos os participantes e tira proveito do coletivo das inteligências e perspectivas de um grupo diverso de indivíduos, revelando, dessa maneira, informações importantes que poderiam ser perdidas caso contrário. Bons product owners também sabem que, ao envolver os diversos membros da equipe, eles garantem que todos terão um entendimento claro e compartilhado sobre o product

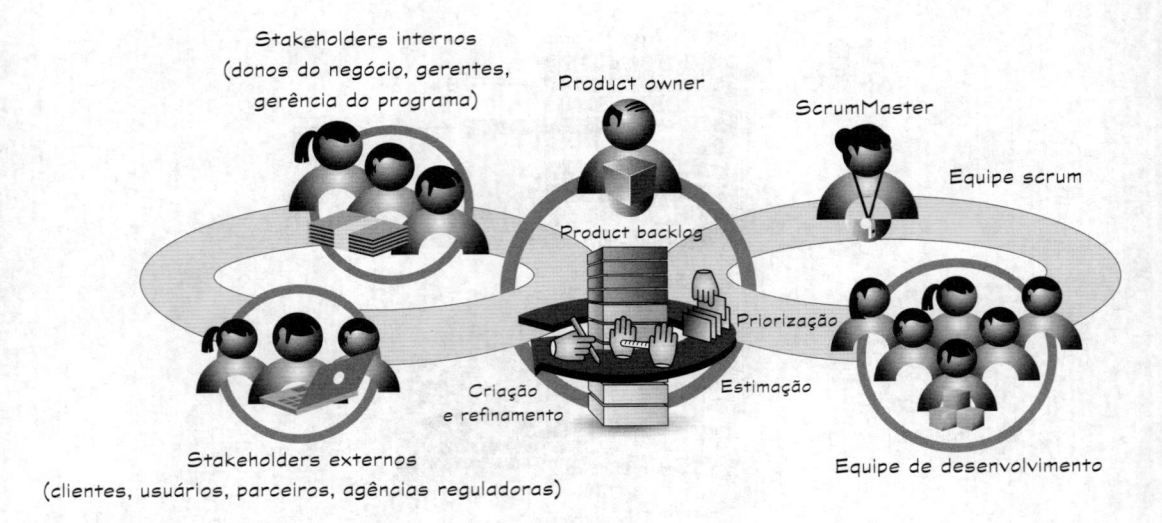

FIGURA 6.7 O grooming é um esforço colaborativo.

backlog, então menos tempo vai ser perdido com falta de comunicação e transferências. Tais esforços colaborativos também ajudam muito a encurtar a histórica distância entre o pessoal de negócios e o pessoal técnico.

Os stakeholders devem alocar uma quantidade suficiente de tempo para fazer o grooming, baseados na natureza da organização e no tipo de projeto. Como regra geral, a equipe de desenvolvimento deve alocar até 10% do seu tempo a cada sprint para ajudar o product owner com as atividades de grooming. A equipe vai usar esse tempo para ajudar a criar ou revisar itens emergentes do product backlog, assim como para refinar progressivamente itens maiores em itens menores. A equipe também vai estimar o tamanho dos itens do product backlog a ajudar o product owner a priorizá-los baseado em dependências técnicas e restrições de recursos.

Quando o Grooming Acontece?

O framework Scrum apenas indica que o grooming precisa acontecer; ele não especifica *quando*. Então, quando o grooming realmente acontece?

Usando o desenvolvimento sequencial, tentamos capturar uma descrição detalhada e completa dos requisitos, então pouco ou nenhum grooming de requisitos é agendado depois de eles terem sido aprovados. Em muitas organizações estes requisitos-base podem ser mudados apenas através de um processo de controle de mudanças em separado, que é descontínuo ao fluxo primário de desenvolvimento (veja a Figura 6.8).

Como tal, o grooming durante o desenvolvimento sequencial é uma atividade excepcional, não planejada e fora do fluxo primário que invocamos apenas se precisarmos, tornando-a disruptiva ao fluxo rápido da entrega de valores de negócio.

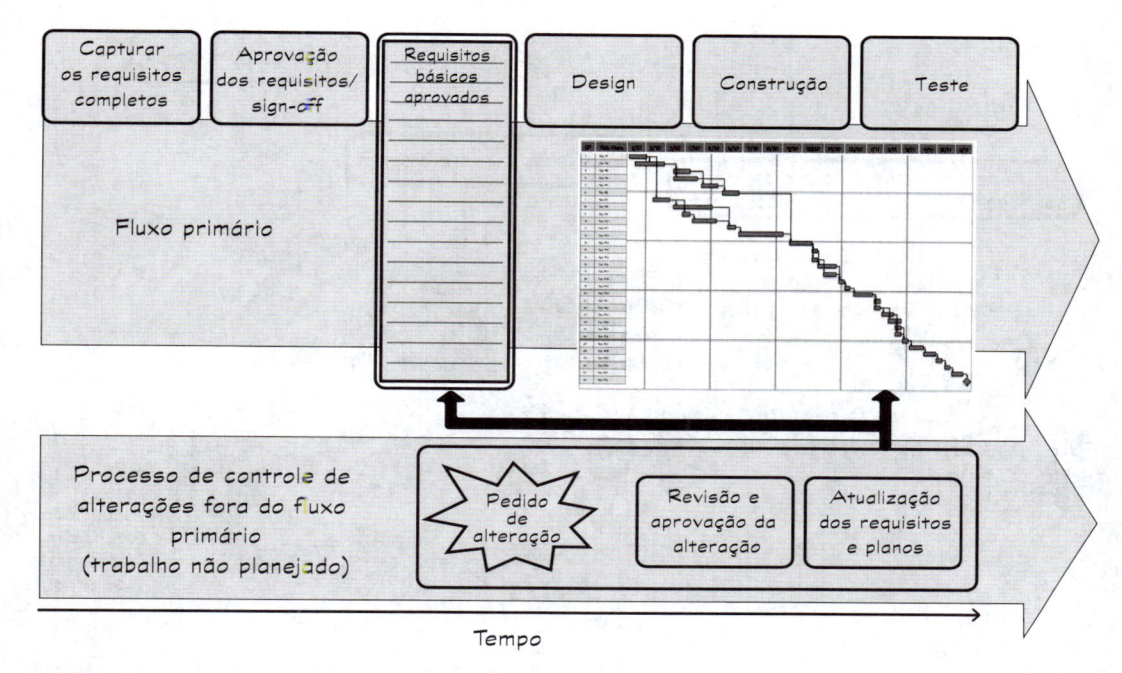

FIGURA 6.8 Grooming fora do fluxo primário nos projetos sequenciais

Usando o Scrum, assumimos um ambiente incerto e, portanto, devemos estar preparados para constantemente inspecionar e nos adaptar. Esperamos que o product backlog evolua constantemente em vez de ficar fixo desde cedo e ser mudado apenas em um processo secundário para lidar com ocorrências excepcionais e indesejáveis. Como resultado, devemos garantir que nossas atividades de grooming sejam uma parte essencial e intrínseca de como gerenciamos nosso trabalho.

A Figura 6.9 ilustra os vários momentos quando o grooming pode ser realizado.

O grooming inicial ocorre como parte da atividade de planejamento de release (veja o Capítulo 18 para mais detalhes). Durante o desenvolvimento do produto, o product owner se encontra com os stakeholders na frequência que fizer sentido para se realizar um grooming contínuo.

Ao trabalhar com a equipe de desenvolvimento, o product owner pode agendar um workshop semanal ou uma vez por sprint durante a sprint execution. Fazer isso assegura que o grooming ocorra numa base regular e possibilita que a equipe leve esse tempo em consideração durante o sprint planning. Isso também reduz o desperdício de se tentar agendar encontros ad hoc (por exemplo, determinar quando as pessoas estarão disponíveis, encontrar um espaço disponível e assim por diante).

Algumas equipes preferem espalhar o grooming ao longo do sprint em vez de bloquear um período de tempo determinado. Elas usam um pouco de tempo dos seus daily scrums para fazer algum grooming incremental. Esse grooming não tem de incluir todos os membros da equipe. Por exemplo, depois de um daily scrum o product owner pode pedir ajuda para refinar uma user story grande. Os membros da equipe que

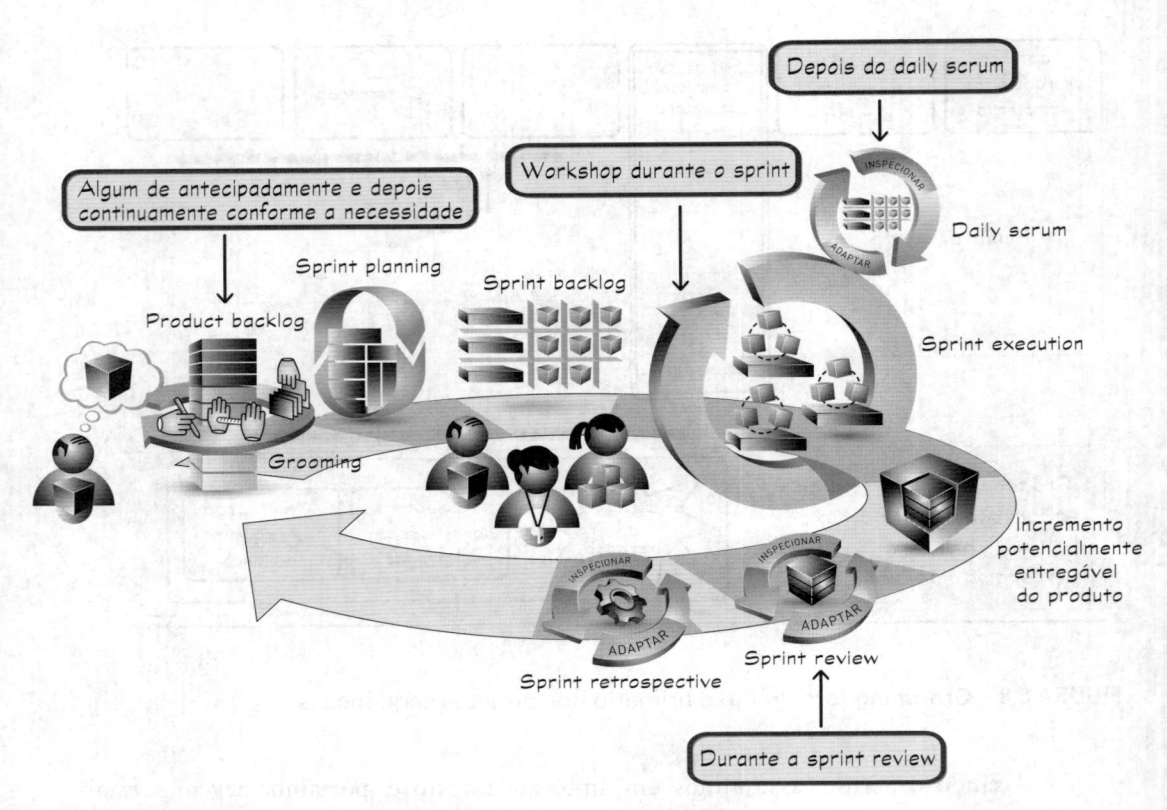

FIGURA 6.9 Quando o grooming acontece

tenham conhecimento ou interesse ficam por perto para ajudar o product owner. Da próxima vez, membros diferentes da equipe podem ajudar.

Mesmo se as equipes agendarem workshops regularmente ou tirarem algum tempo a cada dia para olhar o backlog, a maioria das equipes acha que elas naturalmente fazem algum grooming como parte da sprint review. Como todos os envolvidos ganham um melhor entendimento do onde o produto está e para onde ele está indo, novos PBIs são frequentemente criados ou PBIs existentes são repriorizados, ou deletados, se não forem mais necessários.

Quando o grooming acontece é menos importante do que garantir que ele esteja bem integrado no fluxo do desenvolvimento em Scrum, para garantir uma entrega de valores de negócio flexível e rápida.

Definição de Ready

Fazer o grooming do product backlog deve garantir que os itens no backlog estejam prontos para serem movidos para um sprint, de forma que a equipe de desenvolvimento possa se comprometer com confiança a completá-los no fim de um sprint.

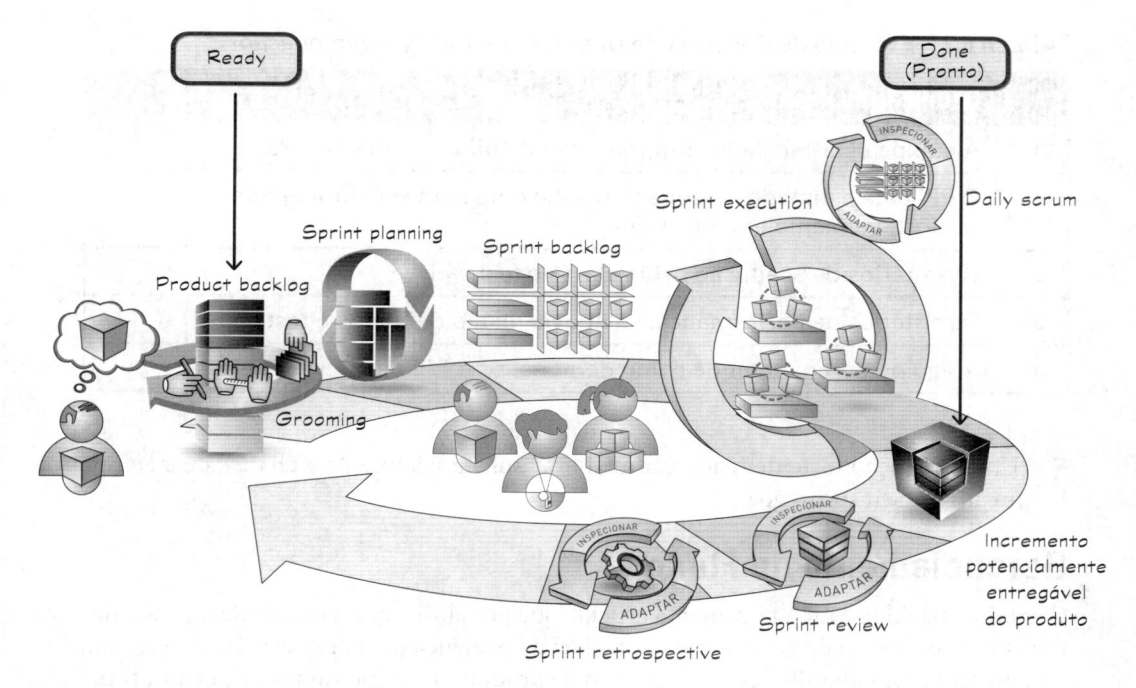

FIGURA 6.10 Definição de ready

Algumas equipes Scrum formalizam essa ideia estabelecendo uma **definição de ready**. Você pode pensar na definição de ready e na definição de pronto (veja o Capítulo 4) como dois estados dos itens do product backlog durante um ciclo de sprint (veja a Figura 6.10).

Ambas, definição de pronto e definição de ready, são checklists dos trabalhos que devem estar feitos, antes que um item do product backlog possa ser considerado naquele respectivo estado. Um exemplo de uma checklist de definição de ready para itens do product backlog é dada na Tabela 6.2.

TABELA 6.2 Exemplo de Checklist de Definição de Ready

Definição de Ready
❏ O valor de negócio está claramente articulado.
❏ Os detalhes estão suficientemente entendidos pela equipe de desenvolvimento para que ela possa tomar decisões informadas sobre se consegue ou não completar o PBI.
❏ As dependências estão identificadas e nenhuma dependência externa evitaria que o PBI fosse completado.

continua

TABELA 6.2 Exemplo de Checklist de Definição de Ready (*Continuação*)

Definição de Ready
☐ A equipe está escalada apropriadamente para completar o PBI.
☐ O PBI está estimado e pequeno o suficiente para ser completado confortavelmente em um sprint.
☐ Os critérios de aceitação estão claros e testáveis.
☐ Os critérios de performance, se houver, estão definidos e testáveis.
☐ A equipe Scrum entende como demonstrar o PBI na sprint review.

Uma definição forte de ready vai melhorar substancialmente a chance de a equipe Scrum atingir seu sprint goal.

Gerenciamento de Fluxo

O product backlog é uma ferramenta crucial, que possibilita que a equipe Scrum alcance um fluxo de entrega de valor rápido e flexível na presença de incertezas. Incertezas não podem ser eliminadas do desenvolvimento de produto. Devemos assumir que um fluxo de informações economicamente importantes vai chegar constantemente e que precisamos organizar e gerenciar o trabalho (gerenciar o product backlog) de forma que essas informações possam ser processadas de uma maneira rápida e efetiva com relação aos custos, ao mesmo tempo em que mantemos um bom fluxo. Vamos examinar o papel do product backlog no suporte a um bom fluxo de releases e de sprint.

Gerenciamento do Fluxo de Releases

O grooming do product backlog deve ser feito de tal maneira que suporte um planejamento de releases contínuo (o fluxo de features dentro de uma release). Como ilustrado na Figura 6.5, uma release pode ser visualizada como uma linha através do product backlog. Todos os PBIs acima da linha da release foram marcados para estar nesta release; os itens abaixo da linha não foram.

Acho útil realmente dividir o product backlog usando duas linhas para cada release, como ilustrado na Figura 6.11.

Essas duas linhas dividem o backlog em três áreas: *deve ter, seria bom se tivesse* e *não vai ter*. As **features que devem ter** representam os itens que simplesmente têm de estar na próxima release, ou então não teremos uma release viável para o cliente. As **features que seria bom se tivessem** estão planejadas para a próxima release, mas gostaríamos de incluir nessa agora. Se, entretanto, acabarmos sem tempo ou outros recursos, podemos esquecer essas features desse tipo e ainda seríamos capazes de entregar um produto viável. As **features que não vão ter** são itens que estamos declarando que não

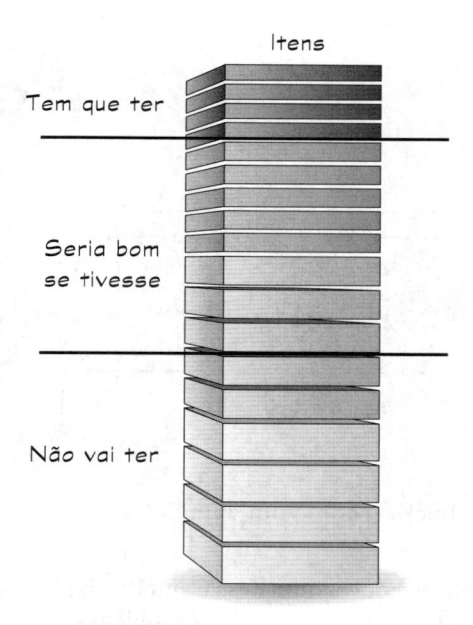

FIGURE 6.11 Visão do nível da release do product backlog

vamos incluir na release atual. A segunda linha, aquela que separa os itens que não vão ter dos outros, é a mesma que a linha da Release 1 mostrada na Figura 6.5.

Manter o backlog dessa forma nos ajuda a realizar um melhor planejamento contínuo de releases, como vou discutir no Capítulo 18.

Gerenciamento do Fluxo do Sprint

O grooming do product backlog é essencial para o sprint planning efetivo e o fluxo resultante de features em um sprint. Se o product backlog foi detalhado apropriadamente, os itens no topo do backlog devem estar claramente descritos e testáveis.

Ao fazer o grooming para um bom fluxo de sprint, é útil visualizar o product backlog como um duto de requisitos que estão fluindo na direção dos sprints para serem projetados, construídos e testados pela equipe (veja a Figura 6.12).

Nessa figura vemos que os requisitos maiores e menos bem entendidos estão sendo inseridos no duto. Na medida em que eles avançam através do duto, movendo-se para mais perto do momento onde irão fluir para fora para serem trabalhados, eles são progressivamente refinados através da atividade de grooming. No lado direito do duto está a equipe. No momento que o item flui para fora do duto, ele deve está ready — detalhado o suficiente para que a equipe possa entender e se sentir estar confortável para o entregar durante o sprint.

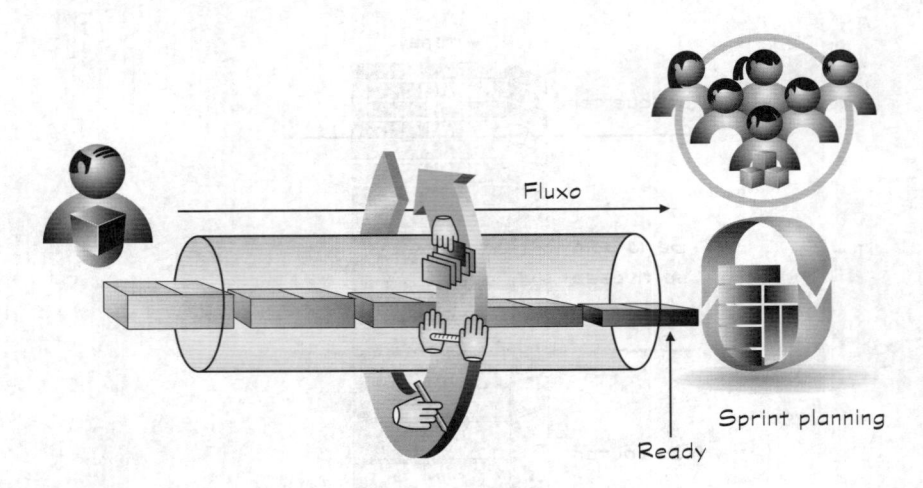

FIGURA 6.12 O product backlog como um duto de requisitos

Se em algum momento houver um descasamento ou desbalanceamento entre o fluxo de entrada e de saída de itens, temos um problema. Se o fluxo de itens prontos para serem implementados for muito devagar, eventualmente o duto vai secar e a equipe não vai ser capaz de planejar e executar o sprint seguinte (uma grande interrupção de fluxo ou desperdício no Scrum). Por outro lado, colocar itens demais no duto para o refinamento cria um grande inventário de requisitos detalhados que podemos ter de retrabalhar ou jogar fora, uma vez que aprendamos mais (uma grande fonte de desperdícios). Portanto, a situação ideal é ter itens de product backlog o suficiente para criar um fluxo balanceado, mas não tantos que se crie um desperdício.

Uma abordagem que equipes Scrum usam é ter no backlog um inventário apropriado de itens prontos para implementar. Uma heurística que parece funcionar para muitas equipes é ter uma quantidade de user stories prontas para uns dois ou três sprints. Então, por exemplo, se a equipe pode normalmente fazer uns 5 PBIs por sprint, ela faz o grooming do backlog para sempre ter a qualquer momento uns 10 ou 15 PBIs no estado ready. Esse inventário extra garante que o duto não vai secar e também dá flexibilidade à equipe se ela precisar selecionar PBIs fora da ordem por razões de capacidade ou outras restrições específicas do sprint (veja o Capítulo 19 para uma discussão mais profunda desse tópico).

Quais e Quantos Product Backlogs?

Ao decidir sobre quais e quantos product backlogs formar, começo com uma regra simples: um produto, um product backlog, significando que cada produto deve ter seu product backlog individual que permita que o produto tenha uma descrição e priorização do trabalho a ser feito.

Entretanto, há algumas ocasiões quando precisamos exercer cuidado ao aplicar essa regra, para garantir que tenhamos uma estrutura de product backlog prática e trabalhável. Por exemplo, em alguns casos, não é sempre claro o que constitui um produto: alguns produtos são muito grandes; algumas vezes temos múltiplas equipes que não são intercambiáveis; outras vezes há múltiplos produtos e uma única equipe. Vamos examinar cada uma dessas instâncias especiais para ver como elas afetam nossa regra de backlog único.

O Que É um Produto?

Uma questão como a regra do um-produto-um-product-backlog é que nem sempre é claro exatamente o que constitui um produto. O Microsoft Word é um produto ou é simplesmente uma faceta de um produto maior chamado Microsoft Office? Se vendermos apenas a suíte do produto, temos um product backlog para a suíte ou temos um product backlog para cada aplicação individual na suíte (veja a Figura 6.13)?

Quando trabalhei na IBM, a resposta do cliente para a pergunta "O que é um produto?" era "O que quer que tenha seu número único de ID de produto (PID)". A beleza

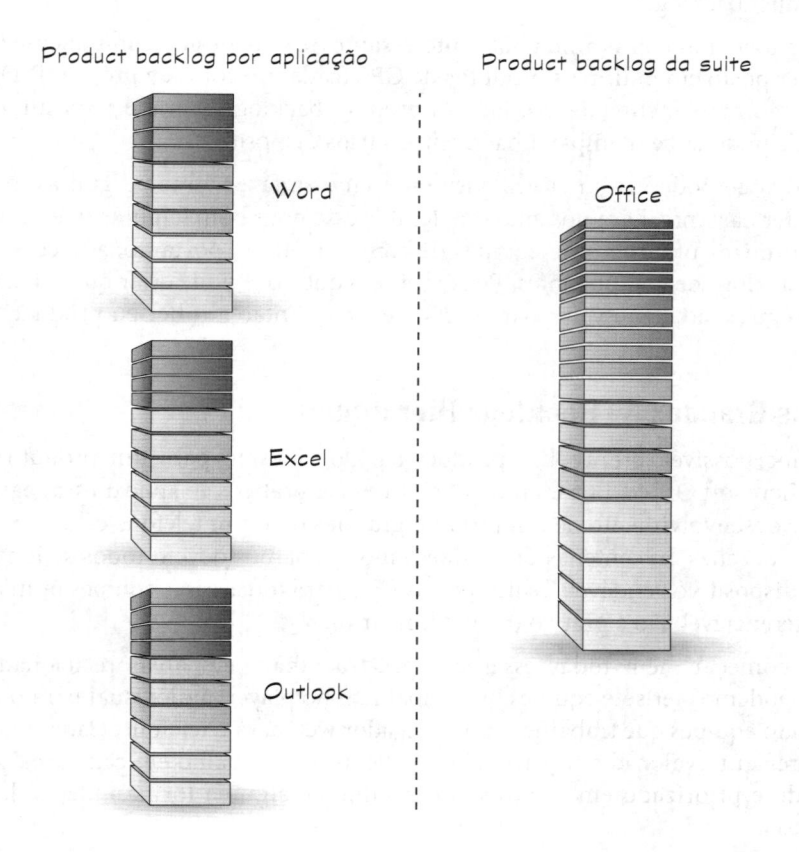

FIGURA 6.13   O product backlog é associado ao produto.

dessa resposta era sua simplicidade. A IBM vendia produtos de um catálogo, então se você pudesse por um PID nele, o pessoal de vendas poderia incluí-lo em um formulário de pedido e, portanto, era um "produto". Apesar de a resposta da IBM parecer exageradamente simplista, sugiro que a usemos como nosso ponto de partida. Um produto é algo de valor que um cliente estaria disposto a pagar, e algo que estamos dispostos a empacotar e vender.

Usar essa regra se torna mais complicado se formarmos **equipes de componentes**, cujo propósito é criar um componente de um produto maior que um cliente compraria (veja o Capítulo 12 para uma discussão mais profunda sobre equipes de componentes). Por exemplo, quando comprei meu GPS portátil, não comprei o algoritmo de rotas; comprei um dispositivo portátil que me daria direções gráficas e audíveis acuradas curva por curva. O "componente" de rota era simplesmente um de muitos que se juntam para criar um dispositivo que um cliente como eu compraria.

Se o fabricante do GPS criasse uma equipe de rota para desenvolver o componente de rota, haveria um product backlog para esse componente? Ou haveria apenas um product backlog correspondendo ao GPS inteiro, com as features sobre rotas misturadas nesse product backlog?

E para tornar as coisas ainda mais interessantes, e se o mesmo componente de rotas pudesse ser posto em múltiplos produtos de GPS (cada um com seu próprio PID)? Estaríamos então mais inclinados a criar um product backlog separado para um componente se ele pudesse ser compartilhado entre vários dispositivos?

Como você pode ver, uma vez que comecemos a fazer essas perguntas, podemos nos estender bastante. Para nos ajudar a desatar esse nó, é bom lembrar que nosso objetivo é minimizar o número de equipes de componentes e, portanto, a necessidade de product backlogs de componentes. Pense sobre o que você pode criar que seja empacotado, entregue e adicione valor para o cliente final. Então alinhe seu product backlog com isso.

Produtos Grandes — Backlogs Hierárquicos

Sempre que possível, prefiro um product backlog mesmo para um produto grande como o Microsoft Office. Entretanto, precisamos ser práticos ao aplicar essa regra. Num esforço de desenvolvimento de um produto grande como um telefone celular, podemos ter muitas dezenas ou centenas de equipes cujos trabalhos devem todos se juntar para criar um dispositivo vendável. Tentar pôr os PBIs para todas essas equipes num product backlog gerenciável não é prático (nem necessário).

Para começar, nem todas essas equipes trabalham em áreas relacionadas. Por exemplo, podemos ter sete equipes que trabalhem no player audiovisual para o telefone e outras oito equipes que trabalhem no navegador web para o telefone. Cada uma dessas áreas entrega um valor identificável para o cliente, e o trabalho em cada área pode ser organizado e priorizado em um nível de detalhe de alguma forma independente das outras áreas.

Baseada nessas características, a maioria das organizações trata do problema de grandes produtos criando backlogs hierárquicos (veja a Figura 6.14).

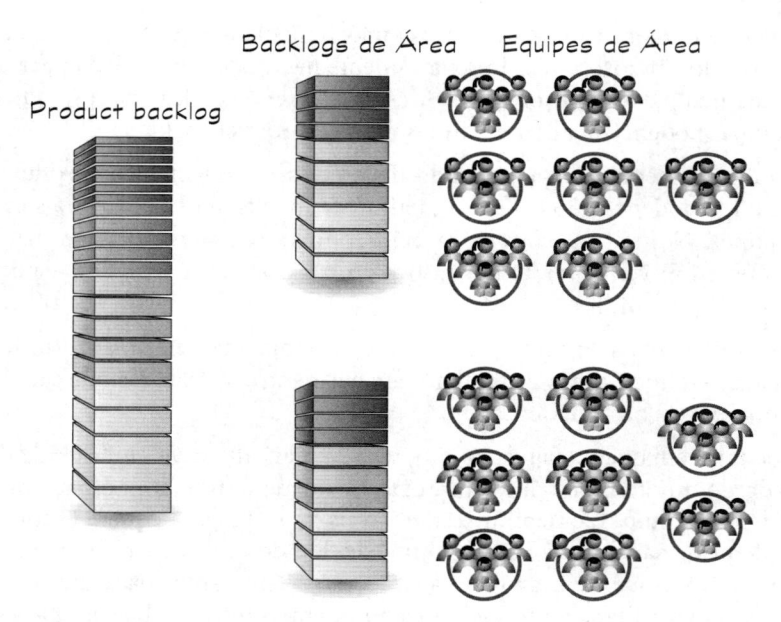

FIGURA 6.14   Product backlogs hierárquicos

No topo da hierarquia ainda temos aquele único product backlog que descreve e prioriza as features de larga escala (talvez os épicos) do produto. Nesse nível, também haveria um product owner chefe, como vou discutir no Capítulo 9. Cada uma das áreas de features relacionadas tem então seu próprio backlog. Assim, o player audiovisual tem um backlog que contém os PBIs para as sete equipes que trabalham nessa área. Os PBIs no nível da área da feature vão provavelmente ser menores em escala (do tamanho de features ou user stories) do que os itens correspondentes no product backlog. No Capítulo 12 discuto o conceito de trem de releases, que é baseado no modelo de enterprise backlog de três níveis: o portfolio backlog (contendo épicos), o program backlog (contendo features) e os team backlogs (contendo user stories que possam ser colocadas em sprints).

Múltiplas Equipes — Um Product Backlog

A regra um-produto-um-product-backlog é projetada para permitir que todas as equipes trabalhando no produto compartilhem um product backlog. Alinhar todas as equipes num único backlog possibilita otimizar nossa economia no nível do produto inteiro. Conseguimos esse benefício porque pomos todas as features em um backlog e as fazemos competir por prioridade umas contra as outras, garantindo que as features de mais alta prioridade da perspectiva do produto inteiro sejam identificadas e priorizadas para serem trabalhadas primeiro.

Se todas nossas equipes forem intercambiáveis, de forma que qualquer equipe possa trabalhar em qualquer PBI no backlog compartilhado, nós na verdade conseguimos realizar o benefício da priorização possibilitado pelo product backlog único. Mas, e se as equipes não forem intercambiáveis? Por exemplo, uma equipe que trabalha no engine de layout de texto do Microsoft Word provavelmente não pode ser escalada para trabalhar no engine de cálculo do Microsoft Excel. Mesmo não sendo o ideal, há casos em que nem todas as equipes podem trabalhar em todos itens do product backlog.

Para trabalhar dentro dessa realidade, devemos saber que itens no product backlog que cada equipe pode trabalhar. Conceitualmente, precisamos de backlogs específicos para as equipes. Na prática, entretanto, não criamos realmente product backlogs no nível da equipe. Em vez disso, temos visões do backlog compartilhado específicas da equipe (veja a Figura 6.15).

Como mostrado na Figura 6.15, há um backlog, mas ele é estruturado de tal maneira que as equipes vejam e escolham apenas dentre as features que são relevantes para seu conjunto de habilidades.

Perceba também que na Figura 6.15 o item de mais alto nível no backlog da equipe C é derivado de um item que não tem uma prioridade muito alta no backlog do nível do produto. Se as equipes fossem intercambiáveis, o backlog da equipe C corresponderia a itens de prioridade muito mais alta no backlog do nível do produto. Essa falta de flexibilidade é o porquê de muitas organizações se esforçarem para um alto nível de propriedade compartilhada de código e de equipes mais intercambiáveis, para que essas organizações também possam colher os benefícios que veem de se ter equipes que possam trabalhar em múltiplas áreas do produto.

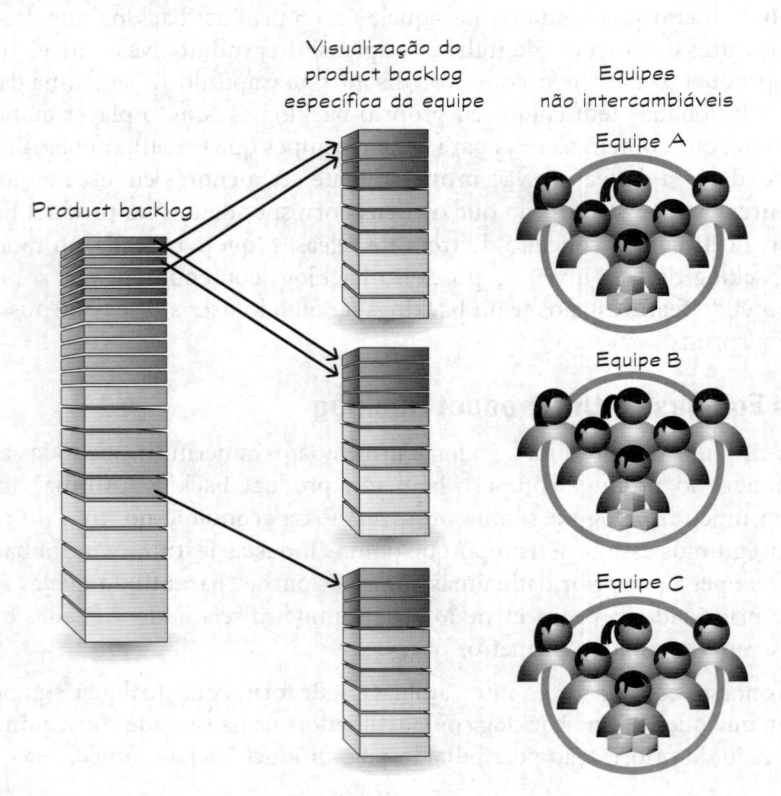

FIGURA 6.15 Visão do product backlog específica da equipe

Uma Equipe — Múltiplos Produtos

Se uma organização tem múltiplos produtos, ela vai ter múltiplos product backlogs. A melhor maneira de tratar múltiplos product backlogs é atribuir uma ou mais equipes para trabalhar exclusivamente em cada product backlog (veja o lado esquerdo da Figura 6.16).

Em algumas instâncias, entretanto, uma equipe acaba trabalhando a partir de múltiplos product backlogs (veja o lado direito da Figura 6.16). Como discutirei no Capítulo 11, nosso objetivo deve ser minimizar a quantidade de múltiplos projetos que as equipes ou os membros das equipes realizem. A primeira, e frequentemente a melhor, solução é ter a equipe trabalhando em um produto por vez. Em cada sprint, a equipe trabalha apenas nos itens de um product backlog.

Entretanto, se impedimentos organizacionais nos forçarem a termos uma única equipe trabalhando em múltiplos produtos concorrentemente, podemos considerar fundir os PBIs para todos os três produtos em um único product backlog. Isso ia requerer que os product owners para os três produtos se juntassem e alcançassem uma única priorização com relação a todos os produtos.

Mesmo se escolhêssemos manter três product backlogs separados, a cada sprint alguém (presumivelmente o product owner para a equipe) vai precisar montar um

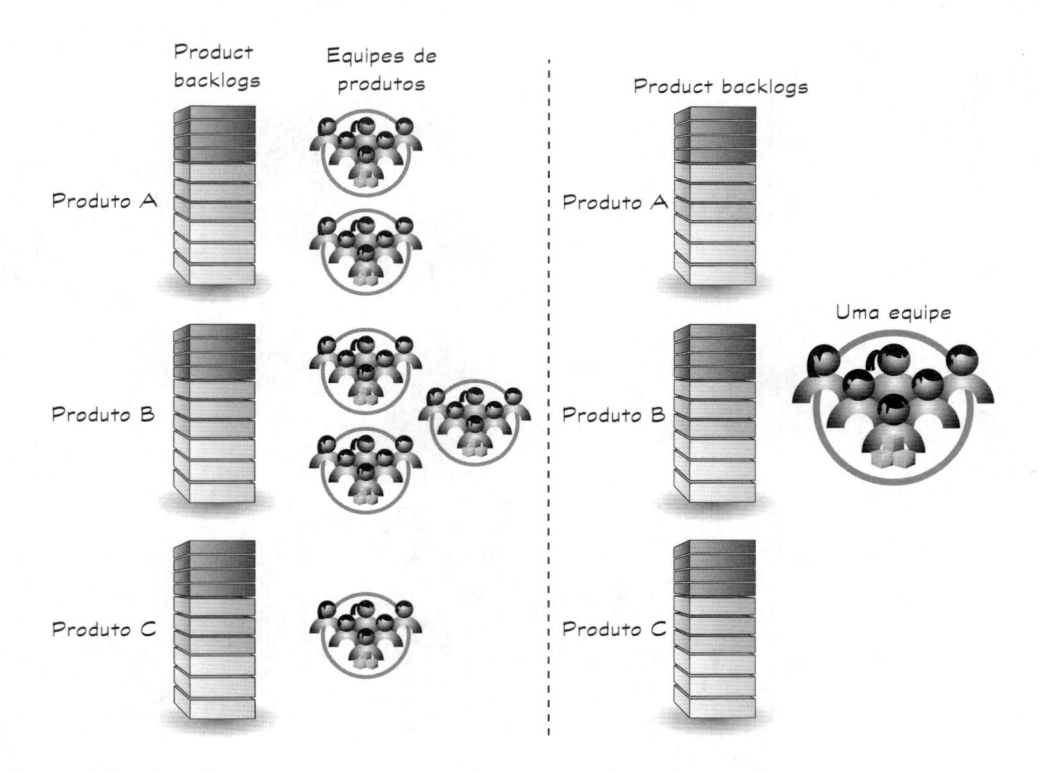

FIGURA 6.16 Cenários para product backlogs múltiplos

conjunto priorizado de PBIs a partir dos três backlogs (talvez baseado em uma pré-alocação do tempo da equipe para cada produto durante o sprint) e apresentá-los para a equipe para sua consideração e comprometimento.

Fechamento

Neste capítulo, discuti o papel crucial do product backlog para alcançar um fluxo de entrega de valor rápido e flexível na presença de incertezas. Enfatizei um número de questões estruturais e de processo com relação ao product backlog, tais como que tipos de itens estão no product backlog e como fazer o grooming do product backlog para obter diversas características desejáveis do product backlog. Concluí tratando da questão de quais e quantos product backlogs devemos ter. No próximo capítulo vou discutir como os itens do product backlog são estimados e como essas estimativas são usadas para se medir a velocidade.

Capítulo 7
ESTIMAÇÃO E VELOCIDADE

Neste capítulo, descrevo os conceitos de estimação e velocidade. Começo com uma visão geral dos papéis importantes que estimação e velocidade têm no planejamento ágil. Então, discuto os vários itens que estimamos e quando e como os estimamos. O grosso do capítulo foca em como estimar itens do product backlog, incluindo como escolher uma unidade de medida e o uso do Planning Poker. Em seguida, passo para o conceito de velocidade e como o uso de um intervalo de velocidades é essencial para o planejamento. Discuto como novas equipes podem prever a velocidade na ausência de dados históricos. Concluo com maneiras como podemos influenciar a velocidade e como ela pode ser mal utilizada.

Visão Geral

Ao planejarmos e gerenciarmos o desenvolvimento de um produto, precisamos responder questões importantes tais como: "Quantas features posso completar?", "Quando estaremos prontos?" e "Quanto isso vai custar?". Para responder essas questões usando o Scrum, precisamos estimar o tamanho do que estamos construindo e medir a velocidade ou a taxa na qual conseguimos finalizar trabalhos. Com essas informações, podemos derivar a duração provável do desenvolvimento do produto (e o custo correspondente) dividindo o tamanho estimado de um conjunto de features pela velocidade da equipe (veja a Figura 7.1).

Dado o product backlog da Figura 7.1, quanto tempo precisamos para criar as features na Release 1? Para responder a essa questão, devemos primeiro calcular o tamanho da Release 1. Podemos fazer isso somando as estimativas individuais para cada PBI visado para a Release 1. (No nosso exemplo, a soma das estimativas dos PBIs é 200 pontos.)

Uma vez que saibamos o tamanho aproximado da release, mudamos nossa atenção para a velocidade da equipe, quanto trabalho a equipe tipicamente consegue fazer em um sprint. Velocidade é fácil de medir. No fim de cada sprint, simplesmente somamos as estimativas de tamanho de cada item que foi completado durante o sprint: se o item não estiver pronto, ele não conta para a velocidade. A soma dos tamanhos de todos os itens prontos do product backlog em um sprint é a velocidade da equipe para aquele sprint. O gráfico na Figura 7.1 mostra os dados de velocidade da equipe nos sete sprints anteriores. Note que a velocidade média é 20.

Agora que temos um tamanho estimado e uma velocidade medida, estamos em posição de calcular (derivar) a duração. Para fazer isso, simplesmente dividimos o tamanho pela velocidade. Se o tamanho da Release 1 for 200 pontos e a equipe consegue, em média, completar 20 pontos de trabalho em cada sprint, então a equipe deve

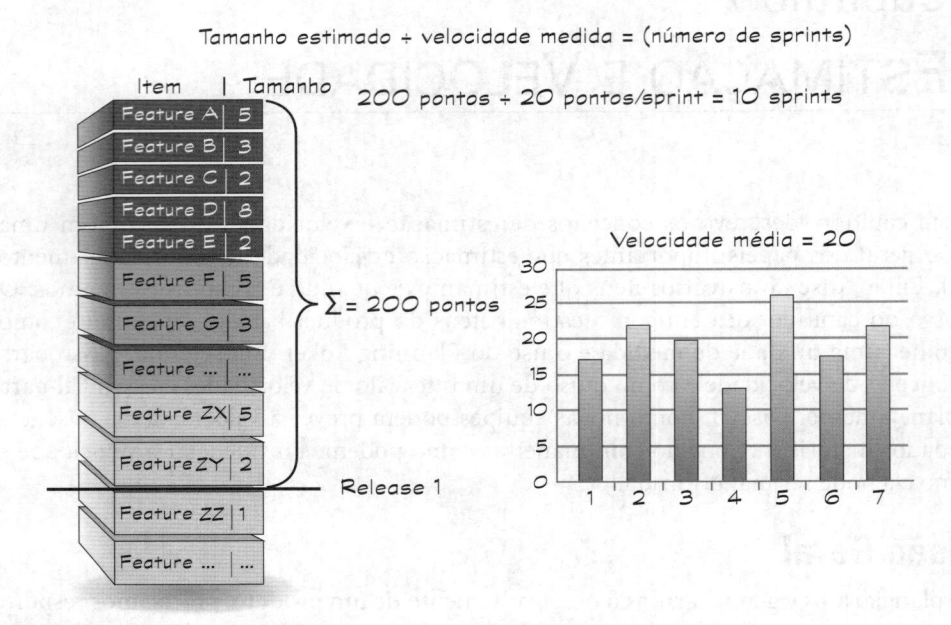

FIGURA 7.1 O relacionamento entre tamanho, velocidade e duração

levar 10 sprints para completar a Release 1 (veja o Capítulo 18 para uma descrição mais detalhada do planejamento de release). Mais tarde, neste capítulo, vou explicar por que usar um intervalo de velocidades para esses cálculos é mais acurado do que usar uma velocidade média, mas só para ilustração, estou usando velocidade média aqui.

Apesar de o relacionamento básico entre tamanho, velocidade e duração permanecer o mesmo, alguns detalhes podem variar baseados em onde você está no esforço de desenvolvimento, no que você está tentando medir e como você pretende usar os dados. Vamos olhar mais perto as estimativas e a velocidade para ver como estes fatores mudam dependendo do que se está tentando fazer e quando.

O Que e Quando Estimamos

Na Figura 7.1, story points foram usados para expressar as estimativas de PBI para calcular a duração da release. Ao longo do desenvolvimento de um produto, entretanto, precisamos estimar em vários níveis de granularidade e, sendo assim, usaremos diferentes unidades para tal (veja a Figura 7.2).

A maioria das organizações faz estimativas para uso em planejamento em três diferentes níveis de detalhes. Essas estimativas se manifestam no portfolio backlog, no product backlog e no sprint backlog. Vamos examinar brevemente cada uma.

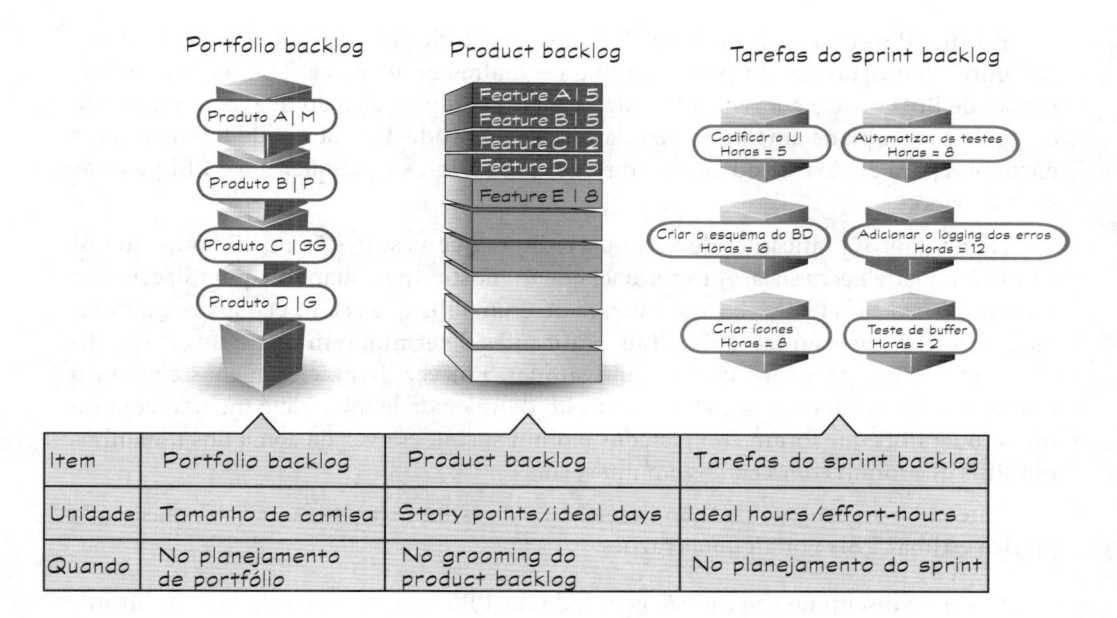

Item	Portfolio backlog	Product backlog	Tarefas do sprint backlog
Unidade	Tamanho de camisa	Story points/ideal days	Ideal hours/effort-hours
Quando	No planejamento de portfólio	No grooming do product backlog	No planejamento do sprint

FIGURA 7.2 O que e quando estimamos

Estimativas de Itens do Portfolio Backlog

Apesar de o portfolio backlog não ser formalmente parte do Scrum, muitas organizações mantêm um que contém uma lista priorizada de todos os produtos (ou projetos) que precisam ser construídos. Para priorizar apropriadamente um item do portfolio backlog precisamos saber o custo aproximado de cada item. Como discuti no Capítulo 5, tipicamente não temos um conjunto completo e detalhado de requisitos no momento quando esse valor de custo é pedido, então não podemos usar a técnica padrão de estimar cada requisito individual detalhado e então somar essas estimativas para obter uma estimativa agregada do custo total.

Em vez disso, para estimar itens do portfolio backlog muitas organizações escolhem usar estimativas grosseiras e relativas como tamanho de camisa (tal como pequeno, médio, grande, extragrande e assim por diante). Discuto o uso de tamanhos de camisa para o planejamento de portfólio no Capítulo 16.

Estimativas do Product Backlog

Entretanto, uma vez que o produto ou projeto esteja aprovado e começamos a adicionar mais detalhes aos seus itens de product backlog, precisamos estimar de maneira diferente. Quando os PBIs aumentam sua prioridade e foi feito o grooming deles para incluir mais detalhes, a maioria das equipes prefere colocar estimativas numéricas de tamanho neles, usando story points ou ideal days. Vou discutir ambas essas abordagens mais tarde no capítulo.

Estimar PBIs é parte de uma atividade abrangente de grooming do product backlog. A Figura 6.9 ilustra quando esse grooming normalmente acontece. Tipicamente, a estimação de PBIs ocorre em "encontros de estimação", o primeiro do qual provavelmente coincide com o planejamento inicial da release. O product owner pode também fazer encontros para estimação adicionais durante um sprint, se qualquer novo PBI precisar ser estimado.

Nem todos os praticantes do Scrum acreditam que a estimação do tamanho do PBI é uma atividade necessária. A experiência deles mostra que, quando equipes Scrum se tornam boas o suficiente, elas são capazes de criar PBIs que sejam pequenos e aproximadamente do mesmo tamanho. Tais praticantes determinaram que é um desperdício estimar itens pequenos de tamanho similar. Em vez disso, eles apenas contam o número de PBIs. Eles ainda usam o conceito de velocidade, mas ele é medido como o número de PBIs que foram completados em um sprint, em vez da soma dos tamanhos dos PBIs que foram completados em um sprint.

Entendo o argumento da "não necessidade de estimativas de tamanho", mas ainda prefiro estimar PBIs por algumas razões:

- Como discuti no Capítulo 5, nem todos os PBIs vão ser do mesmo tamanho ao mesmo tempo, então vão haver PBIs maiores no backlog, mesmo se tivermos uma coleção de itens menores e de tamanho similar mais para o topo.
- Pode levar algum tempo até as equipes adquirirem as habilidades para dividir os PBIs de forma que fiquem aproximadamente do mesmo tamanho.
- Equipes podem ter que dividir user stories em pontos não naturais para alcançar o objetivo de estarem do mesmo tamanho.
- Finalmente, e mais importante, um dos valores primários da estimação é aprender o que acontece durante as conversas para a estimação. Nada promove um debate saudável melhor do que perguntar às pessoas para colocar um número em algo, o que vai fazer surgir imediatamente quaisquer discordâncias e forçar que suposições sejam expostas. Se fôssemos dispensar a estimação, precisaríamos de uma maneira substituta igualmente efetiva para promover estas discussões saudáveis.

Estimativas de Tarefas

No nível mais detalhado temos as tarefas que residem no sprint backlog. A maioria das equipes escolhe dimensionar suas tarefas durante o sprint planning para que possam adquirir a confiança de que os compromissos que eles estão considerando sejam razoáveis (veja o Capítulo 19 para mais detalhes).

Tarefas são dimensionadas em **ideal hours** (também chamadas de esforço-hora, homem-hora ou pessoa-hora). Na Figura 7.2 a equipe estima que a tarefa de UI vai levar cinco esforço-horas para ser completada. Isso não significa que ela vai levar cinco horas, pode ser que uma pessoa leve um par de dias para codificar a UI, ou um par de pessoas trabalhando juntas pode fazer em menos de um dia. A estimativa simplesmente expressa quanto do esforço da equipe é esperado para completar a tarefa. Vou descrever o uso estimativas de tarefas em mais detalhes no Capítulo 19, quando descrever os detalhes do sprint planning.

Conceitos de Estimação de PBIs

Apesar de todos os três níveis de detalhes serem importantes, o restante deste capítulo vai focar na estimação do nível product backlog. Há diversos conceitos importantes que as equipes Scrum usam ao estimar PBIs (veja a Figura 7.3).

Vamos examinar cada conceito.

Estime como uma Equipe

Em muitas organizações tradicionais, o gerente de projeto, o gerente de produto, o arquiteto ou o desenvolvedor líder podem fazer a estimativa inicial de tamanho. Outros membros da equipe podem ter uma chance de revisar e comentar essas estimativas mais tarde. No Scrum, seguimos uma regra simples: As pessoas que vão fazer o trabalho fornecem coletivamente as estimativas.

Sendo claro, quando digo as pessoas que vão fazer o trabalho, quero dizer a equipe de desenvolvimento que vai colocar a mão e projetar, construir e testar os PBIs. O product owner e o ScrumMaster não fornecem estimativas. Ambos estes papéis estão presentes quando os PBIs estão sendo estimados, mas ele não fazem nenhuma estimativa (veja a Figura 7.4).

O papel do product owner é descrever os PBIs e responder a questões de clarificação que a equipe possa levantar. O product owner não deve guiar ou "ancorar" a equipe em direção a uma estimativa desejada. O papel do ScrumMaster é ajudar a fazer o coach e a facilitar a atividade de estimação.

O objetivo é que a equipe de desenvolvimento determine o tamanho de cada PBI, a partir da sua perspectiva coletiva. Como todos veem uma user story de um ponto de vista diferente, dependendo da sua área de expertise, é importante que todos os membros da equipe de desenvolvimento participem durante a estimação.

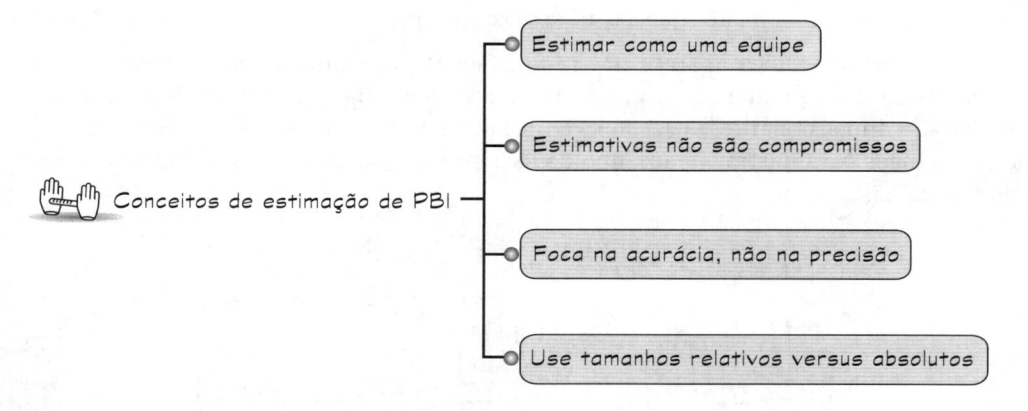

FIGURA 7.3 Conceitos de estimação de itens do product backlog

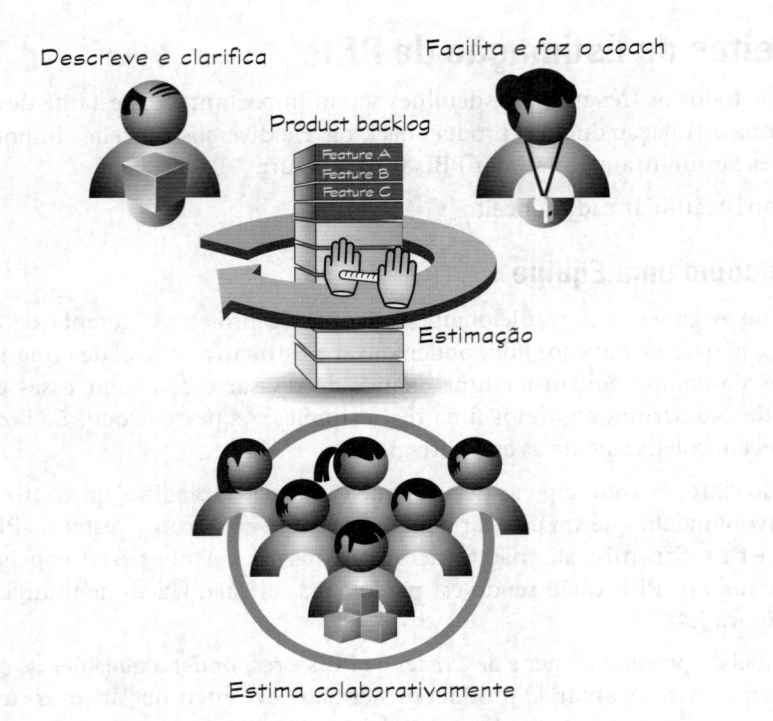

FIGURA 7.4 A equipe Scrum inteira participa na estimação.

Estimativas Não São Compromissos

Estimativas não são compromissos e é importante que não as tratemos como tal. Essa declaração tipicamente preocupa os gerentes. "O que você quer dizer com não estarmos pedindo que a equipe se comprometa com as estimativas dela? Como vamos conseguir estimativas precisas a menos que a equipe se comprometa?"

Quando esse tópico aparece nas minhas aulas, faço uma simples demonstração visual para me fazer entender. Seguro uma sticky note e digo: "Imaginem que eu peço a vocês para dimensionar essa user story e você me dizem que ela é grande". Então eu uso minhas mãos para ilustrar o tamanho da user story, como mostrado no lado esquerdo da Figura 7.5.

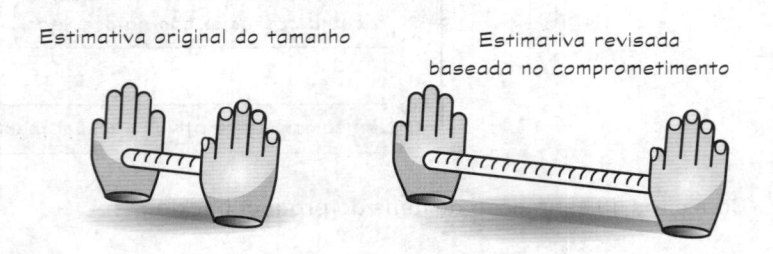

FIGURA 7.5 Efeito do comprometimento nas estimativas

Em seguida, eu digo algo como: "Ah, esqueci de dizer, seu bônus inteiro no próximo ano depende da sua estimativa estar correta. Estou lhe dando agora a oportunidade para reestimar". Nesse ponto começo a separar minhas mãos para mostrar estimativas cada vez maiores (veja o lado direito da Figura 7.5). Então usualmente digo algo como "Ei, me digam quando parar; meus braços não se esticam tanto. Não sou jogador de basquete!"

O ponto é claro. Se eu peço as pessoas para estimarem o tamanho de uma user story, espero uma estimativa realística. Se então eu digo a elas que seus bônus vão ser baseados na estimativa estar correta, todos, incluindo eu, dariam uma estimativa muito maior do que a que originalmente achávamos que seria a correta.

As estimativas devem ser uma medida realística de quão grande algo é. Não queremos que elas sejam artificialmente infladas devido a influências externas. Esse comportamento apenas resulta em cronogramas inchados e um jogo de empurra e puxa entre a inflação da estimação pelos membros da equipe e a redução de estimação pela gerência. Quando tudo estiver terminado, não teremos um entendimento real dos números porque eles foram manipulados muitas vezes por diversas pessoas.

Acurácia versus Precisão

Nossas estimativas devem ser acuradas sem serem exageradamente precisas. Todos já nos envolvemos com produtos em que as estimativas tinham um nível ridículo de **precisão**. Você sabe, aquele em que a estimativa era 10,275 homens-hora, ou aquele outro em que o custo projetado era $132.865,87.

Gerar essas estimativas extremamente precisas e erradas é um desperdício. Primeiro, há um desperdício de esforço para se chegar na estimativa, que pode ser considerável. Segundo, há um desperdício que ocorre quando enganamos a nós mesmos pensando que entendemos algo que não entendemos, e então tomamos decisões de negócios importantes, erradas e custosas baseadas nesse engano.

Devemos investir esforço suficiente para conseguir uma estimativa grosseiramente certa e boa o suficiente (veja a Figura 7.6).

Ao estimarmos, sempre vai haver um ponto de retornos decrescentes, além do que, para cada unidade de esforço adicional que investimos, não conseguimos um aumento correspondente na **acurácia** da estimativa. Além desse ponto estamos apenas desperdiçando nosso tempo e provavelmente começando a afetar negativamente a acurácia da estimativa, ao considerar uma quantidade crescente de dados de baixo valor.

Estimação de Tamanho Relativo

Devemos estimar PBIs usando tamanhos relativos, não tamanhos absolutos. Comparamos itens para determinar quão grande um item é relativo aos outros (veja a Figura 7.7).

Como mostrado na Figura 7.7, enquanto é bem fácil discutir quão grande um copo é em relação a outro, posso não ter uma boa percepção da quantidade absoluta de líquido que cada copo pode conter.

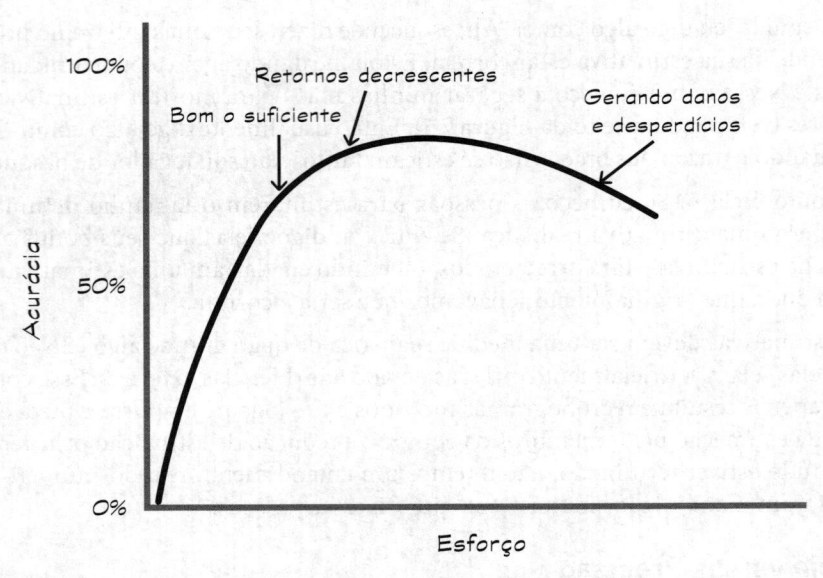

FIGURA 7.6 Esforço versus acurácia ao se estimar

FIGURA 7.7 Estimação por tamanho relativo

Minhas observações pessoais me convenceram que as pessoas são muito melhores na estimação de tamanhos relativos do que na de tamanhos absolutos. Aqui temos um exemplo que eu uso nas minhas aulas para ilustrar esse ponto (veja a Figura 7.8).

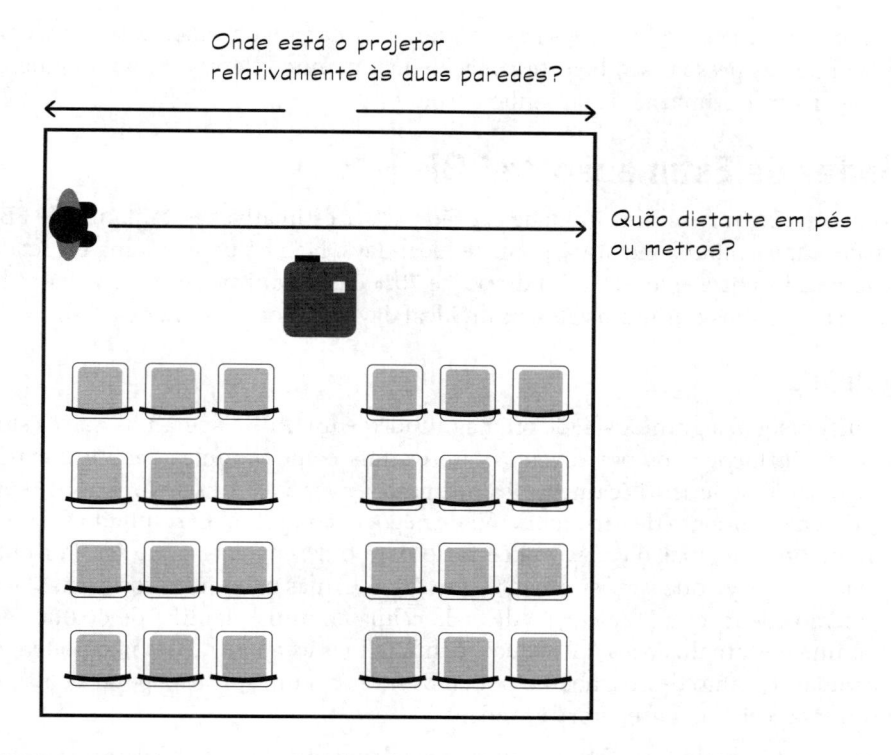

FIGURA 7.8 Estimação de tamanho absoluto versus relativo

Começo indo para um lado da sala de aula e encarando a parede do lado oposto. Primeiro peço a todos na sala para escrever qual distância eles acham que eu estou com relação à parede oposta em unidades absolutas de tamanho, por exemplo, pés ou metros. (Digo para as pessoas que olham para cima para contar os azulejos do teto para pararem de trapacear!)

Em muitas salas de aula, tipicamente há um projetor LCD montado no teto que está perto do meio da sala. Então peço a todos que escrevam uma segunda estimativa indicando onde o projeto está em relação a mim e à parede distante.

Quase sempre consigo os mesmos resultados. Em uma turma típica de 30 pessoas, quando peço: "Qual minha distância em relação a outra parede em termos absolutos?". Usualmente recebo umas 27 respostas diferentes. Quando então eu peço: "Relativo a mim e a outra parede, onde está o projetor?", 29 de 30 pessoas dizem: "mais ou menos no meio"; a 30ª pessoa está só brincando comigo e vai dizer algo como: "Uns 5/11 do caminho!"

Sim, esse não é um experimento científico rigoroso, mas a maioria das pessoas parece rapidamente concordar com a ideia que elas são melhores em julgar tamanhos relativos do que tamanhos absolutos. Para referência, há vezes em que o projetor está a um terço ou dois terços da distância a partir de mim e nesses casos os resultados são quase sempre os mesmos: a maioria das pessoas escreve a mesma distância relativa.

Resumindo, se você vai pedir as pessoas para estimarem, devemos basear a técnica naquilo em que as pessoas são boas (estimação de tamanho relativo) e não naquilo em que elas são ruins (estimação de tamanho absoluto).

Unidades de Estimação de PBI

Apesar de não existir nenhuma unidade padrão para as estimativas de tamanho de PBIs, as unidades mais comuns são story points e ideal days. Não há uma escolha correta ou errada ao decidir entre esses dois. Eu diria que 70% das organizações em que eu trabalhei usam story points e as outras 30% usam ideal days. Vamos examinar cada um.

Story Points

Story points medem a grandiosidade ou magnitude de um PBI. Esperamos que os story points sejam influenciados por diversos fatores, tais como complexidade e tamanho físico. Algo não tem de ser fisicamente grande para ser grande. A user story pode representar o desenvolvimento de um algoritmo de negócio complexo. O resultado final não vai ser muito grande, mas o esforço necessário para o desenvolver pode ser. Por outro lado, uma user story pode ser fisicamente bem grande, mas não muito complexa. Digamos que temos de fazer a atualização de cada célula em uma planilha de 60.000 células. Nenhuma das atualizações individuais é difícil, mas as atualizações não podem ser automatizadas. Quanto desse trabalho podemos fazer em um sprint? Apesar de não ser complexo, essa seria uma user story grande.

Story points combinam fatores como complexidade e tamanho físico em uma medida relativa de tamanho. O objetivo é ser capaz de comparar user stories e dizer coisas como "Bem, se a user story 'crie um tíquete' for um 2, então a story 'busque por um tíquete' é um 8", implicando que a user story sobre busca é aproximadamente quatro vezes o tamanho da sobre criação.

No exemplo do início deste capítulo, a abordagem foi estimar os tamanhos de PBI e então derivar a duração dividindo a soma dos tamanhos pela velocidade média. Como medidas de tamanho como story points são essencialmente usadas para calcular tempo (duração), elas devem refletir o esforço associado com a user story a partir da perspectiva da equipe de desenvolvimento.

Ideal Days

Uma abordagem alternativa para a estimação de PBIs é usar ideal days. Ideal days são uma unidade familiar — eles representam o número de esforço-dia ou pessoas-dia necessário para completar uma user story. Tempo ideal não é a mesma coisa que o tempo decorrido. Idealmente o futebol americano tem quatro quartos que têm 15 minutos cada um (de forma que a partida seja jogada em uma hora ideal). Entretanto, leva mais de três horas até três horas e meia para se jogar uma partida.

Já disse anteriormente que não há uma resposta certa ou errada ao se escolher entre story points e ideal days. Entretanto, um fator importante contra o tempo ideal é o risco de má interpretação.

Por exemplo, estamos num início da tarde de uma terça-feira e eu lhe mostro um PBI e pergunto: "Quão grande é esse PBI?" Você diz: "Dois dias" Eu digo: "OK, então você vai estar com ele pronto no início da tarde de quinta". Você diz: "Não, eu estou terminando uma atividade de dois dias nessa tarde e amanhã [quarta-feira]. Preciso de um dia inteiro para me inteirar, então provavelmente começo o PBI na quinta-feira. Mas como não tenho nenhum dia inteiro para dedicar ao PBI, acho que ele deve estar pronto em algum momento na próxima segunda." Eu digo, então: "Não entendo; você me disse que era um PBI de dois dias, então você deve estar pronto na quinta." Você diz: "Eu disse dois dias ideais, não dois dias do calendário. Por favor não mapeie meus dias ideais no calendário; não funciona dessa maneira."

Para os 30% das organizações com que trabalho e que usam o tempo ideal com sucesso, seus comentários seriam: "Certo, mas não temos esse problema de má interpretação. Podemos dizer às pessoas dois dias e elas sabem que não são dois dias no calendário."

Se houver um baixo risco de má interpretação na sua organização, o tempo ideal provavelmente vai funcionar bem. Se você achar que as pessoas vão interpretar erradamente o tempo ideal, é melhor que você use story points.

Há outras diferenças entre story points e tempo ideal, mas a má interpretação é um dos maiores problemas. Uma estudante em uma das minhas aulas resumiu a preferência dela entre os dois quando disse para os colegas: "Olhem, temos usado tempo ideal nos últimos 15 anos que tenho estado aqui e nunca funcionou. Honestamente, eu simplesmente gostaria de tentar algo diferente."

Planning Poker

Planning Poker é uma técnica para dimensionamento de PBIs que foi descrita pela primeira vez por James Grenning (Grenning 2002), e então popularizada por Mike Cohn (Cohn 2006). O planning poker é baseado em alguns conceitos importantes (veja a Figura 7.9).

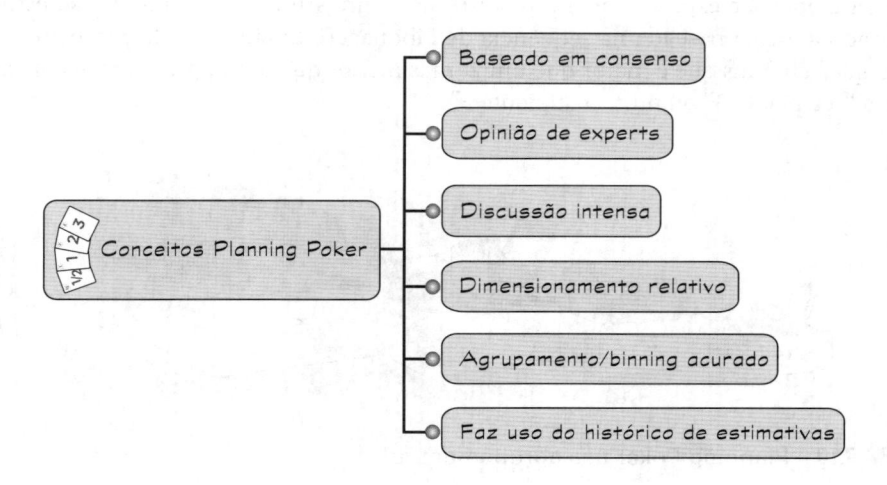

FIGURA 7.9 Conceitos do Planning Poker

O planning poker é uma técnica baseada em consenso para a estimação de esforço. As pessoas especialistas (os experts) previstas para trabalhar em um PBI entram numa discussão intensa para expor suposições, adquirir entendimento compartilhado e dimensionar o PBI. O planning poker gera estimativas relativas de tamanho ao agrupar acuradamente ou compartimentar juntos itens de tamanho similar. A equipe faz uso do seu histórico de estimação de PBIs para estimar mais facilmente o próximo conjunto de PBIs.

Escala da Estimação

Para realizar um planning poker, a equipe deve decidir que escala ou sequência de números ela vai usar para atribuir as estimativas. Como nosso objetivo é ser acurado, mas não exageradamente preciso, preferimos não usar todos os números. Em vez disso, favorecemos uma escala de tamanhos com mais números na parte mais baixa e menos números e mais espaçados na parte mais alta do intervalo.

A escala usada mais frequentemente é uma proposta por Mike Cohn, baseada em parte numa sequência de Fibonacci modificada: 1, 2, 3, 5, 8, 13, 20, 40 e 100. Uma escala alternativa que algumas equipes usam é baseada em potências de 2: 1, 2, 4, 8, 16, 32,...

Ao usar esse tipo de escala, agrupamos ou compartimentamos PBIs de tamanhos similares e atribuímos a eles o mesmo número da escala. Para ilustrar esse conceito, digamos que trabalhamos nos correios e precisamos agrupar pacotes de tamanhos similares no mesmo recipiente (veja a Figura 7.10).

Quando recebemos um pacote, precisamos decidir em que recipiente colocar o pacote. Nem todos os pacotes no mesmo recipiente têm ou terão identicamente o mesmo formato físico, tamanho ou peso, então precisamos examinar os pacotes que estejam atualmente nos recipientes para que possamos encontrar o melhor recipiente para o pacote que estamos estimando. Uma vez que tenhamos encontrado o recipiente que melhor se adapte, colocamos o pacote nele e vamos para o próximo pacote. Obviamente, quanto mais pacotes colocarmos nos recipientes, mais fácil deve ser para dimensionar e colocar futuros pacotes, porque vamos ter mais pontos de comparação.

Para evitar ser excessivamente preciso, não temos um "recipiente 4" (se estivermos usado a escala baseada na sequência de Fibonacci). Então, quando recebemos um pacote que achamos que é maior que um 2, mas menor que um 8, precisamos colocá-lo ou num "recipiente 3" ou num "recipiente 5".

FIGURA 7.10 Planning Poker usa agrupamentos

Como Usar

A equipe Scrum inteira participa quando se faz um Planning Poker. Durante a seção, o product owner apresenta, descreve e clarifica os PBIs. O ScrumMaster faz o coach da equipe para lhes ajudar a melhor aplicar o Planning Poker. O ScrumMaster também está constantemente buscando por pessoas que, por sua linguagem corporal ou silêncio, pareçam discordar e lhes ajudam a se engajar. E a equipe de desenvolvimento está colaborativamente gerando as estimativas.

Cada membro da equipe de desenvolvimento recebe um conjunto de cartas do Planning Poker (veja a Figura 7.11).

Uma interpretação comum dessas cartas está descrita na Tabela 7.1.

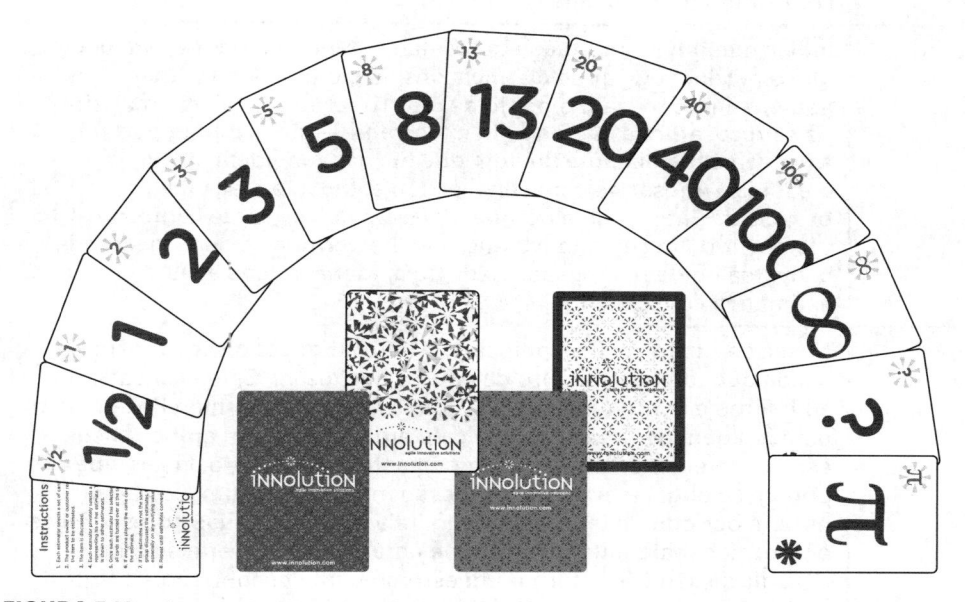

FIGURA 7.11 Cartas de Planning Poker Innolution

TABELA 7.1 Interpretação Comum das Cartas de Planning Poker

Carta	Interpretação
0	Não mostrada na Figura 7.11, mas incluída em alguns baralhos para indicar que o item já foi completado ou é tão pequeno que não faz sentido sequer dar-lhe um número.
1/2	Usada para dimensionar itens muito pequenos.
1, 2, 3	Usados para dimensionar itens pequenos.

continua

TABELA 7.1 Interpretação Comum das Cartas de Planning Poker (*Continuação*)

Carta	Interpretação
5, 8, 13	Usada para itens médios. Para muitas equipes, um item de tamanho 13 seria o maior que ela agendariam em um sprint. Elas quebrariam qualquer item maior do que 13 em um conjunto de itens menores.
20, 40	Usados para dimensionar itens grandes (por exemplo, user stories de nível feature ou theme).
100	Ou uma feature muito grande ou um épico.
∞ (infinito)	Usado para indicar que o item é tão grande que nem faz sentido colocar um número nele.
? (ponto de interrogação)	Indica que um membro da equipe não entendeu o item e está pedindo que o product owner dê clarificações adicionais. Alguns membros da equipe também usam o ponto de interrogação como uma maneira de se recusarem a estimar o item corrente — tipicamente porque a pessoa é tão distante do item que ela não tem ideia de como estimar. Apesar de ser aceitável não estimar, é inaceitável não participar! Então, não é porque a pessoa não se sente confortável oferecendo uma estimativa que isso lhe permite se desconectar da conversa ou da responsabilidade de ajudar a equipe a encontrar uma estimativa consensual.
π (pi)	Nesse contexto, π não significa 3,1415926! Em vez disso, a carta π é usada quando um membro da equipe quer dizer, "Estou cansado e com fome e quero uma torta!" Alguns baralhos Planning Poker usam uma imagem de uma xícara de café em vez do π. Em ambos casos, essa carta enfatiza um ponto importante. Os membros da equipe podem se engajar em uma discussão intensa de estimação apenas por um período de tempo limitado (talvez uma ou duas horas). Nesse ponto, eles realmente precisam de uma pausa ou o entusiasmo pela discussão vai se tornar um esforço para descobrir como fazer as estimativas rapidamente, não importando a acurácia delas ou o aprendizado ocorrendo. Se as pessoas estiverem jogando a carta π, a equipe precisa de uma pausa.

As regras do Planning Poker são as seguintes:

1. O product owner seleciona um PBI para ser estimado e então lê o item para a equipe.
2. Os membros da equipe de desenvolvimento discutem o item e fazem perguntas de clarificação para o product owner, que então as responde.
3. Cada estimador seleciona privadamente uma carta representando sua estimativa.
4. Uma vez que cada estimador tenha feito uma seleção privada, todas as estimativas privadas são expostas simultaneamente por todos os estimadores.
5. Se todos selecionaram a mesma carta, temos consenso e esse número consensual se torna a estimativa do PBI.

6. Se as estimativas não forem as mesmas, os membros da equipe entram em uma discussão focada para expor suposições e incompreensões. Tipicamente começamos pedindo ao maior e ao menor estimador para explicarem ou justificarem suas estimativas.
7. Depois da discussão, retornamos ao passo 3 e repetimos até que o consenso seja alcançado.

No Planning Poker não fazemos médias ou usamos números que não estejam na escala/cartas. O objetivo não é se comprometer, mas sim que a equipe de desenvolvimento alcance um consenso sobre a estimativa do tamanho geral (esforço) da user story, a partir da perspectiva da equipe. Usualmente esse consenso pode ser alcançado dentro de dois ou três turnos de votação, durante os quais as discussões focadas da equipe ajudam a obter um entendimento compartilhado da user story.

Benefícios

O Planning Poker junta a equipe diversa de pessoas que vai fazer o trabalho e lhes permite alcançar o consenso sobre uma estimativa acurada, que frequentemente é muito melhor de que qualquer um individualmente poderia produzir.

Como mencionei anteriormente, há pessoas na comunidade ágil que acreditam que estimar PBIs não vale a pena. A discussão intensa dos PBIs gerada pelo Planning Poker, entretanto, é incrivelmente valiosa. Na minha experiência, você realmente motiva as pessoas a pensar sobre os detalhes dos PBIs e a expor quaisquer suposições, quando lhes pede para colocar um número de tamanho neles.

A maior parte do valor associado com o Planning Poker é a discussão e o melhor entendimento que os membros da equipe vão compartilhar sobre os PBIs. Espero que eles também consigam estimativas de tamanho dos PBIs; entretanto, estou mais preocupado que eles aprendam sobre os PBIs. Se fizerem, eles conseguirão um bom retorno sobre o investimento da equipe.

O Que É Velocidade?

Velocidade é a quantidade de trabalho completada a cada sprint. Ela é medida somando os tamanhos dos PBIs que foram completados ao final do sprint. Um PBI está pronto ou não está. O product owner não consegue nenhum valor de itens não finalizados, então a velocidade não inclui os números de estimativas dos PBIs parcialmente finalizados.

A velocidade mede o output (o tamanho do que foi entregue), não o outcome (o valor do que foi entregue). Assumimos que, se o product owner concordou que a equipe devia trabalhar em um PBI, ele deve ter algum valor para o product owner. Entretanto, completar um PBI de tamanho 8 não necessariamente entrega mais valor de negócio do que completar um PBI de tamanho 3. Talvez o PBI de tamanho 3 tenha um alto valor e, portanto, trabalhamos nele com antecedência (porque ele é de alto valor e baixo custo) e trabalhamos no PBI de tamanho 8 mais tarde (porque ele tem valor menor e custo mais alto).

A velocidade é usada para dois propósitos importantes. Primeiro, é um conceito essencial para o planejamento do Scrum. Para o planejamento no nível da release, como mostrado na Figura 7.1, dividimos o tamanho da release pela velocidade média da equipe para calcular o número de sprints necessários para completar a release. Adicionalmente, no planejamento do sprint, a velocidade da equipe é usada como um input para ajudar a determinar a capacidade de a equipe se comprometer com o trabalho durante o próximo sprint (veja o Capítulo 19 para mais detalhes).

A velocidade também é uma métrica de diagnóstico que a equipe pode usar para avaliar e melhorar seu uso do Scrum, para entregar valor para o cliente. Ao observar sua própria velocidade no tempo, a equipe pode ganhar um insight sobre como mudanças específicas no processo afetam a entrega de valores mensuráveis para o cliente.

Calcule um Intervalo de Velocidades

Para propósito de planejamento, a velocidade é mais útil quando expressada como um intervalo, tal como "A equipe é tipicamente capaz de completar entre 25 e 30 pontos a cada sprint." Usar um intervalo nos permite ser acurados sem sermos excessivamente precisos.

Com um intervalo de velocidades podemos fornecer respostas mais acuradas a questões como "Quando isso vai estar pronto?", "Quantos itens podemos completar?" ou "Quanto isso vai custar?" Como a maioria dessas questões é feita antecipadamente num esforço de desenvolvimento de produto, quando temos a menor quantidade de informações sobre o produto, é impossível dar uma resposta muito precisa. Ao usar um intervalo, podemos comunicar nossa incerteza (veja a Figura 7.12).

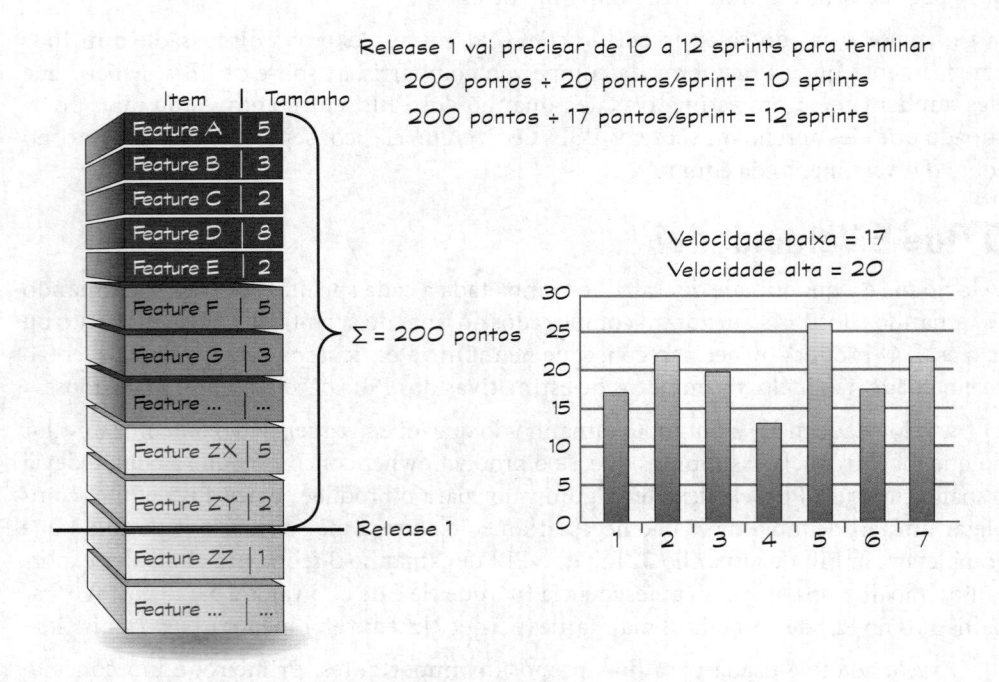

FIGURA 7.12 Calculando e usando um intervalo de velocidade

Neste exemplo (uma revisão da Figura 7.1), em vez de declarar o sprint preciso aonde os itens da release estarão completados (o que provavelmente seria um palpite da nossa parte), em vez disso fornecemos um intervalo como resposta para a questão. Para calcular esse intervalo precisamos de duas velocidades para nossa equipe. Se dividirmos o tamanho da release pela velocidade mais rápida da equipe, conseguimos o menor número de sprints necessários. E se dividirmos o tamanho da release pela velocidade mais lenta da equipe, conseguimos o maior número de sprints.

Usando uma matemática simples (como médias altas e baixa, intervalos de 90% de confiança e assim por diante) podemos facilmente obter dois números de velocidade para os dados históricos de velocidade da nossa equipe (17 e 20 no exemplo aqui). No Capítulo 18 vou fornecer mais detalhes sobre a realização desses cálculos para responder questões sobre quando, quantos e qual o custo.

Prevendo a Velocidade

Nos exemplos anteriores, assumi que a equipe tinha dados históricos de velocidade que poderiam ser usados para prever a velocidade futura. Certamente um dos benefícios de ter equipes de longa duração é que elas vão adquirir estes dados históricos úteis (veja o Capítulo 11 para uma discussão mais detalhada sobre os benefícios de equipes de longa duração). Mas como lidamos com a situação em que temos uma nova equipe, cujos membros nunca trabalharam juntos e, portanto, não temos dados históricos? Vamos ter de fazer previsões.

Uma maneira comum de prever a velocidade de uma equipe é fazer a equipe realizar um sprint planning para determinar que PBIs ela pode se comprometer a entregar durante um único sprint. Se o compromisso parecer razoável, poderíamos simplesmente somar os tamanhos aos PBIs do compromisso e usar isso como a previsão da velocidade da equipe.

Como o que realmente queremos é um *intervalo* de velocidades, podemos fazer a equipe planejar dois sprints e usar uma estimativa de velocidade como o número mais alto e a outra como o mais baixo (as duas estimativas provavelmente seriam diferentes). Alternativamente, poderíamos fazer alguns ajustes intuitivos em uma velocidade estimada, nos baseando em dados históricos para outras equipes, e portanto convertendo uma estimativa em um intervalo de duas estimativas.

Tão logo a equipe tenha realizado um sprint e tivermos medidas reais de velocidade, devemos descartar a previsão e usar a real. E na medida que a equipe construir uma história de velocidades reais, devemos computar as médias ou aplicar outras estatísticas para os dados, para extrair uma faixa de velocidade. (Veja Cohn 2009 para mais exemplos.)

Afetando a Velocidade

Você acredita que a velocidade de uma equipe deve aumentar constantemente com o tempo? Um executivo uma vez me disse: "Ano passado a velocidade média da minha equipe foi de 30 pontos por sprint. Esse ano espero que a equipe alcance 35 pontos por sprint." Esse executivo acredita que a velocidade da equipe deve corresponder a tendência 1 da Figura 7.13.

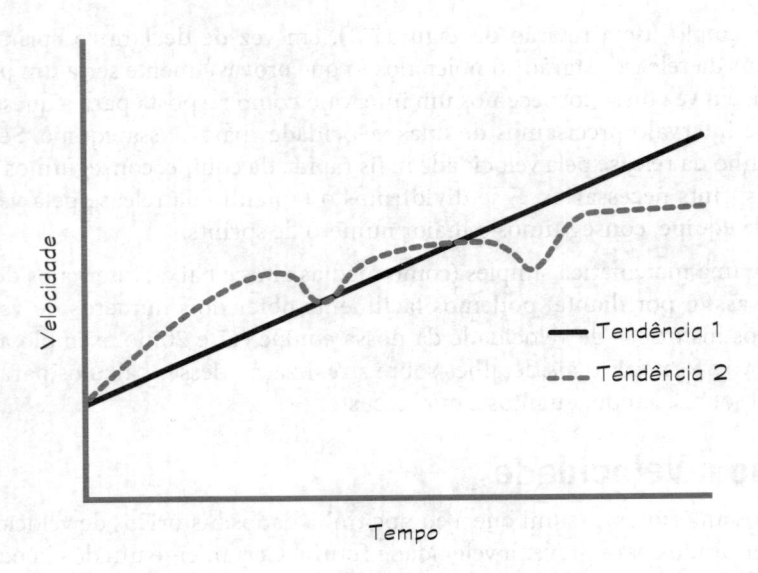

FIGURA 7.13 A velocidade de uma equipe no tempo

A racionalização dele era que se a equipe está constantemente inspecionando e se adaptando (melhorando continuamente), sua velocidade deve continuar melhorando e melhorando.

Eu esperaria que uma equipe que estivesse agressivamente tentando melhorar e fosse focada em entregar features de acordo com uma robusta definição de pronto e baixa dívida técnica (veja o Capítulo 8) visse um aumento na velocidade. Bem, pelo menos um aumento até um certo ponto, no qual sua velocidade vai provavelmente estacionar (mais como a tendência 2 na Figura 7.13).

Não é porque a velocidade de uma equipe tenha estagnado que isso signifique que não há mais potencial para aumento. Há um número de maneiras em que a equipe Scrum e os gerentes podem ajudar a levar a velocidade para um novo plateau. Por exemplo, introduzindo novas ferramentas ou aumentando o treinamento pode ter um efeito positivo na velocidade. Ou os gerentes podem mudar estrategicamente a composição da equipe com a esperança de que a mudança vá eventualmente levar a uma velocidade geral mais alta. Claro, os gerentes devem ser cuidadosos, porque trocar as pessoas de qualquer maneira nas equipes pode e provavelmente vai fazer com que a velocidade diminua.

Apesar de a introdução de novas ferramentas, mais treinos ou mudanças na composição das equipes poderem ter um efeito positivo na velocidade, estas ações usualmente causam uma queda na velocidade enquanto a equipe absorve a mudança (veja a Figura 7.13, tendência 2). Depois desse declínio, provavelmente vai haver um aumento até o ponto onde a equipe estabilize em um novo plateau, até que outra mudança torne alcançável um outro plateau.

Claro, há uma coisa óbvia que poderíamos tentar para melhorar a velocidade: trabalhar mais horas. Trabalhar um monte de horas extras consecutivas pode inicialmente fazer a velocidade aumentar (veja "hora extra" na Figura 7.14).

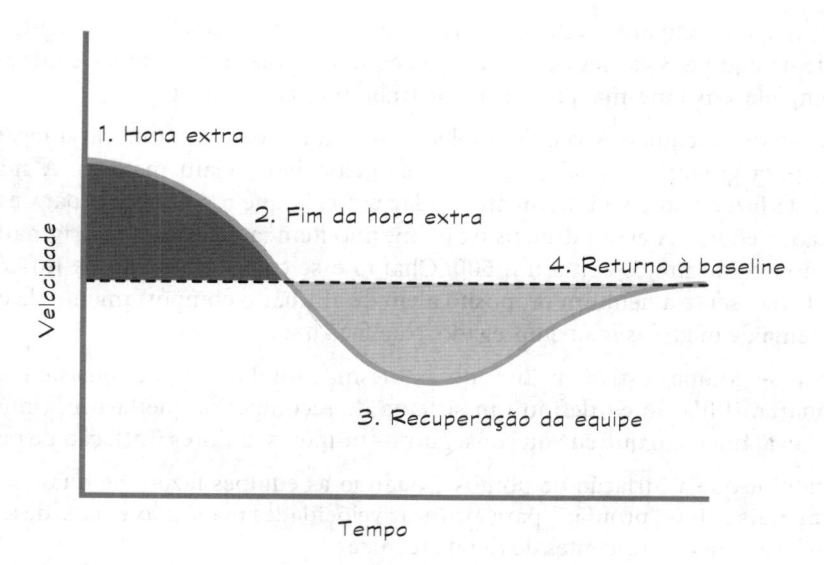

FIGURA 7.14 O efeito da hora extra na velocidade (baseado numa figura de Cook 2008)

Esse aumento vai quase certamente ser seguido por um declínio agressivo na velocidade junto a um declínio simultâneo na qualidade. Mesmo depois do período de hora extra terminar, a equipe vai precisar de alguma quantidade de tempo para se recuperar antes de retornar para sua velocidade base razoável. Tenho visto exemplos onde o trough (área de velocidade diminuída) durante o período de recuperação é maior que o crest (área de velocidade aumentada) durante o período de hora extra.

O resultado final é que muitas horas extras podem fornecer alguns benefícios de curto prazo, mas estes frequentemente são superados pelas consequências a longo prazo.

Má Utilização da Velocidade

A velocidade é usada como uma ferramenta de planejamento e como uma métrica de diagnóstico da equipe. Ela não deve ser usada como uma métrica de performance em uma tentativa de julgar a produtividade da equipe. Quando mau utilizada dessa maneira, a velocidade pode motivar comportamentos perigosos e que causam desperdícios.

Por exemplo, digamos que decidi dar o maior bônus à equipe que tiver a mais alta velocidade. Superficialmente essa ideia pode parecer sensata; a equipe com a maior velocidade pode estar conseguindo fazer mais trabalho durante cada sprint, certo? Então, por que não recompensar este comportamento?

Bem, se eu estimar comparando equipes que não estejam dimensionando seus PBIs usando uma baseline comum (o que muito provavelmente é verdade), comparar os números não faria sentido. Digamos que a equipe A atribui um valor de 5 a um PBI, ao passo que a equipe B atribui um valor de 50 ao mesmo PBI. A equipe A não quer realmente que eu compare a velocidade dela com relação a velocidade da equipe B. A velocidade da equipe B vai ser dez vezes a da equipe A, mesmo se ambas equipes realmente completarem a mesma quantidade de trabalho a cada sprint.

Uma vez que a equipe A veja o problema, seus números vão começar a jogar com o sistema para garantir que seus números de velocidade sejam maiores. A maneira mais fácil de fazer isso é simplesmente mudar a escala que a equipe usa para estimar PBIs. Então, a equipe A agora dimensiona o mesmo item (aquele que ela originalmente dimensionou como um 5) como um 500. Chamo esse comportamento de inflação de ponto, e ele não serve a nenhum propósito além de alinhar o comportamento da equipe com o sistema de medidas mau empregado. Não faça isso.

Mesmo se equipes estiverem usando as mesmas unidades para consistentemente dimensionarem PBIs, se eu defino um sistema de recompensa que favoreça números maiores, é exatamente o que eu vou conseguir — números maiores (inflação de pontos).

Ainda pior que a inflação de pontos é quando as equipes fazem de qualquer jeito para terem mais coisas "prontas", para alcançar velocidades mais altas e mais desejáveis. Fazer isso leva a níveis crescentes de dívida técnica.

No fim, devemos julgar a velocidade de acordo com quanto ela nos ajuda na realização de um planejamento acurado e como ela ajuda a equipe a se melhorar internamente. Qualquer outro uso provavelmente vai promover o comportamento errado.

Fechamento

Neste capítulo discuti como os tamanhos são estimados, a velocidade é medida e a duração é calculada. Ilustrei como a estimação se aplica a itens nos níveis de portfólio, itens do product backlog e tarefas. Então, foquei especificamente nos PBIs ao discutir conceitos importantes relacionados a estimação de PBI, incluindo story points e ideal days. Em seguida descrevi uma técnica conhecida como Planning Poker que é comumente usada para estimar PBIs.

Fui da estimação para uma discussão sobre a velocidade e como ela deve ser usada. Reforcei que a velocidade é mais útil quando expressa como um intervalo em vez de um número único. Mencionei brevemente maneiras como podemos prever a velocidade para uma nova equipe. Conclui discutindo como a velocidade pode e frequentemente é mau utilizada. No capítulo seguinte, vou focar no conceito de dívida técnica e como lidamos com ela usando o Scrum.

Capítulo 8
Dívida Técnica

Nesse capítulo discuto o conceito de dívida técnica (technical debt). Começo definindo a dívida técnica, o que engloba dívida ingênua (naive debt), dívida inevitável (unavoidable debt) e dívida estratégica (strategic debt). Em seguida examino algumas das causas comuns da dívida técnica e as consequências de se acumular altos níveis dela. Então descrevo três atividades associadas com a dívida técnica: gerenciar o acúmulo de dívida técnica, tornar a dívida técnica visível e pagar a dívida técnica. Eu enfatizo especificamente como aplicar essas atividades ao se usar o Scrum.

Visão Geral

Ward Cunningham foi o primeiro a escrever sobre o conceito de dívida técnica (Cunningham 1992). Ele a definiu assim:

> Entregar código pela primeira vez é como contrair uma dívida. Um pouco de dívida acelera o desenvolvimento, desde que ela seja paga imediatamente com uma reescrita... O perigo ocorre quando a dívida não é paga. Cada minuto gasto em um código não tão certo conta como juros em cima dessa dívida. Organizações inteiras de engenharia podem ficar paralisadas por conta da carga de dívida de uma implementação não consolidada...

Cunningham usou a metáfora da dívida técnica para explicar para sua equipe de negócios por que a criação rápida de software para se conseguir feedback era uma boa coisa. Ao fazer isso, entretanto, ele enfatizou dois pontos-chaves: a equipe e a organização precisam estar vigilantes quanto ao pagamento da dívida à medida que seu entendimento do domínio do negócio aumente, e o design e a implementação do sistema precisam evoluir para melhor abraçar esse entendimento.

Desde a introdução do termo no início da década de 1990, a indústria de software tomou algumas liberdades com a definição de Cunningham. Hoje em dia, dívida técnica se refere tanto aos atalhos que propositalmente tomamos quanto às muitas coisas ruins que afligem os sistemas de software. Isso inclui:

- Design Não Adequado — Um design que já fez sentido uma vez, mas não faz mais, dadas mudanças importantes no negócio ou nas tecnologias que agora usamos.
- Defeitos — Problemas conhecidos no software que ainda não investimos tempo para remover.
- Cobertura Insuficiente dos Testes — Áreas onde sabemos que deveríamos testar mais, mas não testamos.
- Testagem Manual Excessiva — Testar à mão quando realmente deveríamos estar usando testes automatizados.

- Gerenciamento Pobre de Integração e Release — Realizar estas atividades de uma maneira que leve muito tempo e seja dada a erros.
- Falta de Experiência com a Plataforma — Por exemplo, temos aplicações de mainframe escritas em COBOL, mas não temos mais programadores COBOL experientes por perto.
- E muito mais, porque o termo *dívida técnica* hoje é realmente usado como um placeholder para um problema multidimensional.

Cunningham não pretendia que a dívida técnica se referisse ao membro de equipe, ou à imaturidade do negócio, ou às deficiências no processo que levassem a um design ruim, más práticas de engenharia e falta de testes. Esse tipo de dívida pode ser eliminado através de um treinamento apropriado, um bom entendimento de como aplicar práticas técnicas e decisões de negócios robustas. Por causa da irresponsabilidade e da natureza frequentemente acidental de como esse tipo de dívida é gerada, eu me refiro a ela como **dívida técnica ingênua**. Ela também é conhecida por outros nomes: *dívida de descuido* (reckless debt — Fowler 2009), *dívida não intencional* (unintentional debt — McConnell 2007) e *bagunça* (mess — Martin 2008).

Além disso, há a **dívida técnica inevitável**, que usualmente é imprevisível e não prevenível. Por exemplo, nosso entendimento do que seja um bom design emerge ao se fazer o trabalho de design e construir features valiosas para o usuário em cima dele. Não podemos predizer perfeitamente de forma antecipada como nosso produto e seu design vão precisar evoluir com o tempo. Então, decisões de design e implementação que fazemos antecipadamente podem precisar ser mudadas à medida que fechamos loops de aprendizado importantes e adquirimos um aprendizado validado. As mudanças necessárias nas áreas afetadas são uma dívida técnica inevitável.

Como outro exemplo, digamos que licenciamos um componente de terceiros para usar no nosso produto, e as interfaces desse componente evoluíram com o tempo. Nosso produto que antes funcionava bem com um componente de terceiros acumula uma dívida técnica através de nenhuma falta própria. Apesar de essa dívida poder ser previsível, ela não é prevenível, porque não podemos prever como os desenvolvedores do componente podem evoluir o componente no futuro.

O tipo final de dívida técnica é a **dívida técnica estratégica**. Esse tipo de dívida é uma ferramenta que pode ser usada para ajudar as organizações a quantificar melhor e a tirar proveito da economia de decisões importantes e frequentemente sensíveis ao momento. Por exemplo, uma organização pode deliberadamente tomar uma decisão estratégica de tomar atalhos durante o desenvolvimento do produto para alcançar um importante objetivo de curto prazo, tal como colocar no mercado um produto sensível ao momento. E também, para uma organização com pouco capital que esteja em risco de ficar sem dinheiro antes de completar seu produto, colocar um produto com dívida técnica no mercado com um custo de desenvolvimento inicial reduzido e então gerar renda para autofinanciar o desenvolvimento contínuo pode ser a única maneira de a organização evitar a morte antes da implantação.

Não importando como a dívida foi acumulada, a dívida técnica é uma metáfora poderosa, porque ela chama atenção e fornece visibilidade sobre uma questão importante. Quando eles ouvem *dívida técnica*, eles podem rapidamente apreciar os insights do paralelismo, o mais importante sendo aquele assim como a dívida financeira, a dívida técnica requer pagamento de juros, que vêm na forma de esforço de desenvolvimento extra no futuro. Podemos escolher continuar pagando os juros (remendando os problemas) ou podemos pagar o débito principal (por exemplo, ao refatorarmos o código para o tornar mais claro e mais fácil de modificar).

Consequências da Dívida Técnica

À medida que o nível da dívida técnica aumenta, aumenta também a severidade das consequências. Vamos discutir algumas das consequências mais notáveis de altos níveis de dívida técnica (resumidos na Figura 8.1).

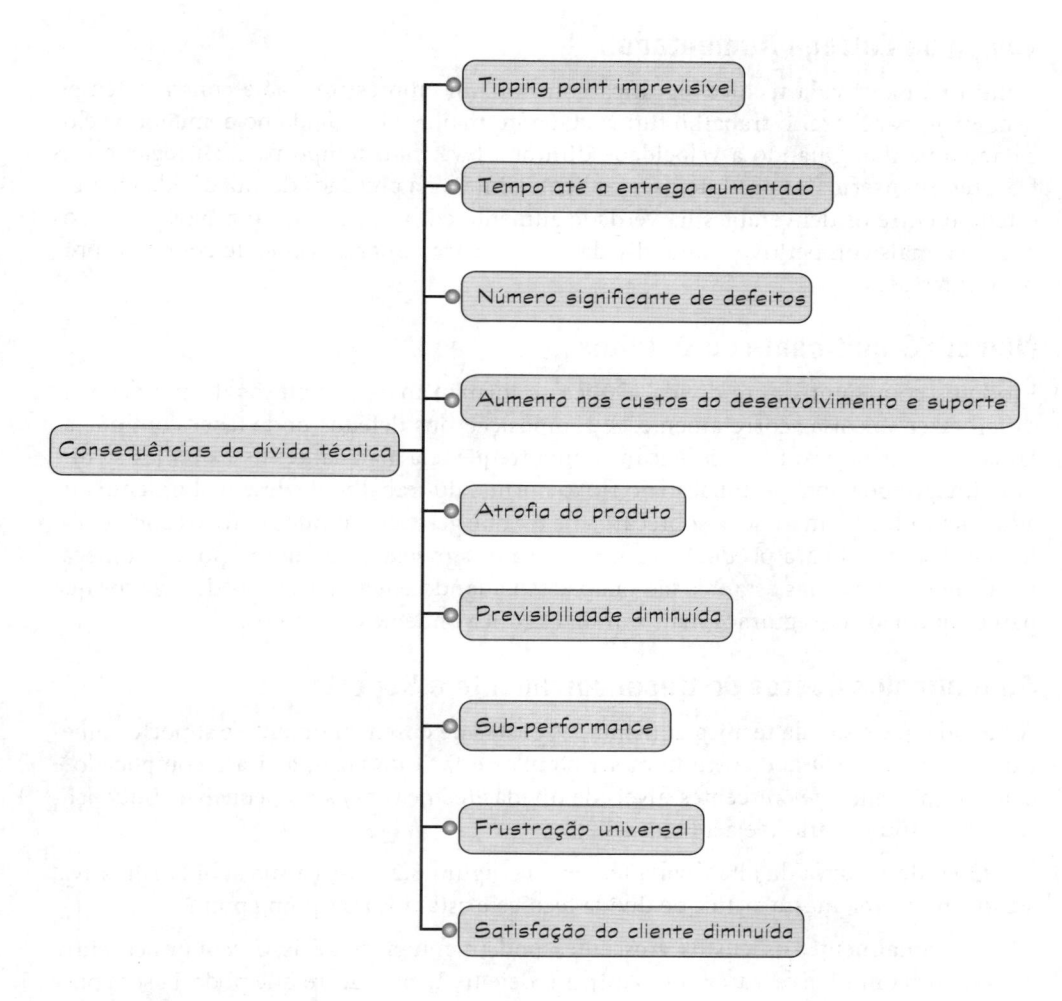

Consequências da dívida técnica:
- Tipping point imprevisível
- Tempo até a entrega aumentado
- Número significante de defeitos
- Aumento nos custos do desenvolvimento e suporte
- Atrofia do produto
- Previsibilidade diminuída
- Sub-performance
- Frustração universal
- Satisfação do cliente diminuída

FIGURA 8.1 Consequências da dívida técnica

Tipping Point Imprevisível

Um atributo importante da dívida técnica é que ela cresce de uma maneira imprevisível e não linear. Cada pedaço de dívida técnica, quando adicionado ao pool da dívida técnica existente, pode prejudicar significativamente mais do que o tamanho da nova dívida poderia indicar. Em algum ponto, a dívida técnica alcança um tipo de "massa crítica", onde o produto alcança um tipping point e se torna não gerenciável ou caótico. No tipping point, mesmo mudanças pequenas no produto podem se tornar grandes ocasiões de incertezas. Essa característica não linear é um risco de negócios significante: não sabemos quando a próxima palha vai quebrar as costas do camelo, mas quando acontecer, todas as consequências são amplificadas.

Tempo de Entrega Aumentado

Contrair uma dívida técnica significa contrair um empréstimo hoje contra o tempo necessário para fazer o trabalho futuro. Quanto maior for a dívida hoje, menor a velocidade amanhã. Quando a velocidade diminui, leva mais tempo para entregar novas features e consertos do produto para o cliente. Então, na presença de alta dívida técnica, o tempo entre os deliverables na verdade aumenta em vez de diminuir. Nos mercados cada vez mais competitivos, uma dívida técnica é trabalhar ativamente contra os próprios interesses.

Número Significante de Defeitos

Produtos com significante dívida técnica se tornam mais complexos, tornando mais difícil fazer as coisas corretamente. A composição dos defeitos pode fazer com que as falhas críticas no produto aconteçam numa frequência alarmante. Essas falhas se tornam uma importante pertubação no fluxo normal do trabalho de desenvolvimento que adiciona valor. Além disso, a sobrecarga de ter que gerenciar muitos defeitos consome o tempo disponível para produzir features de valor agregado. Em algum ponto, começamos a nos afogar, mas estamos tão ocupados nadando em águas cheias de defeitos que parece que não conseguimos mais sair da bagunça onde nos enfiamos.

Aumento dos Custos de Desenvolvimento e Suporte

À medida que a dívida técnica aumenta, os custos de desenvolvimento e suporte começam a aumentar. O que costumava ser simples e fácil de fazer, agora é complicado e caro. Na presença de crescentes níveis de dívidas técnicas, mesmo pequenas mudanças se tornam muito caras (veja a Figura 8.2).

Quando a curva da alta dívida técnica na Figura 8.2 começa sua subida agressiva, alcançamos uma massa crítica de dívida técnica e estamos no tipping point.

Adicionalmente, os custos crescentes podem mudar a decisão econômica entre prosseguir com uma feature ou reparar um defeito. Uma feature que poderia ser construída (ou um defeito que poderia ser consertado) a baixo custo, na presença de uma dívida técnica baixa, pode se tornar muito cara na presença de uma dívida técnica alta. Como resultado do aumento de custos, nossos produtos se tornam menos adaptativos ao ambiente em evolução no qual eles devem existir.

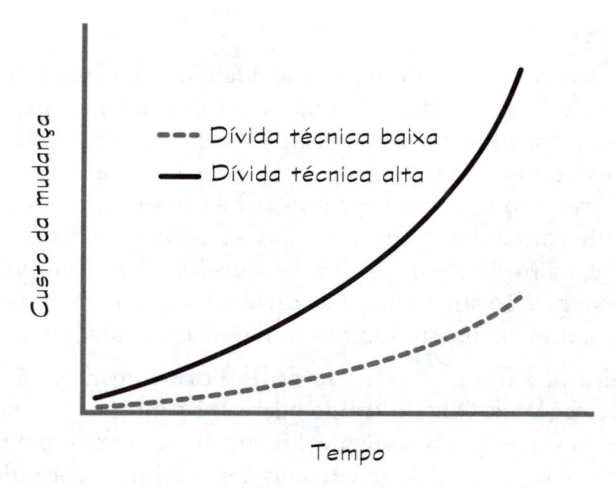

FIGURA 8.2 Curva do custo da mudança afetada pela dívida técnica

Atrofia do Produto

Na medida em que paramos de adicionar novas features ou de consertar defeitos que poderiam rejuvenescer nosso produto, ele se torna menos atraente para os clientes atuais e potenciais. Como resultado, o produto começa a atrofiar e simplesmente cessa de ser uma opção viável para muitos clientes. Os que ficam com o produto, tipicamente estão presos nele no momento. Mas tão logo apareça uma oportunidade de trocar para outro produto, eles provavelmente o farão!

Previsibilidade Reduzida

Para um produto com altos níveis de dívida técnica, fazer qualquer tipo de previsão é quase impossível. Por exemplo, as estimativas se tornam más estimativas mesmo para os mais experientes membros de equipe. Ao se lidar com um produto cheio de dívidas, simplesmente há muitas incertezas com relação a quanto tempo algo pode levar. Consequentemente, nossa habilidade de firmar compromissos e ter expectativas razoáveis de os alcançar fica seriamente afetada. A área de negócios para de confiar em qualquer coisa que a área de desenvolvimento tenha a dizer, e os clientes param de confiar em qualquer coisa que a área de negócios tenha a dizer!

Subperformance

Infelizmente, na medida em que a dívida técnica aumenta, as pessoas começam a esperar uma performance de desenvolvimento crescentemente menor e, portanto, reduzem suas espectativas sobre o que seja possível. Claro, as espectativas baixas começam a se propagar através da cadeia de valor, resultando numa performance geral diminuída em termos da organização.

Frustração Universal

A infeliz consequência humana de uma alta dívida técnica é que todos na cadeia de valor ficam frustrados. A acumulação de todos aqueles pequenos, mas irritantes, atalhos torna doloroso o trabalho no produto. Eventualmente a diversão do desenvolvimento desaparece e é substituída por uma ralação dia a dia de luta com esses problemas que ninguém quer tratar (ou deveria ter de tratar). As pessoas se estressam. Membros especialistas da equipe de desenvolvimento começam a sair para buscar oportunidades mais gratificantes; e, na medida em que eles são aqueles em melhor posição para realmente fazer algo com relação ao problema da dívida, a saída deles torna as coisas ainda piores para os que ficaram. O moral diminui com uma intensidade aumentada.

A dívida técnica não tira a alegria apenas do pessoal técnico; ela tem o mesmo efeito no pessoal de negócios. Quanto tempo queremos continuar fazendo compromissos de negócio que não conseguimos atender? E quanto aos nossos pobres clientes, que estão tentando gerir o negócio deles em cima do nosso produto cheio de dívidas? Eles, também, rapidamente se cansam das repetidas falhas do produto e da nossa inabilidade de cumprir as promessas que fazemos. A confiança que já existiu uma vez através da cadeia de valor é substituída por frustração e ressentimento.

Satisfação do Cliente Decrescente

A satisfação do cliente vai diminuir à medida que a frustração dele aumentar. Então, a extensão do dano causado pela dívida técnica não fica isolado apenas na equipe de desenvolvimento ou mesmo na organização de desenvolvimento como um todo. Ainda pior, as consequências da dívida técnica podem afetar substancialmente nossos clientes e a percepção deles sobre nós.

Causas da Dívida Técnica

Lembre-se que a dívida técnica vem em três formas principais, cada uma tendo uma raiz diferente. A dívida técnica inevitável se acumula não importa as medidas preventivas que tomemos. A dívida técnica ingênua resulta da imaturidade dos membros da equipe, da organização e/ou do processo. A dívida estratégica é algo que podemos escolher contrair quando os benefícios de acumular a dívida substancialmente excedem os custos dela.

Pressão para Atender um Deadline

Entretanto, tanto a dívida técnica estratégica quanto a ingênua são frequentemente guiadas por pressões de negócio para atender um importante deadline iminente (veja a Figura 8.3, baseada em Mar 2006).

A dimensão vertical representa a quantidade de trabalho que queremos realizar até uma data de release desejada (mostrada na dimensão horizontal). A linha entre a quantidade de trabalho e a data desejada representam a velocidade constante projetada na qual o trabalho deve ser completado para atingir a data de release desejada. Ao trabalhar na velocidade projetada, almejamos completar as features de alta qualidade de maneira oportuna, enquanto minimizamos o acúmulo de dívida técnica.

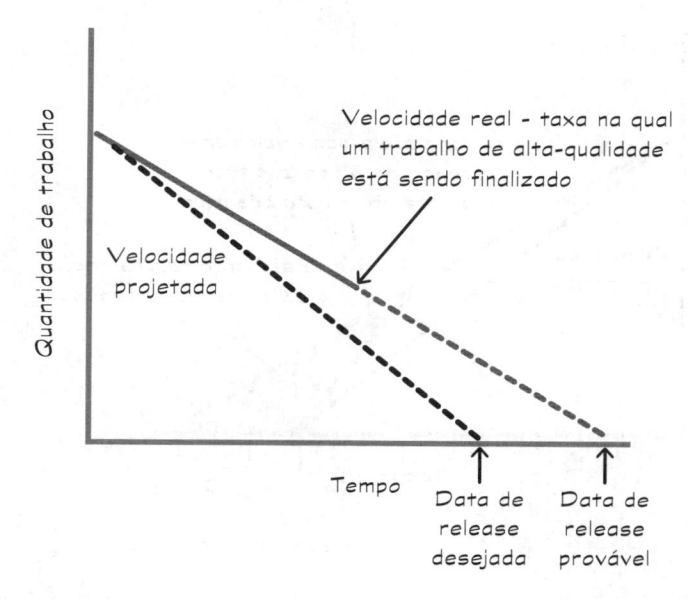

FIGURA 8.3 Pressão para atender a um deadline pode levar à dívida técnica.

Entretanto, à medida que começamos a fazer o trabalho, a velocidade real necessária para produzir resultados de alta qualidade é menor do que a velocidade projetada. Se continuarmos a produzir resultados na velocidade real, vamos perder a data de release desejada e finalizaremos, então, na data de release provável.

Tentativa de Acelerar a Velocidade Falsamente

Nesse ponto precisamos tomar uma decisão de negócios. Queremos cortar o escopo para atender a data de release desejada, ou queremos adicionar mais tempo no cronograma para acomodar a entrega na data de release provável? Infelizmente, em muitas circunstâncias, a área de negócios rejeita ambas essas opções e decreta que a equipe deve atender a data de release desejada com todas as features. Nessa situação, estão ordenando que a equipe fazendo o trabalho acelere a velocidade para atender a data de release desejada (veja a Figura 8.4).

Ao trabalhar nessa velocidade acelerada, a equipe vai ter que tomar decisões deliberadas de contrair dívida técnica (significa que ela vai ter que fazer de qualquer jeito, para trabalhar rápido o suficiente de forma a atender a data de release desejada). Talvez o design não seja tão bom quando devesse, ou tipos de testes específicos sejam adiados (talvez testes de carga). Como resultado, vamos acumular a dívida técnica mostrada na região triangular da Figura 8.4. Essa região representa todo o trabalho que deveríamos ter feito mas não tivemos tempo para fazer.

Mito: Menos Testes Podem Acelerar a Velocidade

Um mito prevalente é que testar é uma sobrecarga adicional e ao reduzir os testes podemos acelerar a velocidade (veja a Figura 8.5).

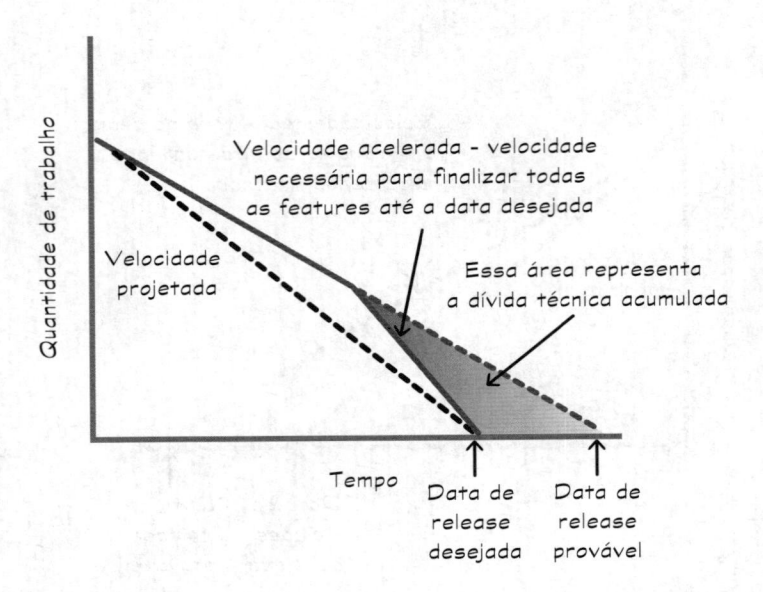

FIGURA 8.4 Acumulando dívida técnica para atender escopo e datas fixos não razoáveis.

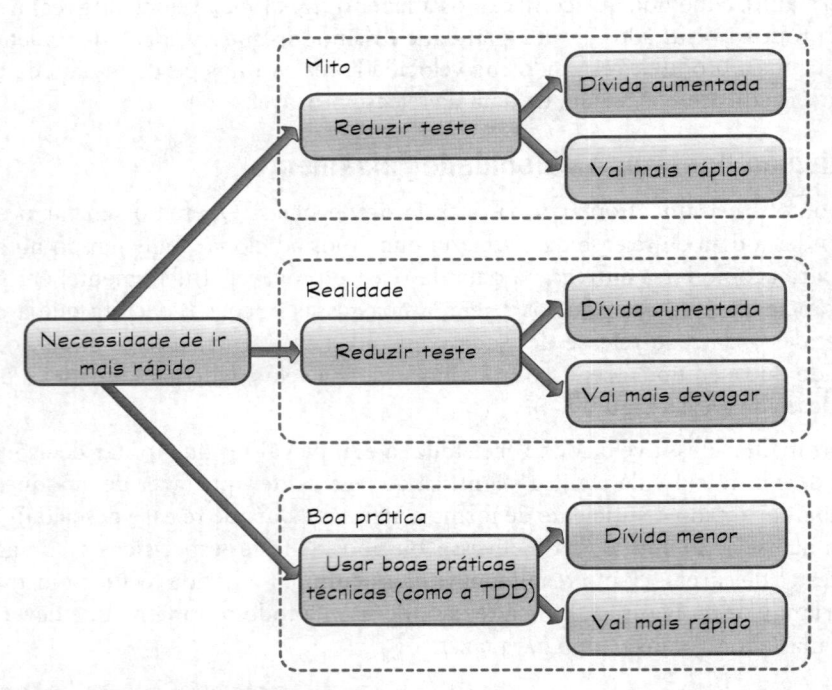

FIGURA 8.5 O mito, realidade e boa prática de como os testes afetam a velocidade

A realidade é que reduzir os testes vai tanto aumentar a dívida técnica quanto nos fazer ir mais devagar, porque os problemas vão passar indetectados até mais tarde, quando os consertar vai levar muito mais tempo. Equipes experientes entregam resultados de boa qualidade mais rápido e com menos dívida técnica quando os testes forem fundamentalmente integrados ao processo de desenvolvimento. Essas equipes usam boas práticas técnicas, tal como **desenvolvimento orientado a testes (TDD — test-driven development)** — onde o desenvolvedor escreve e automatiza uma pequena unidade de teste antes de escrever o pequeno trecho de código que vai fazer o teste passar (Crispin e Gregory 2009).

Dívidas se Acumulam

A dívida técnica futura cresce rapidamente em cima de dívida técnica existente. E à medida que a dívida técnica começa a crescer, consequências economicamente danosas começam a aparecer. A Figura 8.6 ilustra as consequências de construir a Release 2 em cima da dívida técnica da Release 1.

Na Figura 8.6, a velocidade real durante a Release 2 é mais lenta do que foi na Release 1. É claro que essa velocidade mais uma vez não vai atender a data de release desejada. E, mais uma vez, a área de negócios insiste que a equipe atenda a data de release desejada com todas as features. Como resultado, acumulamos ainda mais dívida técnica.

Se esse padrão continuar, eventualmente a linha da velocidade vai ficar horizontal. Isso seria um estado onde a dívida técnica do sistema está tão alta que nossa velocidade efetiva é zero. O resultado é o tipo de produto no qual ficamos aterrorizados de fazer qualquer mudança, porque uma pequena alteração em uma área pode causar a quebra de 18 outras coisas em áreas do produto que parecem totalmente não relacionadas. Pior ainda, não há uma maneira de prevermos que essas 18 coisas específicas vão quebrar. E, é claro,

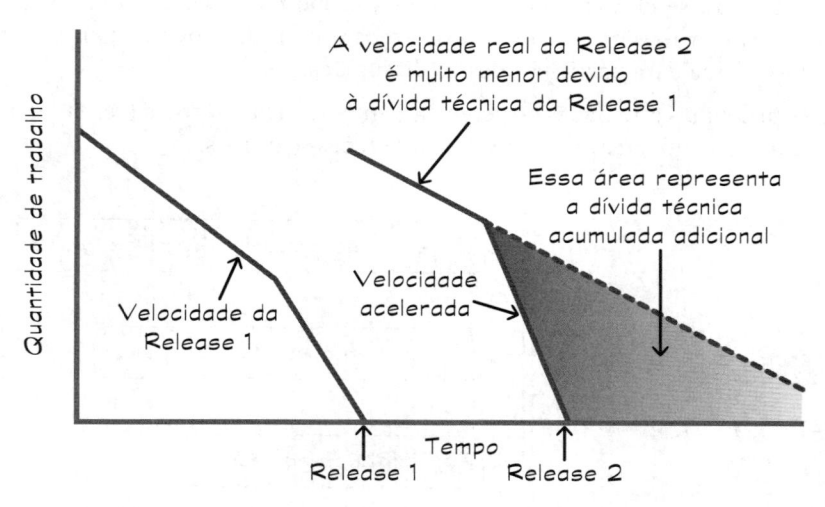

FIGURA 8.6 À medida que a dívida aumenta, a velocidade diminui

não temos um framework de testes apreciável para nos ajudar a determinar quando elas quebrarem — mas, não se preocupe, nossos clientes certamente vão nos avisar!

Uma vez que estejamos numa situação com alta dívida técnica, todas as escolhas se tornam más escolhas:

- Fazer nada e o problema piorar.
- Fazer investimentos ainda maiores em redução da dívida técnica que possam consumir mais e mais dos nossos valiosos recursos para o desenvolvimento do produto.
- Declarar falência técnica, aposentar a dívida técnica e substituir o produto cheio de dívidas por um novo produto com os custos e os riscos totais de se desenvolver um novo produto.

Com escolhas como essas no horizonte, é crítico gerenciarmos apropriadamente nossa dívida técnica antes que ela saia de controle.

Dívida Técnica Deve Ser Gerenciada

A dívida técnica, como a dívida financeira, tem de ser gerenciada. É importante perceber que não há produto sem dívida, então não estou sugerindo que você tente alcançar um estado de dívida zero. Mesmo se isso fosse possível, a economia de não se ter dívida pode não ser justificável. Entretanto, devemos manter a dívida técnica baixa o suficiente para que ela não afete significativamente o desenvolvimento futuro do produto.

Gerenciamento de dívida técnica requer uma discussão equilibrada entre a área técnica e a de negócios, que deve envolver o pessoal técnico e de negócios. Essa é uma razão por que cada equipe Scrum tem um product owner. Ter um product owner como parte da equipe Scrum permite uma discussão equilibrada das perspectivas técnicas e de negócios para se chegar a bons trade-offs econômicos. Como vou descrever no Capítulo 9, é essencial, portanto, que escolhamos um product owner com a astúcia de negócios apropriada para participar dessas discussões.

Há três principais atividades de gerenciamento de dívida técnica (veja a Figura 8.7). Vou lidar com cada uma dessas atividades nas seções seguintes.

```
Gerenciando dívida técnica ─┬─ Gerenciando o acúmulo de dívida técnica
                            ├─ Tornando a dívida técnica visível
                            └─ Pagando a dívida técnica
```

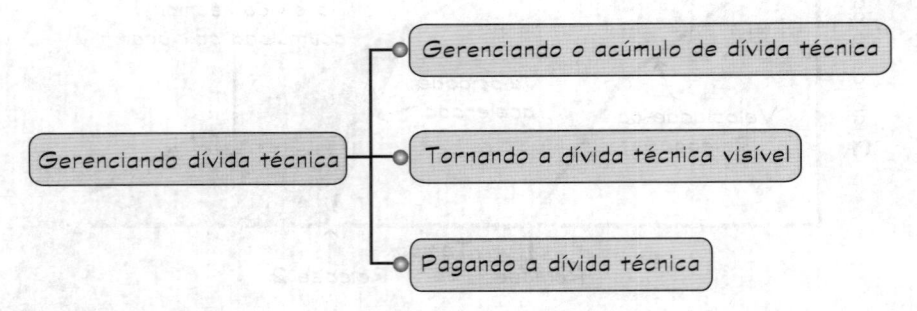

FIGURA 8.7 Atividades para o gerenciamento de dívida técnica

Gerenciando o Acúmulo de Dívida Técnica

Uma dimensão crítica do gerenciamento da dívida técnica é gerenciar o processo de acúmulo da dívida. Por analogia, acumular continuamente dívida técnica é o equivalente a continuamente tomar dinheiro emprestado dando a casa como garantia. Em algum ponto precisamos parar e dizer "Chega!", porque as consequências se tornaram severas demais.

Primeiro, precisamos parar de adicionar dívida ingênua aos nossos produtos (pare de ser irresponsável e criar bagunça). Também precisamos perceber que há um limite de quanta dívida estratégica e inevitável podemos acumular sem pagar, antes de alcançar o tipping point. Vou discutir abordagens para lidar com cada uma dessas situações. Não vou discutir como gerenciar o acúmulo de dívida inevitável porque pela própria natureza dela, ela é imprevisível (mas podemos torná-la visível e lidarmos com ela assim que a detectarmos).

Use Boas Práticas Técnicas

A primeira abordagem para gerenciar o acúmulo de dívida técnica é parar de adicionar dívida ingênua aos nossos produtos. O uso de boas práticas técnicas é um ponto de partida excelente. Apesar de o Scrum não definir formalmente **práticas técnicas**, toda a equipe Scrum bem-sucedida que eu já vi empregava práticas como design simples, desenvolvimento orientado a testes, **integração contínua**, testes automatizados, refatoração e assim por diante (veja o Capítulo 20 para discussões adicionais). Entender e usar proativamente essas práticas vai ajudar as equipes a parar de adicionar muitas formas de dívidas ingênuas aos seus produtos.

No caso da dívida técnica acumulada, a refatoração de código é uma ferramenta importante para a pagar. A refatoração é uma técnica disciplinada para reestruturar um corpo de código existente, alterando sua estrutura interna sem mudar seu comportamento externo (Fowler et al. 1999). Em outras palavras, podemos limpar embaixo do capô, mas da perspectiva do cliente o produto ainda funciona da mesma maneira. Ao refatorarmos, nos esforçamos para reduzir a complexidade ao mesmo tempo em que melhoramos a facilidade de manutenção e expansão. O resultado do refatoramento é tornar mais fácil o trabalho que temos em mão (o equivalente a reduzir o pagamento de juros).

Cunningham (2011) explica os benefícios da refatoração, por exemplo:

> ...o cliente está disposto a pagar por uma nova feature; a feature não se encaixa; reorganize o código para que ela se encaixe; agora a feature é fácil de implementar. Isso poderia ser chamado de refatoramento just-in-time. Eu explicaria para a gerência assim: esperamos ter um local no nosso software para todo novo pedido. Mas, algumas vezes, não temos lugar para uma feature, então temos de abrir espaço primeiro e então implementar a feature...

Use uma Definição de Pronto Forte

O trabalho que devíamos ter feito quando a feature estava sendo construída, mas acabamos adiando para uma data mais posterior, é uma importante causa de dívida técnica. Usando o Scrum, queremos uma definição de pronto forte (veja o Capítulo 4) para nos ajudar a guiar a equipe para uma solução sem dívida ou com dívida baixa no fim de cada sprint.

Quanto mais tecnicamente abrangente fizermos nossa checklist da definição de pronto, menos provavelmente vamos acumular dívida técnica. E, como discuti no Capítulo 2, muitas vezes o custo de pagar uma dívida técnica que tenha passado numa definição de pronto fraca é substancialmente maior do que lidar com ela durante o sprint. Operar sem uma definição de pronto forte é como ter uma licença para acumular dívida técnica.

Entenda Apropriadamente a Economia de uma Dívida Técnica

Para usar dívida técnica estrategicamente e com vantagem, devemos entender apropriadamente como ela afeta a economia das nossas decisões. Infelizmente, a maioria das organizações não entende as implicações da dívida técnica bem o suficiente para quantificar corretamente a economia de a contrair. Deixe-me ilustrar com um exemplo (veja a Figura 8.8).

Neste exemplo, assumo o seguinte:

- Cada mês de desenvolvimento custa $100k.
- Não conseguiremos alcançar razoavelmente a data de entrega almejada (em dez meses) com todas as features do tipo tem-que-ter que foram pedidas.
- Descartar features simplesmente não é uma opção.

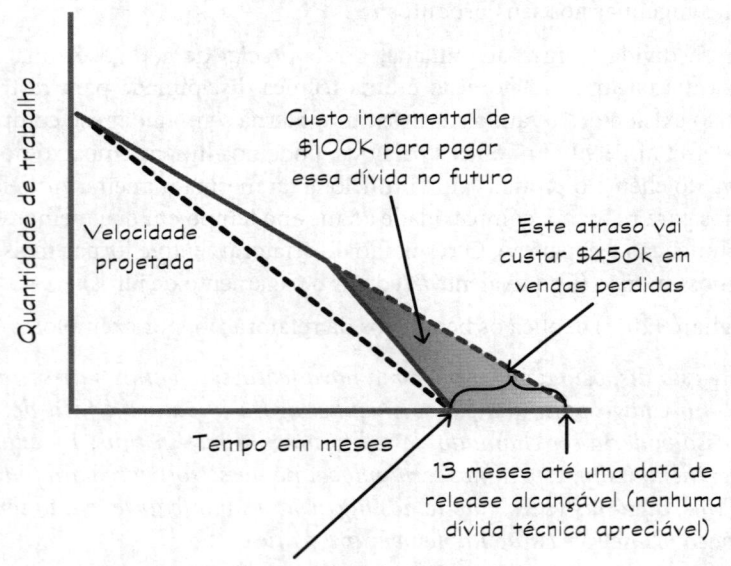

FIGURA 8.8 Exemplo de análise econômica de dívida técnica

Vamos considerar duas alternativas possíveis. Primeiro, atrasar a data de entrega do produto em três meses para que possamos razoável e profissionalmente completar o trabalho no conjunto de features do tipo tem-que-ter com uma dívida técnica mínima em 13 meses. O custo de desenvolvimento total seria então de $1,3M. Em discussões com o pessoal de vendas e marketing, também projetamos que o custo de um atraso de três meses é igual a $450K em vendas perdidas.

Segundo, acelerar o desenvolvimento tomando atalhos para atender a data de entrega desejada original de dez meses. Para quantificar corretamente a economia dessa opção, precisamos saber o custo de contrair uma dívida técnica.

É aqui que as coisas ficam difíceis. Imagine que perguntemos à equipe de desenvolvimento: "Então, se vocês tivessem de ceder um pouco hoje em alguns designs e implementações para conseguirem completar as features tem-que-ter até a data original desejada, quanto dinheiro adicional levaria para pagar a dívida técnica depois da primeira release?"

Digamos que a equipe discuta a questão e acredite que ela vai precisar de quatro meses para limpar o sistema. Isso significa que a equipe vai precisar de um mês adicional além dos três meses que ela "economizou" originalmente ao fazer de qualquer jeito. O resultado líquido é que a equipe vai gastar $100K adicionais no desenvolvimento ($1,4M em desenvolvimento em vez dos $1,3M da primeira opção). São $100K que a organização não teria gasto se levássemos o tempo adequado para fazer o trabalho da maneira certa e não colocássemos uma dívida técnica dentro do produto.

Na superfície, a decisão econômica correta parece clara. Devemos contrair uma dívida técnica de $100K para gerar uma renda incremental de $450K? Claro, quem não faria isso? E essa poderia ser a resposta certa se acreditássemos que consideramos todos (ou pelo menos a maioria) dos fatores de custo importantes associados com a dívida técnica.

Entretanto, aqui estão apenas dois do que poderiam ser muitos fatores que não consideramos:

- E quanto ao custo de atraso de ter que pagar a dívida técnica? Os $100K cobrem o gasto da equipe para fazer trabalho de redução de dívida técnica no futuro. Entretanto, e sobre o custo do tempo para fazer redução de dívida? Tempo gasto pagando o principal da dívida é um custo de atraso para algum outro produto ou para a próxima release do mesmo produto. Qual é o custo desse atraso? Então, se a equipe leva um mês extra para pagar a dívida, a release de algum outro produto provavelmente vai ser atrasada em um mês. Esse custo de oportunidade perdida tem um impacto econômico real que deve ser considerado.
- A maioria das organizações não são boas em pagar suas dívidas técnicas. No aperto, o pessoal de negócios frequentemente favorece o desenvolvimento de novas features versus o retrabalho de features que já existem. Então, a realidade é que podemos acabar realmente não pagando nada dessa dívida, o que significa que vamos provavelmente ter de pagar juros sobre essa dívida durante a vida útil do sistema. Isso também deve ser considerado.

A Tabela 8.1 resume os números desse exemplo.

TABELA 8.1 Exemplo da Economia de Evitar versus Contrair Dívida Técnica

	Evitando a Dívida	Contraindo a Dívida
Custo mensal de desenvolvimento	$100K	$100K
Total de meses de desenvolvimento	13	10
Custo total do desenvolvimento	$1.3M	$1M
Atraso em meses (para o release do produto)	3	0
Custo do atraso por mês	$150K	$150K
Custo total do atraso	$450K	0
Meses para pagar a dívida	0	4
Custo do pagamento da dívida	$0	$400K
Custo total em lucro de ciclo de vida	$1,75M	$1,4M
Custo do atraso do tempo incremental para pagar a dívida	$0	X
Pagamentos de juros de tempo de vida na dívida técnica	$0	Y
Outros custos relacionados à dívida	$0	Z
Custo real em lucros do ciclo de vida	$1.75M	$1.4M + X + Y + Z

Claramente, a dívida técnica tem tentáculos que alcançam e afetam muitos aspectos diferentes do cálculo econômico geral. Falhar em considerar pelo menos os fatores mais importantes vai garantir que não quantifiquemos corretamente a economia de contrair uma dívida técnica.

Claro, se a economia em favor de contrair a dívida for enorme e convincente — por exemplo, vamos sair do negócio se não contrairmos essa dívida e entregarmos o produto para o mercado com todas a features tem-que-ter, ou perderemos a oportunidade de sermos os primeiro naquele mercado e perderemos a parte do leão da renda do mercado — não precisamos gastar tempo considerando fatores menos importantes, porque já sabemos que é economicamente sensato contrair a dívida.

Muito frequentemente, entretanto, a decisão não é tão clara. A escolha de assumir ou não uma dívida usualmente requer uma análise detalhada para discernir qual a melhor opção. Ao decidir, erre pelo lado de não contrair a dívida. Na minha experiência, a maioria das organizações subestima substancialmente o custo real de assumir uma dívida técnica e não são tão diligentes quanto acham na hora de a pagar.

Tornando uma Dívida Técnica Visível

Um dos principais benefícios da metáfora da dívida técnica é que ela possibilita que a equipe de desenvolvimento e o pessoal de negócios tenham uma conversa necessária usando um contexto compartilhado. Para ter essa conversa, ambos precisam de visibilidade com relação à posição da dívida técnica do produto de uma maneira que cada um possa entender.

Tornando uma Dívida Técnica Visível no Nível de Negócios

O problema em muitas organizações é que, enquanto a equipe de desenvolvimento tem pelo menos uma visibilidade razoável com relação a posição da dívida técnica do produto, o pessoal de negócios tipicamente não tem. Pergunte a qualquer pessoa técnica quem tem conhecimento do produto onde está a maior concentração de dívida técnica e provavelmente a pessoa pode responder a essa pergunta. Faça a mesma pergunta para alguém de negócios e ele tipicamente não vai ter nenhum entendimento apreciável de quanta dívida técnica existe, ou mesmo que tipo.

O mesmo não seria verdadeiro para dívidas financeiras. Pergunte a alguém de negócios sobre a posição de dívidas financeiras da organização e ele vai ser capaz de lhe dar uma resposta muito acurada.

Então é essencial fornecer ao pessoal de negócios uma visibilidade da posição da dívida técnica do produto. Se eu pudesse quantificar a dívida técnica numericamente — e há atualmente um significativo trabalho de pesquisa na área de como quantificar dívida técnica (SEI 2011) — posso considerar inserir itens nas linhas de dívida de curto prazo e de longo prazo do balancete da organização, perto do débito financeiro (veja a Tabela 8.2).

Não consigo realmente apontar para nenhuma organização que tenha itens de dívida técnica de curto e longo prazos em seus balancetes (apesar de achar que seja

TABELA 8.2 Dívida Técnica Mostrada no Balancete da Organização

Ativos		Passivos	
Dinheiro	$600K	Passivos Atuais	
Contas a Receber	$450K	Notas a Pagar	$100K
		Contas a Pagar	$75K
		Dívida Técnica de Curto Prazo	**$90K**
Ferramentas e Equipamentos	$250K	Passivos a Longo Prazo	
		Notas a Pagar	$300K
		Dívida Técnica de Longo Prazo	**$650K**
...	...	...	...

uma boa ideia). Estou simplesmente usando isso como um exemplo para ilustrar que cada organização precisa encontrar uma maneira de comunicar a magnitude da dívida técnica de um produto de uma maneira que as pessoas de negócios possam entender. Caso contrário, a área de negócios não tem uma visibilidade apropriada da verdadeira condição do produto para poder tomar decisões econômicas informadas.

Uma maneira como algumas organizações tornam visíveis as consequências de negócios de uma dívida técnica é pelo acompanhamento da velocidade ao longo do tempo. A Figura 8.6 ilustra como um aumento na dívida técnica resulta em uma diminuição de velocidade. Essa diminuição pode ser descrita em termos financeiros. Por exemplo, assuma que temos uma equipe Scrum com um custo fixo por sprint de $20K e uma velocidade histórica de 20 pontos por sprint. Usando esses números, podemos computar que a equipe tem um custo por ponto de $1K. Se o acúmulo de dívida técnica faz a velocidade da equipe diminuir para 10 pontos por sprint, o custo por ponto vai aumentar para $2K. Resumindo, se a equipe tem aproximadamente 200 pontos de trabalho para completar e a velocidade diminui pela metade, o que custaria $200K para completar, agora vai custar $400K. Então, usando a velocidade, podemos ver claramente o custo financeiro do pagamento de juros sobre uma dívida técnica acumulada.

Tornando uma Dívida Técnica Visível no Nível Técnico

O pessoal técnico frequentemente pelo menos tem um **conhecimento tácito** sobre onde a dívida técnica mais flagrante está localizada no produto. Entretanto, esse entendimento pode não estar visível de uma maneira que possa ser analisado, discutido e trabalhado. A Figura 8.9 ilustra três maneiras de tornar a dívida técnica visível no nível técnico.

Primeiro, a dívida técnica poderia ser logada, assim como os defeitos, em um sistema existente de acompanhamento de defeitos (lado esquerdo da Figura 8.9). Isso tem a vantagem de colocar a dívida em um local familiar usando ferramentas e técnicas conhecidas. Se a informação da dívida for colocada junto à informação sobre defeitos, é importante rotular a dívida de uma maneira que ela possa facilmente ser encontrada,

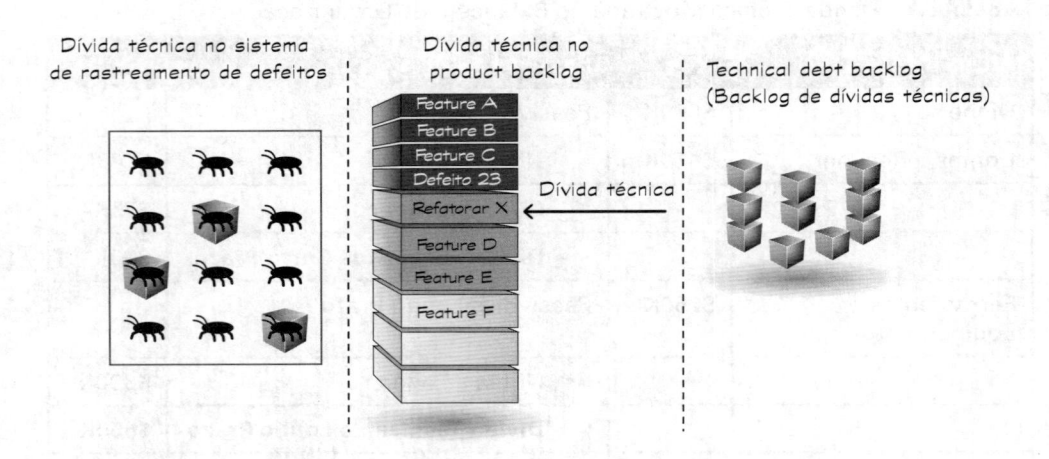

FIGURA 8.9 Maneiras de tornar a dívida técnica visível no nível técnico

porque a equipe pode escolher lidar com a dívida de forma diferente de como lida com os defeitos (como vou discutir em breve).

Outra abordagem para tornar a dívida técnica visível é criar itens de product backlog que representem dívidas técnicas (meio da Figura 8.9). Fazer isso vai dar uma visibilidade para dívidas técnicas importantes equivalente a visibilidade para novas features no product backlog. Equipes tipicamente usam essa abordagem quando o custo de pagar a dívida técnica é bastante alto e o product owner precisa estar envolvido na decisão de como esse trabalho deve ser ordenado relativo às novas features de valor no product backlog.

Uma terceira abordagem para tornar a dívida técnica visível é criar um backlog especial para a dívida técnica (technical debt backlog) que torna visíveis os itens individuais da dívida técnica (lado direito da Figura 8.9). Sempre que novas dívidas técnicas forem descobertas ou introduzidas no produto, um membro da equipe de desenvolvimento pode criar um novo item de dívida técnica e adicioná-lo ao technical debt backlog. Ao tornar visíveis os itens da dívida técnica, a equipe de desenvolvimento pode não apenas ver sua posição de dívida técnica, mas também pode determinar proativamente quando ela quer pagar cada pedaço da dívida técnica.

Para equipes colocalizadas, uma abordagem simples para visualizar o technical debt backlog é criar um quadro de dívida técnica na parede e usar notas adesivas ou cartões para representar itens específicos da dívida técnica. Usualmente o quadro da dívida técnica seria colocado perto do sprint backlog, de forma que durante o sprint planning a equipe tenha visibilidade da dívida técnica para que possa considerar o pagamento no sprint a seguir (vou discutir essa abordagem na próxima seção).

A maioria das equipes trata o technical debt backlog de forma pouco cerimoniosa ao simplesmente colocar cartões de dívida na parede. Entretanto, outras podem escolher fazer o grooming do technical debt backlog ao investir um pouco de tempo para ordenar os cartões ou para dar uma ideia grosseira do esforço necessário para lidar com a dívida descrita no cartão.

Pagando a Dívida Técnica

A última atividade no gerenciamento da dívida técnica é pagar a dívida. Ao se discutir o pagamento da dívida, acho útil usar as seguintes categorias de status:

- **Dívida Técnica Desconhecida** — Dívida que a equipe de desenvolvimento não sabia que existia até que ela foi exposta durante o curso normal de realização de trabalho no produto. Por exemplo, a equipe está adicionando uma nova feature ao produto e ao fazer isso percebe que uma gambiarra foi construída no código anos atrás por alguém que já não trabalha mais lá.
- **Dívida Técnica Conhecida** — Dívida que é conhecida pela equipe de desenvolvimento e foi tornada visível usando uma das abordagens previamente discutidas.
- **Dívida Técnica Alvo** — Dívida técnica que é conhecida e foi marcada para pagamento pela equipe de desenvolvimento.

Baseado nestas categorias, geralmente aplico o seguinte algoritmo para pagar uma dívida técnica:

1. Determine se a dívida técnica conhecida deve ser paga (como vou discutir, nem toda dívida deve ser paga). Se ela deve ser paga, vá para o passo 2.
2. Se você está no código fazendo trabalho e descobre uma dívida técnica desconhecida, limpe-a. Se a quantidade dessa dívida técnica na qual você tropeçou exceder um limite, faça a limpeza até alcançar aquele limite. Então classifique a dívida técnica desconhecida e não tratada como dívida técnica conhecida (por exemplo, criando entradas no technical debt backlog).
3. A cada sprint, considere designar alguma quantidade de dívida técnica como dívida técnica alvo para ser paga durante o sprint. Favoreça o pagamento de dívidas técnicas com juros altos e que estejam alinhadas com o trabalho valioso para o cliente.

As abordagens mostradas na Figura 8.10 expandem sobre esse algoritmo para o pagamento de dívida técnica.

Vou descrever cada uma dessas abordagens e como elas se aplicam especificamente ao uso do Scrum.

Abordagens para lidar com a dívida técnica:
- Nem toda dívida técnica deve ser paga
- Aplique a regra dos escoteiros (Pague a dívida quando encontrá-la)
- Pague primeiro as dívidas técnicas com juros maiores
- Pague a dívida técnica incrementalmente
- Pague a dívida técnica enquanto faz algum trabalho valioso para o cliente

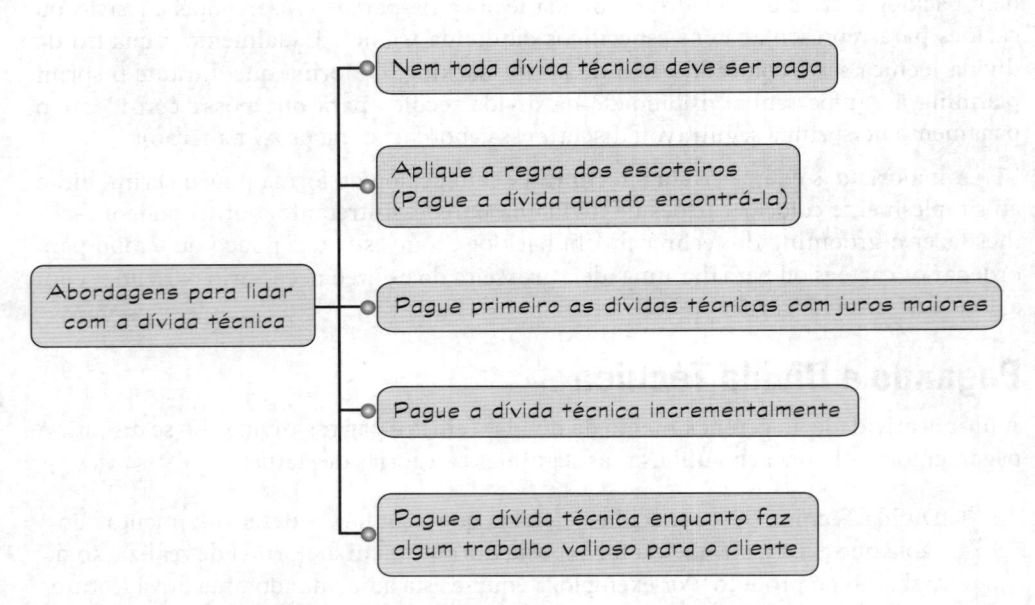

FIGURA 8.10 Abordagens para o pagamento de uma dívida técnica

Nem Toda a Dívida Técnica Deve Ser Paga

Algumas vezes dívidas técnicas não devem ser pagas. Essa é uma área onde a analogia com dívidas financeiras fica exagerada. Tipicamente a expectativa é que toda a dívida financeira eventualmente seja paga — apesar de sabermos que isso nem sempre é verdade!

Há uma quantidade de cenários sob os quais a dívida técnica não deve ser paga. Vou discutir três: produto perto do fim da vida, protótipo descartável e produto construído para uma vida curta.

Produto Chegando Perto do Fim da Vida

Se um produto acumulou uma dívida técnica significante e está se aproximando do fim da vida, investir em qualquer pagamento significativo de dívida seria fiscalmente irresponsável. Se o produto for de baixo valor, provavelmente aposentaríamos o produto (e, portanto, a dívida) e devotaríamos nossos recursos a produtos de maior valor. Se temos um produto de alto valor e com alta dívida técnica e que está chegando perto do fim da vida, pode fazer mais sentido assumir os riscos e custos maiores de se desenvolver um novo produto do que pagar a dívida técnica do produto antigo.

Protótipo Descartável

Há vezes quando deliberadamente contraímos dívidas técnicas com absolutamente nenhum plano de as pagar sendo a coisa mais economicamente sensata a se fazer. Um exemplo comum seria o desenvolvimento de um protótipo descartável que é criado para propósitos de aquisição de conhecimento (Goldberg e Rubin 1995). O valor do protótipo não é o código, mas o aprendizado validado que obtemos (Ries 2011). Como o protótipo não foi feito para uma vida no mercado, provavelmente ele tem algumas ou um monte de dívidas técnicas. Entretanto, como ele é um protótipo descartável, não há razão para se pagar a dívida. Claro, se criarmos um protótipo descartável e então decidirmos não o descartar, mas em vez disso tratá-lo como um protótipo evolucionário e evoluí-lo até o produto, quase certamente vamos começar com uma fundação que está cheia de dívidas técnicas significantes.

Produto Construído para uma Vida Curta

Se construirmos um produto para uma vida de produção muito curta, a economia pode indicar que a dívida técnica não deve ser paga. Ilustro esse cenário com um exemplo interessante que encontrei no final da década de 1980. Naquele tempo eu estava trabalhando para a ParcPlace Systems, a líder do mercado iniciante de ambientes de desenvolvimento orientados a objetos. Naqueles dias eu estava ajudando diversos grandes bancos de Wall Street a adotar o Smalltalk como uma plataforma de desenvolvimento. Em um caso particular, fui trazido para fazer coach para uma equipe, de forma a ajudar seus membros a melhor entender a tecnologia de orientação a objetos e usar mais efetivamente o ambiente de desenvolvimento do Smalltalk. Essa equipe tinha acabado de produzir um dos primeiros sistemas de negociação de derivativos. Quando cheguei, um dos meus primeiros pedidos para o VP do grupo foi para revisar o design e a implementação do produto que a equipe tinha acabado de fazer — o produto ainda não tinha sido lançado, mas estava agendado para ser lançado em breve.

Depois de um dia revisando a arquitetura e o código, eu me encontrei com o VP e lhe disse que o sistema devia ser a implementação em Smaltalk mais feia que eu já vi. Apontei que a implementação tinha enormes problemas que tinham de ser tratados imediatamente ou o sistema deles (e o negócio) ia ser ferrar muito.

Nesse ponto o VP falou para mim (palavra por palavra). "Filho, se você gastar um centavo para limpar esse sistema, eu pessoalmente levo você lá para trás e atiro em você". Eu fiquei, para dizer o mínimo, estupefato com a colocação dele. Eu respondi: "Você tem de confiar em mim sobre isso. Esse sistema está mal projetado e horrivelmente implementado e você vai ter mais problemas de longo prazo com ele." Ele retrucou: "Você não entende meu negócio. No meu mercado, quando aparecemos com um novo instrumento financeiro, conseguimos abocanhar a parte do leão dos lucros nos primeiros três meses. É aproximadamente quanto tempo leva para os meus concorrentes correrem com seus produtos 'eu também'. Nesse ponto, é melhor eu sair do mercado e desenvolver um novo produto. Só preciso que esse sistema dure três meses. Não me importo se você vai mantê-lo inteiro remendando com chiclete e arame. Simplesmente não atrase minha geração de renda e dê aos meus competidores uma oportunidade de chegarem antes no mercado. Nós vamos lançar isso."

E é exatamente o que eles fizeram. Na primeira *hora* que o sistema estava em operação, os traders usando-o geraram $14M em renda. Pessoalmente achei que eles se arriscaram muito lançando o sistema naquele estado frágil, mas do ponto de vista de renda eu estava errado.

Usualmente organizações não constroem produtos com uma expectativa de vida de três meses. Tipicamente estamos interessados em construir um produto para uma vida longa no mercado.

Aplique a Regra dos Escoteiros (Pague a Dívida Quando Você a Encontrar)

Há uma **regra dos escoteiros**: "Sempre deixe o acampamento mais limpo do que você o encontrou." Se você encontrar uma bagunça no chão, limpe-a não importando quem fez a bagunça. Você intencionalmente melhora o ambiente para o próximo grupo de campistas. Bob Martin (e outros) explicou muito bem porque essa regra se aplica ao desenvolvimento de produtos e à dívida técnica (Martin 2008).

Seguindo essa regra, tentamos sempre tornar o design e a implementação do nosso produto um pouco melhores, não um pouco piores, toda vez que mexemos nele. Quando um membro da equipe de desenvolvimento está trabalhando numa área do produto e vê um problema (dívida técnica desconhecida), ele limpa o problema. Ele não faz isso apenas porque é bom para ele, apesar de certamente ser, mas também porque é bom para a equipe de desenvolvimento inteira e para a organização.

O algoritmo fornecido anteriormente indica que devemos pagar a dívida técnica desconhecida até um limite razoável. Não podemos simplesmente dizer que a equipe deve pagar por inteiro a dívida técnica desconhecida quando ela for descoberta. O pagamento da dívida pode necessitar de um esforço significante e a equipe está no meio de um sprint no qual tem outros trabalhos a serem completados. Se a equipe tentar pagar a dívida inteira, pode não conseguir atender o sprint goal original.

Para lidar com essa questão, a equipe pode separar um percentual do tempo para permitir o pagamento de dívidas técnicas desconhecidas quando elas forem descobertas. Uma maneira de definir esse tempo é aumentar o tamanho estimado dos PBIs individuais para permitir o pagamento adicional de dívidas técnicas que tipicamente ocorrem. Alternativamente, a equipe pode escolher separar um percentual de sua capacidade durante o sprint planning para pagar dívidas técnicas desconhecidas. Exemplos que eu vi no passado variam de 5% a 33% da capacidade do sprint. Você deve deixar que as circunstâncias particulares guiem sua alocação de capacidade, se escolher usar essa abordagem.

Com relação a qualquer dívida técnica desconhecida que não seja paga ao ser descoberta, ela deve ser classificada como dívida técnica conhecida e tornada visível usando qualquer que seja a técnica que a equipe decidiu usar para a visualização de dívidas técnicas.

Pague a Dívida Técnica Incrementalmente

Em alguns projetos o nível da dívida técnica acumulada pode ser bem alto. Equipes trabalhando em tais produtos frequentemente acabam fazendo grandes pagamentos em bloco como um meio de tratar da carga da dívida. Eles poderiam estar muito melhores se fizessem muitos pagamentos incrementais e oportunos da dívida técnica conhecida em vez de grandes pagamentos mais tarde. Pagamentos menores e mais frequentes são similares a fazer pagamentos mensais da hipoteca da casa. Fazer isso permite que alguma dívida seja paga a cada mês, evitando grandes blocos de pagamento no fim do empréstimo.

Fico preocupado quando ouço equipes discutindo seus "sprints de dívida técnica" ou "sprints de refatoramento". Estes são sprints cujo único objetivo é realizar trabalho de redução de dívida técnica. Isso soa como blocos de pagamento para mim. Na verdade, esses sprints dão a aparência de que se permitiu que o nível da dívida técnica crescesse sem nenhuma atenção para sua redução. Agora ele se tornou um problema tão grande que, em vez de desenvolver features de valor para o cliente no próximo sprint, a equipe não vai entregar nenhum valor para o cliente, e em vez disso vai se dedicar a lidar com um problema que ela deveria estar lidando aos poucos a cada sprint. Há vezes quando a dívida técnica é tão alta e a atenção a ela tão baixa, que é útil um sprint dedicado a aumentar essa atenção e a fazer um esforço concentrado com toda a equipe focada em pagamento de dívida. Entretanto, como regra, tais sprints devem ser evitados sempre que possível; o pagamento deve ocorrer incrementalmente.

Usando essa abordagem, pegamos alguma quantidade conhecida de dívida técnica e a designamos como uma dívida técnica alvo para ser paga no próximo sprint. A decisão de quanta dívida técnica alvo pagar a cada sprint pode ser feita pela equipe Scrum durante o sprint planning.

Pague Primeiro as Dívidas Técnicas com os Maiores Juros

Apesar de ser conveniente juntar todos os atalhos e deficiências sob um rótulo de dívida técnica, é importante perceber que nem todos os tipos de dívidas técnicas são de igual importância. Um exemplo de uma forma importante de dívida seria um módulo frequentemente modificado e que tenha muito código dependendo dele e que esteja com uma necessidade real de refatoração, porque está começando a ficar cada vez mais difícil de mudar. Pagamos juros sobre essa dívida todo o tempo e a magnitude desses juros continuam a aumentar à medida que fazemos mais e mais mudanças.

Por outro lado, podemos ter uma dívida técnica (problemas conhecidos de design ou implementação) em uma parte do produto que é raramente usada e quase nunca modificada. No dia a dia não estamos pagando nenhum ou pelo menos não muitos juros sobre essa dívida. Essa não é uma forma de dívida que requer muita atenção, a menos que haja um risco não tão insignificante de que essa parte do produto possa falhar e que essa falha tenha grandes repercussões.

Ao se pagar uma dívida técnica, portanto, devemos ter como alvo e pagar primeiro as dívidas técnicas com maiores juros. Qualquer pessoa razoável da área de negócios faria o mesmo com uma dívida financeira. Por exemplo, a menos que haja uma razão convincente, como regra deveríamos pagar uma dívida financeira com 18% de juros antes de pagarmos uma dívida com uma taxa de juros de 6%.

Algumas organizações têm acumulados níveis tão altos de dívida técnica que elas podem ficar paralisadas, porque não sabem como começar. Para elas, a dívida de juros altos pode ser óbvia mas assustadora em tamanho. Para fazer funcionar a redução de dívida, eles podem escolher pagar uma dívida pequena para se acostumarem com o processo de pagamento de dívida. Sou a favor de tomar quaisquer ações que forem culturalmente necessárias para dar a partida que as organizações precisam para começar a gerenciar suas dívidas. Como descreverei em seguida, se pagarmos a dívida técnica enquanto realizamos trabalho valioso para o usuário, podemos nos focar incrementalmente numa pequena quantidade de dívida que valha a pena pagar.

Pague a Dívida Técnica Enquanto Realiza Trabalho de Valor para o Cliente

Uma maneira excelente de pagar incrementalmente dívidas técnicas conhecidas, enquanto se foca em dívidas técnicas com juros altos e se alinha o pagamento da dívida técnica como a abordagem centrada no valor do Scrum, é fazer pagamentos de dívidas enquanto se realiza trabalhos valiosos para o cliente. Então, sempre que possível, evite agendar um sprint inteiro de trabalho de redução de dívida, ou mesmo definir itens individuais do product backlog que sejam específicos para redução de dívida. Em vez disso, devemos pagar dívidas técnicas conhecidas coincidindo com o desenvolvimento de features do product backlog valiosas para o cliente.

Vamos assumir que, para cada item do product backlog de valor para o cliente em que trabalhemos, também façamos diversas coisas. Primeiro, nos comprometemos a fazer um trabalho de alta qualidade e não adicionarmos novas dívidas técnicas ingênuas quando criarmos a feature do cliente. Segundo, aplicamos a regra do escoteiro e limpamos quaisquer dívidas técnicas desconhecidas que achemos, dentro do razoavelmente possível quando estivermos na área fazendo trabalho para nossa feature. E terceiro (o atributo central dessa abordagem), nós especificamente pagamos dívidas técnicas alvos da área na qual estamos trabalhando.

Usar essa abordagem tem diversas vantagens:

- Ela alinha o trabalho de redução de dívida técnica com trabalho valioso para o cliente que o product owner pode priorizar apropriadamente.
- Ela torna claro para todos os membros da equipe de desenvolvimento que redução de dívida técnica é uma responsabilidade compartilhada e não algo a se adiar e delegar para que outra pessoa ou outra equipe limpe.
- Ela reforça as habilidades de prevenção e remoção de dívida técnica, porque todos as praticam o tempo todo.
- Ela ajuda a identificar áreas de juros altos onde devemos focar nosso pagamento de dívida técnica. Pelo menos sabemos que o código (ou outro artefato de desenvolvimento) que estamos mexendo ainda é importante, porque o estamos usando para criar a nova feature.
- Ela evita o desperdício do pagamento de dívida técnica em áreas onde realmente não temos de pagar.

Mais cedo, mencionei uma abordagem que tenho visto diversas equipes Scrum usarem para ajudar a gerenciar o alinhamento das atividades de redução dívida técnica conhecida como os itens do product backlog (mostrado na Figura 8.11).

Usando essa abordagem, itens de dívida técnica conhecida são inseridos em um technical debt backlog que é colocado na parede perto do sprint backlog durante o sprint planning (ou dentro de uma ferramenta para alcançar o efeito equivalente).

Durante o sprint planning, à medida que os membros da equipe estão trabalhando com o product owner para selecionar itens do product backlog valiosos para o cliente a serem trabalhados no próximo sprint, eles consideram os cartões no mural da dívida técnica para ver se o trabalho que estão planejando fazer no novo item do product backlog iria interceptar naturalmente a área do produto associada com um cartão de dívida técnica. Se sim, alguém pega o cartão do quadro de dívida técnica e o coloca no sprint backlog como trabalho para esse sprint. Então, ao se realizar o trabalho

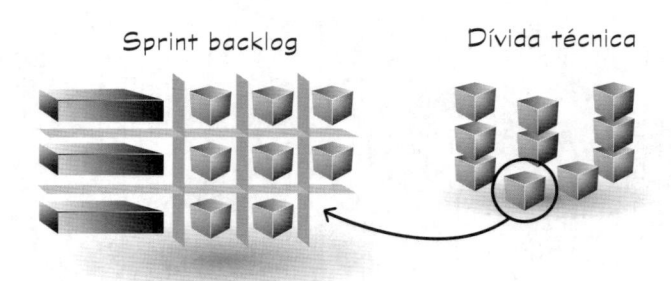

FIGURA 8.11 Uma técnica para o gerenciamento de dívida técnica ao se usar o Scrum

necessário para completar o item do product backlog, os membros da equipe lidariam com as tarefas de dívida técnica que puxaram para o sprint.

Essa abordagem é uma maneira muito simples e elegante de alinhar o pagamento de dívida técnica com a criação de valor para o usuário.

Fechamento

Neste capítulo discuti o conceito de dívida técnica, que acumula quando tomamos atalhos hoje para pagamento futuro. Distingui entre dívidas técnicas ingênuas, inevitáveis e estratégicas. Prossegui para explicar as consequências de níveis mal gerenciados de dívida técnica, então discuti as três atividades associadas com o controle da dívida técnica: gerenciar o acúmulo de dívida técnica, tornar visível a dívida técnica e pagar dívida técnica.

Esse capítulo conclui a Parte I. No próximo capítulo, vou mudar e começar a discussão dos vários papéis num esforço de desenvolvimento Scrum, começando com o papel do product owner.

Parte II
Papéis

Capítulo 9
PRODUCT OWNER

Neste capítulo, eu expando a descrição do papel do product owner. Começo explicando o propósito desse papel relativo aos outros papéis no Scrum. Então detalho as responsabilidades principais e as características de um product owner. Em seguida, apresento "um dia na vida" de um product owner durante o curso de diversas semanas. Então discuto quem deve ser o product owner para diferentes tipos de desenvolvimento de produto. Concluo descrevendo como o papel do product owner pode ser combinado com outros papéis e como ele pode ser ampliado até uma equipe de product owners.

Visão Geral

O product owner é o ponto central empoderado da liderança do produto. Ele é um dos três papeis colaboradores que constituem toda equipe Scrum (os outros sendo ScrumMaster Equipe de Desenvolvimento).

O product owner precisa olhar para, pelo menos, duas direções simultaneamente (veja a Figura 9.1).

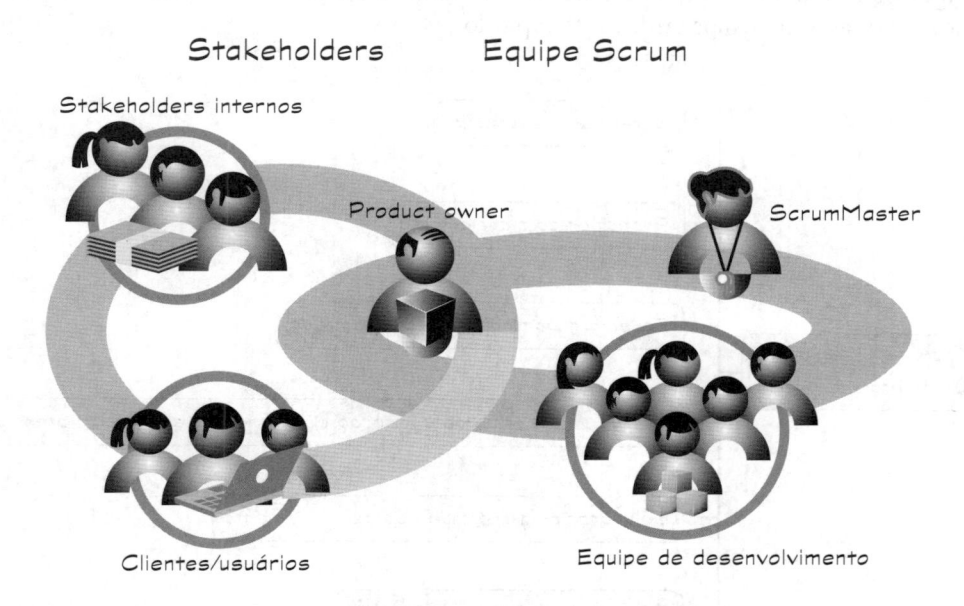

FIGURA 9.1 O product owner encara duas direções simultaneamente.

Por um lado, o product owner deve entender bem o suficiente as necessidades dos stakeholders organizacionais, dos clientes e dos usuários, para agir como a voz deles. Neste respeito o product owner age como um gerente de produto, assegurando que a solução correta seja desenvolvida.

Por outro lado, o product owner deve comunicar à equipe de desenvolvimento o que construir e a ordem na qual construir. O product owner deve também assegurar que os critérios para aceitação das features estejam especificados e que os testes que verificam esses critérios sejam rodados mais tarde, para determinar se as features estão completas. O product owner não escreve testes detalhados, mas garante que testes de alto nível sejam escritos de forma que a equipe possa determinar quando o product owner vai considerar a feature como completa. Neste respeito, o product owner é parte analista de negócios e parte testador.

Responsabilidades Principais

A Figura 9.2 ilustra as principais responsabilidades do product owner.

Esse é claramente um papel de tempo integral com responsabilidades significantes. Na verdade, quando você ler a descrição a seguir, pode começar a pensar que não é prático que uma pessoa lide com todas essas responsabilidades ou tenha todos os atributos necessários para ser bem-sucedido no papel. Na maioria dos casos uma única pessoa pode e deve ocupar o papel de product owner; entretanto, sob certas circunstâncias, equipes de product owners ou proxies de product owner podem ser práticas. Ambos conceitos serão vistos mais tarde neste capítulo.

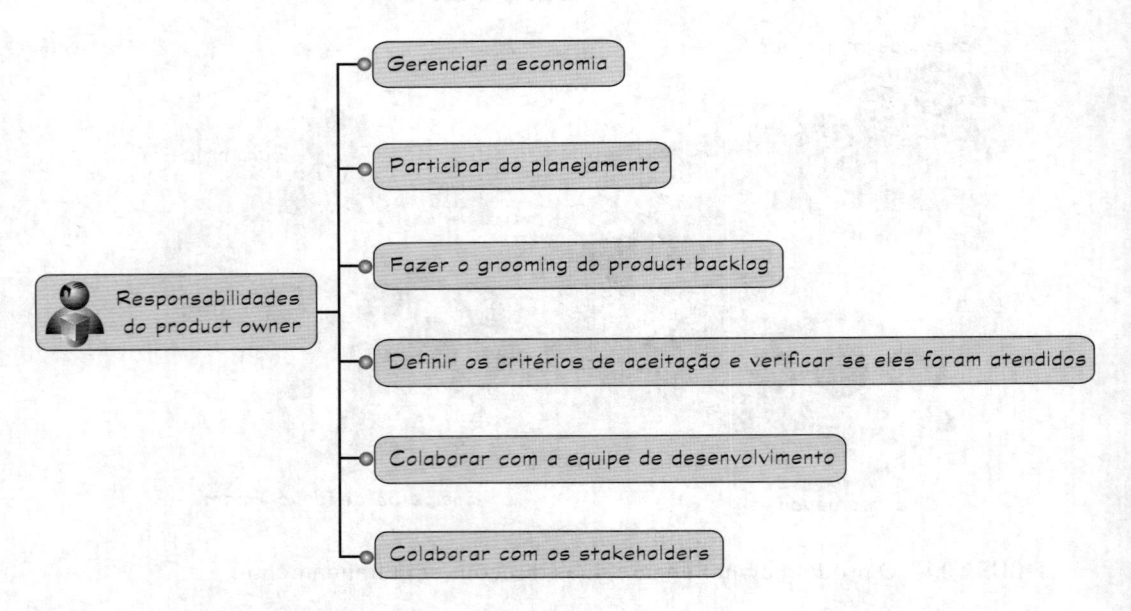

FIGURA 9.2 Responsabilidades principais do product owner

Gerenciar a Economia

O product owner é responsável por assegurar que boas decisões econômicas sejam continuamente feitas nos níveis de release, sprint e product backlog (veja a Figura 9.3).

Economia no Nível de Release

No nível de release o product owner continuamente faz trade-offs em escopo, data, orçamento e qualidade, à medida que fluxos de informações economicamente importantes cheguem durante o desenvolvimento do produto. Trade-offs feitos no início de uma release podem não ser mais apropriados na presença de uma nova informação que chegue durante a release.

Por exemplo, e se depois de diversas semanas em um esforço de desenvolvimento de seis meses com data fixa, percebermos uma oportunidade para aumentar a renda em 50% se levarmos mais uma semana (4% de aumento na cronograma) para adicionar na release uma feature recentemente identificada? Deveríamos trocar o atraso de uma semana e o custo adicional pela de renda extra? O product owner gerencia essa decisão. Em muitos casos ele pode tomar a decisão unilateralmente. Outras vezes o product owner pode recomendar uma decisão, mas ainda assim trabalhar com outros para conseguir o input deles (e a aprovação algumas vezes) para executar a decisão.

Também, no fim de cada sprint, o product owner gerencia a decisão de financiar ou não o próximo sprint. Se se está fazendo um bom progresso em direção ao objetivo da release ou o próximo sprint é justificável economicamente, o próximo sprint vai ser financiado. Se se estiver fazendo um progresso ruim ou a economia não apoiar gastos adicionais, o esforço pode ser cancelado.

Um product owner satisfeito pode também supervisionar uma decisão de parar o financiamento de mais desenvolvimentos no fim de um sprint, se o produto estiver pronto para ser enviado e gastos adicionais simplesmente não forem justificáveis. Por exemplo, digamos que planejamos uma release de dez sprints. Depois do sprint 7, o product owner revisa os itens restantes do product backlog e conclui que o custo de os criar é maior do que o valor que eles geram. O product owner pode concluir que enviar o

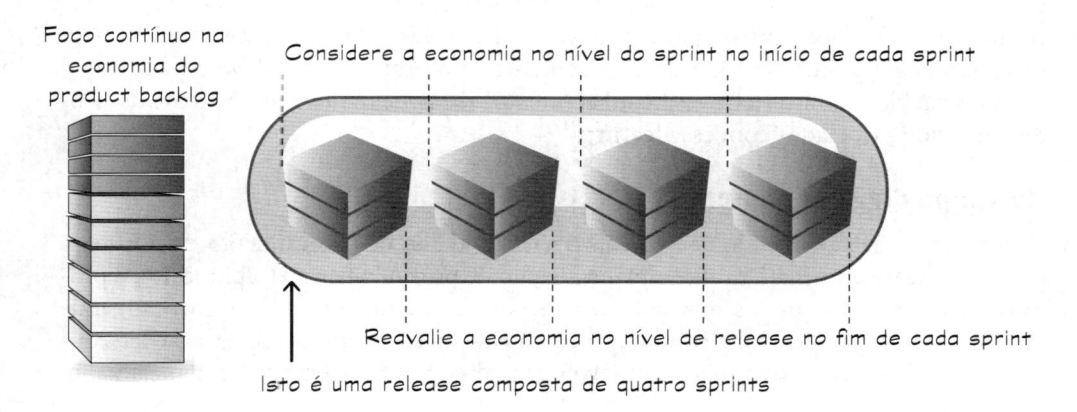

FIGURA 9.3 O product owner gerencia a economia.

produto mais cedo em vez de continuar com o plano original de dez sprints é economicamente mais sensato. Essa flexibilidade para entregar mais cedo é possibilitada ao se garantir que os itens de mais alto valor no topo do product backlog sejam trabalhados primeiro, e que a equipe esteja completando o trabalho a cada sprint de acordo com uma forte definição de pronto.

E, é claro, o product owner pode também concluir que devemos parar de financiar no fim do sprint, porque as propriedades econômicas centrais mudaram. Por exemplo, e se estivermos criando um produto específico para um país e uma agência regulatória nesse país revisa suas leis tornando não lucrativo, ou talvez mesmo ilegal, para nós vendermos o produto? Em casos como esse, um product owner pode decidir cancelar o esforço de desenvolvimento mesmo se as coisas estivem indo bem de um modo geral.

Economia no Nível de Sprint

Além da economia no nível de release, o product owner também gerencia a economia no nível do sprint, assegurando que um bom retorno de investimento (Return Of Investiment — ROI) seja entregue a cada sprint. Bons product owners tratam o dinheiro de suas organizações como se fosse seu próprio dinheiro. Na maioria dos casos, o product owner sabe o custo do próximo sprint (a duração e a composição da equipe são conhecidos). Com esse conhecimento o product owner deve se perguntar no sprint planning: "Será que eu passaria um cheque meu para custear esse sprint para obter as features que estamos planejando construir nesse sprint?" Se a resposta for não, um bom product owner não gastaria o dinheiro da organização também.

Economia de Product Backlog

Como discuti no Capítulo 6, o product owner é responsável por priorizar o product backlog. Quando as condições econômicas mudam, as prioridades no product backlog vão provavelmente mudar também.

Por exemplo, digamos que, no início de uma release, o product owner acredita que uma feature é valiosa para um grande percentual dos usuários-alvo e a equipe acredita que apenas um esforço modesto seja necessário para a criar. Depois de alguns sprints, entretanto, a equipe descobre que a feature vai precisar de um grande esforço para ser completada e é valiosa apenas para uma fração dos usuários-alvo. Como a razão custo/benefício dessa feature mudou dramaticamente, o product owner deve repriorizar o product backlog para refletir esse conhecimento — talvez removendo os itens do product backlog associados com essa feature.

Participa do Planejamento

O product owner é um participante-chave nas atividades de planejamento de portfólio, produto, release e sprint. Durante o planejamento de portfólio (veja o Capítulo 16), o product owner trabalha com os stakeholders internos (talvez um comitê de aprovação ou de governança) para posicionar o produto corretamente no portfólio backlog e para determinar quando começar e terminar o desenvolvimento do produto. Durante o planejamento do produto (veja o Capítulo 17), o product owner trabalha com os stakeholders para conceber o produto. Durante o planejamento da release (veja o Capítulo 18), o product owner trabalha com os stakeholders e a equipe para definir o conteúdo da próxima release. Durante o planejamento do sprint (veja o Capítulo 19), o product owner trabalha com a equipe de desenvolvimento para definir um sprint goal. Ele também fornece inputs valiosos que possibilitam à equipe de desenvolvimento selecionar um conjunto de itens de product backlog que ela poder entregar realisticamente no fim do sprint.

Realiza o Grooming do Product Backlog

O product owner supervisiona o grooming do product backlog, que inclui a criação e o refinamento, a estimação e a priorização de itens do product backlog (veja o Capítulo 6). O product owner não realiza pessoalmente todo o trabalho de grooming. Por exemplo, ele pode não escrever todos os itens do product backlog; outros podem contribuir também. O product owner também não estima os itens (a equipe de desenvolvimento faz isso), mas está disponível para questões e clarificações durante a estimação. O product owner é, entretanto, o responsável em última instância por garantir que as atividades de grooming ocorram de uma maneira que promova o fluxo tranquilo de entrega de valor.

Define Critérios de Aceitação e Verifica que Eles Sejam Atendidos

O product owner é responsável por definir os critérios de aceitação para cada item do product backlog. Estas são as condições sob as quais o product owner estaria satisfeito que os requisitos funcionais e não funcionais tenham sido atendidos. O product owner pode também escrever testes de aceitação correspondentes aos critérios de aceitação, ou ele poderia pedir a assistência de experts da área (SMEs — subject matter experts) ou de membros da equipe de desenvolvimento. Em qualquer dos casos, o product owner deve assegurar que esses critérios de aceitação (e frequentemente testes de aceitação específicos) sejam criados antes que um item seja considerado na reunião de sprint planning. Sem eles, a equipe teria um entendimento incompleto do item e não estaria pronta para o incluir num sprint. Por essa razão, muitas equipes Scrum incluem a existência de critérios de aceitação claros como um item da sua checklist da definição de ready (veja o Capítulo 6).

O product owner é o responsável em última instância pela confirmação de que os critérios de aceitação foram atendidos. Mais uma vez, o product owner pode escolher rodar testes de aceitação por ele mesmo ou pode pedir a assistência de usuários experts para lhe ajudar a confirmar que os itens do product backlog atendem às condições de satisfação. A equipe pode ajudar a criar uma infraestrutura de testes que possibilite que o product owner ou os SMEs da feature rodem testes mais eficientemente, mas o product owner deve ter o julgamento final sobre se um item atende às expectativas.

É importante que o product owner verifique os critérios de aceitação durante a sprint execution em vez de esperar até a sprint review. Ao fazer testes à medida que as fetures forem completadas, o product owner pode identificar erros e mal entendidos que a equipe pode consertar antes da sprint review. E também, como a equipe só pode demonstrar features completas na review, o product owner deve se assegurar que os testes de aceitação sejam rodados antes da review, para que a equipe saiba que features realmente atenderam à definição de pronto.

Colabora com a Equipe de Desenvolvimento

O product owner deve colaborar de perto com a equipe de desenvolvimento frequentemente. O product owner é um papel do dia a dia, engajado e comprometido. Muitas organizações que acabaram de adotar o Scrum falham em promover um engajamento adequado do product owner com a equipe de desenvolvimento, atrasando feedbacks essenciais e reduzindo substancialmente o valor do feedback quando ele ocorrer.

Essa falha em engajar pode ocorrer também quando pessoas novas ao papel do product owner assumem que seu nível de envolvimento ao usar o Scrum se assemelha ao seu envolvimento durante um desenvolvimento baseado em fases. A Figura 9.4 compara o nível típico do engajamento do lado do cliente ou do negócio durante um esforço de desenvolvimento sequencial tradicional com aquele esperado do product owner ao se usar o Scrum.

Usando o desenvolvimento tradicional baseado em fases, o padrão de engajamento se assemelha a uma curva em forma de U. Inicialmente os clientes têm um considerável envolvimento para ajudar a definir o conjunto completo de requisitos. Uma vez que o esforço faça a transição para fases mais técnicas (tais como design, codificação e certos tipos de testes), os clientes "não são mais necessários". Como tal, o nível de engajamento deles é bem baixo ou não existente durante a maioria do esforço. Na verdade, durante o desenvolvimento tradicional, os clientes não reentram no processo até bem próximo do fim, quando se pede que eles realizem testes de aceitação no que construímos. O que os clientes descobrem tipicamente nesse ponto é que o que foi construído não é exatamente

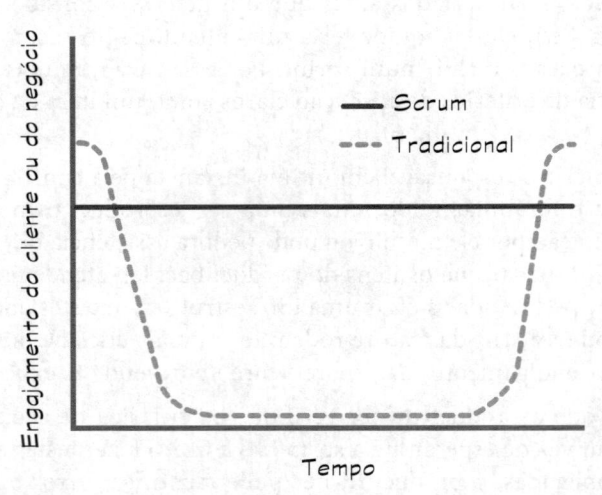

FIGURA 9.4 Comparação do engajamento do cliente ou negócio no tempo

o que eles queriam. Para piorar ainda mais, usualmente é muito tarde ou muito caro para que se possa fazer mudanças — pelo menos nesta release. Clientes que chegam esperando ser deslumbrados, em vez disso saem surpresos, frustrados e desapontados. É aqui que se começa a apontar o dedo. O cliente diz: "Se vocês tivessem lido meu documento de requisitos mais cuidadosamente, teriam construído o que eu realmente queria." E a equipe de desenvolvimento responde: "Bem, se você tivesse escrito mais claramente, teríamos construído algo diferente. Construímos o que foi pedido!"

Usando o Scrum, construímos uma feature por vez, não uma fase por vez. Isso significa que realizamos todas as atividades para criar uma feature em particular (design, código, integração e teste) durante um sprint. Portanto, é essencial que o product owner tenha um nível alto e constante de engajamento. Com uma interação tão próxima usando iterações curtas, há menos chances que o product owner e a equipe de desenvolvimento se tornem desconectados. Um benefício secundário é que não há isso de ficar apontando dedo quando se faz o Scrum direito!

Colabora com os Stakeholders

O product owner é a única voz da comunidade inteira de stakeholders interna e externa. **Stakeholders internos** podem incluir os proprietários dos sistemas de negócios, a gerência executiva, a gerência do programa, o pessoal de marketing e o pessoal de vendas. **Stakeholders externos** podem incluir clientes, usuários, parceiros, agências reguladoras e outros. O product owner deve trabalhar de maneira próxima à comunidade inteira de stakeholders para obter inputs e sintetizar uma visão coerente para guiar o desenvolvimento do produto.

Se um product owner se tornar sobrecarregado, vai ser difícil que ele colabore com ambos stakeholders e equipe de desenvolvimento no nível necessário. Em algumas circunstâncias a carga de trabalho pode ser mais do que uma pessoa possa realizar razoavelmente, nesse caso o product owner pode requisitar a assistência de outros para ajudar a preencher as responsabilidades do papel. Vou tratar disso mais tarde quando discutir o conceito de uma equipe de product owners.

Características/Habilidades

A Figura 9.5 ilustra as características importantes do papel do product owner.

Apesar de haver numerosas características que busco em um bom product owner, elas podem ser agrupadas em quatro categorias: habilidades do domínio, habilidades com pessoas, tomada de decisão e prestação de contas.

Habilidades do Domínio

O product owner é um visionário que consegue sintetizar uma visão do produto e liderar a equipe para alcançar essa visão. Ter uma visão não significa que todos os detalhes da visão ou o caminho para a alcançar estejam perfeitamente claros. Um bom product owner sabe que nem tudo pode ser antecipado de antemão e está disposto a se adaptar quando houver mudanças.

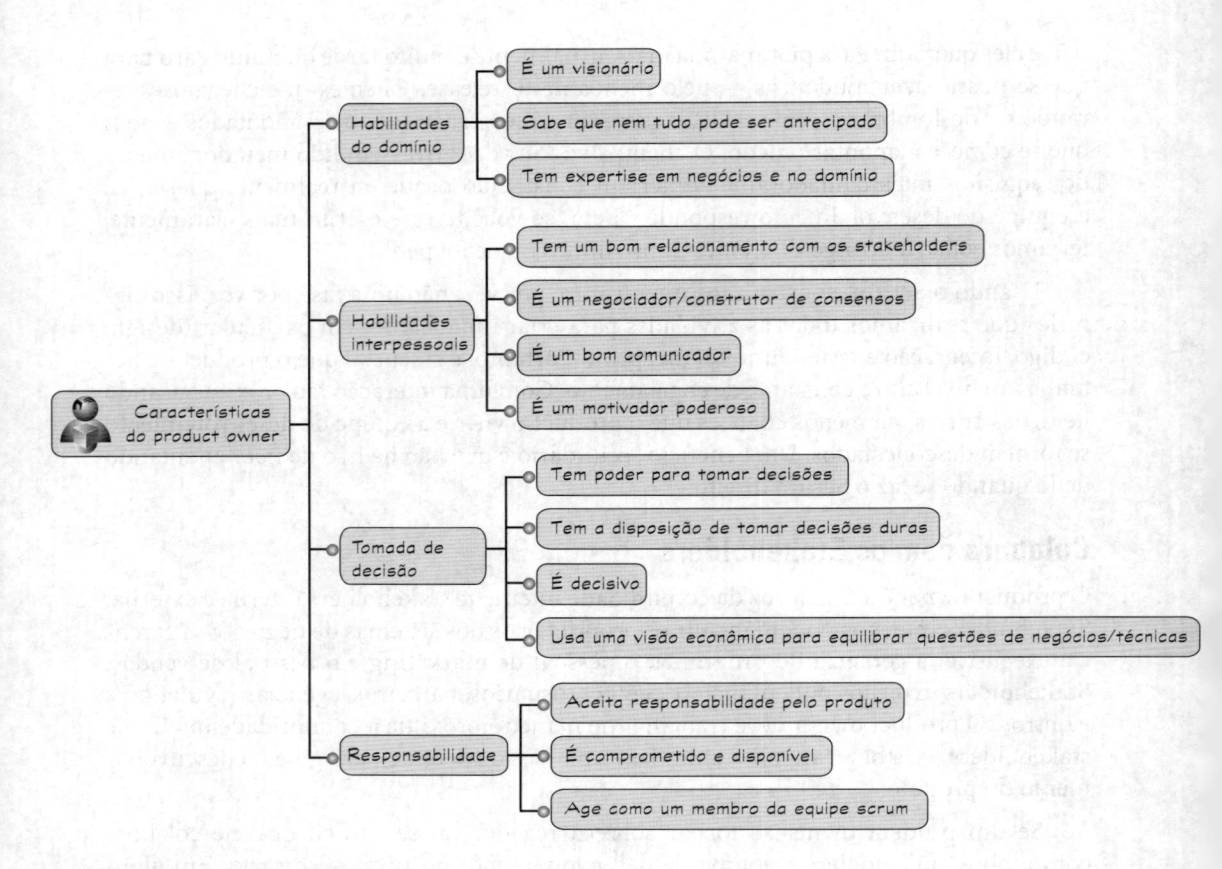

FIGURA 9.5 Características do product owner

(Características do product owner)

- **Habilidades do domínio**
  - É um visionário
  - Sabe que nem tudo pode ser antecipado
  - Tem expertise em negócios e no domínio

- **Habilidades interpessoais**
  - Tem um bom relacionamento com os stakeholders
  - É um negociador/construtor de consensos
  - É um bom comunicador
  - É um motivador poderoso

- **Tomada de decisão**
  - Tem poder para tomar decisões
  - Tem a disposição de tomar decisões duras
  - É decisivo
  - Usa uma visão econômica para equilibrar questões de negócios/técnicas

- **Responsabilidade**
  - Aceita responsabilidade pelo produto
  - É comprometido e disponível
  - Age como um membro da equipe scrum

Para ser efetivo na criação e execução de uma visão, um product owner deve ter conhecimentos apropriados de negócios e do domínio. É difícil ser um bom product owner se você for novo naquele domínio do produto. Como você poderá definir prioridades entre features em competição se não souber algo sobre aquele assunto?

Habilidades Interpessoais

Um product owner deve também ser a "voz do cliente", o que requer um bom relacionamento com os stakeholders. Como frequentemente há múltiplos stakeholders que podem ter necessidades conflitantes, o product owner deve também ser um bom negociador e construtor de consensos.

O product owner é a conexão entre a comunidade de stakeholders e o resto da equipe Scrum. Nesta posição, o product owner precisa de boas habilidades de comunicação para trabalhar com ambas partes e transmitir as informações para cada grupo na linguagem apropriada. Um bom comunicador também exibe as seguintes qualidades: está disposto a falar mesmo se fizer isso for contra o status quo; tem confiança em suas ideias; entende o assunto; é capaz de se comunicar de uma maneira simples, concisa e facilmente entendida; e tem credibilidade.

Um product owner é também um poderoso motivador. Quando as coisas apertam, o product owner pode lembrar as pessoas do porquê elas estarem investindo o esforço e ajudar as pessoas a manterem uma perspectiva entusiasmada ao reforçar a proposta do negócio.

Tomada de Decisão

O product onwer deve ser empoderado para tomar decisões. Um impedimento frequente nas organizações novas no Scrum é que a pessoa selecionada para ser o product owner não é empoderada para tomar decisões significantes. Tal pessoa não é o product owner.

O product owner também deve estar disposto a tomar decisões difíceis — usualmente fazendo trade-offs em restrições como escopo, datas e orçamento. Essas decisões devem ser feitas de uma maneira oportuna e não devem ser revertidas sem uma boa razão. Em outras palavras, o product owner deve ser um tomador de decisões decisivo.

Ao tomar essas decisões, um product owner deve manter o equilíbrio apropriado entre as necessidades de negócio e as realidades técnicas. Apesar de a equipe Scrum como um todo ser responsável quando os sistemas acumulam níveis inaceitáveis de dívida técnica, decisões ingênuas de product owners e aquelas que falham em considerar efeitos no nível de sistema podem frequentemente ser um fator contributivo significante.

Responsabilidade (Accountability)

O product owner presta contas sobre a entrega de bons resultados de negócio. Essa prestação de contas não absolve os outros membros da equipe Scrum de suas prestações de contas em participar na geração de um bom retorno de investimento. Entretanto, o product owner é o responsável por garantir que os recursos estejam sendo usados de uma maneira economicamente sensata, e deve aceitar a responsabilidade se não forem. Afinal de contas, o product owner teve muitas oportunidades ao longo do caminho para mudar o product backlog, reajustar as prioridades ou mesmo supervisionar o cancelamento do esforço de desenvolvimento inteiro.

O product owner deve estar compromissado e disponível tanto para os stakeholders quando para o resto da equipe Scrum. Ser um product owner é um trabalho em tempo integral; tentar fazer isso como trabalho extra é uma receita para o fracasso.

Finalmente, o product owner é um membro da equipe Scrum e, portanto, percebe que bons resultados econômicos são impossíveis sem os esforços colaborativos da equipe Scrum inteira. Então, o product owner trata a equipe de desenvolvimento e o Scrum Master com respeito e confia que eles sejam parceiros na entrega dos resultados desejados. Juntos, todos os membros da equipe Scrum deve compartilhar uma atitude de Mosqueteiros (vou descrever esse conceito no Capítulo 11). Não há uma atitude nós versus eles. O product owner, o ScrumMaster e a equipe de desenvolvimento são uma unidade trabalhando junta em direção ao mesmo objetivo.

Um Dia na Vida

Para melhor apreciar o escopo das responsabilidades do product owner, vamos olhar "um dia na vida" de um product owner ao longo de parte de um esforço de desenvolvimento de produto (veja a Figura 9.6).

Durante as semanas 1 e 2 o product owner está engajado tanto no planejamento do portfólio (veja o Capítulo 16) quanto no planejamento do produto (veja o Capítulo 17). Como parte do planejamento do portfólio, o product owner pode trabalhar com o gerente

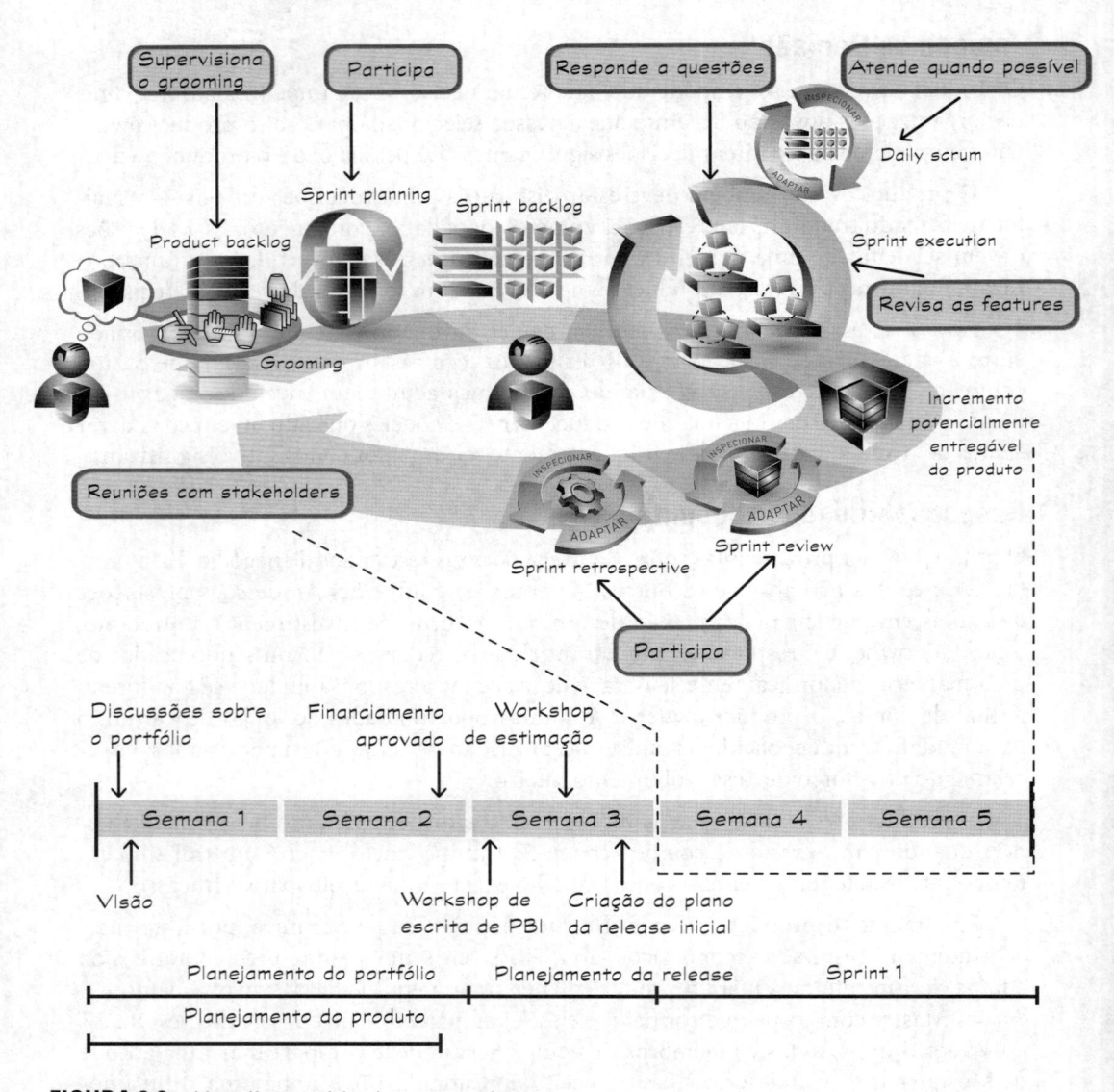

FIGURA 9.6 Um dia na vida de um product owner

de portfólio ou com o conselhor de governança para discutir as expectativas de portfólio que possam influenciar o planejamento do novo produto. Estas discussões fornecem input para **planejamento do produto**, onde o product owner, trabalhando com os stakeholders apropriados e outros, vai realizar a concepção do novo produto.

No fim do planejamento do produto, o produto proposto vai ser submetido ao planejamento de portfólio, onde será sujeitado ao **filtro econômico** da organização para determinar se o desenvolvimento vai ser financiado e quando o trabalho pode começar. A Figura 9.6 mostra tudo isso ocorrendo imediatamente depois do planejamento do produto ter sido completado; em muitas organizações haveria um atraso entre o fim da concepção e quando o comitê de aprovação ou corpo de governança revisaria e aprovaria o financiamento e o trabalho começaria.

Na semana 3 o product owner está engajado no planejamento da release inicial (veja o Capítulo 18). Isso tipicamente envolve um workshop de escrita de PBI (veja o Capítulo 5 para mais detalhes), que incluiria stakeholders internos, os membros da equipe de desenvolvimento e possivelmente stakeholders externos para gerar um product backlog de alto nível que possa ser usado durante o planejamento da release. Os membros da equipe de desenvolvimento devem estar disponíveis para participar, porque o financiamento já foi aprovado. Se necessário, uma equipe substituta pode ser usada se a equipe de desenvolvimento ainda não estiver formada.

Em seguida ao workshop de escrita de PBIs, o product owner participa de um workshop de estimação (provavelmente uma série de encontros durante um dia ou dois), durante os quais os membros da equipe de desenvolvimento (ou uma equipe substituta se a equipe real ainda não estiver escalada) estimam o tamanho dos itens de maior valor do product backlog.

Em seguida, o product owner facilita uma sessão de planejamento do release inicial (planejamento de prazo mais longo). Como uma quantidade de itens do product backlog já foram estimados, o foco dessa atividade de planejamento de release é priorizar o product backlog e equilibrar as restrições de escopo, agenda e orçamento (veja o Capítulo 18). Os stakeholders são os principais coparticipantes nessa atividade; entretanto, alguns ou todos os membros da equipe de desenvolvimento precisarão estar envolvidos em algum ponto para identificar as dependências técnicas que poderiam afetar a ordem dos itens do product backlog.

O objetivo é fazer uma quantidade suficiente de planejamento de release para se ter um nível aceitável de clareza da release geral, e para fornecer respostas iniciais para as questões de negócios tais como o que será entregue e quando. Para a maioria dos produtos, essa atividade não deve levar mais do que um dia ou dois para ser completada. Vamos atualizar o plano de release à medida que melhores informações se tornarem disponíveis.

Em seguida ao planejamento de release, a equipe Scrum realiza o primeiro sprint (a Figura 9.6 mostra um sprint de duas semanas durantes as semanas 4 e 5). No início do sprint, o product owner supervisiona a atividade de sprint planning (veja o Capítulo 19). Durante a sprint execution (veja o Capítulo 20), o product owner tenta estar presente nos daily scrums da equipe; isso pode não ser possível sempre, mas é uma boa prática. Durante o daily scrum o product owner ouve para entender melhor como o sprint atual está progredindo e como identificar oportunidades para ajudar a equipe de desenvolvimento. Talvez um membro da equipe mencione que ele está meio confuso sobre as especificidades de um item do product backlog e precisa de algumas clarificações antes de poder completar sua tarefa atual. Se for uma clarificação rápida, o product owner pode oferecê-la durante o daily scrum. Se a resposta for algo maior do que uma resposta de alguns segundos, o product owner deve dizer: "Posso ficar depois da daily scrum para discutir isso com você."

O product owner deve também estar disponível (tipicamente todo dia) para responder a questões e para testar as features à medida que elas se tornem disponíveis para revisão. Se o product owner sabe que ele não pode estar disponível todos os dias para realizar estas responsabilidades, ele deve delegá-las para uma pessoa apropriada, para que a equipe de desenvolvimento não fique bloqueada. Mais a frente, neste capítulo, discutirei melhor essa ideia.

Também durante a sprint execution, o product owner se encontra tanto com stakeholders internos quanto externos para garantir que as prioridades para o sprint seguinte estejam corretas e para assegurar inputs valiosos dos usuários, que afetarão as features escolhidas para os sprints futuros.

O product owner também realiza groomings frequentes no product backlog, que incluem escrever novos itens de product backlog e refinar itens existentes, e então trabalha com a equipe para os estimar e com os stakeholders e a equipe para os priorizar.

No fim do sprint, o product owner participa de duas iniciativas de inspeção e adaptação: a sprint review (veja o Capítulo 21) e a sprint retrospective (veja o Capítulo 22). Depois de elas serem feitas, o ciclo do sprint se repete e o product owner participa da próxima atividade de sprint planning.

Quem Deve Ser um Product Owner?

A maioria das organizações não Scrum provavelmente não tem um papel existente rotulado como "product owner". Então, quem dentro da organização deve preencher o papel de product owner?

Como mencionei mais cedo neste capítulo, o product owner precisa encarar duas direções simultaneamente: na direção dos stakeholders internos e externos e na direção da equipe de desenvolvimento. Assim sendo, o papel do product owner é uma junção de autoridades e responsabilidades que historicamente têm sido encontradas em diversos papéis tradicionais. Na sua expressão mais ampla, um product owner incorpora elementos dos papéis de gerente de produto, marqueteiro de produto, gerente de projeto (discutido mais no Capítulo 13), analista de negócios e testador de aceitação.

Exatamente quem deve ser o product owner depende do tipo de esforço de desenvolvimento e da organização específica. A Tabela 9.1 sugere bons candidatos para o papel de product owner para diferentes tipos de desenvolvimentos.

Desenvolvimento Interno

Num esforço de desenvolvimento interno, uma pessoa empoderada do grupo que vai se beneficiar do desenvolvimento deve ser o product owner. Por exemplo, se um grupo interno de TI desenvolve um sistema para o grupo de marketing, uma pessoa empoderada da equipe de marketing deve ser o product owner (veja a Figura 9.7).

TABELA 9.1 Product Owners para Diferentes Tipos de Desenvolvimento de Produto

Tipo de Desenvolvimento	Candidato Product Owner
Desenvolvimento Interno	Representante/cliente da área do negócio que se beneficiará da solução
Desenvolvimento Comercial	Um proxy interno para os clientes e usuários reais (tipicamente um gerente de produto, marqueteiro de produto ou gerente de projeto)
Desenvolvimento Terceirizado	Representante/cliente da companhia pagando pela solução e que receberá os benefícios
Equipe de Componente (desenvolvimento arquitetural)	Tipicamente uma pessoa técnica que possa priorizar da melhor maneira o backlog de itens técnicos

FIGURA 9.7 Exemplo de um product owner no desenvolvimento interno

Algumas organizações (tipicamente aquelas que ainda não aprenderam a importância de ter uma pessoa de negócios como o product owner engajado no dia a dia) podem pedir a uma pessoa de TI para lidar com as responsabilidades de dia a dia do product owner. Vou revisar os problemas com essa abordagem quando discutir mais tarde neste capítulo o conceito de uma equipe de product owners.

Desenvolvimento Comercial

Em um esforço de desenvolvimento comercial — uma companhia construindo um produto para vender a clientes externos — o product owner deve ser um empregado da organização que aja como a voz dos clientes reais. Frequentemente essa pessoa vem dos cargos de gerência de produtos ou de marketing de produto (veja a Figura 9.8).

FIGURA 9.8 Exemplo de um product owner num desenvolvimento comercial

Os praticantes do Scrum têm debatido acaloradamente se o papel do product owner é ou não é apenas a renomeação pelo Scrum (e pelos métodos ágeis) do papel do gerente de produto. Alguns acreditam que os dois papéis sejam sinônimos. Outros defendem que o papel do product owner é maior do que de gerente de produto. E, é claro, há ainda outros que defendem que o papel do gerente de produto é maior. Aqui está como eu vejo.

As áreas de gerência de produto e marketing de produto são bastante expansivas. A Pragmatic Marketing, Inc., uma bem conhecida e respeitada companhia do campo de gerenciamento de produto/marketing, criou um framework altamente conceituado que define os papéis e as responsabilidades para equipes de gerenciamento de produto e de marketing de produto na área de tecnologia (veja a Figura 9.9).

Para cobrir todas essas atividades, a Pragmatic Marketing sugere que múltiplos papéis são necessários. Incluindo product strategy champions, technical product managers e marketing product managers. A maioria das pessoas concordaria que se uma organização comercial precisasse realizar todas essas atividades para um produto maior, provavelmente seria necessário uma equipe de pessoas.

É esperado que o product owner realize todas essas atividades? Aqueles que acreditam que o papel do product owner é um subconjunto do papel tradicional de gerente de produto argumentam que um product owner é realmente apenas o "technical product manager" e, portanto, focaria primariamente no pequeno número de atividades mostradas dentro da linha tracejada na Figura 9.9. Eles acreditam que, como o product owner tem de estar disponível para a equipe no dia a dia, ele não teria tempo para focar nas outras atividades.

Certamente o product owner é responsável por realizar as atividades dentro da linha tracejada, mas acredito que o papel do product owner é responsável por mais atividades.

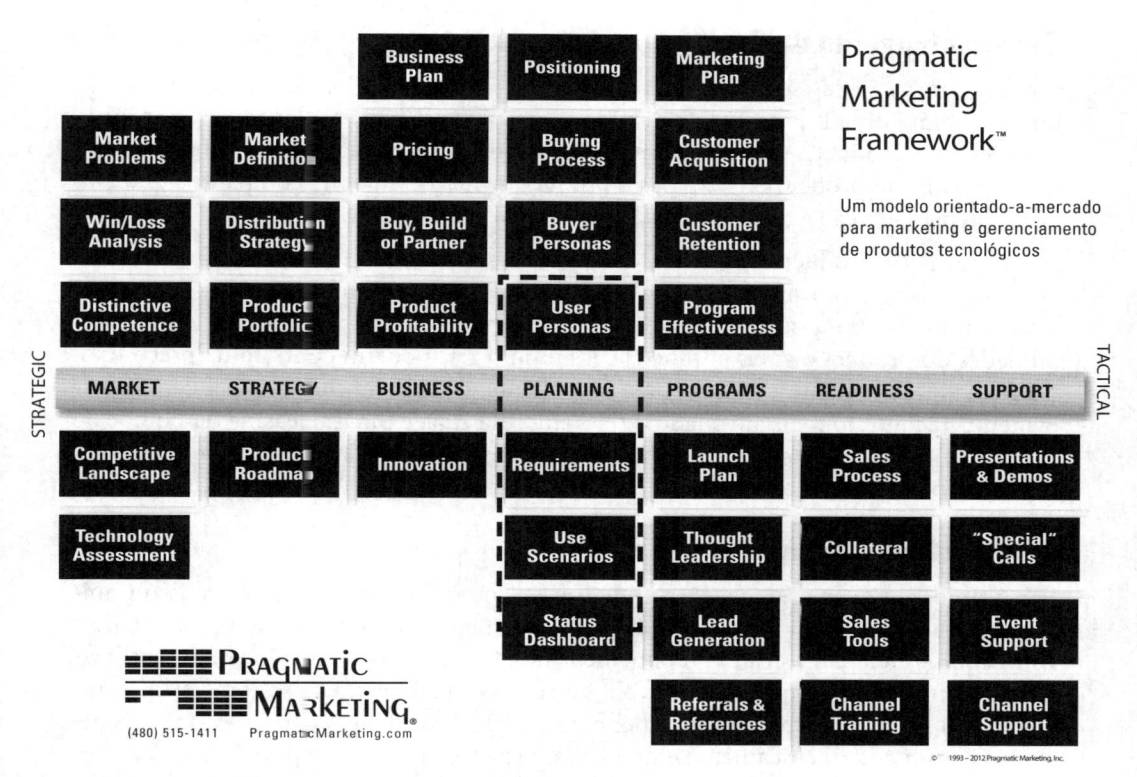

FIGURA 9.9 O framework Pragmatic Marketing

Na verdade, acredito que o *papel* do product owner deve ser responsável por realizar tantas atividades mostradas na Figura 9.9 quanto forem necessárias e práticas que ele realize. A extensão dessa responsabilidade dependeria da organização, do produto específico e das habilidades da pessoa selecionada para ser o product owner. Por exemplo, uma organização que esteja produzindo uma simples aplicação de conversão de unidades para venda, como um app para dispositivos móveis, não vai requerer muitas atividades quanto uma organização criando seu próximo release principal de seu produto de Business Intelligence. Portanto, não é prático definir universalmente a extensão das responsabilidades do product owner em relação ao framework Pragmatic Marketing.

Como discutirei em breve, há vezes quando o escopo das atividades do product owner pode ser muito grande para que uma pessoa realize adequadamente. Em tais casos, podemos ter uma equipe de product owners que inclua pessoas que foquem em estratégia e marketing. Entretanto, sempre vai haver um único indivíduo que funcione no papel de product owner para uma equipe Scrum.

Desenvolvimento de Projeto Terceirizado

Em um esforço de desenvolvimento terceirizado — por exemplo, companhia A contratando a companhia B para construir uma solução — um representante da companhia A deve ser o product owner. A Companhia B pode escalar uma pessoa interna para ficar próxima ao product owner, mas o product owner deve ser da companhia que está pagando pela solução e recebendo os benefícios (veja a Figura 9.10).

O papel de product owner fica complicado se a companhia A e a companhia B entrarem em um contrato tradicional de desenvolvimento com preço fixo. Nesse caso, a companhia B vai quase certamente achar que deve preencher a maioria das responsabilidades do product owner, porque ela assumiu o risco de um contrato de preço fixo. Na realidade, a companhia A, sendo a real cliente, deve preencher o papel de product owner. Um contrato mais adequado teria a empresa A fazendo um leasing da Equipe de Desenvolvimento de alto desempenho e de um ScrumMaster da empresa B e a empresa A forneceria o product owner.

Desenvolvimento de Componente

Por último, algumas organizações podem usar equipes de componentes (veja o Capítulo 12) que constroem partes de soluções para clientes, mas não as soluções inteiras. Estas equipes tendem a criar componentes ou outros recursos, que são então reutilizados por outras equipes para montar valiosas soluções para os clientes. Como essas equipes focam no nível técnico do componente, os product owners delas são tipicamente pessoas orientadas tecnicamente e que sejam capazes de definir e priorizar as features técnicas em seus backlogs (veja a Figura 9.11).

Na figura, há três equipes de features orientadas a negócios que criam features que são valiosas para os usuários finais. Cada equipe de feature tem seu próprio product

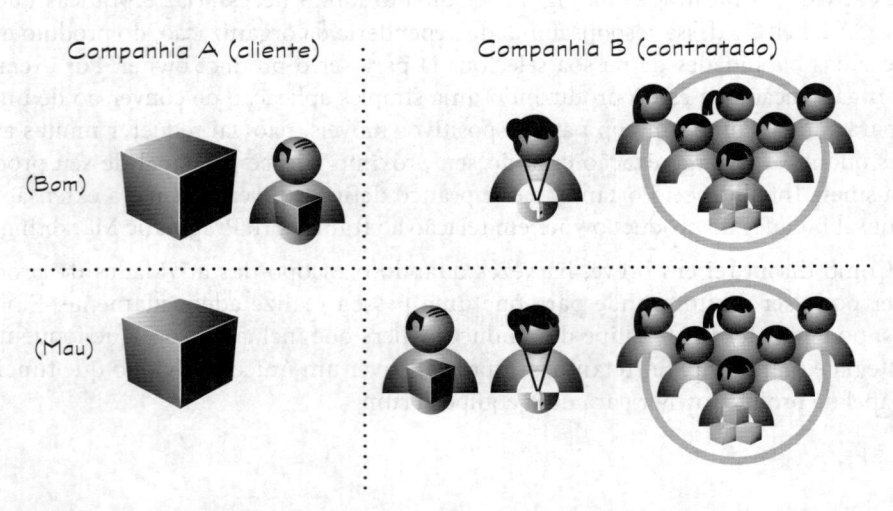

FIGURA 9.10 Exemplo de um product owner em um desenvolvimento terceirizado

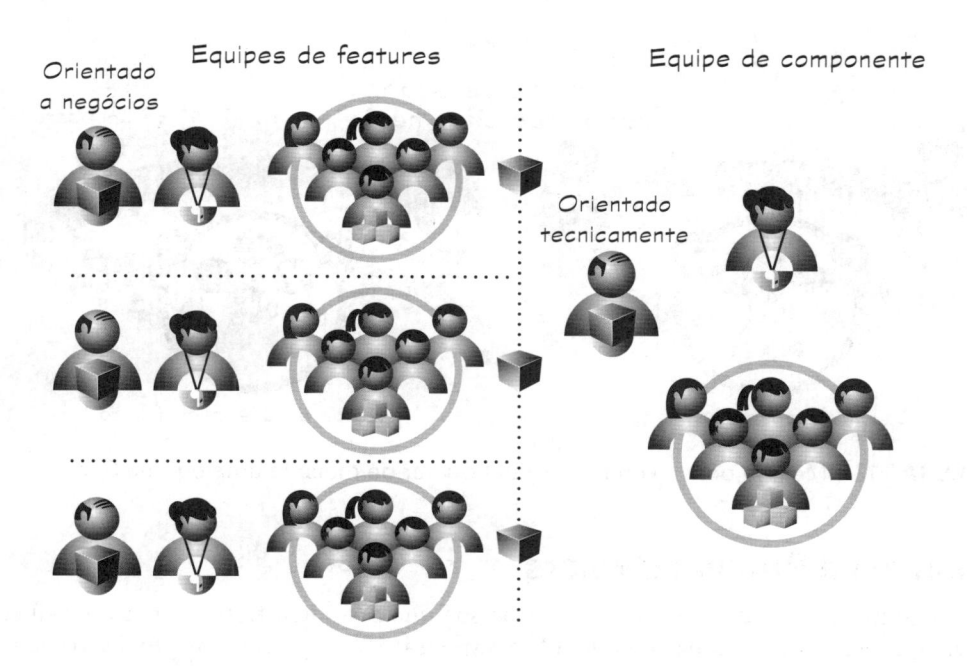

FIGURA 9.11 Exemplo de um product owner em um desenvolvimento de componente

owner focado nas features daquela equipe. Cada uma dessas equipes de features faz uso do trabalho de uma equipe de componente, que fornece os recursos necessários para que elas completem suas features. A equipe de componente precisa de um product owner que possa priorizar e supervisionar o desenvolvimento de vários requisitos de nível de componente sendo feitos pelas equipes de feature. O product owner do componente provavelmente vai ser mais tecnicamente orientado do que os product owners das equipes de features.

Product Owner Combinado com Outros Papéis

Se a capacidade permitir, a mesma pessoa pode agir como o product owner para mais de uma equipe Scrum (veja a Figura 9.12).

Usualmente é mais fácil para essa pessoa ser o product owner de múltiplas equipes do mesmo esforço de desenvolvimento, porque o trabalho dessas equipes vai provavelmente ser altamente inter-relacionado.

Apesar de haver momentos quando o mesmo indivíduo possa ser produtct owner e membro da equipe de desenvolvimento, é considerado uma má ideia que a mesma pessoa seja tanto o product owner e o ScrumMaster na mesma equipe Scrum. Estes dois papéis se contrabalançam; ter uma pessoa sendo ambos cria um conflito de interesse que devemos tentar evitar.

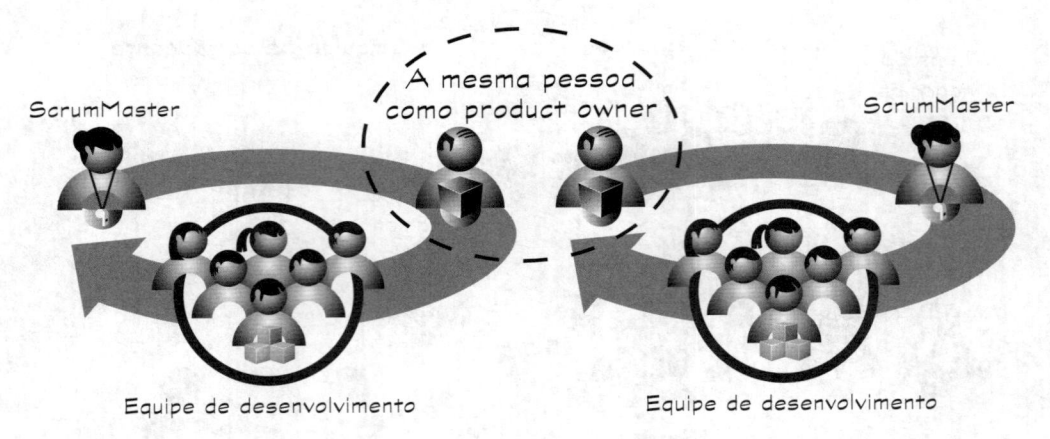

FIGURA 9.12 Mesma pessoa como product owner de mais de uma equipe Scrum

Equipe de Product Owners

Toda equipe Scrum deve ter uma única pessoa que seja identificada como o product owner, e seja a única pessoa empoderada e responsável pelo preenchimento das responsabilidades de product owner para aquela equipe Scrum.

Devemos permitir que uma equipe de pessoas realize o papel de product owner? Se por equipe queremos dizer um grupo de pessoas com responsabilidade e tomada de decisão compartilhadas, definitivamente não. Para aplicar apropriadamente o Scrum, precisamos que um indivíduo seja *o* product owner, tomando decisões e agindo para a equipe Scrum como a voz única das comunidades de stakeholders.

Dito isso, algumas organizações podem formar o que elas chamam de uma "equipe de product owners", porque elas reconhecem que, em suas circunstâncias, o product owner não pode fazer o trabalho sem um grupo selecionado de pessoas para fornecer input e aconselhamento. Em outras companhias, a carga de trabalho de ser um product owner pode ser maior do que qualquer pessoa em tempo integral possa realizar. Nesses casos, o product owner delega algumas responsabilidades de product owner para outras pessoas. Formar uma equipe de product owners em qualquer dessas situações é aceitável desde que haja uma pessoa na equipe que seja o tomador de decisão final, e desde que ter uma equipe de product owners não degrade em um design por comitê, com cada decisão precisando de aprovação de umas oitos pessoas.

Seja cuidadoso ao criar uma equipe de product owners. Product owners que não sejam apropriadamente habilitados para serem o ponto central empoderado da liderança do produto não precisam de um comitê — eles precisam é de um papel diferente. De forma similar, product owners que estejam muito ocupados para preencher todas suas responsabilidades podem não estar precisando de uma equipe. Talvez o problema real seja que a organização escolheu começar muitos esforços de desenvolvimento ao mesmo tempo, ou que haja poucos product owners para cobrir os produtos necessários.

De forma alternativa, talvez o produto que estamos construindo seja simplesmente grande demais para ser dividido em uma série de pedaços menores com releases mais frequentes. Com pedaços menores uma única pessoa mais facilmente consegue preencher o papel de product owner. Também, se tivermos equipes estruturadas de maneira pobre (veja o Capítulo 12), ou estruturas do backlog mal concebidas (veja o Capítulo 6), um único product owner pode achar difícil fazer seu trabalho. Garanta que suas equipes de product owners sejam realmente necessárias e não estejam apenas mascarando um problema oculto; caso contrário, a situação vai ficar mais complicada e danificar seu resultado final.

Proxy de Product Owner

Como mencionei mais cedo, algumas companhias ao fazer desenvolvimento interno pedem a uma pessoa de TI (por exemplo, um analista de negócios ou um gerente de desenvolvimento) para ser o product owner, porque a pessoa da unidade de negócios está muito ocupada com outro trabalho. Como todos sabem que a pessoa de TI não é empoderada para tomar decisões finais importantes (uma das responsabilidades--chave de qualquer product owner), as organizações que fazem isso preechem o papel de product owner de forma inefetiva e confusa. Uma solução melhor seria liberar tempo suficiente de uma pessoa da unidade de negócios, para que ele ou ela possa ser um verdadeiro product owner, mas ter a pessoa de TI agindo como um proxy do product owner em certas interações com a equipe.

Um **proxy de product owner** é uma pessoa chamada pelo product owner para agir em seu nome em situações em particular. Todos na equipe Scrum sabem que o proxy não é o product owner real, mas todos também sabem que o product owner empoderou o proxy para que ele possa tomar pelo menos algumas decisões táticas em seu nome. Um exemplo comum é quando o product owner gasta uma grande quantidade de tempo se encontrando com clientes e usuários para garantir que ele sinta o pulso do mercado. Essa pessoa é confiavelmente indisponível para a equipe de desenvolvimento no dia a dia. Nesse caso, o product owner pode conseguir o suporte de um proxy para tratar das interações de dia a dia com a equipe de desenvolvimento com relação aos itens do product backlog.

Para que essa abordagem funcione, é essencial que o product owner realmente empodere o proxy para tomar decisões e não passar por cima dessas decisões sem razão, de maneira que iria minar a credibilidade do proxy com a equipe. Lembre-se, mesmo que product owner possa empoderar outros para o assistir, ele não pode delegar a responsabilidade final de garantir que o trabalho seja feito — ele continua responsável por isso.

Product Owner Chefe

Outra situação onde uma equipe de product owners é frequentemente criada é em produtos muito grandes. Anteriormente falei que uma única pessoa pode ser o product owner para algumas equipes Scrum, mas e quanto a cenários que envolvam muitas equipes? Por exemplo, fiz o treinamento e o coach de uma organização que tinha um esforço de desenvolvimento que envolvia mais de 2.500 pessoas. Com um tamanho

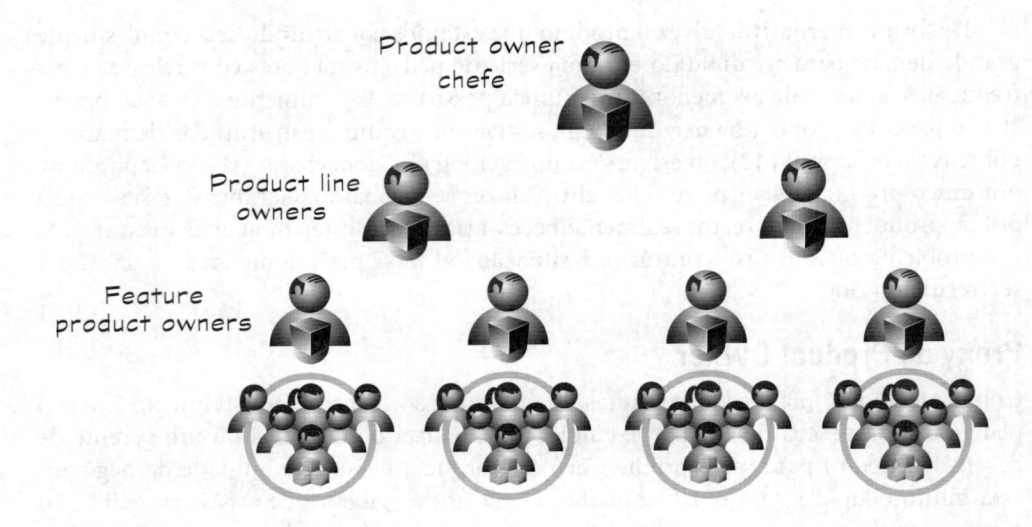

FIGURA 9.13 Papel hierárquico de product owner

médio de equipe de menos de 10 pessoas, a organização tinha mais de 250 equipes no esforço. Uma pessoa não pode ser o product owner para 250 equipes. Na verdade, uma pessoa não consegue estar engajada como product owner no dia a dia para mais do que umas poucas equipes. Em casos como esses, o product owner precisa escalonar hierarquicamente como mostrado na Figura 9.13.

Em última instância, na Figura 9.13, a pessoa rotulada como **product owner chefe** é *o* product owner para o produto inteiro. Entretanto, o product owner chefe tem uma equipe de product owners para garantir que o papel de product owner seja preenchido corretamente em cada nível mais baixo da hierarquia. Se você escolher usar essa abordagem, garanta que os product owners da equipes individuais continuem empoderados para tomar a vasta maioria das decisões do nível deles, em vez de ter de passar tais decisões para cima na hierarquia, para ser feita em níveis maiores.

Fechamento

Nesse capítulo expandi a descrição do papel do product owner. Enfatizei esse papel como o ponto central empoderado de liderança e descrevi as características e responsabilidades importantes do papel. Então descrevi o que o product owner faz durante as várias atividades Scrum em um projeto. Depois discuti que tipo de pessoa deve preencher o papel para diferentes tipos de projeto. Então descrevi como uma única pessoa pode ser o product owner para mais de uma equipe Scrum e como em dada ocasião uma única pessoa pode ser tanto product owner quanto membro da equipe desenvolvimento da mesma equipe Scrum. Finalizei discutindo a ideia de uma equipe de product owners com um foco em proxies de product owners e product owners chefes. No próximo capítulo vou discutir o papel do ScrumMaster.

Capítulo 10
SCRUMMASTER

Neste capítulo descrevo o papel do ScrumMaster. Começo descrevendo o propósito desse papel relativo aos outros papéis do Scrum. Então defino as principais responsabilidades e características de um ScrumMaster. Em seguida ilustro um "dia na vida" do ScrumMaster, o que leva a uma discussão sobre se o papel de ScrumMaster é ou não é em tempo integral. Finalizo descrevendo o tipo de pessoa que tipicamente preenche o papel de ScrumMaster.

Visão Geral

O ScrumMaster é dos três papéis que constituem toda a equipe Scrum (os outros sendo o product owner e a equipe de desenvolvimento). Enquanto o product owner é focado na construção do produto certo e a equipe de desenvolvimento é focada em construir o produto do jeito certo, o ScrumMaster é focado em ajudar a todos entenderem e abraçarem os valores, princípios e práticas do Scrum. O ScrumMaster age como um coach para ambos product owner e equipe de desenvolvimento. Um ScrumMaster também fornece uma liderança de processo, ajudando a equipe Scrum e o resto da organização a desenvolver sua própria abordagem Scrum de alta performance e específica da organização.

Responsabilidades Principais

A Figura 10.1 ilustra as principais responsabilidades do ScrumMaster.

Coach

O ScrumMaster é o agile coach para a equipe Scrum — tanto para a equipe de desenvolvimento quanto para o product owner (veja Adkins 2010 para uma descrição abrangente de um agile coach). Ao fazer o coaching de ambos papéis, o ScrumMaster pode remover as barreiras entre eles e possibilitar que o product owner dirija diretamente o desenvolvimento.

    Análogo a um técnico (coach) de uma equipe esportiva, o ScrumMaster observa como a equipe está usando o Scrum e faz qualquer coisa possível para a ajudar a alcançar o próximo nível de performance. Quando surgem problemas que a equipe pode e deve ser capaz de resolver, a atitude do ScrumMaster, como a de um bom técnico, é: "Não estou aqui para resolver seus problemas para vocês; em vez disso, estou aqui para lhes ajudar a resolver seus próprios problemas." Se o problema for um impedimento que a equipe não possa resolver, o ScrumMaster toma à frente para o resolver.

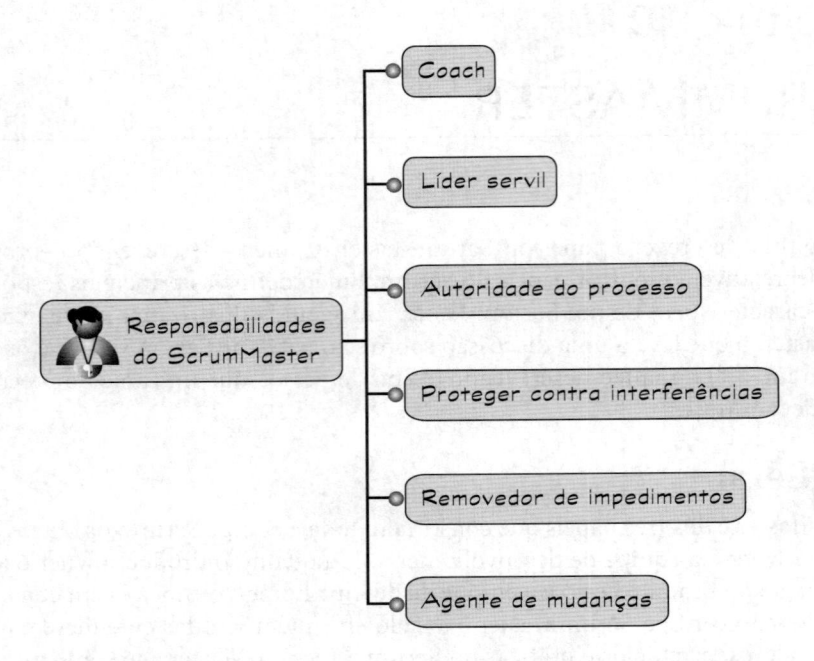

FIGURA 10.1 Principais responsabilidades do ScrumMaster

O ScrumMaster faz o coaching de um novo product owner ao ajudá-lo a entender e realizar suas responsabilidades de procut owner. Uma vez que o ScrumMaster ajude o product owner a se estabelecer em seu papel, ele fornece uma assistência contínua para atividades tais como o grooming do product backlog. Ainda mais, continuando a analogia com equipes esportivas, o relacionamento do ScrumMaster com o product owner é muito como papel do técnico do time com o dono do time: ajudar o dono a maximizar os resultados de negócios usando o Scrum, gerenciar as expectativas, garantir que o dono esteja fornecendo à equipe o que ela precisa e ouvir as reclamações e os pedidos de mudança do dono e traduzi-los em melhorias viáveis para a equipe.

Líder Servil

O ScrumMaster é frequentemente descrito como um **líder servil** da equipe Scrum. Mesmo ao agir como o coach da equipe, o ScrumMaster é primeiro e acima de tudo um servo da equipe Scrum, assegurando que suas necessidades de mais alta prioridade sejam atendidas. Um líder servil nunca perguntaria: "Então, o que você vai fazer para mim hoje?" Em vez disso, um líder servil perguntaria: "Então, o que posso fazer para vocês hoje para ajudar a equipe a ser mais efetiva?"

Autoridade do Processo

O ScrumMaster é a autoridade dos processos da equipe Scrum. Nessa capacidade, o ScrumMaster é empoderado para garantir que a equipe Scrum aja de acordo e se atenha aos valores, princípios e práticas do Scrum, juntamente com as abordagens específicas da equipe Scrum. O ScrumMaster continuamente ajuda a equipe Scrum a melhorar o processo sempre que possível, para maximizar o valor de negócio entregue.

Autoridade nesse contexto não é o mesmo tipo de autoridade que um gerente funcional ou gerente de projeto teria. Por exemplo, o ScrumMaster não contrata e despede e não pode ditar para a equipe que tarefas ela deve fazer e como as fazer. O ScrumMaster também não é responsável por garantir que o trabalho seja feito. Em vez disso, o ScrumMaster ajuda a equipe definir e aderir ao seu próprio processo para garantir que o trabalho seja feito.

Escudo contra Interferência

O ScrumMaster protege a equipe de desenvolvimento contra interferências externas, de forma que ela possa se manter focada em entregar valor de negócio a cada sprint. Interferências podem vir de uma quantidade de fontes, desde gerentes que querem redirecionar membros da equipe no meio de um sprint, até problemas se originando em outras equipes. Não importa qual a fonte da interferência, o ScrumMaster age como um interceptador (lidando com questionamentos, falando com a gerência e arbitrando disputas), de forma que a equipe possa se focar em entregar valor.

Removedor de Impedimentos

O ScrumMaster também tem a responsabilidade de remover os impedimentos que iniibam a produtividade da equipe (quando os membros da equipe em si não conseguirem removê-los razoavelmente). Por exemplo, observei uma equipe Scrum que era consistentemente incapaz de alcançar seus sprint goals. O impedimento era os servidores de produção instáveis que a equipe usava durante os testes (como parte de sua definição de pronto). A equipe em si não tinha controle sobre esses servidores — essa era a obrigação do VP de Operações. Como a equipe em si não poderia remover o impedimento, o ScrumMaster tomou à frente de melhorar a estabilidade do servidor ao trabalhar com o VP de Operações e outros que poderiam realmente fazer algo sobre o problema da estabilidade.

Agente de Mudanças

O ScrumMaster deve ajudar a mudar mais do que servidores defeituosos e impedimentos similares. Um bom ScrumMaster deve ajudar a mudar mentes também. O Scrum pode ser muito disruptivo para o status quo; a mudança que é necessária para ser bem--sucedido com o Scrum pode ser difícil. O ScrumMaster ajuda os outros a entender a necessidade da mudança, os impactos do Scrum fora da equipe Scrum e os benefícios mais amplos que o Scrum pode ajudar a alcançar. O ScrumMaster também garante que uma mudança efetiva esteja ocorrendo em todos os níveis da organização, possibilitando não apenas sucesso a curto prazo, mas, de forma mais importante, os benefícios de longo prazo do uso do Scrum. Em grandes organizações, os ScrumMasters podem se juntar para se tornarem uma força de mudança mais efetiva.

Características/Habilidades

A Figura 10.2 ilustra as características importantes do ScrumMaster.

Conhecedor

Para ser um coach de processo efetivo, o ScrumMaster deve ter muito conhecimento sobre o Scrum. O ScrumMaster também deve entender as questões técnicas que a equipe precisa tratar e as tecnologias que a equipe vai usar para criar as soluções. Um ScrumMaster não precisa ter um conhecimento de um líder de tecnologia ou de um líder de desenvolvimento, mas um razoável conhecimento técnico é uma vantagem. O ScrumMaster também não precisa ser um expert no domínio de negócios (o product owner precisa), mas, novamente, um conhecimento funcional do domínio de negócios ajuda.

Questionador

O ScrumMaster usa suas habilidades de coach em conjunto com seus conhecimentos dos processos, técnicos e de negócios para perguntar as grandes questões. Eles se engajam na investigação intencional, fazendo os tipos de questões que fazem as pessoas pararem e dizerem: "Hummm, nunca tinha pensado sobre isso. Agora que você perguntou, isso me faz pensar que pode haver uma outra maneira de fazer." Grandes ScrumMasters quase nunca respondem diretamente a uma questão, mas em vez disso respondem reflexivamente com uma questão deles mesmos — não uma questão

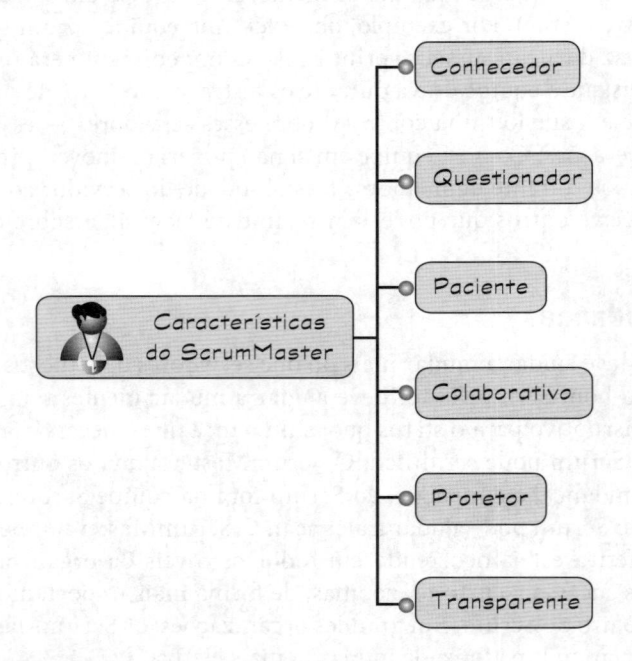

FIGURA 10.2 Características do ScrumMaster

irritante, ou uma questão só por perguntar, mas sim uma questão ponderada, profunda, investigativa — e portanto ajudam as pessoas a perceberem que elas têm o insight para encontrar suas próprias respostas (uma forma de questionamento socrático).

Paciente

Como os ScrumMasters preferem não dar respostas, eles precisam ser pacientes, dando tempo para que as equipes cheguem nas respostas apropriadas por conta própria. Às vezes é difícil para mim ser um ScrumMaster, porque eu vejo o problema com o qual a equipe está lidando e eu "sei" a resposta. Bem, pelo menos eu *acho* que sei a resposta! É arrogante de minha parte (ou da parte de qualquer ScrumMaster) acreditar que sou mais esperto do que a inteligência coletiva da equipe. Então, às vezes tenho que morder a língua e ser paciente, deixando que a equipe trabalhe na solução, periodicamente fazendo perguntas investigativas para ajudar a direcionar as coisas.

Colaborativo

O ScrumMaster deve ter excelentes habilidades de colaboração para trabalhar com o product owner, a equipe de desenvolvimento e todas as outras partes, mesmo aquelas que podem não estar diretamente envolvidas no Scrum. E também, como o coach do processo, o ScrumMaster está sempre buscando oportunidades para ajudar os membros da equipe Scrum a alcançarem um nível invejável de colaboração intraequipe. Um ScrumMaster pode assistir nesse esforço ao exibir pessoalmente habilidades efetivas de colaboração.

Protetor

O ScrumMaster deve ser muito protetor com relação à equipe. A analogia comum é que o ScrumMaster age como um cão pastor, protegendo o rebanho dos lobos que possam tentar atacar. Em nosso contexto, lobos podem ser impedimentos organizacionais ou pessoas com agendas diferentes. O ScrumMaster é adepto de assegurar a proteção da equipe dentro do grande contexto de se tomar decisões de negócios economicamente robustas. Com uma aguda sensibilidade com relação à equipe e às necessidades de negócio, o ScrumMaster ajuda a equipe Scrum a alcançar um equilíbrio saudável.

O ScrumMaster também ajuda os membros da equipe que começam a se afastar do rebanho. Quando as coisas ficam difíceis, é fácil para as pessoas voltarem para abordagens familiares e não ágeis. Nesse caso, é o trabalho do ScrumMaster ajudar a arrebanhar os membros desgarrados da equipe, ajudando-os a superar as dificuldades ao reforçar como usar o Scrum mais eficientemente.

Transparente

Finalmente, o ScrumMaster é transparente em todas as formas de comunicação. Ao trabalhar com os membros da equipe, não há espaço para agendas ocultas; o que você vê e ouve do ScrumMaster deve ser o que você obtém. As pessoas não esperam menos de um líder servil. O ScrumMaster também promove a comunicação transparente fora da equipe Scrum. Sem acesso transparente a informações é difícil para a organização inspecionar e se adaptar de forma a alcançar seus resultados de negócios desejados ao usar o Scrum.

Um Dia na Vida

Como exatamente é a vida para um ScrumMaster durante um sprint? A Figura 10.3 é indicativa (não uma declaração precisa) de quanto tempo o ScrumMaster de uma equipe recém-formada pode gastar fazendo cada atividade ao longo do sprint. As alocações de pencentuais seriam diferentes para um ScrumMaster de uma equipe Scrum de alta performance que tenham trabalhado juntos por diversos anos.

Como ilustrado na figura, o ScrumMaster gasta tempo a cada dia organizando e facilitando as atividades Scrum, incluindo sprint planning, sprint execution, sprint reviews, sprint retrospectives e daily scrums. Isso inclui definir as atividades, supervisionar suas execuções e possibilitar ao resto da equipe Scrum ter uma performance de alto nível em que resultados de alto valor são alcançados.

O ScrumMaster também gasta tempo a cada dia fazendo o coach dos membros da equipe para os ajudar a melhorar seu uso do Scrum e das práticas técnicas. O Scrum-Master pode também realizar um treinamento de recapitulação — por exemplo, lembrando a uma nova equipe as regras do Planning Poker ao se estimar itens do product backlog. Também, uma parte de cada dia é dedicada às comunicações (por exemplo, atualizar os gráficos do sprint, release burndown e release burnup, ou discutindo com membros que não sejam da equipe Scrum).

Ao longo do sprint, o ScrumMaster gasta algum tempo trabalhando com o product owner nas atividades de grooming do product backlog (por exemplo, escrevendo e priorizando novos itens do product backlog). O ScrumMaster também trabalha com o product owner para garantir que trade-offs economicamente viáveis sejam feitos com relação a variáveis importantes, tais como feature, data, orçamento e qualidade.

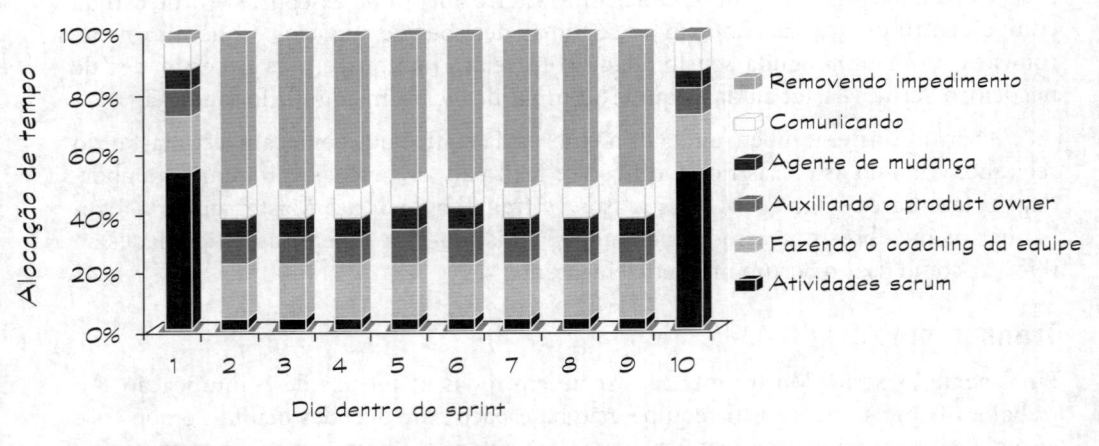

FIGURA 10.3 Um dia na vida de um ScrumMaster

O ScrumMaster também gasta tempo agindo como um agente de mudanças para ajudar a organização a abraçar melhor o Scrum ao longo da cadeia de valor (vendas, marketing, RH, subcontratações e assim por diante).

O ScrumMaster gasta uma quantidade variável de tempo a cada dia removendo impedimentos. Ele pode definir uma quantidade fixa de tempo a cada dia especificamente para remoção de impedimentos. Claro que impedimentos podem aparecer a qualquer momento e eles podem ser grandes ou sensíveis ao momento, então o ScrumMaster pode precisar realocar tempo dinamicamente de outras atividades para tratar deles.

A maioria das equipes e organizações que são novas no Scrum vão ter muitos impedimentos quando iniciarem, e elas tendem a se focar naqueles que sejam óbvios e fáceis de remover. Isso não significa, entretanto, que todos os impedimentos serão facilmente despachados. Na verdade, o próximo nível de impedimentos é frequentemente mais difícil e gasta mais tempo para serem tratados. A remoção de impedimentos é uma grande variável no dia do ScrumMaster; ela pode facilmente mudar as alocações de tempo mostradas na Figura 10.3.

Preenchendo o Papel

Ao considerar o papel de ScrumMaster, precisamos decidir quem é melhor indicado para ele, se o papel é um trabalho em tempo integral, e se ele pode ser combinado com outros papéis Scrum ou fora do Scrum. Vamos considerar cada um desses.

Quem Deve Ser um ScrumMaster?

Organizações novas no Scrum não vão ter pessoas chamadas ScrumMaster. Então onde encontramos os ScrumMasters? Tenho visto ótimos ScrumMasters virem de papéis existentes diferentes. Alguns ScrumMasters eram previamente gerentes de projeto ou gerentes de produto (apesar de gerentes de produto serem mais provavelmente transformados no papel de product owner). Outros ScrumMasters vêm de backgroud de desenvolvimento, testes ou de outra área técnica. Desde que um indivíduo tenha as características que eu mencionei anteriormente e esteja disposto a assumir as responsabilidades do papel, ele pode ser um ScrumMaster efetivo.

Algumas organizações acham que o líder de tecnologia ou o líder de desenvolvimento deve ser o ScrumMaster. Estas pessoas podem ser grandes ScrumMasters, mas elas também podem não ser a melhor escolha para o papel. Pessoas que estão em posição de liderança técnica estão ali por uma razão — elas são tecnicamente muito boas no que fazem. O papel do ScrumMaster não é um onde esse nível de excelência técnica seja explorado em todo seu potencial. A qualquer momento que os líderes técnicos estejam fazendo trabalho de ScrumMaster, eles estão necessariamente fornecendo menos liderança técnica. Torná-los ScrumMasters, portanto, pode ter um efeito adverso no resultado técnico. Vou tratar mais tarde neste capítulo sobre se um membro da equipe de desenvolvimento pode simultaneamente preencher o papel de ScrumMaster.

Gerentes de áreas funcionais ou gerentes de recursos também podem ser ScrumMasters bem-sucedidos se tiverem as habilidades para fazer o trabalho. Seria melhor se tais gerentes não mantivessem mais as responsabilidades de gerência de pessoas, pelo menos não para os membros das suas equipes Scrum. Como o ScrumMaster não tem autoridade gerencial, os membros da equipe podem ficar confusos com relação a se naquele dado momento a pessoa está no papel de ScrumMaster ou de gerente. Prefiro evitar essa situação e não ter os membros da equipe se reportando ao ScrumMaster. Entretanto, em certas organizações isso pode ser inevitável, então temos que aprender a lidar com quaisquer conflitos de interesses em potencial da melhor maneira que pudermos.

O ScrumMaster É um Trabalho em Tempo Integral?

Uma equipe Scrum que tenha trabalhado junto por um período de tempo extenso e tenha se tornado altamente proficiente com o Scrum pode requerer menos coaching do que uma equipe nova, feita de pessoas que nunca trabalharam juntas e são novas no Scrum.

Apesar de o ScrumMaster poder precisar gastar menos tempo com a equipe no dia a dia à medida que a equipe amadureça, o papel de ScrumMaster continua crítico para o sucesso do Scrum dentro da organização. Usualmente, na medida em que a necessidade de um ScrumMaster diminui, aumenta a necessidade de o ScrumMaster se focar em impedimentos organizacionais mais amplos e ser um agente de mudança ao longo da cadeia de valor da organização.

Na maioria dos casos, o papel do ScrumMaster continua tendo um comprometimento significante de tempo. Nos casos onde não seja um compromisso de tempo integral, alguma combinação de papéis pode ocorrer.

ScrumMaster Combinado com Outros Papéis

Se a capacidade permitir e uma única pessoa for tanto um ScrumMaster talentoso quanto um membro da equipe de desenvolvimento, essa pessoa pode agir em ambos papéis. No entanto, essa combinação pode sofrer um conflito de interesses quando a pessoa tenta ser ambas coisas. Por exemplo, e se a pessoa acumulando esses papéis tiver atividades importantes de ScrumMaster (como remover impedimentos) e também tiver um trabalho crítico em nível de tarefa para fazer? Como ambos são importantes, comprometer qualquer um vai reduzir a efetividade da equipe Scrum. Complicando o trade-off está o fato de que impedimentos podem ocorrer imprevisivelmente e levarem muito tempo para serem tratados. Isso torna ainda mais difícil prever quanto tempo um ScrumMaster como membro da equipe vai realmente ter disponível para fazer trabalho em nível de tarefa.

Entretanto, há uma abordagem diferente que é frequentemente melhor. Se um ScrumMaster realmente tem capacidade disponível, em muitos casos minha preferência é fazer com que essa pessoa seja o ScrumMaster para mais de uma equipe Scrum (veja a Figura 10.4).

Se tornar um bom ScrumMaster requer adquirir um conjunto valioso de habilidades não muito comuns. Prefiro que uma pessoa que tenha essas habilidades compartilhe-as com múltiplas equipes do que ficar gastando tempo realizando atividades não ScrumMaster. Entretanto, isso é apenas uma preferência pessoal. Tenho visto equipes Scrum usarem com sucesso qualquer uma dessas abordagens. Não há um certo ou errado genérico, apesar de poder haver uma resposta certa ou errada em um contexto organizacional específico.

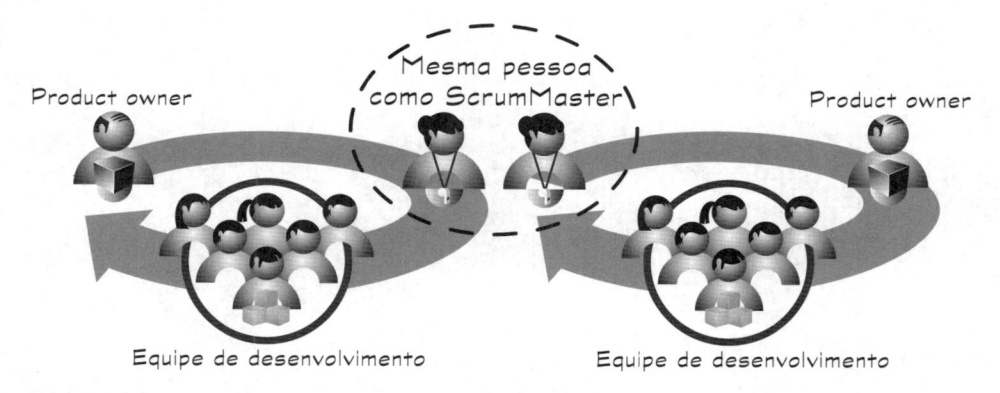

FIGURA 10.4 Mesma pessoa como ScrumMaster para mais de uma equipe

Como mencionei no Capítulo 9, uma combinação de papéis que é altamente desencorajada é ter a mesma pessoa servindo como ScrumMaster e product owner. O ScrumMaster é o coach da equipe Scrum, o que significa que o ScrumMaster é o coach Scrum para o product owner. É difícil ser seu próprio coach. Além disso, o product owner tem autoridade real sobre o produto e pode demandar coisas da equipe. O ScrumMaster frequentemente age como um agente equilibrador entre as demandas do product owner e as necessidades e habilidades da equipe de desenvolvimento. Ter a mesma pessoa sendo o product owner e o ScrumMaster poderia adicionar confusão onde isso poderia ser facilmente evitado.

Fechamento

Neste capítulo descrevi o papel do ScrumMaster. Enfatizei as responsabilidades dele como coach, líder servil, autoridade do processo, escudo contra interferências, removedor de impedimentos e agente de mudanças. Então, discuti como o ScrumMaster deve ter conhecimento sobre o Scrum, levantar as grandes questões, esperar pacientemente que a equipe resolva seus problemas, colaborar com todos, proteger a equipe de interferências indevidas e comunicar de uma maneira visível e transparente. Em seguida descrevi como o tempo do ScrumMaster é alocado ao longo do sprint para fornecer uma apreciação mais profunda do seu papel crítico. Concluí discutindo quem dentro da organização deve ser o ScrumMaster, se o papel é ou não de tempo integral e como o papel de ScrumMaster pode ser combinado com outros papéis no Scrum.

No próximo capítulo vou explorar o papel que a equipe de desenvolvimento tem no Scrum.

Capítulo 11
Equipe de Desenvolvimento

Neste capítulo descrevo o papel da equipe de desenvolvimento. Começo discutindo as cinco principais responsabilidades desse papel e concluo descrevendo dez características que uma equipe de desenvolvimento deve ter.

Visão Geral

Abordagens tradicionais de desenvolvimento de software definem vários tipos de trabalhos, tais como arquiteto, programador, testador, administrador de banco de dados, designer de UI e assim por diante. O Scrum define o papel da equipe de desenvolvimento, que é simplesmente uma coleção cross-funcional desses tipos de pessoas. Em particular, a equipe de desenvolvimento é um dos três papéis de toda a equipe Scrum. Os membros da equipe de desenvolvimento, coletivamente, têm as habilidades necessárias para entregar o valor de negócio pedido pelo product owner.

O termo *equipe de desenvolvimento* pode parecer ser o rótulo errado para se aplicar a uma equipe que é composta por mais do que apenas desenvolvedores. Outros rótulos já foram usados, tais como *equipe de entrega*, *equipe de design-construção-teste* e apenas *equipe*. Não é aparente que qualquer desses rótulos seja mais apropriado, menos ambíguo ou mais fácil de usar do que *equipe de desenvolvimento*. Por enquanto, a comunidade Scrum convergiu para o uso do termo equipe de desenvolvimento, e eu vou usar esse termo neste livro.

Equipes de Papéis Específicos

Muitas organizações estão acostumadas a intencionalmente dividir diferentes trabalhos em equipes especializadas de papéis específicos. Estas organizações podem ter uma equipe de designers, uma de desenvolvedores e outra de testadores. Essas equipes transferem trabalho de uma para a outra à medida que o completam e elas mais ou menos funcionam independentes umas das outras.

No Scrum, a equipe de desenvolvimento deve fazer todo o trabalho para produzir um ou mais trechos verticais de funcionalidade do produto a cada sprint, incluindo o design, desenvolvimento, integração e testes dessa funcionalidade. Assim sendo, precisamos de uma equipe que tenha habilidade em todas essas tarefas.

Algumas organizações tentam manter uma equipe separada de testes ou QA enquanto fazem o Scrum. Agora, eu admito que há momentos em que ter uma equipe separada que se concentre especificamente nos testes pode ser necessário — por exemplo, um requisito regulatório pode ser que uma equipe separada realize um tipo particular de teste. Entretanto, na maioria do tempo não há muita necessidade. Os testes devem estar completamente entranhados no trabalho que acontece durante cada sprint.

Portanto, a equipe de desenvolvimento que está fazendo o trabalho durante aquele sprint deve também fazer os testes.

Sempre que puder, você deve criar equipes cross-funcionais. Parcelar o trabalho para equipes de papéis específicos é suspeito, e provavelmente um sério impedimento para o uso bem-sucedido do Scrum. Garanta que você tenha uma necessidade real (e não apenas o hábito) de manter equipes de papéis específicos.

Responsabilidades Principais

A Figura 11.1 ilustra as atividades Scrum, anotadas com as principais responsabilidades da equipe de desenvolvimento.

Vou descrever cada uma dessas responsabilidades.

Realizar a Sprint Execution

Durante a sprint execution, a equipe de desenvolvimento realiza o trabalho criativo de projetar, construir, integrar e testar os itens do product backlog, transformando-os em incrementos de funcionalidades potencialmente entregáveis. Para fazer isso, ela se

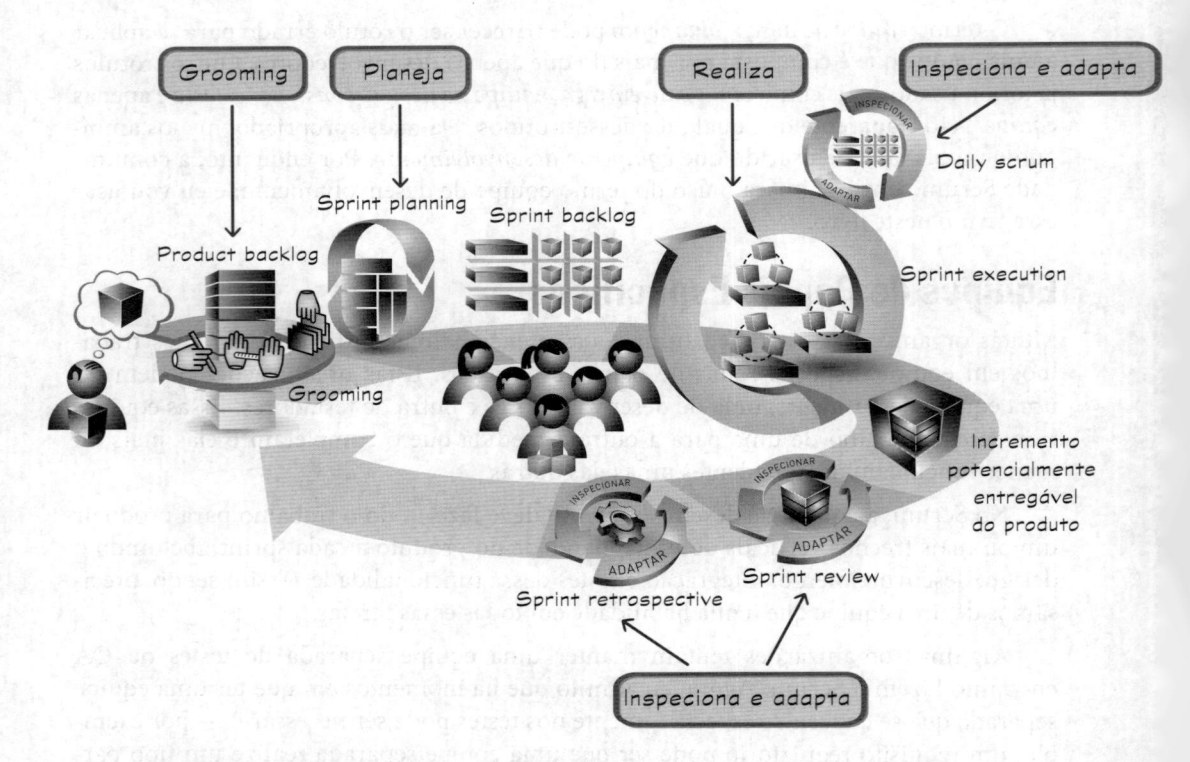

FIGURA 11.1 Responsabilidades da equipe de desenvolvimento com relação às atividades Scrum

auto-organiza e coletivamente decide como planejar, gerenciar, fazer e comunicar o trabalho (veja o Capítulo 20 para mais detalhes). A equipe de desenvolvimento gasta a maioria do seu tempo fazendo a sprint execution.

Inspecionar e Adaptar a Cada Dia

Espera-se que cada membro da equipe de desenvolvimento participe de cada daily scrum, durante o qual os membros da equipe coletivamente inspecionam o progresso em direção ao sprint goal e adaptam o plano para aquele dia de trabalho. Se algum membro da equipe não participar, a equipe pode perder pedaços do quadro geral e pode falhar em alcançar seu sprint goal.

Fazer o Grooming do Product Backlog

Parte de cada sprint deve ser gasta se preparando para o próximo. Uma grande parte do trabalho foca-se no grooming do product backlog, que inclui criação, refinamento, estimação e priorização de itens do product backlog (veja o Capítulo 6 para detalhes). A equipe de desenvolvimento deve alocar até uns 10% da capacidade disponível de cada sprint para ajudar o product owner com essas atividades.

Planejar o Sprint

No início de cada sprint, a equipe de desenvolvimento participa do sprint planning. Em colaboração com o product owner e com a facilitação do ScrumMaster, a equipe de desenvolvimento ajuda a estabelecer o objetivo do próximo sprint. A equipe determina que subconjunto de alta prioridade dos itens do product backlog será construído para alcançar aquele objetivo (veja o Capítulo 19). Para um sprint de duas semanas, o sprint planning leva aproximadamente meio dia. Um sprint de quatro semanas pode precisar de um dia inteiro de sprint planning.

Perceba que o planejamento acontece iterativamente. Em vez de focar em um plano muito grande e demasiadamente detalhado no início do esforço de desenvolvimento, a equipe faz uma série de planos just-in-time menores, mais certos e mais detalhados no início de cada sprint.

Inspecionar e Adaptar o Produto e o Processo

No fim de cada sprint, a equipe de desenvolvimento participa em duas atividades de inspeção e adaptação: sprint review e sprint retrospective. A sprint review é onde a equipe de desenvolvimento, o product owner, o ScrumMaster, os stakeholders, sponsors, clientes e membros interessados de outras equipes revisam as features que acabaram de ser completadas no sprint corrente e discutem a melhor maneira de prosseguir (veja o Capítulo 21). A sprint retrospective é onde a equipe Scrum inspeciona e adapta seu processo Scrum e suas práticas técnicas para melhorar como ela usa o Scrum para entregar valor de negócio (veja o Capítulo 22).

Características/Habilidades

A Figura 11.2 ilustra as características importantes da equipe de desenvolvimento.

Auto-organização

Os membros da equipe se auto-organizam para determinar a melhor maneira de alcançar o sprint goal. Não há um gerente de projeto ou outro gerente que diga para a equipe como ela deve fazer seu trabalho (e o ScrumMaster nunca deve fazer isso). **Auto-organização** é uma propriedade emergente do sistema vinda de baixo para cima — não há força externa dominante aplicando o tradicional gerenciamento de comando e controle de cima para baixo.

Deixe-me ilustrar com um exemplo. Onde eu vivo no Colorado, há um laguinho na entrada da minha subdivisão. No inverno, um bando de gansos canadenses vem e faz ninho ali. Então a cada ano temos algumas centenas de gansos que simultaneamente fazem uma tremenda confusão e são bonitos de se ver. Agora, também tenho dois cães chamados Letti e Toast. Normalmente eles ficam dentro de um quintal cercado. Ocasionalmente os deixamos andar livres fora da cerca, e se eles virem os gansos na lagoa, eles correm para encontrar com eles. Não acho que eles machucariam os gansos, mas quando eles veem Letti e Toast vindo, os gansos decidem ceder a lagoa para eles durante um tempo e alçam voo juntos.

Características da equipe de desenvolvimento:
- Auto-organizada
- Cross-funcionalmente diversa e suficiente
- Habilidades T-shaped
- Atitude de mosqueteiro
- Comunicações de alta largura de banda
- Comunicação transparente
- Do tamanho certo
- Focada e compromissada
- Trabalha num passo sustentável
- De vida longa

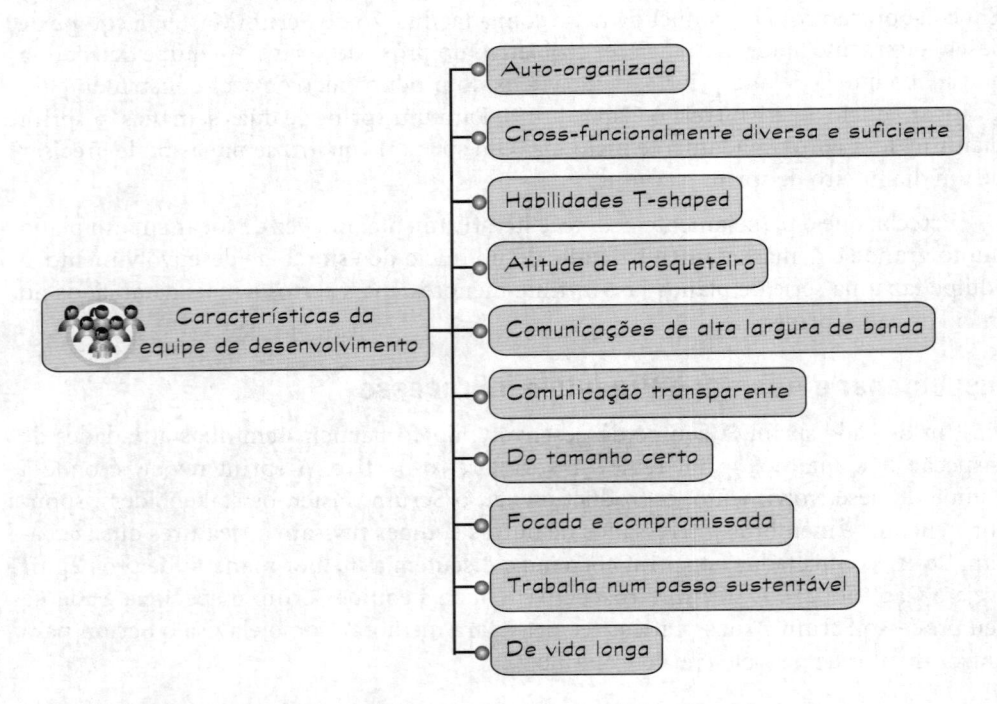

FIGURA 11.2 Características da equipe de desenvolvimento

Algumas vezes você já pensou sobre quando os pássaros levantam voo juntos, como é que eles sabem como formar seu padrão V característico (padrão de bando — flocking pattern)? Você acha que há um "pássaro gerente" com um caderninho lá na minha lagoa que pede uma reunião para instruir os pássaros em como formar um bando (veja a Figura 11.3)?

Tenho vivido perto da lagoa há muitos anos e não me lembro de ter visto essa reunião. (Apesar de anos atrás meu filho Jonah ter declarado: "Pai, você nunca viu porque eles fazem ela de noite!" Hmm, talvez ele tenha lá alguma razão.)

Não, a menos que meu filho esteja certo e os pássaros sejam muito mais espertos do que eu penso, estes gansos formam bandos por auto-organização, uma propriedade emergente de baixo para cima de um sistema adaptativo complexo. Em tais sistemas, muitas entidades interagem umas com as outras de várias maneiras, e essas interações são governadas por regras simples e localizadas operando em um contexto de constante feedback (veja a Figura 11.4).

Estes tipos de sistema exibem características interessantes, tais como serem incrivelmente robustos e produzirem novidades incríveis.

Como aves em bandos, uma equipe de desenvolvimento não tem uma autoridade do tipo comando e controle de cima para baixo que diga à equipe como fazer seu trabalho. Em vez disso, uma equipe cross-funcional diversa de pessoas se organiza da maneira mais apropriada para fazer o trabalho. O efeito, o que emerge é o equivalente da equipe para o padrão V.

FIGURA 11.3 A formação de bando (flocking) não é o resultado de um planejamento de cima para baixo.

FIGURA 11.4 Flocking: regras simples e feedback frequente

Gerentes, entretanto, têm um papel vital no Scrum, Eles criam (e recriam) o ambiente para a equipe auto-organizável. Vamos falar mais sobre o papel dos gerentes no Capítulo 13.

Cross-funcional Diversa e Suficiente

Equipes de desenvolvimento devem ser cross-funcionais diversas; coletivamente elas devem possuir o conjunto de habilidades necessário e suficiente para realizar o trabalho. Uma equipe bem formada pode pegar um item do product backlog e produzir uma feature de boa qualidade e funcional que atenda à definição de pronto da equipe Scrum.

Equipes compostas apenas por pessoas com as mesmas habilidades (as tradicionais equipes silo) podem no máximo fazer parte do trabalho. Como resultado, equipes silo acabam transferindo produtos de trabalho para outras equipes silo. Por exemplo, a equipe de desenvolvimento transfere o código para a equipe de testes, ou a equipe de UI transfere os designs das telas para a equipe de lógica de negócios. Essas transferências representam uma excelente oportunidades para más comunicações e erros caros. Ter equipes diversas minimiza o número de transferências. E a criação de equipes diversas não previne que tenhamos múltiplos membros da equipe que sejam altamente habilidosos na mesma disciplina, como desenvolvimento Java ou C++ ou teste.

Equipes cross-funcionais diversas também trazem múltiplas perspectivas, levando a resultados melhores (veja a Figura 11.5).

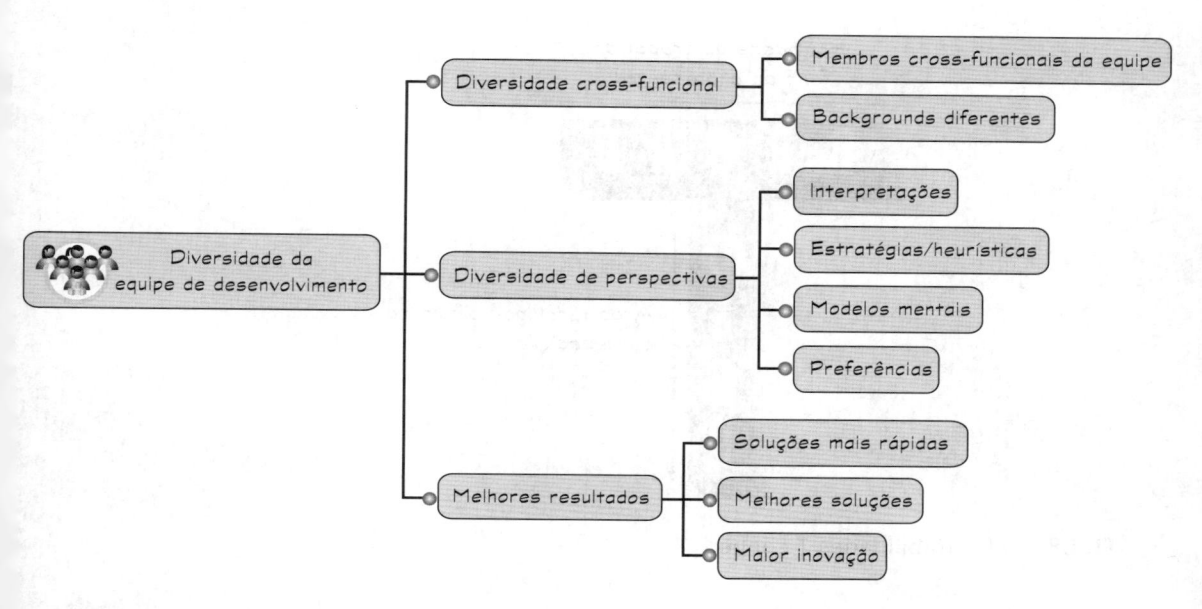

FIGURA 11.5 Diversidade da equipe

Uma equipe cross-funcional diversa tem membros com backgrounds diferentes. Cada membro de equipe traz um conjunto de ferramentas cognitivas para resolução dos problemas; essas ferramentas envolvem diferentes interpretações (dos mesmos dados), diferentes estratégias (ou heurísticas) para a resolução de problemas, diferentes modelos mentais de como as coisas funcionam e diferentes preferências tanto para abordagens quanto para soluções. Esse tipo de diversidade tipicamente leva a melhores resultados em termos de soluções mais rápidas, deliverables de alta qualidade e maior inovação, e tudo isso se traduz num valor econômico maior (Page 2007).

Devemos também nos esforçar pela diversidade na equipe, ao ter um bom mix de pessoas de nível júnior e sênior na mesma equipe. Muitas pessoas sênior podem causar uma turbulência desnecessária, similar a ter muitos cozinheiros em uma cozinha. Muitas pessoas júnior, entretanto, e a equipe pode não ser suficientemente habilidosa para completar o trabalho. Um bom mix promove um ambiente de aprendizado saudável e colaborativo.

Habilidades T-shaped

Equipes de desenvolvimento flexíveis são compostas de membros com habilidades T-shaped (veja a Figura 11.6).

Habilidades T-shaped significam que um membro da equipe (digamos, Sue) tem habilidades profundas na sua área funcional, disciplina ou especificidade preferida. Por exemplo, Sue é uma ótima designer de experiência do usuário (UX — user-experience) — essa é a especialidade dela e é onde ela prefere trabalhar. Entretanto, a Sue também

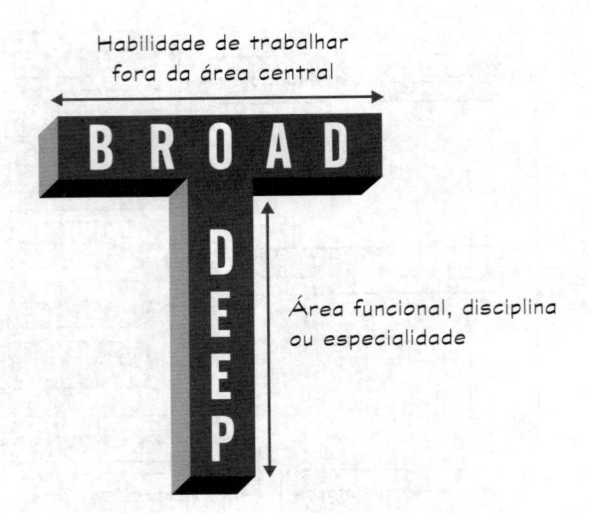

FIGURA 11.6 Habilidades T-shaped

consegue trabalhar fora da sua área central de especialidade, fazendo alguns testes ou alguma documentação. Ela não é tão boa testadora ou documentadora como aqueles que se especializam nessas áreas, mas ela pode ajudar com os testes e a documentação se for ali que a equipe estiver experimentando um gargalo e precisar juntar gente para terminar o trabalho. Nesse respeito, Sue tem habilidades amplas que permitem que ela trabalhe fora de sua área central.

Não é realista acreditar que cada pessoa em uma equipe poderia trabalhar em toda tarefa. Esse é um objetivo exagerado para se ter. Por exemplo, em domínios de intensa especialização, como o desenvolvimento de vídeo games, onde uma equipe tem artistas, animadores, engenheiros de som, programadores de inteligência artificial (IA) e testadores, não é razoável assumir que todos possam fazer todos os trabalhos. Se eu estiver numa equipe desenvolvendo um vídeo game, eu poderia trabalhar na IA e fazer alguns testes, mas não conseguiria trabalhar no design de arte (e você não ia querer que eu fizesse!). Entretanto, posso ser capaz de ajudar os artistas com trabalho de design não artístico, tal como usar o Photoshop para converter formatos de arquivos ou criar scripts para aplicar operações em múltiplos arquivos.

Gerentes devem focar na formação de equipes que tenham o melhor conjunto de habilidades T-shaped que seja possível com o pessoal disponível. Entretanto, pode não ser possível conseguir exatamente o conjunto desejado de habilidades desde o início, então o conjunto desejado de habilidades pode evoluir com o tempo, à medida que as necessidades do esforço de desenvolvimento evoluam. Portanto, é crítico ter um ambiente onde as pessoas estejam constantemente aprendendo e somando aos seus próprios conjuntos de habilidades, quer estas incluam habilidades de conhecimento de um domínio, conhecimento técnico, raciocínio ou outras capacidades. A gerência precisa apoiar os membros da equipe através de tempo para aprender e experimentar (veja o Capítulo 13).

É OK ter especialistas puros na equipe? Vamos usar nosso exemplo anterior da Sue e assumir que ela é uma guru de design UX, mas isso é tudo que ela sabe fazer. E como temos poucos designers UX, nós realmente não queremos que ela faça nada além do trabalho crítico de design UX. Precisamos das habilidades dela na equipe, mas seremos capazes de preencher apenas uns 10% do tempo dela com trabalho relacionado à equipe. Nestes casos, uma solução óbvia seria dividir o tempo da Sue entre múltiplas equipes.

Entretanto, devemos ser práticos. A Sue estaria fraturada demais se dividíssemos seu tempo em incrementos de 10% para muitas equipes ao mesmo tempo. Ela rapidamente se tornaria um gargalo (veja a seção "Focado e Comprometido" mais tarde neste capítulo). Relembre do Capítulo 3 que nosso objetivo não deve ser manter as pessoas como a Sue ocupadas 100%. Em vez disso, devemos estar mais preocupados com trabalho ocioso (o bastão caído no chão) que ocorre quando nos apoiamos demais em um recurso super utilizado. Então, podemos alocar Sue como uma especialista para uma quantidade razoável de produtos, mas não para tantos que ela acabe deixando o bastão cair.

De forma alternativa, como nosso objetivo é alcançar um bom fluxo com os membros da equipe que têm habilidades T-shaped ampla, devemos encorajar Sue a ajudar outros membros da equipe a adquirirem um conhecimento de design UX razoável para que não mais precisemos nos apoiar tão fortemente em especialistas.

Então, para resumir, nosso objetivo é formar uma equipe com membros que tenham as habilidades apropriadas para cobrir as áreas de especialidade centrais e ter alguma sobreposição de habilidades para fornecer uma flexibilidade adicional. Para atender a esse objetivo, muitos membros de equipes devem ter habilidades T-shaped, mas ainda podemos ter alguns especialistas no mix.

Atitude de Mosqueteiro

Membros da equipe de desenvolvimento precisam ter a mesma atitude que os Três Mosqueteiros — "Um por todos e todos por um." — Essa **atitude de mosqueteiro** reforça o ponto que os membros da equipe coletivamente têm a responsabilidade de realizar o trabalho.

Em uma equipe Scrum bem funcional, eu nunca esperaria que alguém dissesse "Fiz minha parte. Você não fez sua parte. Portanto nós falhamos." Essa atitude não entende o ponto de que os membros da equipe estão todos juntos no mesmo barco (veja a Figura 11.7).

Membros da equipe devem apreciar que eles devem trabalhar juntos para atender seus compromissos, porque, se falharem, o problema vai ser de todo mundo no final.

Ter membros da equipe com habilidades T-shaped encoraja essa atitude e a torna prática, porque as pessoas são capazes de trabalhar em mais de um tipo de tarefa. Nestas equipes não espero ouvir uma pessoa que seja capaz de fazer um trabalho dizer: "Isso não é meu trabalho."

Entretanto, como não é sempre possível para uma pessoa fazer todos os trabalhos, posso ser capaz de ouvir alguém dizer "Não sou capaz de fazer esse trabalho." Nesse caso a equipe pode escolher fazer com que a pessoa sem as habilidades seja aprendiz de uma pessoa que tenha as habilidades, para que no futuro a equipe tenha capacidades agregadas maiores.

Mesmo se limitações com relação a habilidades evitarem que as pessoas trabalhem cross-funcionalmente, os membros da equipe ainda podem organizar seu trabalho para

FIGURA 11.7 Membros da equipe devem agir como se estivessem no mesmo barco.

garantir um bom fluxo ao longo do sprint, de forma que nenhum membro da equipe seja sobrecarregado. Por exemplo, prender todo o trabalho de testes até o fim do sprint para que o "testador" possa fazer esse trabalho é certamente uma receita para o desastre. Veja o Capítulo 20 para uma discussão mais profunda sobre como a equipe deve gerenciar o fluxo durante a sprint execution.

Então, com uma atitude de mosqueteiro, ninguém ali está apenas "a passeio". Cada membro da equipe é responsável por garantir que ele esteja engajado a todo tempo. Frequentemente isso vai significar falar e se engajar em atividades fora da própria especialidade para somar à diversidade da discussão. Por exemplo, apesar da especialidade de um membro da equipe poder ser em testes, se ele achar que há um problema no design que a equipe está criando para uma dada feature, é dever dele falar, em vez de dar de ombros e dizer: "Não é meu trabalho; eles entendem melhor do que eu de qualquer forma."

Comunicações de Banda Larga

Membros de equipes de desenvolvimento precisam se comunicar uns com os outros, assim como com o product owner e o ScrumMaster, de uma maneira de banda larga, onde informações valiosas sejam trocadas rápida e efetivamente com uma sobrecarga mínima.

Comunicações de banda larga aumentam tanto a frequência quanto a qualidade do compartilhamento de informações. Como resultado, a equipe Scrum tem oportunidades mais frequentes de inspecionar e se adaptar, levando a tomadas de decisão melhores e mais rápidas. Como o valor econômico da informação é sensível ao momento, acelerar a taxa do compartilhamento de informações permite à equipe maximizar seus valores. Ao explorar rapidamente oportunidades emergentes e reconhecer situações de desperdícios, a equipe pode evitar gastar mais recursos ao seguir um caminho errado.

Há uma quantidade de maneiras que uma equipe pode alcançar comunicações de banda larga. O Agile Manifesto (Beck et al. 2001) diz que comunicações face a face são a abordagem preferida. Certamente, membros da equipe que estejam fisicamente separados ou usem primariamente comunicações não interativas (como documentos) estão em desvantagem com relação a membros da equipe que estejam engajados em colaborações em tempo real face a face.

Sempre que possível, prefiro que os membros da minha equipe estejam num mesmo local. Entretanto, muitas organizações, por várias razões de negócios, têm criado equipes distribuídas, então estarem todos no mesmo local pode não ser sempre possível ou prático. Tenho trabalhado com muitas equipes distribuídas que têm alcançado os benefícios da comunicação de banda larga, então estar face a face não é a única maneira de alcançar esse objetivo.

Para equipes distribuídas, um certo nível de suporte tecnológico pode ajudar a melhorar a comunicação. Tenho trabalhado com organizações nas quais membros da equipe ficam amplamente distribuídos. Através do uso de uns equipamentos bastante impressionantes de teleconferência, participei de discussões que pareciam que todos estavam no mesmo local. Era tão bom quanto estar no mesmo local? Não. Mas a tecnologia ajudou bastante a melhorar as comunicações entre os membros da equipe.

Ter equipes compostas por membros cross-funcionais é um passo crítico na direção de se alcançar comunicações de banda larga. Tais equipes têm canais de comunicação mais otimizados simplesmente porque elas têm fácil acesso às pessoas necessárias para se fazer o trabalho. E também, tais equipes cross-funcionais diversas têm menos probabilidade de terem transferências formais (que normalmente tomam a forma de documentos escritos) de uma equipe para a outra. Com todos na mesma equipe, a frequência e a formalidade das transferências são reduzidas, o que melhora a velocidade da comunicação.

Devemos também reduzir o tempo gasto em cerimônias onde os membros da equipe realizam algum processo que adicione pouco ou nenhum valor. Por exemplo, se os membros da equipe têm de passar por três níveis de burocracia antes de poderem falar com um usuário ou cliente real, essa cerimônia de "falar com o cliente" é provavelmente um sério impedimento para comunicações de banda larga. Ter de criar documentos de baixo ou nenhum valor ou precisar de procedimentos de assinatura longos e potencialmente desnecessários reduz a banda das comunicações.

Finalmente, ter equipes pequenas também melhora a banda. Canais de comunicação dentro de uma equipe não escalam linearmente com o número de membros da equipe, mas na verdade aumentam pelo quadrado do número de pessoas na equipe de acordo com a fórmula $N(N - 1)/2$. Então se há 5 pessoas na equipe, há 10 canais de comunicação. Se houver 10 pessoas na equipe, há 45 canais de comunicação. Mais pessoas significa mais sobrecarga de comunicação e portanto menor largura de banda.

Comunicação Transparente

Além de ter uma banda larga (rápida e eficiente, com sobrecarga mínima), a comunicação dentro da equipe deve ser transparente. Comunicação transparente fornece um claro entendimento do que realmente está acontecendo para evitar surpresas e ajudar a construir confiança mútua entre os membros da equipe. Tenho sempre sentido que as equipes devem se comunicar de uma maneira que se alinhe com o espírito do **princípio de menor surpresa**. Posto de forma simples, as pessoas devem se comunicar de uma maneira que seja menos provável de surpreender umas às outras. Por exemplo, lembro de uma equipe Scrum para quem fiz coach, em que um indivíduo em particular consistentemente escolhia as palavras dele durante o daily scrum para ocultar o que ele tinha conseguido e o que estava planejando fazer. As pessoas estavam frequentemente surpresas que as comunicações dele eram intencionalmente opacas e feitas para enganar. Isso resultou nos outros membros da equipe não confiando nesse indivíduo, que, por sua vez, impedia a habilidade da equipe de se auto-organizar e alcançar seus sprint goals.

Do Tamanho Certo

O Scrum favorece equipes pequenas. A regra geral é que ter de cinco a seis pessoas na equipe é o melhor. Há pesquisas publicadas que apoiam essa ideia de que pequenas equipes tendem a ser mais eficientes (Putnam 1996; Putnam e Myers 1998). Minha experiência nos últimos 25 anos é que equipes de cinco a sete são ponto certo para entregar rapidamente valor de negócio.

Mike Cohn lista algumas razões para se manter as equipes pequenas, que incluem as seguintes (Cohn 2009):

- Há menos vadiagem — pessoas fazendo menos esforço porque acham que outras darão conta.
- A interação construtiva é mais provável de ocorrer em uma equipe pequena.
- Menos tempo é gasto coordenando esforços.
- Ninguém pode se fingir de morto.
- Pequenas equipes são mais satisfatórias para seus membros.
- A superespecialização prejudicial é menos provável de ocorrer.

É possível ter uma equipe pequena demais. Por exemplo, uma equipe é muito pequena se ela não tem as pessoas necessárias para realizar o trabalho, ou tem pessoas de menos para operar eficientemente.

Não é porque o Scrum favorece equipes pequenas que isso significa que você não pode usar o Scrum em grandes esforços de desenvolvimento. O Scrum é frequentemente usado para construir produtos que precisam de mais de 9 pessoas. Entretanto, em vez ter uma grande equipe Scrum com, digamos, 36 membros da equipe de desenvolvimento, devemos em vez disso ter quatro ou mais equipes Scrum, cada uma com uma equipe de desenvolvimento de 9 ou menos pessoas.

Um projeto Scrum escala não ao ter uma equipe de desenvolvimento maior, mas ao ter múltiplas equipes Scrum. Múltiplas equipes Scrum podem coordenar umas com as outras de uma variedade de maneiras. Uma abordagem comum é conhecida como **scrum de scrums**, onde membros de cada equipe Scrum se juntam para realizar um equivalente de alto nível do daily scrum (veja o Capítulo 12 para detalhes).

Focado e Comprometido

Membros da equipe precisam estar focados e comprometidos com o objetivo da equipe. Focado significa que cada membro está engajado, concentrando e devotando sua atenção ao objetivo da equipe. Comprometido significa que durante bons momentos e maus momentos, cada membro está dedicado a atender o objetivo coletivo.

Se uma pessoa estiver trabalhando em apenas um produto, é mais fácil para ela ser focada e compromissada. Quando se pede que trabalhe em múltiplos esforços concorrentes de desenvolvimento, uma pessoa deve dividir seu tempo entre todos estes produtos, reduzindo seu foco e compromisso em todos os produtos.

Peça a qualquer pessoa que trabalhe em múltiplos produtos sobre seu foco e comprometimento e você provavelmente vai ouvir: "Tenho tanto a fazer que apenas tento fazer o melhor trabalho que puder em cada produto e então pulo para o próximo produto. Não sinto como se tivesse tempo de focar num produto e fazê-lo bem. Se houver uma situação de emergência em diversos produtos, simplesmente não vou ser capaz de ajudar em todos eles."

É mais difícil para um membro da equipe fazer um trabalho de boa qualidade quando ele está pulando de produto em produto. É ainda mais difícil ele estar realmente comprometido com múltiplos produtos simultaneamente. Em vez de estar em um barco com seus membros de equipe, o membro multiatarefado da equipe está se movendo de barco em barco. Se muitos dos barcos tiverem um buraco ao mesmo tempo, como essa pessoa escolhe qual equipe ela deve ajudar? Se uma pessoa não estiver ali para tirar água, esse membro da equipe não está *comprometido* com essa equipe. No máximo ele está *envolvido* com essa equipe. Para ser justo com os outros membros da equipe, o membro da equipe que está envolvido deve deixar perfeitamente claro que ele está apenas envolvido e, portanto, pode não estar disponível em momentos críticos.

Há dados consideráveis suportando a crença altamente espalhada de que estar em múltiplos produtos (ou projetos) ou múltiplas equipes reduz a produtividade. A Figura 11.8 mostra um gráfico de tais dados (Wheelwright e Clark 1992).

Esses dados indicam que ninguém é 100% produtivo. A produtividade realmente parece melhor com dois projetos do que com um. Isso ocorre porque é possível ficar bloqueado em um projeto, então ter um segundo para o qual trocar permite que a pessoa seja incrementalmente mais produtiva.

Baseado nesses dados, trabalhar em três ou mais projetos concorrentes é uma má escolha econômica, porque mais tempo é gasto na coordenação, lembrança e acompanhamento das informações, e menos tempo é gasto fazendo um trabalho que crie valor. Então quantos projetos/produtos (e provavelmente diferentes equipes) uma pessoa deveria estar simultaneamente? Provavelmente não mais do que dois. Tenho uma forte preferência por um, porque no mundo atual rico de informações e altamente conectado de e-mails, mensagens instantâneas, Twitter, Facebook e outras tecnologias, ser um bom cidadão corporativo é provavelmente o equivalente a estar em um projeto!

Agora, sobre aqueles especialistas que podem precisar estar concorrentemente alocados em diversos produtos? Usei o exemplo da Sue (a designer UX), que foi alocada 10% para uma equipe (com o resto do tempo indo para outras equipes). Por mais que eu

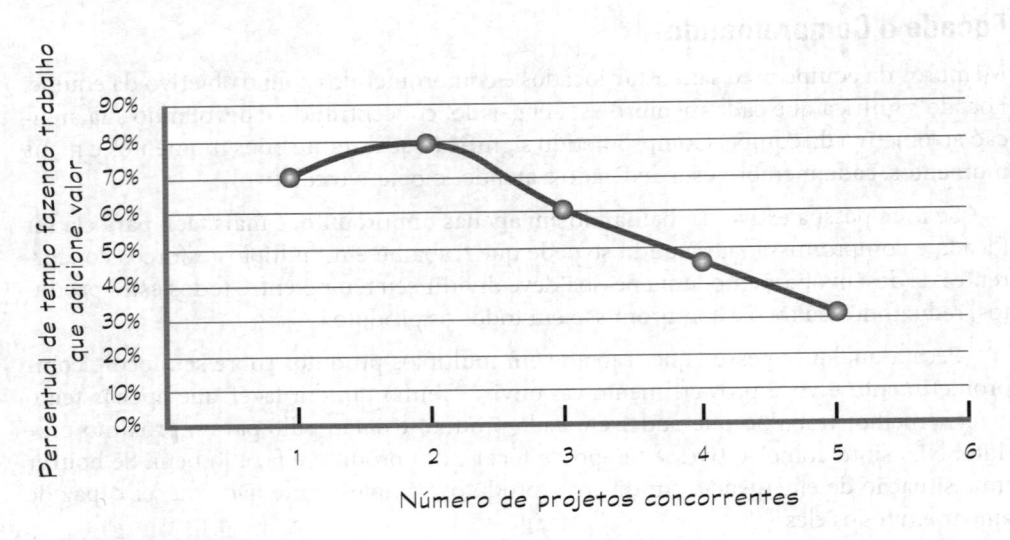

FIGURA 11.8 O custo da multitarefa

quisesse que a Sue estivesse em um ou dois produtos, e se precisássemos do tempo parcial dela em cinco? Como uma abordagem prática, deixe o especialista decidir quantos produtos ele pode se comprometer e focar simultaneamente. Se ele disse que não pode se comprometer com mais, não o escale para aquela próxima equipe ou produto. Se de uma perspectiva de negócios estamos desconfortáveis com a decisão dele de não entrar em outro produto (digamos que Sue só se sente confortável com três produtos concorrentes), talvez devamos buscar uma solução alternativa para esse problema.

Aqui estão algumas. Primeiro, faça menos produtos concorrentemente. Essa é frequentemente a solução correta, porque muitas organizações têm escolhido começar muitos projetos de uma vez (veja o Capítulo 16 para uma discussão mais detalhada). Outra solução é contratar mais especialistas para dividir a carga. A terceira solução é ajudar outras pessoas a ampliarem seus conjuntos de habilidades para incluir a habilidade dessa especialidade. E, é claro, a quarta solução é alguma combinação das primeiras três soluções. No fim, forçar pessoas a trabalharem em muitos projetos/equipes concorrentemente vai reduzir foco e comprometimento delas e prejudicar os resultados do negócio.

Trabalhando num Passo Sustentável

Um dos princípios direcionadores do Scrum é que membros de equipe devem trabalhar num passo sustentável. (Marchas da morte nunca mais!) Ao fazer isso, eles entregam produtos de alta classe e mantêm um ambiente saudável e divertido.

Usando o desenvolvimento sequencial, adiamos atividades importantes como a integração até perto do fim, quando tipicamente há uma carga de trabalho imensa de problemas a serem tratados, à medida que nos aproximamos da data de entrega. O resultado é aumento grande de intensidade nas fases mais tardias (veja a Figura 11.9).

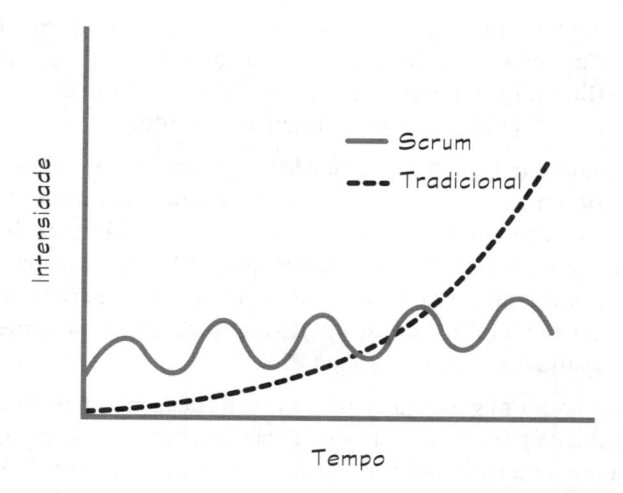

FIGURA 11.9 Passo sustentável ao longo do tempo

Esse tempo incrivelmente intenso é simbolizado pelos super-heróis virando noite e trabalhando nos fins de semana tentando aprontar a release. Algumas pessoas brilham nesse tipo de trabalho, amam a atenção e querem ser recompensadas pelo seu esforço extraordinário. O estresse em todos é imenso. Como organização deveríamos estar nos perguntando: "Por que temos que virar noites e trabalhar nos fins de semana, o que deveríamos mudar?"

Compare isso com o típico perfil de intensidade no uso do Scrum, onde estamos continuamente desenvolvendo, testando e integrando features funcionais a cada sprint. Durante cada sprint os membros da equipe devem usar boas práticas técnicas tais como refatoração, integração contínua e testes automatizados para garantir que eles possam entregar valor em intervalos frequentes e regulares, sem se matar.

Então, dentro de um dado sprint provavelmente devemos ver um aumento de intensidade perto do fim do sprint na medida em que asseguramos que foram feitos todos os trabalhos associados com a nossa forte definição de pronto. Entretanto, a intensidade geral do trabalho durante cada sprint deve se assemelhar a intensidade do sprint anterior, reforçando o trabalho da equipe em um passo sustentável.

O resultado agregado é um nivelamento do trabalho; ele não vem em grandes blocos ou disparos intensos, especialmente tarde quando seria mais danoso. Esse nivelamento significa que equipes Scrum vão provavelmente trabalhar menos horas extras e portanto é menos provável que sofram de burn-out.

Vida Longa

O uso efetivo do Scrum requer equipes, não grupos. Uma **equipe** é feita de uma coleção diversa e cross-funcional de pessoas colaborativas que estão alinhadas com uma visão comum e trabalham juntas para alcançar essa visão. Um **grupo** é uma coleção de pessoas com um rótulo comum. Fora compartilhar o nome do grupo, membros de um grupo não compartilham muito mais e não preenchem efetivamente as responsabilidades que descrevi para o papel da equipe de desenvolvimento.

Como regra, equipes devem ter uma vida longa. Mantenho minhas equipes juntas o máximo que for economicamente sensato fazer. E a economia é muito favorável a equipes de vida longa. Uma pesquisa feita por Katz mostra que equipes de vida longa são mais produtivas do que grupos recém-formados (Katz 1982). Ainda mais, uma pesquisa feita por Staats demonstra que a familiaridade da equipe (a experiência compartilhada anterior de trabalho dos membros da equipe) pode impactar positivamente a eficiência e a qualidade dos resultados da equipe (Staats 2011).

Se começarmos com um grupo de pessoas que nunca trabalharam juntas, temos de gastar tempo e dinheiro para fazer com que essas pessoas se tornem uma equipe real. A maioria dos grupos precisam fazer a transição em fases, tais como forming (formação), storming (confrontação), norming (normatização) e performing (atuação) para se tornarem equipes altamente funcionais (Tuckman 1965). Uma vez que tenhamos uma equipe bem funcional, temos um recurso de negócios real. Seus membros sabem como trabalhar juntos e conquistaram a confiança um do outro. Além disso, a equipe juntou importantes informações históricas, tais como a velocidade da equipe e a história compartilhada de estimação (veja o Capítulo 7). Se desfizéssemos a equipe ou mudássemos significativamente sua composição, essas informações históricas valiosas e específicas da equipe não mais teriam um contexto para uso direto.

Muito frequentemente vejo organizações falhando em apreciar o valor de recurso que são as equipes. A maioria das organizações desenvolveu habilidades e processos de mover as pessoas para dinamicamente formar "equipes" (na verdade, grupos). Na minha opinião, tais práticas erram num aspecto crítico do Scrum — o valor está na equipe. A *moeda dos métodos ágeis* está na equipe. Na verdade, um dos valores centrais do Agile Manifesto é "Indivíduos e Interações".

Trocar as pessoas de equipe em equipe destrói a integridade da equipe. Duvido que a equipe SWAT de Nova York seja recomposta com muita frequência. Os membros da equipe aprenderam como trabalhar juntos, e em situações quentes eles protegem uns aos outros. Trocar pessoas de uma equipe vai provavelmente ferir a confiança, integridade e eficiência operacional (uma perda de velocidade no nosso caso, e no caso específico de uma equipe SWAT, segurança).

A maioria das organizações estaria muito melhor se adotasse uma política de manter juntos pelo menos o núcleo de suas equipes por mais tempo que for possível e mover as equipes de produto para produto. A economia de mover equipes bem formadas é quase sempre superior à economia de mover pessoas.

Não estou dizendo que você deve sempre manter suas equipes juntas por grandes períodos de tempo. Por exemplo, se temos uma equipe que realmente não tenha se transformado da maneira que esperamos, ou que seja disfuncional de alguma maneira, frequentemente é menos disruptivo e economicamente mais sensato debandar a equipe.

Em outro caso, fiz o coach de uma organização onde sabidamente quebramos uma equipe Scrum de alta performance como parte de uma estratégia de dividir e semear para ampliar a adoção do Scrum dentro da organização. Não dividimos a equipe porque ela finalizou seu trabalho ou porque era tempo de reescalar as pessoas em novas equipes para o esforço de desenvolvimento seguinte. Em vez disso, dividimos porque acreditamos que era mais valioso formar seis novas equipes Scrum, cada uma com uma pessoa experiente com o Scrum, do que manter a equipe original junta.

Finalmente, como as equipes são os recursos, elas são as unidades de capacidade que devemos usar para ajudar a estabelecer o limite de WIP apropriado de quantos e quais tipos de esforços de desenvolvimento de produtos devemos perseguir simultaneamente. Vou discutir mais esse conceito no Capítulo 16.

Fechamento

Neste capítulo descrevi o papel da equipe. Enfatizei como a equipe é responsável por tornar itens do product backlog em incrementos potencialmente entregáveis do produto. Também discuti as responsabilidades da equipe durante cada sprint. Então listei dez características que queremos para as nossas equipes. Em particular, queremos membros de equipe que se auto-organizem e sejam funcionalmente diversos e suficientemente habilidosos para realizar o trabalho. Dado o trabalho que a equipe tem de realizar, queremos uma boa combinação de habilidades T-shaped para possibilitar um comportamento de swarming. Se as pessoas ainda não têm a amplitude necessária nas suas habilidades, queremos pessoas que estejam interessadas em adquirir essa amplitude.

Também queremos membros de equipe com uma atitude todos-nisso-juntos de mosqueteiros. Equipes devem ser criadas para que as comunicações em banda larga sejam praticadas e encorajadas. E favorecemos equipes menores em vez de maiores. Para se manter focados e comprometidos, preferimos que estes membros de equipe trabalhem em apenas um ou dois esforços de desenvolvimento por vez. Olhando a longo prazo, preferimos selecionar membros de equipe que queiram permanecer juntos por um longo tempo em equipes longevas.

No próximo capítulo vou focar nas várias estruturas de equipes Scrum que você pode usar para aumentar seu uso do Scrum.

Capítulo 12
Estruturas de Equipes Scrum

Equipes Scrum são recursos essenciais de uma organização Scrum. A maneira como elas são estruturadas e relacionadas umas às outras pode afetar significativamente o sucesso de uma organização com o Scrum. Neste capítulo discuto maneiras diferentes de estruturar equipes Scrum. Começo discutindo a distinção entre equipe de feature e equipe de componente. Foco então na questão da coordenação de múltiplas equipes Scrum em colaboração.

Visão Geral

Se você tem um pequeno produto, não precisa se preocupar muito sobre o conteúdo deste capítulo. Apenas crie uma equipe de desenvolvimento cross-funcional usando as características que descrevi no Capítulo 11 e certifique-se de preencher adequadamente os papéis de ScrumMaster e product owner. Da perspectiva do Scrum, você está pronto para começar!

Entretanto, digamos que aquela sua equipe Scrum cross-funcional se torne um motor de alta performance para a entrega de valor de negócio e sua organização começa a crescer. Ou, você já está em uma grande organização e depois de desenvolver seu primeiro produto com o Scrum, seu uso do Scrum começa a se espalhar. Em ambas instâncias, logo você pode se ver precisando coordenar o trabalho de múltiplas equipes Scrum cujo esforço combinado é necessário para entregar valores de negócio cada vez maiores.

Como você deve estruturar essas equipes para que elas tenham alta performance e sejam bem coordenadas? Trato dessa questão ao considerar se você deve criar equipes de feature ou de componente, e que abordagens podem ser usadas para coordenar as atividades de múltiplas equipes.

Equipes de Features versus Equipes de Componentes

Uma **equipe de feature** é uma equipe cross-funcional e cross-componente que consegue pegar features para consumidores finais do product backlog e completá-las. Uma equipe de componente, por outro lado, foca no desenvolvimento de um componente ou subsistema que pode ser usado para criar apenas parte de uma feature de consumidor final.

No Capítulo 6 discuti como um fabricante de GPS poderia criar uma equipe para o componente de roteamento para gerenciar o código sofisticado associado com a determinação de rotas de uma origem até um destino. A qualquer momento que houvesse pedidos para novas features de GPS que envolvessem roteamento, os trechos específicos de roteamento dessas features seriam atribuídos à equipe de componente de roteamento para serem desenvolvidos.

Equipes de componentes são algumas vezes chamadas de equipes de subsistemas ou de recursos (assets). Frequentemente, uma comunidade de prática composta de pessoas com habilidades similares de especialidade (veja a Figura 13.4) também funciona como uma equipe de componente. Nessas equipes, todos os membros provavelmente se reportam ao mesmo gerente funcional e podem operar como um recurso compartilhado e centralizado para outras equipes. Um exemplo poderia ser um departamento de UX centralizado para crie os designs de UI para as outras equipes.

O Scrum favorece equipes de features. Infelizmente, muitas organizações preferem equipes de componentes, frequentemente porque elas acreditam que uma equipe de experts em quem se confia para fazer mudanças seguras e efetivas em uma área particular de código deve ser a dona daquela área de código. Seu pensamento é que pessoas não familiarizadas com o código podem inadvertidamente quebrá-lo de maneiras imprevisíveis. Essas organizações preferem ter uma equipe de componente para o desenvolvimento e a alteração daquele código em nome das outras equipes.

Digamos que estamos desenvolvendo um produto cujas features frequentemente atravessam três áreas de componentes (veja a Figura 12.1).

Neste exemplo, não há uma equipe de feature que trabalhe com um item completo do product backlog. Em vez disso, uma feature é selecionada do topo do product backlog e é dividida em seus pedaços de nível de componente (os três pedaços mostrados dentro do retângulo tracejado na Figura 12.1). Essa divisão é feita ou coletivamente pelos membros das equipes Scrum de componentes, ou talvez por um arquiteto.

Os pedaços individuais da feature são então colocados nos respectivos product backlogs das equipes de componente (por exemplo, o primeiro pedaço é posto no product backlog da área de componente 1 — "CA 1 PB" na figura). Cada equipe de

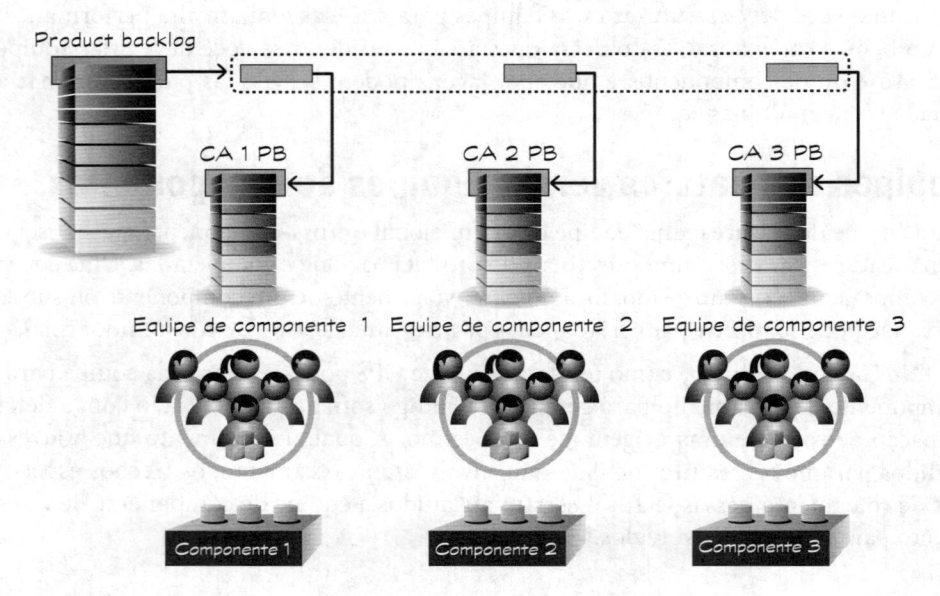

FIGURA 12.1 Um produto e múltiplas equipes de componente

componente realiza o Scrum em seu próprio backlog específico da área do componente, completando pedaços específicos do componente de features para usuário final, mas não a feature inteira. Usando uma técnica como scrum de scrums, que vou discutir em breve, as equipes de componente integram seus pedaços individuais de nível de componente e entregam a feature de usuário final completa.

Se houver apenas um produto canalizando pedidos para as equipes de componente, essa abordagem provavelmente vai funcionar. Entretanto, a maioria das organizações frequentemente formam equipes de componente ao redor de áreas de componentes que elas pretendem reutilizar em múltiplos produtos. A Figura 12.2 mostra como o trabalho pode fluir se houver dois produtos canalizando pedidos para as mesmas equipes de componente.

Cada product backlog de nível de feature contém itens valiosos para o usuário final que podem abranger múltiplas áreas de componentes. Então, na Figura 12.2 há agora dois produtos que precisam de equipes de componentes para trabalharem em seus pedaços específicos de nível de componente.

Imagine que você é o product owner de uma das equipes de componente. Você agora tem que priorizar pedidos concorrentes de dois produtos, enquanto, ao mesmo tempo, coordena com as outras equipes de nível de componente para garantir que os vários pedaços possam ser integrados no momento apropriado.

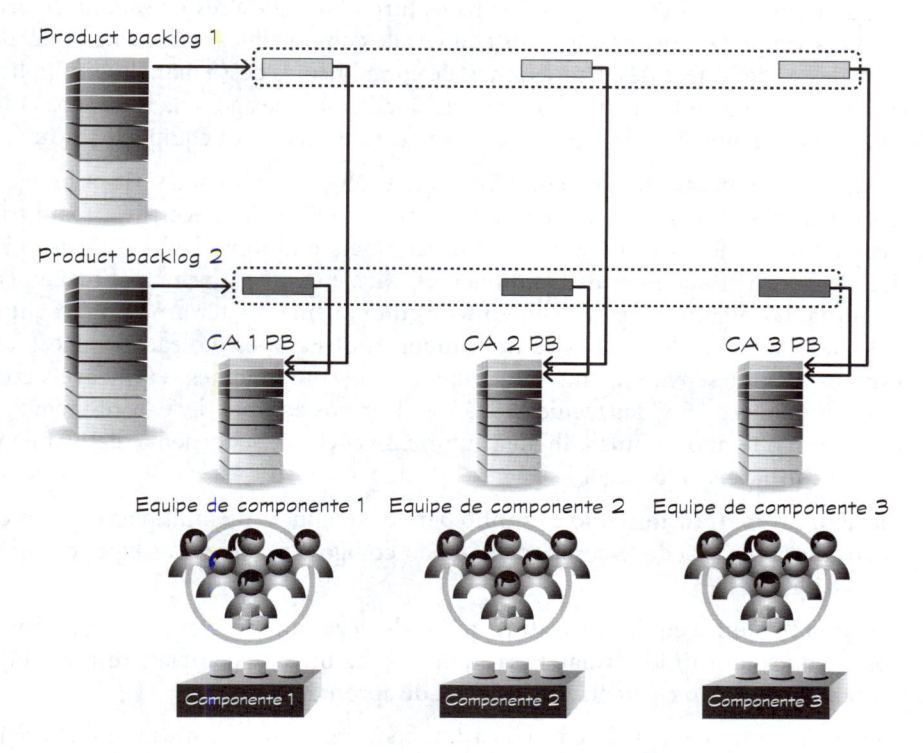

FIGURA 12.2 Dois produtos e múltiplas equipes de componente

Com dois produtos, a logística desse problema provavelmente ainda é gerenciável. Entretanto, e se a organização trabalha em 10 ou 15 produtos por vez e cada um desses produtos está colocando pedaços de nível de componente nos backlogs das equipes de componentes? Nessa escala, torna-se não gerenciável a logística de descobrir a ordem apropriada para trabalhar nos pedaços individuais dentro do backlog de uma equipe de componente em particular, enquanto ao mesmo tempo coordena e integra com todas as outras equipes de componentes.

Na minha experiência, a maioria das organizações que usa equipes de componentes reconhece que há um problema quando as coisas começam a cair no chão (o bastão cai, causando uma quebra no fluxo de entrega de valor). Usualmente acontece assim. Um gerente sênior pergunta a um product owner de nível de feature: "Como a feature do cliente não está pronta?" A resposta: "Bem, todas menos uma das equipes de componente terminou os pedaços que lhes atribuímos. Como a última equipe não terminou, a feature não está pronta." O gerente pode então dizer: "Por que a equipe não finalizou o pedaço que você a deu?" A resposta poderia ser: "Eu pedi, e me disseram que eles tinham 15 outros pedidos concorrentes para mudanças na área de componente deles, e por razões técnicas eles acharam que fazia mais sentido trabalhar nos pedidos dos outros produtos antes do nosso. Mas eles prometeram terminar nosso pedaço — talvez no próximo sprint."

Isso não é uma maneira de operar um negócio. Nunca podemos estar certos de quando (ou mesmo se) podemos entregar uma feature — porque a responsabilidade pela entrega foi distribuída entre duas ou mais equipes de componentes, cada uma podendo ter prioridades muito diferentes. Usar equipes de componentes dessa maneira multiplica a probabilidade de que uma feature não seja terminada, porque agora há múltiplos pontos de falha (cada equipe de componente) em vez de um (uma única equipe de feature).

Há uma solução para esse problema? Bem, uma solução muito boa seria criar equipes de features cross-funcionais que tenham todas as habilidades necessárias para trabalhar em múltiplas features para consumidores finais e aprontá-las — sem ter que terceirizar trechos para equipes de componentes. Mas e quanto à principal razão pela qual a maioria das organizações cria equipes de componentes — ter uma única equipe confiável para trabalhar em uma área de componente? Equipes de features não levariam a um caos no desenvolvimento e manutenção de componentes reutilizáveis com grandes quantidades de dívidas técnicas? Não se tivermos equipes de features bem formadas que, com o tempo, compartilhem a autoria do código e se tornem coletivamente os guardiões confiáveis do código.

Uma abordagem transitória no caminho para esse modelo de múltiplas equipes de features com total propriedade compartilhada do código é organizar as equipes como mostrado na Figura 12.3.

Há agora uma única equipe de feature que pode pegar do product backlog as features valiosas para o consumidor final. Essa equipe de feature tem completa responsabilidade por fazer o trabalho e gerenciar a logística de aprontar a feature.

Equipes de componentes de confiança também permanecem nesse modelo para ajudar a manter a integridade de áreas individuais de componentes. Essas equipes de componentes ainda têm um product backlog que tipicamente contém trabalhos orientados tecnicamente, que precisam ocorrer dentro da área do componente.

Equipes de Features versus Equipes de Componentes 217

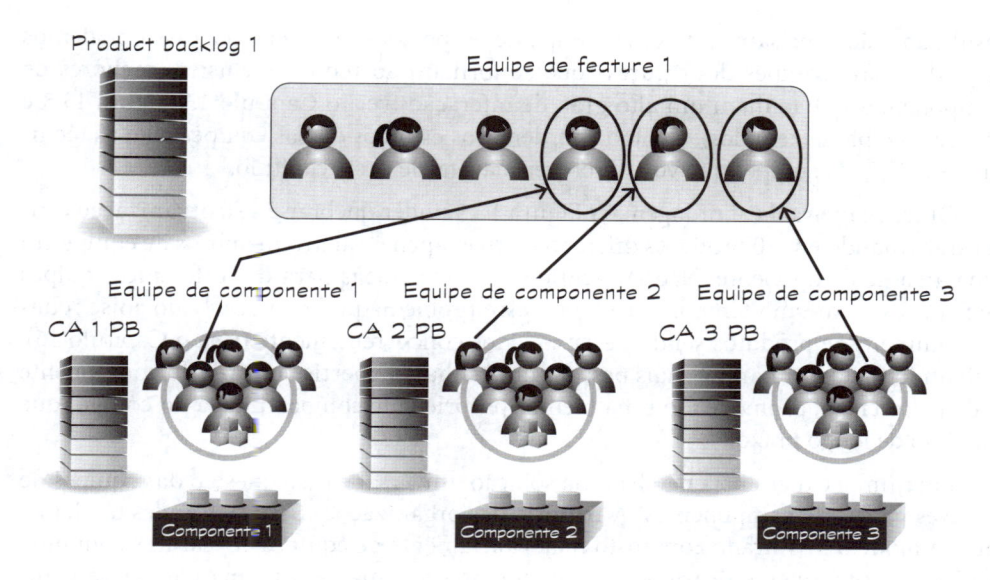

FIGURA 12.3 Equipes de componente e feature combinadas

E também, como ilustrado na Figura 12.3, um membro de uma equipe de componente pode ser escalado para ser um membro de uma equipe de feature. Essa pessoa tem a responsabilidade dupla de ser um polinizador (pollinator) e um colhedor (harvester) (Goldberg e Rubin 1995).

No papel de polinizador, os membros da equipe de componente polinizam as equipes de features com conhecimento das áreas de componentes, para ajudar a promover uma melhor propriedade compartilhada do código dentro das equipes de features. No papel de colhedor, os membros da equipe de componente colhem as mudanças que as equipes de features precisam fazer dentro das áreas de componentes e discutem essas mudanças com seus colegas das equipes de componentes, onde cada um pode também estar coletando mudanças para as mesmas áreas de componentes. Nestas discussões, os membros das equipes de componentes podem garantir melhor que as mudanças nas áreas de componentes necessárias para satisfazer os pedidos de múltiplas equipes de features possam ser coordenadas. Adicionalmente, as pessoas fazendo mudanças nas áreas de componentes podem fazer isso de uma maneira coerente e não conflitante, e assim garantir melhor a integridade conceitual das áreas de componentes. Os membros das equipes de componentes também podem manter cada um informado sobre oportunidades de reutilização potenciais, porque todos têm um entendimento compartilhado das mudanças sendo colhidas nas áreas de componentes.

Como a abordagem pura de equipe de componentes, essa abordagem também pode quebrar em escalas maiores — mas por razões diferentes, e que realmente podemos tratar. Por exemplo, quando introduzo essa abordagem às pessoas de uma grande companhia, elas dizem: "Mas nossas features podem atravessar uns 50 sistemas diferentes [componentes]. Não podemos mover 50 pessoas para as colocar em uma equipe de feature." Apesar de uma feature realmente poder atravessar 50 componentes, é raro que todos os 50 componentes precisem diretamente interagir um com o outro. Como resultado, não precisamos de uma equipe de 50 pessoas, mas, em vez disso, podemos criar diversas "equipes de features" que se formam ao redor de clusters menores de componentes que tenham um alto grau de interação (veja o Capítulo 13, Figura 13.5 e Figura 13.6 para exemplos), e então coordenar os esforços dessas equipes com as técnicas de múltiplas equipes que vou descrever mais tarde neste capítulo.

Outra maneira da abordagem da Figura 12.3 poder quebrar é se a organização estiver trabalhando em 40 produtos diferentes e tiver apenas quatro membros de equipe em uma área de componente. Não faz sentido escalar pessoas para dez diferentes equipes de features ao mesmo tempo. Entretanto, esse problema pode ser resolvido ao se reduzir o número de produtos sendo desenvolvidos concorrentemente (veja o Capítulo 16), treinando (ou contratando) mais pessoas que tenham expertise na área do componente e, de preferência, promovendo uma melhor propriedade compartilhada do código (que é a visão de longo prazo).

Em minha experiência não há uma solução universal para a questão das equipes de features versus de componentes. A maioria das organizações Scrum grandes tendem a ter um modelo misturado composto majoritariamente de equipes de features com uma equipe de componente ocasional — quando a economia de ter uma equipe de componente com um recurso centralizado fizer sentido. Infelizmente, muitas organizações favorecem o inverso — uma maioria de equipes de componentes com uma ocasional equipe de feature. Essas organizações pagam um grande preço na forma de atrasos por causa dos fluxos frequentemente interrompidos.

Coordenação de Múltiplas Equipes

O aumento de escala no Scrum funciona não ao se usar equipes de desenvolvimento cada vez maiores, mas ao se usar múltiplas equipes de desenvolvimento do tamanho certo. Quando há mais de uma equipe Scrum, entretanto, temos a questão de como coordenar essas equipes. Duas técnicas para coordenação de múltiplas equipes são o scrum de scrums e a forma de coordenação multiequipes mais abrangente conhecida como um release train.

Scrum de Scrums

No Capítulo 2 notei que a cada dia durante a sprint execution, a equipe de desenvolvimento realiza uma daily scrum. O daily scrum de cada equipe inclui apenas os membros daquela equipe Scrum.

Uma abordagem comum para a coordenação de trabalho entre múltiplas equipes é o scrum de scrums, ou SoS (veja a Figura 12.4).

Essa prática permite que múltiplas equipes coordenem seu trabalho interequipe. A equipe que realiza o SoS é composta de membros individuais das várias equipes de desenvolvimento. Cada equipe de desenvolvimento determina que membro mandar para o scrum de scrums baseada em quem pode falar melhor das questões de dependência interequipe. Apesar de preferir ter uma consistência de representação, a pessoa representando a equipe no SoS pode mudar com o tempo, baseando-se em quem está melhor capacitado para representar a equipe e falar sobre as questões naquele momento.

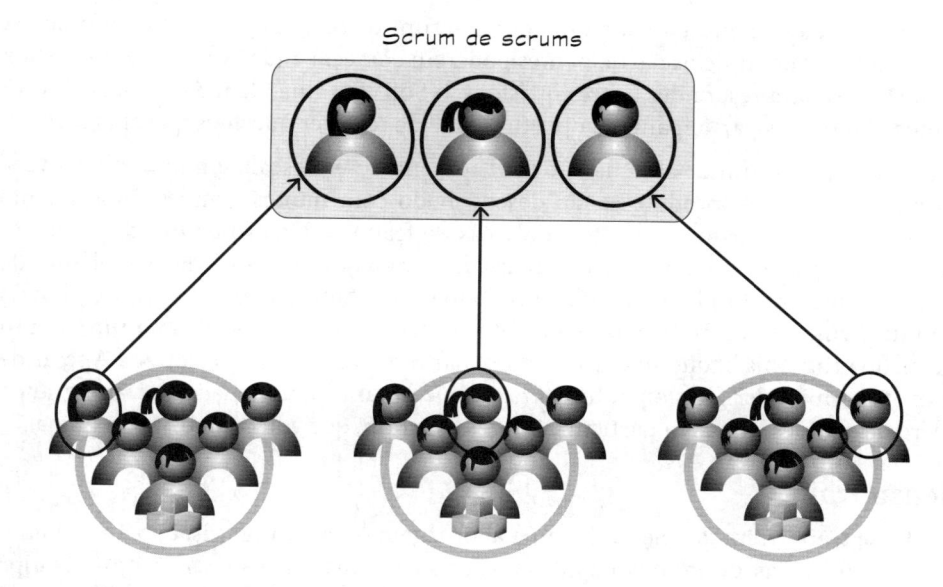

FIGURA 12.4 Scrum de scrums

Algumas equipes enviam tanto um membro da equipe de desenvolvimento quanto seu ScrumMaster (que pode estar compartilhado entre duas ou mais equipes Scrum) para o SoS — e coletivamente sendo cuidadosas de não permitir que o número total de participantes se torne muito grande. Pode até fazer sentido ter um ScrumMaster no nível de scrum de scrums. Se tal papel existir, ele pode ser preenchido por um dos ScrumMasters das equipes individuais ou por um ScrumMaster que não esteja trabalhando diretamente com nenhuma dessas equipes.

Podem haver múltiplas abordagens para a realização de um scrum de scrums, e os participantes devem decidir que abordagem funciona melhor para eles. Típico de todas as abordagens, o SoS não é feito todos os dias, mas apenas algumas vezes na semana, conforme a necessidade. Os participantes do scrum de scrums respondem a perguntas similares àquelas respondidas no daily scrum:

- O que minha equipe fez desde que nos encontramos pela última vez e que possa afetar outras equipes?
- O que minha equipe vai fazer antes de nos encontrarmos de novo e que possa afetar outras equipes?
- Qual problema minha equipe está tendo que poderia utilizar alguma ajuda de outras equipes para resolver?

Algumas equipes colocam seu scrum de scrums num timebox de não mais do que 15 minutos, assim como o daily scrum de uma equipe Scrum individual. E adiam a solução de problemas para ocorrer depois que o scrum de scrums tiver sido finalizado, para que apenas aqueles participantes cujo envolvimento seja necessário para a solução do problema precisem participar.

Uma abordagem alternativa é estender o scrum de scrums para além da timebox de 15 minutos. Apesar de os participantes poderem começar cada SoS com um timebox de 15 minutos para responder às três questões, o SoS continua além da atividade de 15 minutos, dando aos participantes a oportunidade de resolver questões que apareçam.

Em teoria, o scrum de scrums pode ser aumentado em escala em múltiplos níveis. Digamos que haja um produto sendo desenvolvido com muitas equipes. Tipicamente estas equipes se agrupam em clusters de áreas de features. Dentro de um dado cluster de equipes, um SoS tradicional pode ser usado para ajudar a coordenar o trabalho de uma área de feature. Também pode fazer sentido ter um SoS de mais alto nível, chamado scrum de scrum de scrums (mais facilmente pensado e pronunciado como um "scrum no nível do programa"!) que ajudaria a coordenar o trabalho entre os clusters. Apesar de essa abordagem poder funcionar, há outras técnicas para a coordenação de um grande número de equipes. Uma em particular é o release train, que vou discutir em seguida.

Release Train

Um **release train** (trem de releases) é uma abordagem para alinhar visão, planejamento e interdependências de muitas equipes ao fornecer uma **sincronização** cross-equipe baseada em uma cadência comum. Um release train foca num fluxo rápido e flexível no nível de um produto grande.

A metáfora do trem é usada para indicar que há um cronograma publicado de quando as features vão "deixar a estação". Todas as equipes participantes no desenvolvimento do produto precisam colocar suas bagagens no trem no momento indicado. Como em qualquer país com trens confiáveis, o trem da release (o release train) sempre sai na hora e não espera por ninguém. Da mesma forma, se uma equipe perder o trem, ela não precisa entrar em pânico, porque vai haver outro trem saindo em um momento conhecido no futuro.

Leffingwell define as regras do release train como se segue (Leffingwell 2011):

- Datas frequentes de planejamento periódico e de release (ou de um incremento potencialmente entregável — PSI [potentially shippable increment]) são fixadas (as datas são fixadas, a qualidade é fixada, o escopo é variável).
- Equipes aplicam comprimentos comuns de iteração.
- São estabelecidas milestones intermediárias, globais e de objetivo.
- A integração contínua do sistema é implementada no nível de sistema, assim como nos níveis de feature e de componente.
- Incrementos da release (PSIs) estão disponíveis em intervalos regulares (tipicamente de 60 a 120 dias) para a pré-visualização pelo cliente, revisão interna e QA no nível de sistema.
- Iterações de hardening no nível de sistema são (ou podem ser) usadas para reduzir a dívida técnica e dar tempo para validações e testes especiais no nível da release.
- Para que equipes construam em cima de construtos similares, certos componentes de infraestrutura — interfaces, kits de desenvolvimento de sistema, utilitários comuns de instalação e licenciamento, frameworks de user-experience, serviços web e de dados e por aí — devem tipicamente vir em primeiro.

A Figura 12.5 mostra uma imagem de um release train parcial baseado na definição de Leffingwell.

O release train é um conceito rico com múltiplos níveis de detalhes, incluindo níveis de release e portfólio. Como mencionei no Capítulo 6, o release train é baseado em um modelo de backlog de empresa que contém três níveis de backlogs: portfolio backlog, (com épicos do pertencentes ao gerenciamento de portfólio), program backlog (com features pertencentes ao gerenciamento de programas) e team backlogs (com user stories prontas para ir para o sprint pertencentes ao product owner). A Figura 12.5 ilustra apenas o nível de equipe. Detalhes do planejamento no nível de portfólio e do planejamento no nível de release serão discutidos no Capítulo 16 e Capítulo 18, respectivamente.

O train no nível da equipe na Figura 12.5 mostra um total de nove equipes aglomeradas em três áreas de features. Cada equipe dentro da área de feature realiza seu próprio sprint, tirando trabalho backlog de área de feature associado a ela. Usando uma técnica como o scrum de scrums, todas as equipes dentro de uma área de feature se coordenam e integram seus trabalhos a cada sprint.

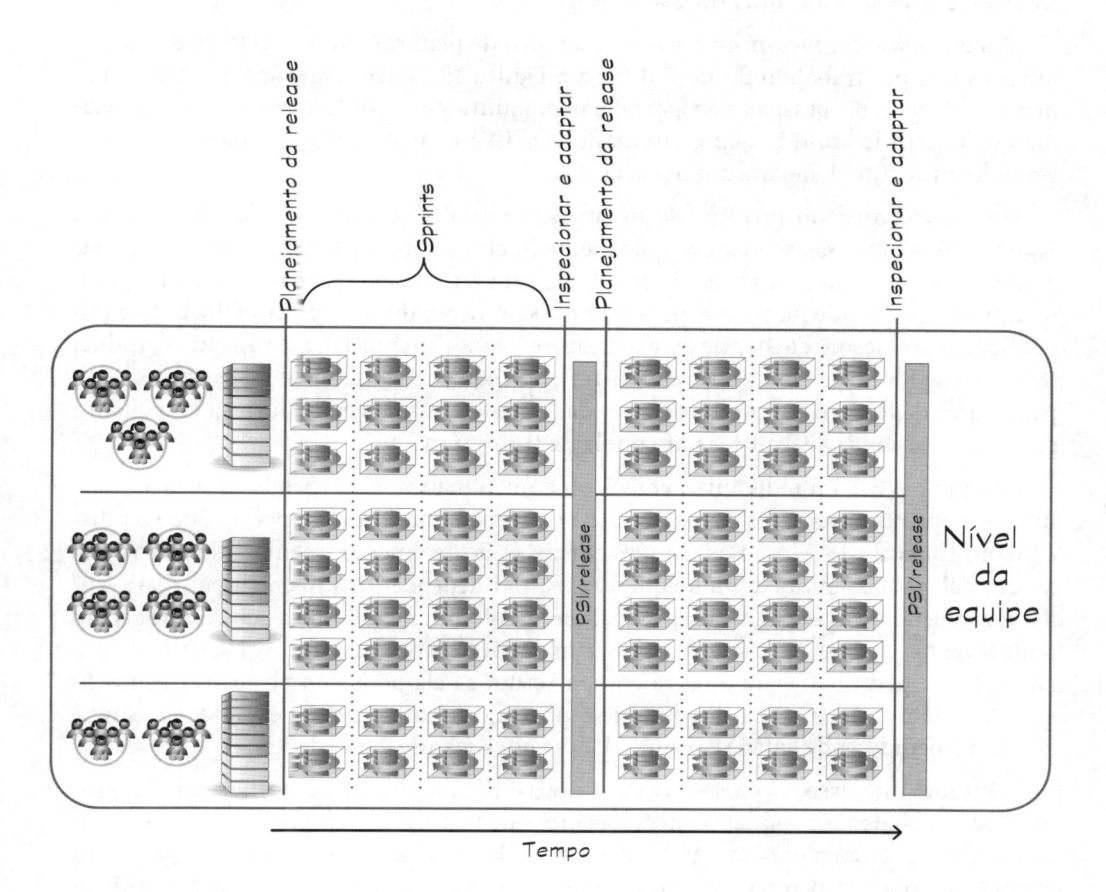

FIGURA 12.5 Estrutura do release train

Algumas equipes reservam o último sprint antes de o trem sair para ser um momento para se fazer o *hardening* do que foi desenvolvido nos sprint anteriores, e integrar e testar os resultados através das várias áreas de features (por exemplo, o sprint 4 na Figura 12.5 pode ser um sprint de hardening). À medida que as habilidades da equipe amadurecerem, a necessidade de um sprint de hardening deve diminuir.

A duração de todos os sprints para as equipes participantes do release train é idêntica e todos os sprints estão alinhados. O resultado é que os sprints de todas as equipes começam nas mesmas datas.

Finalmente, um PSI (incremento da release) está disponível depois de uma quantidade fixa de sprints, que no caso da Figura 12.5 são quatro sprints. Saber que pontos de release vão ocorrer em momentos confiáveis permite que a organização sincronize suas outras atividades com datas futuras conhecidas. Nestes pontos de release, a organização pode escolher implementar um PSI no seu cliente (se essa for a decisão de negócios certa a ser tomada) ou usá-lo, em vez disso, para confirmar que o trabalho realizado dentro das áreas de features individuais foi integrado e testado em todas as áreas de features, e para solicitar uma revisão interna.

Cada release train começa com um encontro de planejamento de release que inclui todas as equipes trabalhando no PSI (veja a Figura 12.5). Isso significa que potencialmente centenas de pessoas vão participar conjuntamente de um evento de planejamento. Tenho de admitir que é fascinante ver isso acontecer. Aqui temos uma visão geral do que é um planejamento nessa escala.

Primeiro, você vai precisar de uma grande sala! O product owner chefe (veja a Figura 9.3) lidera essa atividade e tipicamente inicia as coisas. Membros individuais das equipes Scrum se juntam numa mesma mesa ou área da sala (preferencialmente perto de um espaço grande na parede para que possam dependurar seus artefatos). As equipes Scrum do mesmo cluster de área de feature ficam próximas. Uma vez que o product owner chefe forneça o quadro geral para o PSI, as equipes se juntam com as outras equipes de área de feature. Os product owner das áreas de features então fornecem o quadro geral das suas áreas de features para o release train iminente.

As equipes Scrum individuais então começam a mapear seus sprints ao encaixar features em sprints específicos. Essa atividade é chamada de sprint mapping, que vou discutir no Capítulo 18. Como as equipes Scrum estão realmente trabalhando na criação de um deliverable grande e multiequipe, existirão dependências interequipes. Para ajudar a gerenciar essas dependências, a qualquer ponto um membro de uma equipe Scrum pode levantar e andar até outra equipe Scrum (talvez carregando um cartão de anotação ou post-it) e perguntar para a outra equipe Scrum se ela pode completar os trechos de trabalho identificados no cartão durante o próximo release train. Se ela puder, a equipe fazendo o pedido pode então se comprometer com a feature dependente.

Durante tudo isso, as pessoas com responsabilidades multiequipe, tais como o product owner chefe, os product owners das áreas de feature e os arquitetos compartilhados podem circular de mesa em mesa para ajudar a garantir que o quadro geral seja entendido e que um plano geral abrangente para o próximo release train faça sentido. É claro, uma equipe Scrum pode sempre pedir que um desses indivíduos compartilhados chegue ali para ajudar.

Uma vez que os sprints do release train estejam completados e chegamos no ponto de release do PSI (a saída do trem), então realizamos as atividades de inspeção e adaptação no nível do release train. A primeira é uma revisão de PSI do conjunto completo de bagagem que foi colocado no release train. A segunda é uma retrospectiva no nível do release train que seja focada em como tornar futuros release trains mais eficientes. E aí vamos para o release planning para o release train seguinte.

Fechamento

Neste capítulo discuti maneiras diferentes para estruturar equipes Scrum. Comecei descrevendo equipes de features que sejam cross-funcionais diversas e suficientes para puxarem do product backlog uma feature para usuário final e aprontá-la. Então comparei as equipes de features com equipes de componentes que trabalham em áreas de componentes específicos, recursos ou áreas arquiteturais, que representam apenas partes do que precisa ser integrado nas features para usuário final. Então mostrei um modelo misturado de equipes de features e de componentes, e como elas poderiam ser usadas para ajudar as organizações a transitarem para um ponto onde a organização tenha majoritariamente equipes de features, cada uma com uma excelente propriedade compartilhada de código.

Então discuti como coordenar múltiplas equipes Scrum, começando com uma prática Scrum tradicional chamada scrum de scrums e então descrevendo um conceito chamado de release train, que pode ser usado para coordenar as atividades de um grande número de equipes Scrum. No próximo capítulo vou sair dos papéis tradicionais do Scrum e discutir o papel dos gerentes em uma organização Scrum.

Capítulo 13
GERENTES

Em um mundo onde equipes se auto-organizam, há um lugar para gerentes? Claro. Mesmo que o framework Scrum não mencione especificamente o papel de gerente, eles ainda representam uma parte importante de uma organização ágil. Afinal de contas, existem muitos papéis não Scrum dentro de organizações e que mesmo assim são cruciais para as operações da companhia. (Contador não é um papel Scrum, mas ainda não encontrei um membro de equipe Scrum que não queira ser pago!)

Neste capítulo discuto as responsabilidades dos gerentes de áreas funcionais (também chamados de gerentes de recursos), tais como gerentes de desenvolvimento, gerentes de QA e diretores de arte, dentro de uma organização Scrum. Concluo discutindo o papel do gerente de projeto dentro de uma organização Scrum.

Este capítulo é mais imediatamente relevante para organizações que tenham gerentes de áreas funcionais e gerentes de projeto. Se sua organização é pequena e relativamente leve em gerentes, você pode pular este capítulo. Entretanto, você ainda vai achá-lo útil de ler, já que ele vai lhe fornecer insights que serão necessários mais tarde, à medida que sua organização crescer.

Visão Geral

De acordo com uma pesquisa de 2011 da indústria ágil, o impedimento número um na adoção do Scrum era o sentimento de perda de controle gerencial (veja a Figura 13.1, de VersionOne 2011).

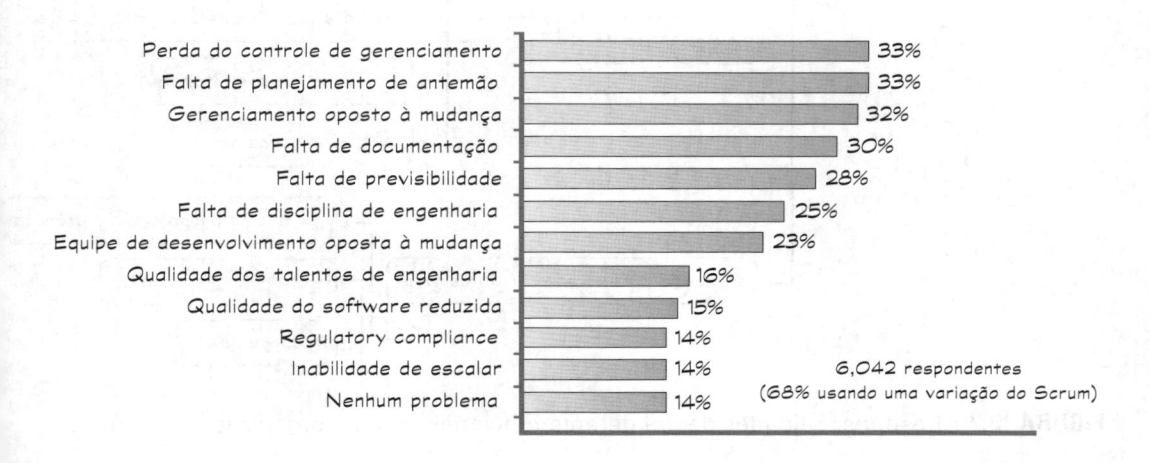

Preocupação	%
Perda do controle de gerenciamento	33%
Falta de planejamento de antemão	33%
Gerenciamento oposto à mudança	32%
Falta de documentação	30%
Falta de previsibilidade	28%
Falta de disciplina de engenharia	25%
Equipe de desenvolvimento oposta à mudança	23%
Qualidade dos talentos de engenharia	16%
Qualidade do software reduzida	15%
Regulatory compliance	14%
Inabilidade de escalar	14%
Nenhum problema	14%

6.042 respondentes (68% usando uma variação do Scrum)

FIGURA 13.1 As maiores preocupações sobre a adoção dos métodos ágeis

Capítulo 13 ▪ Gerentes

Medo de que o papel de gerente se torne menos relevante é infundado. Dentro de uma organização Scrum, os gerentes continuam a ter responsabilidades importantes (veja a Figura 13.2).

Em particular, os gerentes funcionais em uma organização Scrum são responsáveis por criar as equipes, nutrir as equipes, alinhar e adaptar o ambiente e gerenciar o fluxo da criação de valor.

Responsabilidade do gerente funcional

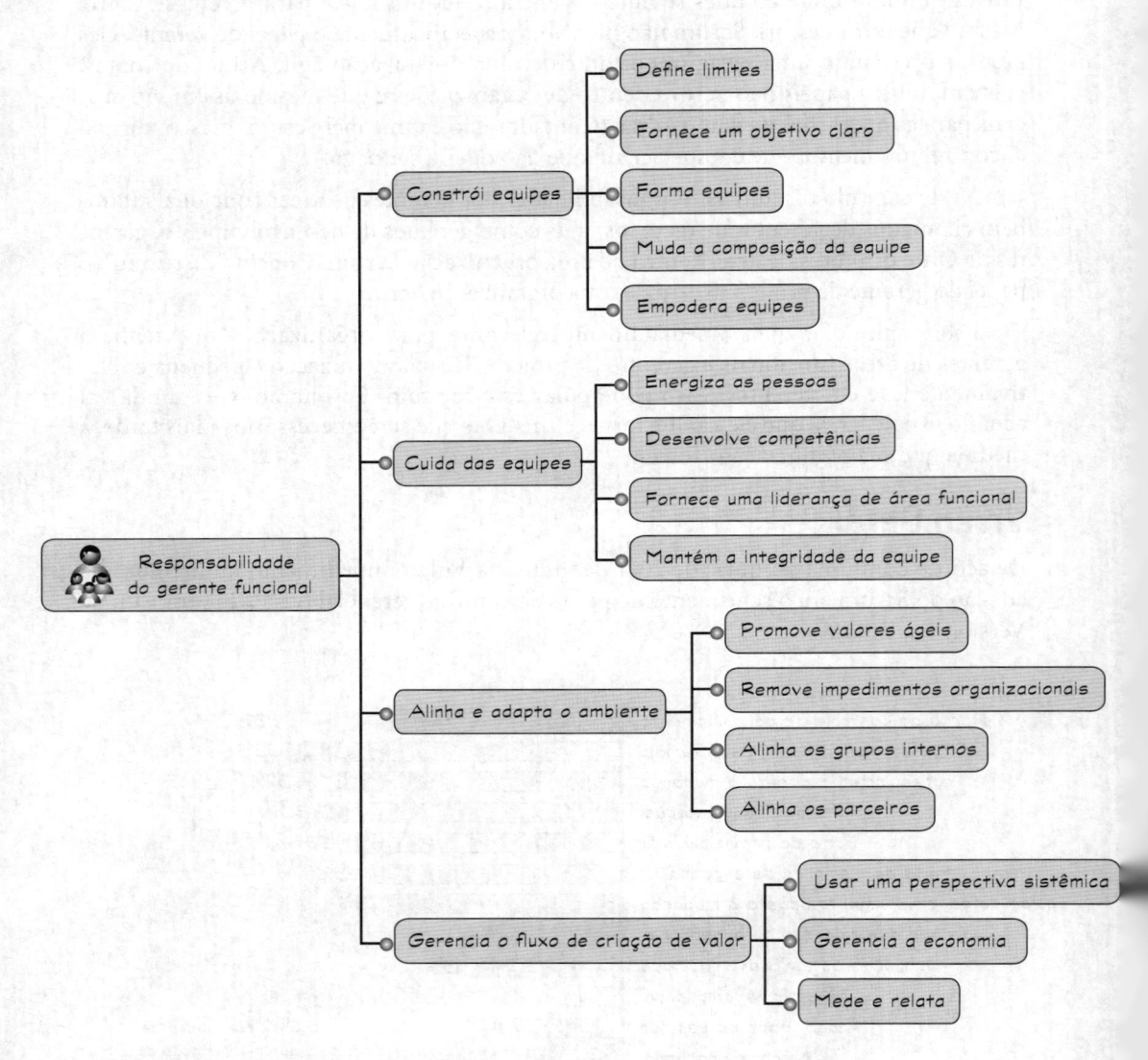

- **Constrói equipes**
  - Define limites
  - Fornece um objetivo claro
  - Forma equipes
  - Muda a composição da equipe
  - Empodera equipes
- **Cuida das equipes**
  - Energiza as pessoas
  - Desenvolve competências
  - Fornece uma liderança de área funcional
  - Mantém a integridade da equipe
- **Alinha e adapta o ambiente**
  - Promove valores ágeis
  - Remove impedimentos organizacionais
  - Alinha os grupos internos
  - Alinha os parceiros
- **Gerencia o fluxo de criação de valor**
  - Usar uma perspectiva sistêmica
  - Gerencia a economia
  - Mede e relata

FIGURA 13.2 Responsabilidades de um gerente funcional em uma organização Scrum

Criando Equipes

Gerentes criam equipes, o processo inclui definir limites, fornecer um objetivo claro e elevado, formar equipes, mudar a composição das equipes e empoderar as equipes.

Definir Limites

No Capítulo 11, descrevi como uma equipe auto-organizada gerencia sua resposta ao ambiente no qual ela foi colocada. O ambiente, entretanto, está sob a influência de gerentes (veja a Figura 13.3).

É raro que uma equipe auto-organizada decida que produtos ou projetos ela vai fazer. Por exemplo, se uma organização constrói software de contabilidade, a equipe não pode apenas decidir que ela gostaria de construir um software de controle de tráfico. Os gerentes quase sempre tomam essas decisões — eles definem as sandboxes (caixas de areia) ou limites dentro dos quais uma equipe pode se auto-organizar.

Por exemplo, se as equipes estiverem criando castelos de areia, gerenciar é decidir quantos castelos criar (quantas sandboxes) e os limites de cada sandbox, na qual uma equipe específica pode se auto-organizar e criar seu castelo de areia. Ou, para usar um exemplo mais específico de TI, gerentes em uma organização que construa softwares de contabilidade podem decidir quais aplicações de contabilidade construir e podem definir limites ao decidir se as equipes de desenvolvimento vão transferir para as equipes de deployment para um deployment mais tarde, ou se as equipes de desenvolvimento devem fazer o deploy como parte de cada sprint.

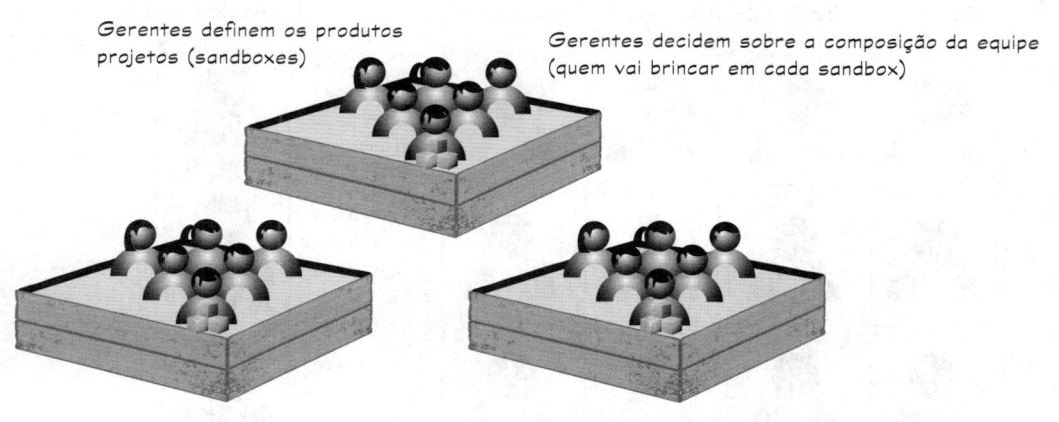

Gerentes definem os produtos projetos (sandboxes)

Gerentes decidem sobre a composição da equipe (quem vai brincar em cada sandbox)

As equipes se autogerenciam dentro de suas sandboxes

FIGURA 13.3 Os gerentes definem os limites.

Fornecer um Objetivo Claro e Elevado

Gerentes também fornecem um objetivo claro e elevado para cada equipe. Esse objetivo dá propósito e direção para a equipe. Seguindo a analogia da sandbox, os gerentes podem decidir que eles querem um castelo de areia que ganhe a competição de castelos de areia desse fim de semana, e o product owner trabalhando com a equipe Scrum pode então definir o objetivo como sendo "Criar um castelo medieval, completo com torres e um fosso circular."

Formar Equipes

Equipes tipicamente não se formam (os membros da equipe não autosselecionam quem vai estar na equipe). Gerentes compõem equipes. Retornando para nossa analogia das sandboxes, isso significa que os gerentes quase sempre decidem quem pode brincar em cada sandbox, não os membros individuais da equipe. Certamente os membros da equipe podem e devem fornecer inputs quanto à criação da equipe — por exemplo, ao pedir para estar em uma equipe em particular ou ao entrevistar novos candidatos para uma equipe existente. Entretanto, na maioria das organizações os gerentes tomam a decisão final para garantir que a formação da equipe equilibre apropriadamente as necessidades do negócio e as restrições.

Em um ambiente Scrum, gerentes funcionais que representam diferentes disciplinas ou comunidades de prática trabalham uns com os outros para selecionar membros de equipes Scrum cross-funcionais (Figura 13.4).

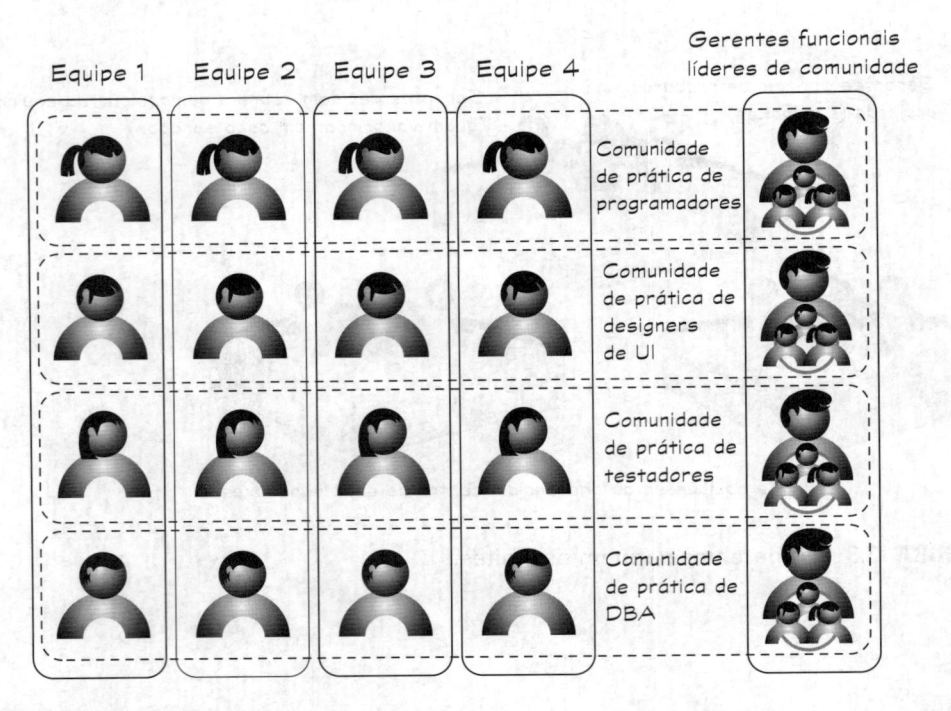

FIGURA 13.4 Gerentes funcionais criam coletivamente as equipes Scrum.

Nessa figura, cada faixa horizontal representa uma área funcional ou comunidade de prática composta de pessoas com habilidades similares (por exemplo, uma comunidade de desenvolvedores, designers de UI, testadores, DBAs). Cada área funcional tem um gerente funcional.

Os gerentes funcionais são responsáveis coletivamente por selecionar as pessoas apropriadas de cada área funcional para formar as equipes Scrum, que são mostradas verticalmente na figura. Os gerentes se esforçam para formar equipes que sejam cross-funcionais diversas e suficientes, onde os membros da equipe tenham um bom conjunto de habilidades T-shaped (veja o Capítulo 11).

Mudar a Composição das Equipes

Os gerentes também têm a obrigação de mudar a composição da equipe se eles acreditarem que fazer isso vá melhorar a saúde geral e a performance da equipe e da organização como um todo.

Vamos dizer, por exemplo, que Fred é uma pessoa de baixa performance na equipe de desenvolvimento. Fred também tem uma má atitude e está afetando negativamente a habilidade da equipe. Como a situação do Fred deveria ser tratada?

Primeiro, eu esperaria que os colegas de equipe do Fred discutissem a situação com ele, com o objetivo de tentar ajudar a ele e à equipe. Se forem mal sucedidos, o ScrumMaster, como coach da equipe Scrum, trabalharia com o Fred para o ajudar a ser um membro de equipe mais eficiente. Se o coaching não funcionasse, a situação do Fred provavelmente seria transferida da equipe Scrum para seu gerente de recursos (a pessoa a quem Fred se reporta dentro da organização), porque o ScrumMaster não tem autoridade de empregar ou despedir.

Neste ponto, o gerente de recursos do Fred (talvez em conjunto com alguém de recursos humanos) trataria dos problemas de performance dele de uma maneira humana e apropriada. O gerente de recursos certamente gostaria de consultar o ScrumMaster e os membros da equipe de desenvolvimento para aprofundar o entendimento da situação. Neste ponto o gerente de recurso poderia decidir remover imediatamente o Fred da equipe Scrum e escalá-lo para outra equipe, onde ele possa se encaixar melhor. Como alternativa, ele poderia pôr o Fred em um plano de melhoria de performance (seja em sua equipe atual ou numa nova equipe), e se o Fred não melhorar com o plano, deixariam ele ir.

Mesmo os gerentes tendo autoridade de "despedir" e os membros da equipe de desenvolvimento e os ScrumMasters não tendo, os membros da equipe certamente estão envolvidos no processo de garantir que a equipe esteja bem escalada.

Os gerentes podem também ter que alterar a composição da equipe quando fazer isso otimiza a habilidade da organização de entregar produtos de seu portfólio. Por exemplo, mesmo preferindo que nossas equipes tenham uma vida longa, pode ser necessário de tempos em tempos mover uma pessoa que tenha um conjunto especial de habilidades de uma equipe para outra que tenha uma necessidade imediata de alto valor para essas habilidades. Os gerentes precisam fazer tais mudanças com cuidado, porque ambas equipes vão ser afetadas pela mudança na composição delas.

Empoderar Equipes

Para que as equipes se auto-organizem, elas devem ser empoderadas, o que requer autorização e confiança dos gerentes. Uma maneira principal de empoderar equipes é que os gerentes deleguem responsabilidades para elas com o objetivo primário de permitir que equipes auto-organizadas gerenciem a si mesmas da melhor forma. Dito isso, as equipes não tomam todas as decisões de "gerência" (como discutimos anteriormente, os membros da equipe do Fred não podiam despedi-lo por não ser um bom membro). Entretanto, as equipes podem ser empoderadas para fazer típicas atividades de gerenciamento.

Para cada atividade ou decisão específica que o gerente pode considerar delegar, ele escolhe o nível apropriado de autoridade para empoderar a equipe. Appelo define sete níveis de autoridade como mostrado na Tabela 13.1, cada um com um exemplo (Appelo 2011).

Três desses níveis vão de um extremo, *informar (tell)*, onde o gerente toma a decisão e informa à equipe, ao outro extremo, *delegar (delegate)*, onde a equipe tem total autoridade para tomar a decisão.

Quando os gerentes delegam tarefas, eles devem confiar que as equipes vão cumprir suas responsabilidades conforme o esperado. E as equipes devem confiar que seus gerentes não vão tomar ações que contradigam a autoridade delegada. Por exemplo, os gerentes não devem delegar para a equipe a autoridade para tomar uma decisão e então seguir adiante e tomarem essa decisão eles mesmos.

TABELA 13.1 Sete Níveis de Autoridade de Appelo, com Exemplos

Nível	Nome	Descrição	Exemplo
1	Informar (Tell)	O gerente toma a decisão e informa à equipe	Realocar para um novo prédio
2	Vender (Sell)	O gerente convence a equipe sobre a decisão	Decisão de usar o Scrum
3	Consultar (Consult)	O gerente obtém input da equipe antes de tomar a decisão	Selecionar novos membros da equipe
4	Concordar (Agree)	O gerente e a equipe tomam a decisão juntos	Escolher o logo para a unidade de negócio
5	Aconselhar (Advise)	O gerente aconselha para influenciar a decisão feita pela equipe	Selecionar arquitetura ou componente
6	Investigar (Inquire)	O gerente investiga depois de a equipe ter tomado a decisão	Comprimento do sprint
7	Delegar (Delegate)	O gerente delega completamente a decisão para a equipe	Linhas gerais da codificação

Os gerentes também devem ajudar os membros da equipe a confiarem uns nos outros. Eles podem fazer isso definindo o limite apropriado do ambiente no qual a equipe opera, isso vai ajudar a formar a confiança intraequipe, ao se definir o limite sobre quão longe a confiança deve ser estendida. Os gerentes devem também ajudar os membros da equipe a entenderem a importância numa equipe auto-organizada de se cumprir compromissos pessoais, já que não há gerentes dentro da equipe para pressionar as pessoas a fazerem o trabalho. E os gerentes devem reforçar a atitude de mosqueteiro entre os membros da equipe, para que eles possam confiar que todos estejam realmente comprometidos a trabalharem juntos para atender os objetivos.

Cuidar das Equipes

Uma vez que as equipes Scrum tenham sido escaladas, os gerentes devem cuidar delas. Por cuidar, não quero dizer que os gerentes devam *gerenciar* as equipes. Em vez disso, os gerentes devem energizar as pessoas, focar no desenvolvimento de competências, fornecer liderança de área funcional e manter a integridade da equipe.

Energizar as Pessoas

Fornecer um objetivo claro e elevado cria uma fundação na qual energizar os membros da equipe. Por energizar, quero dizer que os gerentes devem constantemente procurar maneiras de motivar as pessoas a intrinsecamente quererem fazer um grande trabalho. Todos queremos trabalhar em um ambiente divertido, criativo e que entregue valor, e os gerentes são responsáveis por nutrir esse ambiente. Através de gerenciamento apropriado, os gerentes podem influenciar positivamente a motivação intrínseca e a energia dos membros da equipe.

Reciprocamente, os gerentes podem tomar ações que tenham o efeito oposto — que drenem a energia do ambiente e levem a pessoas desmotivadas. Por exemplo, historicamente, gerentes funcionais são acostumados a atribuir trabalho em nível de tarefas para as pessoas na sua área. Fazer isso em um ambiente Scrum iria desenergizar as pessoas ao minar a fundação da auto-organização da equipe e comprometer a habilidade da equipe em entregar valor.

Desenvolver Competência

Dentro de organizações Scrum, cada membro da equipe ainda se reporta a um gerente funcional ou de recursos que tipicamente não é o ScrumMaster ou o product owner. E, assim como em ambientes não Scrum, esses gerentes têm um papel ativo de fazer o coaching e ajudar seus subordinados diretos com os objetivos de carreira deles, ao promoverem oportunidades para o desenvolvimento de competências e fornecerem um feedback frequente e acionável sobre a performance.

Gerentes precisam criar um ambiente onde pessoas estejam constantemente aprendendo e adicionando aos seus conjuntos de habilidades. Eles precisam tornar claro que o aprendizado não é apenas encorajado, mas é na verdade uma prioridade nos níveis individual, de equipe e organizacional. Ações como dar tempo para que os membros da equipe treinem ou para atenderem conferências, vão falar mais alto do que palavras. Dentro desse ambiente de aprendizado que dá apoio, os gerentes fazem o coach dos membros da equipe para avançarem seus próprios conhecimentos de domínio, técnico, de habilidades de raciocínio e assim por diante.

Os gerentes devem também fornecer um feedback frequente para as equipes e os indivíduos. Em muitas organizações não Scrum, o feedback sobre performance vem na forma de uma revisão anual de performance. Em organizações usando o Scrum que escolham realizar essas revisões, seria esperado do gerente funcional que continuasse o processo. Entretanto, organizações que tenham internalizado o núcleo dos valores e princípios Scrum rapidamente percebem que fornecer feedback de performance para indivíduos uma vez (ou duas) por ano está fora de sincronia com a cadência das equipes Scrum que estão trabalhando e aprendendo em sprints de curta duração. Estas revisões anuais de performance também podem incentivar competição de baixa confiança na equipe em vez de auto-organização com uma atitude de mosqueteiro. Medidas individuais de performance também podem interferir com a performance superior da equipe ao promover comportamento independente — as pessoas otimizam como elas estão sendo medidas pessoalmente às custas da equipe. Organizações Scrum bem-sucedidas logo começam a questionar o valor até mesmo de fazer essas revisões anuais de performance, percebendo que podem mesmo causar mais danos do que benefícios.

Isso não significa que a performance individual não seja medida em organizações Scrum. Os gerentes devem alinhar a frequência do feedback deles para os indivíduos para melhor coincidir com os loops de aprendizado da equipe na qual alguns de seus subordinados sejam membros. Uma abordagem seria os gerentes fornecerem feedback a cada sprint. O feedback individual também deve ser bem posicionado no contexto de como a performance individual apoia (ou não) a performance da equipe.

Fornecer Liderança na Área Funcional

Como em organizações não Scrum, os gerentes funcionais em organizações Scrum continuam a fornecer liderança específica na sua área funcional.

Gerentes funcionais usualmente têm um bom conhecimento de trabalho na sua área funcional e podem fornecer liderança de ideias dentro dessa área. Esse tipo de liderança não envolve um gerente funcional atribuindo tarefas para seus subordinados diretos, lhes dizendo como fazer seus trabalhos. Tais ações seriam debilitantes para uma equipe auto-organizada. Esse tipo de liderança, entretanto, patrocina uma necessidade importante de consistência, coerência e coaching dentro da área funcional.

Por exemplo, em companhias de desenvolvimento de jogos, o artista se reporta ao diretor de arte, que é em si um artista altamente qualificado. O diretor de arte fornece liderança artística para os artistas ao ajudar a definir padrões artísticos para o jogo e então revisando o trabalho dos artistas individuais para assegurar uma consistência holística. Não queremos ter um artista em uma equipe Scrum fazendo arte gótica e um artista em outra equipe fazendo arte de desenho animado. O diretor de arte fornece uma liderança geral dentro da área para ajudar a melhor garantir resultados coerentes de alto valor.

Gerentes funcionais também fornecem liderança ao estabelecer padrões relevantes para a área e ao encorajar iniciativas específicas da sua área funcional. Por exemplo, digamos que o diretor de QA quer selecionar novas ferramentas de automação de testes que possam ser usadas por muitos esforços de desenvolvimento. Para conseguir isso, o diretor de QA pede ao pessoal focado em QA, e que se reporta a ele, mas que são todos membros de diferentes equipes Scrum (como ilustrado na Figura 13.4), para colaborarem na seleção.

Manter a Integridade da Equipe

No Capítulo 11, eu disse que a moeda dos processos ágeis é a equipe. Como a equipe substitui o indivíduo como a unidade de capacidade, os gerentes devem trabalhar proativamente para manter a integridade da equipe. Isso significa não tirar pessoas das equipes no meio de sprints para trabalharem em projetos de estimação, ou desnecessariamente escalar pessoas para trabalhar em múltiplas equipes.

Como a economia de equipes de vida longa é convincente, os gerentes também devem tentar manter as equipes juntas tanto tempo quanto for economicamente justificável. No fim de um esforço de desenvolvimento, os gerentes devem primeiro tentar escalar a equipe como um todo para o próximo esforço de desenvolvimento. Eles devem fazer isso antes de quebrar em partes um recurso de alto valor e perder a preciosa coesão da equipe.

Alinhando e Adaptando o Ambiente

Conseguir que uma equipe, ou mesmo os departamentos de TI ou desenvolvimento, usem o Scrum é um bom começo. Entretanto, para se conseguir os benefícios extraordinários do Scrum, a cadeia de valor inteira, dos fornecedores até os clientes, precisa abraçar os princípios ágeis. Os gerentes são responsáveis por alinhar e adaptar o ambiente (a cadeia de valor) ao promover os valores ágeis, remover impedimentos organizacionais, alinhar os grupos internos e alinhar os parceiros.

Promover os Valores Ágeis

Os gerentes devem abraçar os valores e princípios ágeis. Eles precisam entender e realmente acreditar neles, vivê-los e encorajar outros a fazer o mesmo. Muito frequentemente, quando dou aulas ou faço o coach de equipes Scrum, eu ouço: "Sim, tudo isso faz sentido para nós, mas precisamos fazer nossa gerência entender ou não vamos ser capazes de realmente fazer o Scrum. Gostaria que eles estivessem nessa sala para ouvir." Estas equipes estão corretas. Elas vão eventualmente precisar de suporte da gerência se elas quiserem ser bem-sucedidas a longo prazo.

Uma vez eu estava engajado em uma discussão na hora do almoço com a equipe de gerência de uma organização que tinha acabado de adotar o Scrum. Durante nossa discussão eu disse que os gerentes devem evitar tirar alguém de uma equipe que esteja trabalhando para ir trabalhar temporariamente em algum outro projeto por causa da interrupção que isso criaria. Timidamente, mas com real sinceridade, um gerente na sala disse: "Ok, mas eu faço isso o tempo todo e não achava que fosse algo ruim.

Quais são as outras coisas que eu devo saber como um gerente em uma organização ágil emergente para que eu possa alinhar melhor meu comportamento com o ambiente para promover a agilidade?"

Em resposta a questão dela, comecei a discussão sobre os valores e princípios ágeis centrais (similar ao Capítulo 3) para dar a ela e a seus colegas uma percepção de como um gerente pode ajudar a reforçar os princípios ágeis em vez de trabalhar contra eles sem saber. Claro, apenas através dos comportamentos no dia a dia deles que os gerentes podem realmente promover os valores ágeis.

Remover Impedimentos Organizacionais

Os gerentes também trabalham junto com os ScrumMasters para remover impedimentos. Apesar de o ScrumMaster ser a pessoa trabalhando para que os impedimentos organizacionais sejam removidos, muitos impedimentos, especialmente aqueles que são ambientais por natureza, requerem a intervenção dos gerentes para serem realmente removidos.

Alinhar os Grupos Internos

O grupo de engenharia ou TI é frequentemente o primeiro a adotar o Scrum. Digamos que depois de um período razoável de tempo os grupos que primeiro adotaram se tornam muito habilidosos na criação de features de valor para o cliente a cada sprint. Entretanto, até que essas features sejam realmente disponibilizadas para os clientes, nenhum valor real foi entregue. E se o grupo de desenvolvimento não operar de uma maneira ágil, e se colocar features para a produção a cada poucas semanas não seja algo que o grupo possa ou queira fazer? Será que a organização pode se dizer uma organização Scrum de alta performance se ela não consegue colocar valor nas mãos dos clientes de uma maneira oportuna?

E se houver o mesmo tipo de mau alinhamento nos níveis acima do desenvolvimento? Talvez vendas e marketing estejam operando em cima de um diferente conjunto de princípios. E se a atitude deles for: "Vocês do desenvolvimento pode usar qualquer processo que queiram para construir coisas. Vocês só precisam ser capazes de responder todas minhas questões antecipadas e muito detalhadas e atender à data que já disponibilizamos para os clientes." Ou talvez o pessoal de RH ainda esteja recrutando pessoas para antigas descrições de trabalho em vez almejar pessoas que tenham habilidades T-shaped e um desejo de trabalhar em equipes auto-organizadas.

Não podemos conseguir os benefícios completos de longo prazo do Scrum em tais ambientes. Gerentes (incluindo executivos) têm a obrigação de estabelecer o ambiente de forma a alcançar um bom alinhamento interno entre os vários grupos, tais como governança, financeiro, vendas, marketing, implementação e suporte. Os gerentes devem ver o todo e alinhar o todo com os princípios ágeis.

Alinhar Parceiros

Por que parar no alinhamento interno? Os gerentes também devem ajudar as organizações a abraçarem uma abordagem mais ágil no gerenciamento de fornecedores e na terceirização. Se a maneira com que lidamos com nossos parceiros externos seguir uma abordagem tradicional de plena concorrência, centrada em contratos e em muita negociação, a organização vai falhar em alcançar seu pleno potencial com o Scrum.

Em vez disso, os gerentes devem promover o uso de princípios ágeis ao lidar com parceiros. Por exemplo, a forma mais simples de acordo de terceirização seria fazer o lease de uma equipe Scrum de um terceiro. Em vez de fazer todo o trabalho difícil de criar uma equipe de alta performance, os gerentes compram acesso a uma equipe de alta performance que outros já tenham criado. Nesse ponto, a organização usa o Scrum como descrito nesse livro, mas a equipe de desenvolvimento (e talvez o ScrumMaster) "pertence" a um terceiro e não à organização.

Para alcançar esse nível de alinhamento ágil de parceiros, os gerentes devem considerar alternativas à criação de contratos de preço fixo com terceiros. Tais contratos colocam a organização e seus contratados imediatamente em oposição um ao outro. (O contratado quer entregar o menos possível para atender ao contrato, para que ele possa maximizar a margem de lucro, e a organização quer conseguir o máximo possível pelo preço fixo.) Essa não é uma maneira ágil de operar. Os gerentes devem mudar seu estilo de engajamento.

Gerenciando o Fluxo de Criação e Valor

De um modo geral, os gerentes em um ambiente Scrum são responsáveis por definirem a direção estratégica e por garantirem que os recursos organizacionais sejam usados de uma maneira economicamente sensata para alcançar os objetivos estratégicos. Os gerentes gerenciam o fluxo de criação de valor ao usarem uma perspectiva de sistemas, gerenciando a economia e medindo e relatando.

Tem uma Perspectiva de Sistema

Para gerenciar efetivamente o fluxo de criação de valor, os gerentes devem adotar uma perspectiva de sistema. Um dos grandes impedimentos que eu tenho visto para a adoção bem-sucedida do Scrum é quando os gerentes se recusam a pensar sistematicamente e em vez disso focam apenas nas suas próprias áreas. Frequentemente ouço: "Sim, mas fazer o que você propõe requer uma mudança na estrutura de relatórios ou nas descrições-chave dos cargos." Quando as pessoas dizem isso, o que eu escuto é: "Não consigo imaginar que nós realmente façamos isso, então não posso [ou não vou] fazer a mudança na minha área para melhor alinhar o que fazemos com os valores e princípios do Scrum e o resto da organização ágil."

Esse tipo de pensamento localizado torna difícil alcançar qualquer tipo de alinhamento ágil interno sensato e pode levar diferentes partes da organização a quase que literalmente trabalharem contra o bem maior do sistema. Gerentes em uma organização Scrum devem estar dispostos a ter uma perspectiva de ver o todo, se eles pretendem tornar real os benefícios da alta performance do Scrum a longo prazo.

Gerencia a Economia

As organizações esperam que os gerentes sejam guardiões confiáveis dos recursos financeiros que são disponibilizados para eles. Gerentes de alto nível em uma organização Scrum portanto ainda gerenciam a economia (tal como lucros e prejuízos) para suas áreas. Gerentes funcionais ou gerentes de recursos podem não ter responsabilidade direta sobre lucros, mas ainda são responsabilizados por como são gastos os recursos financeiros confiados a eles.

Espera-se que os gerentes (talvez no nível executivo) também supervisionem a economia no nível mais alto da organização. Isso frequentemente ocorre através de seu envolvimento no gerenciamento de portfólio e na governança corporativa. Através do gerenciamento de portfólio, eles determinam que esforços de desenvolvimento financiar, até que ponto e a ordem na qual eles devem ser feitos. E, uma vez que o esforço esteja em andamento, os gerentes revisam e reagem ao fluxo contínuo de feedback em tempo real baseados no desenvolvimento iterativo e incremental e, quando apropriado, cancelam um esforço cuja economia não mais justifique gastos adicionais (veja o Capítulo 16).

Monitora Medidas e Relatórios

Muitas medidas e relatórios são coletados e gerados a pedido dos gerentes, então há uma real oportunidade para os gerentes se assegurarem de que apenas aquelas medidas que agreguem ao fluxo de criação de valor sejam capturadas e relatadas. Esse objetivo pode ser alcançado ao garantir que medidas e relatórios se alinhem bem com o núcleo dos valores e princípios Scrum.

No Capítulo 3 descrevi diversos princípios Scrum que podem guiar como os gerentes abordam as medidas e os relatórios. Os seguintes são alguns exemplos:

- Foque no trabalho ocioso, não nos trabalhadores ociosos. Para conseguir isso, meça quando e com que frequência o fluxo do trabalho está sendo impedido em vez do quão bom você é em manter as pessoas ocupadas. Uma medida tal como o tempo de ciclo vai expor a quantidade de tempo entre o momento em que o trabalho começa e o momento quando ele termina. Se o tempo de ciclo estiver aumentando, você precisa investigar o porquê.
- Meça o progresso através de recursos funcionais validados. Realmente importa se você entrega no prazo e dentro do orçamento se não entrega um produto que as pessoas queiram? Foque em medir o valor entregue (recursos funcionais e validados), mas não perca de vista as variáveis (data, escopo, orçamento e qualidade) necessárias para se entregar valor.
- Organize o fluxo para obter um feedback rápido. Alinhe suas medidas para determinar quão rapidamente o ciclo de aprendizado é completado (supor, construir, feedback, inspecionar e adaptar).

Essa última medida está no coração da **contabilidade de inovação (innovation accounting)**, que é efetiva em qualquer organização que crie um produto ou serviço sob condições de extrema incerteza (Ries 2011). A contabilidade de inovação usa métricas acionáveis para avaliar quão rápido estamos aprendendo como uma medida crítica do nosso progresso em direção a convergir em um resultado valioso para o negócio. A contabilidade de inovação é baseada em três passos:

1. Crie um produto minimamente viável (MVP — minimum viable product) para estabelecer uma linha-base de valores real das métricas acionáveis de onde a organização ou o produto estão hoje.
2. Usando uma série de melhorias incrementais no produto, tente melhorar as medidas acionáveis da linha-base em direção aos valores ideais ou desejados.
3. Se medidas acionáveis mostrarem que o produto está fazendo um progresso demonstrável em direção a um alvo desejado, persevere no caminho atual; caso contrário mude para uma nova estratégia e comece o processo de novo.

Vou discutir os conceitos de pivotear e perseverar em mais detalhes nos Capítulos 14, 16 e 17.

Gerentes de Projeto

Até agora temos discutido o papel do gerente funcional ou gerente de recurso. E sobre o papel do gerente de projeto? Há tal papel em uma organização Scrum?

Responsabilidades da Gerência de Projetos em uma Equipe Scrum

Uma percepção errada comum é que o ScrumMaster é realmente apenas o "gerente de projeto ágil" ou um gerente de projeto com um título diferente. Na superfície há algumas similaridades entre um ScrumMaster e um gerente de projeto — por exemplo, ambos fazem remoção de impedimentos. Entretanto, ser um líder servil diferencia significativamente o papel de ScrumMaster daquele de um gerente de projeto mais focado em comando e controle.

Para responder a questão "Onde está o gerente de projeto?", vamos olhar às responsabilidades centrais da gerência de projetos como definidas pelo Project Management Institute (PMI 2008) e resumida na Tabela 13.2.

TABELA 13.2 Responsabilidades Tradicionais do Gerenciamento de Projetos

Atividade do Gerenciamento de Projetos	Descrição
Integração	Identificar, definir, combinar, unificar e coordenar os vários processos e atividades da gerência de projetos.
Escopo	Define e controla o que é e não é incluído no projeto, garantindo que o projeto inclua todo o trabalho necessário.

continua

TABELA 13.2 Responsabilidades Tradicionais do Gerenciamento de Projetos (*Continuação*)

Atividade do Gerenciamento de Projetos	Descrição
Tempo	Gerencia a finalização oportuna do projeto ao definir o que fazer, quando fazer e que recursos são necessários.
Custo	Estima, faz o orçamento e controla os custos para atender um orçamento aprovado.
Qualidade	Define os requisitos de qualidade e/ou padrões, realiza a garantia de qualidade e monitora e registra os resultados de atividades focadas na qualidade.
Equipe (recursos humanos)	Organiza, gerencia e lidera a equipe de projeto.
Comunicações	Gera, coleta, distribui, armazena, recupera e dispensa informações do projeto.
Risco	Planeja, identifica, analisa, responde, monitora e controla os riscos do projeto.
Aquisição	Adquire produtos, serviços ou resultados necessários de fora da equipe do projeto.

Certamente essas responsabilidades continuam importantes e precisam ser tratadas. Então, se não houver gerente de projeto, quem supervisiona essas atividades?

A Tabela 13.3 mostra que essas responsabilidades tradicionais de um gerente de projeto são distribuídas entre os vários papéis Scrum e possivelmente entre outros gerentes.

TABELA 13.3 Mapeamento das Responsabilidades de Gerenciamento de Projeto em uma Organização Scrum

Atividade de Gerência de Projeto	Product Owner	ScrumMaster	Equipe de Desenvolvimento	Outro Gerente
Integração	✔			✔
Escopo	Nível macro		Nível de sprint	
Tempo	Nível macro	Ajuda a equipe Scrum a usar o tempo efetivamente	Nível de sprint	
Custo	✔		Estimação de story/tarefa	

TABELA 13.3 Mapeamento das Responsabilidades de Gerenciamento de Projeto em uma Organização Scrum (*Continuação*)

Atividade de Gerência de Projeto	Product Owner	ScrumMaster	Equipe de Desenvolvimento	Outro Gerente
Qualidade	✓	✓	✓	✓
Equipe (recursos humanos)			✓	Formação
Comunicações	✓	✓	✓	✓
Risco	✓	✓	✓	✓
Aquisição	✓			✓

Baseada na Tabela 13.3, uma pessoa que seja um gerente de projeto pode assumir qualquer dos três papéis Scrum, dependendo das habilidades e desejos dessa pessoa. Muitos gerentes de projeto se tornam excelentes ScrumMasters, se conseguirem deixar de lado suas tendências de gerenciamento estilo comando e controle.

Entretanto, como você pode ver da Tabela 13.3, o product owner assume pelo menos tantas responsabilidades de gerenciamento de projeto quanto o ScrumMaster. Então, os gerentes de projeto também podem fazer a transição para um papel de product owner, se eles tiverem o conhecimento de domínio apropriado e outras habilidades para executar o papel de product owner. Ou, menos frequentemente, um gerente de projeto com um backgroud técnico pode escolher se tornar um membro da equipe de desenvolvimento.

Retendo um Papel Separado de Gerente de Projeto

Poderia parecer que os gerentes de projeto se tornariam os ScrumMasters, product owners ou membros da equipe. Esse não é, entretanto, sempre o caso. Companhias que tenham esforços de desenvolvimento grandes e complexos, algumas vezes decidem manter um gerente de projeto separado quando as tarefas de logística e coordenação são tão enormes que não se pode esperar que as equipes lidem com elas.

Como regra, quero que as equipes Scrum de um esforço de desenvolvimento lidem com sua própria logística e coordenação. As equipes Scrum não devem esperar que alguém externo às equipes seja o responsável pela coordenação das coisas para elas. Essa expectativa leva os membros da equipe a pensar: "Se alguma outra pessoa é responsável por coordenar, então nós não somos."

As logísticas e dependências de esforços de desenvolvimento menores com apenas algumas equipes Scrum são facilmente tratadas via coordenação intraequipe no dia a dia (usando uma técnica como o scrum de scrums, veja o Capítulo 12). Entretanto, e se tivermos um esforço de desenvolvimento com dezenas ou centenas de equipes Scrum e centenas ou talvez milhares de desenvolvedores?

Muito como a regra um-produto-um-backlog do Capítulo 6, a regra equipes devem tratar da própria coordenação é um ponto de partida correto. Entretanto, assim como questões de escala podem nos fazer relaxar a regra de um-produto-um-backlog, ela também pode nos fazer manter um ou mais gerentes de projeto para ajudar a coordenar todas as partes móveis.

Antes de dispararmos pelo caminho de reter um papel específico de coordenação apenas porque temos muitas equipes, devemos dar um passo atrás e olhar os canais de comunicação interequipes. Minhas experiências com essas situações é que raramente os canais de comunicação estão completamente conectados entre as equipes (veja a Figura 13.5).

Muito provavelmente as equipes se aglomeram (ou deveriam se aglomerar) em áreas de features ou equivalentes, onde os canais de comunicação são mais intensivos dentro de um dado cluster e mais levemente acoplados entre clusters (veja a Figura 13.6).

Em tais casos, as equipes Scrum podem facilmente gerenciar sua própria coordenação interequipes. Mas a quem pertence a coordenação cross-cluster? A resposta padrão é: às equipes em si. Em muitos casos essa abordagem funciona sem problemas. A colaboração pode ser tratada como um scrum de scrums onde um representante de cada

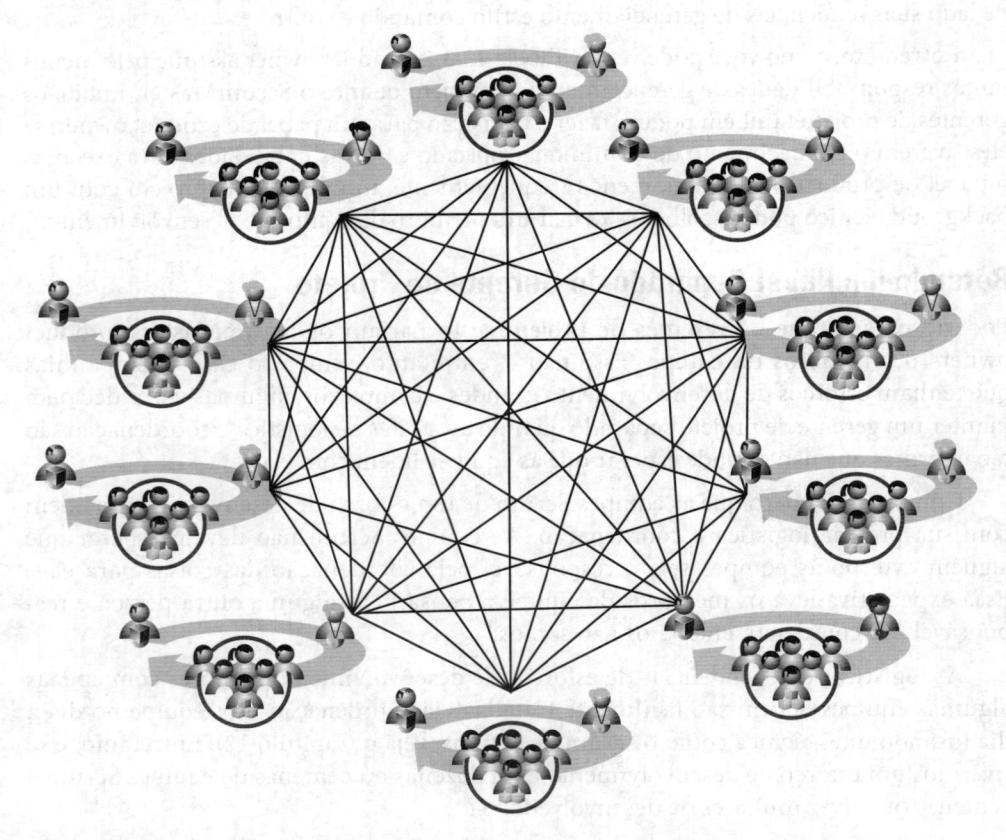

FIGURA 13.5 Equipes raramente têm canais de comunicação completamente conectados.

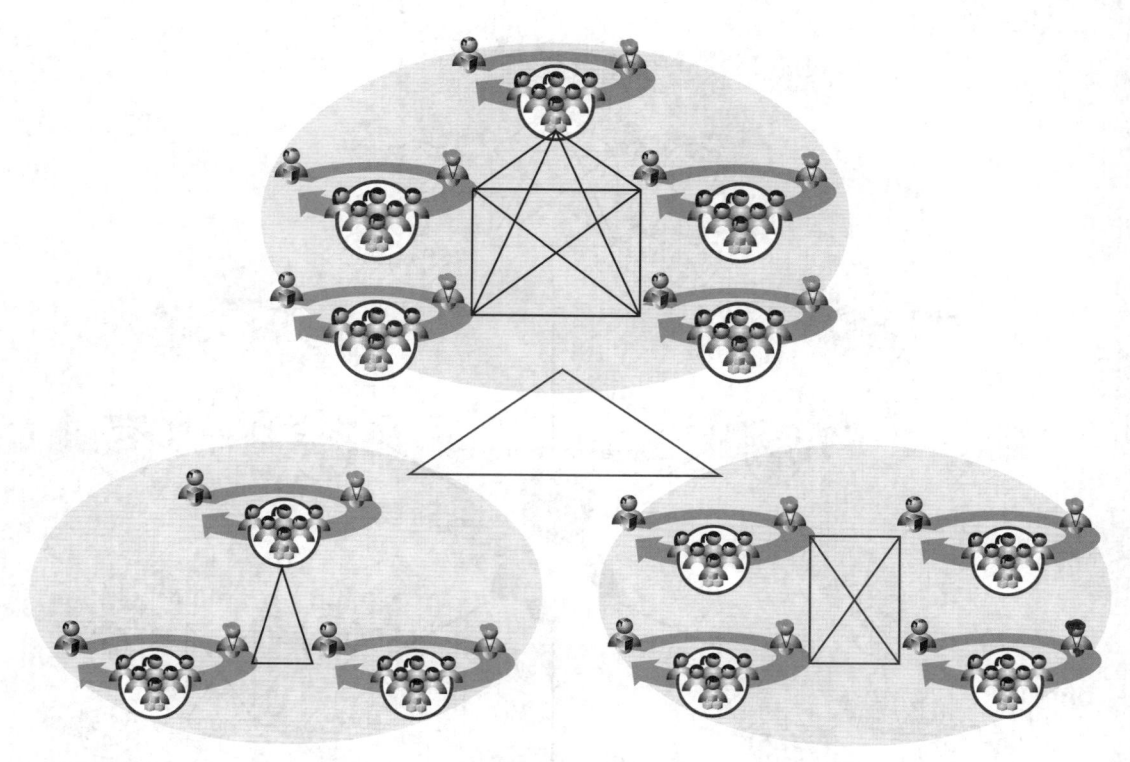

FIGURA 13.6 Equipes frequentemente formam clusters de colaboração.

cluster encontra com representantes dos outros clusters para discutir a coordenação de dependências.

Entretanto, na presença de muitos clusters diferentes, mesmo esse tipo de coordenação scrum de scrums entre as equipes pode se mostrar difícil. Em tais casos tenho visto organizações afunilarem o esforço de coordenação através de um gerente de projeto ou programa (veja a Figura 13.7).

Eu preferiria não ter um gerente de projeto no cento da coordenação. Tal abordagem corre o risco de as equipes Scrum individuais deixarem a responsabilidade de coordenação para um terceiro.

Entretanto, numa escala suficientemente grande reconheço que ter uma pessoa ou pessoas que foquem em tempo integral na supervisão da logística e coordenação pode fornecer um nível de conforto percebido de que o bastão não vai ser largado. Para clarificar que as equipes individuais não deleguem suas responsabilidades de coordenação intercluster para alguma outra pessoa, prefiro pensar no gerente de projeto como um assistente (como um líder servil) para as equipes Scrum. Nesse papel, espera-se que o gerente de projeto tenha uma perspectiva do sistema todo e que trabalhe diligentemente com cada um dos clusters ou equipes individuais para garantir que todos tenham o entendimento apropriado de que coordenação cross-equipe é necessária — mas as equipes ainda são donas da coordenação.

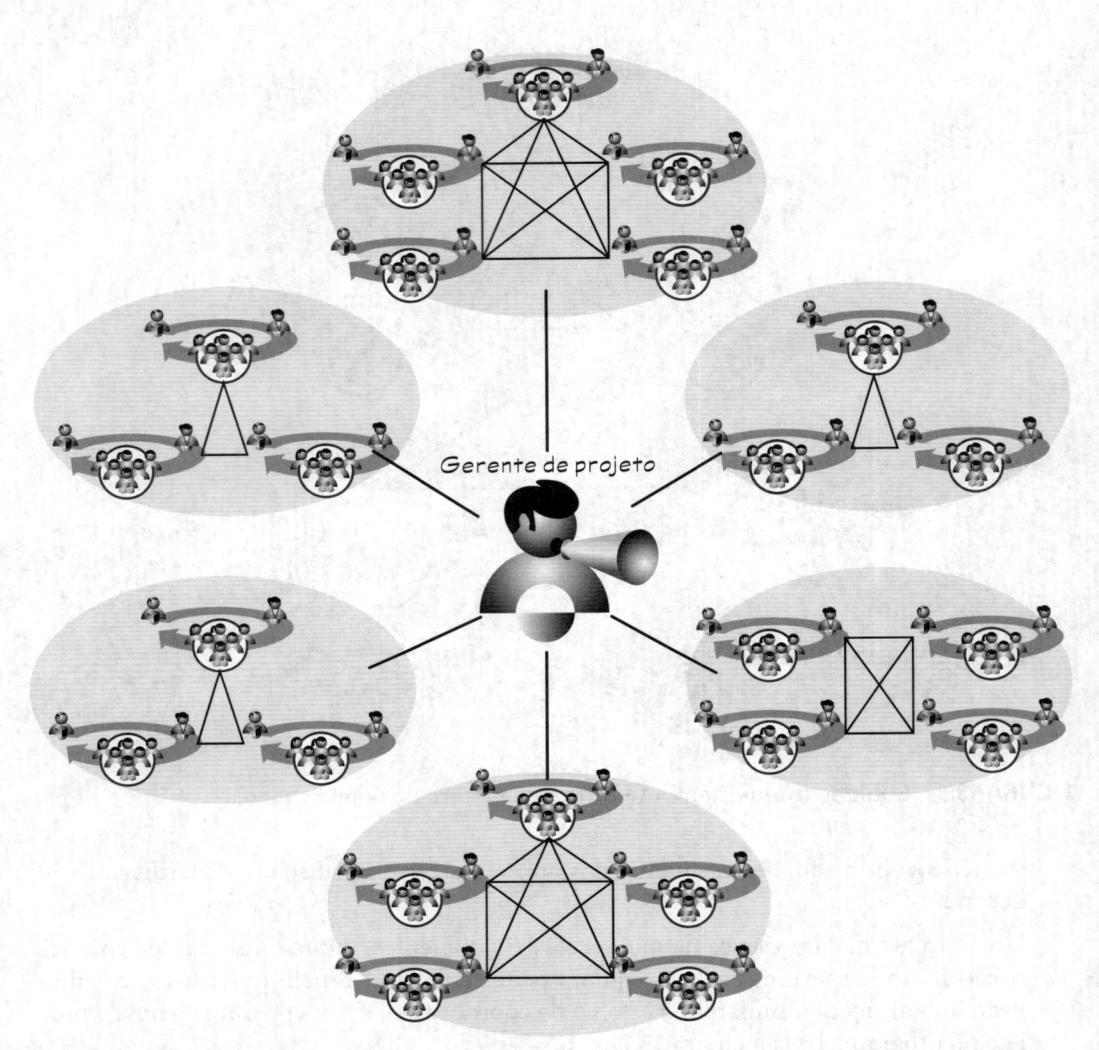

FIGURA 13.7 Afunilando a coordenação através de um gerente de programa ou de projeto.

Esse mesmo uso de um gerente de projeto também pode ser útil nos esforços de desenvolvimento onde a utilização do Scrum representa uma pequena parte de um desenvolvimento de produtos ou serviços muito maior. Por exemplo, pode haver subcontratados, equipes internas não Scrum e outras organizações internas associadas com a entrega do produto. Em particular, a logística de lidar com subcontratados ou fornecedores pode ser bem complicada e custar muito tempo. Com tantas partes móveis, é útil ter alguém focado apenas na logística (veja Figura 13.8).

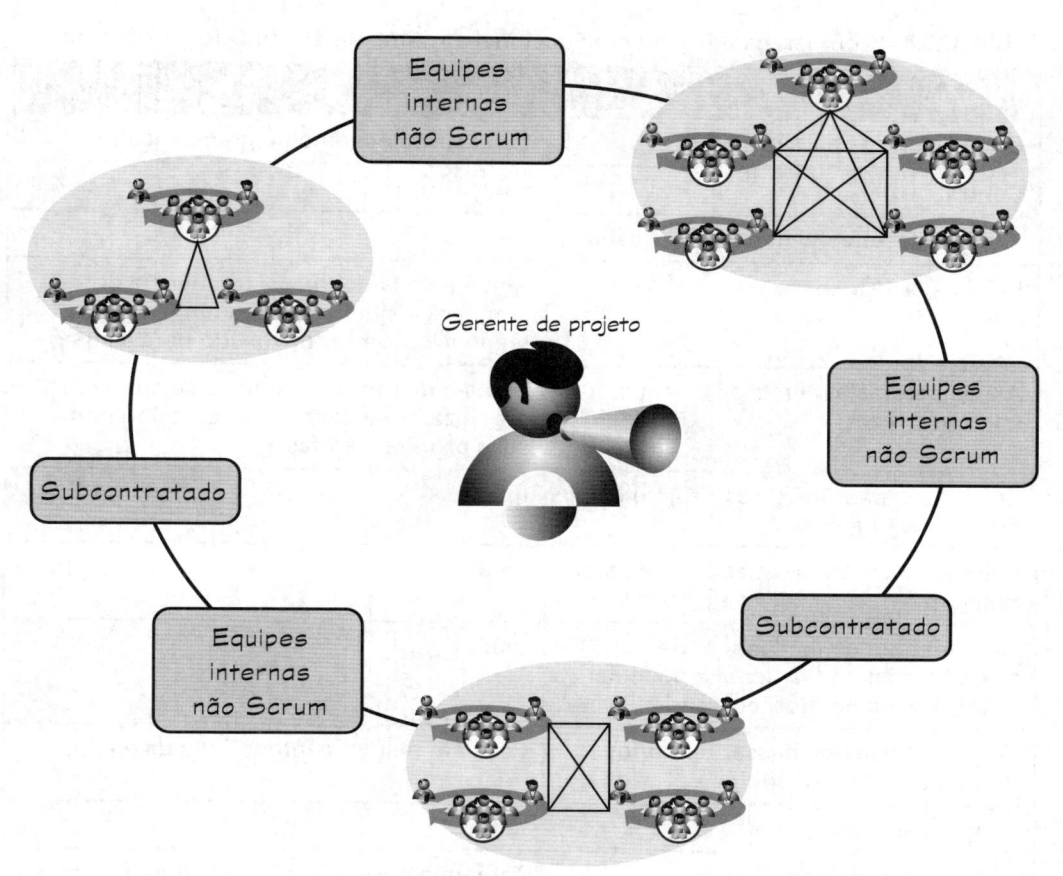

FIGURA 13.8 Gerente de projeto em desenvolvimentos complexos e multigrupo.

Mais uma vez, o objetivo não é que o gerente de projeto fique a cargo. Em vez disso, o gerente de projeto é a pessoa que está preocupada com garantir que as dependências que atravessam várias áreas sejam entendidas e comunicadas de uma maneira que as equipes possam coordenar mais efetivamente seu trabalho com as outras equipes.

Fechamento

Nesse capítulo descrevi o papel dos gerentes funcionais dentro de uma organização Scrum. Agrupei as responsabilidades gerenciais em categorias de criar equipes, cuidar das equipes, alinhar e adaptar o ambiente e gerenciar o fluxo da criação de valor.

A Tabela 13.4 resume as responsabilidades dos gerentes funcionais em uma organização tradicional e aquelas dos gerentes funcionais em uma organização Scrum.

TABELA 13.4 Comparação de Gerente Funcional em Ambientes Tradicional e Scrum

Tradicional	Scrum
Escala pessoas para projetos	Constrói coletivamente grandes equipes
Contrata e demite	Igual
Foca no desenvolvimento das pessoas	Igual
Revisa performances	Ainda envolvido, mas a frequência do feedback é significativamente maior e o feedback deve ser devolvido para a equipe
Atribui tarefas a membros da equipe (algumas vezes)	Deixa o membros da equipe se auto-organizarem e definirem e selecionarem suas próprias tarefas
Estabelece padrões cross-projeto em áreas funcionais	Igual
Encoraja iniciativas específicas da área funcional	Igual
Tem um bom conhecimento de trabalho da área funcional e pode dar uma mão quando fornecessário	Igual
Tem habilidade de passar relatórios diretos de equipe à equipe	Foca em manter a integridade da equipe
Remove impedimentos	Igual
Foca na própria área funcional	Tem uma perspectiva de ver o todo com relação ao alinhamento e a criação de valor
Gerencia a economia (P&L)	Igual
Monitora medidas e relatórios	Alinha as medidas e relatórios com os princípios ágeis para focar num fluxo de criação de valor

Apesar de a maioria deste capítulo ter sido focada no papel do gerente funcional, finalizei com uma discussão sobre o papel do gerente de projeto. Foquei tanto em como as responsabilidades tradicionais desse papel são compartilhadas entre os três papéis da equipe Scrum, quanto em como os esforços de desenvolvimento complexos algumas organizações acham útil ter um ou mais gerentes de projeto além dos três papéis do Scrum.

Este capítulo conclui a Parte II. No próximo capítulo vou começar a discussão do planejamento ao descrever importantes princípios de planejamento no Scrum.

PARTE III
PLANEJAMENTO

Capítulo 14
PRINCÍPIOS DE PLANEJAMENTO DO SCRUM

Um antigo mito diz que o desenvolvimento com o Scrum se inicia sem planejamento. Começamos o primeiro sprint e descobrimos os detalhes durante o voo. Isso não é verdade. Fazemos planejamento no Scrum. Na verdade, planejamos em múltiplos níveis de detalhes e em muitos pontos no tempo. Para alguns poderia parecer que o Scrum tira a ênfase do planejamento porque a maioria do planejamento ocorre just-in-time em vez de substancialmente antecipado. Na minha experiência, entretanto, as equipes frequentemente passam mais tempo planejando com o Scrum do que com o desenvolvimento tradicional; ele só parece um pouco diferente.

Neste capítulo falo mais sobre diversos dos princípios Scrum descritos no Capítulo 3, com foco em como eles se aplicam ao planejamento. Ao fazer isso, preparo a fundação para a discussão do Capítulo 15 sobre os múltiplos níveis onde acontece o planejamento no Scrum. Em capítulos subsequentes, exploro em maiores detalhes o planejamento de portfólio, o planejamento de produto, o planejamento de release e o planejamento do sprint.

Visão Geral

O Capítulo 3 descreveu princípios Scrum chave, um número deles é fundamental para como abordamos o planejamento quando usamos o Scrum. Este capítulo enfatiza os princípios mostrados na Figura 14.1.

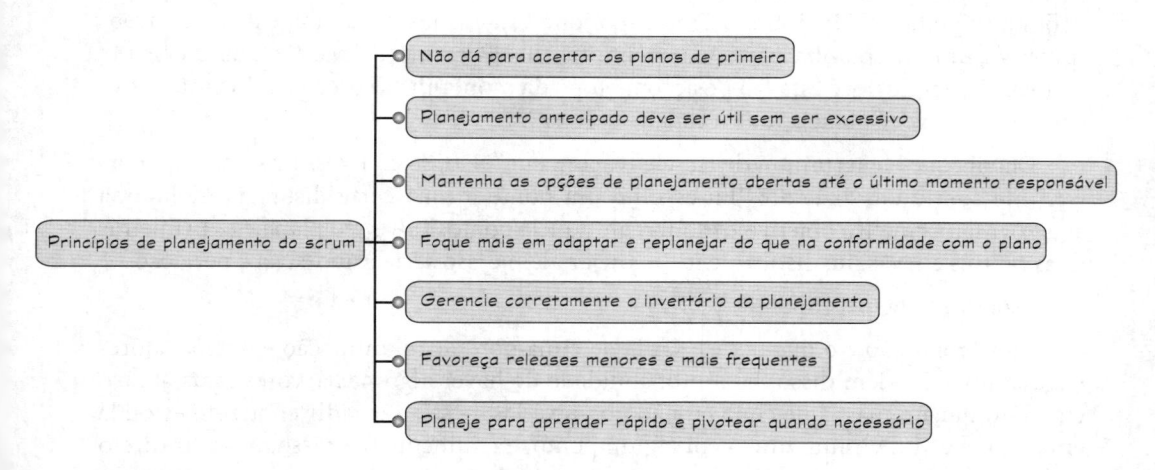

Princípios de planejamento do scrum
- Não dá para acertar os planos de primeira
- Planejamento antecipado deve ser útil sem ser excessivo
- Mantenha as opções de planejamento abertas até o último momento responsável
- Foque mais em adaptar e replanejar do que na conformidade com o plano
- Gerencie corretamente o inventário do planejamento
- Favoreça releases menores e mais frequentes
- Planeje para aprender rápido e pivotear quando necessário

FIGURA 14.1 Princípios do planejamento Scrum

Princípios Scrum adicionais (tal como trabalhar em escalas de tempo curtas, tirar proveito da cadência e outros) serão enfatizados nos capítulos subsequentes sobre planejamento.

Não Assuma que Podemos Planejar Tudo Certo Antecipadamente

A abordagem tradicional e preditiva para o planejamento é criar um plano detalhado antecipadamente antes de o trabalho de desenvolvimento começar. O objetivo é entender tudo certo para que o resto do trabalho possa ser processado de uma maneira ordenada. Algumas pessoas argumentam que sem esse plano não sabemos para onde estamos indo e não podemos coordenar as pessoas e suas atividades, especialmente em grandes esforços de desenvolvimento com múltiplas equipes. Há verdade nesse argumento.

A abordagem Scrum para o planejamento é fiel às suas raízes empíricas de inspeção e adaptação. Ao se desenvolver com o Scrum, não acreditamos que possamos entender tudo antecipadamente, então não tentamos produzir *todos* os artefatos de planejamento antecipadamente. Entretanto, produzimos *alguns* dos artefatos de planejamento com antecedência, de forma a alcançar um bom equilíbrio entre planejamento antecipado e just-in-time.

Planejamento Antecipado Deve Ser Útil sem Ser Excessivo

Vamos olhar um exemplo que ilustra o princípio de que *planejamento antecipado deve ser útil sem ser excessivo*.

Vivo no Colorado onde o esqui é de primeira. Ocasionalmente esquio um pouco por diversão, mas não sou um expert. Um amigo meu, John, é um esquiador extremo. Honestamente, há momentos em que eu gostaria de ser um também, mas não sou tão habilidoso ou tão doido: John é. Uma vez o John estava mostrando fotos das suas aventuras em uma montanha particularmente insana. Por curiosidade fiz uma pergunta simples: "Quando você está em posição no topo da montanha se preparando para começar a descida, você planeja toda a rota de descida?"

Depois que ele terminou de rir, ele respondeu: "Não, se eu fizesse isso eu iria morrer." Ele continuou dizendo: "Eu escolho um ponto a uma certa distância montanha abaixo. Meu primeiro objetivo é esquiar até aquele ponto. Talvez eu planeje as primeiras duas ou três curvas. Realisticamente, planejar além disso seria impossível e perigoso."

"Por que?", eu perguntei.

"O terreno não é o que parece ser lá de cima porque a iluminação e outros fatores enganam você. Além disso, há a probabilidade de haver algumas árvores mais abaixo em algum lugar, mas lá de cima eu não posso vê-las — se eu decidir enquanto estou lá em cima que vou virar a direita em algum ponto, e realmente fizer isso, posso ir direto em uma dessas árvores. Mais ainda, não há como prever o moleque de 15 anos num snowboard voando sobre minha cabeça berrando, 'Cuidado, cara!' Você nunca sabe quando vai ter que mudar de curso, ou por que."

Depois que ele terminou a explicação, me lembro de pensar: "Uau, isso soa como todos os esforços interessantes de desenvolvimento de produto em que eu já trabalhei." Nos produtos onde me pediram para criar um plano antecipado detalhado, eu criei um. Mas não consigo lembrar de uma única vez em que essa abordagem tenha funcionado. Uma vez que tenha terminado, não consigo me lembrar de alguma vez em que pude olhar para trás e dizer: "Funcionou perfeitamente!" Num certo sentido, tentar fazer muito planejamento antecipado é como tentar planejar todas as curvas enquanto se está em pé lá no alto da montanha. Planejar nesse nível de detalhe é um desperdício.

A maioria de nós tem estado envolvido no desenvolvimento de produtos onde o nível de detalhe associado com o planejamento preditivo antecipado era absurdo. Isso significa que não devemos fazer planos de antemão? Não, isso seria negligente e temerário. John certamente faz algum planejamento antecipado — ele estuda as características principais do terreno para dar confiança a si mesmo antes de começar a descida. Igualmente temerário, entretanto, é planejar ao ponto onde se torna difícil e caro reagir à realidade. Como o John, devemos encontrar o equilíbrio apropriado entre predição antecipada e adaptação just-in-time.

Mantenha as Opções de Planejamento Abertas até o Último Momento Responsável

Para alcançar um bom equilíbrio entre planejamento antecipado e just-in-time, somos guiados pelo princípio de que devemos manter as opções importantes abertas até o último momento responsável. Isso significa que guardamos o planejamento que é melhor feito de uma maneira just-in-time para um momento quando tenhamos informações muito melhores. Por que tomar uma decisão de planejamento precipitada, baseada em más informações? Além de ser muito caro, tomadas prematuras de decisão podem também ser perigosas, como John apontou.

Foque Mais em Adaptar e Replanejar do que em Se Conformar com um Plano

Um dos problemas de muitos esforços de desenvolvimento de produto é que é dada muita ênfase no planejamento antecipado e não muita no planejamento contínuo. Se gastarmos de antemão um tempo significante desenvolvendo um plano altamente preditivo e acreditarmos que acertamos, vai haver uma inércia significativa em se conformar com o plano em vez de o atualizar para responder às mudanças. Se, em vez disso, acreditarmos, como fazemos no Scrum, que você não consegue acertar os planos antecipados e não pode eliminar a mudança, vamos valorizar a resposta às mudanças e o replanejamento em vez de seguir exageradamente o plano antecipado.

Na década de 1980, gastei tempo ou ajudando a desenvolver grandes planos ou trabalhando como consultor para as companhias que tinham desenvolvido tais planos. Você sabe o tipo de planos que eu estou falando — aqueles que levam a um enorme gráfico de Gantt que imprimimos (em múltiplas páginas), juntamos e pregamos no mural (veja a Figura 14.2).

George em 18 meses a partir de hoje

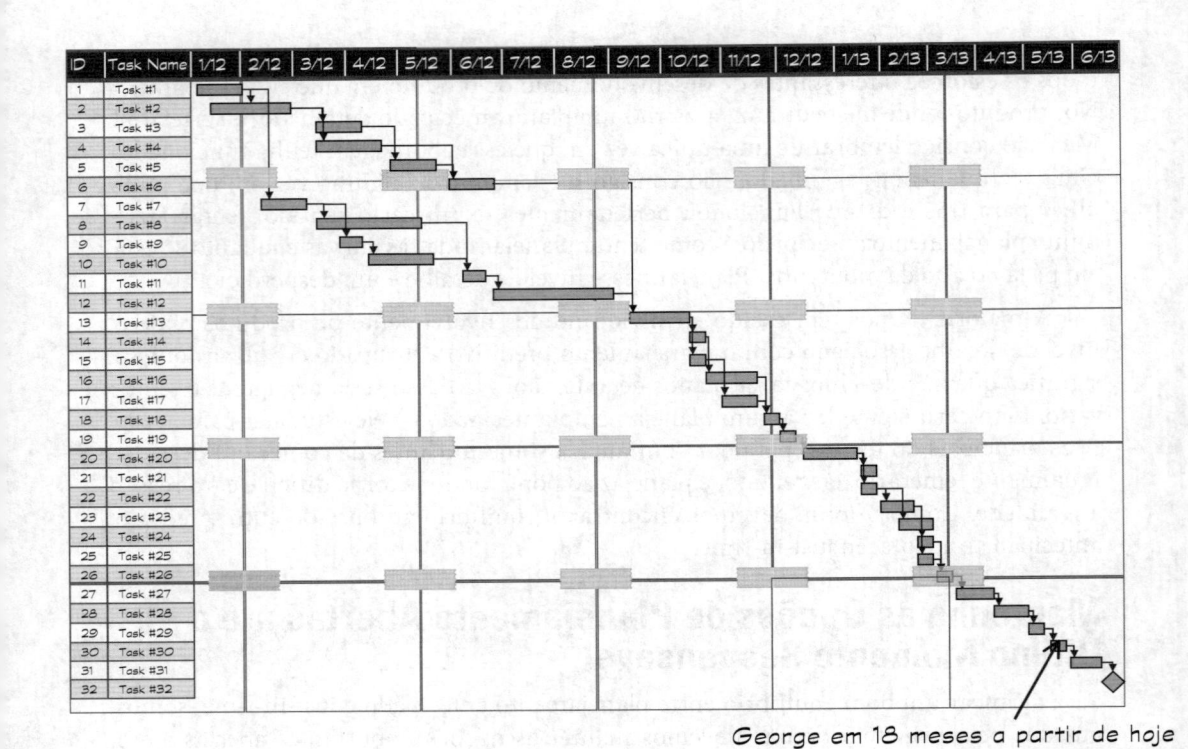

FIGURA 14.2   Um grande gráfico Gantt antecipado

Em diversos desses esforços de desenvolvimento gastamos até umas seis semanas desenvolvendo planos antecipados altamente preditivos. Uma vez que tenhamos produzido tais planos, eles se tornam os mapas para os projetos. Da mesma forma que um sistema legal pode assumir "inocente até que se prove o contrário", esses planos eram "supostos corretos até que se provassem errados". Um pouco de sabedoria frequentemente atribuída ao exército suíço, mas provavelmente derivada do *SAS Survival Guide* (Wiseman 2010), me parece apropriada aqui: "Quando estiver perdido na floresta, se o mapa não concordar com o terreno, em todos os casos acredite no terreno." (veja a Figura 14.3).

Em qualquer dado produto, nossa fé mal colocada no mapa nos leva a concluir que o progresso pode e deve ser medido como sendo a conformidade com o plano, ou com uma variação do plano. Quando ocorrem desvios no plano, nosso desejo por conformidade com o plano nos cega para o fato de que o mapa em si pode estar errado. Se o mapa começa a ser mais importante do que o terreno, perdemos contato com a realidade na qual estamos navegando.

Ao usarmos o Scrum, vemos o plano antecipado como útil, mas acreditamos que ler e se adaptar ao terreno são necessidades. Essa é uma crença razoável quando você considera que qualquer plano antecipado seja colocado em prática quando temos o mínimo possível de conhecimento que podemos ter sobre nosso produto. Como tais, os planos antecipados codificam muito acuradamente a nossa ignorância inicial.

FIGURA 14.3 Quando o mapa e o terreno não concordam, acredite no terreno.

No Scrum, favorecemos o replanejamento frequente na medida em que validamos nossas suposições. Usamos nosso aprendizado validado para continuamente produzir planos melhores e mais úteis. Não nos preocupamos com nossos planos estarem errados, porque sabemos que em breve vamos substituí-los por planos mais acurados. Como trabalhamos em sprints curtos de umas poucas semanas até no máximo um mês, mesmo se estivermos errados não vamos gastar muito tempo no caminho errado antes de ajustarmos o curso.

Apesar de a maioria das equipes Scrum que já vi não empregarem um gráfico de Gantt, elas planejam e dão valor a ter alguma forma de planejamento de longo prazo. Na verdade, como vou discutir no Capítulo 15, as equipes Scrum planejam em múltiplos níveis de detalhe. O que não queremos é ficar tão comprometidos com nossos planos que não queiramos replanejar quando as coisas mudarem, ou quando aprendermos informações importantes às quais devemos reagir.

Gerencie Corretamente o Inventário do Planejamento

No Capítulo 3, discuti um princípio-chave do Scrum do gerenciamento de inventário (também conhecido como trabalho em processo ou WIP). Ao determinar o equilíbrio apropriado entre planejamento antecipado e just-in-time, um insight-chave é perceber que a criação de um grande inventário de artefatos preditivos de planejamento ainda não validados é potencialmente um grande desperdício. Gerenciar corretamente nosso inventário de artefatos de planejamento é a coisa economicamente sensata a se fazer.

Pegue o exemplo prévio de um gráfico Gantt produzido antecipadamente. À medida que o esforço de desenvolvimento se desdobra e validamos nossas suposições ao adquirir conhecimento sobre o que estamos fazendo, vamos aprender onde nosso plano original estava errado. Infelizmente, a uma altura dessas já estamos carregados com o desperdício de ter que desenrolar e refazer os planos futuros que foram invalidados pelo que acabamos de aprender.

Isso gera pelo menos três formas de desperdício. Primeiro, há o desperdício de esforço para produzir as partes do plano que agora têm de ser descartadas. Segundo, há o potencialmente significante desperdício de ter que atualizar o plano. E terceiro, há a oportunidade desperdiçada de não ter investido nosso tempo em atividades mais valiosas (como entregar software funcional de alto valor) em vez de fazer trabalho antecipado que, então, vai requerer trabalho futuro para ser consertado.

Sempre tento equilibrar quanto planejamento eu faço num dado momento contra a possibilidade de que o que estou fazendo vá se tornar um desperdício se houver uma mudança. Por exemplo, no gráfico Gantt da Figura 14.2, posso ter o nome do George ao lado de uma tarefa que vai começar daqui a 18 meses. Quais são as chances de que o George vá trabalhar nessa tarefa específica daqui a 18 meses? Provavelmente perto de zero por cento!

Então, se há uma probabilidade tão alta de o plano estar errado tão no futuro assim, por que planejar tão à frente? Usualmente porque estamos tentando responder a perguntas como "Quando isso vai estar pronto?" ou "Quantas pessoas vamos precisar para esse esforço de desenvolvimento?" A menos que façamos a previsão de todo o trabalho, como podemos responder essas questões com qualquer certeza?

Quando um produto vai ser enregue e quais features podemos colocar no produto até uma data predeterminada são questões válidas que precisam ser tratadas. Entretanto, não podemos nos enganar ao pensar que temos a resposta certa apenas porque fizemos um palpite de longo prazo e pouca certeza. Vou tratar dessas questões de planejamento nos próximos capítulos.

Favoreça Releases Menores e Mais Frequentes

O Scrum favorece releases mais frequentes e menores porque elas fornecem um feedback mais rápido e melhoram o retorno de investimento (ROI) do produto. Quase sempre podemos melhorar os lucros de ciclo de vida do nosso produto ao tirar proveito do desenvolvimento incremental e de múltiplas releases de subconjuntos de features menores e mais vendáveis.

Considere os aspectos econômicos de um produto de release única, como mostrado na Figura 14.4 (de Denne e Cleland-Huang 2003). No início do desenvolvimento estamos gastando dinheiro (começando o período de investimento) sem qualquer retorno. A release do produto ocorre na descida da curva durante o período de investimento. Eventualmente alcançamos o autofinanciamento, quando a renda de um produto

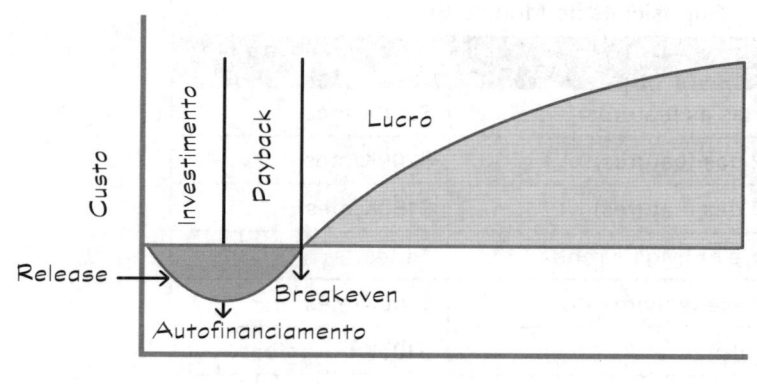

FIGURA 14.4 A economia da release única

iguala seu custo de desenvolvimento. Uma vez que a renda exceda o custo, entramos no período de payback, quando começamos a recuperar o investimento. Quando a renda total iguala os custos totais, alcançamos o ponto de breakeven. A partir desse ponto estamos finalmente lucrando!

Para ilustrar os benefícios de releases menores e mais frequentes, assuma que fizemos duas releases em vez de uma (veja a Figura 14.5). Nesse caso alcançamos o autofinanciamento, o breakeven e a lucrabilidade antecipada, melhorando assim o ROI geral do produto.

Como um exemplo específico (adaptado de Patton 2008), olhe a melhoria do ROI de um modelo com as suposições mostradas na Tabela 14.1.

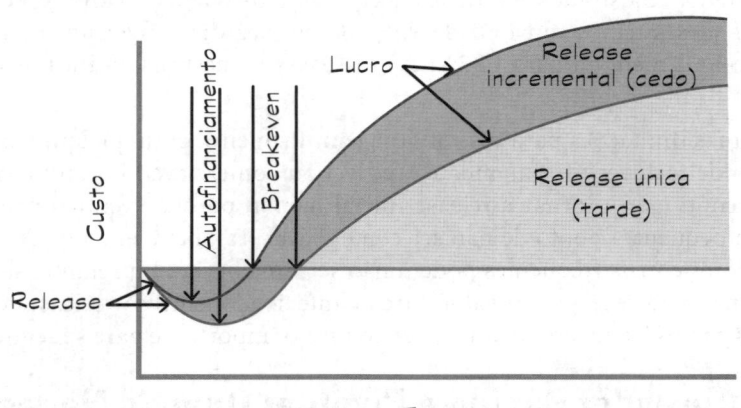

FIGURA 14.5 A economia de múltiplas releases

TABELA 14.1 Suposições do Modelo ROI

Variável	Valor
Renda (todas as features)	$300K/mês
Renda (1/2 das features)	$200K/mês
Renda (1/3 das features)	$150K/mês
Atraso entre entrega e renda	1 mês
Custo de desenvolvimento	$100K/mês
Custo da release	$100K por release

TABELA 14.2 ROI de Ciclos Diferentes de Release

	Release Única (12 meses)	Releases Semestrais	Releases Trimestrais
Custo total	$1,3M	$1,4M	$1,6M
Retorno total em dois anos	$3,6M	$4,8M	$5,25M
Retorno líquido em dois anos	$2,3M	$3,4M	$3,65M
Investimento em dinheiro	$1,3M	$0,7M	$0,45M
Taxa interna de retorno (como substituto do ROI)	9,1%	15,7%	19,5%

Os resultados, mostrados na Tabela 14.2, ilustram que, com uma única release, depois de 12 meses temos um ROI de 9,1%. Se em vez disso fizermos duas releases semestrais, o ROI melhora para 15,7%; com releases trimestrais alcançamos um ROI de 19,5%.

Há algumas limitações para essa abordagem. Primeiro, para qualquer produto há um conjunto de features minimamente lançável ou comerciável. Portanto, não podemos apenas continuar a tornar a release inicial menor, porque eventualmente ela vai se tornar tão pequena a ponto de não ser comerciável. Também, em alguns mercados, releases menores e mais frequentes podem não ser uma opção. Entretanto, se seu mercado for aberto para receber um valor parcial antecipado, entregar releases comercializáveis menores e mais frequentes é um princípio muito importante para se seguir.

Planeje Aprender Rápido e Pivotear Quando Necessário

Não há uma quantidade de predição ou suposição antecipada que substitua o fazer algo, aprender rápido e então pivotear se necessário. Por pivotear quero dizer mudar de direção ao mesmo tempo em que nos mantemos firmes naquilo que aprendemos. Ries define o pivoteamento como sendo "uma correção estruturada de curso, projetada para testar uma nova hipótese fundamental sobre o produto, estratégia e motor de crescimento" (Ries 2011). Assim como John o esquiador, precisamos estar preparados para pivotear rapidamente quando aprendemos que nosso plano corrente não é mais válido.

Como discuti no Capítulo 3, nosso objetivo é nos mover através do loop de aprendizado rápida e economicamente. Então temos de estruturar nossos planos com o aprendizado sendo um objetivo-chave. Ao conseguirmos um feedback rápido, podemos determinar se nossos planos estão nos levando numa direção viável. Se não, podemos pivotear e nos redirecionar.

Fechamento

Neste capítulo, discuti e forneci uma visão geral de diversos princípios de planejamento Scrum. Esses princípios nos possibilitam planejar de uma maneira economicamente sensata ao fazer uma quantidade útil de planejamento antecipado, equilibrado com o planejamento just-in-time mais detalhado à medida que aprendermos mais sobre o que estamos construindo e como construí-lo. Nos próximos cinco capítulos vou ilustrar com exemplos como tirar proveito desses princípios num nível mais profundo no contexto dos múltiplos níveis de planejamento no Scrum.

Capítulo 15
Planejamento Multinível

Em projetos Scrum, planejamos em múltiplos níveis de detalhes e múltiplas vezes ao longo do desenvolvimento do produto. Neste capítulo, dou uma descrição de alto nível de cima para baixo das várias atividades de planejamento Scrum e como elas são inter-relacionadas. Nos próximos capítulos vou explorar em grande detalhe o planejamento de portfólio, o planejamento de produto (envisioning — concepção), o planejamento de release e o planejamento de sprint.

Visão Geral

Ao desenvolvermos um produto com o Scrum, o planejamento acontece em múltiplos níveis (veja a Figura 15.1).

No nível mais alto está o planejamento estratégico que, apesar de crítico para o sucesso de uma organização, está fora do escopo desse livro. Formalmente o Scrum

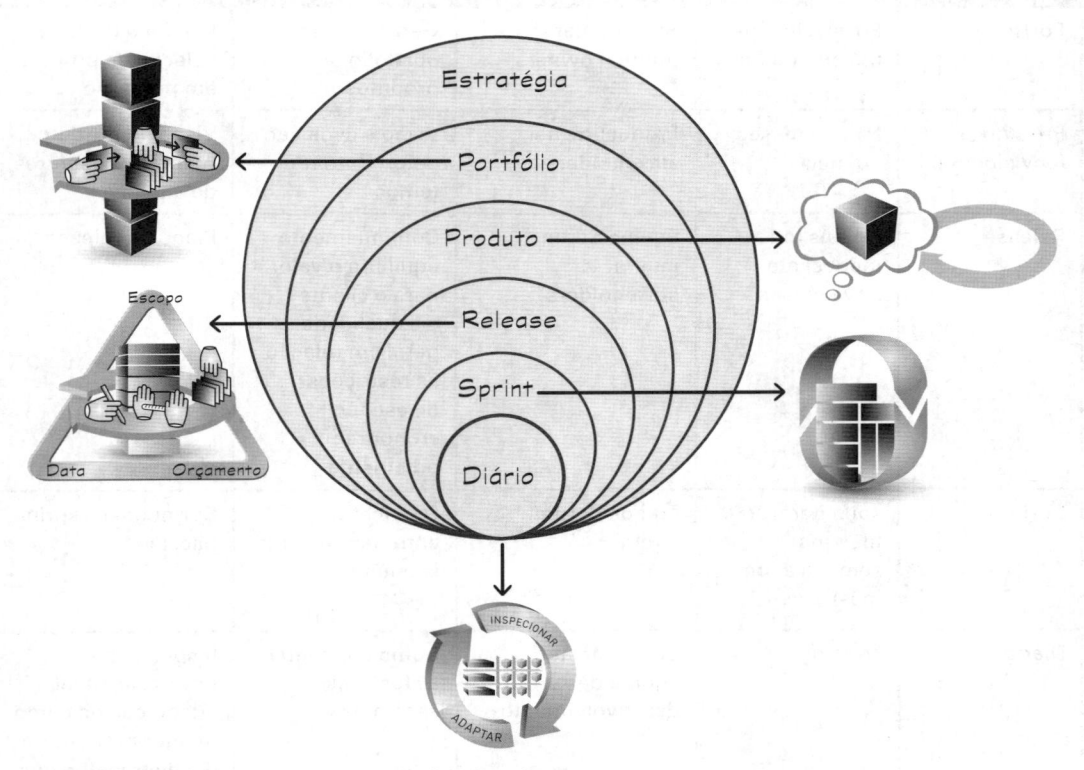

FIGURA 15.1 Diferentes níveis de planejamento

define apenas o planejamento de sprint e o planejamento diário (através do daily scrum). Entretanto, a maioria das organizações vai se beneficiar dos planejamentos de portfólio, produto e release, então vou resumir as abordagens para cada um deles nesse capítulo e então discutir cada um em detalhes nos capítulos subsequentes.

A Tabela 15.1 resume cinco tipos de planejamento, com uma ênfase no período de tempo tipicamente coberto por cada tipo, quem está envolvido, qual o foco e quais são os deliverables em cada nível.

Para ilustrar o planejamento em cada um desses níveis, vou usar o redesign do website da Scrum Alliance (www.scrumalliance.org) como um exemplo. O contexto relevante para esse produto é que em 2006 a Scrum Alliance, uma organização sem fins lucrativos focada na promoção mundial do Scrum, tinha um website lamentável. Não era bonito, era difícil de navegar e era pobre em conteúdo. Quando me tornei o Managing Director da Scrum Alliance no fim de 2006, uma das primeiras coisas que os diretores pediram foi um novo e melhor website. Fui o product owner para esse esforço e vou descrever a hierarquia de planejamento que fizemos para construir um novo website.

TABELA 15.1 Detalhes dos Níveis de Planejamento

Nível	Horizonte	Quem	Foco	Deliverables
Portfólio	Possivelmente um ano ou mais	Stakeholders e product owners	Gerenciar um portfólio de produtos	Portfolio backlog e coleção de produtos em processo
Produto (envisioning)	Muitos meses ou mais	Product owner, stakeholders	Visão e evolução do produto no tempo	Visão do produto, roadmap e features de alto nível
Release	De três (ou menos) até nove meses	Equipe Scrum inteira, stakeholders	Continuamente equilibra o valor para o cliente e a qualidade geral em relação às restrições de escopo, cronograma e orçamento	Plano de release
Sprint	Toda iteração (de uma semana a um mês)	Equipe Scrum inteira	Que features entregar no sprint seguinte	Sprint goal e sprint backlog
Diário	Todo dia	ScrumMaster, equipe de desenvolvimento	Como completar as features escolhidas	Inspeção do progresso atual e adaptação de como melhor organizar o dia de trabalho que se inicia

Planejamento de Portfólio

O planejamento de porfólio (ou gerenciamento de portfólio) é uma atividade para determinar em que procutos trabalhar, em qual ordem e por quanto tempo. Apesar de o planejamento de portfólio estar conceitualmente em um nível mais alto do que o planejamento de produto (porque ele lida com uma coleção de produtos), um dos seus inputs primários é uma ideia de produto recém-concebida pelo planejamento de produto.

Em 2006, a Scrum Alliance era uma organização relativamente nova, e seu portfólio continha apenas o desenvolvimento contínuo do seu website existente. Uma vez que a concepção inicial do novo website da Scrum Alliance foi completada, o grupo de diretores (os stakeholders do portfolio backlog da Scrum Alliance) aprovaram o desenvolvimento da primeira release do novo website.

Planejamento de Produto (Envisioning)

Os objetivos do planejamento a nível de produto (que eu também me refiro como **concepção — envisioning**) é capturar a essência de um produto potencial e criar um plano grosseiro para a criação desse produto. A concepção começa com a criação de uma visão, seguida pela criação de um product backlog de alto nível e, frequentemente, um roadmap do produto.

Visão

A visão do produto fornece uma clara descrição das áreas nas quais os stakeholders, tais como usuários e clientes, vão obter valor. No nosso caso, os usuários eram 10.000 membros da Scrum Alliance no mundo todo naquela época (no fim de 2011 havia 150.000 membros no mundo todo). O cliente, quem pagou pelo novo produto, era o conselho de administração da Scrum Alliance representando os membros.

Nossa visão para o novo website da Scrum Alliance era a seguinte:

> Para pessoas ao redor do mundo que estejam interessadas no Scrum, o novo website da Scrum Alliance vai ser a fonte confiável delas para conhecimentos relacionados ao Scrum. Ele vai ser rico de funcionalidades e conteúdo e vai ser sua primeira parada na Internet para aprender mais sobre o Scrum ou para colaborar sobre tópicos de interesse do Scrum.

Product Backlog de Alto Nível

Uma vez que a visão do produto tenha sido estabelecida, o passo seguinte é gerar uma versão inicial de alto nível do product backlog. No caso do redesign do website da Scrum Alliance, no fim de 2006 já tínhamos um product backlog crescente de features que os stakeholders e usuários queriam para o novo website melhorado.

Os itens do product backlog incluíam as seguintes user stories de nível épico:

Como um Treinador Certificado Scrum quero ser capaz de postar minha aula pública no website da Scrum Alliance para que a comunidade saiba os detalhes relacionados a onde e quando estou oferecendo cursos.

Como um prospectivo estudante quero ser capaz de ver detalhes de todos os cursos Scrum publicamente disponíveis para que eu possa encontrar um que atenda meus critérios para participar.

Se nosso produto tivesse sido completamente novo, teríamos de fazer pelo menos alguma geração de requisitos antecipada para preencher nosso product backlog e estimar pelo menos os itens de mais alta prioridade. No nosso caso, temos alguns itens de product backlog que usamos como ponto de partida de ideias para serem incluídas na nossa visão do novo website.

Roadmap do Produto

Uma vez que uma visão do produto e um product backlog de alto nível tenham sido estabelecidos, é útil construir um roadmap do produto (algumas vezes chamado de roadmap de release). Um **roadmap do produto** comunica a natureza incremental de como o produto vai ser construído e entregue ao longo do tempo, juntamente com os fatores importantes que guiam cada release individual.

Hoje em dia muitas organizações estão se esforçando para um **deployment contínuo**, onde elas implantam features funcionais na produção tão logo elas se tornem disponíveis. Se sua organização estiver focada nessa prática, você pode não precisar produzir um roadmap do produto. Entretanto, mesmo se você pretender fazer um deployment contínuo, um roadmap do produto pode ser uma ferramenta útil para ajudar sua organização a pensar sobre grandes conjuntos de features, restrições que possam ditar quais features devem estar prontas até determinado tempo e quando certas features devem estar disponíveis.

A Figura 15.2 mostra um roadmap de produto em um formato promovido por Luke Hohmann (Hohmann 2003).

Mostradas no roadmap estão duas releases, uma em cada um dos dois primeiros trimestres de 2007. A release "0.5" em Q1 2007 foi a primeira release do novo website; escolhemos esse número porque planejamos que essa primeira release tivesse menos do que a metade das features do antigo website da Scrum Alliance, mas ela iria incluir novas features que eram melhores do que aquelas do antigo website. As features desejadas eram centradas em listar todos os cursos Scrum publicamente disponíveis em qualquer lugar no mundo e o suporte básico para o Certified Scrum Trainers (CSTs). A release 0.5 foi uma **release de escopo fixo**, porque sabíamos as features específicas que queríamos ter no novo website antes de podermos aposentar o antigo site. O que não sabíamos era quanto tempo levaria para tornar essas features prontas para o lançamento. No Capítulo 18, vou discutir como determinar a data de entrega para uma release de escopo fixo.

	Q1-2007	Q2-2007	Q3-2007
Mapa do mercado	Lançar e aposentar		
Mapa de feature /benefícios	Listagem de cursos Suporte a CST	Cadastramento Bulk loading	Busca Filtragem
Mapa de arquitetura	Ruby on Rails		Integração com RegOnline
Eventos do mercado		Scrum Gathering	Agile 2007
Cronograma de release	0.5	1.0	

FIGURA 15.2 Roadmap do produto do website da Scrum Alliance

A release 1.0 foi uma relese de data fixa. Sabíamos que queríamos que a release coincidisse com uma conferência da Scrum Alliance (chamada Scrum Gathering) que começaria em 7 de Maio de 2007, em Portland, Oregon. Nosso objetivo era ter um excitante conjunto de novas features disponíveis no primeiro dia daquela conferência. O que não sabíamos era quantas features poderíamos colocar nessa release. No Capítulo 18, vou discutir como determinar o conteúdo de uma release de data fixa.

Para resumir, no roadmap de produto inicial do website da Scrum Alliance, identificamos tanto uma release de escopo fixo (0.5) quanto uma release de data fixa (1.0).

Não importa que produto você esteja criando, no final do planejamento no nível do produto, você deve ter uma visão do produto, um product backlog de alto nível preenchido com user stories estimadas e (opcionalmente) um roadmap do produto. Além disso, você também pode produzir outros artefatos para dar aos tomadores de decisão a confiança suficiente para decidirem seguir em frente com o desenvolvimento do produto.

Os outputs do planejamento no nível do produto se tornam os inputs do planejamento de portfólio, onde a release inicial 0.5 do website reprojetado foi aprovada pelo conselho de administração.

Planejamento de Release

O **planejamento de release** tem a ver com a definição dos trade-offs de escopo, data e orçamento para as entregas incrementais.

Na maioria dos esforços de desenvolvimento é sensato e necessário fazer um planejamento da release inicial depois da concepção (planejamento do produto) e antes de começar o primeiro sprint associado com a release. Neste ponto, você pode criar uma **plano de release** inicial que equilibre o quanto você pode desenvolver na release com relação a quando a release vai estar disponível.

Para ter uma ideia do que se pode entregar até uma data fixada ou quando se pode entregar um conjunto fixado de features, você precisa criar e estimar uma quantidade suficiente de itens do product backlog.

Uma maneira simples de visualizar uma release é desenhar uma linha no product backlog (veja a Figura 15.3). Todos os itens acima dessa linha estão planejados para a release e todos os itens abaixo dessa linha não estão planejados para a release. Essa linha pode se mover para cima e para baixo no product backlog à medida que você ganhar um insight melhor do produto. No Capítulo 18, vou discutir como determinar a posição dessa linha.

Agora você pode facilmente amarrar o roadmap do produto ao product backlog para fornecer uma elaboração mais detalhada dos conteúdos pelo menos das releases mais próximas identificadas no roadmap do produto (veja a Figura 15.4). Uma release no roadmap do produto corresponde a um conjunto de features no product backlog.

O plano da release deve também conter uma dimensão de tempo associada a ele, que pode ser expressa em termos do número de sprints necessárias para realizar a release. A maioria das releases são grandes e têm mais features do que podem ser construídas em um sprint (veja a Figura 15.5).

Durante o planejamento da release você pode ir tão longe quanto adivinhar que features que serão entregues nos primeiros sprints. Isso pode ser útil quando múltiplas equipes precisam coordenar trabalhos ou quando uma equipe precisa pedir um hardware adicional, ferramentas ou assistência antecipada. Mas adivinhar antecipadamente mais do que alguns sprints é quase sempre desnecessário e viola o princípio de fazer planejamento just-in-time e só o suficiente.

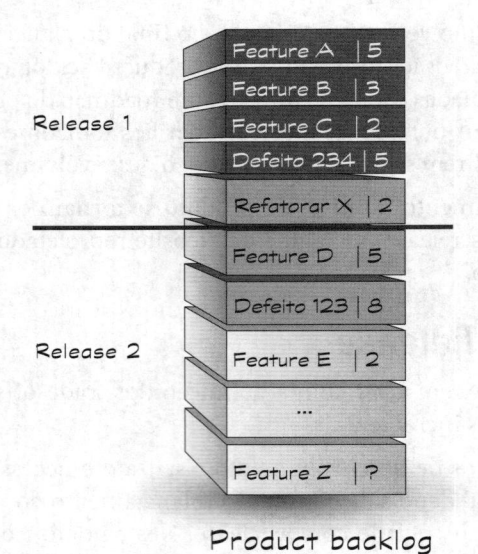

FIGURA 15.3 Uma linha de release no product backlog

Planejamento de Release

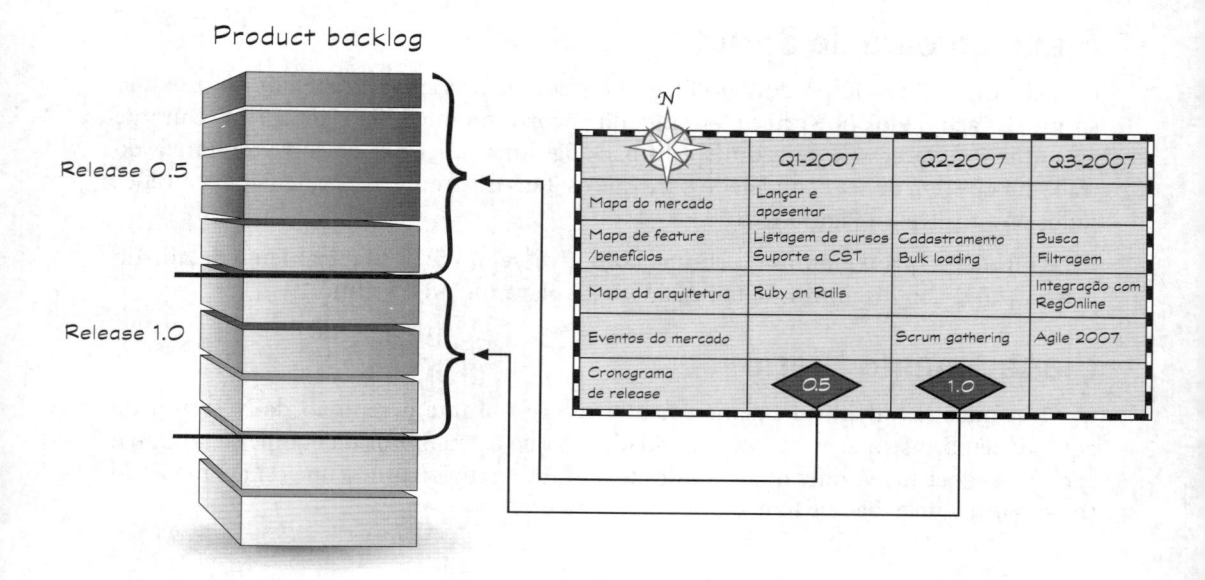

FIGURA 15.4   As releases do roadmap do produto mapeadas no product backlog

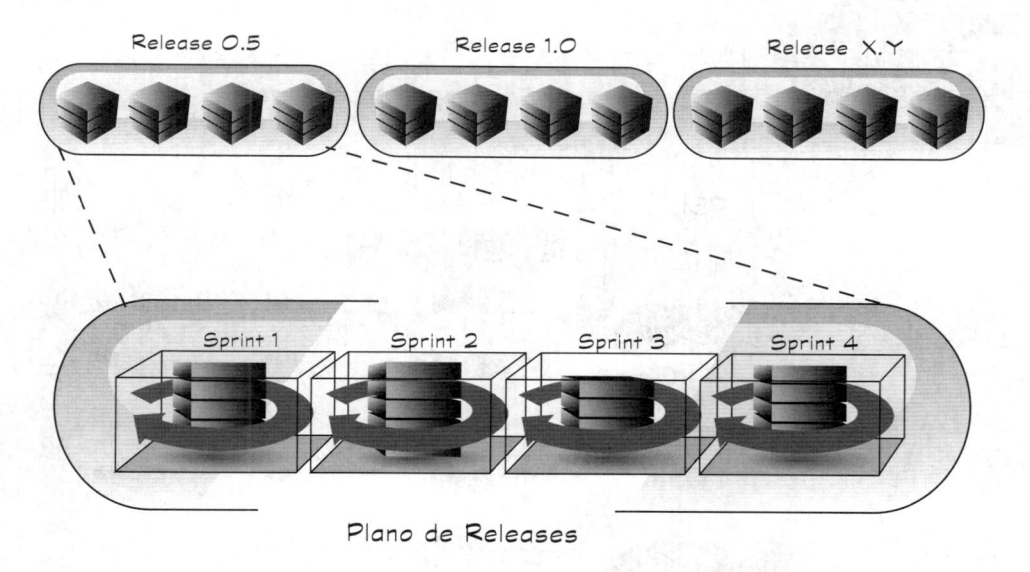

FIGURA 15.5   Uma release pode conter um ou mais sprints.

Planejamento de Sprint

Os itens específicos do product backlog que a equipe Scrum vai trabalhar no próximo sprint são acordados no sprint planning, que ocorre no início de cada sprint. Durante essa atividade, a equipe gera um sprint backlog: uma descrição em nível de tarefa do trabalho que tem de ser completado para que os itens do product backlog sejam considerados prontos (veja a Figura 15.6).

Durante o sprint planning a equipe faz o nível seguinte de planejamento detalhado just-in-time. Vou discutir os detalhes do sprint planning no Capítulo 19.

Planejamento Diário

O nível mais detalhado do planejamento ocorre durante a reunião daily scrum da equipe. Lembre-se que essa é uma atividade em que os membros da equipe se juntam e cada pessoa na sua vez diz o que fez desde o último daily scrum, o que está planejando trabalhar naquele dia e se tem algum impedimento.

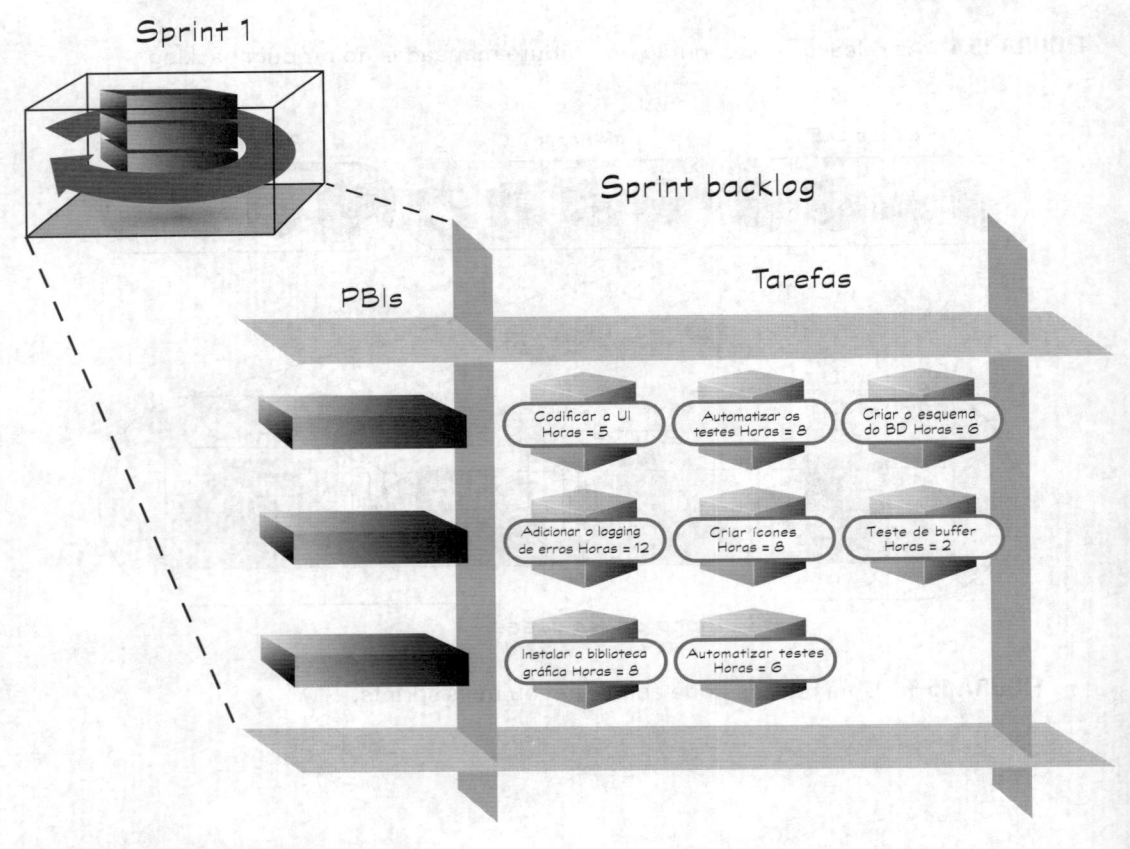

FIGURA 15.6 Cada sprint tem um sprint backlog.

Durante o daily scrum, os membros da equipe descrevem coletivamente, de uma maneira altamente visível, o plano geral para o dia. Isso também permite que a equipe use alertas de recurso. Por exemplo, alguém pode dizer: "Hoje vou trabalhar na tarefa de stored procedure e devo ter terminado até o almoço. Quem for trabalhar na tarefa de lógica de negócios, por favor tenha em mente que a tarefa de lógica de negócios está no caminho crítico para a finalização do nosso trabalho nesse sprint e você deve estar pronto para trabalhar nisso logo depois do almoço." Tais comunicações podem rapidamente identificar potenciais bloqueios de trabalho e possibilitar um melhor fluxo ao longo da sprint execution.

Fechamento

Este capítulo ilustrou como o planejamento em múltiplos níveis de detalhes acontece em um esforço de desenvolvimento usando Scrum. A Figura 15.7 (mostrada na próxima página) resume graficamente os artefatos produzidos nesses níveis (exceto os níveis de planejamento de portfólio e diário) e sua natureza inter-relacionada.

Nos próximos capítulos, vou explorar em grande profundidade os tópicos do planejamento de portfólio, planejamento de produto, planejamento de release e planejamento de sprint.

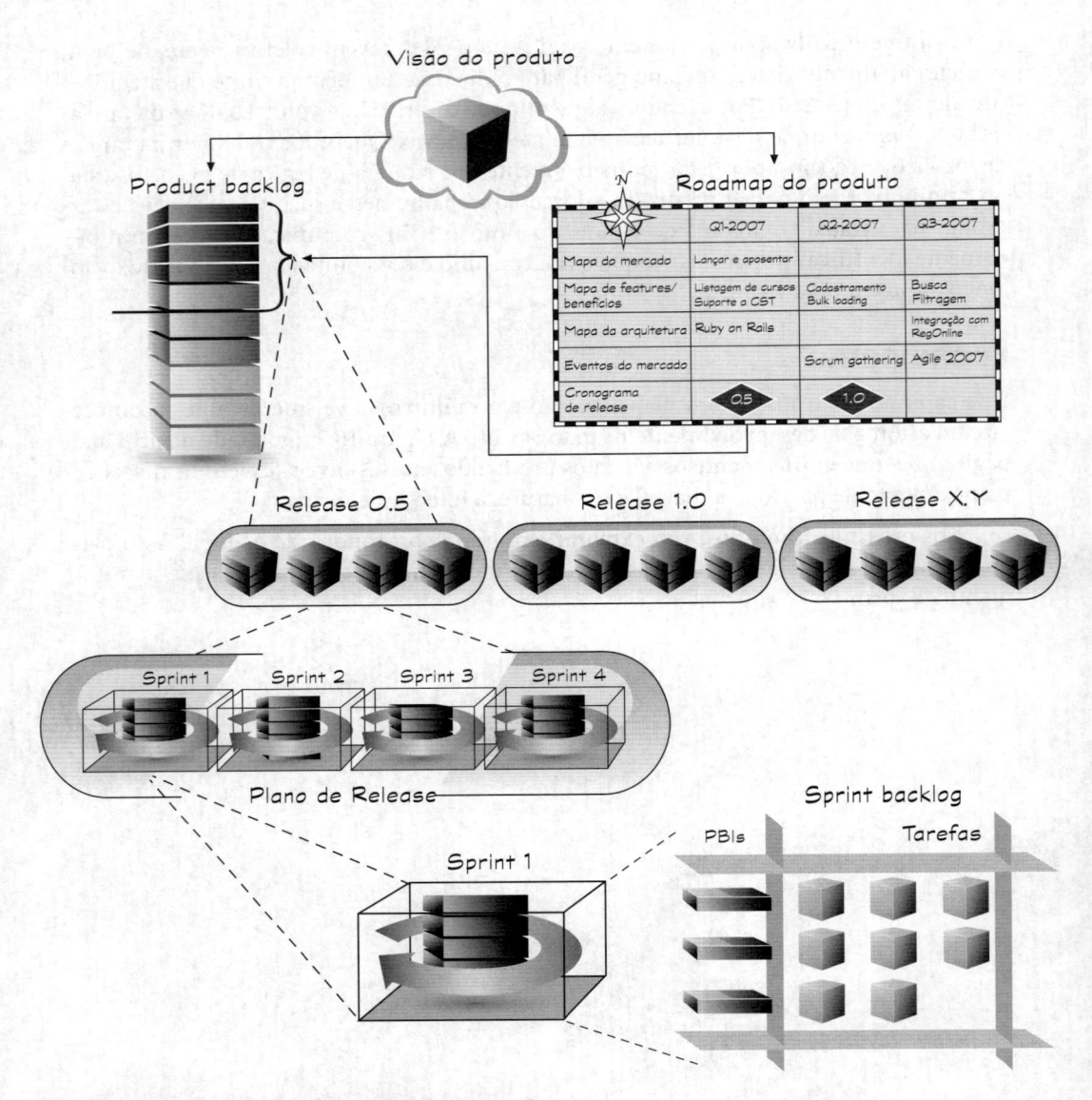

FIGURA 15.7 Planejamento hierárquico no Scrum

Capítulo 16
Planejamento de Portfólio

A maioria das organizações querem ou precisam produzir mais de um produto por vez. Estas organizações multiproduto precisam de uma maneira de fazerem escolhas economicamente robustas em relação a como gerenciar seus portfólios de produtos. Elas também precisam que seu gerenciamento de portfólio ou seus processos de governância se alinhem bem com os princípios ágeis centrais; caso contrário, vai haver uma desconexão fundamental com a abordagem ágil sendo usada no nível do produto individual. Este capítulo mostra 11 estratégias para o planejamento de portfólio, agrupadas por agendamento, inflow do produto e outflow do produto. Ele termina com uma discussão sobre como determinar se deve se investir mais trabalho nos produtos in-process.

Visão Geral

O **planejamento de portfólio** (ou gerenciamento de portfólio) é uma atividade para determinar que itens do portfolio backlog devem ser trabalhados, em qual ordem e por quanto tempo. Um item do portfolio backlog pode ser um produto, um incremento de produto (uma release de um produto), ou um projeto (se sua organização preferir planejar trabalho em torno de projetos). Neste capítulo uso a palavra *produto* genericamente para significar todos os tipos de itens do portfolio backlog.

Na minha experiência, a maioria das organizações (ágeis ou não) fazem um trabalho muito ruim de planejamento no nível do portfólio. Muitas têm processos de planejamento em nível de portfólio que são fundamentalmente estranhos aos princípios ágeis centrais. Quando isso acontece, são tomadas decisões no nível de portfólio que perturbam o fluxo de trabalho rápido e flexível. Neste capítulo, discuto como evitar essa desconexão ao se realizar o planejamento de portfólio de uma maneira que esteja bem alinhada com os princípios ágeis centrais.

Timing

O planejamento de portfólio é uma atividade que não tem fim. Enquanto tivermos produtos para desenvolver ou manter, temos um portfólio para gerenciar.

Como mostrado na Figura 16.1, o planejamento de portfólio lida com uma coleção de produtos e é, portanto, maior em escopo e mais alto em nível do que o planejamento no nível do produto individual (concepção – envisioning). Sendo mais alto em nível, entretanto, não significa que o planejamento de portfólio precede o planejamento de produto. Na verdade, a saída do planejamento ou concepção de um novo produto é um input importante no planejamento do portfólio. Usando dados da concepção, o planejamento de portfólio determina se deve-se financiar o produto e como sequenciá-lo no **portfolio backlog**. O planejamento de portfólio não é apenas para produtos recém-concebidos. Ele também ocorre em intervalos regularmente agendados para revisar produtos que já estejam em processo.

Participantes

Como o planejamento de porfólio foca tanto em produtos novos como em **produtos in-process**, seus participantes incluem um conjunto apropriado de stakeholders internos, os product owners dos produtos individuais e, opcionalmente, mas frequentemente, arquitetos sênior e líderes técnicos.

Os stakeholders devem ter uma perspectiva de negócios suficientemente ampla para priorizar apropriadamente o portfolio backlog e tomar decisões em relação aos produtos in-process. Em algumas organizações, os stakeholders coletivamente formam um comitê de aprovação, um grupo de governância ou alguma entidade equivalente que supervisiona o processo de planejamento do portfólio.

Product owners também participam no planejamento de portfólio como campeões de seus respectivos produtos e defensores dos recursos necessários.

Frequentemente o input dos arquitetos seniores ou líderes técnicos é necessário para garantir que restrições técnicas importantes sejam consideradas nas decisões do planejamento de portfólio.

Processo

A Figura 16.1 ilustra a atividade de planejamento de portfólio.

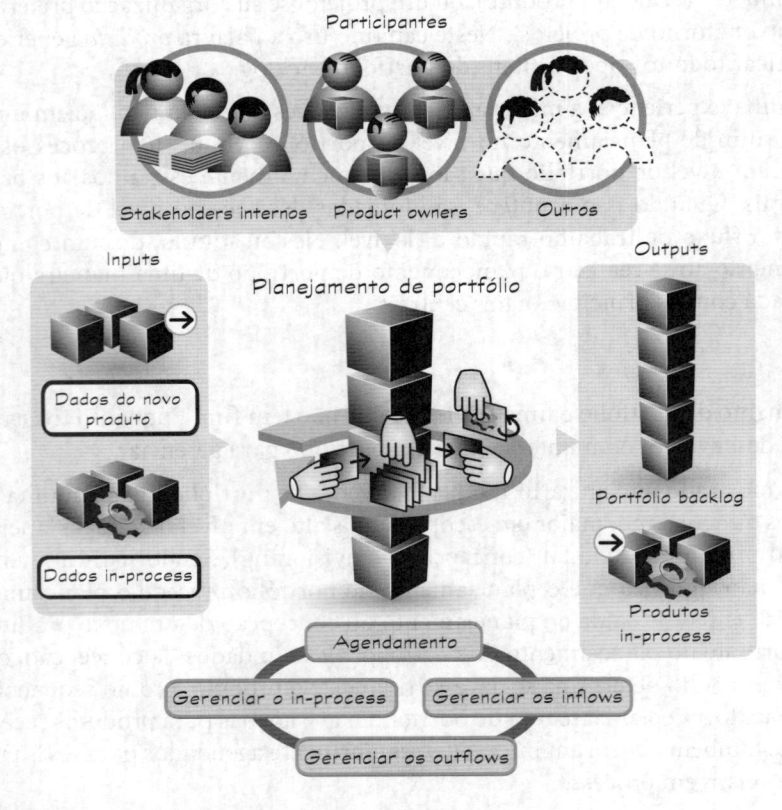

FIGURA 16.1 Atividade de planejamento de portfólio

Como disse antes, os inputs no planejamento de portfólio incluem produtos recém-concebidos (candidatos para inclusão no portfolio backlog) e produtos in-process. Os novos produtos vêm com dados que foram coletados durante a concepção, tais como custo, duração, valor, risco e assim por diante. Produtos in-process vêm com seu próprio conjunto de dados, tais como feedback intermediário do cliente, custo atualizado, cronograma, estimativas de escopo, níveis de dívida técnica e dados relacionados ao mercado, que vão ajudar a determinar o caminho adiante para estes produtos.

O planejamento de portfólio tem dois outputs. O primeiro é o portfolio backlog, que é uma lista priorizada de produtos futuros, aqueles que foram aprovados, mas para os quais o desenvolvimento ainda não começou. O segundo é um conjunto de produtos ativos — novos produtos que tenham sido aprovados e estão marcados para desenvolvimento imediato, assim como produtos que estejam atualmente em processo e tenham sido aprovados para continuação.

Para chegar nesses outputs, os participantes engajam em quatro categorias de atividades: agendamento, gerenciamento de inflows, gerenciamento de outflows e gerenciamento de produtos in-process. A Figura 16.2 resume as estratégias específicas associadas com cada uma dessas categorias.

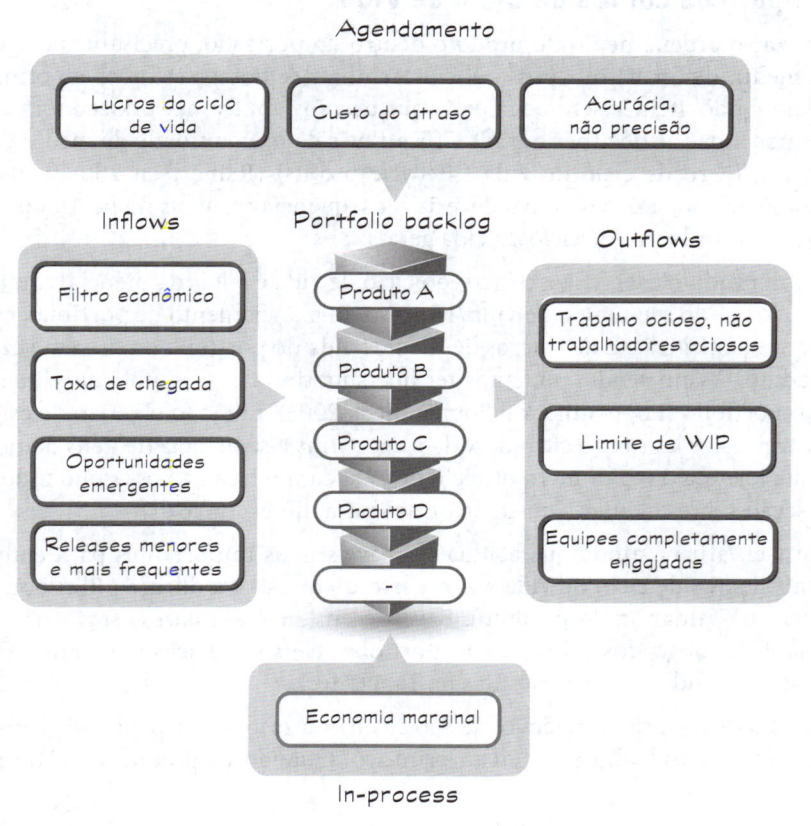

FIGURA 16.2 Estratégias de planejamento de portfólio

As estratégias de agendamento ajudam a determinar a sequência apropriada de produtos no portfolio backlog. Estratégias de inflow guiam os participantes para saber quando inserir itens no portfolio backlog. Estratégias de outflow informam os participantes sobre quando tirar um produto do portfolio backlog. A estratégia de produto in-process é usada para decidir quando preservar, pivotear, entregar ou cancelar um produto que esteja atualmente em processo.

O resto deste capítulo vai discutir as 11 estratégias que compõem estas quatro categorias.

Estratégias de Agendamento

O planejamento de portfólio deve alocar nos produtos uma quantidade limitada de recursos de uma organização de uma maneira economicamente sensata. Apesar de haver várias maneiras de decidir a sequência de produtos, vou focar em três estratégias:

- Otimizar para lucros de ciclo de vida.
- Calcular o custo do atraso.
- Estimar para acurácia, não precisão.

Otimizar para os Lucros de Ciclo de Vida

Para otimizar o ordenamento do produto dentro do portfólio, precisamos decidir que variáveis medir, de forma que possamos determinar se nossos esforços de otimização estão funcionando. Reinertsen recomenda que usemos um framework econômico onde consideremos todas as decisões e trade-offs através de uma unidade de medida padronizada e útil: **lucro de ciclo de vida** (lifecycle profits) (Reinertsen 2009b). Baseados nessa recomendação, nosso objetivo deveria ser sequenciar os itens no portfolio backlog para maximizar os lucros de ciclo de vida gerais.

Para um produto específico, o lucro do ciclo de vida é o lucro potencial total para o produto ao longo do seu tempo de vida. No caso do planejamento de portfólio, estamos interessados na otimização dos lucros de ciclo de vida do portfólio inteiro em vez de um único produto. Assim sendo, podemos ter que subotimizar produtos individuais para otimizar o portfólio (Poppendieck e Poppendieck 2003). Então, o objetivo da estratégia de otimizar para os lucros do ciclo de vida é encontrar a sequência de itens do portfolio backlog que forneça o maior lucro de ciclo de vida com relação ao portfólio todo (veja a próxima seção sobre calcular o custo do atraso para um exemplo).

Reinertsen afirma ainda que as duas variáveis mais importantes para entender o impacto nos lucros de ciclo de vida são o custo do atraso e a duração (um bom proxy seria esforço ou tamanho do produto). Baseado em quão similares estas variáveis são (ou não são) ao longo dos produtos no portfólio, ele sugere selecionar uma das três abordagens de agendamento mostradas na Tabela 16.1.

Quando todos os produtos têm o mesmo custo de atraso, a estratégia de agendamento preferida é fazer o trabalho mais curto primeiro. Quando os produtos são do mesmo

TABELA 16.1 Princípios Diferentes de Agendamento de Portfólio

(Se) Custo do Atraso	(E) Duração/Tamanho	(Então) Abordagem de Agendamento
Mesmo nos produtos	Varia nos produtos	Primeiro o trabalho mais curto
Varia nos produtos	Mesmo nos produtos	Primeiro o de maior custo de atraso
Varia nos produtos	Varia nos produtos	Weighted shortest job first

tamanho (têm a mesma duração), a estratégia de agendamento preferida é primeiro trabalhar nos produtos com um alto custo de atraso. Quando tanto custo de atraso e duração podem variar (que é o caso normal no desenvolvimento de produtos), o sequenciamento econômico ótimo é alcançado usando **Weighted Shortest Job First** (WSJF), que é calculado como custo de atraso dividido pela duração (ou esforço para implementar).

Em seguida vou discutir tanto o custo do atraso quanto a estimação de esforço/custo dos produtos no porfólio.

Calcular o Custo do Atraso

Quando sequenciamos itens no portfolio backlog, devemos necessariamente trabalhar em alguns produtos antes de trabalharmos em outros. Aqueles que não queremos trabalhar imediatamente têm o início adiado e, portanto, a data de entrega adiada, para a qual existe um custo quantificável.

Como descrevi no Capítulo 3, o custo do atraso fornece informações essenciais para se tomar decisões econômicas informadas. Ainda assim a maioria das organizações não está nem em posição de responder uma questão tão simples quanto: "Se atrasarmos o deployment do produto em um mês, qual seria o custo desse atraso nos lucros de ciclo de vida?"

Sendo cegas com relação ao custo do atraso, a maioria das organizações escolhe sequenciar seus portfólios usando a abordagem simples (e frequentemente errada) de "lucro maior primeiro" (veja a Tabela 16.2).

Neste exemplo, o projeto A tem um ROI de 20% e o projeto B um ROI de 15%. Usando a estratégia de agendamento de trabalhar primeiro o de maior lucro, faríamos o projeto A antes do projeto B, porque ele tem o maior retorno de investimento. Apesar dessa abordagem parecer sensata, ela falha em levar em conta o custo do atraso de cada produto, o que poderia substancialmente alterar o cálculo do lucro de ciclo de vida. Por

TABELA 16.2 Exemplo do Uso do Custo do Atraso para Sequenciar o Portfólio

	Projeto A	Projeto B
Retorno do Investimento (ROI)	20%	15%
Custo do atraso (1 mês)	$5K	$75K

exemplo, e se o projeto A tiver um custo de atraso $5K/mês e o projeto B tiver um custo de atraso de $75K/mês (como mostrado na Tabela 16.2)? Nesse caso, atrasar o projeto B para trabalhar primeiro no projeto A teria um impacto muito maior na lucrabilidade de ciclo de vida do portfólio.

O custo do atraso incorpora o fato de que o tempo afeta a maioria das variáveis. No exemplo anterior, os ROIs dos projetos A e B foram computados usando suposições específicas dependentes do tempo (por exemplo, quando o desenvolvimento iria começar e terminar, que recursos estariam disponíveis naquele momento, quanto custariam os recursos, que preços as pessoas aceitariam pagar para comprar o produto no tempo, que tecnologia e riscos de negócios existiriam e qual a probabilidade de ocorrência e impacto nos custos eles teriam). Adie ou acelere o desenvolvimento e os valores dessas variáveis podem mudar e frequentemente mudam. Então, o custo do atraso não é o único fator a se considerar ao se priorizar itens no portfólio; em vez disso, é a dimensão tempo que deve ser considerada, porque ela afeta todas as outras variáveis de priorização tais como custo, benefícios, conhecimento e risco.

A reclamação mais frequente que ouço sobre o custo de atraso é que não é claro como ele deve ser calculado. Na maioria das vezes essa preocupação é infundada porque usar dois modelos diferentes de planilhas que calculem a lucratividade (uma sem atraso e uma com atraso) deve efetivamente calcular o custo do atraso.

Leffingwel oferece um modelo para o cálculo do custo do atraso que é o agregado de três atributos dos produtos (Leffingwel 2011):

- Valor para o usuário — valor potencial aos olhos do usuário
- Valor no tempo — como o valor para o usuário decai com o tempo
- Redução de risco/possibilitação de oportunidade — o valor em termos de mitigar um risco ou explorar uma oportunidade

Para calcular o custo do atraso para um produto, cada um desses três atributos recebe seu número individual de custo de atraso usando uma escala de 1 (o menor) até 10 (o maior). O custo total do produto é a soma dos três custos de atraso individuais.

Uma abordagem alternativa, e frequentemente efetiva, para tomar decisões de agendamento informadas é caracterizar o perfil geral do custo de atraso (veja a Figura 16.3).

A Tabela 16.3 descreve cada um desses perfis em mais detalhes.

Se calcular um número preciso de custo de atraso levar muito tempo ou for muito sujeito a erros, considere selecionar um perfil de atraso apropriado (ou criar um novo) e usar esse perfil em vez de um número de atraso específico ao tomar decisões de agendamento.

O custo do atraso se aplica a organizações que desenvolvem produtos em indústrias altamente reguladas como dispositivos médicos ou cuidados médicos, onde a conformidade com a segurança do paciente é crítica? Tais fatores críticos devem ser considerados ao se determinar as prioridades do produto; entretanto, propriedades importantes desses fatores podem ser tratadas usando o custo de atraso expressado em termos de lucros de ciclo de vida.

Estratégias de Agendamento

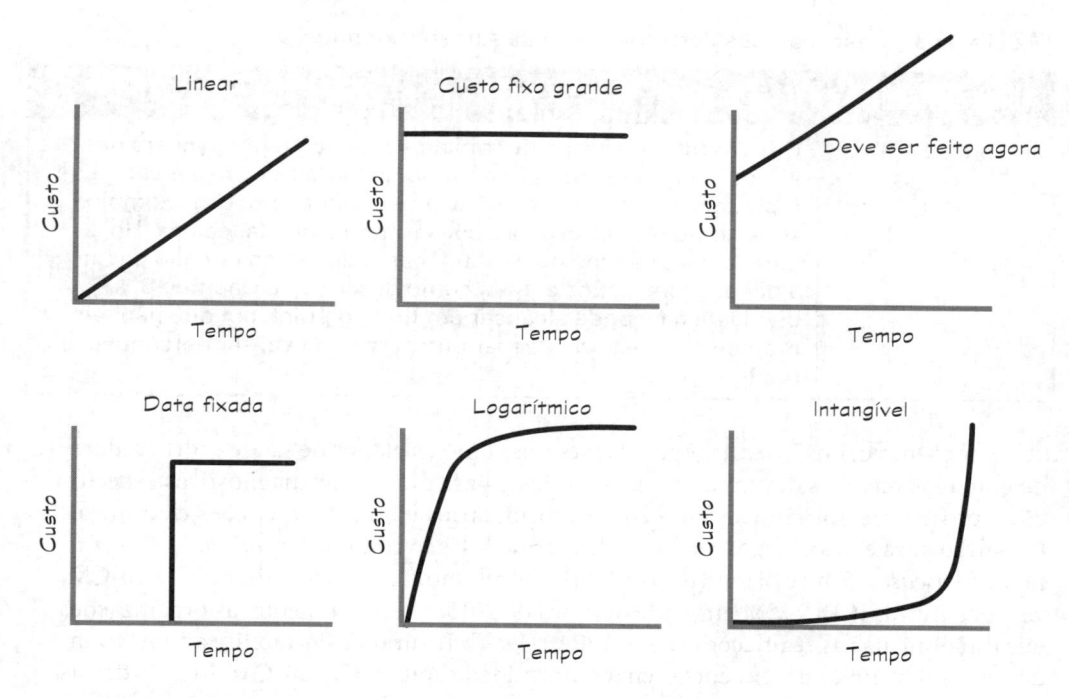

FIGURA 16.3 Perfis do custo de atraso

TABELA 16.3 Descrição dos Perfis do Custo do Atraso

Nome do Perfil	Descrição
Linear	Um produto com um custo de atraso que aumenta numa taxa constante.
Custo fixo grande	Um produto que incorre num custo pontual se não for tratado imediatamente; por exemplo, recebemos um pagamento substancial apenas depois de o produto ser entregue.
Deve ser feito agora	Um produto que "deve ser feito agora" porque experimentamos um aumento imediato a agressivo do custo de atraso; por exemplo, um produto sem o qual incorremos em renda perdida ou economia de custos e que continua a crescer com o tempo.
Data fixada	Um produto que deve ser entregue até uma data futura fixada e, portanto, tem custo de atraso zero até que a data fixada ocorra. Depois de a data fixada passar, o custo total ou pelo menos o do atraso inicial é acumulado.
Logarítmico	Um produto que acumula a maior parte do seu custo de atraso muito cedo, com cada vez menos atraso incremental depois disso.

continua

TABELA 16.3 Descrição dos Perfis de Custo de Atraso (*Continuação*)

Nome do Perfil	Descrição
Intangível	Um produto (ou corpo de trabalho) que não tem um custo de atraso "aparente" por um período de tempo extenso e então, de repente, incorre num custo de atraso muito alto. Um exemplo seria como muitas organizações tratam a dívida técnica. Hoje parece haver pouco ou nenhum custo de atraso em não pagar a dívida técnica. Entretanto, como descrevi no Capítulo 8, a dívida técnica pode alcançar um tipping point, em que naquele momento o custo de atrasar outro trabalho vai ser perceptível e muito alto.

Por exemplo, nos EUA, as organizações tais como os planos de saúde e fornecedores de cuidados médicos devem usar certos códigos para identificar diagnósticos específicos e procedimentos clínicos em pedidos, formulários e outras transações eletrônicas. O padrão para esses códigos na época da escrita desse livro é o *International Classification of Diseases*, 9th revision (ICD-9-CM). Entretanto, um novo padrão, ICD-10-CM, vai substituir o ICD-9-CM em 1º de outubro de 2013. Nesse momento, as organizações que estão sujeitas às regulações U.S. HIPPA (Health Insurance Portability and Accountability Act of 1996) devem entrar em conformidade com o ICD-10-CM. Muitas dessas organizações têm um portfólio de produtos que precisam de consertos — de uma forma extremamente similar ao problema do Ano 2000 na virada do milênio. Como todos os produtos no portfólio de conserto têm um perfil de custo de atraso de data fixa (como mostrado na Figura 16.3), para se sequenciar racionalmente o trabalho de conserto, essas organizações precisam considerar qual vai ser o custo de atraso (em lucro de ciclo de vida) para cada um desses produtos se o trabalho de conserto nesse produto *não* estiver sido completado em 1º de outubro de 2013. Por exemplo, um produto crítico que não esteja em conformidade poderia gerar uma perda de $100M/ano, enquanto outro produto não conforme poderia gerar uma perda de $5M/ano. Então, calcular o custo do atraso é uma variável crítica para se sequenciar o portfólio de conserto de uma maneira economicamente sensata.

Estimar para Acurácia, Não Precisão

Para se fazer o agendamento apropriado dos itens do portfolio backlog também precisamos entender seus esforços/custos (porque os custos afetam os lucros de ciclo de vida). Ao se estimar o tamanho e itens do portfolio backlog, estamos buscando acurácia, não precisão, por causa dos dados muito limitados que temos no momento quando a primeira estimativa for necessária.

No Capítulo 7 discuti o fato de que algumas organizações preferem estimar itens do portfolio backlog usando tamanho de camisa em vez de números excessivamente precisos. Cada tamanho de camisa corresponde a uma faixa associada de custos (veja a Tabela 16.4 para um exemplo do mapeamento de uma organização).

Nessa tabela, a faixa bruta de custos inclui o custo do trabalho, assim como os gastos de capital e outros custos tidos como materiais para o esforço de desenvolvimento do produto.

TABELA 16.4 Exemplo de uma Estimação por Tamanho de Camisa

Tamanho	Faixa de Custo Grosseira
Extrapequeno (PP)	$10K a $25K
Pequeno (P)	$25K a $50K
Médio (M)	$50K a $125K
Grande (G)	$125K a $350K
Extragrande (GG)	>$350K

O benefício da estimativa por tamanho de camisa é que ela é rápida, usualmente acurada o suficiente e fornece informações acionáveis no nível do portfólio.

Quão acurado é suficientemente acurado? Deixe-me dar um exemplo. Na organização citada acima, o departamento de engenharia gastou um tempo considerável no passado tentando gerar estimativas muito precisas. As pessoas não estavam certas se os tamanhos de camisa seriam suficientemente acurados, mas todos concordaram em tentar. Logo depois, o marketing foi à engenharia com uma ideia para um projeto; o departamento de engenharia discutiu e atribuiu um tamanho Médio à ideia.

O marketing então foi capaz de decidir se o benefício de fazer o projeto excedia o custo de um projeto de médio porte ($50K até $125K). Isso foi tão útil quanto na época em que a engenharia gastou um grande quantidade de tempo para gerar um palpite de $72.381,27, que soava mais preciso, mas inacurado. Essa organização descobriu quais faixas eram acuradas o suficiente e eliminou o desperdício, sem aumentar demais as expectativas ou fornecer um falso senso de segurança.

Estratégias de Inflow

Como vou discutir no Capítulo 17, o processo de concepção detalha a visão para um novo produto e coleta um conjunto de informações que os tomadores de decisão necessitam para chegar a uma decisão go/no-go com relação ao financiamento. Estratégias de inflow lidam com como aplicar o filtro econômico da organização para tomar decisões go/no-go. Elas também lidam com como equilibrar a taxa na qual os produtos são inseridos no portfolio backlog com a taxa na qual eles são tirados, como abraçar rapidamente uma oportunidade emergente quando ela aparecer e como prevenir gargalos no portfólio ao usar releases menores e mais frequentes.

Aplicar o Filtro Econômico

A saída do processo de concepção (envisioning) é uma visão do produto juntamente com as informações necessárias para alcançar o limite de confiança associado com a atividade de concepção (planejamento de produto) (veja o Capítulo 17). Essa saída são os dados do novo produto que são um input para o planejamento do portfólio (veja a Figura 16.1). Baseada nesses dados, a organização precisa tomar uma decisão go/no-go sobre prosseguir com o desenvolvimento do produto. Me refiro a essa atividade como a aplicar o filtro econômico ao novo produto, para ver se ele atende aos requisitos de financiamento da organização (veja a Figura 16.4).

Apesar de cada organização precisar definir um filtro econômico que melhor atenda suas políticas de financiamento, um bom filtro econômico deve rapidamente indicar a aprovação de qualquer oportunidade que entregue um valor incrível em relação ao seu custo; quase todo o resto (a menos que haja circunstâncias extenuantes) deve ser rejeitado. Se o valor resultante do desenvolvimento de um produto superar completamente os custos de o desenvolver, não deve ser necessário gastar um tempo significativo discutindo-o — simplesmente aprove-o e coloque-o para ser sequenciado no portfolio backlog. Se nos encontrarmos discutindo por pequenas diferenças de custo ou valor antes de tomarmos uma decisão, devemos rejeitar o produto, porque claramente não há um suporte econômico maciço para o desenvolvimento dele. Na maioria das organizações, simplesmente há muitas oportunidades de desenvolvimento de produto de alto valor para que percamos tempo discutindo oportunidades questionáveis.

Equilibrar a Taxa de Chegada com a Taxa de Saída

Na prática queremos um fluxo constante de produtos entrando no portfolio backlog equilibrado com um fluxo contínuo de produtos sendo tirados do portfolio backlog (veja a Figura 16.5).

O que não queremos é sobrecarregar o portfolio backlog ao inserir produtos demais nele ao mesmo tempo. Isso tem o efeito de sobrecarregar o sistema.

Para ilustrar o porquê, digamos que você quer ir jantar no seu restaurante favorito. Você pega seu carro e dirige. Quando chega, percebe que um grande ônibus de turismo cheio de idosos famintos acabou de despejar um monte de gente no restaurante.

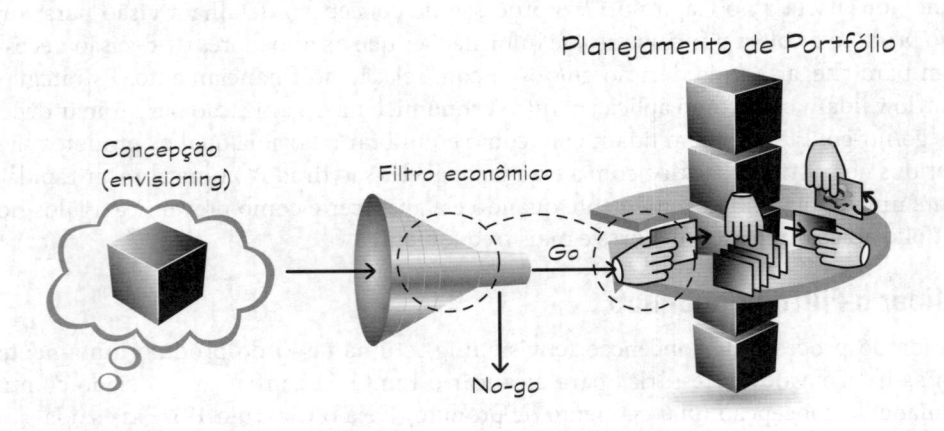

FIGURA 16.4 Aplicando o filtro econômico

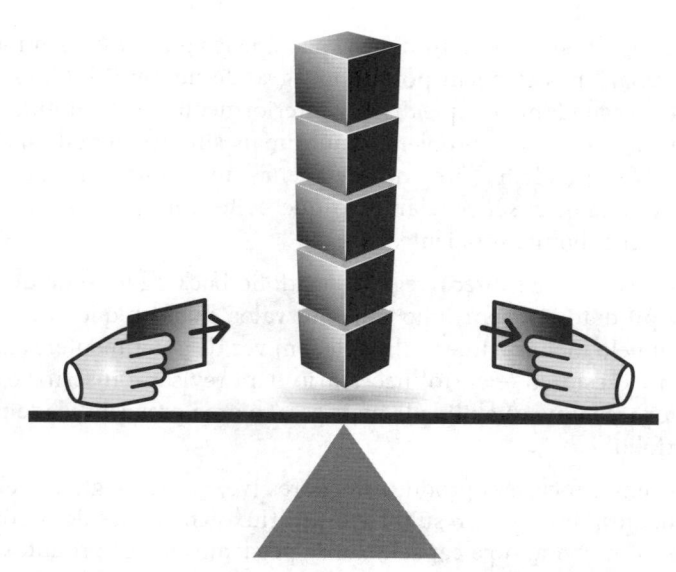

FIGURA 16.5 Equilibrando inflow e outflow no portfolio backlog

O que você faria? Você vai entrar no restaurante e tentar jantar ali? Se sim, o que você acha que vão ser as consequências de todos aqueles idosos famintos chegando ao mesmo tempo que você no restaurante? Provavelmente eles vão sobrecarregar a capacidade do restaurante. Se você arriscar jantar ali, provavelmente vai sofrer uma longa e bem desgastante experiência. Talvez você devesse entrar de novo no seu carro e ir para outro restaurante!

Muitas organizações conduzem um evento anual de planejamento estratégico, usualmente durante o terceiro trimestre do seu ano fiscal. Frequentemente um dos resultados de um planejamento estratégico é uma lista completa de produtos que a organização vai trabalhar durante seu próximo ano fiscal. Esses produtos então são simultaneamente inseridos no portfolio backlog, tipicamente sobrecarregando o processo de planejamento do portfólio.

Não estou sugerindo que as organizações não devam fazer planejamento estratégico. Elas devem definir suas direções estratégicas, mas não *todos* os detalhes específicos (ao nível de produto) de como elas vão alcançar essa estratégia. Decidir em uma reunião uma vez por ano tudo o que será trabalhado no próximo ano fiscal ou mais longe, e então inserir todos esses itens no portfolio backlog ao mesmo tempo, é uma decisão crítica (e em algumas organizações, uma decisão irreversível) feita na presença de grandes incertezas e viola o princípio de manter as opções de planejamento abertas até o último momento responsável (veja o Capítulo 14).

Decidir o portfólio inteiro de produtos de uma vez também viola o princípio de usar tamanhos de lotes economicamente sensatos (como discutidos no Capítulo 3). Processar um grande lote de produto para determinar como os sequenciar no portfolio backlog é muito caro e um desperdício em potencial (porque estamos planejando adiantadamente até um ano ou mais). É caro não apenas porque há um monte de produtos para processar, mas também porque um grande número de itens no portfolio backlog complica o agendamento que discuti anteriormente neste capítulo. Determinar um bom sequenciamento é um problema muito mais simples quando há menos itens para sequenciar. Na verdade, na presença de apenas um pequeno número de itens do portfolio backlog, qualquer sequenciamento que evite uma priorização abertamente estúpida é tipicamente bom o suficiente.

Para combater o ato de sobrecarregar o portfolio backlog todo de uma vez, podemos introduzir produtos no portfólio em intervalos mais frequentes, por exemplo, mensalmente (ou pelo menos trimestralmente) em vez de anualmente. Fazer isso reduz significativamente o esforço (e custo) necessário para revisar e inserir novos produtos no portfólio, e fornece uma estabilidade mais geral e uma previsibilidade para o planejamento de portfólio.

Também devemos focar em produtos menores (veja a estratégia de releases menores e mais frequentes). Isso deve resultar em um fluxo constante de produtos que são completados, e assim liberando a capacidade de pegarmos novos produtos do portfolio backlog num ritmo regular. Essa retirada frequente de produtos do portfolio backlog vai ajudar no equilíbrio do inflow com o outflow.

Por último, quando o tamanho do portflio backlog começar a aumentar, podemos começar a estrangular o fluxo de produtos para dentro do portfolio backlog. Podemos fazer isso ajustando o filtro econômico para aumentar os critérios de aprovação de produtos, para que apenas os produtos de mais alto valor possam passar por ele. Isso vai reduzir a taxa de inserção para ajudar a estabelecer um melhor equilíbrio com a taxa de saída.

Abraçar Rapidamente as Oportunidades Emergentes

O planejamento de portfólio precisa abraçar as **oportunidades emergentes**. Uma oportunidade emergente é uma que era previamente desconhecida, ou foi considerada suficientemente improvável de ocorrer e, portanto, algo que não vale gastar dinheiro hoje.

Por exemplo, uma organização com quem trabalhei participa no mercado de apostas online. Esse negócio é altamente regulado pelas jurisdições nas quais ele tem permissão de oferecer suas apostas. Reguladores ao redor do mundo são um tanto imprevisíveis — especialmente quando o assunto é jogo — o que torna difícil de saber se e quando vai ser possível oferecer um produto em uma jurisdição em particular. Para trabalhar com esse ambiente, você precisa estar preparado para oportunidades emergentes, porque as regulações podem mudar juntamente com a mudança do partido que governa o país.

Uma dessas oportunidades foi a habilidade de criar uma rede de apostas online para corridas de cavalos na Califórnia. A Califórnia tem um número significativo de pistas de corrida, tornando isso uma oportunidade muito lucrativa caso as regulações mudassem (que, só para saber, aconteceu — apesar de ilegais durantes anos, apostas online são legais desde maio de 2012). Se a organização tivesse o hábito de fazer planejamento estratégico apenas uma vez por ano em outubro (antes de as leis mudarem), ela teria perdido a oportunidade de explorar essa oportunidade emergente — a menos que estivesse disposta a se arriscar em um mercado que não existia e poderia nunca se materializar.

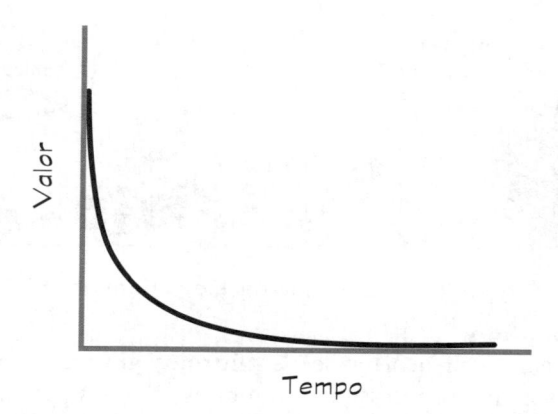

FIGURE 16.6 O valor de muitas oportunidades emergentes decai rapidamente.

Uma oportunidade emergente dessas precisa ser explorada rapidamente. Ser o segundo no mercado de apostas online na Califórnia resultaria em pouca ou nenhuma fatia do mercado. A Figura 16.6 ilustra esse caso comum onde o valor econômico de uma oportunidade decai rapidamente com o tempo.

Ao não agir prontamente, tão logo a oportunidade se mostrasse disponível, nós perderíamos imediatamente todo o valor econômico, tornando uma má escolha econômica o perseguir essa oportunidade mais tarde (tipo na sessão anual seguinte de planejamento estratégico).

Se uma organização usa um cronograma regular e frequente para avaliar oportunidades, tal como uma agenda mensal, e tiver um filtro econômico eficiente, ao mesmo tempo em que usa releases menores e um limite de WIP, ela nunca vai ter de esperar muito tempo para considerar uma oportunidade emergente.

Planejar para Releases Menores e Mais Frequentes

Como discuti no Capítulo 14, a economia de releases menores e mais frequentes é atraente. As Figuras 14.4 e 14.5, juntamente com a Tabela 14.1, ilustram que podemos quase sempre aumentar os lucros de ciclo de vida de um produto se dividirmos um produto em uma série de releases menores e incrementais.

Além desse benefício significante, há outra razão para querermos gerenciar nosso portfólio com releases menores e mais frequentes — evitar o efeito de comboio (veja a Figura 16.7).

O que acontece se você estiver dirigindo em uma estrada de pista única do interior e ficar preso atrás de um grande veículo rural (como o mostrado na Figura 16.7)? Há a possibilidade de que você e um comboio de veículos menores fiquem presos atrás do veículo maior e mais lento por um longo tempo. A causa do comboio é óbvia; o grande veículo de fazenda está entupindo a estrada (o recurso compartilhado).

FIGURA 16.7 Produtos grandes no portfolio backlog criam um comboio

Esse mesmo cenário vai ocorrer se permitirmos grandes produtos no portfolio backlog. Produtos grandes necessitam de muitos recursos por uma quantidade de tempo considerável. Esses recursos estão agora indisponíveis para muitos outros produtos menores que ficam presos na fila atrás do produto grande. E, enquanto estão parados na fila, cada um acumula um custo por estar atrasado. Quando somamos os custos de atraso para todos os produtos pequenos e então fatoramos a economia atraente de se fazer releases menores e incrementais, se torna claro que grandes produtos causam um significativo dano econômico nos lucros de ciclo de vida.

Para combater essa questão, algumas organizações instituem uma política de tamanho durante o planejamento de portfólio que especificamente limita quão grande pode ser um esforço de desenvolvimento de produto. Um exemplo que encontrei foi que nenhum esforço de desenvolvimento de produto poderia ser maior do que nove meses. Se uma proposta fosse feita para um grande esforço de produto, ele era sumariamente rejeitado e os defensores eram informados para arranjarem uma maneira de entregar o produto em releases menores e mais frequentes.

Também já trabalhei com organizações cuja cultura era "Nunca podemos assumir que vai haver uma segunda release de qualquer produto." Essa crença está completamente na contramão de fazer releases menores e mais frequentes. Se acreditamos que podemos nunca ter uma segunda release, a reação natural é carregar a primeira release com tudo de que precisamos, mais tudo que achamos que podemos precisar. Nesse caso, não apenas geramos esforços de desenvolvimento de produto maiores, mas estamos quase certamente atrasando as features de alto alor de outros produtos enquanto trabalhamos nas features de baixo valor do produto maior. Essa abordagem é danosa economicamente. As organizações precisam deixar claro que as releases seguintes podem e serão feitas baseadas nos seus méritos econômicos individuais, e que planejar sob a suposição de que haverá apenas uma única release é altamente desencorajado.

Estratégias de Outflow

Estratégias para gerenciar o outflow ajudam as organizações a decidirem quando tirar um produto do portfolio backlog. Descrevo três estratégias:

- Foque no trabalho inativo, não nos trabalhadores inativos.
- Estabeleça um limite de WIP.
- Espere por uma equipe completa.

Focar no Trabalho Inativo, Não nos Trabalhadores Inativos

Uma estratégia-chave para determinar quando tirar um produto do portfolio backlog é se lembrar do princípio que discuti no Capítulo 3 — foque no trabalho inativo, não nos trabalhadores inativos. Esse princípio afirma que o trabalho inativo desperdiça muito mais e é mais economicamente danoso do que trabalhadores inativos.

Uma abordagem comum, mas mal direcionada, de se colocar produtos em desenvolvimento é:

1. Pegue o produto no topo do portfolio backlog e escale pessoas para trabalharem nele.
2. Todas as pessoas estão 100% utilizadas (trabalhando a 100% da capacidade)? Se não, repita o passo 1.

Essa abordagem vai manter todos muito ocupados. O que isso vai fazer é manter o trabalho em todos produtos devagar e propenso a erros. Uma estratégia melhor é começar um produto apenas quando podemos garantir duas coisas: um bom fluxo de trabalho no novo produto e que o novo produto não vá interromper o fluxo de outros produtos in-process. Essa estratégia é usada em coordenação próxima com a estratégia seguinte: estabelecer um limite de WIP.

Estabelecer um Limite de WIP

Considere este cenário. Você já foi a algum restaurante e viu mesas disponíveis e ainda assim a equipe não arranja um lugar para você sentar? Se isso já lhe aconteceu, você sabe como isso é frustrante. Talvez você pense: "Por que eles não me sentam? Há mesas disponíveis. Eles não querem meu dinheiro?"

Digamos que diversos garçons tenham ficados doentes naquele dia. Nesse caso, um dono de restaurante esperto não deveria sentar você. O que acontece se ele fizer? Talvez você tenha que esperar 45 minutos antes que alguém venha até sua mesa. Não sei sobre você, mas eu não seria um cliente feliz se eu tivesse que sentar por 45 minutos antes de alguém vir para falar comigo! Eu realmente ia preferir que alguém me dissesse antecipadamente: "Desculpe, senhor, mas quatro dos nossos garçons faltaram hoje, então vai levar 45 minutos antes de podermos acomodar você."

O que poderia ser pior é se eles realmente acomodassem meu pessoal numa mesa disponível e então tentassem nos servir. Se eles fizessem isso, o serviço de todos os outros no restaurante iria sofrer. Acomodar grupos demais com relação à capacidade de serviço do restaurante significaria que todos os serviçais estariam sobrecarregados e todos teriam uma má experiência. É por isso que um dono de restaurante esperto não acomodaria grupos além de sua capacidade.

Se pudéssemos, seguiríamos o exemplo do esperto dono de restaurante durante o planejamento do portfólio. Nunca devemos pegar mais itens do portfolio backlog do que temos a capacidade de completar. Fazer isso faz com que uma capacidade reduzida esteja disponível para cada produto (resultando em cada ser atrasado), assim como faz com que a qualidade do trabalho em todos os produtos sofra. Realizar trabalho mais lento e de menor qualidade não é uma estratégia vencedora.

Então como determinamos o limite apropriado de WIP? No Capítulo 11, discuti a ideia de que as equipes são a unidade de capacidade que devemos usar para estabelecer o limite de WIP. Sabendo quantas equipes Scrum e sabendo os tipos de produtos nos quais elas são capazes de trabalhar vai nos guiar sobre quantos e que tipos de esforços de desenvolvimento de produto devemos perseguir simultaneamente (veja a Figura 16.8).

O lado esquerdo da Figura 16.8 mostra que temos três equipes capazes de trabalhar em produtos Tipo I e duas equipes que podem trabalhar em produtos Tipo II. Essa informação seria um excelente ponto de partida para estabelecer o número máximo de cada tipo de produto que nossa organização pode trabalhar simultaneamente. Imagine como seria mais difícil se tentássemos determinar o número apropriado de esforços de desenvolvimento concorrentes usando apenas as informações com relação ao número de pessoas com um conjunto particular de habilidades (lado direito da Figura 16.8).

Esperar por uma Equipe Completa

A estratégia de outflow final é esperar que uma equipe Scrum completa esteja disponível antes de começar a trabalhar num produto. Organizações que violam o princípio "Foque no Trabalho Inativo, Não nos Trabalhadores Inativos" frequentemente começam a trabalhar num produto quando apenas algumas pessoas estão disponíveis. O pensamento deles pode ser assim: "Bem, alguns desenvolvedores não estão ainda em 100% de capacidade, então vamos fazê-los pelo menos começar a fazer progresso no próximo produto."

Essa é uma estratégia furada, porque ela vai causar ainda mais bloqueio de trabalho em outros produtos, reduzindo a velocidade da entrega de produtos e gerando custos de atraso significantes.

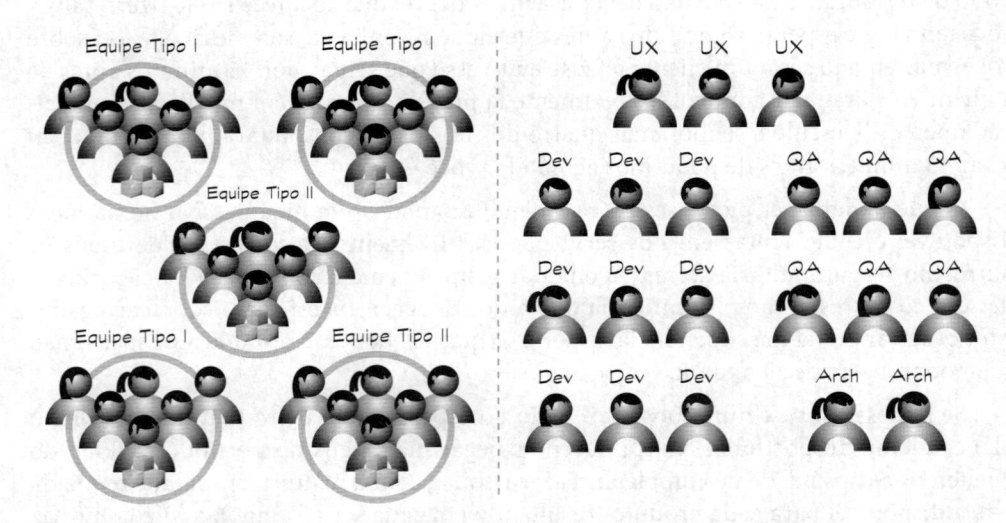

FIGURA 16.8 Equipes são a unidade de capacidade para estabelecer o limite WIP do produto.

Como a unidade de capacidade no Scrum é a equipe, não devemos começar a trabalhar num produto se não temos uma equipe Scrum completa. Fazer isso não faz sentido da perspectiva do Scrum. Uma equipe Scrum incompleta é insuficiente para levar features até o estado de pronto.

Uma variação que eu consideraria é para produtos que necessitem de múltiplas equipes Scrum. Digamos que temos um produto que requer três equipes Scrum. Se uma equipe Scrum completa estiver disponível e fizer sentido começar o desenvolvimento apenas com essa equipe completa, eu consideraria começar o produto. Eu então colocaria as outras equipes Scrum completas na medida em que ficarem disponíveis.

Estratégias In-process

Estratégias para o gerenciamento de produtos in-process nos guiam sobre se é apropriado preservar, pivotear, entregar ou cancelar um produto que esteja sendo trabalhado atualmente. Precisamos tomar essas decisões em intervalos regulares (digamos, no fim de cada sprint) e ocasionalmente em momentos fora do ciclo, quando ocorrem eventos anormais que precisem que revisitemos os produtos in-process.

Há muitas estratégias diferentes que devemos considerar aqui e a função de governância de cada organização deve ter seu próprio conjunto de linhas guia para tratar com produtos in-process. Entretanto, vou focar em apenas uma estratégia — economia marginal. Essa deveria ser a estratégia abrangente que guia as tomadas de decisão e se alinha bem com os princípios centrais ágeis e do Scrum que descrevo neste livro.

Usar a Economia Marginal

De uma perspectiva econômica, todo o trabalho que foi realizado no produto até o ponto de decisão é um "custo naufragado". Estamos interessados apenas na economia marginal de dar o próximo passo. Devemos nos perguntar apenas se gastar o bloco de dinheiro seguinte é justificável pelo retorno que o investimento geraria. A parte difícil é tomar essa decisão sem nos sobrecarregarmos com o dinheiro que já gastamos.

Usando a economia marginal, podemos decidir o que fazer com os produtos que estão correntemente sendo desenvolvidos. Para cada produto que analisamos sob as lentes da economia marginal, há quatro opções principais:

- Preservar — continuar desenvolvendo o produto.
- Entregar — parar de trabalhar no produto e entregá-lo.
- Pivotear — pegar o que aprendemos e mudar de direção.
- Cancelar — parar de trabalhar no produto e cancelá-lo.

A Figura 16.9 ilustra o fluxo de decisão associado a essas quatro opções.

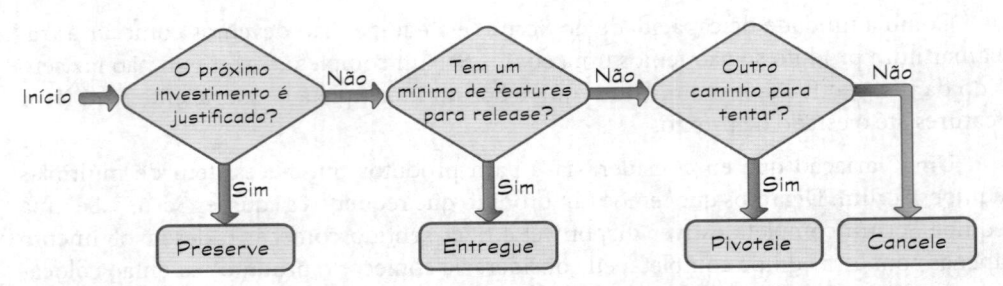

FIGURA 16.9 Fluxo de decisão de produto in-process baseado em economia marginal

Se o próximo investimento no produto corrente for economicamente justificado, *preservá-lo* seria uma escolha possível. Esse é o cenário onde revisamos um produto in-process e concluímos que devemos continuar gastando dinheiro no seu desenvolvimento.

Se o investimento continuado em um produto não for economicamente justificável, devemos decidir se entregamos, pivoteamos ou cancelamos o produto.

Se o produto que criamos até agora contiver um mínimo de features lançáveis (minimum releasable features — MRFs), podemos considerar *entregar* o produto. Se não tiver, e estivermos seguindo num caminho errado e achamos que há outro caminho que valha a pena explorar, podemos *pivotear* e mudar para um novo caminho de produto. Essa opção provavelmente incluiria um retorno ao processo de concepção para considerar o novo caminho (veja o Capítulo 17).

E, se mais investimentos não forem justificáveis e estivermos infelizes com onde estamos e com nossas perspectivas de um pivoteamento bem-sucedido, *cancelar* o produto seria uma opção viável.

Um comportamento tolo pode ser o resultado de quando a economia marginal é ignorada. Aqui temos uma questão a considerar: "Na sua organização, se você gasta o primeiro dólar no desenvolvimento de um produto, há alguma circunstância na qual você consideraria cancelar o desenvolvimento?" Fico surpreso pelo número de pessoas que me dizem que suas organizações nunca (ou apenas muito raramente) cancelariam um produto uma vez que o primeiro dólar tenha sido gasto.

Em uma organização, fiquei surpreso ao explorar por que a companhia não cancelava produtos. Perguntei aos executivos de TI: "Suponha que você comece a trabalhar num produto que acredita que seja valioso para 100% dos seus clientes e vá custar $1M para desenvolver. Depois de ter gasto $1M desenvolvendo-o, você aprende que ele vai ter valor para apenas 10% dos seus clientes e vai custar um total de $10M para desenvolver. Você gastaria os $9M adicionais para completar o produto?" A resposta deles: "Sim, gastaríamos" Minha resposta: "Isso não faz sentido para mim! A razão custo/benefício desse produto mudou por um fator de 100. Por que você faria isso?" A resposta deles: "Você não entende como fazemos contabilidade. Se cancelarmos o produto depois de gastarmos $1M e antes de o sistema ir para produção, o departamento de TI sofreria um hit de $1M contra seu orçamento de gastos. Se gastarmos os outros $9M e colocarmos o sistema em produção por um dia, o custo total do sistema se move para a unidade de negócios onde ela pode capitalizar no gasto."

Claramente nesse exemplo, manipular o sistema de contabilidade teve prioridade sobre o bom senso.

A economia marginal é uma ferramenta poderosa para se fazer a coisa certa e para expor comportamentos tolos e desperdiçadores. Ela deve ser sua principal estratégia ao se considerar o que fazer com o desenvolvimento in-process.

Fechamento

Nesse capítulo discuti 11 estratégias importantes para o planejamento de portfólio (gerenciamento de portfólio). Minha intenção não era fornecer uma cafeteria onde você possa selecionar quais estratégias usar. Todas as 11 estratégias reforçam umas às outras. Você vai derivar o máximo benefício ao fazê-las todas. Dito isso, se por alguma razão eu fosse forçado a usar apenas uma estratégia de cada categoria, eu focaria no custo do atraso, releases menores e mais frequentes, limite de WIP e economia marginal.

No próximo capítulo vou discutir o planejamento de produto (concepção — envisioning). A saída desse processo nos dá produtos candidatos a serem considerados durante o planejamento de portfólio.

Capítulo 17
Concepção (Planejamento de Produto)

Antes de começarmos o primeiro sprint de criação de valor para o cliente, precisamos de um product backlog inicial. E para o gerar, precisamos de uma visão do produto. Muitas organizações também acham útil criar um roadmap preliminar do produto, que defina uma série potencial de releases incrementais. Sua organização também pode ter outros artefatos de front-end que ela prefira criar. Eu me refiro à atividade de criar esses artefatos como concepção (envisioning), ou planejamento no nível do produto.

Neste capítulo descrevo uma abordagem da concepção que é bem alinhada com os princípios Scrum. Ela também é muito útil para organizações que estejam tentando desenvolver produtos usando o Scrum, mas ainda tem de integrar com um processo de aprovação de front-end que não é ágil.

Visão Geral

Digamos que você tem uma ideia intrigante para um novo produto ou nova versão de um produto existente. O objetivo da concepção é expandir sobre essa ideia, descrevendo a essência do produto potencial e criando um plano bruto sobre como abordar sua criação. No fim da concepção, você deve ter confiança o suficiente para enviar a ideia para o planejamento de portfólio (veja o Capítulo 16), onde pode decidir se quer financiar o próximo nível de desenvolvimento mais detalhado.

Conceber um produto no Scrum não deve ser confundido com uma abertura de projeto pesada, formalizada e intensivamente planejada. Com o Scrum, não acreditamos que podemos (ou que devemos tentar) saber todos os detalhes sobre um produto antes de começarmos. Entretanto, entendemos que o financiamento do produto não pode seguir adiante sem primeiro ter uma visão; detalhes o suficiente para entender os clientes, as features e a solução em alto nível; e uma ideia de quanto o produto pode custar.

Não gastamos muito tempo ou esforço concebendo porque queremos passar rapidamente do estágio dos palpites, onde *achamos* que sabemos as necessidades dos clientes e as soluções potenciais, para o estágio de feedback rápido — os sprints de criação de valor para o cliente. Afinal de contas, é apenas quando realmente começamos a implementar a solução através de um ciclo contínuo de interações com nosso ambiente complexo que adquirimos um aprendizado validado baseado na realidade na qual nosso produto deve existir e prosperar.

Timing

A concepção, que se preocupa com o planejamento no nível do produto, é uma atividade contínua, não um evento único (veja a Figura 17.1).

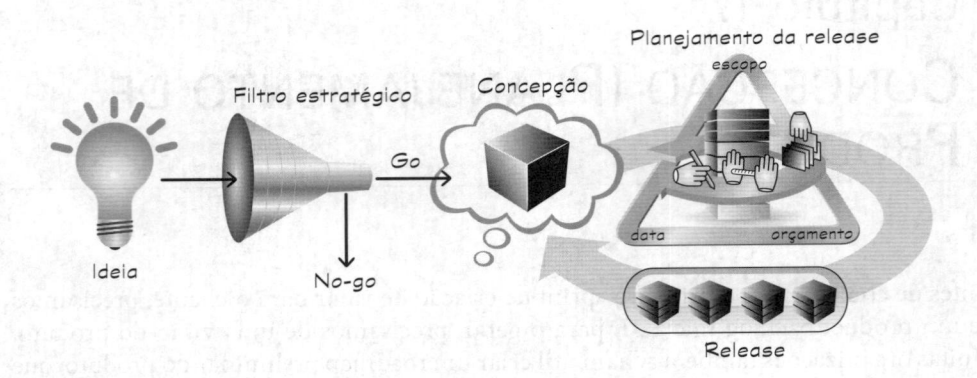

FIGURA 17.1 Concepção é uma atividade contínua

A concepção começa com uma ideia para um produto que alguém ou alguma equipe tenha gerado (um processo frequentemente chamado de ideação). Essa ideia é primeiro passada pelo **filtro estratégico** da organização para determinar se é consistente com a direção estratégica da organização e, portanto, digna de investimento e investigação mais profundos.

Uma vez que a ideia tenha sido liberada pelo filtro estratégico, fazemos a concepção inicial. Durante esse processo, geramos entendimento o suficiente sobre o desejado produto futuro para definir o que uma primeira release mínima deve ser. Fazer isso nos permite entregar alto valor rapidamente e com um custo baixo. Isso também coloca algo tangível nas mãos de usuários e clientes reais o mais rápido possível, nos dando um feedback acionável para confirmar ou refutar nossas suposições sobre os clientes-alvo, sobre o conjunto desejado de features e sobre nossa solução como um todo. Esse feedback pode estar alinhado com nossas expectativas, reforçando nosso desejo de continuar com nossa visão corrente. Por outro lado, pode tão facilmente ser completamente diferente do que esperávamos, o que pode nos fazer pivotear nossa solução original, revisar o que estamos fazendo e modificar o plano de acordo.

Participantes

O product owner é o único participante necessário durante o processo de concepção inicial. Embora, normalmente o product owner supervisione uma concepção inicial que inclui um ou mais stakeholders internos, que colaboram com ele para realizar o trabalho de concepção. Além disso, especialistas em áreas tais como pesquisa de mercado, desenvolvimento de caso de negócio, user-experience design e arquitetura de sistemas frequentemente participam em várias tarefas da visão também. A Figura 17.2 ilustra a atividade de concepção (artefatos e participantes opcionais são indicados com linhas tracejadas).

Idealmente, o ScrumMaster e a equipe de desenvolvimento que vão realizar os sprints de criação de valor para o cliente também vão participar na concepção inicial,

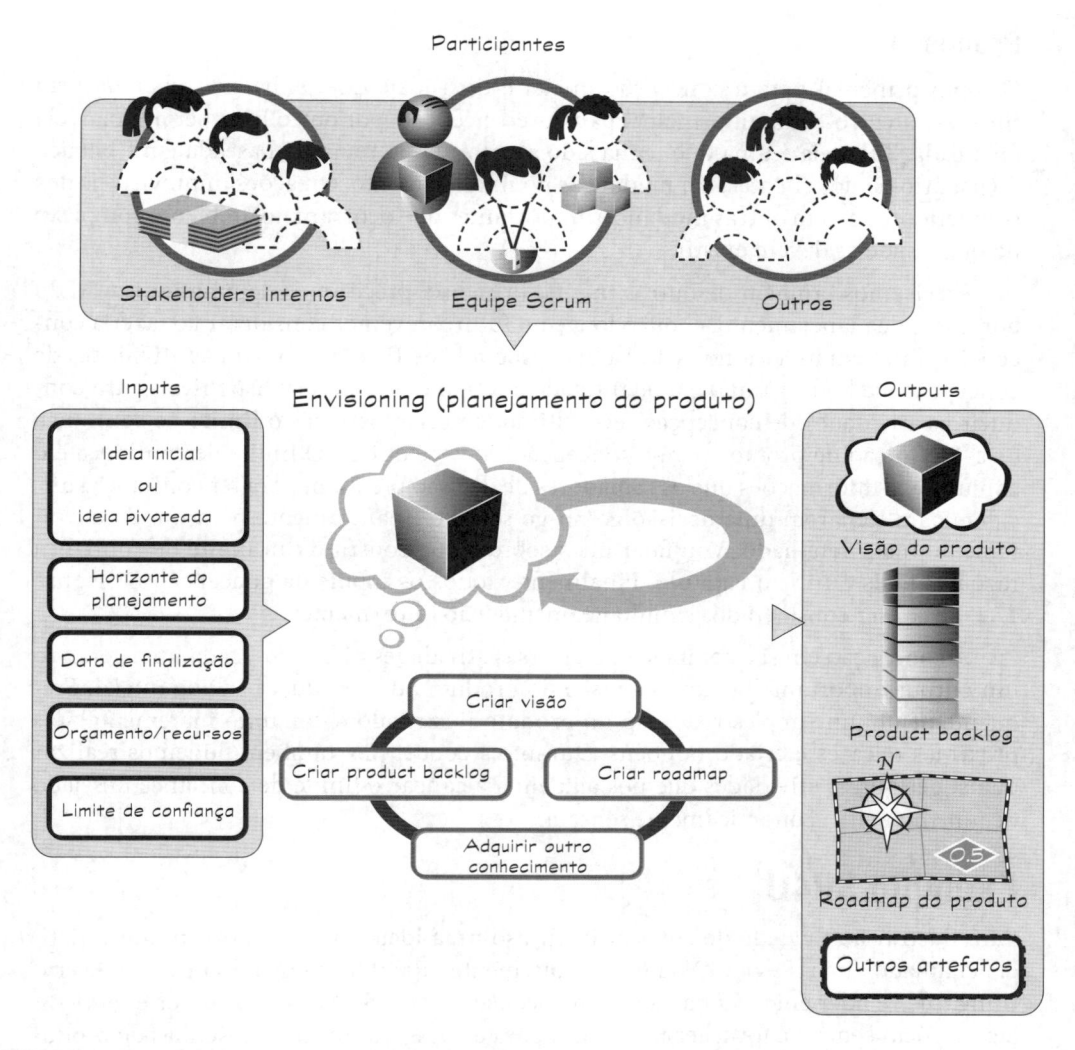

FIGURA 17.2 Atividade de concepção (planejamento de produto)

fornecendo um valioso feedback para a visão do produto e também eliminando a necessidade de passar a visão para outra equipe para construir o produto. Frequentemente, entretanto, a organização espera até a concepção inicial estar completa para financiar a equipe Scrum, tornando impossível incluí-la nas atividades iniciais de concepção. Entretanto, uma vez que o desenvolvimento de produto esteja em andamento e a equipe Scrum completa tenha sido escalada, ela (o product owner, ScrumMaster e equipe de desenvolvimento) deve ser incluída em quaisquer esforços de reconcepção.

Processo

O input principal para a concepção inicial é uma ideia que tenha sido liberada pelo filtro estratégico. O input principal para a reconcepção, por outro lado, seria uma ideia pivoteada. Tal ideia é uma que tenha sido atualizada ou revisada baseada em feedback do usuário ou dos clientes, em mudanças no financiamento, em ações imprevisíveis dos competidores ou em outras mudanças importantes que ocorram no ambiente complexo no qual as ideias devem existir.

Precisamos também de outros inputs. Primeiro, precisamos de uma indicação do horizonte de planejamento — quão longe no futuro devemos considerar ao fazer a concepção. Também precisamos saber a data esperada de finalização para as atividades de concepção (se houver uma) e a quantidade e o tipo dos recursos disponíveis para conduzir as atividades de concepção. Por último, precisamos saber o **limite de confiança** — a "definição de pronto" para a concepção, se você quiser. O limite de confiança é o conjunto de informações que os tomadores de decisão precisam para ter confiança suficiente para tomarem uma decisão go/no-go sobre o financiamento para um desenvolvimento mais detalhado. Vou falar mais sobre o que constitui um limite de confiança razoável mais tarde no capítulo. Finalmente, todos os inputs da concepção na Figura 17.2 devem ser considerados simultaneamente, não linearmente.

A concepção em si é composta de diversas atividades diferentes, cada uma gerando um output importante tal como a visão do produto ou o product backlog inicial. Frequentemente um simples roadmap do produto ilustrando o conjunto incremental das próximas releases é criado também. Durante a concepção, também podemos realizar quaisquer outras atividades que nos ajudem a alcançar o limite de confiança desejado de uma maneira economicamente sensata.

Exemplo SR4U

Para ilustrar a atividade de concepção eu uso uma ideia para um novo produto fictício chamado SmartReview4You (ou simplesmente SR4U). A companhia Review Everything, Inc., é líder em resenhas online fornecidas por usuários para produtos e serviços. Seu negócio central é fornecer um fórum para as pessoas trocarem resenhas de produtos e serviços. A renda da Review Everything tem crescido de forma modesta pelos últimos anos e é rentável. Entretanto, a companhia tem muitos competidores que lançam features inovadoras com uma frequência alarmante. A Review Everything realmente precisa ofertar um serviço novo e inovador para ultrapassar a competição.

A Review Everything tem uma equipe de marketing dedicada que consistentemente monitora o espaço das mídias sociais para ver como os clientes percebem seus serviços atuais. Ao fazer isso, a equipe tem aprendido que muitos usuários relatam gastar muito tempo no site da Review Everything separando resenhas "autênticas" das resenhas "suspeitas". Adicionalmente, muitos usuários dizem que há tantas resenhas disponíveis para certos produtos (por exemplo, um DVD player) ou serviços (por exemplo, o restaurante chinês na avenida central) que eles acham difícil passar por tudo isso para ter uma ideia geral acurada.

Essa inteligência sobre o mercado leva à ideia do SR4U, uma maneira revolucionária de identificar, filtrar e exibir resenhas online que incluam um agente de buscas treinável. O marketing acredita que essa ideia possa ser o serviço inovativo que a Review Everything tem procurado. O marketing escreve uma descrição de uma página do SR4U que inclui suas features-alvo de alto nível, os clientes-alvo e as vantagens-chave. A equipe envia essa descrição para o Comitê de Aprovação de Novos Produtos, que a revisa na sua Reunião de Revisão de Ideias regularmente agendada (a cada segunda-feira de cada mês).

A gerência sênior (que compõe o Comitê de Aprovação de Novos Produtos) concorda que o SR4U representa uma significante oportunidade para diferenciar a Review Everything, Inc., no mercado. O comitê então designa Roger, um representante de negócios do marketing estratégico, como o product owner para o SR4U.

A gerência autorizou duas semanas para a concepção ser completada, e nesse momento os membros do comitê de aprovação vão revisar os resultados da concepção e tomar a decisão go/no-go sobre o financiamento do desenvolvimento inicial do SR4U. Além de Roger, a gerência autorizou dois experts sobre filtragem (SMEs), um pesquisador de mercado e uma quantidade de stakeholders para participarem da concepção. Entretanto, não foi autorizado o gasto maior de uma equipe Scrum inteira durante a concepção.

Foi pedido ao Roger que usasse os recursos disponíveis a ele para produzir o seguinte:

- Uma visão inicial do produto, um product backlog e um roadmap do produto.
- A validação da suposição primária de que os usuários preferem significativamente os resultados filtrados pelo SR4U aos resultados não filtrados. (Mais tarde neste capítulo vou descrever como Roger e seus colegas vão fornecer esse aprendizado validado.)
- Uma descrição de outras suposições importantes (hipóteses) sobre os usuários potenciais e os conjuntos de features que a primeira release do produto deve testar.
- Algumas medidas-chave acionáveis usadas para testar as outras suposições e para aprender se a release inicial do SR4U vai atender às expectativas.
- Lista de questões (desconhecidos conhecidos) que precisam ser tratadas.

Sem essas informações, a gerência sênior não teria confiança suficiente para tomar uma decisão informada se deve ou não prosseguir com o desenvolvimento inicial.

Visão

A primeira coisa que Roger e os stakeholders fazem é criar uma visão compartilhada e atraente para o SR4U. No Scrum, uma visão não é um documento elaborado de centenas de páginas. Se precisarmos desse espaço para descrever nossa visão, provavelmente não a entendemos. As visões, mesmo de produtos complexos, devem ser simples de expressar e fornecer uma direção abrangente para as pessoas que forem realizá-las. Por exemplo, tomemos a visão do presidente Kennedy de ir até a lua: "Acredito que essa nação deve se comprometer com atingir esse objetivo, antes que essa década termine, de pousar um homem na Lua e trazê-lo de volta em segurança para a Terra" (Kennedy 1961). Em 31 palavras Kennedy foi capaz de expressar uma visão agressiva e não ambígua que, para ser realizada, iria eventualmente necessitar dos esforços de milhares de colaboradores construindo muitos sistemas complexos com centenas de milhares de componentes inter-relacionados.

Ao se desenvolver produtos ou serviços, a visão é frequentemente expressada em termos de como os stakeholders vão obter valor. Os exemplos podem incluir uma ou mais áreas de valor das categorias na Figura 17.3.

O formato da visão em si pode ser qualquer coisa desde uma declaração como a do Kennedy até uma resenha fictícia numa revista. Exemplos de formatos de visão de produtos ou serviços populares são descritos na Tabela 17.1 (baseada em parte em Highsmith 2009). Você deve escolher qualquer formato que melhor se adeque a sua organização, grupo de concepção e ideia.

Áreas de valor para o stakeholder

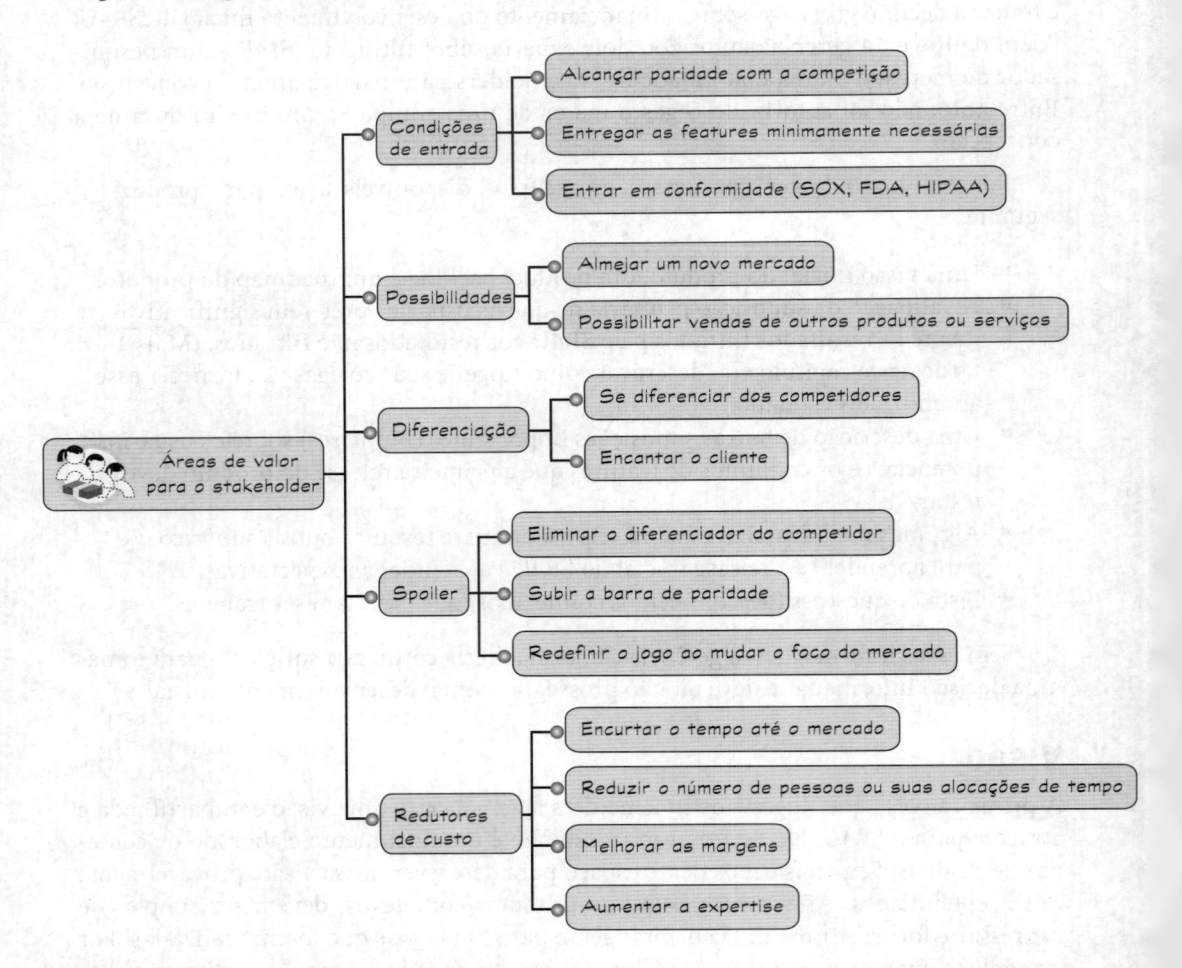

- **Condições de entrada**
  - Alcançar paridade com a competição
  - Entregar as features minimamente necessárias
  - Entrar em conformidade (SOX, FDA, HIPAA)
- **Possibilidades**
  - Almejar um novo mercado
  - Possibilitar vendas de outros produtos ou serviços
- **Diferenciação**
  - Se diferenciar dos competidores
  - Encantar o cliente
- **Spoiler**
  - Eliminar o diferenciador do competidor
  - Subir a barra de paridade
  - Redefinir o jogo ao mudar o foco do mercado
- **Redutores de custo**
  - Encurtar o tempo até o mercado
  - Reduzir o número de pessoas ou suas alocações de tempo
  - Melhorar as margens
  - Aumentar a expertise

FIGURA 17.3 Áreas de valor para os stakeholders

TABELA 17.1 Formatos Populares para a Visão

Formato	Descrição
Conversa de elevador	Escreva uma conversa de trinta segundos a um minuto sobre a visão do produto. Imagine que você entrou num elevador com um investidor e você tem que o convencer da sua visão do produto. Você poderia fazer isso numa curta viagem de elevador?
Planilha de dados do produto	Escreva uma planilha de dados do produto no primeiro dia. Tente encaixá-la no lado da frente de uma peça de marketing de uma página.
Caixa da visão do produto	Desenhe a embalagem na qual você quer colocar seu produto quando ele for entregue. Você consegue pensar em três ou quatro pontos salientes para ilustrar na embalagem? (Rascunhar 15 pontos é mais fácil do que rascunhar três ou quatro.)
Slides para reunião com o usuário	Crie duas ou três apresentações de slides que você usaria para introduzir o produto na sua reunião com o usuário (ou equivalente). Tente evitar listas de tópicos nos seus slides.
Press release	Escreva a press release que você quer soltar quando o produto se tornar disponível. Boas press releases comunicam claramente o que é digno de ser notícia em uma página ou menos.
Resenha de revista	Rascunhe uma resenha fictícia feita pelo revisor de soluções na revista de negócios mais popular da sua indústria.

Na Review Everything, Roger e os stakeholders escolheram usar o formato de press release para descrever o SR4U. Eles começaram identificando diversas áreas de **valor para os stakeholders** (da Figura 17.3) que o SR4U deve entregar. As áreas relevantes estão descritas na Tabela 17.2.

TABELA 17.2 Áreas Potenciais de Valor para os Stakeholders no SmartReview4You

Área	Descrição
Redução de custos/economia de tempo	O SR4U deve economizar um tempo considerável aos seus usuários quando estiverem buscando resenhas.
Diferenciador/ encantar o cliente	O SR4U deve fornecer uma experiência "uau" para seus usuários. Os usuários devem sentir que o serviço realizou uma tarefa impressionante para eles, ajudando-os a fazer uma compra bem informada.
Spoiler/elevar a barra de paridade	O SR4U deve criar um caos substancial para seus competidores. As atuais soluções deles devem imediatamente parecerem antiquadas em comparação. O SR4U vai estabelecer uma nova baseline para os serviços de resenhas online que os outros vão ter que se virar para alcançar.

Baseados nessas áreas de valores para os stakeholders, Roger e os stakeholders preparam a seguinte press release (declaração de visão):

> A Review Everything, Inc., anunciou hoje o lançamento bem-sucedido do seu novo serviço SmartReview4You. Esse serviço fornece a todos os usuários online seu próprio agente treinável para vasculhar a internet e identificar informações imparciais e relevantes sobre revisões de produtos ou serviços.
>
> Doris Johnson, uma ávida usuária de resenhas online, declarou: "Eu agora tenho meu próprio assistente pessoal que mimetiza como eu encontro e filtro resenhas online. É incrível — eu ensino a ele o que gosto e não gosto sobre resenhas, então o SmartReview4U navega a internet procurando resenhas de produtos e serviços e automaticamente poda as falsas e as imparciais. Ele faz em velocidade recorde o que costumava levar uma eternidade para mim. Esse serviço realmente economiza meu tempo!"
>
> C. J. Rollins, CEO da Review Everything, Inc., disse: "Estamos contentes de oferecer o primeiro serviço inteligente de resenhas do mundo. Desde o surgimento da internet, as pessoas têm tirado proveito da sabedoria das massas. Entretanto, as massas podem se tornar muito barulhentas e é difícil separar o joio do trigo. Nosso serviço superesperto faz essa tarefa trabalhosa de peneirar o grande volume de informações de resenhas online, eliminando as resenhas suspeitas e retornando apenas as relevantes. Você lê apenas resenhas que escolheria considerar se gastasse horas buscando por conta própria."
>
> O novo SmartReview4You está disponível de graça no seguinte website: www.smartreview4you.com

Criação do Product Backlog de Alto Nível

Uma vez que tenhamos uma visão, estamos prontos para criar itens de product backlog de alto nível. Apesar de haver várias maneiras de representar itens do product backlog, gosto de usar user stories (discutidas em detalhes no Capítulo 5). Na terminologia das user stories, durante a concepção eu quero criar épicos — user stories realmente grandes que são consistentes com o planejamento no nível do produto. Essas user stories de nível épico se alinham com a visão e fornecem o próximo nível de detalhes do produto para a gerência sênior e a equipe Scrum.

As pessoas que escrevem essas user stories são usualmente as mesmas que criaram a visão — o product owner, os stakeholders e, preferencialmente, o ScrumMaster e a equipe de desenvolvimento. Como regra geral, quero toda minha equipe Scrum envolvida na criação dessas user stories. Entretanto, como mencionei anteriormente, se o desenvolvimento do produto ainda não foi aprovado/financiado, a equipe Scrum completa pode não estar disponível durante a concepção. Nestes casos, o product owner pode querer pedir um favor e pedir a algumas pessoas técnicas com um interesse na área do produto para ajudarem com a escrita das histórias.

Na Review Everything, o SR4U ainda não foi aprovado, então uma equipe de desenvolvimento ainda não foi escalada. Portanto, Roger e os stakeholders pedem a Yvette, uma arquiteta experiente, para se juntar a eles na sessão de brainstorm de user stories. Durante a sessão, eles criam um conjunto de épicos iniciais, incluindo o seguinte:

Como um usuário típico, eu quero ensinar ao SR4U que tipos de resenhas descartar, para que ele saiba que características usar ao descartar resenhas por mim

Como um usuário típico, quero uma interface simples, tipo Google, para solicitar uma busca por resenhas para que eu não tenha de gastar muito tempo descrevendo o que eu quero.

Como um usuário típico, quero que o SR4U monitore a internet em busca de novas resenhas sobre produtos ou serviços de interesse e automaticamente filtre-os e os relate para mim, para que eu não tenha de ficar pedindo ao SR4U para fazer isso por mim.

Como um usuário sofisticado, quero dizer ao SR4U que fontes usar quando estiver buscando para mim, para que não receba de volta resenhas de sites que eu não gosto ou não confio.

Como um vendedor de produtos quero ser capaz de mostrar um resumo de resenha para o meu produto com o brand do SR4U no meu website, para que as pessoas possam imediatamente ver o que o mercado acha do meu produto como determinado por uma fonte confiável como o SR4U.

Definição do Roadmap do Produto

Uma vez que tenhamos a visão inicial e um product backlog de alto nível, podemos definir nosso roadmap inicial do produto, uma série de releases para alcançar alguma ou toda nossa visão do produto. Ao usar o Scrum, sempre desenvolvemos incrementalmente. Também tentamos fazer o deploy incrementalmente quando essa abordagem for sensata, querendo dizer que focamos em releases menores e mais frequentes, onde entregamos um pouco da solução antes de entregarmos toda a solução. Um roadmap de produto é uma visão geral inicial desses deployments incrementais. Claro, se estivermos planejando apenas uma única release pequena, não precisamos de um roadmap de produto.

Fazer releases frequentes não significa que definimos deadlines extremamente agressivas; tais deadlines frequentemente resultam em datas perdidas. Em vez disso, focamos cada release em um pequeno conjunto de **minimum releasable features (MRFs)** em torno das quais a comunidade de stakeholders compartilha um forte consenso de grupo. As MRFs representam o menor conjunto de features "tem que ter" — as features que simplesmente têm de estar na release se quisermos atender às expectativas de qualidade e valor do cliente. Algumas pessoas referem-se a esse conjunto de features como **minimum viable product (MVP)** ou **minimum marketable features (MMFs)**. Mesmo que possamos escolher entregar mais do que as MRFs em uma dada release, os clientes não vão perceber valor suficiente se entregarmos menos, portanto, é sempre importante definir um conjunto mínimo.

Para complementar as MRFs, algumas organizações usam a estratégia de releases fixas e periódicas para simplificar o roadmap do produto (veja a Figura 17.4).

Essa abordagem tem diversas vantagens. Primeiro, é fácil de entender e fornece a todos os envolvidos (internamente e externamente) releases previsíveis. Ela também estabelece um ritmo, ou cadência, de releases que ajuda mobilizar recursos de uma maneira previsível e permite que grupos dispersos sincronizem seus planos.

Se usarmos essa estratégia, ainda determinamos as MRFs para cada release. Se as MRFs precisarem menos tempo para serem desenvolvidas do que o tempo fixado para a release, algumas features adicionais de alto valor serão criadas. Releases fixas, periódicas podem nem sempre ser aplicáveis se eventos externos (como uma conferência ou uma data de lançamento fixada de um produto cobranded) estiverem guiando as releases, mas seus benefícios fazem valer a pena a consideração.

Cada release no roadmap deve ter um **objetivo de release** claramente definido, que comunique o propósito e outcome desejado da release. Um objetivo de release é criado considerando muitos fatores, incluindo os clientes-alvo, questões arquiteturais de alto nível, eventos significantes do mercado e assim por diante.

Ao se criar um roadmap do produto, devemos considerar os clientes e como eles podem ser segmentados em diferentes mercados. No caso do SR4U, o mercado de clientes inicial é o consumidor individual interessado em ler resenhas úteis antes de comprar um produto ou serviço. A equipe de concepção do SR4U divide ainda mais esse segmento de mercado em "usuário típico" e "usuário sofisticado", aqueles que querem um controle mais fino sobre como o SR4U funciona. A equipe decide que o alvo inicial vai ser o usuário típico.

A equipe de concepção do SR4U também pode prever uma base de clientes futura de vendedores de produtos e serviços que usaria o SR4U para fornecer para a internet toda um histórico de resenhas não imparciais de suas ofertas nos seus próprio websites. Entretanto, antes de os vendedores verem valor o suficiente para pagar pelo serviço e pela marca, a Review Everything, Inc., vai ter primeiro que estabelecer o SR4U como uma marca confiável para a filtragem e agregação de resenhas.

Ao se fazer o roadmap de um produto, nós também consideramos questões tecnológicas ou arquiteturais de alto nível. Por exemplo, no SR4U a principal questão de tecnologia é determinar que formas de acesso a serviço serão fornecidas. A equipe decide inicialmente fornecer acesso via navegador web. Entretanto, no longo prazo, ela também pode conceber aplicações específicas para dispositivos móveis para os dispositivos

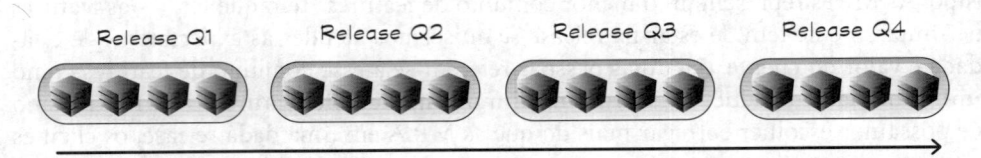

FIGURA 17.4 Releses fixadas e periódicas

iOS, Android e potencialmente outros dispositivos que sejam preparados para acessar o serviço SR4U. Mais à frente no caminho, a equipe também pretende fornecer uma API aberta que os parceiros do SR4U possam acessar.

Ao se definir um roadmap do produto, também precisamos permitir que quaisquer eventos significantes do mercado possam influenciar o timing das nossas entregas de features. A Review Everything, por exemplo, sempre comparece na conferência anual Social Media Expo. Roger e os stakeholders concordam que ter uma release disponível na conferência desse ano (daqui a uns três meses) seria um ótimo local para se obter feedback sobre o serviço.

Nosso objetivo ao criar um roadmap do produto é considerar quaisquer fatores que achemos relevantes para nos ajudar a definir o conjunto-alvo de releases para nossa solução. Lembre-se, entretanto, que esse roadmap é simplesmente uma primeira aproximação grosseira de uma ou de algumas releases próximas. Temos de ter o direito de atualizar o roadmap à medida que informações melhores se tornem disponíveis.

Também devemos considerar quão longe no futuro nosso roadmap do produto vai se estender. Apesar de a nossa visão poder ser grande e audaciosa o suficiente para precisar de muitos anos para ser realizada completamente, não é provável que tentássemos produzir um roadmap detalhado que se estendesse completamente ao longo dessa visão. Ao se usar o Scrum, produzimos o roadmap do produto tão longe no futuro quanto for razoável e desejável. Quão longe seu roadmap vai se estender vai depender das suas circunstâncias particulares. No mínimo seu roadmap provavelmente vai precisar cobrir pelo menos a quantidade de tempo que você está pedindo que as pessoas financiem.

Roger e os stakeholders do SR4U acreditam que sua visão provavelmente vai levar diversos anos para se realizar completamente, mas Roger decidiu que não seria prático tentar estender o roadmap tanto assim, dado o baixo nível de aprendizado validado e quão rapidamente as coisas mudam no mercado de resenhas online. Roger e os stakeholders concordaram com um simples roadmap de produto de nove meses, como mostrado na Figura 17.5.

	Q3–Ano 1	Q4–Ano 1	Q1–Ano 2
Mapa do Mercado	Lançamento inicial	Melhores resultados Melhores plataformas	Usuários sofisticados
Mapa features/benefícios	Aprendizado Básico Filtragem básica	Aprendizado melhorado Consultas complexas	Definição de fontes Aprende por exemplo
Mapa da arquitetura	100K usuários web concorrentes	iOS e Android	Interface web services
Eventos de mercado	Social Media Expo	Review Everything User Conference	
Agenda de releases	1.0	2.0	3.0

FIGURE 17.5 Roadmap do produto SmartReview4You

Outras Atividades

A concepção pode incluir qualquer outro tipo de trabalho que aqueles envolvidos achem relevante para alcançar o limite de confiança desejado. Talvez queiramos fazer uma pesquisa de mercado mínima nos usuários ou clientes-alvo. Ou talvez queiramos fazer uma análise competitiva rápida do produto proposto com relação às outras ofertas do mercado. Ou talvez queiramos criar um modelo grosseiro de negócios que nos ajude a decidir se o produto passa no "filtro econômico" da organização.

Algumas organizações podem mesmo decidir organizar o trabalho de concepção em um ou mais sprints. Nestes casos, a equipe escalada (a equipe Scrum de concepção se você quiser), mantém um backlog de trabalhos relacionados com a concepção, como descrito no Capítulo 5. Exemplos de sprints de aquisição de conhecimento incluem a criação de protótipos ou provas de conceito do look and feel do produto, ou de uma feature crítica da arquitetura.

Para o SR4U, Roger e sua equipe (incluindo os SMEs) decidem realizar um sprint de aquisição de conhecimento durante a concepção. Antes de investir no desenvolvimento de um sistema automatizado, Roger primeiro quer rodar um simples teste de comparação para confirmar a suposição central de que resenhas filtradas pelo SR4U são realmente mais úteis do que as resenhas não filtradas (veja a Figura 17.6).

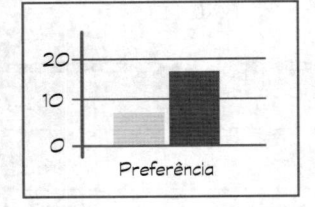

FIGURA 17.6 Storyboard do sprint de aquisição de conhecimento do SR4U

Durante o sprint de concepção, a equipe vai fazer o mock up de uma página web (uma página de busca simples tipo Google em HTML para o SR4U) onde um pequeno grupo amostral de usuários pode enviar uma consulta para um produto ou serviço de sua escolha e receber dois conjuntos de resultados. O primeiro conjunto vai ser de resenhas não filtradas que normalmente seriam retornadas pela consulta. O segundo conjunto vai ser filtrado para remover "resenhas suspeitas". Aos usuários não vai ser dito quais resenhas são filtradas e quais não são.

Aos usuários amostrais é dito que seus resultados de consulta vão estar prontos no próximo dia (via e-mail) porque, sem que eles saibam, Roger não tem intenção nesse momento de desenvolver a tecnologia necessária para automatizar a geração dos seus resultados filtrados de consulta. Em vez disso, ele pediu a um par de SMEs para filtrar manualmente e fornecer para os usuários ambos resultados, o filtrado e o não filtrado. Roger e sua equipe vão então entrevistar todos os membros do grupo amostral para ver que resultados eles preferem e por quê.

O objetivo por trás desse teste inicial é obter uma validação básica da proposição de valor central do SR4U — que os usuários vão ficar encantados pelo conjunto de resenhas filtradas do SR4U. Se os SMEs não conseguirem gerar manualmente resultados filtrados convincentes, a habilidade da Review Everything de criar um produto tipo expert system que gere valor para o mercado é posta em sérias dúvidas.

A gerência sênior também pediu ao Roger para descrever as outras suposições/hipóteses centrais que ainda não estão validadas sobre os usuários potenciais e o conjunto de features, juntamente com as medidas-chave para testar essas suposições. Ele vai colaborar com o pessoal de marketing do produto e outros para completar esse trabalho. Em vez de fazer uma pesquisa de mercado extensiva e longa, Roger está planejando usar o desenvolvimento da primeira release como uma ferramenta experimental para descobrir o que as pessoas realmente acham do SR4U e o que elas realmente querem em termos de features.

Concepção Economicamente Sensata

A concepção precisa ser levada a cabo de uma maneira economicamente sensata. Ela deve ser vista como um investimento para se adquirir as informações necessárias para que a gerência tome uma decisão informada sobre se deve financiar o trabalho necessário para desenvolver um produto baseado na ideia. Se fizermos muito pouca concepção, podemos nos encontrar despreparados para fazer o primeiro sprint de criação de valor para o cliente. Por outro lado, fazer concepção demais vai criar um grande inventário de artefatos de planejamento de produto que podem ter de ser retrabalhados ou descartados quando começarmos a adquirir um aprendizado validado.

Em muitas organizações, o trabalho do tipo concepção aparece com o nome de **project chartering**, **project inception** ou **project initiation**. Em algumas organizações o processo de chartering é parte de um modelo de governância abrangente state-gate. Frequentemente, nesse contexto, chartering é um processo pesado, formalizado e intensivamente planejado baseado em um conjunto de dados projetados. Estes dados detalhados, mas ainda não validados, formam planos incertos que fornecem apenas a ilusão de certeza ao se tomarem decisões go/no-go.

Além disso, uma abordagem pesada upstream é mal alinhada com o processo de desenvolvimento downstream ágil do Scrum. Esse descasamento de impedância é como dizer: "Você pode desenvolver usando o Scrum, mas antes de aprovarmos o desenvolvimento ainda vamos precisar de alguns artefatos que sempre pedimos: requisitos extensivos adiantados, um orçamento completo e um cronograma preciso." Com esse tipo de falta de alinhamento, vai ser difícil para uma organização alcançar os benefícios de longo prazo e alto valor da utilização do Scrum.

No Scrum, mantemos a concepção a mais simples possível. Fazemos só o suficiente de planejamento preditivo antecipado e de trabalho de aquisição de conhecimento baseado na natureza do produto, seu tamanho e nível de risco. Permitimos que os detalhes de alguns outros artefatos sejam criados de uma forma just-in-time. Nosso objetivo é tomar hoje a melhor decisão que pudermos, usando as informações razoáveis obtidas de uma maneira sensata em termos de tempo e financeiros. Reconhecemos que o que pensamos saber sobre o produto pode e vai mudar uma vez que realmente construamos algo e comecemos a submetê-lo ao escrutínio dos clientes e usuários.

Acho que diversas guidelines são úteis para a concepção de uma maneira economicamente sensata (veja a Figura 17.7).

Almejar um Limite de Confiança Realista

O limite de confiança define o nível mínimo e os tipos de informações que estão sendo pedidas pelos tomadores de decisão para lhes dar a confiança suficiente para tomarem o próximo nível de decisão de financiamento go/no-go. Pense no limite de confiança como a barra que deve ser superada antes que possamos sair da concepção e enviar o produto para o escrutínio do planejamento de portfólio — onde aplicamos o filtro econômico ao produto para determinar se ele atende aos critérios de financiamento da organização. E, se atender, podemos prosseguir para o negócio de validar suposições-chave e construir o produto.

A altura dessa barra tem consequências econômicas reais (veja a Figura 17.8).

Quanto mais alta a barra, mais tempo vamos precisar para a superar. Tempo adicional gasto na concepção vai provavelmente atrasar quando o produto poderá ser

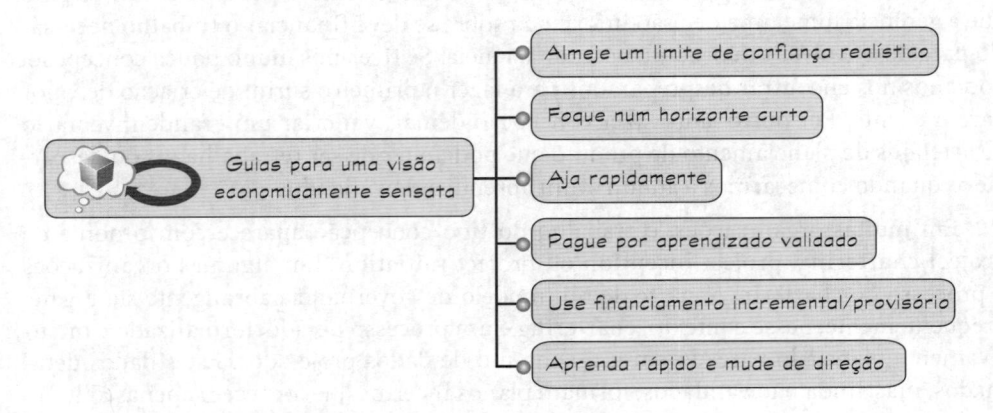

FIGURE 17.7 Diretrizes para uma concepção economicamente sensata

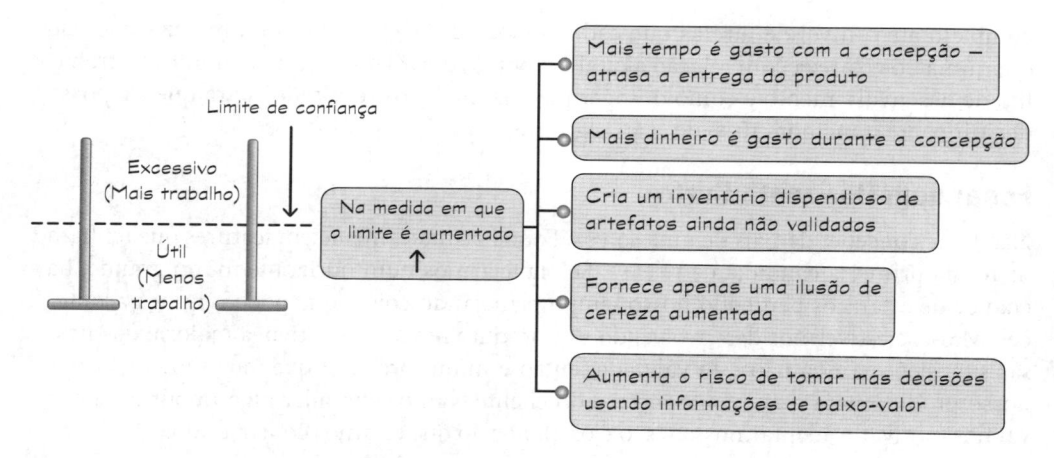

FIGURA 17.8 Consequências de definir um limite de confiança muito alto

Diagrama com os seguintes elementos:
- Excessivo (Mais trabalho)
- Limite de confiança
- Útil (Menos trabalho)
- Na medida em que o limite é aumentado:
  - Mais tempo é gasto com a concepção — atrasa a entrega do produto
  - Mais dinheiro é gasto durante a concepção
  - Cria um inventário dispendioso de artefatos ainda não validados
  - Fornece apenas uma ilusão de certeza aumentada
  - Aumenta o risco de tomar más decisões usando informações de baixo-valor

entregue, e esse atraso tem custo (veja o Capítulo 3). O tempo da concepção deve ser pago, então quanto mais alta a barra, maior o custo de a superar. Mais trabalho preditivo também cria WIPs adicionais (inventário) que podem facilmente ser desperdiçados quando as coisas mudarem. E a maioria desses WIPs ainda não está validado (por exemplo, artefatos de planejamento que prevejam o que pode ocorrer no futuro), então aumentos adicionais na altura da barra não adicionam nenhuma certeza aos nossos esforços. Finalmente, mais trabalho pode na verdade aumentar nosso risco de tomar uma má decisão de prosseguir, por causa da ilusão de certeza estabelecida por um conjunto sempre crescente de artefatos de planejamento sendo produzidos. Mais artefatos de planejamento não implicam mais certeza ou decisões melhor fundamentadas.

Como mencionei no Capítulo 14, o planejamento antecipado deve ser útil sem ser excessivo, então precisamos definir um limite no nível de útil, não no nível de excessivo. O que exatamente constitui um nível útil versus um nível excessivo é específico da organização e do produto. Algumas organizações ficam confortáveis tomando decisões sob muitas condições de incerteza, enquanto outras requerem um alto grau de certeza antes de prosseguirem. À medida que a necessidade de certeza aumenta, também aumenta o esforço necessário para coletar dados e gerar aprendizado validado. Há um limite prático de quanto aprendizado validado podemos criar antes de passarmos para o desenvolvimento, começarmos a construir algo e realmente validar com nossos usuários. Então seja realista sobre quão alto colocar esse limite.

E, também, o limite da concepção para a release seguinte de um sistema central de vida longa vai provavelmente ser menor do que o limite para a concepção de um produto novo, altamente inovativo e potencialmente caro.

A Review Everything, Inc., moveu-se para longe do planejamento pesado antecipado no nível do produto. O comitê de aprovação concordou que o limite de confiança deve ser colocado em "bom o suficiente" ou "suficiente por pouco" para prosseguir para um desenvolvimento inicial, em que a companhia pode validar as suposições com os usuários. O comitê de aprovação não está procurando por um plano de projeto completo até o nível de tarefas que cada pessoa vai fazer e quando. Em vez disso, ele quer uma boa clareza com relação a qual é o objetivo para o próximo conjunto de trabalho de desenvolvimento e como o Roger planeja medir os resultados para que ele possa decidir sobre o melhor curso de ação seguinte.

Focar num Horizonte Curto

Não tente conceber demais de uma só vez. Foque primariamente em features que tenham de ter na primeira candidata a release. Se planejarmos num horizonte muito grande, há chance de estarmos perdendo nosso tempo planejando coisas que podem nunca acontecer. Mais, se estivermos desenvolvendo um produto novo e inovativo, a maioria das nossas suposições ainda não está validada, então é muito provável que, quando enviarmos nosso produto para o ambiente incerto do cliente, vamos aprender algo importante que vai nos motivar a adaptar nossa visão e os planos do que estamos construindo.

Para o SR4U, o roadmap de alto nível do Roger vai até nove meses, mas é realmente a primeira release que é o foco. Todos os envolvidos sabem que até que eles tenham realmente um serviço de resenhas que os clientes possam usar e comentar, eles estão realmente apenas dando palpites sobre o conjunto apropriado de features. Então tentar conceber muito longe no futuro requer que eles se baseiem em suposições em cima de mais suposições, violando o princípio de ter poucas suposições de curta duração e importantes.

Agir Rapidamente

A concepção não deve ser um processo longo e arrastado. Ele deve ser rápido e eficiente. Quanto mais rápido terminarmos, mais cedo vamos conseguir construir algo tangível que possamos usar para validar se nossos entendimentos e suposições são corretos ou não.

O tempo gasto na concepção deve ser incluído no cálculo do tempo necessário para entregar uma solução. O relógio do mercado começa a correr no momento que a oportunidade de negócio se torna conhecida (quando a ideia é gerada) e não para de correr até que entreguemos o produto. Uma atividade de concepção desnecessariamente longa vai atrasar o produto, e esse custo de atraso pode ser bastante alto. A economia de se agir rápido durante a concepção é convincente — como Smith e Reinertsen dizem, é o "porão de barganha" das oportunidades de redução de tempo de ciclo (Smith e Reinertsen 1998).

Agir rapidamente também promove um senso de urgência de se tomar uma decisão sobre o produto. Essa urgência ajuda a garantir que os recursos apropriados estejam identificados e comprometidos para completar a concepção no devido tempo.

Uma maneira de promover a rapidez é fornecer uma data esperada de finalização para a equipe de concepção (um dos inputs da concepção). Nem toda ideia vai precisar do mesmo tempo para ser concebida. Como mencionei anteriormente, uma nova ideia de produto inovativo pode precisar de mais tempo para conceber do que o aprimoramento ou atualização de um produto já existente. Entretanto, em qualquer caso, ainda queremos colocar limites razoáveis no trabalho de concepção para que possamos rapidamente chegar ao ponto de validar nossas suposições através de feedback real.

No caso do SR4U, Roger e os outros têm duas semanas para completar o trabalho de visão. Roger vai precisar se dedicar full-time para atender a deadline. Os SMEs de filtragem vão precisar se dedicar meio expediente durante segunda semana, quando eles realizarão o sprint de aquisição de conhecimento. A pessoa da pesquisa de mercado vai ser necessária dois dias na primeira semana.

Pagar por Aprendizado Validado

Avalie as atividades de concepção a partir de uma perspectiva econômica baseada em como contribuir com a aquisição de aprendizado validado com relação ao cliente-alvo, ao conjunto-alvo de features ou à solução. Tenha cuidado com a realização de atividades preditivas que geram informações com um alto grau de incerteza — informações que se creem válidas, mas ainda não foram realmente validadas com os clientes ou usuários. Estas atividades compram informações de baixo valor e não são apenas um mau retorno sobre o investimento; elas também potencialmente geram muito desperdício se, uma vez que consigamos conhecimento validado, acabemos discordando ou retrabalhando informações altamente incertas que estejam erradas.

E, também, gerar um monte de informações incertas de baixo valor pode entulhar nosso julgamento e nos fazer acreditar que entendemos nossa situação melhor do que realmente entendemos. Como resultado, tomamos decisões importantes sob a ilusão de certeza (veja a Figura 17.9).

No caso do SR4U, o conteúdo do product backlog e o roadmap do produto representam informações incertas. Roger acredita que o que tem de ser produzido representa

FIGURA 17.9 Tomada de decisão sob a ilusão de certeza

um bom palpite com relação ao que os usuários vão querer e aproximadamente quando eles vão conseguir isso. Entretanto, os conteúdos de ambos são sujeitos a mudança na medida que a equipe adquira aprendizado validado durante o desenvolvimento, então ele quer ser cuidadoso sobre quantos detalhes ele gera nesse momento.

Durante a concepção do SR4U, a gerência sênior deseja pagar por aprendizado validado com relação às suposições centrais de que os usuários preferem resultados filtrados em vez de não filtrados. Eles acreditam que é economicamente sensato comprar essa informação durante a concepção antes de investirem substancialmente mais recursos para adquirir essa mesma informação mais tarde. Seria bem menos sensato gastar um dinheiro considerável construindo a primeira versão do SR4U e então descobrir que os usuários não têm uma forte preferência por resultados filtrados versus não filtrados.

Usar Financiamento Incremental/Provisório

Sempre considere uma abordagem incremental e provisória para o financiamento de desenvolvimento de produto (veja a Figura 17.10).

Decisões de financiamento são (ou pelo menos deveriam ser) constantemente feitas e refeitas à medida que melhores informações se tornem disponíveis. Na nossa primeira passada pela concepção, não devemos tentar gerar informações suficientes para aprovar e financiar todo o futuro desenvolvimento do produto, mas em vez disso gerar apenas informações suficientes para financiar desenvolvimento o suficiente para adquirir o próximo conhecimento ou feedback importante crítico e real em relação aos nossos clientes, features ou abordagem de solução.

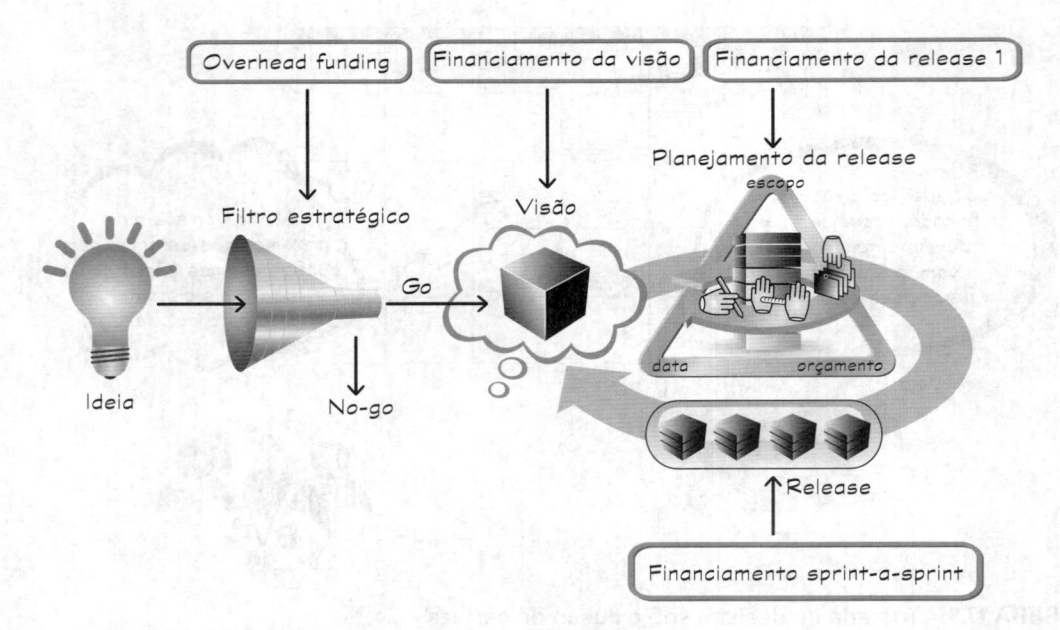

FIGURE 17.10 Financiamento incremental/provisório

Usando o **financiamento incremental**, devemos financiar apenas aquela pequena parte do esforço de desenvolvimento e revisitar a decisão de financiamento depois de termos o aprendizado criticamente validado pelo qual pagamos. Quando financiamos incrementalmente podemos reduzir o escopo da concepção e o tempo que leva para a completar.

E, também, lembre-se que o fato de alocarmos o financiamento não necessariamente significa que vamos gastar o dinheiro. Na medida em que começamos a ter feedback sprint a sprint, podemos escolher pivotear para uma nova visão ou simplesmente cancelar o esforço de desenvolvimento do produto (veja o Capítulo 16 para mais detalhes).

No caso do SR4U, a política da Review Everything é que o financiamento é fluido e nunca dado em grandes blocos, mas sim na quantidade suficiente para validar a próxima suposição importante. Baseados no feedback e no aprendizado, a gerência sênior pode muito bem continuar a gastar o dinheiro que já foi alocado, alocar dinheiro adicional ou parar o financiamento de qualquer desenvolvimento futuro.

Aprender Rápido e Pivotear (também conhecido como Fail Fast)

A concepção é parte de um ciclo de aprender rápido e pivotear. Essa abordagem é algumas vezes chamada de **fail fast (falhar rápido)**. Colocando de forma simples, gerenciamos de forma responsável e eficiente nossos recursos ao realizar a concepção de forma rápida e barata. Então validamos de forma rápida e barata nossas suposições e conhecimentos sobre os clientes, as features e a solução, para ver se nossa visão e nossos planos do produto atendem às expectativas dos negócios. Se aprendermos que elas não atendem, então pivoteamos rapidamente e reconcebemos uma versão mais apropriada do produto, ou simplesmente cancelamos o produto e paramos qualquer gasto adicional.

Podemos reduzir substancialmente nossa exposição financeira se estivermos dispostos a tomar uma decisão informada baseada em informações razoáveis e então mudarmos de direção ou cancelarmos o produto, se determinarmos que nossa visão do produto é incorreta. É usualmente bem menos caro começar rápido e aprender rápido que estamos errados do que gastar uma quantidade substancial de dinheiro e tempo antecipadamente para garantir que tomamos a decisão "certa", apenas para descobrir eventualmente que estávamos errados. Essa abordagem fail-fast é possível apenas se estivermos dispostos a cancelar um produto uma vez que tenhamos começado a gastar dinheiro nele para o desenvolver (veja a discussão sobre economia marginal no Capítulo 16).

No caso do SR4U, o objetivo é rapidamente (e de forma efetiva em termos de custos) obter um feedback ao colocar funcionando uma versão inicial das capacidades de aprendizado e filtragem, para que as pessoas possam começar a usar o serviço. Se a equipe aprender depois de um feedback inicial que os resultados filtrados não são considerados pela base-alvo de usuários como sendo substancialmente melhores do que os resultados não filtrados, a companhia pode investir mais tempo tentando melhorar o algoritmo de filtragem. Entretanto, se depois de uma quantidade razoável de recursos terem sido investidos e a companhia ainda não consegue obter um conjunto mensuravelmente melhor de resultados filtrados, pode ser a hora de pivotear e/ou cancelar esse produto ou considerar uma direção diferente na qual prosseguir e que tire proveito do aprendizado obtido até o momento.

Fechamento

Neste capítulo forneci uma descrição detalhada da concepção (envisioning) (planejamento no nível do produto). Ilustrei uma abordagem para a concepção ao mostrar como uma companhia fictícia pode criar uma visão de produto, um product backlog de alto nível e um roadmap do produto para seu serviço SmartReview4U. Também ilustrei como um sprint de aquisição de conhecimento durante a concepção pode ser útil para se alcançar o limite de confiança para completar a concepção. Então forneci orientação sobre como realizar uma concepção economicamente sensata, de forma que possamos nos alinhar melhor o trabalho antecipado de planejamento de produto com o trabalho Scrum de criação de valor para o usuário que vai se seguir.

No Capítulo 18 vou discutir como pegamos os outputs da concepção e os utilizamos durante o release planning.

Capítulo 18
Planejamento de Release (Planejamento a Longo Prazo)

O planejamento de release é um planejamento a longo prazo que nos possibilita responder perguntas como "Quando vamos estar prontos?" ou "Que features vou conseguir até o fim do ano?" ou "Quanto isso vai custar?". O planejamento de release deve equilibrar o valor para o cliente e a qualidade geral com as restrições de escopo, cronograma e orçamento. Neste capítulo, vou discutir como o planejamento de release se encaixa no framework Scrum e como o realizar tanto para releases de data fixa quanto de escopo fixo.

Visão Geral

Toda organização deve determinar a cadência apropriada para o lançamento de features para seus clientes (veja a Figura 18.1).

Apesar do output de um sprint ser potencialmente entregável, muitas organizações escolhem não lançar novas features após cada sprint. Em vez disso, elas combinam os resultados de múltiplos sprints em uma release.

Outras organizações coincidem a cadência das releases com a cadência dos sprints. Em tais casos a organização lança no fim de cada sprint os incrementos potencialmente entregáveis do produto criados durante aquele sprint.

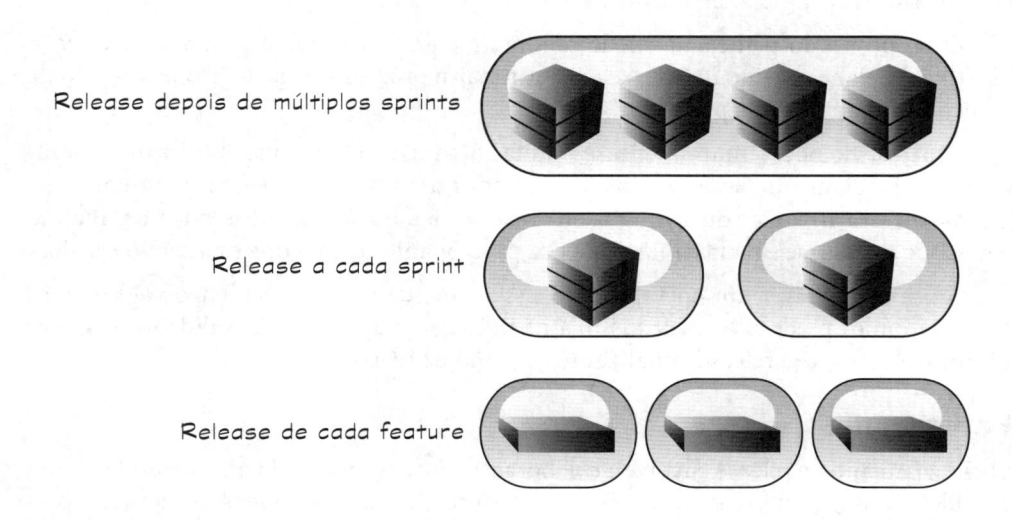

FIGURA 18.1 Diferentes cadências de releases

Algumas organizações nem mesmo esperam o sprint terminar; elas lançam cada feature na medida em que ela for completada, uma prática frequentemente chamada de **deployment contínuo** (ou **entrega contínua**). Tais organizações lançam uma feature ou uma mudança numa feature para alguns ou todos seus clientes tão logo a feature esteja disponível, o que pode ser tão frequente quanto diversas vezes no dia.

Quer a organização pretenda fazer o deploy a cada sprint, depois de alguns sprints, ou continuamente, a maioria das organizações acha útil fazer algum planejamento de longo prazo e alto nível. Refiro-me a esse planejamento como planejamento de release. Se o termo *planejamento de release* parecer inapropriado para seu contexto, substitua-o pelo termo que melhor se encaixar. Os sinônimos que já ouvi diversas organizações usarem, incluem:

- Planejamento de longo prazo — querendo dizer que o objetivo é olhar para um horizonte que seja maior do que um único sprint
- Planejamento orientado a milestone — porque as releases tendem a se alinhar com milestones significantes, tais como uma importante conferência de usuários ou a finalização de um conjunto mínimo de features para uma release viável e vendável

O que quer que você escolha chamar, o planejamento de release tem como alvo um estado futuro quando variáveis importantes como data, escopo e orçamento precisam estar equilibradas.

Timing

O planejamento de release não é um evento único, mas uma atividade frequente de cada sprint (veja a Figura 18.2). O planejamento da release inicial vem logicamente em seguida à concepção/planejamento em nível de produto.

O propósito do planejamento de produto é conceber o que o produto deve ser; o objetivo do planejamento de release é determinar o próximo passo lógico na direção de se alcançar o objetivo do produto.

Antes de começarem uma release, muitas organizações que usam o Scrum conduzem um planejamento da release inicial para criar um plano de release preliminar. Normalmente essa atividade dura um dia ou dois, mas a duração varia baseada no tamanho e no risco da release e na familiaridade dos participantes com o que está sendo criado.

Ao se desenvolver um novo produto, esse plano da release inicial não vai ser completo ou muito preciso. Em vez disso, à medida que o aprendizado validado se tornar disponível durante a release, atualizamos o plano de release.

Participantes

O planejamento de release envolve a colaboração entre os stakeholders e a equipe Scrum completa. Em algum ponto, todas essas pessoas têm de ser envolvidas, porque elas precisam fazer trade-offs de negócios e técnicos para alcançar um bom equilíbrio de valor e qualidade. O envolvimento exato de cada pessoa ao longo do tempo pode variar.

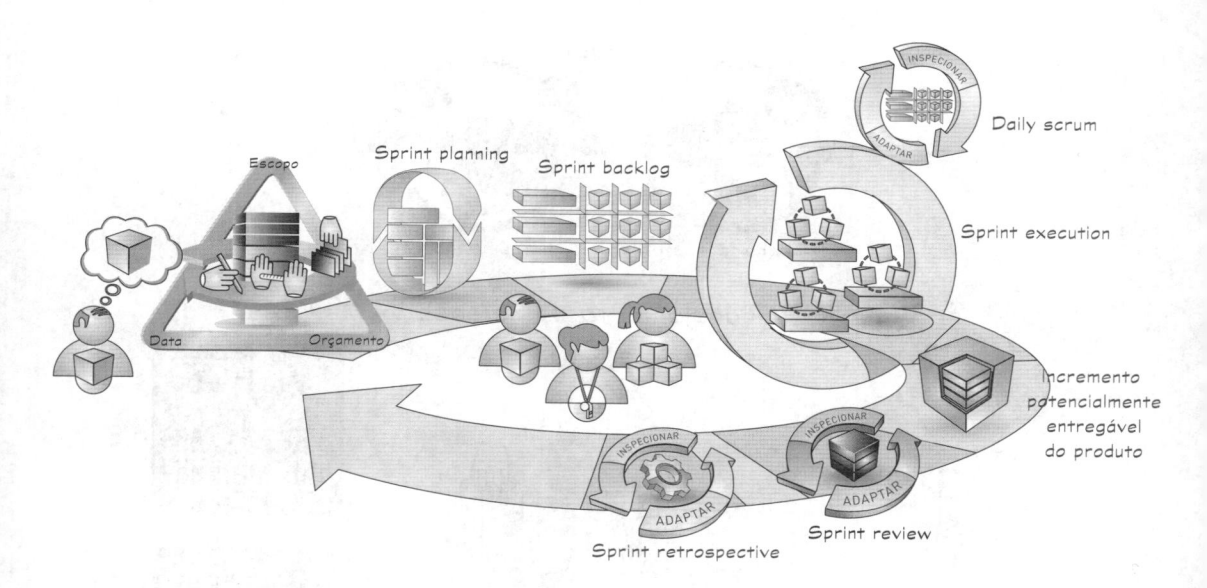

FIGURA 18.2 Quando ocorre o planejamento de release

Processo

A Figura 18.3 ilustra a atividade de planejamento de release.

Os inputs do planejamento de release incluem os outputs do planejamento de produto, tais como a visão do produto, o product backlog de alto nível e o roadmap do produto. Também precisamos da velocidade da equipe ou equipes que vão trabalhar na release. Para uma equipe existente, usamos a velocidade conhecida da equipe, caso contrário, fazemos a previsão da velocidade da equipe durante o planejamento da release (como descrito no Capítulo 7).

Uma atividade que é recorrente no planejamento de release é a confirmação das restrições da release com relação a escopo, data e orçamento e a revisão delas para ver se alguma mudança deve ser feita, dada a passagem de tempo e o que agora sabemos sobre o produto e sobre essa release.

Outra atividade do planejamento de release é o grooming do product backlog, que inclui a criação, estimação e priorização mais detalhada dos itens do product backlog a partir de itens do product backlog de nível mais alto. Essas atividades podem ocorrer em múltiplos pontos ao longo do tempo:

- Depois do planejamento de produto, mas antes do planejamento da release inicial
- Como parte da atividade de planejamento da release inicial
- Durante cada sprint conforme a necessidade (veja o Capítulo 6 para mais detalhes sobre o grooming do product backlog)

Cada release deve ter um conjunto bem definido de minimum releasable features (MRFs). As MRFs iniciais para uma release podem ter sido definidas durante a

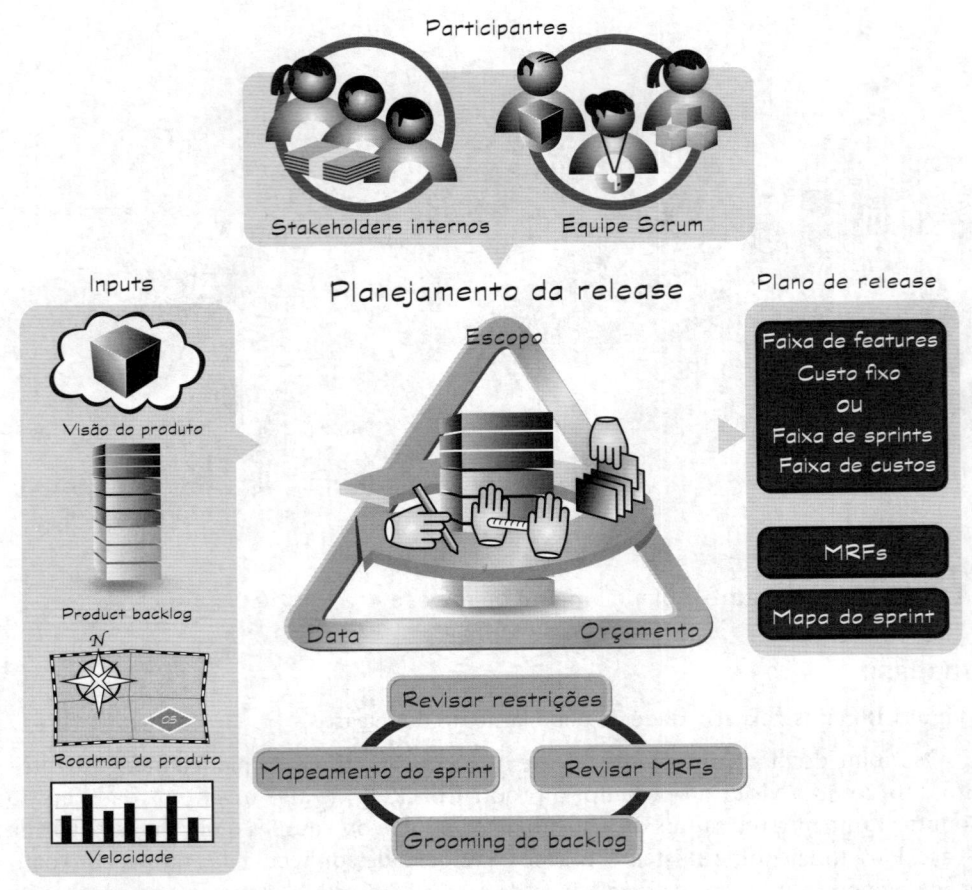

FIGURA 18.3 Atividade de planejamento de release

concepção. Mesmo assim, durante o planejamento da release, nós sempre revisamos as MRFs para garantir que elas realmente representam o produto minimamente viável na perspectiva do cliente.

Durante o planejamento da release, muitas organizações também produzem um mapa de sprint, indicando em qual sprint alguns ou muitos dos itens do product backlog podem ser criados. Um mapa de sprint não é pensado para projetar muito longe no futuro. Em vez disso, um mapa de sprint é útil para a visualização do futuro próximo, para nos ajudar a gerenciar melhor as dependências e restrições de recursos da nossa própria equipe, assim como para coordenar os esforços de múltiplas equipes em colaboração.

Os outputs do planejamento da release são coletivamente referidos como o plano da release. O plano da release comunica, no nível de acurácia que seja razoável dado onde estejamos no esforço de desenvolvimento, quando vamos terminar, que features vamos ter e quanto vai custar. Esse plano também comunica um entendimento claro das MRFs desejadas para a release. Finalmente, ele frequentemente vai mostrar como alguns dos itens do product backlog estão mapeados nos sprints dentro da release.

Restrições da Release

O objetivo do planejamento de release é determinar o que constitui a release seguinte mais valiosa e qual é o nível desejado de qualidade. As restrições de escopo, data e orçamento são variáveis importantes que afetam como vamos alcançar nosso objetivo.

Baseando-se no planejamento de produto, uma ou mais dessas restrições provavelmente vai ser estabelecida. O Capítulo 17 introduziu a companhia fictícia Review Everything, Inc. Naquele capítulo, seguimos a Review Everything através da concepção de um novo produto, SR4U, um agente de buscas treinável para resenhas online. No roadmap do produto para o SR4U, Roger e sua equipe determinaram que seria vantajoso fazer a release da primeira versão do SR4U em uma conferência próxima, a Social Media Expo. A SR4U Release 1.0 tem uma restrição de data fixa — a release deve estar pronta até uma certa data: a Social Media Expo. As outras restrições (escopo e orçamento) são flexíveis.

Vamos revisar as diferentes combinações em luz de como elas podem afetar o planejamento da release.

Tudo Fixo

Como descrevi no Capítulo 3, abordagens de desenvolvimento tradicionais, preditivas e orientadas a planejamento, assumem que os requisitos são conhecidos ou podem ser previstos antecipadamente e que o escopo não muda. Baseados nessas crenças, podemos criar um plano completo e então estimar o custo e o cronograma. Na Tabela 18.1 essa abordagem é chamada de "tudo fixo".

No Scrum, não acreditamos que seja possível acertar tudo antecipadamente; consequentemente, também argumentamos que uma abordagem com tudo fixo provavelmente

TABELA 18.1 Combinações de Restrições de Desenvolvimento

Tipo de Projeto	Escopo	Data	Orçamento
Tudo fixo (não recomendado)	Fixo	Fixo	Fixo
Escopo e data fixos (não recomendado)	Fixo	Fixo	Flexível
Escopo fixo	Fixo	Flexível	Fixo (não muito)
Data fixa	Flexível	Fixo	Fixo

não vai funcionar. Ao se fazer o planejamento da release para um desenvolvimento de produto com o Scrum, precisamos que, pelo menos, uma dessas variáveis seja flexível.

Escopo e Data Fixos

Uma abordagem é fixar ambos escopo e data, e deixar o orçamento ser flexível. Essa abordagem sofre com uma quantidade de problemas. Primeiro, em muitas organizações, aumentar o orçamento uma vez que o desenvolvimento tenha começado não é muito fácil ou provável. Segundo, na minha experiência, essa abordagem fixa duas variáveis que são muito difíceis de predefinir. E, na prática, mesmo se começarmos acreditando que temos uma release de escopo e data fixos, uma delas vai falhar.

Pegue o problema do Ano 2000, por exemplo. Muitas organizações trabalhando para mitigar os problemas do Ano 2000 tinham um conjunto fixo de aplicativos que precisava ser atualizado antes de dezembro de 1999. Muitas fixaram tempo e escopo; o orçamento era a variável. No fim, entretanto, elas sabiam que não importava o quanto elas aumentassem o orçamento, elas ainda não iam completar todo o trabalho na deadline fixa de 31 de dezembro. A data não ia se mover, então teve que ser o escopo. Num sentido, as variáveis de data e escopo estão constantemente brigando! (Veja a Figura 18.4.)

Em algum ponto quando o tempo começar a ficar escasso, ou o escopo ou a data tem que ceder. Se nenhuma ceder, a batida resultante provavelmente vai gerar um grande dívida técnica.

Fixar escopo e data e permitir que o orçamento seja flexível assume que aplicar mais recursos a um problema vai aumentar a quantidade de trabalho que realizamos e/ou reduzir a quantidade de tempo que leva para realizar o trabalho. Há certas instâncias durante o desenvolvimento do produto onde isso é verdade. Por exemplo, podemos escolher gastar um dinheiro extra para acelerar quando um trabalho vai ficar pronto (talvez pagando a terceiros mais dinheiro para fazer nosso trabalho antes do trabalho de outra pessoa). Nesse caso, gastamos dinheiro para comprar tempo.

Entretanto, comprar tempo ou escopo só vai até um certo ponto. Frequentemente, o trabalho em desenvolvimento de produtos é incompressível — isso significa que adicionar mais recursos ou gastar mais dinheiro não vai ajudar, e pode inclusive prejudicar. Isso é exemplificado espertamente por Fred Brooks: "Nove mulheres não fazem um bebê em um mês" (Brooks 1995).

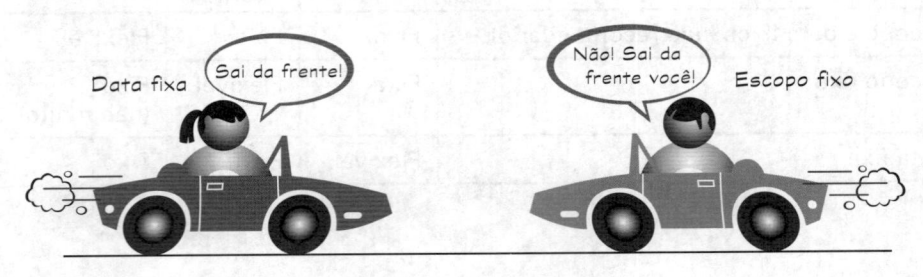

FIGURA 18.4 Escopo fixo e data fixa estão competindo um contra o outro

Durante um desenvolvimento de produto, "orçamento flexível" frequentemente se traduz em "colocar mais pessoas". Entretanto, como Brooks alerta e como muitos de nós já experimentamos, "adicionar pessoas a um projeto de software atrasado só faz atrasá-lo ainda mais" (Brooks 1995). Há momentos em que adicionar pessoas com as habilidades apropriadas antecipadamente na release pode ajudar. Entretanto, jogar gente mais tarde no problema raramente vai ajudar uma release de escopo e data fixos a ser bem-sucedida.

A realidade em muitas organizações é que um orçamento flexível raramente significa adicionar mais pessoas. Usualmente significa as mesmas pessoas trabalhando mais horas, especialmente se essas pessoas são empregados assalariados. Horas extras extensivas para atender restrições de escopo e data fixos vão desgastar a equipe e violar o princípio Scrum de se manter um passo sustentável.

Se nos encontramos trabalhando em uma release que seja inicialmente definida como de escopo e data fixos, a abordagem iterativa e incremental do Scrum nos permite entender com antecedência quando estamos em perigo, fornecendo mais tempo para reequilibrar as restrições de escopo, data e orçamento para alcançar um resultado bem-sucedido.

Até agora, discuti a ideia de que releases com tudo fixo e releases com data e escopo fixos são restritivas demais para um desenvolvimento de produto. Isso nos deixa com duas outras opções realistas: um escopo fixo ou uma data fixa.

Escopo Fixo

Um modelo de escopo fixo é apropriado quando o escopo é realmente mais importante do que a data. Nesse modelo, quando ficamos sem tempo e ainda não completamos todas as features, estendemos a data para garantir que tenhamos tudo necessário para atender os critérios MRFs. Não me refiro a esse modelo como escopo fixo e orçamento fixo, porque o orçamento não pode realmente ser fixado; se dermos à equipe mais tempo para terminar, as pessoas esperam ser pagas! Em outras palavras, se fornecermos mais tempo para completar o escopo fixo, também fornecemos mais orçamento para pagar as pessoas durante esse tempo extra.

Frequentemente, um cenário de escopo fixo existe porque o escopo geral é muito grande. Uma solução melhor seria considerar releases menores, mais frequentes e de data fixa. E, também, em organizações onde múltiplos grupos (tal como desenvolvimento, marketing e suporte) devem coordenar atividades, mover a data pode ser muito disruptivo para os planos dos outros grupos. Mesmo assim, discuto neste capítulo como planejar uma release de escopo fixo usando o Scrum, no caso de você se encontrar em uma situação onde o escopo seja mais importante do que a data.

Data Fixa

Data fixa é a abordagem final mostrada na Tabela 18.1. Muitas pessoas, incluindo eu, consideram essa como sendo a abordagem mais alinhada com os princípios Scrum. Pondo de forma simples, podemos fixar tanto a data quanto o orçamento, mas o escopo deve ser flexível.

O princípio Scrum de criar as features de maior prioridade primeiro deve diminuir a dor percebida de ter que deixar features. Quando ficamos sem tempo em uma release de data fixa, o que ainda não foi construído deve ser de valor mais baixo do que o que já foi construído. É muito mais fácil tomar uma decisão de entregar se as features que estão faltando tiverem baixo valor. Se estiverem faltando features de alto valor, provavelmente vamos estender a data se pudermos.

Isso funciona apenas quando as features de alta prioridade estiverem realmente prontas, de acordo como nossa definição de pronto que foi acordada. Não queremos um cenário onde features de alto valor e do tipo 'tem que ter' estejam realmente só 75% a 90% prontas e assim tenhamos de tirar uma ou duas delas da release, de forma a colocar as outras no nível de 100% prontas.

Um modelo de data fixa se torna ainda mais fácil de usar se pudermos definir um conjunto de minimum releasable features (MRFs) que seja realmente pequeno. Se pudermos confortavelmente entregar as MRFs na data fixada, estamos em boa forma, porque quaisquer outras features, por definição, serão apenas do tipo 'seria bom se tivesse'.

Releases de data fixa também se encaixam bem com a ênfase do Scrum em timeboxing. Ao estabelecer uma quantidade fixa de tempo para a release, restringimos a quantidade de trabalho que podemos fazer e forçamos as pessoas a tomarem as difíceis decisões de priorização que devem ser tomadas.

Qualidade Variável

Se restringimos demais escopo, data e orçamento, a qualidade se torna "flexível". Isso pode nos levar a entregar uma solução que não atenda às expectativas dos usuários. Ou, como discuti no Capítulo 8, qualidade flexível pode resultar num acúmulo de dívida técnica, o que torna mais difícil no futuro adicionar ao nosso produto, ou adaptá-lo.

Atualizando Restrições

Uma parte importante do planejamento contínuo de release é pegar nosso conhecimento corrente e revisitar essas restrições para ver se elas devem ser reequilibradas. Por exemplo, o que o Roger e sua equipe na Review Everything devem fazer se estiverem se aproximando da deadline para a SR4U Release 1.0 e estiver claro que eles não vão completar as minimum releasable features? Como essa é uma release de data fixa, uma boa primeira estratégia seria descartar features de baixo valor. Vamos assumir, entretanto, que, nesse caso, para poderem atender as restrições de data, eles teriam de descartar features do tipo 'tem que ter' que são parte das MRFs.

Talvez a solução certa seja definir um conjunto menor de features que estejam incluídas nas MRFs. Por exemplo, a versão inicial do SR4U pode focar em filtrar resenhas de restaurantes apenas de um número pequeno de fontes fixas. Roger e sua equipe precisam avaliar se afunilar o escopo degrada o valor percebido pelo cliente até um nível inaceitável. E, se for decidido que a Review Everything não pode descartar features sem danificar substancialmente o valor, a companhia pode considerar adicionar mais pessoas (mudar o orçamento) ou desistir da esperança de lançar o serviço na Social Media Expo (mudar a data).

Estas são as decisões que continuamente devemos tomar, revisitar e então fazer de novo durante qualquer esforço de desenvolvimento.

Grooming do Product Backlog

Uma atividade fundamental do planejamento de release é o grooming do product backlog para atender nossos objetivos de valor e qualidade. Durante a concepção (planejamento do produto) criamos um product backlog de alto nível (talvez com user stories de nível épico) e então usamos esse backlog para definir um conjunto de minimum releasable features para cada release. Muitos dos itens desse backlog são grandes demais para serem úteis durante o planejamento da release.

Por exemplo, durante a concepção do SR4U, Roger forneceu uma ideia bruta de quais features de alto nivel estariam disponíveis até a Social Media Expo. Vamos imaginar que o roadmap dele indicasse que a Release 1.0 fosse focar nas features "aprendizado básico" e "filtragem básica", correspondendo aos seguintes itens do product backlog.

> Como um usuário típico, quero ensinar ao SR4U que tipos de resenhas descartar para que ele saiba que características usar quando descartar resenhas para mim.

> Como um usuário típico, quero uma interface simples, como a do Google, para buscar uma resenha, para que eu não tenha que gastar muito tempo descrevendo o que quero.

No planejamento de release, estes itens serão muito grandes para se trabalhar. Para os refinar, Roger e sua equipe vão conduzir um workshop de escrita de user stories (veja o Capítulo 5) como parte do encontro de planejamento de release ou talvez um workshop de escrita de user stories separado antes da reunião de planejamento de release. Os resultados desse wokshop seriam itens de product backlog muito mais detalhados, como esses:

> Como um usuário típico quero dizer ao SR4U para ignorar resenhas que contenham palavras-chave específicas que eu acho que mostram um viés, para que eu não tenha que ver resenhas contendo essas palavras-chave.

> Como um usuário típico, quero selecionar uma categoria de produto ou serviço para que eu possa ajudar o SR4U a focar apenas nas resenhas relevantes.

Uma vez que as user stories estejam pequenas o suficiente, a equipe as estimaria (veja o Capítulo 7) para comunicar uma ideia bruta do custo. (Alguma quantidade de estimação é necessária para o planejamento inicial da release. À medida que novas user stories surjam durante a release, elas também vão precisar ser estimadas para atividades contínuas de planejamento de release.) Os participantes do planejamento de release iriam então priorizar as user stories baseados no objetivo da release e nas restrições. Na medida em que o product backlog seja repriorizado, os participantes devem estar vigilantes para garantir que o conjunto de minimum releasable features seja sempre identificado e acordado.

Refinar as Minimum Releasable Features (MRFs)

Como descrevi no Capítulo 17, as MRFs representam o menor conjunto de features do tipo 'tem que ter', aquelas que simplesmente tem que ter na release se quisermos atender às expectativas de valor e qualidade do cliente. Uma parte importante do planejamento de release é reavaliar diligentemente e refinar o que realmente são as MRFs para a release. Na medida em que obtemos feedback rápido dos nossos sprints e adquirimos aprendizado validado, estamos constantemente ajustando as MRFs.

Um problema que frequentemente vejo em organizações é uma inabilidade de chegar a um acordo sobre o que constitui as MRFs. Múltiplos stakeholders concorrentes podem simplesmente não concordar. Ter MRFs pobremente definidas ou MRFs que as pessoas concordem apenas de forma passiva-agressiva interferem com uma tomada clara de decisão durante o planejamento de release. Por exemplo, estamos ficando sem tempo; que feature devemos descartar? Falta de clareza em relação às MRFs pode complicar essa decisão.

No Scrum, o product owner é o responsável em última instância por definir as MRFs. Claro que ele pode e vai fazer isso em colaboração próxima com os stakeholders apropriados e a equipe Scrum.

Para alguns, o conceito de MRFs pode parecer contraintuitivo — por que não entregar o maior conjunto de features em uma release em vez do menor? A resposta simples é que o conjunto maior provavelmente custa mais dinheiro, leva mais tempo e tem mais risco. Ao contrário, o menor conjunto possível de features deve custar menos, levar menos tempo e ter menos risco. Pensar em termos de mínimo nos alinha melhor com o princípio de entregar releases menores e mais frequentes, como descrito no Capítulo 14.

As MRFs devem ser definidas tendo o conhecimento dos tamanhos das features, como determinado durante o grooming do product backlog. Nem todos concordam. Alguns acreditam que as MRFs devem ser definidas independentemente do custo — significando que MRFs são minimum releasable features que vão atender aos critérios de valor do usuário para essa release (e essa determinação é feita independentemente dos dados sobre custos). As MRFs iniciais podem ser concebidas sem dados sobre custos, mas como todas nossas decisões de planejamento de release precisam ser feitas dentro de um framework econômico sensato, saber os custos das features nos dá uma verificação crítica sobre a viabilidade econômica das MRFs. Se determinarmos que as MRFs não são economicamente viáveis, talvez seja hora de pivotear.

Mapeamento de Sprint (PBI Slotting)

Em cada sprint a equipe trabalha em um conjunto de itens do product backlog. A equipe e o product owner não decidem que itens específicos do product backlog serão trabalhados em um dado sprint até o sprint planning. Quer dizer que não devemos dar importância ao mapeamento dos itens do product backlog nos sprints antes das reuniões de sprint planning?

Claro que não! Algumas equipes acreditam que seja útil um mapeamento rápido e antecipado (ou slotting) dos próximos itens do product backlog nos sprints. Por exemplo, mapear alguns sprints em um ambiente multiequipe pode ajudar as equipes a coordenarem de maneira melhor seus trabalhos.

Para fazer esse mapeamento, precisamos de um product backlog apropriadamente detalhado, estimado e priorizado. Usando a velocidade da nossa equipe, podemos então aproximar um conjunto de itens de product backlog para cada sprint ao agrupar itens cujo tamanho agregado seja grosseiramente igual à velocidade média da equipe. O resultado pode se parecer com o lado esquerdo da Figura 18.5. Algumas pessoas preferem mostrar o mapa de sprint horizontalmente (lado direito da Figura 18.5) para se parecer mais com uma timeline. Tenho visto algumas equipes colocarem o mapa de sprint orientado horizontalmente acima do mapa de um plano de projeto padrão (um gráfico Gantt, por exemplo), que descreva o trabalho das equipes não Scrum, para visualizarem melhor o alinhamento e os pontos de toque entre o trabalho de desenvolvimento Scrum e o trabalho não Scrum.

Ao se desenvolver com uma equipe Scrum podemos fazer esse mapeamento durante o planejamento da release inicial para ter uma ideia geral de quando certas features dentro da release serão criadas. Essa atividade de mapeamento pode também nos fazer reorganizar o product backlog para agrupar itens de maneiras que sejam mais naturais ou eficientes. Também podemos escolher reorganizar o trabalho para

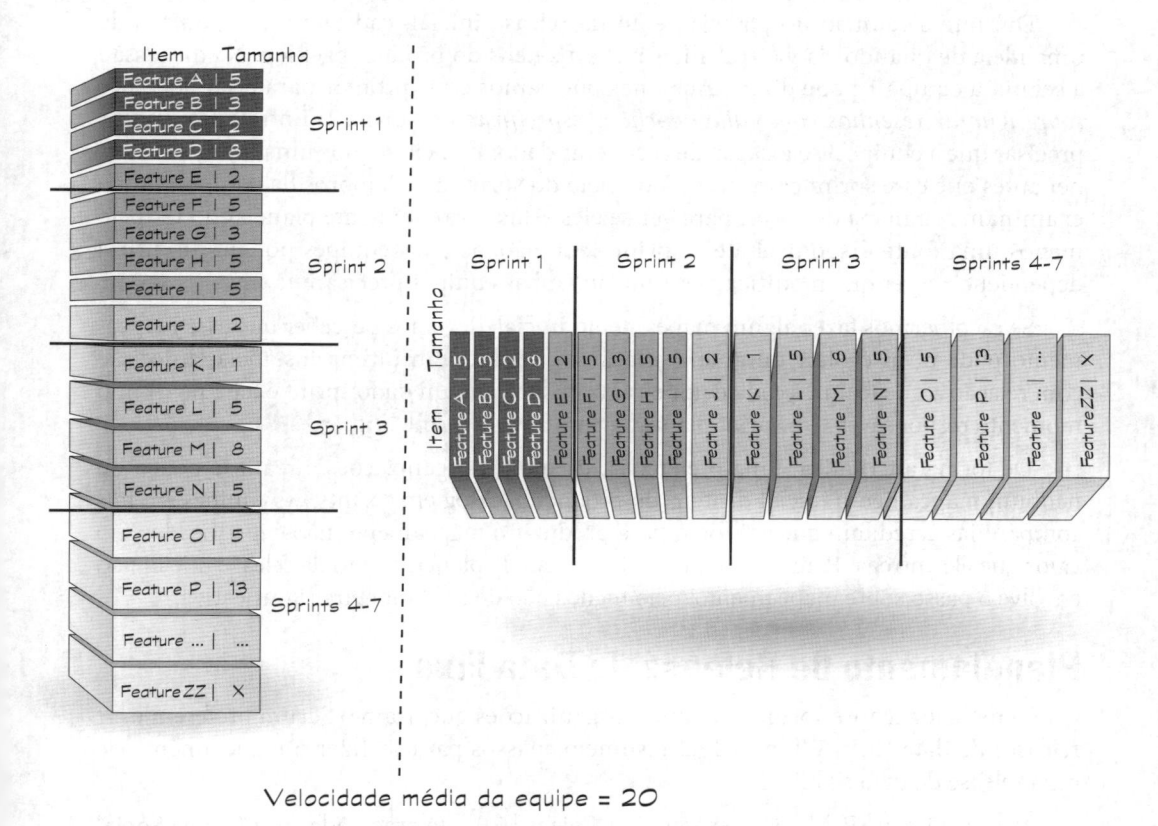

FIGURA 18.5 Mapeamento de itens do product backlog nos sprints

garantir que os resultados no fim do sprint sejam suficientes para obtermos um aprendizado validado e um feedback acionável.

Ao desenvolvermos com múltiplas equipes, podemos querer fazer algum mapeamento antecipado de itens em sprints para nos ajudar a gerenciar dependências interequipes. Uma abordagem é usar uma forma de planejamento rolling look-ahead (Cohn 2006), onde cada equipe considera os itens de backlog necessários não apenas para o próximo sprint, mas para pelo menos dois sprints futuros (e algumas vezes mais). Dessa maneira, quando mais de uma equipe Scrum estiver envolvida, as equipes podem saber que equipe vai trabalhar em quais itens e aproximadamente quando.

Por exemplo, assuma que o SR4U vai ter três equipes Scrum. A Equipe 1 foca no processamento ponta a ponta das requisições do usuário. Essa equipe possibilita que os usuários especifiquem uma consulta de resenha, rodem a consulta e obtenham as resenhas resultantes. A Equipe 2 foca no engine de IA que tem a lógica de como analisar e discriminar entre as resenhas. A Equipe 3 foca na conexão com diferentes fontes de dados da internet para a captura de resenhas candidatas.

Estas três equipes devem coordenar seus esforços para garantir que as minimum releasable features sejam produzidas e disponibilizadas em tempo para a Social Media Expo. Faz sentido que todas as três equipes participem de um planejamento de release conjunto.

Durante a reunião do planejamento da release inicial, cada uma das equipes dá uma ideia de quando ela vai trabalhar nos seus itens do product backlog. Na discussão a seguir, a equipe 1 pode dizer: "Achamos que vamos estar prontos para criar a feature *sobre ignorar resenhas com palavras-chave específicas* no sprint 2. Entretanto, vamos precisar que a equipe 3 seja capaz de recuperar dados de pelo menos uma fonte da internet antes que esse sprint comece, ou no início do sprint 2." Membros da equipe 3 então examinam seu mapa de sprint para ver se eles estão correntemente planejando ter pelo menos uma fonte disponível até o sprint 2. Se não, as duas equipes podem discutir a dependência e ver que modificações uma ou ambas equipes precisam fazer.

Se escolhermos fazer algum mapeamento inicial, devemos perceber que esse mapeamento pode e vai evoluir durante a criação da release. Em última instância, a decisão com relação a que features cada equipe vai trabalhar em um dado sprint é feita no último momento responsável — o sprint planning para aquele sprint.

De forma alternativa, uma preferência de muitas organizações é realizar pouco ou nenhum mapeamento inicial de itens do product backlog em sprints. As equipes em tais companhias acreditam que o esforço para produzir o mapeamento não é justificado pelo valor que ele entrega. Para essas equipes, a reunião de planejamento da release inicial não envolve o passo sobre mapeamento, pelo menos não de uma maneira significativa.

Planejamento de Release de Data Fixa

Como mencionei anteriormente, muitas organizações que usam o Scrum preferem usar releases de data fixa. A Tabela 18.2 resume os passos para realizar o planejamento de uma release de data fixa.

Vamos usar o SR4U como exemplo. A Release 1.0 está amarrada ao início da Social Media Expo, que começa em 26 de setembro. A companhia decide que ter uma versão

TABELA 18.2 Passos para Realizar um Planejamento de Release de Data Fixa

Passo	Descrição	Comentários
1	Determinar quantos sprints têm nessa release.	Se todos os comprimentos de release forem iguais, isso é uma simples matemática de calendário, porque você sabe quando o primeiro sprint vai começar e sabe a data de entrega.
2	Faça o grooming do product backlog até uma profundidade suficiente ao criar, estimar o tamanho e priorizar itens do product backlog.	Como estamos tentando determinar que PBIs podemos conseguir até uma data fixa, precisamos o suficiente deles para planejar até aquela data.
3	Meça ou estime a velocidade da equipe como uma faixa.	Determine uma velocidade média mais rápida e uma média mais lenta para a equipe (veja o Capítulo 7).
4	Multiplique a velocidade menor pelo número de sprints. Conte de cima para baixo esse número de pontos no product back og e desenhe uma linha.	Essa é a linha "vai ter".
5	Multiplique a velocidade maior pelo número de sprints. Conte de cima para baixo esse número de pontos no product backlog e desenhe uma segunda linha.	Essa é a linha "pode ter".

inicial para demonstrar nessa conferência é um excelente primeiro milestone no caminho para a realização da visão do produto.

Apesar de termos acabado de imaginar o SR4U com três equipes, para esse exemplo vamos voltar para a suposição inicial que apenas uma equipe iria desenvolver o produto. Como Roger e a equipe querem começar o sprint 1 na primeira semana de julho e terminar em 23 de setembro (na sexta-feira antes de a exposição começar), eles podem facilmente calcular quantos sprints vão precisar realizar nessa release. Assumindo que o comprimento de cada sprint seja o mesmo ao longo dessa release, que é o caso normal com o Scrum, o SR4U Release 1.0 tem seis sprints de duas semanas (dez dias). A Figura 18.6 mapeia esses sprints no calendário.

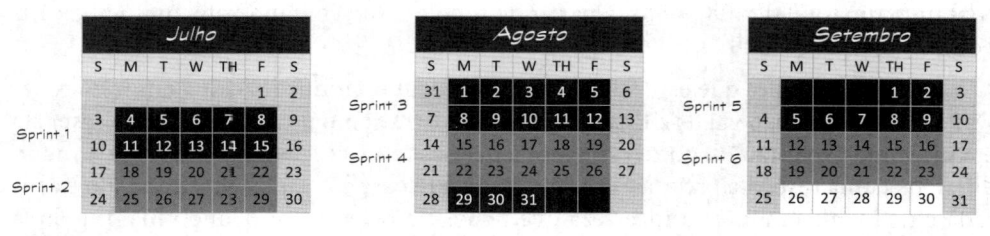

FIGURA 18.6 Calendário de sprints para o SR4U Release 1.0

Em seguida eles determinam quanto trabalho a equipe pode realizar em seis sprints. Usando a abordagem que discuti no Capítulo 7, digamos que eles calculem a velocidade da equipe entre 18 e 22 story points por sprint. Portanto, Roger e a equipe devem ser capazes de completar entre 108 e 132 story points durante essa release.

Agora eles precisam determinar que features essa faixa de story points representa. No fim do planejamento do produto, Roger e a equipe têm um product backlog de alto nível com algumas user stories de níveis épico e tema. Como discuti anteriormente, a equipe SR4U conduziu um workshop de escrita de user stories para criar itens de product backlog mais detalhados. A equipe então os estimou, e o product owner, com inputs da equipe de desenvolvimento e dos stakeholders, os priorizou.

Como parte desse processo, Roger e a equipe têm que determinar o conjunto de features do tipo 'tem que ter' que compõem as MRFs. Como regra geral, em uma release de data fixa, gosto que as MRFs precisem de menos do que 100% do tempo alocado para a release. Prefiro que seja perto de 60% a 70% por pelo menos duas razões:

- Se ficarmos sem tempo para a release e todas as features almejadas para a release forem itens do tipo 'tem que ter', que feature que devo descartar? Por definição, se as features fossem todas do tipo 'tem que ter', não seríamos capazes de deixar nenhuma. Se definimos a release para ter de uns 60% a 70% de features do tipo 'tem que ter', com o escopo restante sendo de features do tipo 'seria bom ter', poderíamos descartar as features do tipo 'seria bom ter' se tivermos que reduzir o escopo.
- Se alocarmos 100% de features do tipo 'tem que ter' na release, o que acontece durante a release quando aparecer uma feature emergente tipo 'tem que ter'? Em outras palavras, uma feature sobre a qual não sabíamos anteriormente se apresenta e tem de ser incluída para se ter uma release viável. Como a acomodaríamos? Se definirmos a release para incluir algumas features do tipo 'seria bom ter', poderíamos deixar uma ou mais delas para incluir uma nova feature emergente do tipo 'tem que ter'.

O resultado final é um product backlog que se parece estruturalmente com o da Figura 18.7. Essa figura mostra o product backlog total como Roger e a equipe o entendem hoje, incluindo temas e épicos que não estão planejados para essa release.

Roger e a equipe podem então aplicar os resultados do cálculo anterior de velocidade, onde a equipe estimou que seria capaz de completar entre 108 e 132 pontos de trabalho em seis sprints. A equipe pode visualizar onde ela pode chegar no backlog contando um total de 108 pontos a partir do topo e então contando até um total de 132 pontos (veja a Figura 18.8).

Você vai perceber que essas duas linhas dividem o product backlog em três seções (vai ter, pode ter e não vai ter). Essa abordagem ilustra como podemos dar uma resposta em intervalo à questão "O que eu vou ter na data de release?" Antecipadamente, é muito difícil dar uma resposta precisa a essa questão na release. A resposta de intervalo é acurada e também comunica a incerteza que temos na resposta — quando maior a faixa menos certeza temos.

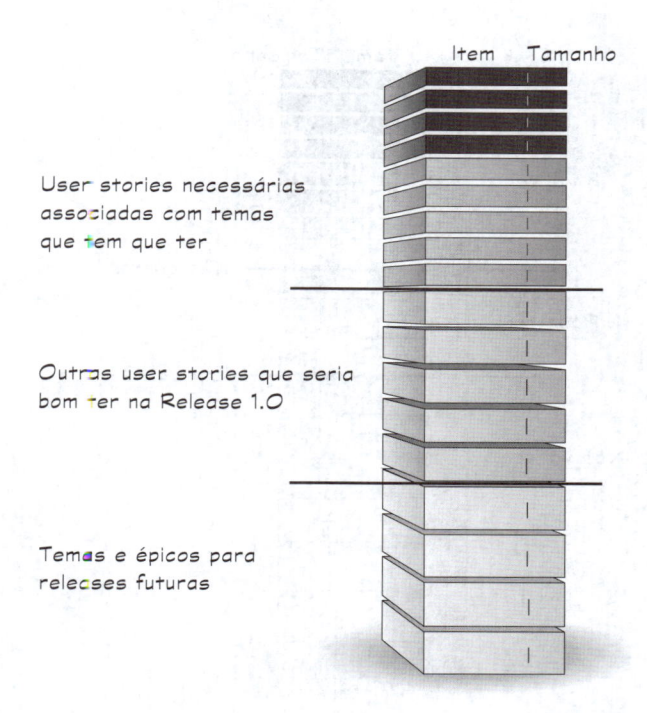

FIGURA 18.7 Product backlog pronto para o planejamento da release

Para entender se eles estão em boa forma com esse plano de release, Roger e a equipe precisam apenas sobrepor a linha de 'tem que ter' (da Figura 18.7) em cima do product backlog (da Figura 18.8). Alguns resultados possíveis são mostrados na Figura 18.9. Perceba que a linha 'tem que ter' separa as minimum releasable features que estão acima da linha do resto do product backlog.

O product backlog mais à esquerda na Figura 18.8 comunica uma situação muito positiva. Você pode interpretá-lo como "Vamos conseguir nossas features do tipo 'tem que ter'." Devemos prosseguir com a release.

O backlog do meio da Figura 18.9 pode ser interpretado como "Vamos conseguir a maioria das nossas features do tipo 'tem que ter', mas podemos ou não conseguir todas." Claramente há mais risco associado com esse cenário do que no cenário anterior. Uma opção é aceitar o risco de podermos não conseguir todos os itens do tipo 'tem que ter' e prosseguir. Como estamos planejando aprender rápido, podemos decidir começar essa release e completar alguns sprints. Nesse ponto, poderíamos reavaliar onde estamos e então tomar uma decisão de continuar com a release ou cancelá-la (como discuti em capítulos anteriores). E, também, o feedback do trabalho já completado pode indicar que algumas das features originalmente incluídas nas MRFs não são realmente itens do tipo 'tem que ter' e que na verdade estamos bem.

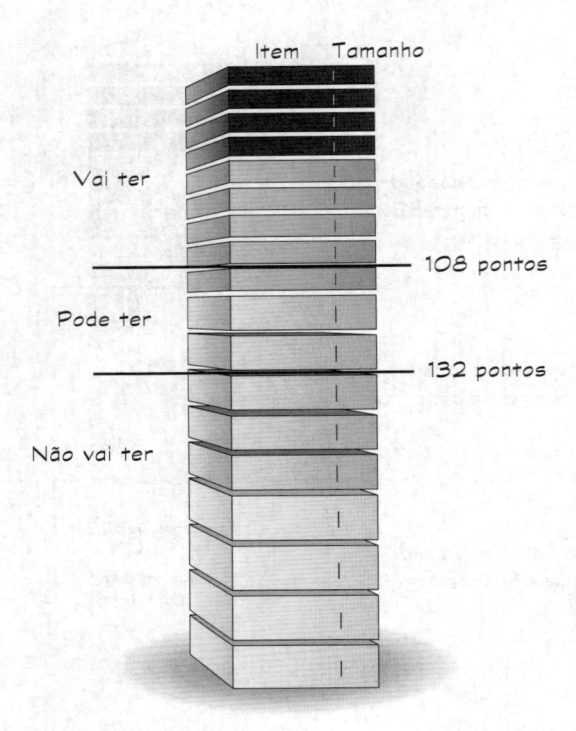

FIGURA 18.8 Determinando a faixa de features de uma release de data fixa

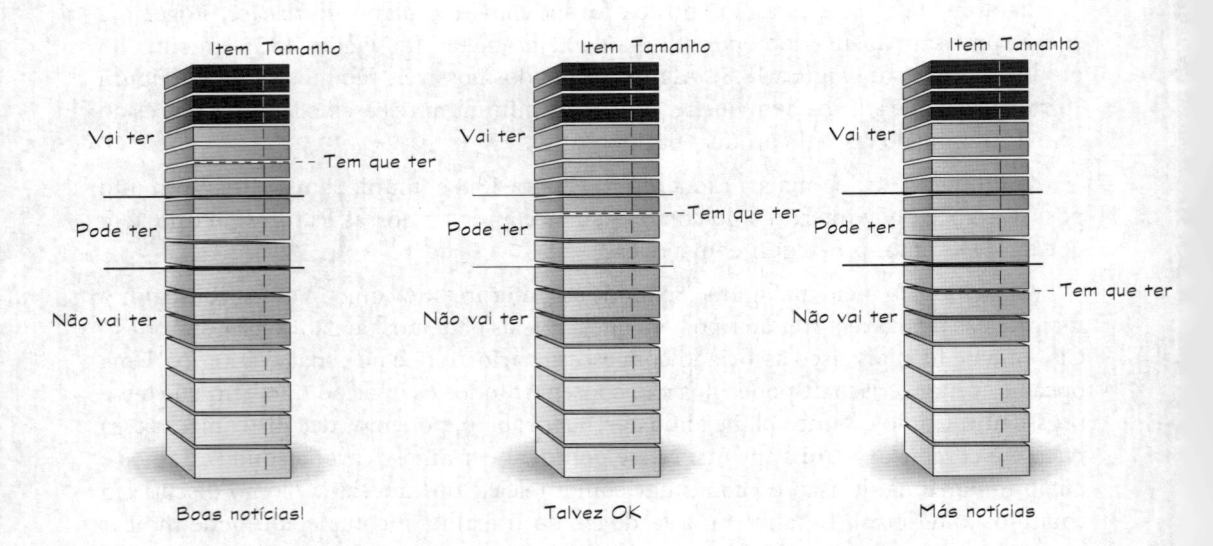

FIGURA 18.9 Localização de features do tipo 'tem que ter' em relação à faixa de features entregáveis

De forma alternativa, podemos considerar definir uma nova data de release mais tarde que podemos facilmente calcular, ou podemos sugerir adicionar mais pessoas ao esforço de desenvolvimento para aumentar a velocidade (se acharmos que isso pode ajudar). Nesse ponto, algumas organizações podem escolher acumular dívida técnica ao fazer a equipe usar atalhos para garantir que todas as features do tipo 'tem que ter' sejam entregues na data devida, embora com um nível de qualidade reduzido. Entretanto, se a dívida técnica for contraída na release atual, ela deve ser paga na próxima release, o que então vai reduzir a quantidade de valor entregue.

O backlog mais à direita na Figura 18.9 pode ser interpretado como "Não vamos ter nossas features do tipo 'tem que ter'." Talvez não devêssemos continuar com essa release, ou talvez devêssemos mudar a data da release ou considerar a adição de mais recursos. Se escolhermos acumular dívida técnica nesse cenário, provavelmente vai ser uma dívida grande.

Claro, assumindo que prossigamos com a release, devemos revisitar nosso plano de release a cada sprint para o atualizar baseado no nosso conhecimento corrente.

Por exemplo, no fim de cada sprint temos um dado adicional sobre velocidade, que para uma nova equipe sem muitos dados históricos de velocidade, ou uma equipe fazendo um trabalho radicalmente diferente do que está acostumada, vai nos fazer recalcular a média de pontos por sprint que podem ser realizados. E, como você poderia esperar, os itens no product backlog podem mudar. Novos itens podem surgir e outros itens podem ser tirados dessa release ou removidos completamente na medida em que aprendemos que não precisamos deles agora, ou nem vamos precisar deles. Para comunicar visualmente o plano de release revisado, podemos redesenhar uma imagem similar à Figura 18.8.

Planejamento de Release de Escopo Fixo

Apesar de releases de data fixa serem muito comuns com o Scrum, e se para o seu produto o escopo for realmente mais importante do que a data? E se você tiver um grande conjunto de features no seu conjunto minimum releasable features e aceitar mover a data de entrega para conseguir todas elas?

Se estiver nessa situação, será que você realmente peneirou as features do tipo 'tem que ter' até ter o mínimo absoluto? Ocasionalmente ouço coisas como "Mas estamos implementando um padrão e você não pode entregar uma implementação com meio padrão." Mesmo que isso talvez seja verdade, na maioria dos padrões possivelmente ainda há algumas partes opcionais que não temos de implementar agora (por exemplo, pense no suporte dos navegadores web aos padrões HTML ou CSS emergentes ou em mudança). Em outras instâncias podemos ser capazes de ir para o mercado com menos do que uma implementação completa do padrão e deixar os clientes saberem que partes suportamos e que partes não.

Meu ponto é que se pensarmos incrementalmente e almejarmos agressivamente minimum releasable features realmente mínimas, podemos normalmente transformar uma release de escopo fixo em um conjunto de releases de data fixa. Quando o conjunto de minimum releasable features se torna pequeno, outra restrição (como tempo) tipicamente se torna a restrição dominante.

Vamos dizer que peneiramos as features do tipo 'tem que ter' até o mínimo e nossa principal restrição de release continua focada em quando vamos conseguir essas features. Nesse caso, realizamos um planejamento de release como delineado na Tabela 18.3.

Se estivermos fazendo uma release de escopo fixo, devemos saber no início da release quais são essas features. Podemos saber essas features se estivermos construindo um produto simples ou familiar. Ao desenvolver produtos inovativos, entretanto, muitas features vão surgir e evoluir durante o esforço de desenvolvimento. Certamente temos algumas ideias antecipadas das features desejadas, então vamos usá-las no nosso planejamento inicial de release. Entretanto, devemos estar preparados para continuamente revisar nosso plano de release na medida em que mude o nosso entendimento das features necessárias.

Se realizarmos uma reunião de planejamento de release no início da release, devemos primeiro fazer o grooming do product backlog como fizemos no planejamento de data fixa. Uma diferença é que, durante o planejamento de data fixa, tentamos ter na release menos do que 100% de itens do tipo 'tem que ter', para nos protegermos contra incertezas. Num planejamento de escopo fixo queremos que o escopo inteiro para a release seja de features do tipo 'tem que ter'. Nosso objetivo em releases de escopo fixo é ter todas as features do tipo 'tem que ter' completadas no devido tempo. Se uma feature emergente tipo 'tem que ter' aparecer, vamos simplesmente adicioná-la ao escopo da release e empurrar para frente a data da release.

TABELA 18.3 Passos para Realizar um Planejamento de Release de Escopo Fixo

Passo	Descrição	Comentários
1	Faça o grooming do product backlog para incluir pelo menos os PBIs que gostaríamos nessa release ao criar, estimar o tamanho e priorizar os PBIs.	Como essa é uma release de escopo fixo, precisamos saber que PBIs estão no escopo fixo.
2	Determine o tamanho total dos PBIs a serem entregues na release.	Se tivermos um product backlog de itens estimados, simplesmente somamos as estimativas de tamanho de todos os itens que queremos na release.
3	Meça ou estime a velocidade da equipe como uma faixa.	Determine uma velocidade média mais rápida e uma média mais lenta para a equipe.
4	Divida o tamanho total dos PBIs pela velocidade maior e arredonde para cima a resposta.	Isso vai nos dizer o menor número de sprints necessários para entregar as features.
5	Divida o tamanho total dos PBIs pela menor velocidade e arredonde para cima a resposta.	Isso vai nos dizer o maior número de sprints necessários para entregar as features.

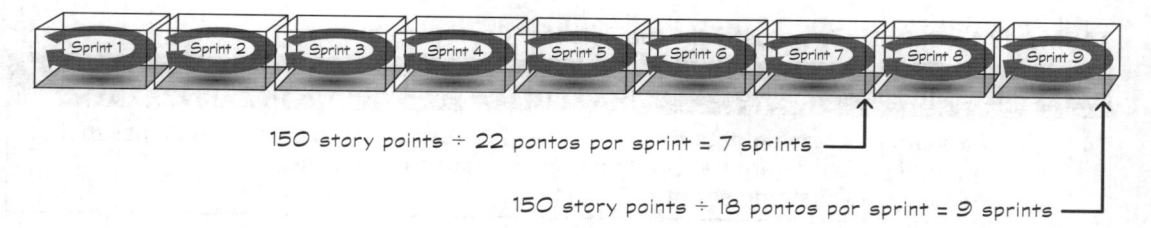

```
150 story points ÷ 22 pontos por sprint = 7 sprints
150 story points ÷ 18 pontos por sprint = 9 sprints
```

FIGURA 18.10 Resultados de um planejamento de escopo fixo

Durante o planejamento de data fixa, sabemos precisamente quantos sprints vamos ter. Durante um planejamento de escopo fixo, precisamos calcular o número de sprints necessários para entregar o conjunto fixo de features.

Para realizar a matemática, precisamos da faixa de velocidade para nossa equipe (como fizemos para o planejamento de data fixa). Digamos que a velocidade da nossa equipe em sprints de duas semanas fica entre 18 e 22 story points. Para responder a questão de quando vamos obter o conjunto fixo de features, somamos os tamanhos dessas features e então dividimos pelas velocidades maior e menor da nossa equipe. O resultado é uma faixa de sprints dentro da qual a entrega vai ocorrer.

Digamos que queremos 150 story points de features na próxima release. Se dividirmos 150 por 18 (a menor velocidade da nossa equipe) e arredondarmos para cima, obtemos nove sprints. Se dividirmos 150 por 22 (a velocidade maior da nossa equipe) e arredondarmos para cima, obtemos sete sprints. Podemos visualizar isso como mostrado na Figura 18.10.

Perceba que mais uma vez temos uma resposta de faixa para a questão sendo feita. Nesse caso a questão é "Quantos sprints você vai precisar para completar uma release de 150 pontos de trabalho?" Nossa resposta vai ser de sete a nove sprints. Como estes são sprints de duas semanas, nossa resposta poderia ser posta como de 14 a 18 semanas.

Calculando Custos

Calcular custos numa release de data fixa ou escopo fixo é fácil (veja a Tabela 18.4).

TABELA 18.4 Calculando o Custo de uma Release

Passo	Descrição	Comentários
1	Determine quem está na equipe.	Assuma que a composição da equipe não muda materialmente tanto durante um sprint quanto de sprint para sprint.
2	Determine o comprimento do sprint.	Assuma que todos os sprints têm o mesmo tamanho.
3	Baseado na composição da equipe e no tamanho do sprint, determine os custos de pessoal de realizar um sprint.	Isso é simples se as suposições anteriores forem verdadeiras e só um pouco mais complicado se a composição da equipe ou o tamanho do sprint flutuarem.

continua

TABELA 18.4 Calculando o Custo de uma Release (*Continuação*)

Passo	Descrição	Comentários
4a	Para uma release de data fixa, multiplique o número de sprints na release pelo custo do sprint.	O resultado é o custo fixo de pessoal para essa release.
4b	Para uma release de escopo fixo, multiplique tanto o número maior de sprints quanto o menor número pelo custo por sprint.	Os resultados são a faixa de custos de pessoal associados com a release. Um representa a menor quantia que a release deve custar e o outro a maior quantia que ela deve custar.

Vamos assumir que a composição da equipe escalada para o esforço de desenvolvimento é razoavelmente estável. Em outras palavras, não estamos tirando pessoas da equipe ou adicionando pessoas na equipe. E, se fizermos, as mudanças serão pequenas e as pessoas que movermos recebem um pagamento similar.

Baseado nessas suposições, podemos facilmente determinar o custo por sprint, porque sabemos quem está na equipe e o tamanho dos sprints. Se removermos outros custos (como custos de capital) dessa discussão, o que frequentemente é razoável porque a maioria dos custos de desenvolvimento de software são custos com pessoas, o custo de pessoal é um bom substituto para o custo geral por sprint.

Para finalizar o cálculo, precisamos saber o número de sprints dentro da release. Em uma release de data fixa sabemos exatamente o número de sprints, então multiplicamos o número de sprints pelo custo por sprint para determinar o custo da release.

Em uma release de escopo fixo, temos uma faixa de sprints. No nosso exemplo anterior, calculamos uma faixa de sete a nove sprints, então o custo para essa release vai variar entre sete e nove vezes o custo por sprint. A maioria das organizações vai orçar no limite mais alto dessa faixa, porque a release pode de fato levar nove sprints para ser completada. Se orçarmos para apenas sete sprints, podemos ter fundos insuficientes para completar a release.

Outra abordagem para calcular o custo pode ser usada se você souber seu histórico de custo por story point. Se você tiver dados que indiquem quantos pontos de trabalho foram completados durante um período anterior de tempo (digamos, um ano) e você dividir isso pelo custo de trabalho da equipe, você vai saber seu custo por ponto. Se for razoável assumir que o mesmo custo por ponto se aplicaria à release corrente, você pode estimar grosseiramente o custo para uma release de 150 pontos (multiplicando 150 pelo custo histórico por ponto), mesmo antes de fazer o planejamento da release inicial.

Comunicação

Um aspecto importante do planejamento de release é a comunicação do progresso. Apesar de poder ser usada qualquer maneira visível de comunicar progresso, a maioria das equipes usa alguma forma de gráficos de burndown e/ou burnup como seu principal meio de comunicação de informações sobre o status da release. Vamos olhar como comunicar o status da release em ambas releases, de data fixa e de escopo fixo.

Comunicando Progresso em uma Release de Escopo Fixo

Em uma release de escopo fixo, temos uma ideia do escopo total do trabalho que queremos alcançar. O objetivo é comunicar como estamos progredindo em direção à finalização desse trabalho.

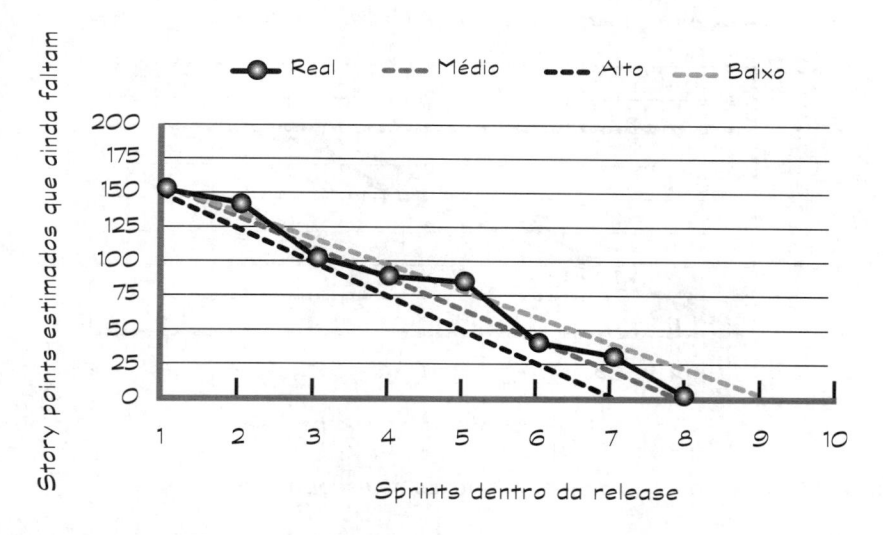

Gráfico de Burndown para Release de Escopo Fixo

Um **gráfico de burndown** para uma release de escopo fixo mostra a cada sprint a quantidade total de trabalho não terminado que falta para alcançar o objetivo da release. Nesse tipo de gráfico, os números do eixo vertical são as mesmas unidades que usamos para dimensionar os itens do product backlog (tipicamente story points ou ideal days). O eixo horizontal representa os sprints (veja a Figura 18.11).

Usando o exemplo do início do capítulo, temos 150 story points no início do desenvolvimento (no fim do planejamento da release inicial), que é o mesmo que no começo do sprint 1. No fim de cada sprint, atualizamos esse gráfico para mostrar a quantidade total de trabalho que resta dentro da release. A diferença entre a quantidade de trabalho que resta no início de um sprint e o trabalho que resta no fim de um sprint representa a velocidade do sprint. Isso é plotado como a linha "Real" na Figura 18.11.

Também podemos mostrar no gráfico de burndown os outcomes projetados. Na Figura 18.11, há três linhas predizendo quando a release pode ficar pronta, cada uma correspondendo a uma velocidade prevista da equipe. Se a equipe for capaz de trabalhar na sua velocidade maior de 22 pontos por sprint, ela iria finalizar no fim de sete sprints.

FIGURA 18.11 Gráfico de burndown para release de escopo fixo

Se a equipe operar em sua velocidade menor de 18, ela pode precisar de um total de nove sprints. E, se a equipe operar em sua velocidade média de 20, ela vai precisar de oito sprints.

Há diversas variações do gráfico de burndown básico; entretanto, todas são similares ao mostrar para cada sprint o tamanho cumulativo do trabalho restante para se chegar no objetivo da release.

Gráfico de Burnup para Release de Escopo Fixo

Um **gráfico de burnup** para uma release de escopo fixo mostra a quantidade total de trabalho em uma release como uma linha de objetivo ou alvo e o nosso progresso em direção a alcançar esse objetivo (veja a Figura 18.12). As dimensões horizontal e vertical do gráfico são idênticas àquelas do gráfico de release burndown.

Nesse gráfico, no fim de cada sprint incrementamos o acumulado dos story points completados ao somar os story points completados no sprint. O objetivo é subir até alcançar o número almejado de story points da release. E, como no gráfico de release burndown, esse gráfico mostra as mesmas três linhas preditivas indicando o número provável de sprints para alcançar o alvo.

Algumas pessoas preferem usar o formato burnup porque ele pode facilmente mostrar uma mudança no escopo para a release. Por exemplo, se adicionarmos mais escopo na release atual (então a release não tem realmente escopo fixo!), no sprint onde o novo escopo for adicionado nós simplesmente movemos a linha-alvo para cima para indicar que um novo alvo mais alto existe a partir desse ponto em diante (veja a Figura 18.13).

É também possível mostrar uma mudança em escopo em um gráfico de release burndown (veja Cohn 2006).

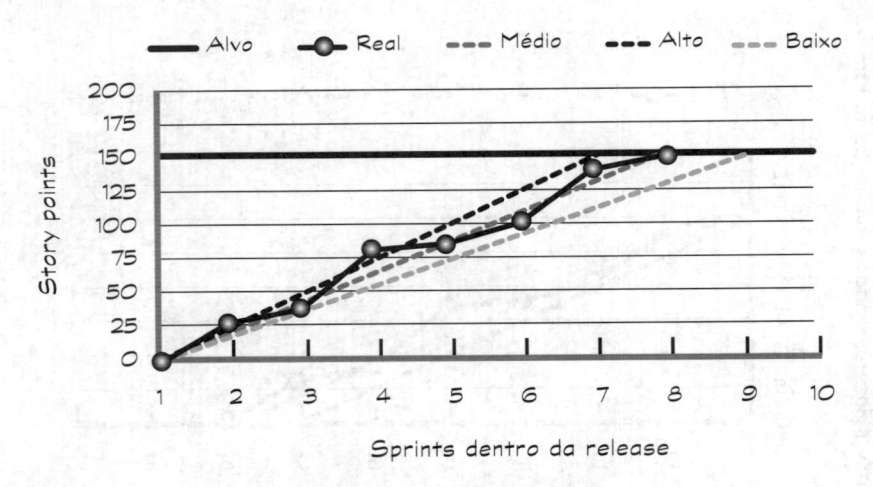

FIGURA 18.12 Gráfico de burnup para release de escopo fixo

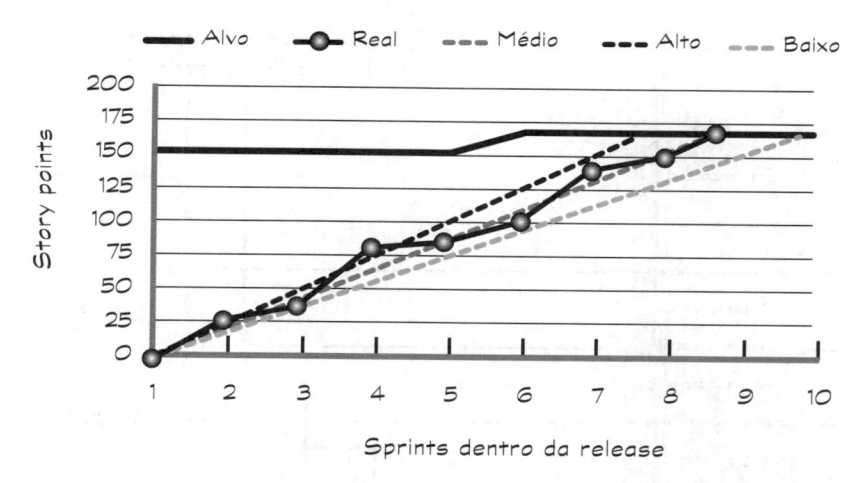

FIGURA 18.13 Gráfico de burnup para release de escopo variável

Comunicando Progresso em uma Release de Data Fixa

Com uma release de data fixa, sabemos o número de sprints na release, então nosso objetivo é comunicar a faixa de features que esperamos completar e nosso progresso sprint a sprint em direção a essa faixa. Os gráficos tradicionais de burndown e burnup não são ferramentas efetivas para o planejamento de data fixa, porque eles assumem que você sabe quanto de escopo total você tem de completar. Lembre-se de que isso é um planejamento de data fixa, então estamos tentando calcular e comunicar ao longo do tempo o estreitamento da faixa de escopo que pode ser entregue até uma data fixa.

A Figura 18.9, mostra como visualizar uma faixa de features que esperamos alcançar em uma release de data fixa. Se atualizarmos os gráficos na Figura 18.9 no fim de cada sprint, temos uma maneira muito efetiva de comunicar a faixa projetada de features que vamos completar até a data fixada da release. Também vamos ter um entendimento de quão provavelmente vamos conseguir as features do tipo 'tem que ter' até a data da release.

Se quisermos manter um gráfico que mostre nosso progresso histórico em direção a alcançar o escopo final, podemos criar um gráfico de burnup especializado na forma da Figura 18.14.

Esse gráfico tem todos os mesmos elementos que os gráficos na Figura 18.9. Entretanto, na Figura 18.14, o product backlog é invertido (intencionalmente posicionado de cabeça para baixo) para que em vez dos itens de maior prioridades estarem posicionados no topo, eles estejam agora no fundo do product backlog. Itens de menor prioridade agora se acham mais alto no backlog. Invertendo o backlog dessa maneira elimina o problema de ter que saber o escopo dos itens do product backlog na release (o que os gráficos tradicionais de release burndown e burnup precisam).

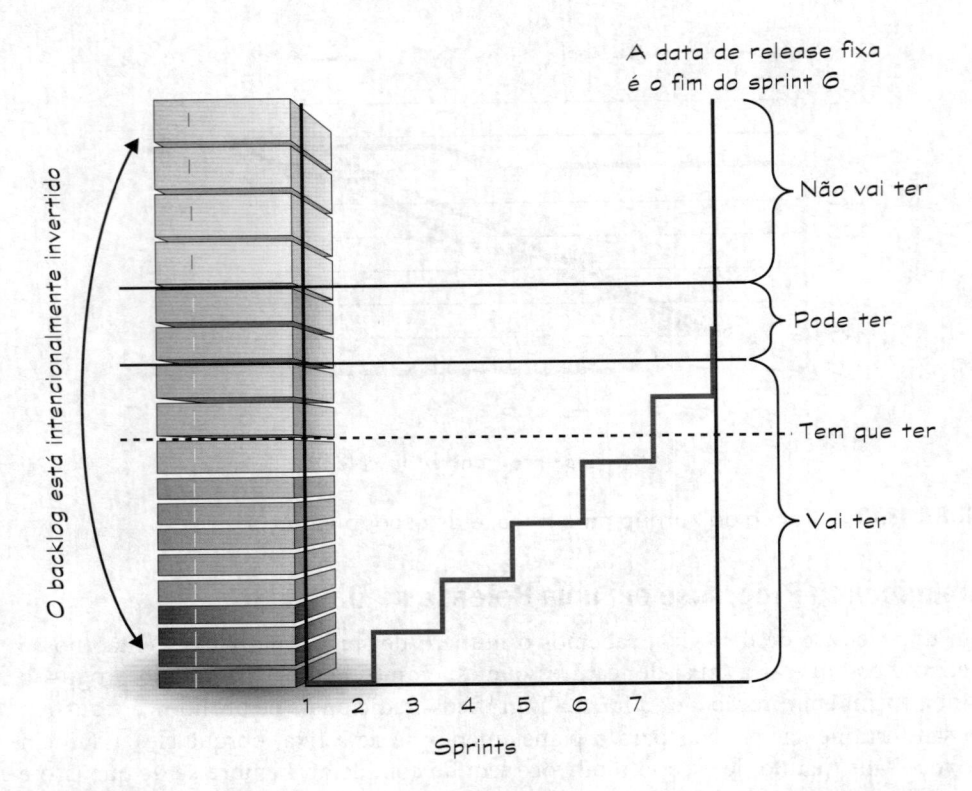

FIGURA 18.14 Gráfico de burnup para release de data fixa (com product backlog invertido)

O gráfico mostra a faixa projetada de features que esperamos ter no fim do sprint 6 (começo do sprint 7). A cada sprint nós consumimos o gráfico para mostrar as features completadas naquele sprint. Então no fim do sprint 1 (começo do sprint 2) há uma linha vertical que indica quantas features completamos no sprint 1. Usar essa abordagem nos permite ver como estamos progredindo em direção a atingir nossa faixa-alvo de features, e também como estamos progredindo em direção a completar as features do tipo 'tem que ter'. Por simplicidade, não há linhas de tendência nesse gráfico, mas elas podem ser facilmente adicionadas para extrapolar a partir de sprints anteriores que escopo provavelmente vamos ter no final.

Fechamento

Neste capítulo expandi a descrição do planejamento de release ao discutir quando ele ocorre, quem está envolvido, que atividades acontecem e os elementos do plano de release resultante. Também discuti os detalhes de como fazer planejamento de release para data fixa e para escopo fixo e como comunicar o progresso durante uma release.

Este capítulo conclui a Parte III. No próximo capítulo, vou discutir o próximo nível de planejamento: o sprint planning, que eu incluí com a Parte IV para agrupar todos os capítulos relacionados com atividades específicas do sprint.

Parte IV
Sprints

Capítulo 19
SPRINT PLANNING

Uma release é tipicamente composta de múltiplos sprints, cada qual entrega valor para o usuário ou cliente. Cada sprint começa com um sprint planning, um momento quando a equipe Scrum se junta para entrar em acordo sobre um sprint goal e determinar o que ela pode entregar durante o sprint que está por vir. Neste capítulo, discuto onde o sprint planning se encaixa no framework Scrum e como o realizar.

Visão Geral

Um product backlog pode representar muitas semanas ou meses de trabalho, que é muito mais do que pode ser completado em um único e curto sprint. Para determinar o subconjunto mais importante de itens do product backlog a serem construídos no sprint seguinte, a equipe Scrum realiza o sprint planning. Durante o sprint planning a equipe Scrum concorda com um objetivo para o sprint e a equipe de desenvolvimento determina os itens específicos do product backlog que estão alinhados com esse objetivo e que ela pode entregar realisticamente no fim do sprint. Para adquirir confiança no que ela pode entregar, a equipe de desenvolvimento cria um plano de como completar os itens do product backlog. Juntos, os itens do product backlog e o plano formam o sprint backlog.

Timing

O sprint planning é uma atividade just-in-time recorrente que ocorre no início de cada sprint, quando podemos tirar proveito das melhores informações possíveis para decidir no que trabalhar no sprint que se inicia (veja a Figura 19.1).

Para um sprint com tamanho de duas semanas até um mês, o sprint planning não deve levar mais do que quatro a oito horas para ser completado.

Participantes

A equipe Scrum inteira colabora durante o sprint planning. O product owner compartilha o sprint goal inicial, apresenta o product backlog priorizado e responde a quaisquer questões que a equipe possa ter com relação aos itens do product backlog. A equipe de desenvolvimento trabalha diligentemente para determinar o que ela pode entregar e então estabelece um compromisso realista no fim do sprint planning. O ScrumMaster, agindo como o coach da equipe Scrum, observa a atividade de planejamento, faz perguntas de sondagem e facilita para ajudar a garantir um resultado bem-sucedido.

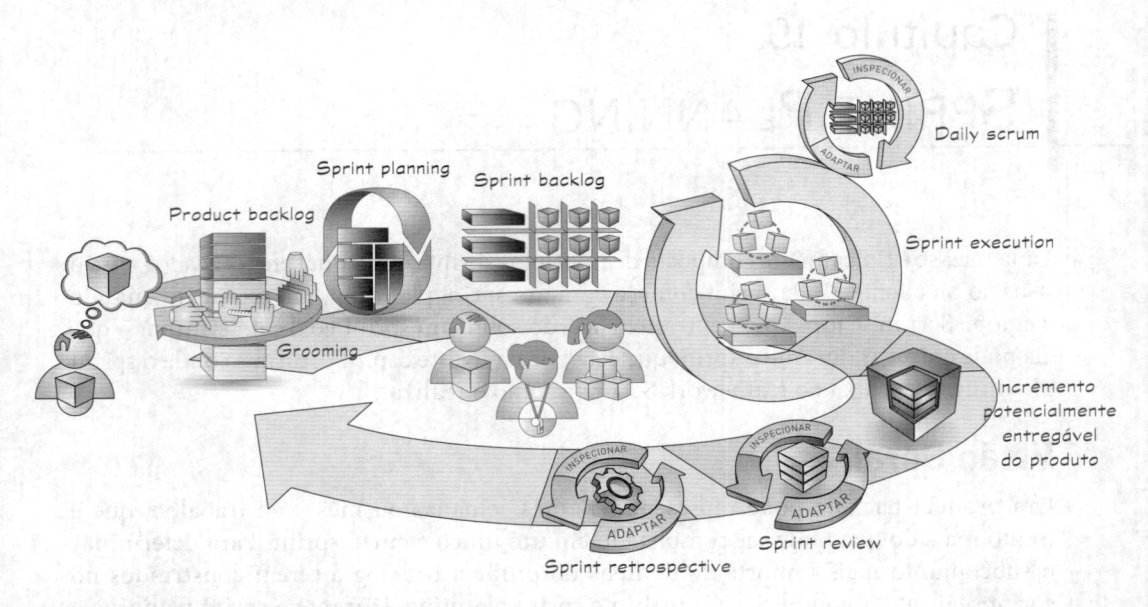

FIGURA 19.1 Quando ocorre o sprint planning

Como o ScrumMaster não está a cargo da equipe de desenvolvimento, ele não pode decidir por ela que compromissos fazer. O ScrumMaster pode, entretanto, desafiar o compromisso da equipe para garantir que ele seja realista e apropriado.

Processo

A Figura 19.2 ilustra a atividade de sprint planning.

O sprint planning se baseia em um conjunto de inputs que guiam a equipe de desenvolvimento para determinar que valor ela pode entregar realisticamente no fim do sprint. Esses inputs são descritos na Tabela 19.1.

O primeiro e mais crucial input para o sprint planning é um product backlog onde tenha sido feito grooming antes do sprint planning, para que os itens mais no topo atendam a definição de ready da equipe (veja o Capítulo 6). Tipicamente isso significa que os itens mais no topo têm critérios de aceitação bem definidos e estão apropriadamente dimensionados, estimados e priorizados.

Product owner engajados também entram no sprint planning tendo uma boa ideia do que eles querem que a equipe entregue no fim do sprint. Eles podem ter em mente um conjunto específico de itens de alta prioridade do product backlog — "Eu realmente queria completar nesse sprint estes cinco itens do topo do product backlog." — ou eles podem ter uma noção mais geral — "No fim desse sprint quero que um usuário típico seja capaz de enviar uma simples consulta pelo teclado." Saber o sprint goal ajuda a equipe a equilibrar as prioridades em competição. Um product owner deve comunicar seu sprint goal inicial de uma maneira que não influencie demasiadamente a equipe de desenvolvimento a se comprometer com mais do que ela pode entregar realisticamente.

Visão Geral **337**

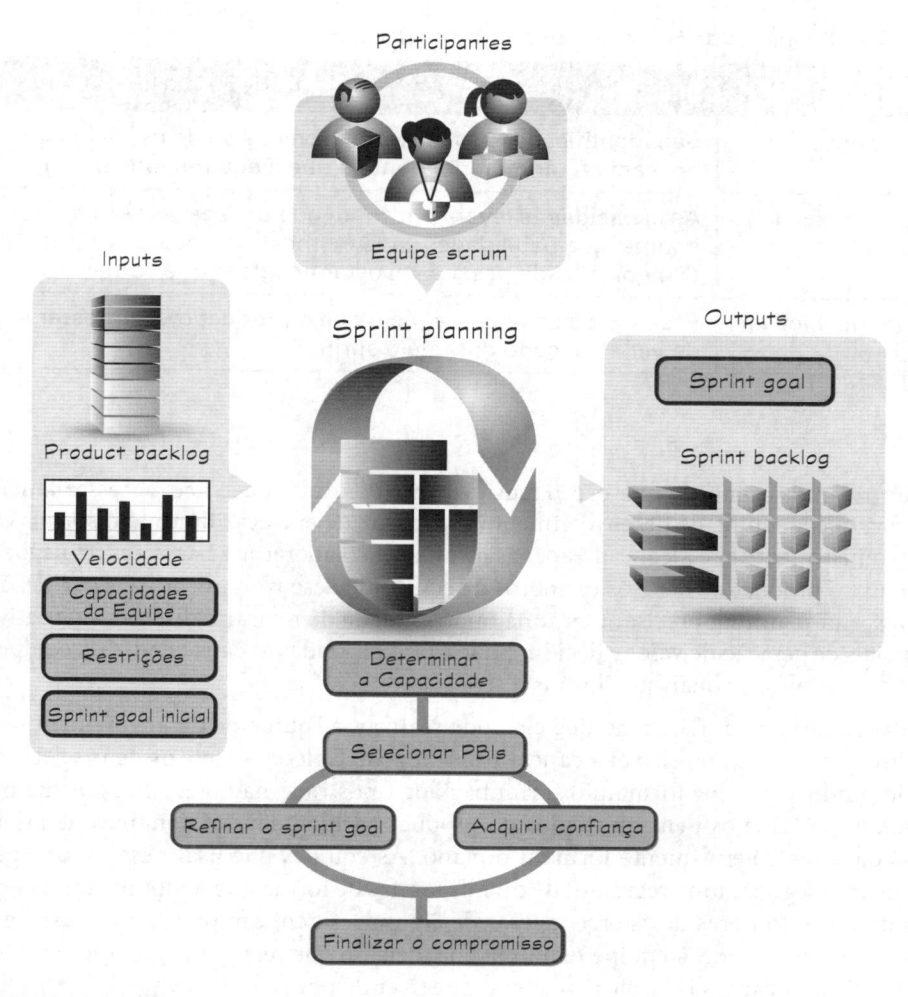

FIGURA 19.2 Atividade de sprint planning

TABELA 19.1 Inputs do Sprint Planning

Input	Descrição
Product backlog	Antes do sprint planning foi feito o grooming dos itens do product backlog mais no topo, deixando-os em um estado de *ready*.
Velocidade da equipe	A velocidade histórica da equipe é um indicador de quanto trabalho é prático que a equipe complete em um sprint.

continua

TABELA 19.1 Inputs do Sprint Planning (*Continuação*)

Input	Descrição
Restrições	São identificadas as restrições técnicas ou de negócios que possam afetar materialmente o que a equipe pode entregar.
Capacidades da equipe	As capacidades levam em conta que pessoas estão na equipe, que habilidades cada membro da equipe tem e quão disponível cada pessoa vai estar no sprint que começará.
Sprint goal inicial	Esse é o objetivo de negócio que o product owner gostaria de ver alcançado durante o sprint.

Entretanto, o fato de que o product owner sabe o que quer não necessariamente significa que a equipe de desenvolvimento seja capaz de entregar durante o sprint. Um compromisso realista é alcançado apenas através da colaboração (e às vezes da negociação) entre o product owner e os membros da equipe de desenvolvimento. Os participantes do sprint planning precisam ter uma oportunidade de revisar e discutir alternativas potenciais de geração de valor e decidir o que é prático, dadas as capacidades da equipe, a velocidade prevista e quaisquer outras restrições conhecidas.

Para adquirir confiança no que ela pode realizar, a equipe de desenvolvimento vai criar um plano de como ela vai alcançar o sprint goal. Coletivamente os itens selecionados do product backlog formam o sprint backlog (mostrado na Figura 19.2). A maioria das equipes divide os itens almejados do product backlog em um conjunto de tarefas estimadas, que coletivamente formam o plano. As equipes que usam essa abordagem tipicamente seguem uma regra útil de dividir tarefas de forma que nenhuma tarefa exija mais do que oito horas de esforço, apesar de algumas serem um pouco maiores. Nesse nível de granularidade, a equipe tem uma boa ideia do que realmente precisa ser feito e se ela pode realizar essas tarefas no tempo que tiver disponível.

No fim do sprint planning, o compromisso da equipe de desenvolvimento é comunicado através de um sprint goal finalizado e do sprint backlog.

Abordagens do Sprint Planning

Vou descrever duas abordagens para o sprint planning: sprint planning de duas partes e de uma parte.

Sprint Planning de Duas Partes

Uma abordagem para o sprint planning é separá-lo em duas partes (veja a Figura 19.3). Durante a parte 1 (a parte "o que"), a equipe de desenvolvimento determina sua capacidade de completar trabalhos e então prevê os itens do product backlog que ela acredita

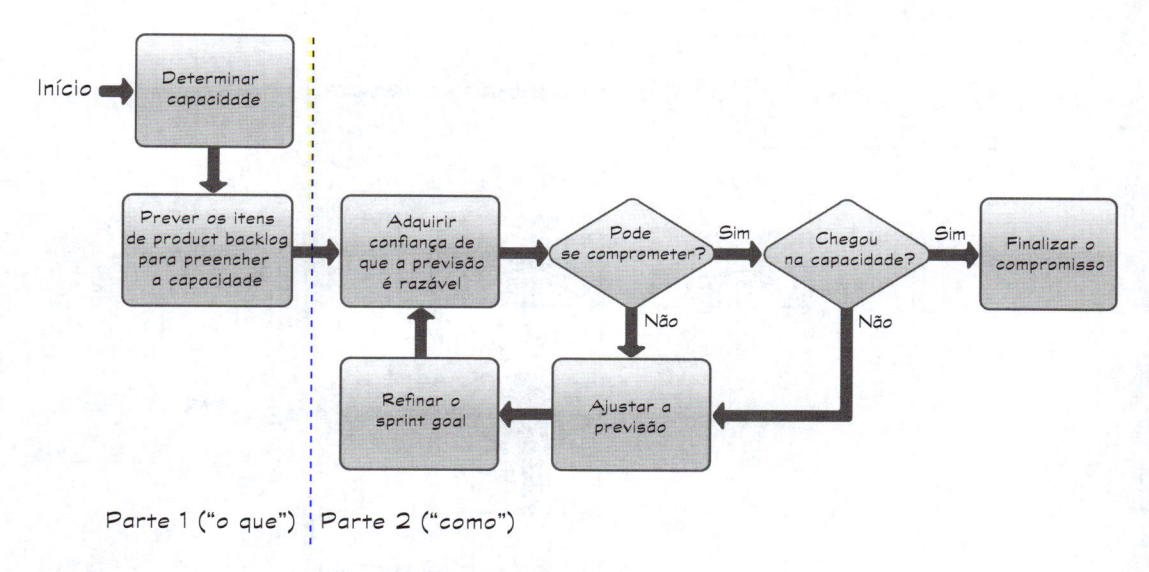

FIGURA 19.3 Abordagem de duas partes para o sprint planning

poder entregar no fim do sprint. Então, se a equipe acredita que ela pode completar 40 story points, ela vai selecionar uns 40 story points de trabalho.

Durante a parte 2 (a parte "como") a equipe, ao criar um plano, adquire confiança na sua habilidade de completar os itens que ela previu na parte 1. A maioria das equipes cria esse plano ao dividir os itens do product backlog em um conjunto de tarefas e, então, estimando (em horas) o esforço necessário para completar cada tarefa. A equipe então compara a estimativa de horas da tarefa com sua capacidade, em termos de horas, para ver se seu compromisso inicial foi realista.

Se a equipe achar que selecionou muito ou pouco, ou que selecionou itens que ela não pode desenvolver juntos de forma realista no mesmo sprint, dadas uma ou mais restrições, ela pode ajustar sua precisão e possivelmente refinar o sprint goal para se adequar à capacidade disponível e às restrições. Quando a previsão da equipe estiver confortavelmente dentro da faixa de restrições e de capacidade, ela finaliza seu compromisso e o sprint planning está pronto.

Sprint Planning de uma Parte

Uma abordagem alternativa para o sprint planning, e uma que eu vejo mais frequentemente, é uma abordagem em uma parte que intercala a seleção de um item e a aquisição da confiança de que ele possa ser entregue. Essa abordagem é ilustrada na Figura 19.4.

Usando essa abordagem, a equipe de desenvolvimento começa determinando sua capacidade de completar trabalho. Baseando-se na capacidade disponível, o sprint goal pode precisar ser refinado. Em seguida, a equipe seleciona um item do product backlog

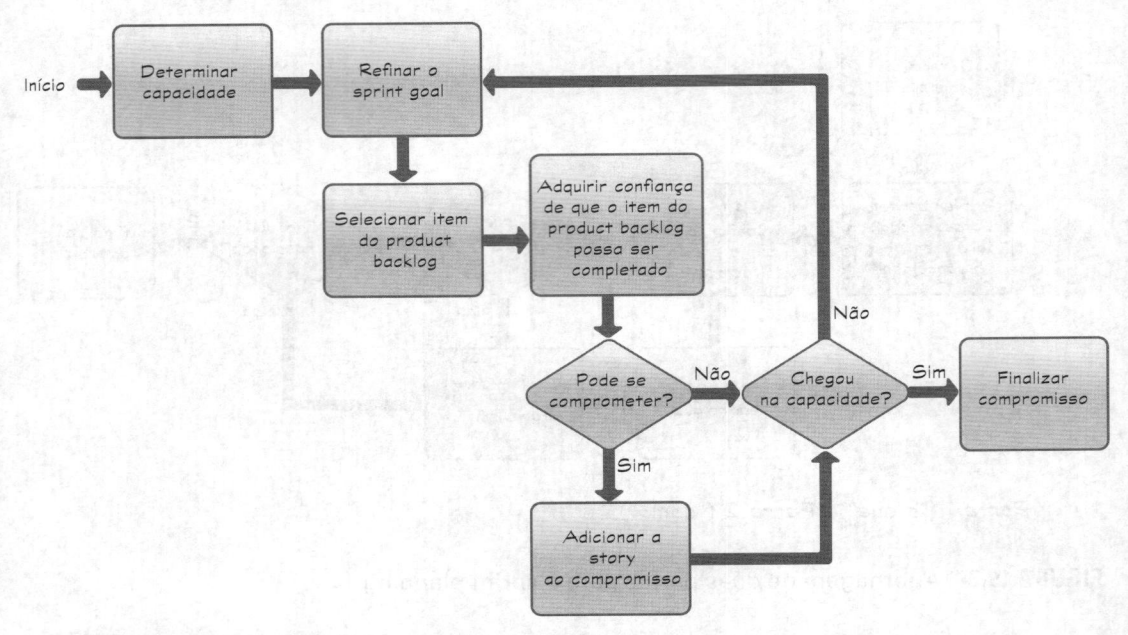

FIGURA 19.4 Abordagem de uma parte para o sprint planning

e então adquire a confiança de que aquele item selecionado vá se encaixar razoavelmente dentro do sprint, dados os outros itens já incluídos no compromisso em evolução da equipe. Esse ciclo é então repetido até que a equipe não tenha mais capacidade de fazer mais trabalho. Nesse ponto, o compromisso é finalizado e o sprint planning termina.

Determinando a Capacidade

Uma importante primeira atividade durante o sprint planning é determinar a capacidade de realizar trabalho disponível da equipe durante o sprint. O conhecimento da capacidade guia a equipe Scrum na determinação do que ela pode entregar.

O Que É a Capacidade?

A Figura 19.5 ilustra os vários fatores que influenciam a capacidade da equipe de trabalhar nos itens do product backlog durante o sprint que se inicia. Isso inclui o tempo necessário para outras atividades Scrum, compromissos não relacionados com o sprint, paradas pessoais e a necessidade de um buffer.

Digamos que a equipe esteja fazendo um sprint de duas semanas (dez dias). Logo de cara devemos aceitar que a equipe não tem realmente dez dias para se dedicar à sprint execution. Sabemos, por exemplo, que em um sprint de duas semanas, algo em torno de um dia desse tempo precisa ser reservado coletivamente para as atividades de sprint

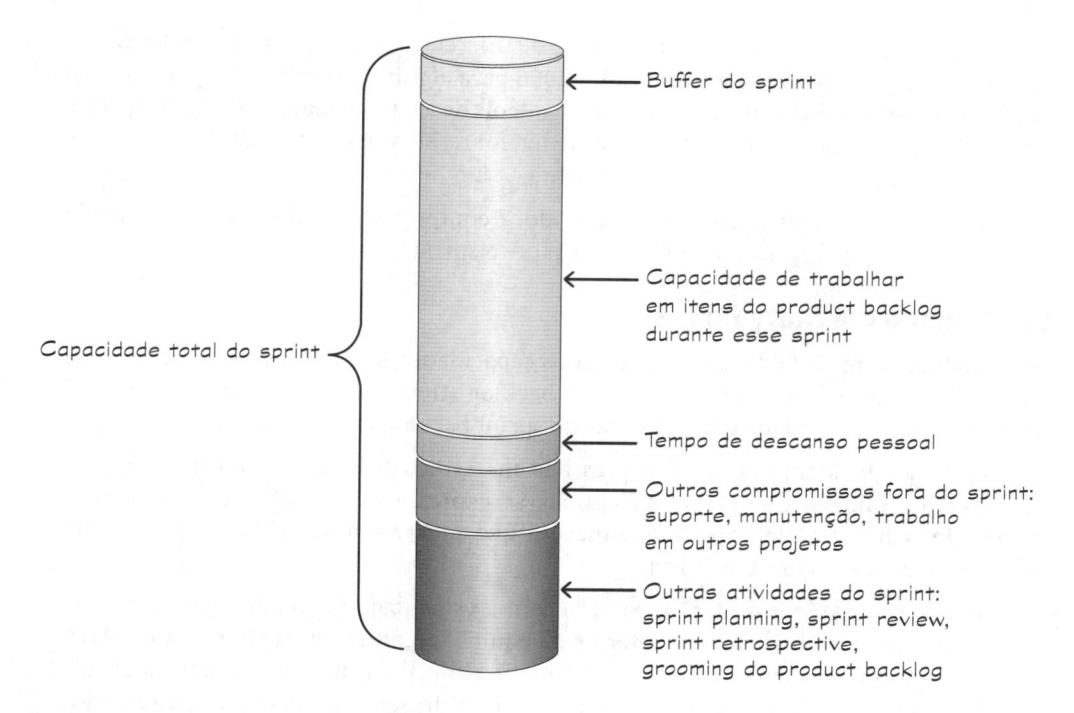

FIGURA 19.5 Capacidade da equipe de desenvolvimento em um sprint

planning, de sprint review e de sprint retrospective. Também sabemos que a equipe deve reservar até 10% desse tempo para ajudar o product owner com o grooming do product backlog (escrevendo e refinando, estimando e priorizando itens do product backlog), para ajudar a garantir que os itens estejam em estado de ready.

A equipe também deve determinar quanto tempo ela deve reservar para trabalhos fora do sprint, coisas como dar suporte ao produto corrente, dar manutenção em outros produtos ou fazer outros trabalhos não relacionados com o sprint atual. A equipe também deve se lembrar que, em um dia de oito horas, os membros da equipe realmente não têm oito horas completas de trabalho em itens do product backlog. Há alguma sobrecarga necessária para ser um bom cidadão de uma organização — ir a reuniões, responder a e-mails, interrupções e assim por diante.

Em seguida, a equipe precisa saber se as pessoas tiveram um tempo pessoal agendado durante o sprint, porque isso também reduz a capacidade geral da equipe.

Depois de remover o tempo dedicado a outras atividades Scrum, ao trabalho fora do sprint e ao tempo pessoal, o que resta é a capacidade da equipe em trabalhar nos itens do product backlog para esse sprint. Entretanto, dessa capacidade total, devemos reservar um buffer para o caso das coisas não saírem como planejadas. Por exemplo, qualquer estimativa que fizermos não vai ser perfeita, então os itens podem acabar sendo maiores do que pensamos. Ou algo pode dar (e normalmente dará) errado. Ter um pouco de buffer de proteção contra problemas inesperados é sábio.

Uma equipe pode usar uma quantidade de diferentes abordagens para determinar um tamanho prático do buffer (veja Cohn 2006 para alguns exemplos). Na prática, esse bufffer pode ser estabelecido empiricamente depois de a equipe realizar diversos sprints e entender melhor quanto de buffer ela deve ter em reserva para lidar com as incertezas do desenvolvimento.

Uma vez que o buffer tenha sido definido, a equipe pode finalizar sua capacidade disponível para a realização de trabalho durante o sprint.

Capacidade em Story Points

Que unidade de medida devemos usar para a capacidade? As duas respostas óbvias são: ou a mesma unidade do itens do product backlog (tipicamente story points ou ideal days), ou a mesma unidade que as tarefas do sprint backlog (esforço-hora).

A velocidade de uma equipe é expressada em termos de unidades dos itens do product backlog (digamos story points). Então, se expressarmos a capacidade em story points, determinar a capacidade é o mesmo que predizer a velocidade almejada da nossa equipe no sprint que se inicia.

Para fazer essa determinação, comece com a velocidade média de longo prazo da equipe ou a velocidade do sprint anterior da equipe (algumas vezes chamada de abordagem "o tempo de ontem") como uma estimativa inicial da sua capacidade/velocidade para o sprint que se inicia. Então considere se o sprint que se inicia pode diferir dos sprints típicos ou do sprint anterior (pode não ser diferente). O resultado é uma capacidade ajustada razoável (velocidade prevista) para o sprint que se inicia.

Por exemplo, digamos que a velocidade média da nossa equipe é de 40 story points durante um sprint de duas semanas. O sprint que estamos planejando, entretanto, ocorre durante as últimas duas semanas de dezembro nos EUA, o que significa que os membros da nossa equipe vão ter folga nas festas. Pegaríamos trabalho demais se usássemos a velocidade média de 40; melhor assumirmos que uma velocidade que seja próxima de 20 (ou perto) é uma capacidade mais realista para a equipe durante esse sprint.

Capacidade em Esforço-Hora

Uma maneira alternativa de expressar a capacidade é em esforço-hora. A Tabela 19.2 ilustra como determinar a capacidade em esforço-hora que a equipe tem de realizar trabalhos relacionados às tarefas durante um sprint de duas semanas ou dez dias.

O cálculo de capacidade mostrado na Tabela 19.2 é derivado como se segue. Primeiro, os membros da equipe expressam quantos dias eles têm disponíveis para trabalhar no sprint que se inicia (a quantidade de tempo indisponível é o trecho "personal time-off" na Figura 19.5). Ambos, Beth e Rajesh estão planejando comparecer a uma aula de treinamento de dois dias, então cada um deles tem apenas oito dias disponíveis no sprint. Simon está planejando um fim de semana de três dias, então ele tem nove dias disponíveis.

Em seguida, os membros da equipe determinam quanto tempo reservar para outras atividades Scrum. Eles reservam um dia para o sprint planning, a sprint review e a sprint retrospective. Eles também deduzem o tempo necessário para ajudar o product

TABELA 19.2 Determinando a Capacidade em Esforço-Hora

Pessoa	Dias Disponíveis (Menos Tempo Pessoal)	Dias para Outras Atividades Scrum	Horas por Dia	Esforço-Horas Disponíveis
Jorge	10	2	4–7	32–56
Betty	8	2	5–6	30–36
Rajesh	8	2	4–6	24–36
Simon	9	2	2–3	14–21
Heidi	10	2	5–6	40–48
Total				140–197

owner com as atividades de grooming do product backlog. Juntos, isso representa dois dias a menos disponíveis por pessoa para realizar trabalho de nível de tarefa.

Os membros da equipe então determinam quantas horas por dia eles podem dedicar ao trabalho nesse sprint. Cada pessoa dá uma faixa que leva em conta qualquer trabalho a mais não relacionado com itens do sprint backlog (esse tempo a mais é igual ao trecho "outros compromissos não relacionados ao sprint" da Figura 19.5). Por exemplo, Simon está apenas em meio expediente nesse produto, então ele estima que tem apenas duas ou três horas por dia para trabalhar nesse produto durante o sprint.

Depois de contabilizar o personal time-off, outras atividades Scrum, compromissos não relacionados ao sprint, a equipe na Tabela 19.2 estima uma capacidade entre 140 a 197 esforço-horas para trabalhar em tarefas do sprint backlog.

Eu falaria para essa equipe não pegar 197 horas de trabalho, porque ela ficaria sem um sprint buffer. Uma estratégia melhor para essa equipe seria usar uma capacidade que fosse provavelmente maior do que 140 horas, mas certamente menor do que 197 horas ao se comprometer com o trabalho durante esse sprint.

Selecionando Itens do Product Backlog

Qualquer uma dessas abordagens para o sprint planning requer que selecionemos itens candidatos do product backlog para serem incluídos no compromisso. A seleção pode ser feita de diversas maneiras. Se tivermos um sprint goal, selecionaríamos itens do product backlog que se alinhassem com esse objetivo. Se não houver um sprint goal formal, nosso padrão é selecionar itens do topo do product backlog. Começaríamos com o item mais acima do product backlog e então nos moveríamos para o próximo e assim por diante. Se a equipe não for capaz de se comprometer com o item seguinte de maior prioridade (talvez haja um problema de habilidade), ela selecionaria o item de alta prioridade apropriado seguinte do backlog que pareça poder ser feito dentro das restrições.

Uma das minhas regras ao selecionar itens do product backlog para um sprint é que não começaremos o que não vamos terminar. Então, se o próximo item do product backlog for grande demais para ser completado no sprint, dado outros itens que já tenhamos concordado em completar, deveríamos ou tentar dividir o item em questão em dois ou mais itens menores, onde cada um deles ainda fosse valioso para nossos clientes, ou considerar trabalhar em outro item que possamos completar. E também, tendo uma boa *definição de ready* vai evitar que sejam selecionados itens do product backlog que estejam pobremente definidos ou tenham restrições de recursos ou dependências que não estejam atendidas e que nos impediam de os terminar em um sprint.

A regra de começar só aquilo que puder terminar é baseada nos princípios de que devemos limitar o WIP e de que começar algo e não terminar gera uma variedade de formas de desperdício. Discuti ambos esses princípios no Capítulo 4, quando cobri a regra sobre nenhuma mudança que alterasse o objetivo durante um sprint. E, também, deixar que itens não completados passem de um sprint para o outro não alcança o objetivo de se ter um incremento potencialmente entregável do produto no fim de cada sprint.

Adquirindo Confiança

Uma maneira de adquirir a confiança é usar a velocidade prevista para ver se o compromisso é realista. Se a velocidade prevista do sprint for de 25 story points e nossa equipe selecionou 45 story points de trabalho, a equipe deve ficar preocupada. No mínimo, devemos começar a fazer perguntas sobre por que pensamos que esse compromisso pode ser alcançado. Quando usada dessa maneira, a velocidade fornece um excelente peso e contrapeso com relação ao compromisso proposto.

O risco de se usar a velocidade como único meio de estabelecer confiança é que mesmo que os números pareçam certos, o compromisso pode ainda ser inalcançável. Por exemplo, se a velocidade prevista do sprint for 25 story points e o compromisso da equipe totalizar 21 story points, o compromisso poderia parecer razoável. Entretanto, até que nos aprofundemos um pouco mais no nível da tarefa, não saberemos realmente se o conjunto dos itens do product backlog que totalizam 21 story points pode ser realmente completado — poderia haver problemas de dependência, de capacidade, assim como diversas outras questões que poderiam tornar não prático que a equipe os completasse todos.

A maioria das equipes Scrum ganha o necessário nível de confiança ao dividir os itens do product backlog em tarefas que sejam necessárias para os completar de acordo com a definição de pronto que a equipe Scrum concordou. Essas tarefas podem então ser estimadas (usualmente em esforço-hora) e subtraídas da capacidade da equipe. Dividir itens do product backlog em tarefas é uma forma de design e planejamento just-in-time de como fazer as coisas.

O resultado é o sprint backlog. A Figura 19.6 ilustra um exemplo de um sprint backlog mostrando quatro itens de product backlog (totalizando 21 pontos) que a equipe acredita que consegue completar no fim do sprint. O sprint backlog também mostra um plano (na forma de tarefas) para entregar os itens do product backlog de forma a atender o sprint goal.

A equipe está fazendo um bom compromisso, ou não?

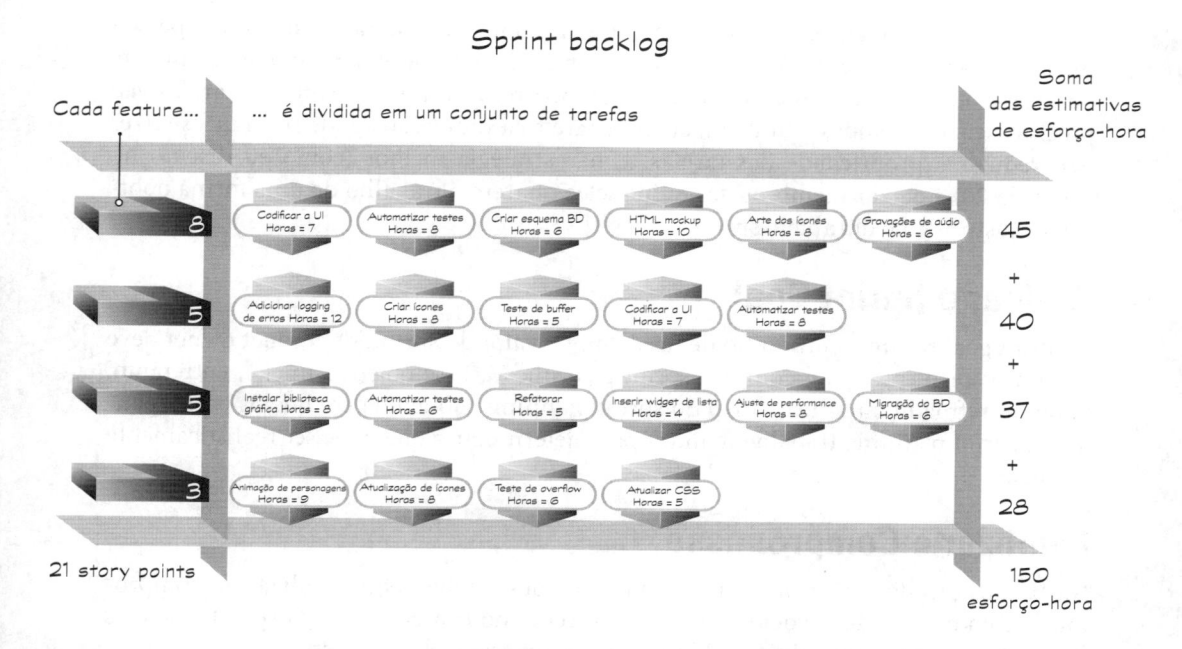

FIGURA 19.6   Sprint backlog mostrando os PBIs e o plano de tarefas

Se a velocidade prevista da equipe for de 25 pontos, um compromisso de 21 pontos parece razoável. Mas vamos usar os detalhes de nível de tarefa para ver se o compromisso ainda parece bom. A soma das tarefas de todos os itens do product backlog é de 150 esforço-horas. Assuma que a equipe para esse sprint é a identificada na Tabela 19.2, que tem uma capacidade de tarefa-hora de 140 a 197 esforço-horas. Um compromisso de 150 esforço-horas me parece bastante confortável aqui — há provavelmente um razoável sprint buffer para tratar de coisas que possam dar errado.

Entretanto, não é porque as 150 horas são confortáveis no intervalo de 140 a 197 horas que é garantido que o compromisso seja bom. Lembre-se da Tabela 19.2 que Simon está disponível apenas de duas a três horas por dia durante nove dos dez dias desse sprint. Isso significa que Simon tem apenas entre 14 e 21 esforço-horas disponíveis para trabalhar nesse sprint. E se Simon for a única pessoa que puder trabalhar em tarefas de UI? Nesse caso a equipe pode não ser capaz de se comprometer com quatro itens do product backlog na Figura 19.6, porque ela pode ficar sem "Capacidade de UI" quando ela ficar sem "Capacidade de Simon".

Mesmo que no Scrum nós tipicamente não atribuímos membros da equipe a tarefas durante o sprint planning (perceba que na Figura 19.6 não há nomes de membros da equipe nas tarefas), precisamos pelo menos considerar rapidamente nossa capacidade de habilidades ou podemos fazer um mau compromisso. Não é porque nosso compromisso está confortavelmente dentro da faixa de capacidade agregada estimada que isso signifique que não vamos ficar sem capacidade em uma área particular de habilidades.

Por essa razão, algumas equipes escolhem notar em cada tarefa quem é a pessoa mais provável de trabalhar nela. Frequentemente isso é desnecessário e potencialmente desperdício, porque eventos inesperados vão ocorrer durante o sprint e as tarefas vão precisar ser reatribuídas. Também, atribuir tarefas a indivíduos pode ser inútil se fizer isso reduzir a propriedade das tarefas. Uma estratégia melhor (como eu discuto no Capítulo 20) é deixar membros de equipe selecionarem o trabalho de uma forma oportuna e just-in-time durante o sprint.

Refinar o Sprint Goal

O sprint goal resume a propósito de negócios e o valor do sprint. O product owner deve ir para o sprint planning com um sprint goal inicial. Esse objetivo inicial, entretanto, pode ser refinado durante o curso do sprint planning na medida em que os participantes do sprint planning trabalhem juntos para determinar o que pode ser realisticamente entregue.

Finalizar o Compromisso

Na finalização do sprint planning a equipe de desenvolvimento finaliza seu compromisso com o valor de negócio que ela vai entregar no fim do sprint. O sprint goal e os itens selecionados do product backlog incorporam esse compromisso.

Como mencionei no Capítulo 2, algumas pessoas preferem usar o termo *prever* para descrever o valor de negócio que a equipe de desenvolvimento acredita que pode produzir no fim do sprint. Prefiro e uso o termo *compromisso*. Não importando que termo você prefira, as abordagens para o sprint planning que descrevi neste capítulo são as mesmas.

As nuances nas diferenças entre esses termos podem afetar apenas o escopo do que a equipe de desenvolvimento determina que pode entregar e como a equipe Scrum lida com novas informações que chegam durante a execução do sprint (veja o Capítulo 4 para uma discussão sobre mudanças durante um sprint).

Fechamento

Neste capítulo expandi a descrição do sprint planning ao discutir quando ele acontece e quem está envolvido. Discuti duas abordagens diferentes para o sprint planning. Na primeira abordagem a equipe seleciona um conjunto de itens de product backlog e então adquire a confiança de que ela possa realmente entregar o conjunto completo. A segunda abordagem intercala a seleção de itens do product backlog com a aquisição de confiança de que o item possa ser adicionado no compromisso crescente. Também expliquei duas maneiras diferentes para determinar a capacidade de completar trabalho de uma equipe de desenvolvimento. No capítulo seguinte discuto detalhes de como os sprints são executados uma vez que tenham sido planejados.

Capítulo 20
Sprint Execution

A sprint execution é o trabalho que a equipe Scrum realiza para alcançar o sprint goal. Neste capítulo eu foco nos princípios e técnicas que guiam como a equipe Scrum planeja, gerencia, realiza e se comunica durante a sprint execution.

Visão Geral

A sprint execution é como um miniprojeto em si — todo o trabalho necessário para entregar um incremento potencialmente entregável do produto é realizado.

Timing

A sprint execution representa a maioria do tempo durante um sprint. Ela começa depois do sprint planning e termina quando a sprint review começa (veja a Figura 20.1).

Em um sprint de duas semanas, a sprint execution pode ocupar uns oito dos dez dias.

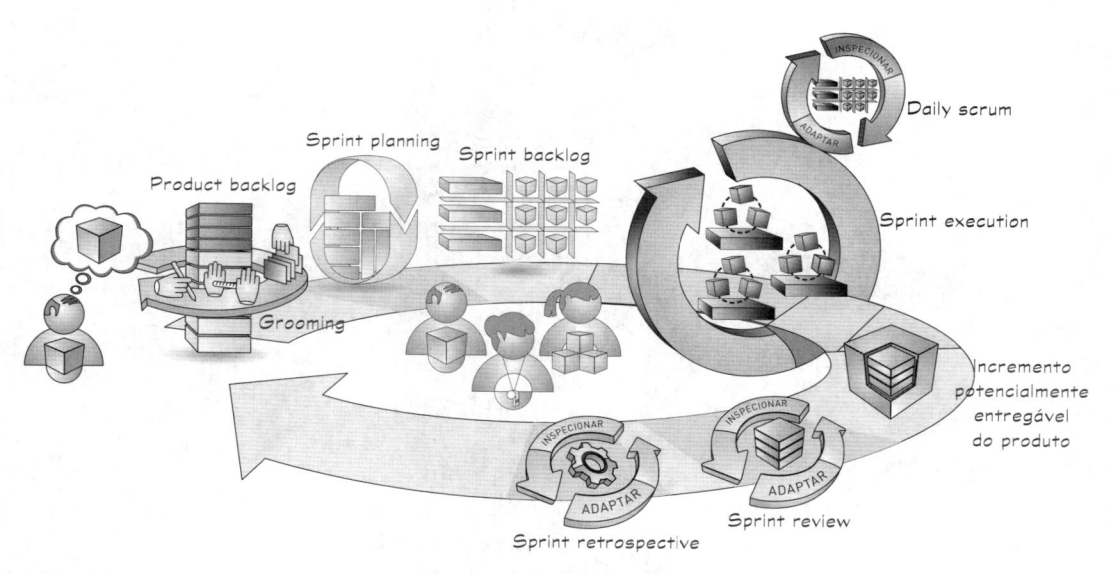

FIGURA 20.1 Quando acontece a sprint execution

Participantes

Durante a sprint execution os membros da equipe de desenvolvimento se auto-organizam e determinam a melhor maneira de atender o objetivo estabelecido durante o sprint planning.

O ScrumMaster participa como coach, facilitador e removedor de impedimentos, fazendo o que for possível para ajudar a equipe a ser bem-sucedida. O ScrumMaster não atribui trabalho à equipe ou diz a ela como fazer o trabalho. Uma equipe auto-organizável descobre essas coisas por si só.

O product owner deve estar disponível durante a sprint execution para responder a perguntas de clarificação, para revisar trabalhos intermediários e fornecer feedback para a equipe, para discutir ajustes no sprint goal se as condições garantirem e para verificar que os critérios de aceitação dos itens do product backlog tenham sido atendidos.

Processo

A Figura 20.2 ilustra a atividade de sprint execution.

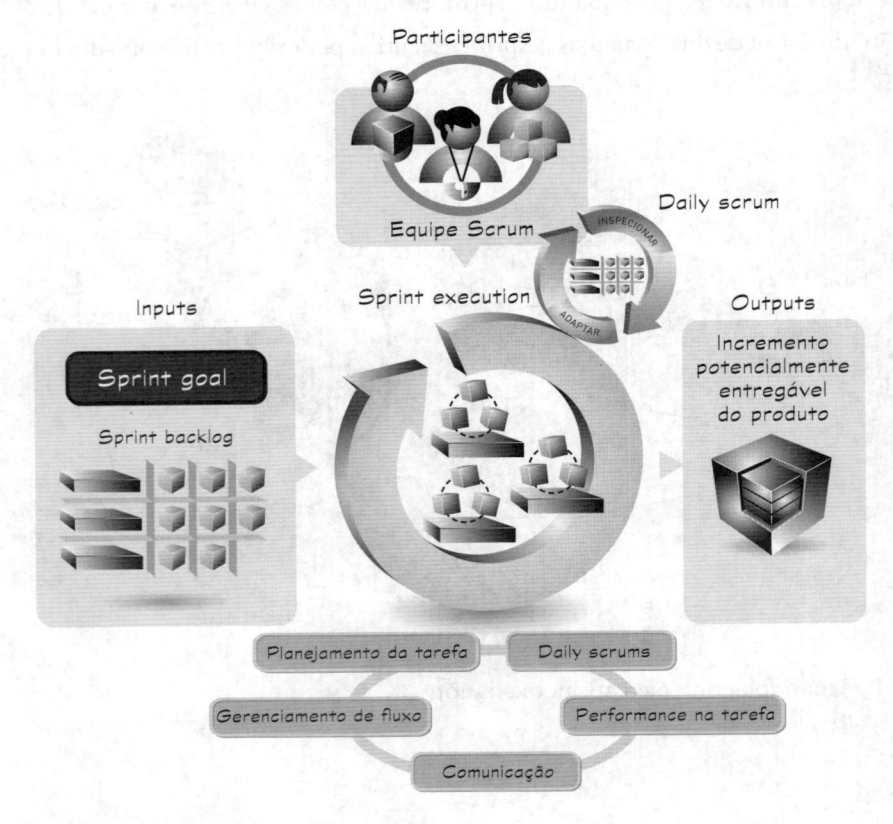

FIGURA 20.2 Atividade de sprint execution

Os inputs da sprint execution são o sprint goal e o sprint backlog que foram gerados durante o sprint planning. O output da sprint execution é um incremento potencialmente entregável do produto, que é um conjunto de itens do product backlog completados com um alto grau de confiança — onde cada item atende à definição de pronto que a equipe Scrum criou (veja o Capítulo 4). A sprint execution envolve o planejamento, gerenciamento, realização e comunicação do trabalho necessário para criar estas features funcionais e testadas.

Planejamento da Sprint Execution

Durante o sprint planning a equipe produz um *plano* de como alcançar o sprint goal. A maioria das equipes cria um sprint backlog, que tipicamente é uma lista de itens do product backlog e suas tarefas associadas e estimadas em esforço-hora (veja a Figura 19.6). Apesar de que a equipe poderia ter criado um plano de execução do sprint completo ao nível das tarefas (o equivalente a um plano de projeto para o sprint, talvez no formato de um gráfico de Gantt), a economia de fazer isso é difícil de justificar.

Primeiro, não é claro que uma equipe de cinco a nove pessoas precise de um gráfico de Gantt para ditar quem deve fazer o trabalho e quando em um sprint de curta duração. Segundo, mesmo se a equipe quiser criar um gráfico de Gantt, ele se tornaria impreciso assim que a equipe começasse a trabalhar. A sprint execution é onde a teoria encontra a prática. Um massivo fluxo de aprendizado vem de você realmente construir e testar algo. Esse aprendizado vai desestabilizar mesmo o plano antecipado mais bem concebido. Como resultado, a equipe perde um valioso tempo costurando um plano, apenas para desperdiçar ainda mais tempo mudando o plano para refletir a realidade da sprint execution.

Claro, algum planejamento antecipado é útil para expor importantes dependências no nível das tarefas. Por exemplo, se sabemos que uma feature que estamos criando durante o sprint deve ser sujeitada a um teste de estresse especial de dois dias, seria inteligente que a equipe sequenciasse o trabalho para que esse teste começasse pelo menos dois dias antes do fim da sprint execution.

Um bom princípio para a sprint execution é abordar o planejamento no nível de tarefa de forma oportunista em vez de tentar estabelecer antecipadamente um plano completo para o trabalho (Goldberg e Rubin 1995). Permita que o planejamento de tarefas ocorra continuamente durante a sprint execution à medida que a equipe se adapte às circunstâncias em evolução do sprint.

Gerenciamento do Fluxo

É responsabilidade da equipe gerenciar o fluxo de trabalho durante a sprint execution para alcançar o sprint goal. Ela deve tomar decisões tais como quanto trabalho ela deve fazer em paralelo, quando o trabalho deve começar em um item específico, como o trabalho em nível de tarefa deve ser organizado, que trabalho deve ser feito e quem deve fazer o trabalho.

Ao responder essas questões, as equipes devem descartar velhos comportamentos, tais como tentar manter todos 100% ocupados (as consequências disso estão descritas no Capítulo 2), acreditar que o trabalho deve ser feito sequencialmente e ter cada pessoa se focando apenas na sua própria parte da solução.

Trabalho Paralelo e Swarming

Uma parte importante de gerenciar o fluxo é determinar quantos itens do product backlog a equipe deve trabalhar em paralelo para maximizar o valor entregue no fim do sprint. Trabalhar em muitos itens de uma vez contribui para a multitarefação do membro da equipe, que, por sua vez, aumenta o tempo necessário para completar itens individuais e provavelmente reduz a qualidade deles.

A Figura 20.3 mostra um exemplo simples que uso nas minhas aulas de treino para ilustrar o custo de multitarefa.

O objetivo é completar duas tabelas idênticas ao escrever as letras de *a* até *j*, os números de 1 a 10 e os numerais romanos de i a x. Uma tabela é completada uma linha por vez e a outra é completada uma coluna por vez. A tabela 'uma linha por vez' representa a multitarefa (fazer a tarefa da letra, então a tarefa do número e então a tarefa do numeral romano, e então repetir a sequência para a próxima letra, número e numeral romano). A tabela 'uma coluna por vez' representa a tarefa única.

Os resultados típicos mostrados na Figura 20.3 são que a maioria das pessoas completa a tabela 'uma coluna por vez' em aproximadamente metade do tempo do que a

Letras	Números	Numerais Romanos
a	1	i
b	2	ii
c	3	iii
d	4	iv
e	5	v
f	6	vi
g	7	vii
h	8	viii
i	9	ix
j	10	x

Uma-linha-por-vez (multitarefa)
Tempo médio = 35 Segundos

Letras	Números	Numerais Romanos
a	1	i
b	2	ii
c	3	iii
d	4	iv
e	5	v
f	6	vi
g	7	vii
h	8	viii
i	9	ix
j	10	x

Uma-coluna-por-vez (tarefa única)
Tempo médio = 16 segundos

FIGURA 20.3 Custo de multitarefas

tabela 'uma linha por vez'. Tente por si mesmo e cronometre, você vai ver! E também, se as pessoas fizerem quaisquer erros, elas fazem quando completam a tabela 'uma linha por vez'. Então, mesmo para uma multitarefa simples a sobrecarga pode ser bem alta.

Assim como trabalhar em itens demais ao mesmo tempo é um desperdício, trabalhar em itens de menos também é. Isso leva à subutilização das habilidades e capacidades do membro da equipe, resultando em menos trabalho sendo completado e menos valor sendo entregue.

Para encontrar o equilíbrio apropriado, recomendo que as equipes trabalhem no número de itens que tire proveito tanto das habilidades T-shaped (veja o Capítulo 11), sem as sobrecarregarem, quanto da capacidade disponível (veja o Capítulo 9) dos membros da equipe. O objetivo é reduzir o tempo necessário para completar itens individuais ao mesmo tempo em que maximiza o valor total entregue durante o sprint.

Um termo frequentemente usado para descrever essa abordagem é **swarming**, em que os membros da equipe com capacidade disponível se juntam para trabalhar num item para finalizar o que já foi começado antes de seguir e começar a trabalhar em novos itens. Equipes com uma atitude de mosqueteiro e algum grau de habilidades T-shaped fazem swarm. Equipes que ainda pensam em termos de papéis individuais acabam com alguns membros muito lá na frente e outros atolados em trabalho não terminado. Um pensamento clássico do foco no papel individual é: "O pessoal de testes pode ainda estar terminando o trabalho 'deles', mas eu terminei de codificar essa feature, então vou começar a próxima." Numa equipe que faça swarm, as pessoas entenderiam que é tipicamente melhor permanecer focado e ajudar a terminar os testes do que sair correndo na frente para começar a trabalhar em novas features.

Algumas pessoas acreditam erradamente que o swarming é uma estratégia para garantir que os membros da equipe estejam 100% ocupados. Se quiséssemos garantir que as pessoas estivessem 100% ocupadas, nós simplesmente começaríamos a trabalhar em todos os itens do product backlog ao mesmo tempo! Por que não fazemos isso? Porque a multitarefa enorme necessária para fazer isso acontecer diminuiria o fluxo de itens completos. O swarming, por outro lado, ajuda a equipe a permanecer focada no objetivo em vez de focada na tarefa, o que significa que mais coisas são feitas, e mais rápido.

Enquanto o swarming favorece o trabalho em menos itens concorrentemente, ele não necessariamente significa trabalhar em apenas um item do product backlog por vez. Um item por vez pode ser correto em um dado contexto, mas simplesmente dizer que todos os membros da equipe devem focar coletivamente em um único item por vez é potencialmente perigoso. Um número diferente de itens pode ser apropriado quando consideramos o trabalho real que precisa ser feito, as habilidades dos membros da equipe e outras condições que existam no momento que a decisão de começar ou não começar a trabalhar em outro item precisar ser feita.

Outra abordagem perigosa seria aplicar o pensamento em cascata no nível do sprint e tratar a sprint execution como um miniprojeto em cascata. Usando essa abordagem, começaríamos a trabalhar em todos os itens do product backlog ao mesmo tempo. Primeiro analisaríamos todos os itens a serem trabalhados nesse sprint, então projetaríamos todos eles, então os codificaríamos e então, finalmente, testaríamos todos eles (veja a Figura 20.4).

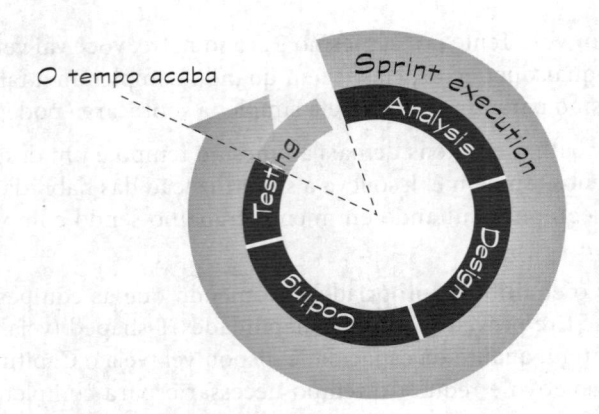

FIGURA 20.4 Minicascata (waterfall) durante uma sprint execution — uma má ideia

Apesar de essa abordagem poder parecer lógica, é muito arriscada. E se a equipe ficar sem tempo e não terminar todos os testes? Temos um incremento potencialmente entregável do produto? Não; uma definição de pronto razoável nunca permitiria que features não testadas fossem tidas como prontas. Ao usar uma estratégia de minicascata, acabaríamos com 90% de cada feature completada, mas nenhuma delas 100% pronta. O product owner não obtém valor econômico de um trabalho parcialmente pronto.

Que Trabalho Começar

Assumindo que todos os itens do product backlog sejam começados simultaneamente, em algum ponto a equipe precisa determinar que item do product backlog trabalhar em seguida.

A maneira mais simples de selecionar o próximo item do product backlog é escolher o item de mais alta prioridade a seguir, como especificado pelo product owner (através da posição do item no product backlog). Essa abordagem tem a vantagem óbvia de garantir que quaisquer itens não completados durante o sprint tenham prioridade menor do que os completados.

Infelizmente, a abordagem mais simples nem sempre funciona, porque dependências técnicas ou restrições na capacidade das habilidades podem ditar que itens sejam selecionados em uma ordem diferente. A equipe de desenvolvimento precisa da habilidade de fazer essa seleção oportunisticamente como achar melhor.

Como Organizar o Trabalho nas Tarefas

Uma vez que a equipe de desenvolvimento decida começar a trabalhar num item do product backlog, ela deve determinar como realizar o trabalho em nível de tarefa daquele item. Se aplicarmos o pensamento em cascata no nível de um único item do product backlog, analisaríamos o item, projetaríamos, codificaríamos e o testaríamos.

Acreditar que exista um único ordenamento predeterminado e lógico para o trabalho cega a equipe para a oportunidade de fazer coisas de uma maneira diferente e talvez mais eficiente. Por exemplo, frequentemente ouço equipes novas dizendo algo como: "O que nossos testadores vão fazer no início do sprint enquanto estiverem esperando que as features estejam prontas para testar?" Tipicamente eu respondo dizendo que, para a equipe fazer um **desenvolvimento de teste primeiro (test-first development)**, onde os testes são escritos antes de o desenvolvimento ser feito, os "testadores" são os *primeiros* a trabalhar numa feature (Crispin e Gregory 2009)!

O pensamento tradicional baseado em papéis (roles) é uma praga em muitas equipes. O que precisamos em vez disso é de um pensamento focado na entrega de valor, em que os membros da equipe organizam de forma oportuna as tarefas e quem vai trabalhar nelas. Ao fazer isso, eles minimizam a quantidade de tempo que o trabalho fica ocioso e reduzem o tamanho e a frequência com que membros da equipe têm de "transferir" trabalho de um para o outro. Isso pode querer dizer, por exemplo, que duas pessoas façam um par no primeiro dia da sprint execution e trabalhem de uma maneira altamente intercalada, com ciclos rápidos de criação de testes, criação de código, execução de teste e refinamento de testes e códigos, e então repitam o ciclo. Essa abordagem mantém o trabalho fluindo (nenhum trabalho bloqueado), dá suporte a feedbacks muito rápidos, para que problemas sejam identificados e resolvidos rapidamente, e possibilita que os membros da equipe com habilidades T-shaped façam swarm num item para o completar.

Que Trabalho Precisa Ser Feito?

Que trabalho em nível de tarefa a equipe realiza para completar um item do product backlog? Em última instância, a equipe decide. Os product owners e os gerentes devem confiar que os membros da equipe sejam profissionais responsáveis que tenham um interesse em fazer um ótimo trabalho. Como tal, eles precisam empoderar esses indivíduos para fazerem o trabalho necessário para criar soluções inovativas de uma maneira economicamente sensata.

Claro, os product owners e os gerentes têm um input influente com relação a qual trabalho em nível de tarefa é feito. Primeiro, o product owner garante que o escopo de uma feature e seus critérios de aceitação estejam definidos (parte da definição de ready descrita no Capítulo 6), ambos os quais fornecem limites para o trabalho no nível da tarefa.

Os product owner e os gerentes também fornecem requisitos relacionados ao negócio para a definição de pronto. Por exemplo, se o negócio necessitar que as features desenvolvidas em cada sprint sejam lançadas para o consumidor final na conclusão do sprint, essa decisão influencia o trabalho em nível de tarefa que a equipe vai realizar (há mais trabalho para colocar features ao vivo em servidores de produção do que para as construir e testar).

No geral, o product owner deve trabalhar com a equipe para garantir que as decisões técnicas com importantes consequências de negócios sejam feitas de uma maneira economicamente sensata. Por exemplo, a equipe Scrum pode decidir coletivamente que é importante ter testes de regressão automatizados (que têm custos e benefícios econômicos), e dessa maneira influenciar o trabalho no nível de tarefa (para criar e rodar um teste automatizado).

Outras decisões são específicas da feature. Frequentemente há um grau de flexibilidade com relação a quanto esforço uma equipe deve exercer numa feature. Por exemplo, aprimorar e polir uma feature pode ser tecnicamente interessante, mas simplesmente não valer o custo extra para o product owner naquele momento, ou mesmo nunca. Reciprocamente, fazer economias num design ou trapacear sobre onde, como ou quando fazemos um teste também têm consequências econômicas que devem ser consideradas (veja a discussão sobre dívida técnica no Capítulo 8). Espera-se que a equipe trabalhe com o product owner para discutir estes trade-offs e fazer escolhas economicamente sensatas.

Quem Faz o Trabalho?

Quem deve trabalhar em cada tarefa? Uma resposta óbvia é a pessoa mais capaz de fazer aquilo da forma mais rápida e correta. E se essa pessoa estiver indisponível? Talvez ela já esteja trabalhando em outra tarefa mais importante, ou talvez ela esteja de licença médica e a tarefa tem de ser feita imediatamente.

Há uma quantidade de fatores que podem e devem influenciar quem vai trabalhar em uma tarefa; é responsabilidade coletiva dos membros da equipe considerar esses fatores e fazer uma boa escolha.

Quando os membros da equipe têm habilidades T-shaped, diversas pessoas na equipe têm a habilidade de trabalhar em cada tarefa. Quando algumas habilidades se sobrepõem, a equipe pode fazer o swarm de pessoas nas tarefas que estejam inibindo o fluxo de um item do product backlog através da sprint execution, tornando a equipe mais eficiente.

Daily Scrum

O daily scrum é uma atividade crítica e diária de inspeção e adaptação para ajudar a equipe a alcançar um fluxo mais rápido e mais flexível em direção a solução. Como discuti no Capítulo 2, o daily scrum é uma atividade de 15 minutos, que acontece uma vez a cada 24 horas. O daily scrum serve como uma atividade diária de inspeção, sincronização e planejamento adaptativo que ajuda uma equipe auto-organizada a fazer melhor seu trabalho.

O objetivo do daily scrum é que as pessoas que estão focadas em alcançar o sprint goal se juntem e compartilhem um quadro geral do que está acontecendo, para que elas possam entender coletivamente quanto trabalho fazer, que itens devem começar a ser trabalhados e como melhor organizar o trabalho entre os membros da equipe. O daily scrum também ajuda a evitar a espera. Se houver um problema que esteja bloqueando o fluxo, a equipe nunca tem de esperar mais do que um dia para o discutir. Imagine se os membros da equipe só se juntassem uma vez por semana — eles negariam a si mesmos os benefícios de um feedback rápido (veja o Capítulo 3). No geral o daily scrum é essencial para o gerenciamento do fluxo.

Performance na Tarefa — Práticas Técnicas

Espera-se que os membros da equipe de desenvolvimento sejam tecnicamente bons naquilo que fazem, não estou dizendo que você precise de uma equipe de superstars para usar o Scrum. Entretanto, trabalhar em iterações curtas e dentro de um timebox, onde há uma expectativa de entregar incrementos potencialmente entregáveis do produto, exerce pressão nas equipes para completar o trabalho com um bom controle sobre a dívida técnica. Se os membros da equipe não tiverem as habilidades técnicas apropriadas, eles provavelmente não vão alcançar o nível de agilidade necessário para entregar valores de negócio sustentáveis a longo prazo.

Se você estiver usando o Scrum para desenvolver software, os membros da equipe precisam ser habilidosos em boas práticas técnicas de desenvolvimento de software. Não estou me referindo a habilidades esotéricas, mas em habilidades que estão em uso há décadas e são essenciais para ser bem-sucedido com o Scrum ou com qualquer abordagem de desenvolvimento de software — por exemplo, integração contínua, testes automatizados, refatoração, desenvolvimento orientado a testes e assim por diante. Hoje, a comunidade ágil se refere a muitas dessas práticas técnicas como Extreme Programming (Beck e Andres 2004), mas a maioria são práticas que são anteriores a esse rótulo (veja a Figura 20.5 para um subconjunto das práticas técnicas do Extreme Programming).

Como um exemplo, considere os testes automatizados, que são necessários para dar suporte a diversas das práticas na Figura 20.5. Equipes de desenvolvimento que não foquem em automatizar seus testes vão rapidamente começar a ficar lentas e arriscar cada vez mais. Em algum ponto, pode levar todo o tempo da sprint execution para manualmente rodar de novo os testes de regressão para as features previamente desenvolvidas. Em tais casos, a equipe pode escolher não rodar de novo todos os testes

Práticas técnicas:
- Desenvolvimento orientado a testes
- Refatoração
- Design simples
- Programação em pares
- Integração contínua
- Propriedade coletiva do código
- Padrões de código
- Metáfora

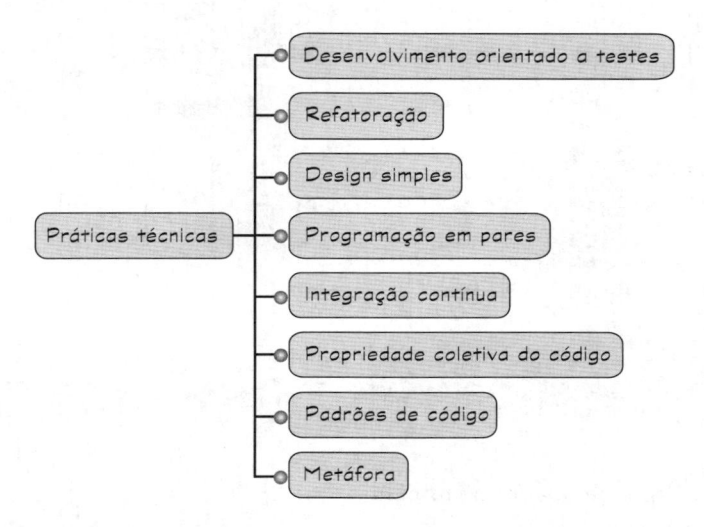

FIGURA 20.5 Subconjunto de práticas técnicas de Extreme Programming

manuais a cada sprint, o que pode permitir que defeitos se propaguem adiante, adicionando à dívida técnica do sistema (risco aumentado). Você não vai ser ágil por muito tempo se não começar a automatizar seus testes.

Argumentos similares podem ser feitos para outras práticas técnicas centrais. A maioria das equipes alcança os benefícios de longo prazo do Scrum apenas se elas também abraçarem práticas técnicas fortes ao realizar o trabalho no nível das tarefas.

Comunicação

Um dos benefícios de trabalhar em timeboxes curtas com equipes pequenas é que você não precisa de gráficos e relatórios complexos para comunicar o progresso! Apesar de qualquer meio altamente visível de comunicação de progresso poder ser usado, a maioria das equipes usa uma combinação de um quadro de tarefas com gráfico de burndown e/ou burnup como seu principal **irradiador de informações**.

Quadro de Tarefas

O **quadro de tarefas** é uma maneira simples mas poderosa de comunicar o progresso no sprint com uma olhada. Formalmente, o quadro de tarefas mostra o estado em evolução do sprint backlog ao longo do tempo (veja a Figura 20.6).

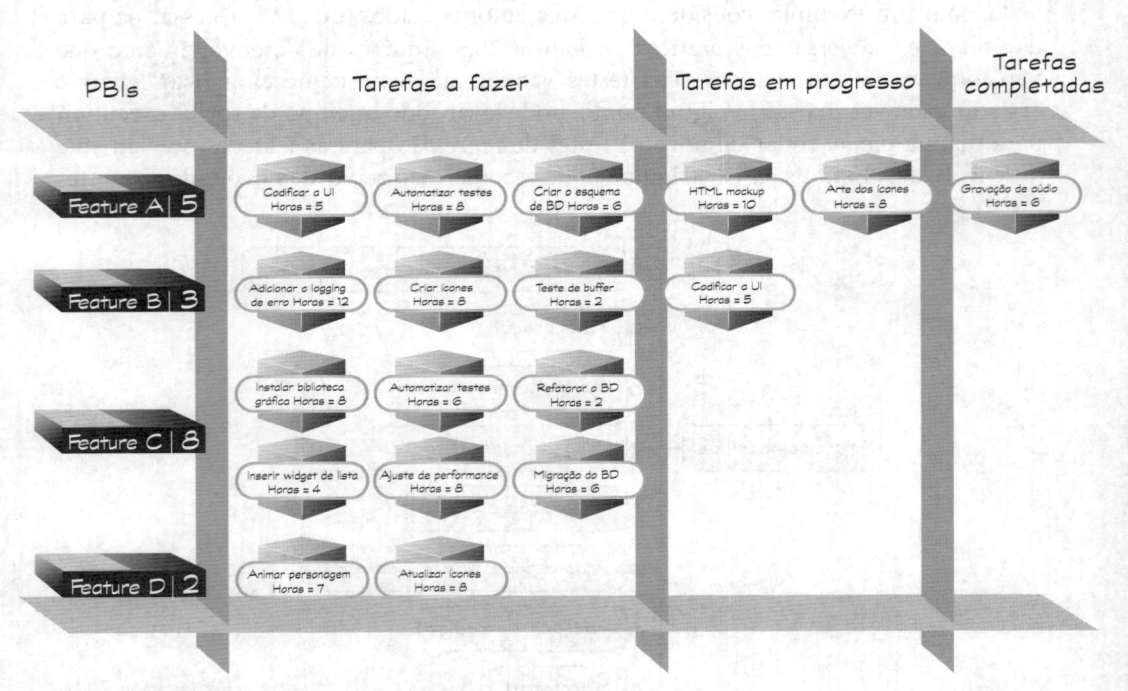

FIGURA 20.6 Exemplo de quadro de tarefas

Nesse quadro de tarefas cada item do product backlog planejado para ser trabalhado durante o sprint é mostrado com o conjunto de tarefas necessárias para completar o item. Todas as tarefas inicialmente começam na coluna "a fazer". Uma vez que a equipe determine que é apropriado trabalhar num item, os membros da equipe começam a selecionar tarefas na coluna "a fazer" para o item e movê-las para a coluna "em progresso", para indicar que o trabalho nessas tarefas começou. Quando uma tarefa for completada, ela é movida para a coluna "completada".

Claro, a Figura 20.6 é apenas um exemplo de como um quadro de tarefas pode ser construído. Uma equipe pode escolher colocar outras colunas em seu quadro de tarefas se ela pensar que seja útil visualizar o fluxo de trabalho através de outros estados. Na verdade, uma abordagem ágil alternativa chamada Kanban (Anderson 2010) usa um quadro detalhado para visualizar o fluxo de trabalho através de seus vários estágios.

Gráfico de Sprint Burndown

A cada dia durante a sprint execution os membros da equipe atualizam a estimativa de quanto esforço resta para cada tarefa incompleta. Poderíamos criar uma tabela para visualizar esses dados. A Tabela 20.1 mostra um exemplo de um sprint de 15 dias que inicialmente tem 30 tarefas (nem todos os dias e tarefas estão mostrados na tabela).

Na Tabela 20.1 o número de horas restantes para cada tarefa segue a tendência geral de ser menor a cada dia durante o sprint — porque há trabalho sendo feito e completado nas tarefas. Se uma tarefa ainda não foi iniciada (ela ainda está na coluna "a fazer" do quadro de tarefas), o tamanho da tarefa pode parecer o mesmo dia após dia até que ela seja iniciada. Claro, uma tarefa pode se mostrar maior do que o esperado, e se for, seu tamanho pode realmente aumentar dia após dia (veja a Tabela 20.1, tarefa 4, dias 4 e 5) ou permanecer no mesmo tamanho mesmo depois que a equipe começou a trabalhar nela (veja a Tabela 20.1, tarefa 1, dias 2 e 3) — seja porque nenhum trabalho ocorreu na

TABELA 20.1 Sprint Backlog com o Esforço Estimado Restante a Cada Dia

Tarefas	D1	D2	D3	D4	D5	D6	D7	D8	D9	...	D15
Tarefa 1	8	4	4	2							
Tarefa 2	12	8	16	14	9	6	2				
Tarefa 3	5	5	3	3	1						
Tarefa 4	7	7	7	5	10	6	3	1			
Tarefa 5	3	3	3	3	3	3	3				
Tarefa 6	14	14	14	14	14	14	14	8	4		
Tarefa 7						8	6	4	2		
Tarefas 8–30	151	139	143	134	118	99	89	101	84		0
Total	200	180	190	175	155	130	115	113	90		0

tarefa no dia anterior, ou porque tenha sido feito trabalho no dia anterior, mas o esforço estimado restante continua o mesmo.

Novas tarefas relacionadas com os itens do product backlog do compromisso também podem ser adicionadas a qualquer momento ao sprint backlog. Por exemplo, no dia 6 na Tabela 20.1, a equipe descobriu que a tarefa 7 estava faltando, então a adicionaram. Não há razão para evitar adicionar uma tarefa ao sprint backlog. Ele representa o trabalho real que a equipe deve fazer para completar um item do product backlog que a equipe concordou em completar. Permitir que tarefas não previstas sejam adicionadas ao sprint backlog não é um buraco para introduzir novo trabalho no sprint. Isso simplesmente reconhece que durante o sprint planning podemos não ser capazes de definir o conjunto completo das tarefas necessárias para projetar, construir, integrar e testar os itens do product backlog do compromisso. Na medida em que, ao se fazer o trabalho, nosso entendimento dele melhora, podemos e devemos ajustar o sprint backlog.

Se plotarmos a linha rotulada "Total" na Tabela 20.1, que é a soma dos esforço-horas restante ao longo de todas as tarefas incompletas de um dado dia, obtemos outro dos artefatos do Scrum para comunicar progresso — o gráfico de sprint burndown (veja a Figura 20.7).

No Capítulo 18 discuti os gráficos de release burndown, onde os números do eixo vertical são story points ou ideal days e os números do eixo horizontal são em sprints (veja a Figura 18.11). Nos gráficos de sprint burndown, os números do eixo vertical são os esforço-horas restantes estimados e os números do eixo horizontal são os dias dentro de um sprint. A Figura 20.7 mostra que temos 200 esforço-horas restantes estimados no primeiro dia do sprint e zero esforço-hora restante estimado no dia 15 (o último dia de um sprint de três semanas). A cada dia atualizamos esse gráfico para mostrar o total estimado de esforço restante ao longo de todas as tarefas não completadas.

Como os gráficos de release burndown, os gráficos de sprint burndown são úteis para rastrear progresso e podem ser usados como um indicador principal para prever

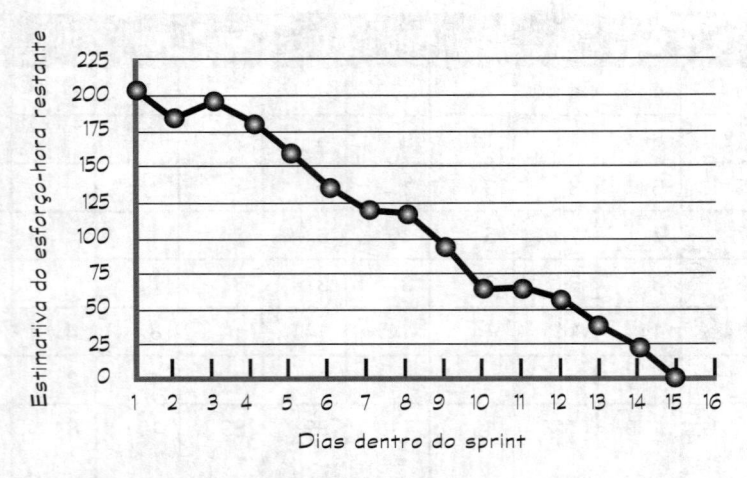

FIGURA 20.7 Gráfico de sprint burndown

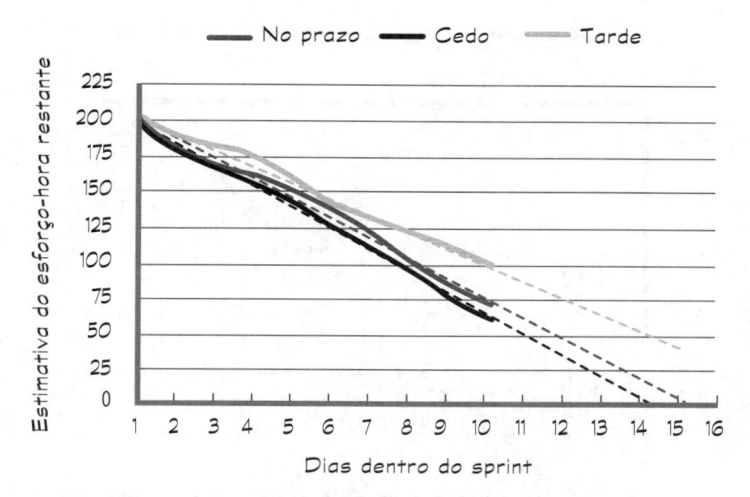

FIGURA 20.8 Gráfico de sprint burndown com linhas de tendências

quando o trabalho vai ser completado. Em qualquer ponto no tempo podemos computar uma linha de tendência baseada nos dados históricos e usar essa linha de tendência para ver quando devemos terminar se o passo e escopo atuais continuarem constantes (veja a Figura 20.8).

Nessa figura, três diferentes linhas de burndown estão superimpostas para ilustrar situações distintas. Quando a linha de tendência intersecta o eixo horizontal perto do fim da duração do sprint, podemos inferir que estamos razoavelmente bem ("No prazo"). Quando ela pousa significantemente para a esquerda, provavelmente devemos dar uma olhada para ver se podemos pegar mais trabalho com segurança ("Cedo"). Mas quando ela pousa significantemente na direita ("Tarde"), isso dá um sinal de que não estamos prosseguindo no passo esperado ou que pegamos muito trabalho (ou ambos!). Quando isso acontece, devemos nos aprofundar para ver o que está por trás dos dados e o que precisa ser feito, se puder. Ao projetar as linhas de tendência, temos outro importante conjunto de dados que é adicionado ao nosso conhecimento de como estamos gerenciando o fluxo dentro do nosso sprint.

O sprint backlog e os gráficos de sprint burndown sempre usam esforço estimado *restante*. Eles não capturam o esforço real feito. No Scrum não há uma necessidade específica de capturar o *real*; entretanto, sua organização pode escolher fazer isso por razões não Scrum, tal como contabilidade de custos ou impostos.

Gráfico de Sprint Burnup

De forma análoga a como o gráfico de release burnup é uma maneira alternativa de visualizar o progresso ao longo de uma release, o gráfico de sprint burnup é uma maneira alternativa de visualizar o progresso ao longo do sprint. Ambos representam quantidade de trabalho completado em direção ao objetivo, o objetivo da release em um caso e o sprint goal no outro.

A Figura 20.9 mostra um exemplo de um gráfico de sprint burnup.

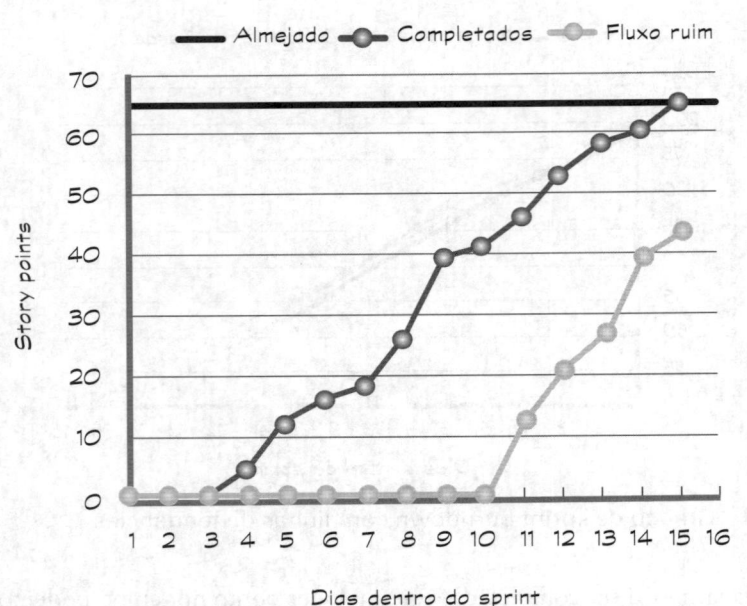

FIGURA 20.9 Gráfico de sprint burnup

Nos gráficos de sprint burnup o trabalho pode ser representado em esforço-horas (como no gráfico de sprint burndown) ou em story points (como mostrado na Figura 20.9). Muitas pessoas preferem usar story points nos seus gráficos de burnup, porque, no fim do sprint, o que realmente importa para a equipe Scrum é que durante o sprint tenha sido completado um trabalho valioso para o negócio, e que ele esteja medido em story points (ou ideal days), não em tarefas/hora.

E também, se medirmos os story points dos itens do product backlog completados, de relance podemos ter uma boa ideia de como o trabalho está fluindo e de como a equipe está completando os itens do product backlog ao longo do sprint. Para ilustrar esse ponto, uma terceira linha (rotulada "Fluxo ruim") é incluída no gráfico de sprint burnup na Figura 20.9 (normalmente essa linha não estaria no gráfico; ela foi adicionada nesse exemplo apenas para comparações). A linha "Fluxo ruim" ilustra com o que o gráfico de burnup pode se parecer se a equipe começar itens do product backlog demais ao mesmo tempo, atrasar a finalização de itens até mais tarde no sprint, falhar em atender o almejado para o sprint por causa da velocidade reduzida por fazer muito trabalho em paralelo, trabalhar em itens do product backlog que são grandes e portanto levam tempo demais para serem finalizados, ou realizar outras ações que resultem num fluxo ruim.

Fechamento

Neste capítulo discuti a sprint execution, que ocupa a maioria do tempo durante um sprint. Enfatizei que a sprint execution não é guiada por um plano completo antecipado que especifique que trabalho vai ser feito, quando ele vai ser feito e quem vai fazê-lo. Em vez disso, a sprint execution é realizada de forma oportuna, tirando proveito das habilidades da equipe, de feedback do trabalho já completado, das circunstâncias imprevisíveis e em evolução do sprint. Isso não significa que a sprint execution seja caótica, mas que ela é guiada pela aplicação de bons princípios de gerenciamento de fluxo, que determinam quanto trabalho fazer em paralelo, que trabalho começar, como organizar o trabalho, quem vai fazer o trabalho e quanto esforço vai ser investido no trabalho. Nesse contexto, discuti o valor da reunião daily scrum como uma atividade importante no gerenciamento de fluxo. Também mencionei a importância de boas práticas técnicas para alcançar altos níveis de agilidade. Concluí discutindo as várias maneiras pelas quais a equipe Scrum pode visualmente comunicar o progresso do sprint através do quadro de tarefas e dos gráficos de sprint burndown e sprint burnup. No próximo capítulo vou discutir a atividade de sprint review que naturalmente vem em sequência da sprint execution.

Capítulo 21
SPRINT REVIEW

Próximo do fim do sprint, a equipe conduz duas atividades importantes de inspeção e adaptação: a sprint review e a sprint retrospective. A sprint review foca no produto em si. A sprint retrospective, por outro lado, olha o processo que a equipe está usando para construir o produto.

Neste capítulo discuto a sprint review — seu propósito, seus participantes e o trabalho necessário para fazê-la acontecer. Concluo tratando de alguns problemas comuns da sprint review.

Visão Geral

Durante o sprint planning planejamos o trabalho. Durante a sprint execution fazemos o trabalho. Durante a sprint review inspecionamos o (e nos adaptamos ao) resultado do trabalho (o incremento potencialmente entregável do produto). A sprint review ocorre próximo do fim de cada ciclo de sprint, logo após a sprint execution e logo antes (ou ocasionalmente depois) da sprint retrospective (veja a Figura 21.1).

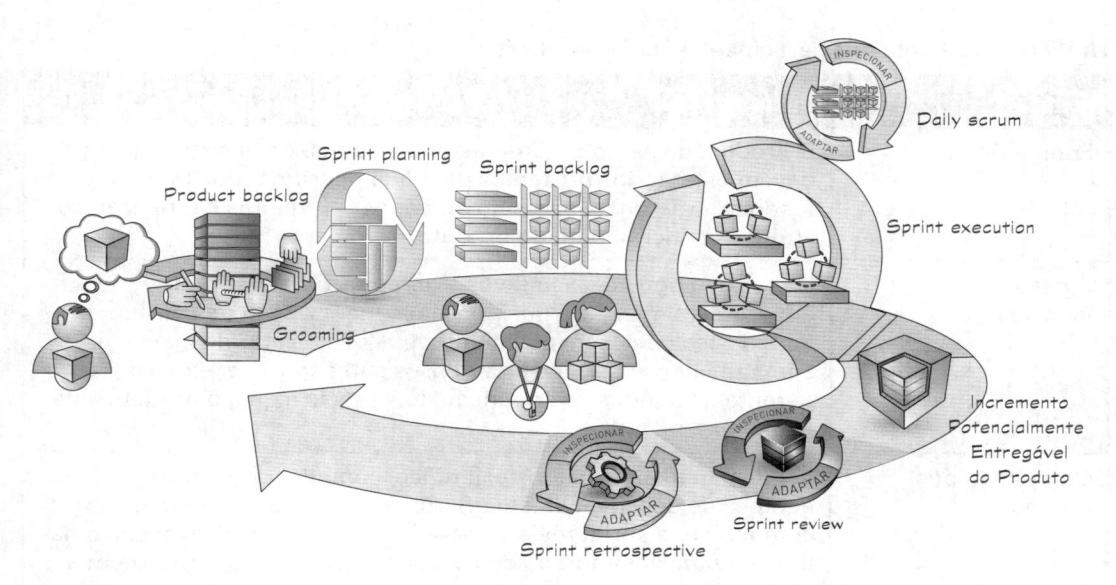

FIGURA 21.1 Quando ocorre a sprint review

A sprint review dá a todos que têm algum input no esforço de desenvolvimento do produto uma oportunidade de inspecionar e adaptar o que foi construído até agora. A sprint review fornece um olhar transparente sobre o estado atual do produto, incluindo quaisquer verdades inconvenientes. É a hora de perguntar, fazer observações ou dar sugestões e ter discussões sobre como prosseguir de forma melhor, dadas as realidades atuais.

Como ela ajuda a garantir que a organização está criando um produto bem-sucedido, a sprint review é um dos loops de aprendizado mais importantes no framework Scrum. E, como os sprints são curtos, esse loop é rápido, o que permite correções de curso frequentes para manter o desenvolvimento do produto se movendo na direção certa. Se, em vez disso, fôssemos deixar esse feedback para muito mais tarde e assumíssemos que tudo está indo de acordo com o plano-base, provavelmente íamos conseguir o que muitos já se acostumaram — surpresa, desapontamento e frustração.

Participantes

A sprint review fornece uma oportunidade importante para que a equipe Scrum receba feedback das pessoas que tipicamente não estão disponíveis em termos diários durante a sprint execution. Para esses indivíduos, a sprint review é a primeira oportunidade deles de ver e discutir o trabalho que foi produzido durante o sprint. Portanto, todas as partes interessadas devem atender à sprint review, que podem vir de uma quantidade de fontes diferentes, como resumido na Tabela 21.1.

TABELA 21.1 Fonte dos participantes da Sprint Review

Fonte	Descrição
Equipe Scrum	O product owner, o ScrumMaster e a equipe de desenvolvimento devem estar todos presentes para que possam todos ter o mesmo feedback e serem capazes de responder perguntas em relação ao sprint e ao incremento do produto.
Stakeholders internos	Donos do negócio, executivos e gerentes devem ver o progresso em primeira mão para que possam sugerir alterações de curso. Para o caso de desenvolvimento de produtos internos, devem comparecer os usuários internos, os subject matter experts e o gerente de operações da função do negócio à qual o produto está relacionado.
Outras equipes internas	Vendas, marketing, suporte, jurídico, compliance e outras equipes de desenvolvimento Scrum e não Scrum podem querer comparecer a sprint reviews para fornecer feedback específico da área ou para sincronizar seus próprios trabalhos de grupo com a equipe Scrum.
Stakeholders externos	Clientes externos, usuários e parceiros podem fornecer um feedback valioso para a equipe Scrum e outros que tenham comparecido.

Todos os membros da equipe Scrum (product owner, ScrumMaster e equipe de desenvolvimento) devem estar presentes em todas as sprint reviews, para que possam descrever o que foi feito, responder questões e aproveitar os benefícios de um feedback em primeira mão.

Stakeholders internos, tais como os donos da área de negócios (que podem estar pagando para que o sistema seja construído), gerência executiva e gerentes de recursos e outros, também devem estar presentes. O feedback deles é essencial para garantir que a equipe esteja progredindo em direção a um resultado economicamente sensato. Além disso, as sprint reviews fornecem uma oportunidade conveniente para aprender o status do esforço de desenvolvimento do produto. E também, para esforços de desenvolvimento internos, os usuários serão internos à organização: uma amostra representativa desses usuários deve estar presente juntamente com subject matter experts que são uma excelente fonte de feedback do que está sendo construído.

Outros na sua organização podem querer estar presentes também. O pessoal de vendas ou especialistas de marketing frequentemente estão. Eles podem ser uma excelente fonte de feedback com relação a se o produto está convergindo para um sucesso no mercado. Outros grupos, tais como suporte, jurídico e de compliance também podem vir nas sprint reviews para ficar a par do progresso da equipe, para fornecer um input oportuno para a equipe e para melhor avaliar quando começar seus próprios trabalhos relacionados.

Outras equipes internas de desenvolvimento em esforços de desenvolvimento relacionados podem enviar representantes para que elas possam entender onde o produto está indo e fornecer qualquer input relevante sobre o que elas estão fazendo e como isso pode impactar o esforço de desenvolvimento atual.

É uma boa ideia pelo menos periodicamente incluir stakeholders externos, tais como clientes reais ou usuários do que a equipe esteja construindo. Com eles na sala, a equipe pode obter feedback direto em vez de feedback indireto via stakeholders internos. Pode não fazer sentido ter stakeholders externos em cada review, especialmente se sabemos que uma review em particular pode envolver algumas discussões internas intensas que são melhor conduzidas apenas com stakeholders internos. Se escolhermos incluir stakeholders externos, a menos que seja apenas um único stakeholder, alguma consideração deve ser dada a qual dos muitos potenciais clientes ou usuários devemos convidar. O senso comum, assim como a sensibilidade aos desejos e personalidades de pessoas específicas devem ser bons guias sobre quem convidar.

Pré-trabalho

Apesar de a sprint review ser uma atividade informal, a equipe Scrum tem algum pré--trabalho mínimo para completar (veja a Figura 21.2).

Esse pré-trabalho inclui determinar quem convidar, agendar a sprint review, confirmar que o trabalho no sprint esteja pronto, preparar para a demonstração na sprint review e decidir quem vai liderar o encontro e quem vai fazer a demonstração.

```
                              ┌─ Determinar quem convidar
                              │
                              ├─ Agendar a atividade
   Pré-trabalho da            │
   sprint review ─────────────┼─ Confirmar que o trabalho do sprint esteja pronto
                              │
                              ├─ Preparar para a demonstração
                              │
                              └─ Determinar quem faz o quê
```

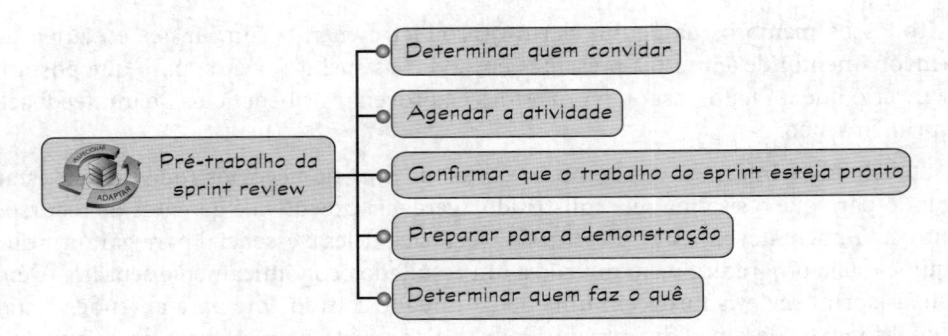

FIGURA 21.2 Pré-trabalho da sprint review

Determinar Quem Convidar

A equipe Scrum primeiro precisa determinar quem deve estar presente na sprint review regularmente. O objetivo é conseguir o conjunto certo de pessoas na sala, para extrair o maior valor possível. A menos que haja uma boa razão para não convidar alguém ou algum grupo, jogue uma rede grande e deixe as pessoas votarem com os pés — se elas estiverem interessadas, elas vão entrar na sala e comparecer à reunião.

Ocasionalmente, a equipe pode precisar restringir a presença. Por exemplo, a equipe pode precisar focar numa certa pessoa ou grupo cujo input seja essencial para revisar o trabalho daquele sprint. Ou a equipe pode estar construindo uma feature para um cliente específico e então não pode convidar o competidor do cliente para essa sprint review.

Se você suspeitar que essas situações possam aparecer, identifique o grupo central que deve ser convidado para cada review e então envie um convite separado para certos grupos ou clientes de acordo com cada sprint.

Agendar a Atividade

A sprint review precisa se agendada (quando, onde, e quanto tempo). Das quatro atividades Scrum necessárias e recorrentes (sprint planning, daily scrum, sprint review e sprint retrospective), a sprint review é a mais difícil de agendar, porque ela inclui muitas pessoas que estão fora da equipe Scrum. As outras três atividades recorrentes envolvem apenas pessoas na equipe Scrum e, portanto, podem ser agendadas de acordo apenas com a conveniência delas.

Para tornar o agendamento mais fácil, comece determinando quando os stakeholders principais (o grupo central que mencionei anteriormente) iriam preferir ter a sprint review — digamos, sextas às 14h — e então agende o resto das atividades do sprint ao redor dessa data fixa. Se, como discuti no Capítulo 4, usarmos sprints de duração consistente (digamos, a cada duas semanas), podemos então agendar todos (ou pelo menos a maioria) os encontros de sprint review usando uma cadência regular (a cada segunda sexta-feira, às 14h). Isso tem o benefício duplo de reduzir custo e a carga administrativa, enquanto aumenta o comparecimento.

Sprint reviews variam em duração dependendo de diversos fatores, incluindo o tamanho do sprint, o tamanho da equipe e se múltiplas equipes estão participando na mesma review. Tipicamente, entretanto, a sprint review não passa de quatro horas. Muitas equipes têm achado muito útil a regra de uma hora por semana de sprint. Em outras palavras, para um sprint de duas semanas, a review não deveria ter mais de duas horas; para um sprint de quatro semanas não deveria levar mais do que quatro horas.

Confirmar que o Trabalho do Sprint Esteja Pronto

Na sprint review, permite-se que a equipe apresente apenas o trabalho completado — trabalho que atenda a definição de pronto. (Veja o Capítulo 4 para mais sobre esse tópico.) Isso implica, então, que em algum momento *antes* da sprint review, alguém determinou se cada item do product backlog está ou não pronto; caso contrário, como a equipe Scrum iria saber que itens apresentar?

Em última instância é responsabilidade do product owner determinar se o trabalho está pronto ou não. Como mencionei no Capítulo 9, o product owner deveria ficar realizando revisões just-in-time de itens do product backlog à medida que eles se tornarem disponíveis durante a sprint execution. Dessa maneira, na hora que a sprint review acontecer, a equipe sabe que itens estão completos.

Nem todos concordam que o product owner deva revisar o trabalho antes da sprint review. Alguns praticantes discutem que o product owner deve revisar e formalmente aceitar o trabalho apenas durante a sprint review. Eles acreditam que se for permitido que o product owner revise o trabalho durante o sprint, ele pode pedir mudanças que vão além de uma clarificação — mudanças alteradoras de objetivo que vão desestabilizar a sprint execution (veja o Capítulo 4).

Esse é um risco potencial, mas os benefícios do product owner fazer as revisões antecipadas (o feedback rápido) são muito maiores do que qualquer lado negativo. Além disso, se o product owner vir o trabalho da equipe pela primeira vez na reunião de sprint review, ele o viu muito tarde. O product owner deve estar disponível durante a sprint execution para responder a questões e clarificar itens do product backlog. Enquanto cumpre essas obrigações, o product owner deve também revisar o progresso contínuo que a equipe está fazendo e dar um feedback crítico no momento sobre o qual a equipe possa atuar de maneira oportuna e econômica. Atrasar esse feedback até a sprint review criaria um trabalho desnecessário e provavelmente frustraria a equipe ("Por que você não falou isso durante o sprint, quando podíamos ter consertado isso facilmente?"). Também poderia potencialmente irritar os stakeholders ("Essa feature seria potencialmente entregável se você tivesse tratado dessas coisas durante o sprint!").

Além disso, entretanto, um product owner que rejeita ou questione o trabalho durante a sprint review pode parecer que não está na mesma página que o resto da equipe Scrum. Essa desconexão pode parecer para os stakeholders como o velho e adversário problema do 'nós versus eles'. O product owner e a equipe de desenvolvimento estão na mesma equipe Scrum e devem parecer como uma equipe unificada durante a sprint review.

Preparar para a Demonstração

Como todo o trabalho que a equipe apresenta na sprint review está pronto (potencialmente entregável), ele não deve precisar de muito trabalho preparatório para ser demonstrado. O objetivo é dar transparência para que se inspecione e se adapte o produto, e não criar uma produção hollywoodiana para criar excitação.

A sprint review deve ser uma reunião informal com pouca cerimônia e alto valor. Gastar muito tempo para criar uma apresentação de PowerPoint dificilmente parece justificável. E, também, eu ficaria preocupado se eu chegasse em uma sprint review para ver um software funcional e em vez disso visse uma apresentação de PowerPoint. Eu pensaria, "Esses caras realmente estão prontos? Por que eles não simplesmente me mostram o que criaram?"

A maioria das equipes tem uma regra de não gastar mais de trinta minutos a uma hora por semana de sprint para se prepararem para a sprint review. Além disso, muitos também concordam em mostrar apenas aqueles artefatos que foram produzidos como consequência de se alcançar o sprint goal.

Claro, podem haver exceções a essa regra. Trabalhei com uma organização que desenvolvia sistemas num contrato com o exército dos EUA. Na maioria das vezes, os empregados do governo (dos escalões burocráticos) compareciam às sprint reviews. Ocasionalmente, entretanto, o general dos EUA a cargo agendava para comparecer à sprint review. Nestes casos, a equipe compreensivelmente investia um pouco mais de tempo nas preparações!

Determinar Quem Faz o Quê

Antes da sprint review, a equipe precisa decidir quem na equipe Scrum vai facilitar a review e quem vai demonstrar o trabalho completado. Tipicamente o ScrumMaster facilita, mas o product owner pode iniciar as coisas ao dar as boas vindas aos membros da comunidade de stakeholders e fornecer uma sinopse dos resultados do sprint. E com relação à demonstração do trabalho completado, prefiro que todos os membros da equipe de desenvolvimento tenham uma oportunidade em alguma sprint review de ir e demonstrar, em vez de a mesma pessoa sempre dominar a demonstração a cada sprint review. Entretanto, tento não me preocupar tanto com quem vai fazer essas coisas. Eu deixo a equipe Scrum fazer essa determinação, com o objetivo de maximizar os benefícios da atividade de sprint review.

Abordagem

A Figura 21.3 ilustra a atividade sprint review.

Os inputs da sprint review são o sprint backlog e/ou o sprint goal e o incremento potencialmente entregável do produto que a equipe realmente produziu.

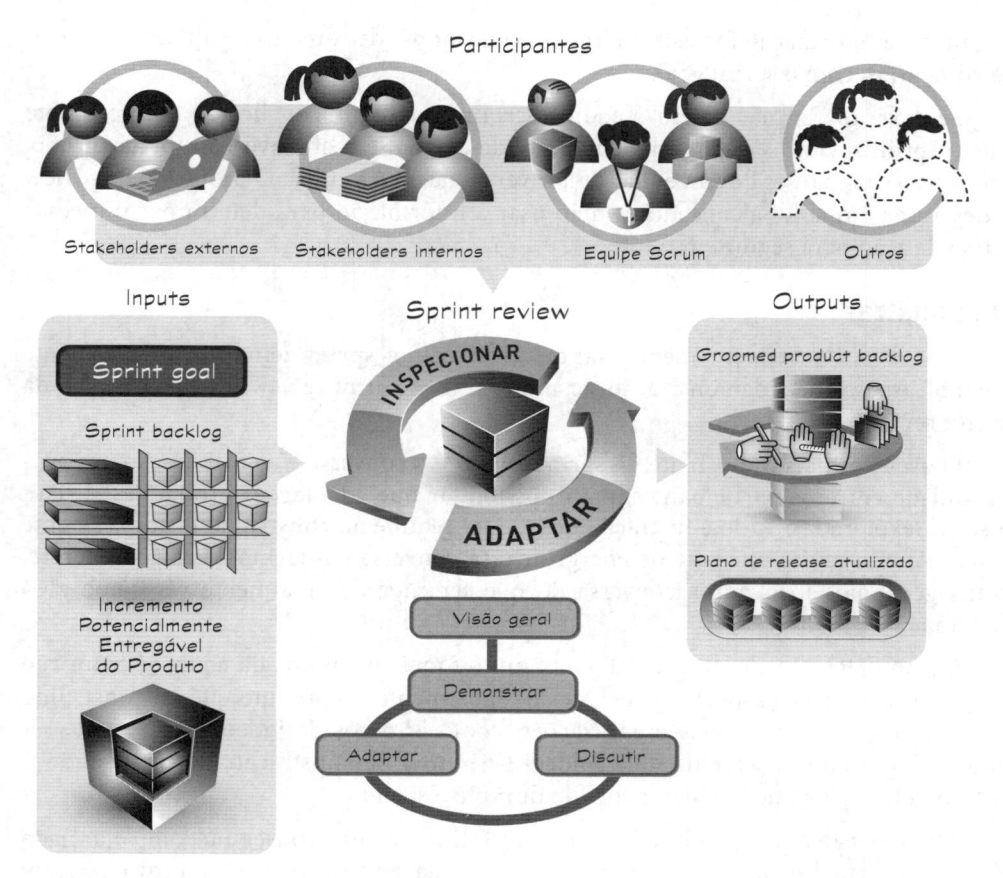

FIGURA 21.3 Atividade de sprint review

Os outputs da sprint review são um product backlog onde foi feito o grooming e um plano atualizado da release.

Uma abordagem comum ao se conduzir a sprint review inclui fornecer um resumo ou sinopse do que foi feito e do que não foi feito com relação ao sprint goal, demonstrar o incremento potencialmente entregável do produto, discutir o estado atual do produto e adaptar a direção futura do produto.

Resumir

A sprint review inicia com um membro da equipe Scrum (frequentemente o product owner) apresentando o sprint goal, os itens do product backlog associados com o sprint goal e uma visão geral do incremento de produto que foi realmente alcançado durante o sprint. Essa informação fornece um resumo ou sinopse de como os resultados do sprint se comparam com o sprint goal.

Se os resultados não batem, a equipe Scrum fornece uma explicação. É importante que o sprint review seja um ambiente livre de culpa. Se o objetivo não foi alcançado, todos os participantes devem evitar tentar ver de quem é a culpa. O propósito da review é descrever o que foi alcançado e então usar a informação para determinar o melhor curso de ação para seguir em frente.

Demonstrar

A sprint review é frequentemente mal rotulada como "**sprint demo**" ou simplesmente "demo". Apesar de a demonstração ser muito útil na sprint review, ela não é o alvo da sprint review.

O aspecto mais importante da sprint review é a conversa e a colaboração em profundidade entre os participantes, para possibilitar que adaptações produtivas surjam e sejam exploradas. A demonstração do que foi realmente construído é simplesmente uma maneira muito eficiente de energizar essa conversa em termos de algo concreto. Nada gera mais foco numa conversa do que ser capaz de realmente ver como algo funciona.

Como determinado no pré-trabalho, um ou mais membros da equipe Scrum vão demonstrar todos os aspectos relevantes do incremento do produto que foi construído durante o sprint. Em certas organizações, como estúdios de vídeo games, pode ser ainda mais efetivo deixar os stakeholders fazerem a demonstração, talvez jogando o incremento do jogo que foi desenvolvido durante o sprint.

Mas e se não houver nada a demonstrar? Se a equipe não conseguiu completar nada e não houver realmente coisa alguma a ser mostrada, a sprint review vai provavelmente se focar no porquê nada foi feito e como o trabalho futuro vai ser afetado pela falta de progresso durante aquele sprint. Se, por outro lado, o que foi construído não puder ser facilmente demonstrado, temos um problema diferente. Suponha, por exemplo, que a equipe fez um trabalho de desenvolvimento arquitetural nesse sprint (construiu "código-base"). Nesse caso, a equipe de desenvolvimento pode argumentar que demonstrar código-base não faz sentido ou não é prático. Essa afirmação, entretanto, quase nunca é verdade. Aqui está o porquê.

Para a equipe trabalhar exclusivamente em "código-base", ela teve que convencer o product owner a permitir apenas itens técnicos do product backlog nesse sprint. Como discuti no Capítulo 5, se o product owner permitiu tais itens, ele deve ter entendido o valor de fazer esse trabalho e também deve saber como determinar se o trabalho foi completado. E, também, a maioria das equipes vai incluir na sua definição de ready que a equipe Scrum entenda como demonstrar o item na sprint review.

No mínimo, a equipe deve ter algum conjunto de testes para demonstrar que o trabalho esteja pronto aos olhos do product owner. Esses testes devem ter passado, porque a equipe pode mostrar apenas trabalhos completos na sprint review. Então, no mínimo, a equipe pode usar esses testes para a demonstração na sprint review. Usualmente, se os membros da equipe pensarem um pouco, eles podem fazer muito melhor. O fato de que algo seja difícil de demonstrar não é uma desculpa válida para excluir da demonstração.

Discutir

Demonstrar o incremento do produto se torna o ponto focal para se ter uma conversa em profundidade. Observações, comentários e discussões razoáveis com relação ao produto e à direção são fortemente encorajados entre os participantes. A sprint review, entretanto, não é o lugar para a resolução de problemas profundos: esse tipo de trabalho deve ser adiado para outra reunião.

Uma discussão vigorosa permite que os participantes que não são da equipe Scrum façam perguntas, entendam o estado atual do produto e ajudem a guiar sua direção. Ao mesmo tempo, os membros da equipe Scrum ganham uma apreciação profunda pelo lado de negócios e marketing do produto ao receber um feedback sobre a convergência do produto em direção a clientes e usuários deslumbrados.

Adaptar

Através de demonstração e discussão, a equipe é capaz de fazer e responder perguntas, incluindo as seguintes:

- Os stakeholders gostam do que estão vendo?
- Eles querem ver mudanças?
- O que estamos construindo ainda é uma boa ideia no mercado ou para nossos clientes internos?
- Estamos esquecendo features importantes?
- Estamos superdesenvolvendo/investindo em uma feature de que não precisamos?

Fazer e responder a essas perguntas fornece inputs sobre como adaptar o product backlog e os planos de release.

Descrevi no Capítulo 6 como a maioria das equipes faz algum grooming como parte da sprint review. Como todos os envolvidos ganham um melhor entendimento do esforço corrente de desenvolvimento e onde ele está indo, novos PBIs são frequentemente criados, ou PBIs existentes são repriorizados ou deletados se eles não forem mais necessários. Esse grooming pode afetar o que a equipe vai trabalhar no próximo sprint.

E, também, como descrevi no Capítulo 18, o grooming que acontece durante a sprint review pode também afetar os planos de release de escopo mais amplo. Por exemplo, baseados na discussão e nas conclusões da sprint review, podemos decidir alterar uma das variáveis-chave do planejamento da release: escopo, data ou orçamento. Talvez, por exemplo, ao revisar o incremento corrente do produto decidamos parar de trabalhar em uma feature principal do produto (mudança de escopo). Essa decisão vai necessariamente afetar o plano de release atual.

A sprint review nos dá uma oportunidade de identificar maneiras de adaptar e de responder a mudanças, quando ainda é viável fazer isso — no fim de cada sprint.

Problemas na Sprint Review

Sprint reviews, entretanto, não são livres de problemas. Tendo trabalhado com muitas organizações usando o Scrum, percebi diversos problemas comuns em sprint reviews, incluindo aqueles relacionados com sign-offs, falta de audiência e projetos grandes.

Sign-offs

Sign-offs podem ser problemáticos em sprint reviews. A primeira pergunta a se fazer é se as sprint reviews são o local apropriado para fazer o sign-off (aprovar) itens do product backlog. Como mencionei previamente, antes mesmo de a sprint review começar, o product owner deve revisar o trabalho para determinar se ele está pronto (atende a definição de pronto que foi estabelecida). A sprint review, portanto, não deve ser um evento formal de sign-off ou aprovação; em vez disso, os itens do product backlog devem já estar "aprovados" pelo product owner antes de a sprint review começar.

Digamos, entretanto, que durante o sprint review um stakeholder de nível sênior não concorde — ele acredita que o item do product backlog não está pronto. Mesmo esse feedback sendo valioso, eu ainda diria que se o product owner declarou que o trabalho original está pronto, ele está pronto. No Capítulo 9 eu discuti como o product owner tem que ser o ponto central empoderado de liderança do produto. Para que isso seja verdade, o product owner deve estar numa posição de definitivamente aprovar ou rejeitar trabalho e não pode ter essa autoridade tirada por um participante da sprint review — não importando o quão sênior ele seja.

Isso não significa que o product owner deva ignorar comentários sobre uma feature não atender às expectativas de um stakeholder. Quando isso ocorre, o curso de ação apropriado é agendar uma mudança na feature ao criar um novo item do product backlog para refletir o comportamento desejado pedido pelo stakeholder sênior e inserir esse item no product backlog para ser trabalhado em um sprint futuro. O product owner deve também investigar para determinar por que ele se desconectou dos stakeholders em relação a esta user story e fazer ajustes para prevenir futuros mal entendidos.

Audiência Esporádica

A sprint review precisa ser vista como uma atividade de inspeção e adaptação crítica, uma que valha o tempo das pessoas. Ainda assim, algumas organizações sofrem de audiência esporádica.

Uma das causas mais comuns de audiência esporádica é que os stakeholders têm tanto a fazer que outros compromissos de "maior prioridade" impedem que eles atendam às sprint reviews. Esse é um forte indicador de disfunção organizacional — ter tanto trabalho concorrente que os stakeholder não conseguem atender a todos seus compromissos. Em tais situações, recomendo que as organizações parem de trabalhar em produtos de baixa prioridade até que eles sejam importantes o suficiente para que os stakeholders compareçam às sprint reviews. Se esse dia nunca chegar, estes produtos de baixa prioridade, relativos a outros produtos no portfólio, simplesmente não são valiosos o suficiente para se trabalhar neles.

Algumas vezes a audiência esporádica é o resultado de não se acreditar que a equipe Scrum possa produzir algo que valha a pena revisar em algumas semanas. Isso é essencialmente verdade quando a organização começa a usar o Scrum. Os stakeholders estão acostumados com períodos mais longos entre as reviews, e as reviews a que eles compareceram até aqui têm sido desapontadoras.

A melhor maneira de tratar desse problema é realmente construir incrementos potencialmente entregáveis do produto que sejam valiosos para o negócio a cada sprint. Quando a equipe faz isso, a maioria das pessoas percebe que essas reviews frequentes valem o tempo delas e lhes permite dar um feedback rápido que a equipe Scrum pode realmente usar.

Grandes Esforços de Desenvolvimento

Se você tem um grande esforço de desenvolvimento com múltiplas equipes Scrum, pode fazer sentido considerar fazer uma sprint review conjunta. Isso é simplesmente uma review que inclua o trabalho completado de múltiplas equipes altamente relacionadas.

Há diversos benefícios nessa abordagem. Primeiro, os stakeholders têm que comparecer apenas a uma sprint review em vez de muitas. Segundo, se o trabalho deve ser integrado, faz sentido que a review se foque no trabalho integrado, não numa coleção de incrementos individuais. Para alcançar esse objetivo, todas as equipes precisam garantir que suas definições de pronto incluam testes de integração, como elas já deviam incluir de qualquer jeito.

O lado ruim de uma reunião conjunta de reviews com mais de uma equipe é que ela provavelmente vai levar mais tempo e pode precisar de uma sala maior do que uma equipe precisaria.

Fechamento

Neste capítulo enfatizei o propósito da sprint review como um loop de feedback crítico durante o desenvolvimento Scrum. A sprint review envolve um conjunto diverso de participantes, cujo objetivo é inspecionar e adaptar o produto corrente. Apesar de a sprint review ser uma atividade informal, a equipe Scrum faz um mínimo de preparação para garantir um resultado saudável e produtivo. Durante a sprint review, a equipe Scrum fornece uma sinopse do que aconteceu e do que foi conseguido durante o sprint. Ela também fornece uma demonstração do incremento do produto que foi produzido durante o sprint. Acontece uma discussão vigorosa entre os participantes: perguntas, observações e sugestões são altamente encorajadas. Baseado nessa discussão, vai ser feito o grooming do product backlog e o plano de release vai ser atualizado.

No capítulo seguinte vou focar na atividade de inspeção e adaptação do processo, a sprint retrospective.

Capítulo 22
SPRINT RETROSPECTIVE

O Scrum dá duas oportunidades de inspeção e adaptação no fim de cada sprint: a sprint review e a sprint retrospective. No capítulo anterior discuti a sprint review, onde a equipe e os stakeholders inspecionam o produto em si. Agora vamos voltar nossa atenção para a sprint retrospective, onde a equipe Scrum examina o processo usado para construir o produto.

Começo com uma visão geral da proposta e dos participantes de uma sprint retrospective. Então descrevo o pré-trabalho e as atividades principais associadas a ela, a mais importante das quais ocorre depois da sprint retrospective, quando os participantes realmente aplicam as melhorias que identificaram.

Visão Geral

No prefácio de seu livro *Project Retrospectives*, Norm Kerth, o fundador do movimento moderno sobre retrospectivas, resume a proposta de uma retrospectiva citando uma passagem de Winnie the Pooh (Kerth 2001):

> *Aqui está Edward Urso, descendo as escadas agora, bump, bump, bump, bump, na parte de trás da sua cabeça, atrás de Christopher Robin. É, tanto quanto ele saiba, a única maneira de descer as escadas, mas algumas vezes ele sente que há outra maneira, se ele simplesmente conseguisse parar de bater a cabeça por um momento e pensar nela.*

As sprint retrospectives dão à equipe Scrum inteira uma oportunidade de parar de bater cabeça por um momento e pensar (veja a Figura 22.1). Dentro do timebox da retrospectiva, as equipes são livres para examinar o que está acontecendo, analisar a maneira como elas trabalham, identificar maneiras de melhorar e fazer planos para implementar essas melhorias. Qualquer coisa que afete como a equipe cria o produto está aberta ao escrutínio e à discussão, incluindo processos, práticas, comunicações, ambiente, artefatos, ferramentas e assim por diante.

A sprint retrospective é uma das mais importantes e menos apreciadas práticas do framework Scrum. Ela é importante porque dá à equipe uma chance de personalizar o Scrum para suas circunstâncias únicas. Não é tão apreciada porque algumas pessoas têm a visão errada de que ela perde um tempo que poderia estar sendo usado para fazer trabalho "real" de design, construção e testes.

A sprint retrospective é um contribuidor crucial para a contínua melhoria que o Scrum oferece. E enquanto algumas organizações podem esperar para fazer uma retrospectiva até o final de um grande esforço de desenvolvimento, equipes Scrum fazem

FIGURA 22.1 Edward Urso ilustrando a necessidade de uma retrospectiva

sprint retrospectives em todos os sprints (veja a Figura 22.2), permitindo que as equipes tirem proveito dos insights e dos dados antes de eles serem perdidos.

Como uma equipe Scrum se reúne no fim de cada sprint para inspecionar e adaptar seu processo Scrum, ela pode aplicar um aprendizado antecipado e incremental ao longo do processo de desenvolvimento e, sendo assim, afetar significativamente o resultado do projeto.

No resto deste capítulo, descrevo uma abordagem detalhada para a realização de sprint retrospectives. Entretanto, não deixe os detalhes enganarem você em acreditar que uma sprint retrospective seja um processo pesado e formal. Ela pode ser tão simples quanto os membros da equipe Scrum se juntando para discutir questões como:

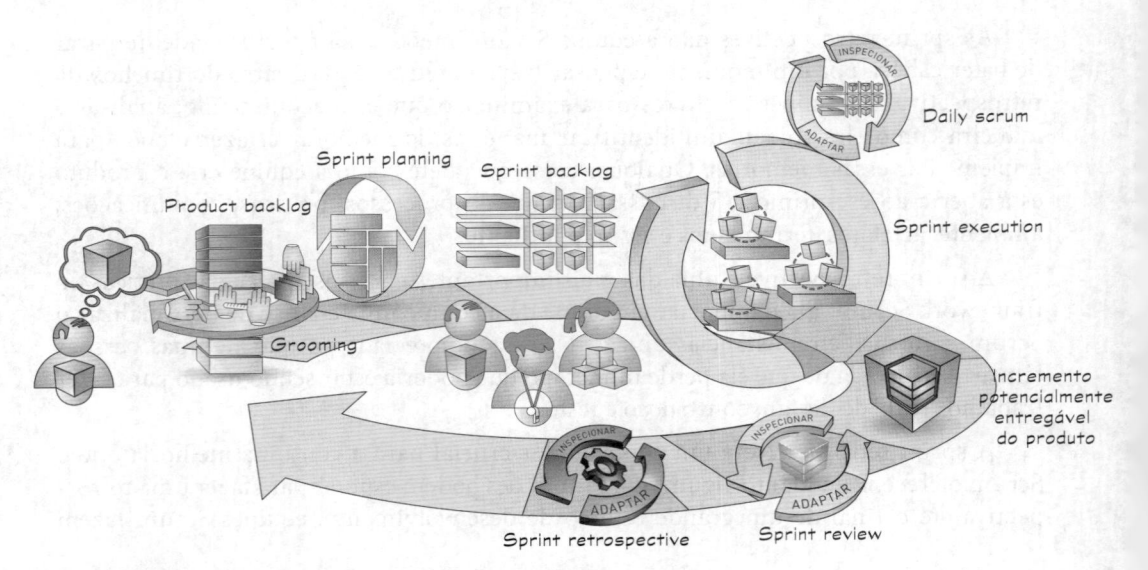

FIGURA 22.2 Quando acontece a sprint retrospective

- O que funcionou bem nesse sprint e que queremos continuar fazendo?
- O que não funcionou bem nesse sprint e que devemos parar de fazer?
- O que deveríamos começar a fazer ou melhorar?

Baseados nessas discussões, os membros da equipe determinam algumas mudanças acionáveis a serem feitas e então seguem com o sprint seguinte com um processo incrementalmente melhorado.

Participantes

Como a sprint retrospective é um momento para refletir sobre o processo, precisamos que a equipe Scrum inteira compareça. Isso inclui todos os membros da equipe de desenvolvimento, o ScrumMaster e o product owner. A equipe de desenvolvimento inclui quem está projetando, construindo e testando o produto. Coletivamente, estes membros da equipe têm um rico e diverso conjunto de perspectivas que são essenciais para identificar melhorias no processo a partir de múltiplos pontos de vista.

O ScrumMaster comparece, tanto porque ele é uma parte integral do processo e também porque ele é uma autoridade no processo para a equipe Scrum (veja o Capítulo 10). Ser uma autoridade não significa que o ScrumMaster deva dizer para a equipe como ela deve mudar seu processo. Em vez disso, significa que ele pode apontar onde a equipe não está aderindo ao processo que ela concordou em seguir e também que ele é uma fonte valiosa de conhecimento e ideias para a equipe.

Alguns discutem que ter o product owner na retrospectiva pode inibir a equipe de ser completamente honesta ou de revelar questões difíceis. Enquanto isso pode ser um risco em algumas organizações, o product owner é uma parte crítica do processo Scrum e como tal deve ser parte das discussões sobre o processo. Se há uma falta de confiança entre o product owner e a equipe de desenvolvimento, ou há um baixo nível de segurança, de forma que falar honestamente não seja confortável, talvez o product owner não deva comparecer até que o ScrumMaster possa fazer o coach daqueles envolvidos para criar um ambiente mais seguro e de confiança.

Assumindo que confiança e segurança estejam no lugar, um product owner efetivo é crítico para alcançar um fluxo rápido e flexível de valor de negócio e, portanto, deve participar da sprint retrospective. Por exemplo, o product owner é o canal ou conduíte através do qual os requisitos fluem para a equipe. E se algo estiver errado com como os requisitos estão fluindo pelo processo Scrum? Talvez o grooming dos PBIs não esteja bem feito no início do sprint planning. Em tais casos, seria difícil para a equipe Scrum fazer o brainstorm de potenciais melhorias no processo se o product onwer estiver ausente da retrospectiva.

Os stakeholders e os gerentes que não estejam na equipe Scrum, por outro lado, devem comparecer à retrospectiva apenas se convidados pela equipe Scrum. Apesar de a transparência ser um valor central do Scrum, a realidade é que muitas organizações ainda não alcançaram um nível de segurança para suportar membros não Scrum comparecendo regularmente nas retrospectivas. Os membros da equipe devem se sentir seguros de que estão ali para ter uma discussão aberta e honesta sem se sentirem inibidos por estranhos. Se a equipe não se sentir segura o suficiente para revelar os problemas reais porque estranhos estão presentes, a retrospectiva vai perder sua efetividade.

Pré-trabalho

Antes da sprint retrospective há algum pré-trabalho a ser feito (veja a Figura 22.3).

Para sprints de curta duração ou para equipes que estejam usando um bem praticado formato simples de retrospectiva, esse pré-trabalho não deve precisar de muito tempo, se precisar.

Definir o Foco da Retrospectiva

Cada sprint retrospective deve ter um foco bem definido. O foco padrão é revisar todos os aspectos relevantes do processo que a equipe Scrum usou durante o sprint corrente. Entretanto, há vezes quando a equipe pode selecionar um foco diferente para a retrospectiva, baseada no que seja correntemente importante para a equipe e onde ela quer que as coisas sejam melhoradas. Por exemplo:

- Focar em como melhorar nossas habilidades com o desenvolvimento orientado a testes (TDD — test-driven development).
- Focar em por que construímos o que achamos que o cliente quer, mas quando eles veem, parece que frequentemente acreditam que não entendemos os desejos deles ou esquecemos uma faceta importante do requisito.

Estabelecer e comunicar o foco antes de começar a retrospectiva permite que a equipe Scrum determine se alguns membros não Scrum da equipe devem ser convidados. Além disso, saber o foco antes do início da retrospectiva permite que a equipe selecione exercícios de retrospectiva apropriados e dê às pessoas tempo para coletar e preparar quaisquer dados necessários para garantir uma performance tranquila da retrospectiva.

Ter a habilidade de definir um foco específico pode ajudar equipes Scrum de longa duração e alta performance a extrair um valor mensurável das sprint retrospectives. Por exemplo, em uma organização aonde fiz coach havia uma equipe Scrum madura

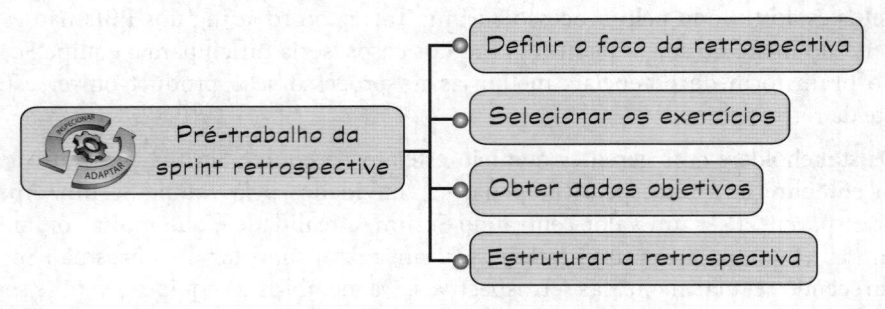

FIGURA 22.3 Pré-trabalho da sprint retrospective

que vinha trabalhando junta e bem há quase três anos. Eles já tinham passado juntos por dúzias de sprints. Eles estavam começando a sentir que fazer sprint retrospectives focadas no sprint que tinha acabado frequentemente tinha pouco valor. Um membro da equipe disse: "Durante muito tempo as sprint retrospectives pareciam indispensáveis e agora elas frequentemente parecem processo pelo processo em si." O que acabamos fazendo foi realizar sprint retrospectives menores e mais focadas que permitiam à equipe e aos convidados externos se aprofundarem em questões muito específicas, indo fundo na análise da causa raiz. O resultado foi que a equipe continuava a aprender e melhorar apesar da sua considerável experiência com o Scrum. Sempre há espaço para crescimento; pode ser que venha a necessitar de uma retrospectiva mais focada para descobrir.

Selecionar os Exercícios

Uma vez estabelecidos o foco e os participantes da retrospectiva, podemos determinar que exercícios podem ajudar os participantes a se engajarem, pensarem, explorarem e decidirem juntos. Uma típica retrospectiva inclui os seguintes exercícios:

- Criar e minerar uma timeline de eventos do sprint.
- Fazer brainstorm de insights.
- Agrupar e votar nos insights.

Entretanto, podemos escolher variar esses exercícios para apoiar um foco particular ou um conjunto de participantes. Podemos também decidir tentar novos exercícios para manter as coisas frescas. Veja *Project Retrospectives* (Kerth 2001) e *Agile Retrospectives* (Derby e Larsen 2006) para exercícios adicionais.

Os participantes não têm que decidir exatamente que exercícios usar durante o pré-trabalho. Na verdade, pode ser melhor selecionar alguns exercícios de uma maneira just-in-time durante a retrospectiva, baseados no que os participantes acharem que seja melhor. Ao mesmo tempo, alguns exercícios, especialmente aqueles que requerem dados e suprimentos, são melhor determinados durante o pré-trabalho. Esteja preparado, mas se mantenha flexível.

Coletar Dados Objetivos

Como a sprint retrospective é realizada em um período de tempo curto e focado (muitas equipes estabelecem uma timebox), qualquer trabalho de coleta de dados necessários deve ser feito antes de a retrospectiva começar.

Sabemos tanto o foco quanto as opções de exercícios para a retrospectiva, então devemos ter uma boa ideia de que dados objetivos devem ser coletados, se tiverem. Dados objetivos são dados sólidos (não opiniões), tais como que eventos ocorreram e quando, ou contagens do número de PBIs que foram iniciados mas não concluídos, ou o gráfico de feature burnup para o sprint, ilustrando o fluxo do trabalho completado. Nesse ponto, não estamos organizando ou analisando dados; estamos apenas coletando para que estejam disponíveis durante a retrospectiva.

Estruturar a Retrospectiva

Como com as sprint reviews, as retrospectivas acontecem no fim de cada sprint, frequentemente na sequência da sprint review e geralmente devem recorrer no mesmo local, dia e hora a cada sprint. Entretanto, ao contrário das sprint reviews, você pode variar ocasionalmente o local, data e hora de uma dada retrospectiva para melhor servir seu foco, ou quaisquer participantes não Scrum da equipe, ou exercícios específicos que você esteja planejando fazer. É por isso que gosto de revisar a estrutura da retrospectiva como parte do pré-trabalho.

O exato tamanho da retrospectiva é influenciado por fatores tais como quantas pessoas estão na equipe, quão nova é a equipe, se alguns dos membros da equipe estão localizados remotamente e assim por diante. Na minha experiência, as equipes novas no Scrum têm uma tendência a separar muito pouco tempo para suas retrospectivas. É difícil ter uma sprint retrospective significativa em menos de 60 minutos. Como regra, usualmente separo 1 hora e meia para a sprint retrospective, quando uso sprints de duas semanas, e proporcionalmente mais, quando uso sprints mais longas.

A equipe Scrum deve escolher um local para a sprint retrospective que seja mais condutivo de alcançar um resultado bem-sucedido. Algumas equipes preferem ter suas retrospectivas na área padrão da equipe, onde seus gráficos grandes estejam localizados. Isso lhes dá um acesso fácil a uma enormidade de informações relevantes. Outros preferem se encontrar longe da área padrão da equipe, talvez para introduzir um ambiente com menos saturação emocional, onde as pessoas possam se sentir menos inibidas e mais propensas a falar abertamente. E, de novo, o local não importa tanto quanto o fato de que você esteja se reunindo em um ambiente seguro onde os membros da equipe se sintam livres para falarem sem receio.

Apesar de o ScrumMaster frequentemente agir como facilitador (e ser bastante efetivo) da sprint retrospective, qualquer membro capaz da equipe pode preencher o papel de facilitador da retrospectiva. Há vezes também quando trazer um facilitador externo, habilidoso e neutro pode ser a melhor solução para ajudar os membros da equipe ou a começarem a fazer retrospectivas ou ajudá-los numa retrospectiva particularmente difícil ou sensível, onde um facilitador interno, intimamente alinhado possa ser menos bem-sucedido. Alternativamente, em organizações com múltiplas equipes Scrum com ScrumMasters diferentes, frequentemente é útil e esclarecedor para todos os envolvidos ter o ScrumMaster de uma equipe Scrum facilitando a retrospectiva de uma equipe Scrum diferente. Devemos estabelecer quem vai facilitar a retrospectiva durante o pré-trabalho.

Abordagem

A Figura 22.4 ilustra a atividade de sprint retrospective.

Os inputs da sprint retrospective incluem o foco estabelecido para a retrospectiva e quaisquer exercícios e materiais que a equipe possa decidir usar durante a retrospectiva. Além disso, a maioria das retrospectivas requer pelo menos alguns dados objetivos previamente coletados. E um input que todos vão trazer sem erro são seus próprios dados

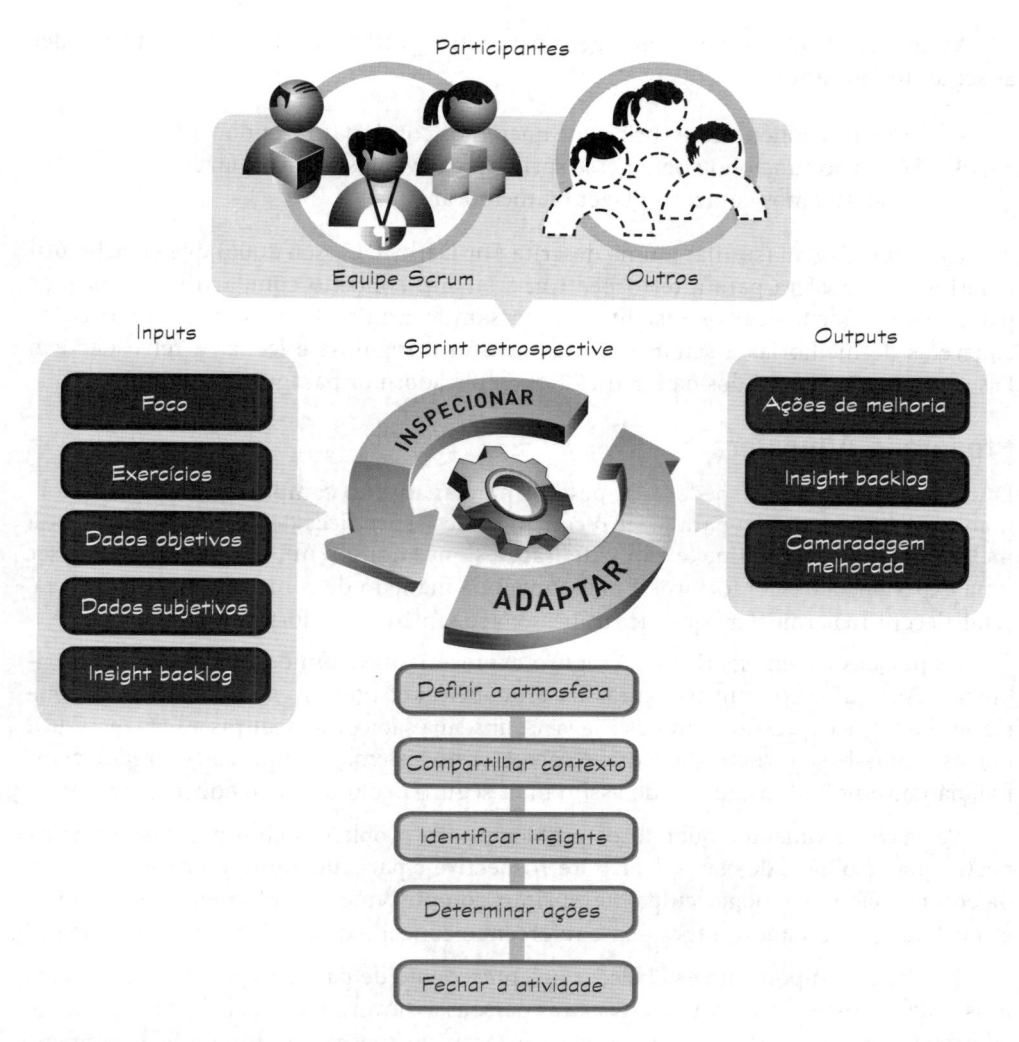

FIGURA 22.4 Atividade de sprint retrospective

subjetivos com relação ao sprint corrente. Outro input da retrospectiva é um backlog de insights produzido em retrospectivas anteriores.

Os outputs da sprint retrospective incluem um conjunto de ações de melhorias concretas que a equipe tenha concordado em realizar para o próximo sprint. Os outputs também incluem um backlog de insights coletados durante a retrospectiva atual que a equipe não vai tratar no sprint seguinte, mas pode escolher tratar no futuro. Os membros da equipe devem também esperar uma camaradagem melhorada como um dos outputs da retrospectiva.

Mesmo existindo muitas abordagens para retrospectiva, a maioria busca responder as seguintes questões:

- O que funcionou nesse sprint que queremos continuar fazendo?
- O que não funcionou bem nesse sprint que devemos parar de fazer?
- O que devemos começar a fazer ou melhorar?

Uma abordagem (similar a uma descrita por Derby e Larsen 2006) que eu acho útil é definir a atmosfera para a retrospectiva, criar um contexto compartilhado entre os participantes, identificar os insights que possam levar a melhorias, determinar ações concretas de melhorias a serem tomadas no sprint seguinte e fechar a retrospectiva. Esses passos são mostrados na Figura 22.4 e explicados nos parágrafos seguintes.

Preparar a Atmosfera

Durante a retrospectiva, pede-se às pessoas para analisar o comportamento e a performance de suas equipes e para fazer recomendações específicas de como a equipe possa melhorar. Colocar a equipe (e, por extensão, a si mesmo) sob um microscópio pode ser uma experiência desconfortável. Então, uma boa maneira de começar a retrospectiva é estabelecer uma atmosfera que faça as pessoas se sentirem confortáveis em participar.

As pessoas devem sentir que é seguro expressar suas opiniões sem medo de retribuição. As equipes devem ter regras-base estabelecidas, ou um acordo funcional, que torne claro que expressar opiniões e lavar roupa suja são coisas seguras a se fazer. É útil que as regras-base tornem claro que o foco está no sistema e no processo organizacional, não nos indivíduos, tornando assim mais seguro explorar o que houve de errado.

Vai haver momentos quando os problemas são problemas com pessoas: a retrospectiva não é o local de os resolver. A retrospectiva é para melhorar o processo Scrum da equipe, não é para jogar culpa ou reprimir comportamento individual. Ao definir a atmosfera, garanta que as regras-base reforcem o conceito de ambiente livre de culpa.

Também é importante estabelecer um precedente de participação ativa. Não teremos uma retrospectiva muito efetiva se as pessoas assumirem um papel passivo. Então, ao preparar a atmosfera, é uma boa ideia fazer as pessoas começarem a falar simplesmente para os preparar para a participação. Algumas equipes fazem algo tão simples como pedir a cada participante para expressar em poucas palavras seus sentimentos atuais ou nível de energia. Não é crítico qual questão pedir para que as pessoas respondam, mas que se peça a elas para falarem algo para as deixar no clima de se expressarem.

Compartilhe o Contexto

Num grupo de pessoas todos podem experimentar o mesmo evento e ainda assim interpretá-lo de formas bem diferentes. Para inspecionar com sucesso o sprint atual, é importante que todos estejam na mesma página, para que eles tenham um contexto compartilhado.

Para estabelecer um contexto compartilhado, os participantes devem alinhar suas diversas perspectivas individuais (veja o lado esquerdo da Figura 22.5) em uma perspectiva compartilhada da equipe (veja o lado direito da Figura 22.5).

O lado esquerdo da Figura 22.5 mostra que cada pessoa pode ver o sprint de forma diferente, baseando-se na sua própria experiência durante o sprint, em vez de ter uma visão da situação geral dos eventos, conquistas e falhas do sprint. Se for permitido que as perspectivas individuais dominem, a retrospectiva pode degradar em uma sessão de debate de opiniões, em vez de uma sessão focada em resultados acionáveis baseados num contexto compartilhado.

Ao estabelecer um contexto compartilhado, portanto, é imperativo que você primeiro baseie a retrospectiva em uma visão geral e objetiva do sprint. Depois de deixar todos no clima de falar, compartilhe dados objetivos, como os PBIs que foram escolhidos, os PBIs que foram completados, o número de defeitos e assim por diante. (Exatamente que dados objetivos específicos são relevantes deve ser baseado no foco da retrospectiva.) Enquanto a maioria dos dados objetivos tipicamente é coletada durante o pré-trabalho, alguns dados objetivos também podem ser deixados para que os participantes coletem colaborativamente durante a retrospectiva. Fazer isso ajuda a energizar a equipe em torno da importância daqueles dados. Seja feito como parte do pré-trabalho ou como um grupo, a coleta de dados objetivos é crucial para estabelecer uma fundação comum construída sobre fatos em vez de opiniões.

Entretanto, não é porque estamos fundamentados em dados objetivos que isso significa que dados subjetivos sejam irrelevantes. Cada pessoa traz para a retrospectiva dados subjetivos que refletem sua interpretação do sprint. Se esses dados subjetivos não forem expostos e discutidos, os participantes podem apenas assumir que todos os

FIGURA 22.5 Alinhando perspectivas para criar um contexto compartilhado

outros experimentaram o sprint de maneira similar. Esse desalinhamento vai tornar difícil que as pessoas entendam os comentários e as sugestões uns dos outros.

Há um número de exercícios que os participantes podem usar para desenvolver um contexto compartilhado tanto de dados objetivos quanto de dados subjetivos. Dois dos exercícios mais comuns são a timeline de eventos e um sismograma de emoções.

Timeline de Eventos

Criar uma **timeline de eventos** é uma maneira simples, porém poderosa, de gerar um artefato compartilhado que visualmente represente o fluxo de eventos durante um sprint. Eventos podem incluir "Falhou o build" ou "Interrompido para consertar falha na produção" ou "Salina voltou das férias".

Uma abordagem comum é desenhar uma timeline na parede ou num quadro branco e fazer os participantes colocarem cartões (ou notas) na timeline representando os eventos significativos que ocorreram durante o sprint (veja a Figura 22.6). Equipes distribuídas podem fazer o mesmo exercício usando um quadro branco online compartilhado.

Os cartões de eventos são colocados na timeline em ordem cronológica. Essa visão temporal dos eventos fornece uma visibilidade excelente sobre o fluxo de atividades durante o sprint e também fornece um contexto para identificar rapidamente eventos esquecidos ou que estejam faltando.

Para ajudar a categorizar visualmente os eventos, muitas equipes usam uma variedade de cartões coloridos. Alguns desses representam tipos diferentes de eventos (por exemplo, verde é um evento técnico, amarelo um evento organizacional, vermelho é um evento pessoal). Outras equipes usam cores para representar sentimentos ou níveis de energia (por exemplo, verde é um evento positivo, amarelo é um evento neutro e rosa ou vermelho é um evento negativo).

Sismograma de Emoções

Muitas equipes criam um **sismograma de emoções** como um complemento à sua timeline de eventos. É comum, mas equivocado, se referir a ele como um sismógrafo. Um sismograma de emoções é uma representação gráfica dos altos e baixos emocionais dos participantes ao longo do curso do sprint (veja Figura 22.7). Criar um sismograma de eventos ajuda a expandir o contexto compartilhado além dos dados objetivos (o que aconteceu) para incluir alguns dados subjetivos (como a equipe se sentiu sobre isso).

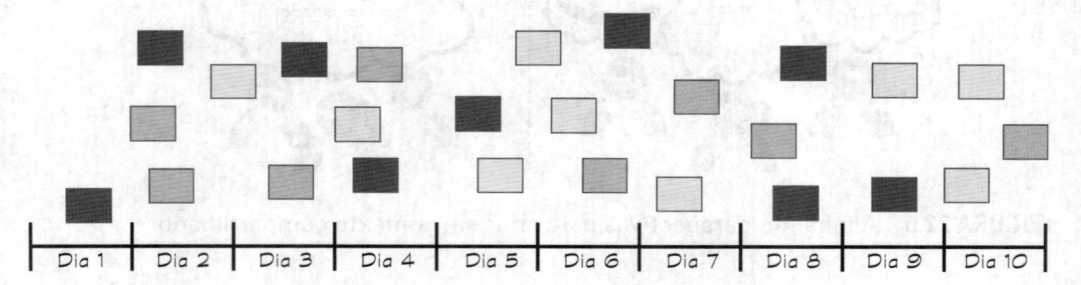

FIGURA 22.6 Timeline de eventos do sprint

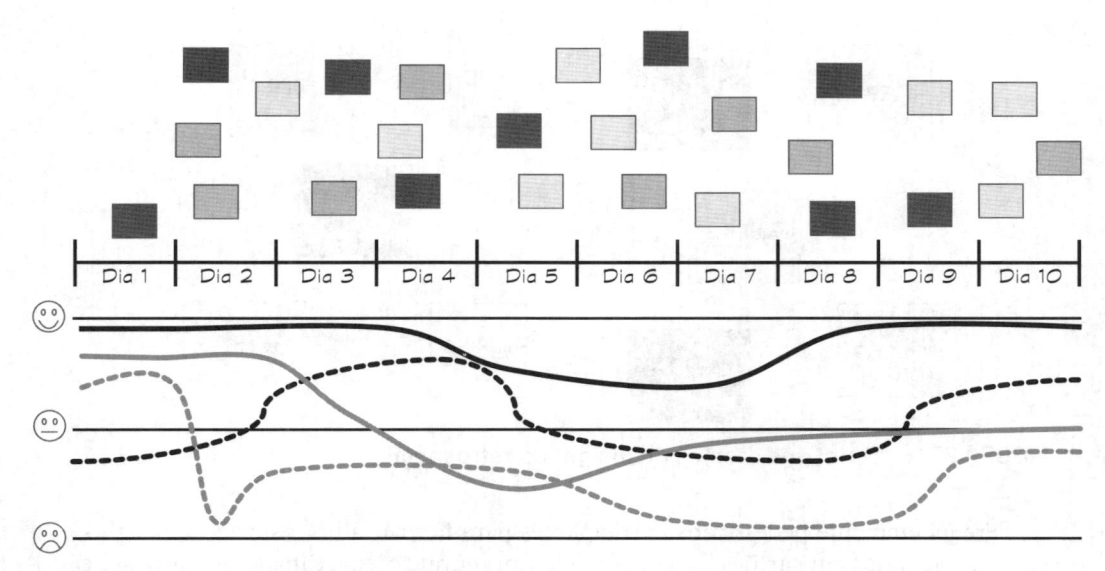

FIGURA 22.7 Sismograma de emoções

Para criar o sismograma, cada participante é convidado a desenhar sob a timeline de eventos para que os dois conjuntos de dados possam ser visualmente correlacionados. Mais tarde, os participantes podem minerar esses dados em busca de insights interessantes para a melhoria do processo.

Identificar Insights

Uma vez que um contexto compartilhado tenha sido estabelecido, os participantes podem examinar atentamente, entender e interpretar os dados para identificar insights de melhoria do processo. Fazer isso efetivamente requer um foco no nível de sistema (o quadro geral). Focar em apenas um aspecto (ter uma visão mais localizada) pode fazer as equipes perderem a visão do quadro geral. Um foco no nível de sistema também ajuda que as equipes passem do superficial e identifiquem as causas raiz dos problemas.

Os participantes devem começar minerando os dados do contexto compartilhado. Por exemplo, eles podem olhar sua timeline de eventos e seu sismograma de emoções e perguntar as seguintes questões para ajudar a descobrir insights:

- O que funcionou direito?
- O que não funcionou direito?
- Onde estão algumas oportunidades de fazer as coisas de forma diferente?

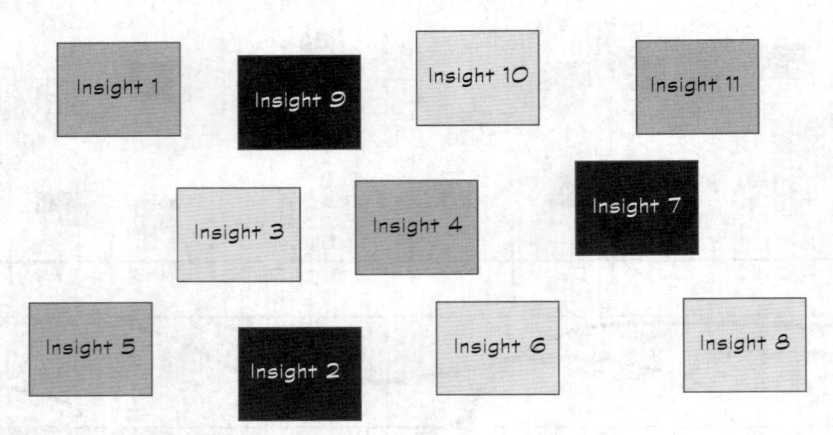

FIGURA 22.8 Mural dos cartões de insight da retrospectiva

Frequentemente pede-se aos participantes para fazer um brainstorm de insights e então capturá-los em cartões e colocá-los em um mural compartilhado ou outra superfície para que todos possam ver (veja a Figura 22.8).

Outra fonte de insights pode ser o **insight backlog** da equipe, uma lista priorizada de insights previamente gerados que ainda não foram trabalhados. Se tal backlog existir, minere-o para ver que insights os participantes gostariam de incluir e considerar durante a retrospectiva atual. Quaisquer insights existentes devem ser representados por cartões e colocados no mural juntamente com os novos insights.

Uma vez que os cartões tenham sido colocados no mural, os participantes vão precisar organizá-los. Para fazer isso, muitas equipes escolhem um exercício como o **agrupamento silencioso** para agrupar os insights em conjuntos significativos de forma a indicar cartões similares ou duplicados (veja a Figura 22.9).

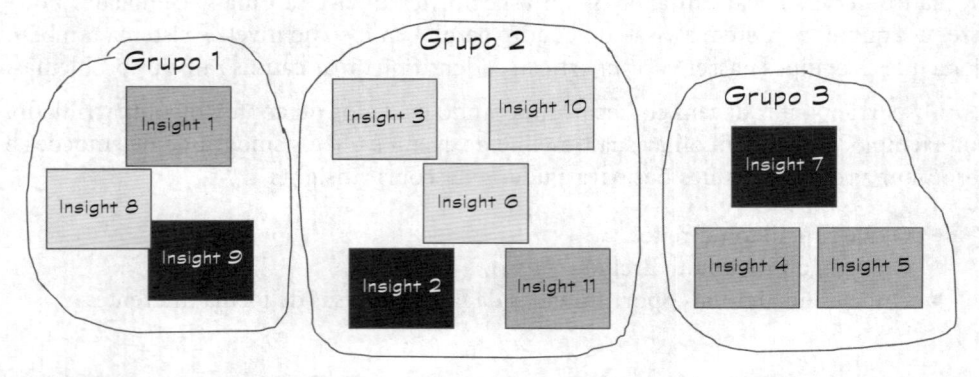

FIGURA 22.9 Cartões de insight agrupados em blocos de similaridade

| Coisas para continuar fazendo | Coisas para parar de fazer | Coisas a tentar |

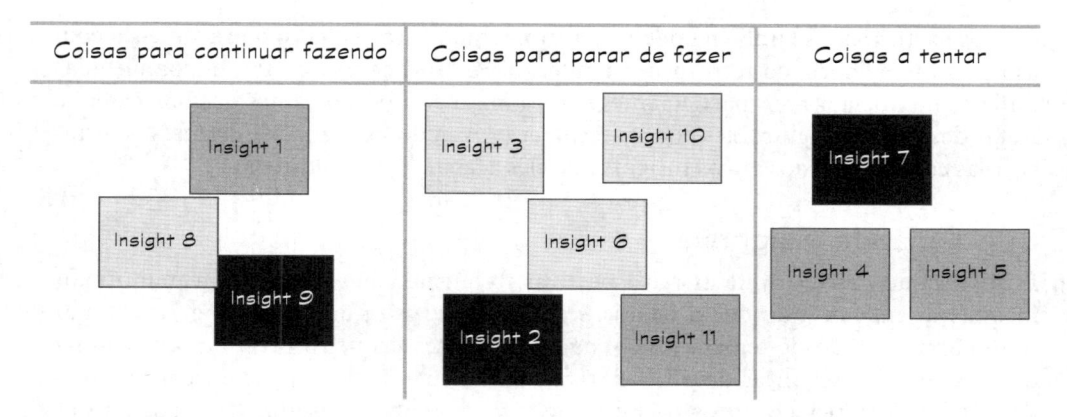

FIGURE 22.10 Cartões de insight colocados em grupos predeterminados

Durante o agrupamento silencioso, as pessoas criam colaborativamente os agrupamentos sem discussão verbal, confiando apenas na colocação individual e na movimentação dos cartões como uma maneira de comunicar e coordenar entre os participantes. O agrupamento silencioso é eficiente e efetivo em termos de tempo.

Outras equipes preferem dividir o mural em áreas de categorias (tal como coisas a continuar fazendo, coisas para parar de fazer, coisas a tentar) antes da retrospectiva começar. Então, à medida que os cartões são criados, os participantes podem colocar cada cartão no mural na categoria apropriada (veja a Figura 22.10).

Mesmo com categorias pré-atribuídas, entretanto, ainda é efetivo e eficiente fazer os participantes realizarem um agrupamento silencioso para agrupar cartões similares dentro de uma categoria. Depois de criar um contexto compartilhado e minerar os dados em busca de insights, os participantes devem ter identificado muitas áreas para melhorar seu uso do Scrum e, por extensão, sua maneira de trabalhar juntos para entregar valor. Alguns desses insights podem levar a discussões mais profundas entre os participantes para melhor entender as causas subjacentes, ou padrões ou relacionamentos importantes. Quando todos os insights tiverem sido discutidos e organizados no mural, é hora de determinar o que fazer com todas essas informações.

Determinar as Ações

Os insights são nossas ideias ou percepções de coisas que podem ser melhoradas. Para extrair valor a longo prazo desses insights, precisamos passar da discussão deles para a tomada de ações demonstráveis de forma a tirar proveito deles. Por exemplo, se o insight for "Estamos perdendo tempo demais porque o sistema de gerenciamento de código continua falhando", a ação de melhoria pode ser "Fazer a Talya aplicar os patches do fornecedor no sistema de gerenciamento de código para o tornar mais estável." Talya, um membro da equipe de desenvolvimento, pode fazer essa ação no sprint seguinte.

Os participantes também podem tirar um tempo para revisar o que aconteceu com as ações de melhoria da retrospectiva anterior. Se estas ações não foram completadas (ou mesmo iniciadas), os participantes precisam saber o porquê antes de começarem a tratar dos novos insights. Eles podem escolher prosseguir com ações anteriores ou priorizá-las com relação aos novos insights que eles acabaram de identificar.

Selecionando Insights

É importante perceber que as retrospectivas frequentemente identificam muito mais insights de melhoria do que a equipe Scrum e a organização podem digerir e tratar num curto período de tempo. Então, os participantes primeiro precisam determinar que insights de melhorias devem ser tratados imediatamente e quais devem ser adiados. Muitas equipes fazem os participantes priorizarem os insights baseados no que eles acreditam ser mais importante ou onde mais querem ver melhorias. Algumas vezes esses dois não são os mesmos. Podemos concordar que uma melhoria em particular seja importante, mas, se não houver apetite para se fazer o trabalho necessário para tirar proveito desse insight, pode não ser uma boa escolha agora. Se os participantes estiverem animados sobre um insight, é muito mais provável que eles tomem atitudes concretas para tirar proveito dele.

Uma maneira popular de priorizar insights é usar a **votação por ponto** (**dot voting**), como ilustrado na Figura 22.11.

Durante a votação, é dado a cada participante um pequeno número de pontos coloridos (talvez de três a cinco). Os participantes então colocam simultaneamente seus pontos nos cartões de insights de melhoria que eles acham que têm a maior prioridade para serem tratados. Uma pessoa pode colocar todos seus pontos em um cartão, ou espalhá-los sobre diversos cartões. Uma vez que todos tenham votado, os cartões com o maior número de votos devem ser considerados primeiro.

Exatamente quantos insights os participantes devem selecionar para serem trabalhados? Bem, isso depende de quanta capacidade os participantes são capazes de dedicar para os insights e durante quanto tempo.

Tipicamente o período de tempo é o sprint seguinte. Então se a equipe Scrum estiver fazendo um sprint de duas semanas, ela vai provavelmente considerar os insights

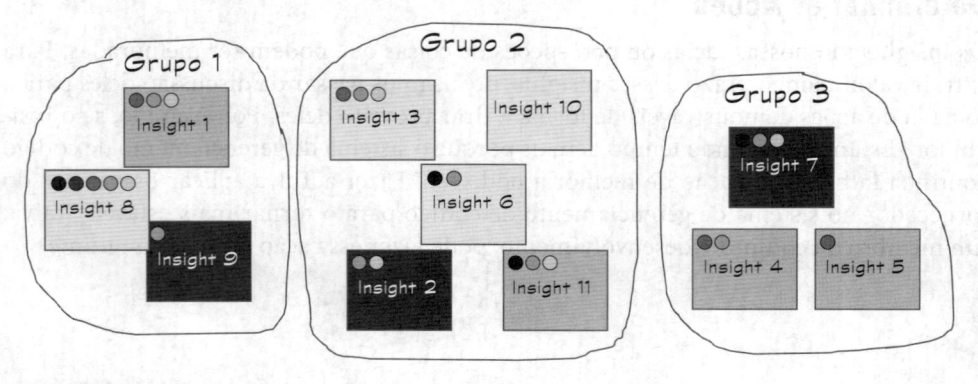

FIGURA 22.11 Exemplo de votação por pontos.

que possam ser tratados no próximo período de duas semanas. Mesmo se um insight for muito grande para ser tratado completamente no sprint seguinte, os participantes podem escolher começar a trabalhar nele e fazer um progresso demonstrável.

Os participantes também devem determinar quanta capacidade eles podem dedicar para tratar dos insights durante o sprint seguinte. Se a equipe planeja dedicar tempo no sprint seguinte para ações da retrospectiva anterior, isso claramente vai afetar a capacidade da equipe de tratar novas ações identificadas nessa retrospectiva.

Gastar tempo trabalhando em insights, novos e velhos, deixa menos tempo para trabalhar em features. Então quanto tempo a equipe deve alocar para tratar dos insights que possam fornecer um payoff maior mais tarde? Responder a essa questão realmente requer input do product owner, que é uma das razões pelas quais é importante que ele esteja presente na retrospectiva. Se a equipe Scrum não alocar especificamente um tempo para trabalhar em insights de melhoria, um resultado provável é que os insights nunca serão trabalhados.

Uma vez que saibamos a capacidade disponível para trabalhar nos insights, os participantes podem ter uma ideia geral de qual dos insights de alta prioridade podem ser tratados imediatamente. Entretanto, a decisão final pode realmente ser feita apenas quando as ações específicas estiverem determinadas.

Decidir sobre as Ações

Nesse ponto já priorizamos nossos insights e temos alguma ideia da capacidade que temos de trabalhar neles. Entretanto, não obtemos nenhum valor mensurável da retrospectiva até definirmos passos concretos e acionáveis para tirar proveito dos nossos insights e melhorar o processo Scrum.

A maioria das ações vai tomar a forma de tarefas específicas que um ou mais membros da equipe Scrum vão realizar durante o sprint seguinte. Por exemplo, se o insight for "Leva tempo demais para determinar quando a build do código falha", a ação pode ser: "Fazer o servidor de build enviar um e-mail quando a build falhar." Essa ação requer trabalho em nível de tarefa da parte de um ou mais membros da equipe de desenvolvimento. A equipe deve determinar quem pode fazer esse trabalho e quanto tempo o trabalho vai levar. Só aí que a equipe vai poder estar segura de que trabalhar em um insight em particular é factível dentro da capacidade disponível.

Nem todos os insights necessitam trabalhos específicos em nível de tarefa. Por exemplo, um insight como: "Tenha respeito um pelo outro e compareça na hora no daily scrum" requer pouco (ou nenhum) trabalho em nível de tarefa. Mesmo havendo uma ação real, "As pessoas devem realmente fazer o esforço de comparecer na hora", ela não vai reduzir a capacidade da equipe.

Algumas vezes as ações representam impedimentos que o ScrumMaster pode tratar, mas alguma outra pessoa na organização tem que resolver. Por exemplo, o insight pode ser: "Não conseguimos fazer os PBIs, porque precisamos da última versão do software de um outro fornecedor para fazer testes". A ação pode ser: "Nina vai trabalhar com nosso departamento de compras para obter a última atualização do fornecedor."

Essa ação começa no sprint seguinte, vai precisar de alguma capacidade do ScrumMaster e pode precisar de diversos sprints para ser resolvida.

Ao determinar as ações apropriadas, precisamos lembrar que pode não ser possível tratar imediatamente o insight. Em vez disso, podemos precisar *explorar* o insight antes que possamos realmente fazer alguma melhoria. Em tais casos, a ação apropriada pode ser investigar e coletar dados durante o sprint seguinte para que possamos entender melhor o problema.

Por exemplo, o insight pode ser "Estamos espantados com por qual motivo dois componentes que foram totalmente testados, falham em sua própria suíte de testes automatizados quando são combinados em um suíte de teste automatizada e cross-componente onde cada componente ainda é executado individualmente." Nesse ponto não há uma ação específica que os membros da equipe Scrum possam tomar para tratar desse insight, porque eles realmente não entendem o que está errado. Entretanto, a equipe pode criar uma ação para que membros específicos da equipe explorem essa questão no sprint seguinte e a equipe pode determinar quanta capacidade alocar para a exploração.

Insight Backlog

Como mencionei anteriormente, muitas equipes criam um *insight backlog* (algumas vezes chamado de *improvement backlog*) para conter quaisquer problemas identificados durante a retrospectiva mas que não possam ser trabalhados imediatamente. A ideia é que na próxima sprint retrospective os participantes possam escolher usar esses insights no backlog como candidatos para serem priorizados juntamente com os novos insights para determinar onde focar o tempo no próximo sprint. É claro, deve-se fazer o grooming do insight backlog periodicamente para garantir que seus conteúdos continuem sendo insights valiosos.

Outras equipes simplesmente descartam quaisquer insights que eles escolham não trabalhar no sprint seguinte. O raciocínio é que se o insight for realmente importante, ele vai ser identificado de novo na retrospectiva seguinte.

Fechar a Retrospectiva

Uma vez que as ações finais de melhoria tenham sido determinadas, os participantes fecham a retrospectiva. Muitos fecham recapitulando que ações a equipe decidiu tomar baseados no que os participantes aprenderam. Isso pode ser tão simples quanto descrever cada item de ação escolhido e quem vai trabalhar nele.

O fechamento é também um bom momento para apreciar as pessoas e suas participações. Cada participante deve dizer algumas palavras simpáticas com relação às contribuições feitas por outros. Certifique-se de também reconhecer quaisquer membros não Scrum que tiraram um tempo de suas agendas lotadas para participar na retrospectiva.

Finalmente, é uma boa ideia gastar alguns minutos perguntando à equipe por sugestões para melhorar a abordagem da equipe com relação a realização da retrospectiva. Uma retrospectiva é, afinal de contas, uma parte do framework Scrum e como tal deve estar sujeita a inspeção e adaptação.

Acompanhar (Follow Through)

Para garantir que o que aconteça na sprint retrospective *não* fique apenas na sprint retrospective, os participantes devem acompanhar (fazer o follow through) das ações que eles escolheram completar. Algumas ações (tais como todos comparecerem na hora para as reuniões de daily scrum) precisam apenas ser reiteradas e reforçadas pelos membros da equipe e pelo ScrumMaster. Outras vão precisar ser tratadas durante a próxima atividade de sprint planning.

Frequentemente a maneira mais fácil de tratar as ações de melhoria é preencher o sprint backlog com tarefas correspondentes a cada ação antes de trazer novas features. A capacidade disponível da equipe para trabalhar em novas features seria então ajustada para baixo pelo tempo estimado que essas tarefas de melhorias levariam. Honestamente, qualquer abordagem que permita que a equipe estabeleça um bom compromisso no sprint planning enquanto ao mesmo tempo lhe permita a oportunidade de trabalhar nas ações de melhoria é uma boa abordagem.

Uma abordagem que *não* funciona é ter um "plano de melhorias" para a equipe que seja separado do trabalho que ela vai fazer a cada sprint. Essa abordagem em duas frentes quase sempre vai levar ao plano de melhoria sendo subordinado ao típico plano de sprint orientado a features. Para garantir que as ações de melhoria ocorram, não separe; integre!

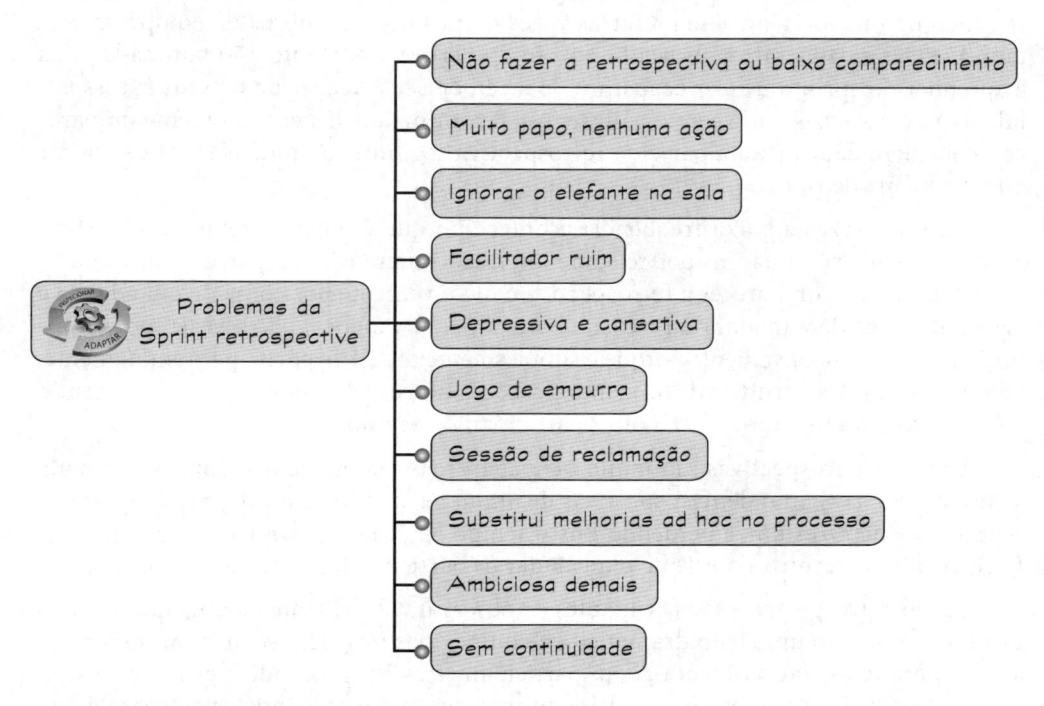

Problemas da Sprint retrospective:
- Não fazer a retrospectiva ou baixo comparecimento
- Muito papo, nenhuma ação
- Ignorar o elefante na sala
- Facilitador ruim
- Depressiva e cansativa
- Jogo de empurra
- Sessão de reclamação
- Substitui melhorias ad hoc no processo
- Ambiciosa demais
- Sem continuidade

FIGURA 22.12 Problemas da sprint retrospective

Ações que não precisem de tempo dos membros da equipe provavelmente vão acabar na lista de impedimentos do ScrumMaster. E ações que são destinadas para outras equipes ou organizações como um todo podem ser colocadas no backlog apropriado para as pessoas que devem trabalhar nelas; o ScrumMaster tipicamente faz o acompanhamento com participantes externos para ajudar a garantir que essas ações realmente sejam feitas.

Problemas da Sprint Retrospective

As sprint retrospectives têm seus problemas. Já tendo trabalhado com muitas organizações usando o Scrum, tenho percebido uma quantidade de questões comuns (veja a Figura 22.12).

Uma questão infeliz é quando as equipes simplesmente não fazem a sprint retrospective ou, quando fazem, o comparecimento é baixo. As razões para ambas tendem a ser similares. Se as pessoas são escaladas para múltiplas equipes, conflitos de agenda podem evitar que elas compareçam. Isso é uma disfunção organizacional que os gerentes precisam tratar. Ou talvez os membros da equipes estejam entediados e desmotivados, ou ainda não compraram a ideia do uso do Scrum. Outros podem pensar que fazer qualquer outra coisa que não seja seu trabalho em particular não vale a pena (por exemplo, eles acreditam que qualquer coisa que não seja codificar e testar é desperdício). Frequentemente essas questões surgem de ingenuidade com relação ao Scrum e seu foco na melhoria contínua. Outras vezes o oposto — membros da equipe acreditam que eles alcançaram o pináculo do uso do Scrum e portanto não tem nada mais a aprender do sprint que eles acabaram de fazer, de seus colegas ou de seus sucessos e falhas. Se as pessoas não veem o valor em se fazer uma retrospectiva ou em comparecer, considere dedicar uma parte da retrospectiva seguinte, ou toda ela, para explorar esse problema de valor.

Algumas vezes a baixa frequência acontece porque é inconveniente para participantes remotos se juntarem por telefone ou videoconferência. Se participantes remotos acharem que comparecer à retrospectiva é inconveniente por conta de quando ela é agendada, considere mudar ou revezar a hora para que um local não seja sempre inconveniente. Se for inconveniente porque é simplesmente difícil de participar remotamente, reconsidere a infraestrutura de telecomunicações atual e como os exercícios estão sendo conduzidos para incorporar melhor os participantes remotos.

Algumas retrospectivas são muito ocupadas, mas realmente não conseguem nada acionável. Eu as chamo de retrospectivas de *muito papo e pouca ação*. Se tudo que conseguimos é papo, estamos perdendo nosso tempo. Considere trazer um facilitador de retrospectiva externo e experiente para ajudar os participantes a conseguirem algo.

Outras retrospectivas são fascinantes de observar. Claramente há uma questão crítica que está tendo um efeito dramático na equipe, mas ninguém sequer vai trazer isso à tona. Para reutilizar o dito antigo, os participantes estão ignorando o elefante na sala. Provavelmente há algum problema de segurança que está prevenindo as pessoas de discutirem o elefante. O ScrumMaster deve assumir a liderança para ajudar a equipe e a organização a tratarem primeiro do impedimento de segurança.

Outras vezes a retrospectiva simplesmente está mal facilitada. O facilitador, talvez um ScrumMaster novo, está tentando seu melhor, mas claramente não está funcionando. Talvez um facilitador externo deva ser usado para novas retrospectivas.

Algumas retrospectivas são pura e simplesmente depressivas e drenam a energia de todos. Talvez os sprints não estejam indo bem e as pessoas veem a retrospectiva como uma atividade que apenas aumenta a desgraça ao fazê-los reviver o sprint. Considere gastar um pouco mais de tempo para preparar uma atmosfera apropriada no início da retrospectiva. E, também, um facilitador pode ser mais efetivo para ajudar as pessoas a ficarem mais focadas nas melhorias positivas.

Frequentemente as retrospectivas são deprimentes porque as pessoas começam a jogar culpa uns nos outros e a apontar dedos. O facilitador deve extinguir esse comportamento tão logo ele ocorra para prevenir uma cascata de dedos sendo apontados.

Outras vezes uma retrospectiva pode degradar em uma sessão de reclamação. Talvez algumas pessoas vejam como terapêutico isso de chegar e reclamar sobre a maneira que as coisas estão (ou pelo menos como eles percebem que as coisas estão). Elas não têm nenhum desejo de melhorar, apenas o desejo de reclamar. Considere convidar pessoas para a retrospectiva que possam realmente gerar uma mudança real. Então tenha um diálogo cara a cara com elas em vez de reclamar quando elas não estiverem presentes.

Outra situação infeliz é quando os participantes consideram a retrospectiva como *a* hora de fazer melhorias no processo, e assim sendo diminuindo as melhorias ad hoc do processo durante os sprints. Uma retrospectiva é um grande momento para a equipe refletir sobre um período de trabalho e discutir como fazer as coisas melhor, mas ela nunca foi pensada como o substituto para a melhoria ad hoc do processo. O ScrumMaster deve promover proativamente melhorias ad hoc do processo ao longo do sprint.

Algumas vezes nossos desejos são maiores que nossas habilidades. Novas equipes que são energéticas e focadas em realmente se melhorarem podem frequentemente se tornar ambiciosas demais e definir objetivos de melhoras que sejam totalmente irreais. Fazer isso vai apenas levar a uma grande depressão quando a equipe falhar em atender seus objetivos ambiciosos. O ScrumMaster deve estar vigilante e lembrar aos participantes da capacidade disponível deles de fazer melhorias e ajudá-los a moderar suas ambições.

Talvez o maior problema deles todos seja quando não há um follow-through para realmente trabalhar nas ações de melhoria identificadas durante a retrospectiva. Se não vamos fazer o follow through, então não há necessidade de perder nosso tempo em retrospectivas. O ScrumMaster tem um papel de liderança em ajudar a equipe a constantemente melhorar seu processo. Se não há um follow-through, o ScrumMaster precisa ser agressivo sobre trabalhar a equipe para identificar a raiz e ajudar os membros da equipe a tratarem do impedimento.

Fechamento

Sprint retrospectives são um momento para a equipe refletir sobre quão bem ela está usando o Scrum e propor melhorias. A retrospectiva é uma atividade colaborativa entre os membros da equipe Scrum (e quaisquer membros não Scrum conforme a necessidade). Uma vez que o pré-trabalho da retrospectiva esteja pronto, o fluxo básico da retrospectiva é definir a atmosfera para ter uma retrospectiva bem-sucedida, colocar todos no mesmo ponto ao criar um contexto compartilhado fundamentado em dados, identificar os insights de melhorias, determinar as ações de melhoria e então fechar a retrospectiva. Depois de fechar a retrospectiva, é crítico que os participantes prossigam e façam as ações de melhoria para que a equipe seja mais efetiva durante o sprint seguinte. Também é importante se manter atento com relação a problemas que possam prevenir que a retrospectiva seja bem-sucedida e rapidamente agir sobre eles.

Capítulo 23
O Caminho Adiante

Nos primeiros 22 capítulos desse livro, expus o framework Scrum e expliquei o que eu acredito ser o essencial do Scrum. Agora você deve entender a mecânica da utilização do Scrum para entregar soluções inovativas. Você deve também ter uma boa ideia porque o Scrum prescreve determinados papéis, práticas, artefatos e regras. Agora você está pronto para definir seu caminho adiante. Neste capítulo, discuto a ideia de que não há um alvo final universal para a sua implementação do Scrum; em vez disso, você precisa definir sua própria rota em direção à agilidade. Finalizo descrevendo o papel das melhores práticas e como usar o Scrum, com sua abordagem iterativa e incremental, como base para descobrir seu próprio caminho adiante.

Não Há Estado Final

Toda organização tem uma visão para o que ela quer alcançar. Usar o Scrum pode ajudar as organizações a gerenciar o trabalho para alcançar essa visão. Entretanto, ser altamente proficiente com o Scrum e portanto ser mais ágil não é o objetivo final, mas um meio para alcançar objetivos de negócio de forma mais efetiva e econômica. Então, como você sabe que já finalizou o Scrum?

A questão é, não há uma definição de pronto para um esforço de adoção do Scrum ou de transição para o Scrum. Não há um modelo de maturidade para métodos ágeis como o CMMI (SEI 2010), em que o objetivo é tentar alcançar o nível 5. Tentar definir "pronto" para a sua implementação do Scrum presume que, quando você alcançar esse estado, não vai conseguir melhorar. Isso entraria em contradição com o Scrum ser uma forma de melhoria contínua, onde você está sempre trabalhando para melhor alinhar o seu uso do Scrum com o mundo complexo no qual tem que desenvolver produtos.

Pior ainda, se tentássemos definir tal estado final para a indústria, isso assumiria também que o estado final alvo seria aplicável a todas organizações, mesmo àquelas que desenvolvam tipos de produtos radicalmente diferentes sob circunstâncias muito diferentes.

Dizer, "Finalmente alcancei a agilidade!" é um comentário sem sentido. Como Mike Cohn resumiu: "Ágil não é algo em que você se transforma, é algo que você se torna mais" (Mike Cohn 2010). Não há um estado final que você possa chamar de ágil ou Scrum. Em vez disso, se tornar mais proficiente com o Scrum e mais ágil é um processo de melhoria contínua e interminável, dirigido a aprimorar sua base fundamental.

Descobrir Seu Próprio Caminho

Assim como ninguém pode lhe dizer onde sua implementação do Scrum deve terminar, ninguém pode levar você ao longo de um caminho predefinido que vá garantir o sucesso. Em vez disso, você deve aprender, inspecionar e adaptar seu próprio caminho adiante, baseado nos objetivos particulares da sua organização. Tentar seguir o caminho de alguém e tirar proveito do aprendizado dele pode parecer como um atalho para se tornar ágil. Entretanto, nenhum par de organizações, nem mesmo equipes dentro de uma mesma organização, é igual. Seguir o caminho de outro pode é levar você precisamente para o local errado.

Você não pode contornar seu próprio processo de aprendizagem. Em vez disso, você precisa rapidamente fechar seus loops de aprendizado e inspecionar e adaptar baseado no que aprendeu. Não estou sugerindo que você ignore aqueles que percorreram antes o caminho para a agilidade. Examine o que eles fizeram e como funcionou para eles, mas descubra seu próprio caminho para se tornar mais ágil.

Compartilhando Boas Práticas

Se não deveríamos seguir os caminhos dos outros, como as boas práticas se encaixam nesse quadro? Assim como não há um caminho a seguir, não há um conjunto de boas práticas para todas as organizações.

Quando me pedem para descrever "boas práticas" que outras organizações estão usando para se tornarem mais ágeis, eu dou exemplos. Entretanto, sempre forneço o contexto relevante das outras organizações para que as pessoas que estão perguntando possam avaliar se seria sensato adotar uma abordagem similar na organização delas. Mesmo quando escalamos dentro de uma única organização, precisamos ser cautelosos sobre a aplicação universal de boas práticas. Muitas organizações tentam descrever o que uma equipe Scrum de sucesso está fazendo, capturar isso e institucionalizar como uma boa prática. Fazer isso pode ser danoso, porque estas são abordagens individuais das equipes que podem não funcionar para outras equipes.

Você pode perceber que usei a palavra *abordagem* diversas vezes quando me referia a boas *práticas*. Vamos falar por um momento sobre esta distinção. Ao longo desse livro, usei o termo *prática* para significar um aspecto central ou essencial do Scrum. Uma abordagem é uma implementação em particular de uma prática Scrum. Quando as pessoas me perguntam sobre as melhores *práticas*, entendo isso como melhores *abordagens*.

Enquanto duas equipes ou organizações diferentes têm implementações Scrum únicas, cada uma deve aderir às mesmas práticas Scrum. Ambas, por exemplo, devem ter equipes Scrum compostas por um product owner, um ScrumMaster e uma equipe de desenvolvimento. Ambas devem realizar sprint planning, daily scrums, sprint reviews e sprint retrospectives. Entretanto, espero que cada equipe (ou organização) vá ter suas próprias abordagens únicas para a realização dessas práticas. Deixe-me ilustrar com um exemplo.

O daily scrum é uma prática central do Scrum. Se você não o fizer, não está fazendo Scrum. Durante o daily scrum, cada membro da equipe atualiza e sincroniza com todos os outros membros da equipe para obterem uma imagem compartilhada do escopo total do trabalho. Mas quando o daily scrum começa, que pessoa deve dar primeiro sua atualização? O Scrum não define isso. Cada equipe vai ter sua própria abordagem.

Por exemplo, enquanto trabalhava com uma equipe em Vancouver, Canadá, aprendi uma abordagem interessante para decidir quem fala primeiro. Nessa equipe, no início de cada daily scrum, o ScrumMaster jogava um alce de pelúcia para cima. Quem pegasse o alce falaria primeiro e então o resto da equipe falaria em seu torno, movendo-se para a esquerda da pessoa que pegou o alce. Essa abordagem meio boba mas engraçada funcionou muito bem para a equipe em Vancouver.

E acabou que a equipe de Vancouver tinha uma equipe irmã na China que foi formada alguns meses depois da equipe de Vancouver ter sido estabelecida. Um membro da equipe da China pediu a equipe de Vancouver uma "política ou boa prática" para determinar quem falaria primeiro no daily scrum. A equipe de Vancouver disse a pessoa na China que em Vancouver eles "jogavam o alce" a cada daily scrum para descobrir isso. Aparentemente, jogar o alce adquiriu um significado completamente diferente ao ser traduzir para o chinês! Uma abordagem que funcionou bem para a equipe de Vancouver não funcionaria de jeito nenhum para a equipe da China. A equipe da China adotou sua própria abordagem, como bem deveria.

O Scrum define práticas centrais que devem ser seguidas. Entretanto, cabe a cada equipe determinar as abordagens (ou melhores práticas) que funcionam melhor. Abordagens, portanto, são únicas para cada equipe e elas podem e devem ser reusadas por outras equipes apenas se elas fizerem sentido no contexto dessas outras equipes.

Usando o Scrum para Descobrir o Caminho Adiante

Quer seja novo no Scrum ou já o esteja usando para desenvolver produtos, você pode usar os princípios do Scrum para ajudarem a lhe guiar no caminho adiante. Mike Cohn, no *Succeeding with Agile* (Cohn 2009), entra em grandes detalhes descrevendo essa abordagem, e eu indico a você esse livro excelente para um tratamento detalhado do tópico.

Descrevo a essência dessa abordagem com um exemplo. Em 2007, fui contratado para treinar e fazer o coach de uma grande organização multinacional na sua adoção e uso do Scrum. A organização tinha 100 membros de TI em Nova York e 400 membros de TI em Mumbai, Índia. Num dado momento, a organização de TI tinha uns 45 esforços de desenvolvimento em andamento.

A organização decidiu que qualquer nova equipe que fosse usar o Scrum deveria ter um coach disponível para a ajudar. Com uma capacidade de coaching limitada inicialmente, era irracional fazer a transição de toda a organização de TI para o Scrum de uma vez. Então, como é típico em tais ambientes, a organização selecionou um pequeno número de esforços piloto para serem focados em primeiro. O objetivo era mover incrementalmente as outras equipes para o Scrum à medida que a capacidade de coaching da organização aumentasse através do treinamento on-the-job de coaches internos.

Esses esforços piloto cruzavam o espectro desde a simples manutenção de sistemas até um grande desenvolvimento de um novo produto. Baseadas nessa diversidade, cada equipe Scrum implementou sua própria versão do framework Scrum, usando abordagens alinhadas com as pessoas na equipe e com o trabalho que tinham que realizar. Uma wiki foi usada para "distribuir" as abordagens usadas por cada equipe para auxiliar o aprendizado organizacional geral e compartilhar o que estava funcionando para as outras equipes.

Diversos meses depois da adoção, era hora de escalar o uso do Scrum do nível da equipe para o nível da organização. Nesse ponto, criamos o que Cohn chama de um ETC ou Enterprise Transition Community (Cohn 2009). Em nosso caso, o ETC foi chamado de Working Software Group. Esse grupo de gerentes e executivos mantinha um backlog de itens relacionados a melhorias representando iniciativas de mudança organizacional (tais como "Atualizar o modelo de compensação para ser mais focado na equipe") ou a impedimentos significantes que estavam bloqueando uma ou mais equipes Scrum ("Melhorar a estabilidade do servidor para que as equipes possam completar seus testes").

Ao trabalhar em sprints em cima de backlog de melhorias, a organização foi capaz de fazer progresso de forma iterativa e incremental no seu caminho de adotar o Scrum com sucesso. Não havia um estado final predeterminado para o uso do Scrum pela organização. Tentar criar um antecipadamente seria um desperdício tão grande quanto tentar criar uma especificação de requisitos completa para um produto totalmente novo que nunca tenha sido criado e que ninguém entende bem.

Em vez disso, o Working Software Group pegou inputs das equipes Scrum e dos stakeholders e fez melhorias incrementais na estrutura organizacional para melhor se alinhar com valores ágeis. Através de contínuo aprendizado, inspeção e adaptação, a organização determinou um caminho adiante apropriado que estava alinhado com os objetivos de negócio gerais da organização.

Esse padrão tipo ETC é bem comum hoje em dia. Muitas organizações percebem que usar o Scrum para adotar o Scrum é uma abordagem sensata para se tornarem mais ágeis de forma iterativa e incremental.

Comece!

Frequentemente me divirto quando as mesmas pessoas que acreditam que não é possível obter corretamente todos os requisitos de um produto antecipadamente e, portanto, querem usar o Scrum para desenvolvimento, vão no instante seguinte me explicar como elas ainda não estão prontas para começar a usar o Scrum, porque elas não elaboraram todos os detalhes da sua abordagem Scrum! Esse tipo de pensamento é mal alinhado com os princípios Scrum fundamentais.

Quando estiver empregando o Scrum, você não deve se preocupar com entender tudo perfeitamente antecipadamente. Você não vai conseguir! E tentar ser perfeito antecipadamente vai lhe forçar a fazer palpites em detrimento do aprendizado importante que você vai obter apenas ao aplicar o Scrum e ver o que acontece. Na minha experiência, a maioria dos primeiros sprints das equipes não vão ser tão bonitos. Tudo bem. Minha única expectativa para qualquer equipe Scrum é que ela seja melhor no próximo sprint do que foi no sprint anterior. Então, não adie o início. O que quer que você pense que sabe sobre seu uso do Scrum, imagine quanto mais você vai realmente saber depois de começar e terminar o próximo sprint!

E também não espere que sua adoção do Scrum seja sem problemas. Posso garantir que, em algum ponto, sua organização vai encontrar impedimentos que tornem difícil a realização do Scrum. O Scrum torna visível as disfunções e desperdícios que previnem as organizações de alcançar seus verdadeiros potenciais. O que ele não faz é dizer a essas organizações como resolver essas questões. Esse trabalho árduo é com as pessoas nas organizações.

O status quo é uma força poderosa. É frequentemente mais fácil para as pessoas ignorarem ou mudarem o Scrum do que mudarem processos, regras ou comportamentos organizacionais antigos. E uma cultura que seja simplesmente hostil a que lhe mostrem suas disfunções, vai rapidamente extinguir a luz brilhante que está expondo aquilo à espreita nas trevas. Para contra-atacar essa tendência, seja uma força de mudança firme e paciente na sua organização. Entenda que a resistência à mudança é natural. Ajude a superar o pior disso ao educar os outros sobre os princípios nos quais o Scrum se baseia e os objetivos que você está tentando alcançar. Trabalhe com eles, em vez de contra eles, para eliminar os obstáculos que previnem que sua equipe, seu esforço de desenvolvimento e sua organização alcancem os benefícios completos da sua implementação do Scrum.

Minha esperança é que esse livro tenha lhe fornecido o conhecimento essencial do Scrum para acender uma luz brilhante que vá iluminar seu caminho adiante. Desejo todo o sucesso na sua jornada com o Scrum.

Glossário

Visão Geral

As entradas neste glossário estão arranjadas alfabeticamente. Uma entrada pode ser uma única palavra, tal como *Scrum*, uma frase, tal como *critérios de aceitação*, ou um acrônimo, tal como *TDD*. Se um termo tiver mais de uma definição, as definições estarão numeradas.

As seguintes referências cruzadas são usadas para mostrar o relacionamento de um termo com outros termos no glossário:

- *Veja* se refere a um termo preferido ou a um termo cuja definição sirva para definir o termo em questão.
- *Veja também* se refere a um termo relacionado.
- *Sinônimo de* se refere a um sinônimo ou a um termo com um significado quase idêntico.
- *Contraste com* se refere a um termo com um significado substancialmente diferente.

Definições

A

abertura de projeto (project chartering). O conjunto de trabalho antecipado necessário para definir um projeto num nível suficiente de detalhes que possa permitir a tomada de uma decisão de financiamento. Sinônimo com *project inception, project initiation*.

abordagem. Uma maneira específica de realizar uma prática ou atividade. Por exemplo, o Scrum especifica uma sprint retrospective. Como uma equipe escolhe realizar uma sprint retrospective é sua abordagem, que pode ser diferente das abordagens de outras equipes. Veja também *atividade, prática*.

acurácia. Quão perto uma estimativa está do valor real — a proximidade da medida com relação ao seu valor verdadeiro. Por exemplo, estimar que um produto vai ser entregue em outubro de 2015 é acurado se o produto for entregue em qualquer dia durante o mês de outubro de 2015. Contraste com *precisão*.

adaptação. Um dos três pilares do processo de controle empírico; o feedback é usado para fazer um ajuste no produto de trabalho sendo desenvolvido ou no processo pelo qual ele está sendo desenvolvido. Veja também *controle empírico de processo, inspeção, transparência.*

adaptativos complexos. 3. Quando aplicado ao desenvolvimento de software, é o reconhecimento de que não é possível determinar a priori o conjunto correto de features, planos ou designs. Em vez disso, com o tempo, à medida que mais informações forem aprendidas, informações importantes vão emergir da experiência ganhada em trabalhos anteriores. Veja também *sistema adaptativo complexo.*

agrupamento silencioso. Uma técnica de facilitação para fazer as pessoas agruparem itens relacionados sem falar, se baseando apenas na colocação e movimentação individuais de itens (tipicamente cartões ou notas adesivas), como um meio de comunicação e coordenação entre os participantes. Uma técnica frequentemente usada durante a atividade de sprint retrospective. Veja também *sprint retrospective.*

all-at-once, desenvolvimento de produto. Fazer todos os tipos de trabalho (por exemplo, análise, design, codificação, integração e testes) de forma oportuna dentro de uma única iteração.

antecipatório, processo. Veja *processo orientado a plano.*

aprendizado validado. Um termo proposto por Ries (2011) para descrever o progresso feito quando suposições importantes foram confirmadas ou refutadas ao sujeitar cada suposição a um ou mais testes de validação do usuário. Contraste com *suposição.*

artefato. Um subproduto tangível produzido durante o desenvolvimento do produto. O product backlog, o sprint backlog e o incremento potencialmente entregável do produto são exemplos de artefatos Scrum. Veja também *prática.*

atitude de Mosqueteiro. 1. Um por todos e todos por um. 2. A atitude entre os membros de uma equipe de que eles estão todos no mesmo barco e que eles vão perder ou ganhar juntos como uma equipe.

atividade. 1. Uma prática Scrum que envolve fazer ações ou realizar um processo, por exemplo, a atividade de sprint planning, a atividade daily scrum, a atividade de sprint review e a atividade de sprint retrospective. 2. Em um sentido geral, o trabalho realizado pelos membros da equipe Scrum, tais como escrever código, realizar testes, criar estimativas e assim por diante. Veja também *prática.*

ATTD. Veja *desenvolvimento orientado a testes de aceitação.*

auto-organização. 1. Uma propriedade emergente de baixo para cima de um sistema adaptativo complexo, em que a organização do sistema emerge com o tempo como uma resposta ao seu ambiente. 2. Uma propriedade de uma equipe de desenvolvimento que organiza a si mesma ao longo do tempo sem uma força externa dominante aplicando um gerenciamento tradicional, comando e controle de cima para baixo. 3. Reflete a filosofia de gerenciamento em que as decisões operacionais são delegadas tanto quanto possível para aqueles que têm o conhecimento mais detalhado das consequências e praticalidades associadas com essas decisões. Veja também sistema *adaptativo complexo, emergência.*

B

burndown, gráfico de. Um gráfico que mostra no eixo vertical a *quantidade de trabalho* (ou em horas, ou em unidades de itens do product backlog) restante ao longo do *tempo*, que é mostrado no eixo horizontal. Como menos e menos trabalho deve restar com o tempo, a tendência geral do gráfico é descer até um ponto aonde não reste mais trabalho a ser feito. Podemos mostrar resultados projetados nos gráficos de burndown ao calcular a linha de tendência para ver quando o trabalho deve ser completado. Contraste com *burnup, gráfico de*.

burnup, gráfico de. Um gráfico que mostra o progresso do trabalho em direção a uma *linha de objetivo* associada com um valor no eixo vertical. À medida que o trabalho é completado ao longo do *tempo* (o eixo horizontal), a linha de progresso se move para cima se aproximando da linha de objetivo. Podemos mostrar os resultados projetados nos gráficos de burnup ao calcular a linha de tendência para ver quando o trabalho vai ser completado. Contraste com *burndown, gráfico de*.

C

cadência. Um ritmo regular e previsível. Sprints de duração consistente estabelecem uma cadência para o esforço de desenvolvimento. Veja também *sincronização*.

capacidade. 1. A quantidade de recursos disponíveis para realizar trabalho útil. 2. Um conceito usado para ajudar a estabelecer um limite de WIP ao garantir que apenas comecemos trabalhos que coincidam com nossa capacidade disponível de completar trabalho. Veja também *trabalho em processo*.

cerimônia. Uma atividade ritualística ou simbólica que é realizada em ocasiões bem definidas. Algumas pessoas se referem às atividades centrais do Scrum de sprint planning, daily scrum, sprint review e sprint retrospective como sendo cerimônias. Veja também *atividade, formalidade desnecessária*.

compromisso. O ato de se prender a um curso de ação. O Scrum encoraja o compromisso. Compromisso significa que tanto nos bons quanto nos maus momentos, cada membro da equipe está dedicado a alcançar o objetivo coletivo da equipe. Contraste com *previsão*.

concepção (envisioning). Uma atividade que captura a essência de um produto potencial e cria um plano bruto para a criação desse produto. A concepção começa com a criação de uma visão, seguida pela criação de um product backlog de alto nível e frequentemente um roadmap do produto. Sinônimo com *planejamento do produto*. Veja também *roadmap do produto*.

condições de satisfação. As condições sob as quais um product owner estaria satisfeito de dar um item do product backlog por completo. As condições de satisfação são critérios de aceitação que clarificam o comportamento desejado. Veja também *critérios de aceitação*.

conhecimento tácito. Conhecimento não escrito e não verbalizado (incluindo insights, intuições e palpites) que é difícil, mas não impossível, de articular com linguagem formal. O oposto de conhecimento formal ou explícito. Algumas vezes chamado de "know-how".

contabilidade de inovação. Um sistema de medida/contabilidade que usa métricas acionáveis para avaliar quão rápido estamos aprendendo, como uma forma de medida do progresso em direção à convergência para um resultado valioso para o negócio. (Ries 2011).

controle de processo empírico. Um estilo de trabalho que tira proveito dos princípios de inspeção, adaptação e transparência. Contraste com *processo definido*.

critérios de aceitação. 1. As características de qualidade externas especificadas pelo product owner a partir de uma perspectiva de negócios ou de um stakeholder. Os critérios de aceitação definem comportamentos desejados e são usados para determinar se um item do product backlog foi desenvolvido com sucesso. 2. O critério de saída que um componente ou sistema deve satisfazer para ser aceito por um usuário, cliente ou outra entidade autorizada (IEEE 610).

custo do atraso. O custo financeiro associado com o atraso no trabalho ou o atraso em alcançar uma milestone. O custo do atraso enfatiza o conceito de que o tempo tem um custo financeiro real e que para fazer trade-offs economicamente sensatos é importante saber esse custo.

Cynefin. Um framework de análise que nos ajuda a entender a situação onde estamos operando e decidir sobre uma abordagem apropriada para a situação (Snowden e Boone 2007).

D

daily scrum. Uma atividade de planejamento adaptativo, sincronização e inspeção que a equipe de desenvolvimento realiza a cada dia. Essa prática central do framework Scrum é tem um timebox de não mais do que 15 minutos. Sinônimo com *daily stand-up*. Veja também *inspecionar e adaptar*.

daily stand-up. Uma abordagem comum para a realização de um daily scrum, onde os participantes ficam em pé durante a atividade inteira. Ficar em pé promove a brevidade e ajuda a garantir que a atividade não exceda sua timebox. Veja *daily scrum*.

DEEP. Um acrônimo criado por Roman Pichler e Mike Cohn para lembrar um conjunto de critérios usados para avaliar a qualidade de um product backlog. Os critérios são *Detalhado apropriadamente*, *Emergente*, *Estimado* e *Priorizado*. Veja também *product backlog*.

definição de pronto. 1. Uma checklist dos tipos de trabalhos que se espera que a equipe complete com sucesso até o fim do sprint, antes que o trabalho possa ser declarado como potencialmente entregável. Uma definição de pronto mínima deve produzir um trecho de funcionalidade do produto, um que tenha sido projetado, construído, integrado, testado e documentado e que vá entregar valor validado para o usuário. 2. Algumas vezes descrita como sendo os critérios de aceitação que se aplicam a todos os itens do product backlog. Contraste com *definição de ready*.

definição de ready. Uma checklist que deve ser verdadeira antes que um item do product backlog possa ser considerado adequado para ser colocado num sprint durante o sprint planning. Contraste com *definição de pronto*.

desconhecidos não conhecidos. As coisas que nós ainda não sabemos que não sabemos.

desenvolvimento com teste em primeiro. Uma prática técnica onde os testes são escritos antes que o desenvolvimento seja realizado. Um exemplo é o desenvolvimento orientado a testes. Veja também *práticas técnicas, desenvolvimento orientado a testes*.

desenvolvimento incremental. 1. Desenvolvimento baseado no princípio de construir *algo* antes de construir *tudo*. 2. Uma estratégia de montagem na qual partes do produto são desenvolvidas e entregues aos usuários em diferentes momentos, com a intenção de se adaptar ao feedback externo. Veja também *processo iterativo e incremental, desenvolvimento iterativo*.

desenvolvimento iterativo. Uma estratégia de retrabalho planejado onde são usadas múltiplas passadas no trabalho para convergir para uma boa solução. Veja também *desenvolvimento incremental, iteração, processo iterativo e incremental*.

desenvolvimento orientado a testes (test-driven development — TDD). 1. Uma abordagem evolucionária de desenvolvimento baseada em escrever um teste automático que vá falhar, antes de escrever o código funcional que vá fazer o teste passar. Uma vez que o código para passar no teste seja escrito, o ciclo é então repetido, incluindo a refatoração do código existente para garantir um design cross-funcional coerente. O objetivo do desenvolvimento orientado a testes é especificação e não validação — refletir sobre um design antes de o código ser escrito, para criar um código limpo que sempre funcione. 2. Um exemplo de desenvolvimento com teste em primeiro. Veja também *refatoração, práticas técnicas, desenvolvimento com teste em primeiro*.

desenvolvimento orientado a testes de aceitação (acceptance-test-driven development — ATTD). Uma técnica na qual os participantes colaborativamente discutem os critérios de aceitação, usando exemplos, e então os destilam em um conjunto de testes de aceitação concretos antes de o desenvolvimento começar. Sinônimo de especificação, por exemplo.

desperdício. Qualquer atividade que consuma recursos e não agregue valor ao produto ou serviço que o consumidor recebe.

desperdício de inovação. A oportunidade perdida para criar uma solução inovativa. Frequentemente ocorre quando uma solução prescrita é fornecida com um item do product backlog.

dia ideal. Uma unidade para estimar o tamanho de itens do product backlog baseada em quanto tempo valeria para completar um item se ele fosse o único trabalho sendo realizado, não haveria interrupções e todos os recursos necessários para completar o trabalho estariam imediatamente disponíveis. Veja também *hora ideal*. Contraste com *story point*.

dívida técnica. 1. Um termo usado para descrever a obrigação que uma organização de software incorre quando escolhe um design ou abordagem de construção que é mais rápida no curto prazo, mas que aumenta a complexidade e é mais custosa a longo prazo. 2. Uma metáfora que facilita a comunicação entre o pessoal de negócios e o pessoal técnico com relação a inadequações na implementação de artefatos. Veja também *dívida técnica ingênua, dívida técnica estratégica, dívida técnica inevitável*.

dívida técnica alvo. Uma categoria de status para a dívida técnica que representa a que é conhecida e foi marcada para ser tratada pela equipe de desenvolvimento. Contraste com *dívida técnica desconhecida, dívida técnica conhecida*. Veja também *dívida técnica*.

dívida técnica conhecida. Uma categoria de status para dívidas técnicas que representa a dívida que é conhecida da equipe de desenvolvimento e foi tornada visível para consideração futura. Contraste com *dívida técnica desconhecida, dívida técnica alvo*. Veja também *dívida técnica*.

dívida técnica desconhecida. Uma categoria de status para dívidas técnicas que representa uma dívida que a equipe de desenvolvimento não tinha noção da existência até que ela foi exposta durante o curso normal de realização de trabalho no produto. Contraste com *dívida técnica conhecida, dívida técnica alvo*. Veja também *dívida técnica*.

dívida técnica estratégica. Uma forma de dívida técnica que é usada como ferramenta para ajudar as organizações a melhor quantificar e tirar proveito da economia de decisões importantes e que frequentemente são dependentes do tempo. Algumas vezes contrair uma dívida técnica por razões estratégicas é uma escolha de negócios sensata. Contraste com *dívida técnica ingênua, dívida técnica inevitável*. Veja também *dívida técnica*.

dívida técnica inevitável. Uma forma de dívida técnica que é usualmente imprevisível e acumula sem que isso seja culpa da equipe que está construindo o produto. Contraste com *dívida técnica ingênua, dívida técnica estratégica*. Veja também *dívida técnica*.

dívida técnica ingênua. Uma forma de dívida técnica que acumula devido a comportamento irresponsável ou práticas imaturas por parte das pessoas envolvidas. Contraste com *dívida técnica estratégica, dívida técnica inevitável*. Veja também *dívida técnica*.

domínio caótico. 1. Uma situação que requer uma resposta rápida. Estamos numa crise e precisamos agir imediatamente para evitar maiores danos e restabelecer pelo menos alguma ordem. 2. Um dos domínios no framework Cynefin. Veja também *Cynefin*. Contraste com *domínio complexo, domínio complicado, domínio desordenado, domínio simples*.

domínio complexo. 1. Uma situação na qual as coisas são mais imprevisíveis do que previsíveis. Se houver uma resposta correta, vamos saber apenas em retrospecto. 2. Um dos domínios no framework Cynefin. Veja também *Cynefin*. Contraste com *domínio caótico, domínio complicado, domínio desordenado, domínio simples*.

domínio complicado. 1. Uma situação na qual podem haver múltiplas respostas corretas, mas é necessário um diagnóstico de um expert para as descobrir. 2. Um dos domínios no framework Cynefin. Veja também *Cynefin*. Contraste com *domínio caótico, domínio complexo, domínio desordenado, domínio simples.*

domínio desordenado. 1. Um estado perigoso onde não entendemos realmente ou não conseguimos entender a situação aonde estamos. Nosso objetivo é sair desse domínio. 2. Um dos domínios do framework Cynefin. Veja também *Cynefin*. Contraste com *domínio caótico, domínio complexo, domínio complicado, domínio simples.*

domínio simples. 1. Uma situação onde todos podem ver causa e efeito. Frequentemente a resposta certa é óbvia e incontestável. 2. Um dos domínios do framework Cynefin. Veja também *Cynefin*. Contraste com *domínio caótico, domínio complexo, domínio complicado, domínio da desordem.*

E

emergente. 1. Um comportamento individual e localizado que se agrega em um comportamento global que é desconectado das suas origens. 2. Um atributo de sistemas

entrega contínua. Veja *deployment contínuo.*

épico. Uma grande user story, com um tamanho de uns poucos ou de muitos meses, que pode levar uma release inteira ou múltiplas releases. Épicos são úteis como placeholders para grandes requisitos. Épicos são progressivamente refinados em um conjunto de user stories menores no momento apropriado. Veja também *feature, refinamento progressivo, tema, user story.*

equipe. Uma pequena coleção cross-funcional de pessoas em colaboração que estão alinhadas com um objetivo e um propósito comuns. Os membros da equipe confiam um no outro e trabalham juntos para alcançar o objetivo, considerando a si mesmo mutuamente responsáveis pelo resultado. Contraste com *grupo.*

equipe cross-funcional. Uma equipe composta de membros com todas as habilidades funcionais (tais como designers de UI, desenvolvedores, testadores) e especialidades necessárias para completar trabalho que precise de mais de uma única disciplina.

equipe de componente. Uma equipe que foca na criação de um ou mais componentes de um produto maior que um consumidor compraria. Equipes de componentes criam recursos ou componentes que são então reutilizados por outras equipes para montar soluções de valor para o consumidor. Contraste com *equipe de feature.*

equipe de desenvolvimento. Uma equipe auto-organizada e cross-funcional de pessoas que coletivamente são responsáveis por todo o trabalho necessário de produzir recursos funcionais e validados. Um dos três papéis que constituem toda a equipe Scrum. Veja também *equipe cross-funcional, product owner, ScrumMaster, equipe Scrum.*

equipe de feature. Uma equipe cross-funcional e cross-componente que pode retirar features para consumidor final do product backlog e completá-las. Veja também *equipe cross-funcional*. Contraste com *equipe de componente.*

equipe Scrum. Uma equipe composta de um product owner, um ScrumMaster e uma equipe de desenvolvimento, que trabalham num esforço de desenvolvimento em Scrum. Veja também *equipe de desenvolvimento, product owner, ScrumMaster.*

Escoteiros, regra dos. 1. Sempre deixe o acampamento mais limpo do que você o encontrou. Se você encontrou uma bagunça no chão, limpe-a sem se importar com quem pode ter feito a bagunça. 2. Todas as vezes que você estiver em uma área do código fazendo trabalho, sempre deixe o código um pouco mais limpo, não um pouco mais bagunçado do que você o encontrou. Veja também *dívida técnica.*

esforço de desenvolvimento de produto. O escopo completo do trabalho para criar ou aprimorar um produto ou serviço. Contraste com *projeto.*

especificação por exemplo. Veja *desenvolvimento orientado a testes de aceitação (acceptance-test-driven development — ATTD).*

estimação. Um cálculo rudimentar do valor, número, quantidade ou extensão de algo. No Scrum, estimamos o tamanho dos itens do portfolio backlog, itens do product backlog e tarefas do sprint backlog. Veja também *previsão.*

exploitation. Tomar uma decisão baseados na certeza das informações que possuímos atualmente. Contraste com *exploração.*

exploração. O ato de adquirir ou comprar conhecimento ao realizar alguma atividade tal como construir um protótipo, criar uma prova de conceito, realizar um estudo ou conduzir um experimento. Contraste com *exploitation.*

Extreme Programming (XP). Uma abordagem de desenvolvimento ágil que é complementar ao Scrum. O Extreme Programming especifica importantes práticas técnicas que as equipes de desenvolvimento usam para gerenciar o fluxo de trabalho em nível de tarefa durante a sprint execution. Veja também *método ágil.*

F

fail fast (falhar rápido). Uma estratégia de tentar algo, conseguir um feedback rápido e então rapidamente inspecionar e adaptar. Na presença de altos níveis de incerteza, é frequentemente menos caro começar a trabalhar num produto, aprender se fizemos uma boa decisão e, se não, cancelá-lo rápido antes que seja gasto mais dinheiro. Veja também *feedback rápido, inspecionar e adaptar, pivotear.*

feature. 1. Um trecho de funcionalidade de negócios que é significativa para um consumidor ou usuário. 2. Usado por alguns para significar uma user story de tamanho médio que pode e vai ser dividida em uma coleção de user stories menores que juntas serão implementadas para entregar o valor de uma feature. Veja também *tema, user story.*

features do tipo 'não vai ter'. O conjunto de features que são especificamente declaradas como não constando da release vindoura. Contraste com *features do tipo 'tem que ter', features do tipo 'seria bom se tivesse'.*

features do tipo 'seria bom se tivesse'. Features que são almejadas para a release seguinte, mas que poderiam ser excluídas se não houvesse recursos suficientes para finalizar seu desenvolvimento. Contraste com *features do tipo 'tem que ter', features do tipo 'não vai ter'*.

features do tipo 'tem que ter'. O conjunto de features que deve estar presente em uma release vindoura para que ela seja viável. Sinônimo com *minimum releasable features*. Contraste com *features do tipo 'seria bom se tivesse', features do tipo 'não vai ter'*.

feedback rápido. Um princípio que diz que um feedback hoje é muito mais valioso do que o mesmo feedback amanhã, porque o feedback de hoje pode ser usado para corrigir problemas antes que eles se componham em um problema muito maior, e nos dá a habilidade de truncar caminhos economicamente indesejáveis mais cedo (falhar rápido). Veja também *fail fast*.

fila. Um local de espera para itens (um inventário), enquanto eles esperam a próxima ação de um fluxo de trabalho. Veja também *inventário, trabalho em processo*.

filtro econômico. Os critérios de decisão usados por uma organização para avaliar a economia de um produto proposto de forma a decidir se o financiamento dele deve ser feito ou não. Contraste com *filtro estratégico*.

filtro estratégico. Os critérios de decisão usados por uma organização para avaliar se um produto proposto atende aos critérios estratégicos para ser encaminhado para considerações adicionais. Contraste com *filtro econômico*.

financiamento incremental. Financiar uma parte do desenvolvimento do produto sem se comprometer a financiá-lo todo. Usando o financiamento incremental, financiamos apenas uma primeira parte pequena do esforço de desenvolvimento e revisamos a decisão de financiamento depois de termos o aprendizado validado crítico pelo qual estamos pagando na primeira parte. Veja também *limite de confiança, aprendizado validado*.

fluxo. 1. O movimento suave e estável do trabalho através do processo de desenvolvimento para garantir que seja entregue um bom valor econômico. 2. Evitar trabalho ocioso de maneiras economicamente sensatas. 3. O oposto de lote grande, release grande e big bang.

fluxo single-piece. Um estado onde os itens são produzidos um por vez e fluem (são puxados) através do processo de desenvolvimento como uma unidade única.

formalidade desnecessária. 1. Uma cerimônia que tem um custo real, mas entrega pouco ou nenhum valor (uma forma de desperdício). 2. Processo pelo processo em si. Veja também *cerimônia, desperdício*.

framework. Veja *framework Scrum*.

framework Scrum. Uma coleção de valores, princípios e regras que formam a fundação do desenvolvimento baseado no Scrum. Veja também *Scrum*.

G

galinhas. Uma metáfora usada por algumas equipes Scrum para indicar que as pessoas estão investidas no objetivo do Scrum, mas num nível de envolvimento (não responsável) em vez de comprometimento. Melhor usada para se referir às pessoas fora da equipe Scrum. Derivado de uma antiga piada sobre uma galinha e um porco: "Em um lanche de presunto e ovos, a galinha está envolvida, mas o porco está comprometido." Contraste com *porcos*.

grooming. Veja *grooming do product backlog*.

grooming do product backlog. As atividades de escrever e refinar, estimar e priorizar itens do product backlog.

grupo. Uma coleção de pessoas que compartilham um rótulo comum (o nome do grupo), mas ainda não formam uma equipe cujos membros aprenderam a como trabalhar juntos e a confiar uns nos outros. Contraste com *equipe*.

H

habilidades T-shaped. Uma metáfora usada para descrever uma pessoa com profundas habilidades verticais em uma área especializada (tal como design de UX) assim como com habilidades amplas mas não necessariamente muito profundas em outras áreas relevantes (tais como testes e documentação). Membros da equipe com habilidades T-shaped possibilitam melhor um comportamento de swarming. Veja também *swarming*.

hora ideal. Uma unidade para estimar o tamanho do trabalho de design, construção, integração e testes, representado como tarefas do sprint backlog. Frequentemente chamado de esforço-hora, pessoa-hora ou homem-hora. Veja também *dia ideal*.

I

impedimento. Um obstáculo ou obstrução para se fazer algo. Frequentemente usado para descrever alguma questão ou bloqueio que está prevenindo a equipe ou a organização de realizar o Scrum de uma maneira efetiva.

incerteza. Algo que não é conhecido ou estabelecido. Frequentemente considerada sinônimo de risco, mas é na verdade mais ampla em escopo porque incertezas incluem tanto riscos (resultados negativos) e oportunidades (resultados positivos). Veja também *risco*.

incerteza de consumidor. Incerteza com relação a quem são os consumidores de um produto. Veja também *incerteza*. Contraste com *incerteza de fim, incerteza de meio*.

incerteza de fim. Incerteza com relação ao que será construído (o produto). Veja também *incerteza*. Contraste com *incerteza de consumidor, incerteza de meio*.

incerteza de meio. Incerteza com relação a como algo vai ser construído. Veja também *incerteza*. Contraste com *incerteza de consumidor, incerteza de fim*.

incremento potencialmente entregável do produto. Resultados que são completados num alto grau de confiança e representam um trabalho de boa qualidade que é potencialmente entregável para os consumidores finais no fim de um sprint. Ser potencialmente entregável não significa que os resultados vão realmente ser entregues para os consumidores. A entrega é uma decisão de negócios; ser potencialmente entregável é um estado de confiança.

inflação de pontos. O infeliz comportamento de inflar o valor das estimativas de tamanho do product backlog em uma tentativa de entrar em conformidade com ou otimizar uma medida mau concebida (tal como atingir uma velocidade-alvo).

insight backlog. Uma lista priorizada de insights previamente gerados ou ideias de melhoria de processo que ainda não foram utilizadas. O insight backlog é gerado e usado durante as sprint retrospectives. Veja também *sprint retrospective*.

inspecionar e adaptar. 1. Uma fase comum no Scrum que se refere aos princípios de inspeção e adaptação do controle de processo empírico. 2. O princípio de inspecionar um produto ou processo e fazer adaptação baseado no que foi aprendido. 3. Uma parte chave do loop de aprendizado. Veja também *adaptação, controle de processo empírico, inspeção, loop de aprendizado*.

inspeção. Um dos três pilares do controle de processo empírico, envolvendo exame atencioso e processamento do feedback para tomar decisões de adaptação com relação ao processo ou ao produto. Veja também *adaptação, controle de processo empírico, transparência*.

integração. A combinação de vários componentes ou recursos de algumas partes do produto ou dele todo para formar um produto de trabalho coerente e de escopo maior que possa ser validado para funcionar corretamente como um todo. Veja também *integração contínua*.

integração contínua. Uma prática técnica em que os membros de uma única equipe ou de múltiplas equipes integram seus trabalhos tão frequentemente quanto for prático. Veja também *integração, práticas técnicas*.

inventário. Veja *work in process*.

INVEST. Um acrônimo criado por Bill Wake para lembrar um conjunto de critérios usados para avaliar a qualidade das user stories. Os critérios são *Independente, Negociável, Valioso, Estimável, Sucinto* (pequeno) e *Testável*. Veja também *user story*.

irradiador de informações. Um display visual que apresenta informações atualizadas, suficientemente detalhadas e importantes para os passantes em um formato fácil e autointerpretável.

item do product backlog (product backlog item — PBI). 1. Um item tipo uma feature, defeito ou (ocasionalmente) trabalho técnico que seja valioso da perspectiva do product owner. 2. Um item no product backlog. Veja também *product backlog*.

iteração. Um ciclo de desenvolvimento autocontido focado em realizar todo o trabalho necessário para produzir um resultado valioso. Veja também *desenvolvimento all-at-once, sprint*.

J

just in time (JIT). Uma característica de um processo onde através da qual os recursos ou atividades de um fluxo de trabalho se tornam disponíveis ou ocorrem apenas na medida em que forem necessários.

K

Kanban. Uma abordagem ágil sobreposta a um processo existente que defende a visualização de como o trabalho flui pelo sistema, limitando o trabalho em processo, e medindo e otimizando o fluxo do trabalho. Veja também *método ágil, trabalho em processo*.

L

líder servil. 1. Uma pessoa que alcança resultados para sua organização ao dar atenção prioritária às necessidades dos colegas e daqueles a quem ela serve. 2. Uma filosofia e prática de liderança baseada em ouvir, empatia, cura, consciência, persuasão, conceitualização, antevisão, mordomia, compromisso e construção de comunidade. Veja também *ScrumMaster*.

limite de confiança. 1. A definição de pronto para a concepção (envisioning — planejamento no nível do produto). 2. O conjunto de informações que os tomadores de decisão precisam para terem confiança o suficiente para tomar uma decisão go/no-go com relação ao financiamento para um desenvolvimento mais detalhado.

loop de aprendizado. Um loop de feedback focado em aumentar o aprendizado. Geralmente segue estes passos: faça uma suposição (ou defina um objetivo), construa algo (realize algumas atividades), obtenha feedback sobre o que foi construído e então use esse feedback para inspecionar o que foi feito relativo ao que foi suposto.

LRM. Veja *último momento responsável*.

lucros de ciclo de vida. 1. O lucro potencial total para um produto ao longo do seu tempo de vida. 2. No caso do planejamento de portfólio, o lucro potencial total do portfólio inteiro em vez de um único produto.

M

medida de tamanho relativo. Um meio de expressar o tamanho geral de um item onde o valor absoluto não é considerado, mas sim o tamanho relativo de um item em comparação com outros itens. Por exemplo, um item de tamanho 2 tem metade do tamanho de um item de tamanho 4, mas não temos ideia de quão grandes são itens de tamanhos 2 e 4 num sentido absoluto. Veja também *dia ideal, story point*.

método ágil (agile). 1. Um conjunto específico de valores e princípios, como expressados no Agile Manifesto (Beck et al. 2001). 2. Um termo abrangente usado por um grupo de abordagens de desenvolvimento de software relacionadas, baseadas num desenvolvimento iterativo e incremental. O Scrum é uma abordagem ágil de desenvolvimento. Veja também *Extreme Programming, Kanban, Scrum*.

minimum marketable features (MMFs). O menor conjunto de funcionalidades relacionadas a uma feature que devem ser entregues para que o consumidor perceba valor (para que ela seja vendável). Contraste com *minimum releasable features*.

minimum releasable features (MRFs). 1. O conjunto mínimo de features que devem estar presentes em uma release para a tornar viável — útil o suficiente para os consumidores finais de forma que eles queiram e estariam dispostos a pagar por ela. 2. Features compostas por uma coleção de minimum marketable features. Sinônimo com *features do tipo 'tem que ter'*. Veja também *minimum marketable features*.

minimum viable product (MVP). Um produto tem apenas aquelas features que permitem que seja feito o deploy do produto, e nada mais.

MMFs. Veja *minimum marketable features*.

MRFs. Veja *minimum releasable features*.

MVP. Veja *minimum viable product*.

O

objetivo da release. Uma declaração clara do propósito e resultado desejado de uma release. Um objetivo de release é criado ao se considerar muitos fatores, incluindo os consumidores-alvo, questões arquiteturais de alto nível e eventos significativos do mercado. Veja também *release*.

oportunidade emergente. Uma oportunidade que era previamente desconhecida, ou era tida como suficientemente improvável de ocorrer e onde portanto não valia a pena gastar dinheiro na época.

P

papel (role). Um conjunto coeso de responsabilidades que podem ser preenchidas por uma ou mais pessoas. Os três papéis no Scrum são product owner, ScrumMaster e equipe de desenvolvimento. Veja também *prática, princípio*.

papel do usuário. 1. O nome para uma classe de usuários do produto. 2. Um dos elementos-chave de uma user story que defina o receptor para o valor entregue pela user story. Veja também *user story*.

passo sustentável. O passo apropriadamente agressivo no qual uma equipe trabalha, para que ela produza um bom fluxo de valor de negócio ao longo de um extenso período de tempo sem entrar em burn out.

PBI. Veja *item do product backlog*.

persona. 1. Um arquétipo de usuário, sintetizado a partir de dados etnográficos de usuários reais, que ajuda a guiar as decisões sobre features dos produtos, navegação, interações e design visual. 2. Uma pessoa fictícia que é uma instância prototípica de um papel particular do usuário. Veja também *user story*.

pivotear. 1. Mudar a direção, mas nos mantendo firmados naquilo que aprendemos. 2. Uma mudança de curso estruturada, projetada para testar uma nova hipótese fundamental sobre um produto, estratégia e engine de crescimento (Ries 2011).

Planning Poker. Uma técnica baseada em consenso para a estimação relativa dos itens do product backlog.

planejamento de portfólio. Uma atividade para determinar que produtos (ou projetos) devem ser trabalhados, em que ordem e por quanto tempo. Algumas vezes é chamado de gerenciamento de portfólio.

planejamento de produto. Veja *concepção (envisioning)*.

planejamento de release. Planejamento de longo prazo que responde a questões como "Quando estaremos prontos?" ou "Quais features posso conseguir até o fim do ano?" ou "Quanto isso vai custar?" O planejamento de release deve equilibrar o valor para o consumidor e a qualidade geral contra as restrições de escopo, cronograma e orçamento. Veja também *plano de release*.

plano de release. 1. O output do planejamento de release. Numa release de data fixada, o plano de release vai especificar a faixa de features disponíveis na data fixada futura. Numa release de escopo fixo, o plano de release vai especificar a faixa de sprints e custos necessários para entregar o escopo fixo. 2. Um plano que comunica, no nível de acurácia que for razoavelmente possível, quando a release vai estar disponível, que features estarão na release e quanto ela vai custar. Veja também *release de data fixa, release de escopo fixo*.

porcos. Uma metáfora usada por algumas equipes Scrum para indicar que as pessoas estão investidas no objetivo da equipe Scrum num nível de compromisso (responsáveis [accountable] pelo resultado). A maioria das pessoas considera os membros da equipe Scrum como sendo porcos. Veja também *equipe Scrum*. Contraste com *galinhas*.

portfolio backlog. Um backlog composto de produtos, programas, projetos ou épicos de alto nível. Veja também *planejamento de portfólio*.

prática. A maneira pela qual um princípio é apoiado ou realizado. Por exemplo, o princípio de demonstrar o progresso é apoiado pela prática Scrum da sprint review. Veja *atividade, artefato, papel, regra*. Veja também *princípio, valores*.

práticas técnicas. As práticas ou técnicas específicas que são usadas durante a sprint execution para realizar apropriadamente o trabalho necessário para entregar features que tenham níveis gerenciáveis de dívida técnica e atendam à definição de pronto da equipe Scrum.

precisão. Quão exata é uma estimativa. Por exemplo, dizer que um produto vai ser enviado em 7 de outubro de 2015 é mais preciso do que dizer que um produto vai ser enviado em outubro de 2015. Contraste com *acurácia*.

previsão (forecast). 1. Fazer declarações, predições ou estimações sobre eventos cujos resultados reais ainda não foram observados. 2. O termo do "Scrum Guide" de 2011 para o que a equipe de desenvolvimento gera durante o sprint planning. Veja também *estimação*. Contraste com *compromisso*.

princípio. Uma verdade ou crença fundamental que serve como fundação para como abordamos o desenvolvimento de produtos. Um exemplo de princípio Scrum é demonstrar progresso frequentemente. Veja também *prática, valores*.

princípio de menor surpresa. Agir ou desenvolver produtos de trabalho de uma maneira que tenha a menor probabilidade de assustar as pessoas ao seu redor.

processo de desenvolvimento tradicional. Veja *processo orientado a plano*.

processo definido. Um processo com um conjunto bem definido de passos. Dados os mesmos inputs, um processo definido deve produzir o mesmo output sempre (dentro de uma faixa definida de variância). Contraste com *controle de processo empírico*.

processo iterativo e incremental. Um estilo de desenvolvimento que tira proveito de ambos o desenvolvimento iterativo e o desenvolvimento incremental. Veja também *desenvolvimento incremental, desenvolvimento iterativo*.

processo orientado a planejamento. Um estilo de desenvolvimento que tenta antecipar e planejar todas as features que um usuário pode querer no produto final e determinar qual a melhor maneira de construir estas features. O plano de trabalho é baseado na execução de um conjunto sequencial de fases de trabalhos específicos. Sinônimo com *processo antecipatório, processo preditivo, processo prescritivo, processo sequencial, processo de desenvolvimento tradicional, processo em cascata (waterfall)*.

processo preditivo. Veja *processo orientado a planejamento*.

processo prescritivo. Veja *processo orientado a planejamento*.

processo sequencial. Veja *processo orientado a planejamento*.

processo waterfall. Veja *processo orientado a planejamento*.

product backlog. Um inventário priorizado de itens do product backlog ainda a serem trabalhados. Veja também *item do product backlog*.

product owner. O ponto central empoderado de liderança do produto. Um dos três papéis de uma equipe Scrum; a única voz da comunidade de stakeholders na equipe Scrum. O product owner define o que fazer e em que ordem deve ser feito. Veja também *equipe Scrum*.

product owner chefe. O product owner geral dentro de uma equipe de product owners em um grande esforço de desenvolvimento. Veja também *product owner*.

produto. 1. O resultado de um esforço de desenvolvimento de produto. 2. Um bem ou serviço consistindo de um pacote de atributos tangíveis e intangíveis que satisfaça os consumidores e seja recebido em troca de dinheiro ou alguma outra unidade de valor. 3. Tipicamente um artefato estável e de longa duração em cima do qual as organizações podem conduzir um ou mais projetos. Veja também *esforço de desenvolvimento de produto*. Contraste com *projeto*.

produto in-process. Um produto que está atualmente em desenvolvimento, já ao vivo na produção ou correntemente sendo vendido. Veja também *planejamento de portfólio*.

projeto. 1. Um esforço temporário empreendido para criar um produto, serviço ou resultado único (PMI 2008). 2. Um esforço que se completa quando seus objetivos são obtidos. Comparo com a vida de um produto, um projeto é mais curto em duração. Frequentemente, múltiplos projetos são realizados ao longo de todo o ciclo de vida do berço ao caixão de um produto. Contraste com *produto*.

project inception. Veja *abertura de projeto (project chartering)*.

project initiation. Veja *abertura de projeto (project chartering)*.

pronto. Veja *definição de pronto*.

proxy do product owner. Uma pessoa escolhida pelo product owner para agir em seu nome em dadas situações. Veja também *product owner*.

Q

quadro de tarefas. Um irradiador de informações usado durante a sprint execution para comunicar o progresso e o fluxo de trabalho de nível de tarefa dentro de um sprint. Veja também *irradiador de informações, tarefa*.

R

refatoração. Uma técnica para reestruturar um corpo existente de código ao aprimorar/simplificar sua estrutura interna (design) sem mudar seu comportamento externo. Refatoração é umas das principais técnicas para gerenciar dívida técnica. Veja também *dívida técnica, práticas técnicas*.

refinamento progressivo. Desagregar, de uma maneira just-in-time, itens do product backlog grandes e pouco detalhados em um conjunto de itens menores e mais detalhados.

regra. Uma prática comum ou um confiável método geral de ação. Uma regra pode ser quebrada quando a pragmática da situação dita que um curso de ação diferente deve ser seguido. O framework Scrum inclui regras. Veja também *Scrum essencial, framework Scrum*.

release. 1. Uma combinação de features que ao serem empacotada juntas compõem um deliverable coerente para os consumidores ou usuários. 2. Uma versão de um produto que é promovido para uso ou deployment. As releases representam um ritmo de entrega de valor de negócio e devem se alinhar com ciclos de negócios definidos.

release de data fixa. Uma release que deve ser entregue em uma data futura conhecida. O escopo da release e possivelmente o custo precisam ser flexíveis. Contraste com *release de escopo fixo*.

release de escopo fixo. Uma release que deve ter um específico conjunto de features. A data na qual as features serão entregues e/ou os custos são flexíveis. Contraste com *release de data fixa*.

requisitos não funcionais. 1. Um requisito que não é relacionado com funcionalidades, mas com atributos tais como confiabilidade, eficiência, facilidade de manutenção e portabilidade, que os itens do product backlog devem possuir para que sejam completamente aceitos pelos stakeholders. 2. Cada requisito não funcional é um candidato para inclusão na definição de pronto. Veja também *definição de pronto*.

retrospectiva. Veja *sprint retrospective*.

risco. 1. A possibilidade de que um evento vá ser acompanhado de consequências indesejáveis. O risco é medido tanto pela probabilidade do evento quanto pela seriedade das consequências. 2. Uma incerteza que se espera que tenha um resultado negativo para a atividade. Veja também *incerteza*.

roadmap do produto. Uma descrição da natureza incremental de como um produto vai ser construído e entregue ao longo do tempo, juntamente com os fatores importantes que guiam cada release individual. Útil ao se desenvolver um produto que vai ter mais do que uma release. Veja também *concepção (envisioning)*.

S

Scrum. Um termo emprestado do esporte rugby. 1. Um framework ágil leve para gerenciar o desenvolvimento de produtos e serviços complexos. 2. Uma abordagem iterativa e incremental para desenvolver produtos e gerenciar trabalho. Veja também *método ágil, framework Scrum*.

Scrum essencial. Os valores, princípios e práticas do framework Scrum, combinados com regras e abordagens aprovadas para a aplicação das práticas Scrum. Veja também *abordagem, prática, regra, framework Scrum*.

ScrumMaster. O coach, facilitador, removedor de impedimentos e líder servil da equipe Scrum. O ScrumMaster é um dos três papéis de uma equipe Scrum. O ScrumMaster fornece liderança de processo e ajuda a equipe Scrum e o resto da organização a desenvolverem sua própria abordagem Scrum de alta performance e específica da organização. Veja também *equipe Scrum, líder servil*.

Scrummerfall. Veja *WaterScrum*.

scrum de scrums (SoS). Uma abordagem para coordenar o trabalho de múltiplas equipes Scrum, onde um ou mais membros de cada equipe Scrum se junta para discutir e resolver questões de dependência interequipe. Veja também *trem de release*.

sincronização. Fazer múltiplos eventos ocorrerem ao mesmo tempo. Frequentemente usado para garantir que múltiplas equipes Scrum trabalhem juntas de uma maneira coordenada ao começar e terminar seus sprints no mesmo dia. Veja também *cadência*.

sismograma de emoções. Uma representação gráfica dos altos e baixos emocionais dos membros da equipe ao longo do curso do sprint. Uma técnica frequentemente usada durante a atividade de sprint retrospective. Veja também *sprint retrospective*.

sistema adaptativo complexo. Um sistema com muitas entidades interagindo umas com as outras de diversas maneiras, em que estas interações são governadas por regras simples e localizadas operando em um contexto de feedback constante. Exemplos incluem o mercado de ações, o cérebro, colônias de formigas e equipes Scrum.

solução. Um produto ou um serviço que resulta de um esforço de desenvolvimento.

SoS. Veja *scrum de scrums*.

sprint. Uma iteração de curta duração em um timebox. Tipicamente um timebox entre uma semana e um mês, durante o qual a equipe Scrum fica focada na produção de um incremento potencialmente entregável do produto que atenda à definição de pronto com a qual a equipe Scrum concordou. Veja também *definição de pronto, iteração, incremento potencialmente entregável do produto*.

sprintable story. Veja *user story implementável*.

sprint backlog. 1. Um artefato produzido na reunião de planejamento de sprint e atualizado continuamente durante a sprint execution que ajuda uma equipe auto-organizável a melhor planejar e gerenciar o trabalho necessário para entregar o sprint goal. 2. Uma lista de itens do product backlog trazidos para um sprint e um plano associado de como conseguir realizá-los — frequentemente expressados em termos de tarefas que são estimadas em horas ideais. Veja também *hora ideal, sprint planning, tarefa*.

sprint demo. 1. Uma atividade da sprint review onde os itens do product backlog completados (prontos) são demonstrados com o objetivo de promover uma discussão rica em informações entre a equipe Scrum e outros participantes da sprint review. 2. Um termo que é frequentemente usado como sinônimo para se referir à sprint review inteira. Veja também *sprint review*.

sprint goal. Um resumo de alto nível do objetivo que o product owner gostaria de alcançar durante o sprint. Frequentemente elaborado através de um conjunto específico de itens do product backlog.

sprint planning. Um momento quando a equipe Scrum se junta para concordar com um sprint goal e determinar que subconjunto do product backlog ela pode entregar no sprint sendo planejado. Durante o sprint planning, um sprint backlog é produzido para ajudar a equipe a adquirir a confiança de que ela possa entregar os itens do product backlog com os quais ela se comprometeu. Veja também *sprint backlog, sprint goal*.

sprint retrospective. Uma atividade de inspeção e adaptação realizada no fim de cada sprint. A sprint retrospective é uma oportunidade de melhoria contínua para que a equipe Scrum reveja seus processos (abordagens na realização do Scrum) e identifique oportunidades para melhorá-los. Veja também *inspecionar e adaptar, sprint review.*

sprint review. Uma atividade de inspeção e adaptação depois da sprint execution onde a equipe Scrum mostra a todas as partes interessadas o que foi feito durante o sprint. A sprint review dá a todos com voz no esforço de desenvolvimento do produto uma oportunidade para inspecionar o que foi construído até o momento e adaptar o que será construído a seguir. Veja também *inspecionar e adaptar, sprint demo.*

stakeholder. Uma pessoa, grupo ou organização que afeta ou pode ser afetada pelas ações de uma organização. Veja também *stakeholders externos, stakeholders internos.*

stakeholders externos. Stakeholders que são tipicamente externos à organização que está desenvolvendo o produto, por exemplo, consumidores, parceiros ou reguladores. Veja também *stakeholders.* Contraste com *stakeholders internos.*

stakeholders internos. Stakeholders que são internos à organização que está desenvolvendo o produto, por exemplo, executivos seniores, gerentes e usuários internos. Veja também *stakeholders.* Contraste com *stakeholders externos.*

story. Veja *user story.*

story implementável. Uma user story que tem o tamanho pequeno o suficiente para se encaixar direito dentro de um sprint. Sinônimo com *sprintable story.*

story mapping. 1. Uma técnica que usa uma perspectiva centrada no usuário para gerar um conjunto de user stories. Cada atividade de alto nível do usuário é decomposta em um workflow que possa ser ainda mais decomposto em um conjunto de tarefas detalhadas. 2. Uma representação bidimensional de uma lista de product backlog unidimensional tradicional. Veja também *product backlog, user story.*

story point. Uma medida de tamanho relativo de itens do product backlog que leva em conta fatores tais como complexidade e tamanho físico Tipicamente determinada usando Planning Poker. Veja também *dia ideal, Planning Poker, medida de tamanho relativo.*

suposição. Um palpite, ou crença, que se presume ser verdadeiro, real ou certo mesmo que não haja aprendizado validado para saber que ele é verdade. Contraste com *aprendizado validado.*

swarming (enxame). Um comportamento em que os membros da equipe com capacidade disponível e habilidades apropriadas trabalham coletivamente (swarm — enxameiam) num item para finalizar o que já foi iniciado antes moverem adiante e começarem a trabalhar em novos itens. Veja também *habilidades T-shaped.*

T

tamanho de lote. A cardinalidade de um conjunto de itens a serem processados em algum passo futuro. Veja também *trabalho em processo.*

tarefa. O trabalho técnico que a equipe de desenvolvimento realiza para completar um item do product backlog. A maioria das tarefas são definidas para serem pequenas, representando não mais do que algumas horas até um dia de trabalho.

TDD. Veja *desenvolvimento orientado a testes*.

técnica. Um procedimento definido que é usado para realizar parte ou toda uma atividade ou dar suporte a uma abordagem. Veja também *atividade, abordagem*.

tema. Uma coleção de user stories relacionadas. Um tema fornece uma maneira conveniente de indicar que um conjunto de user stories tem algo em comum, tal como serem da mesma área funcional. Veja também *épico, user story*.

testes de aceitação. 1. Os testes feitos para verificar que os critérios de aceitação tenham sido atendidos. 2. Um teste que defina o valor de negócio que cada item do product backlog deve entregar. Ele pode verificar requisitos funcionais ou não funcionais tais como performance ou confiabilidade. É usado para ajudar a guiar o desenvolvimento (Crispin e Gregory 2009). 3. Testes formais com respeito às necessidades do usuário, requisitos e processos de negócio, conduzidos para determinar se um sistema satisfaz ou não os critérios de aceitação e para possibilitar que o usuário, clientes ou outras entidades autorizadas determinem se devem ou não aceitar o sistema (IEEE 610).

timebox. Um período de tempo de comprimento fixo durante o qual uma atividade é realizada. No Scrum, os sprints são iterações em timeboxes onde uma equipe trabalha num passo sustentável para completar um conjunto de trabalho WIP limitado. Veja também *sprint, timeboxing*.

timeboxing. Uma técnica de gerenciamento de tempo que ajuda a organizar a performance do trabalho e gerenciar escopo. Veja também *timebox*.

timeline de eventos. Uma representação visual e ordenada cronologicamente dos eventos significativos que ocorreram ao longo de um período de tempo. Uma técnica comum usada durante as sprint retrospectives. Veja também *sprint retrospective*.

todo antes de algum. Uma característica de um processo de desenvolvimento sequencial, onde o produto de trabalho de um passo anterior de um processo é transferido para o passo seguinte usando um tamanho de lote de 100%. Veja também *tamanho de lote*.

trabalhadores ociosos. Pessoas que têm capacidade disponível para fazer mais trabalho porque elas não estão sendo utilizadas 100% atualmente. Contraste com *trabalho ocioso*.

trabalho em processo (WIP). Trabalho que inserido no processo de desenvolvimento mas ainda não foi finalizado e disponibilizado para um consumidor ou usuário. Refere-se a todos os recursos ou produtos de trabalho de um produto ou serviço que estão atualmente sendo trabalhados ou esperando em uma fila para serem trabalhados.

trabalho ocioso. Trabalho que não está ativamente sendo feito já que está parado em alguma fila. Contraste com *trabalhadores ociosos*.

transparência. Um dos três pilares do processo de controle empírico; acesso livre às informações necessárias para a inspeção e a adaptação. Veja também *adaptação, controle de processo empírico, inspeção.*

trem de release. Uma abordagem para alinhar a visão, o planejamento e as interdependências de muitas equipe ao fornecer uma sincronização cross-equipe baseada numa cadência comum. Um trem de release foca num fluxo rápido e flexível no nível de um produto grande. Veja também *scrum de scrums.*

U

último momento responsável (last responsible moment — LRM). Uma estratégia de não tomar uma decisão prematura, mas em vez disso adiar o compromisso e manter abertas as decisões importantes e irreversíveis até que o custo de não tomar a decisão se torne maior do que o custo de tomar a decisão.

user stories técnicas. Uma "user" story (item do product backlog) que não entrega um valor perceptível para o usuário final, mas entrega arquitetura ou infraestrutura importante, necessária para entregar valor para o usuário no futuro. Veja também *user story.*

user story. Um formato conveniente para expressar o valor de negócio desejado para muitos tipos de itens do product backlog. As user stories são criadas de uma maneira que as torne inteligíveis tanto para o pessoal de negócios quanto para o pessoal técnico. Elas são estruturalmente simples e tipicamente expressas num formato tal como "Como um <papel do usuário>, quero alcançar <objetivo> para que eu consiga <benefício>". Elas fornecem um ótimo placeholder para uma conversa. Adicionalmente, elas podem ser escritas em vários níveis de granularidade e são fáceis de serem refinadas progressivamente. Veja também *épico, refinamento progressivo, tema, papel do usuário.*

V

valor para o stakeholder. O valor que a solução entrega para os stakeholders. Algumas vezes usada intercambiavelmente com valor para o cliente. Veja também *stakeholder.*

valores. 1. Aquelas coisas que consideramos caras ou preciosas. 2. A fundação de um acordo de operação compartilhado entre os membros de uma equipe. Os valores centrais do Scrum incluem honestidade, abertura, coragem, respeito, foco, confiança, empoderamento e colaboração.

variabilidade. A propagação ou dispersão de um conjunto de dados representando resultados não idênticos. Em manufatura, variabilidade é sempre desperdício. Em desenvolvimento de produtos, alguma variabilidade é necessária para desenvolver soluções inovativas. Veja também *desperdício.*

velocidade. Uma medida da taxa na qual o trabalho é completado por unidade de tempo. Usando o Scrum, a velocidade é tipicamente medida como a soma das estimativas de tamanho dos itens do product backlog que são completados em um sprint. A velocidade é relatada nas mesmas unidades que os itens do product backlog

— usualmente story points ou ideal days. A velocidade mede o output (o tamanho do que foi entregue), não resultado (o valor do que foi entregue).

visão do produto. Uma declaração breve do estado futuro desejado que seria alcançado ao se desenvolver e fazer o deploy de um produto. Uma boa visão deve ser simples de enunciar e fornecer uma direção coerente para as pessoas que vão realizá-la. Veja também *concepção (envisioning)*.

votação por pontos. Uma técnica que permite aos participantes votarem em suas preferência entre um conjunto de itens ao colocar um ponto colorido nos itens que eles acreditam que têm prioridade maior do que outros itens. Itens com mais pontos têm mais prioridade do que itens com menos pontos. Essa técnica é frequentemente usada durante a atividade de sprint retrospective. Veja também *sprint retrospective*.

W

waterfall (cascata). Um termo se referindo à representação gráfica de um processo de desenvolvimento no qual as fases sequenciais de trabalho são mostradas fluindo firmemente como uma cascata. Veja também *processo orientado a planejamento*.

WaterScrum. Sobrepondo o desenvolvimento em estilo waterfall sobre o framework Scrum. Um exemplo seria a realização de um sprint de análise, seguido por sprint de design, seguido por um sprint de codificação, seguido por um sprint de testes. Sinônimo com *Scrummerfall*.

weighted shortest job first (WSJF). Um algoritmo economicamente ótimo para o agendamento de trabalho em um ambiente onde tanto o custo do atraso quanto a duração variem entre os itens de trabalho. Veja também *custo de atraso*.

WIP. Veja *trabalho em processo*.

workshop de escrita de user stories. Um workshop durante de algumas horas até uns poucos dias, onde uma diversa equipe de participantes faz um brainstorm coletivo de valores de negócio desejáveis e criam user stories placeholders para o que o produto ou serviço deveria fazer. Veja também *user story*.

WSJF. Veja *weighted shortest job first*.

X

XP. Veja *Extreme Programming*.

Referências

Adkins, Lyssa. 2010. *Coaching Agile Teams: A Companion for ScrumMasters, Agile Coaches, and Project Managers in Transition*. Addison-Wesley Professional.

Anderson, David J. 2010. *Kanban*. Blue Hole Press.

Appelo, Jurgen. 2011. *Management 3.0: Leading Agile Developers, Developing Agile Leaders*. Addison-Wesley Professional.

Beck, Kent, Mike Beedle, Arie van Bennekum, Alistair Cockburn, Ward Cunningham, Martin Fowler, James Grenning, Jim Highsmith, Andrew Hunt, Ron Jeffries, Jon Kern, Brian Marick, Robert C. Martin, Steve Mellor, Ken Schwaber, Jeff Sutherland e Dave Thomas. 2001. *Manifesto for Agile Software Development*. www.agilemanifesto.org/.

Beck, Kent e Cynthia Andres. 2004. *Extreme Programming Explained*, 2nd ed. Addison-Wesley Professional.

Boehm, Barry W. 1981. *Software Engineering Economics*. Prentice Hall.

Brooks, Frederick F. 1995. *The Mythical Man-Month: Essays on Software Engineering*, 2nd ed. Addison-Wesley Professional. (Originally published in 1975.)

Cohn, Mike. 2004. *User Stories Applied: For Agile Software Development*. Addison-Wesley Professional.

———. 2006. *Agile Estimating and Planning*. Addison-Wesley Professional.

———. 2009. *Succeeding with Agile*. Addison-Wesley Professional.

———. 2010. Agile 2010 keynote presentation.

Cook, Daniel. 2008. "The Laws of Productivity: 8 productivity experiments you don't need to repeat." Presentation found at http://www.lostgarden.com/2008/09/rules-of-productivity-presentation.html.

Crispin, Lisa e Janet Gregory. 2009. *Agile Testing: A Practical Guide for Testers and Agile Teams*. Addison-Wesley Professional.

Cunningham, Ward. 1992. "The WyCash Portfolio Management System", OOPSLA 1992 experience report. OOPSLA '92, Object-Oriented Programming Systems, Languages and Applications, Vancouver, BC, Canada, October 18–22.

Denne, Mark e Jane Cleland-Huang. 2003. *Software by Numbers: Low-Risk, High-Return Development*. Prentice Hall.

Derby, Esther e Diana Larsen. 2006. *Agile Retrospectives: Making Good Teams Great*. Pragmatic Bookshelf.

Fowler, Martin. 2009. "Technical Debt Quadrant." Bliki entry found at http://martinfowler.com/bliki/TechnicalDebtQuadrant.html.

Fowler, Martin, Kent Beck, John Brant, William Opdyke e Don Roberts. 1999. *Refactoring: Improving the Design of Existing Code*. Addison-Wesley Professional.

Goldberg, Adele e Kenneth S. Rubin. 1995. *Succeeding with Objects: Decision Frameworks for Project Management*. Addison-Wesley Professional.

Grenning, James. 2002. "Planning Poker." www.objectmentor.com/resources/articles/PlanningPoker.zip.

Highsmith, Jim. 2009. *Agile Project Management: Creating Innovative Products*, 2nd ed. Addison-Wesley Professional.

Hohmann, Luke. 2003. *Beyond Software Architecture*. Addison-Wesley Professional.

IEEE. 1990. IEEE Std 610.12-1990 (revisão e designação do IEEE Std 792-1983). IEEE Standards Board of the Institute of Electrical and Electronics Engineers, New York, September 28, 1990.

Jeffries, Ron. 2001. "Essential XP: Card, Conversation, Confirmation." http://xprogramming.com/articles/expcardconversationconfirmation/.

Katz, Ralph. 1982. "The Effects of Group Longevity on Project Communication and Performance." *Administrative Science Quarterly* 27: 81–104.

Kennedy, John Fitzgerald. 1961. Special Message to the Congress on Urgent National Needs, May 22.

Kerth, Norm. 2001. *Project Retrospectives: A Handbook for Team Reviews*. Dorset House.

Larman, Craig e Bas Vodde. 2009. "Lean Primer." Disponível em www.leanprimer.com/downloads/lean_primer.pdf.

Laufer, Alexander. 1996. *Simultaneous Management: Managing Projects in a Dynamic Environment*. American Management Association.

Leffingwell, Dean. 2011. *Agile Software Requirements: Lean Requirements Practices for Teams, Programs, and the Enterprise*. Addison-Wesley Professional.

McConnell, Steve. 2007. "Technical Debt." Blog entry found at http://blogs.construx.com/blogs/stevemcc/archive/2007/11/01/technical-debt-2.aspx.

Mar, Kane. 2006. "Technical Debt and the Death of Design: Part 1." Post de blog encontrado em: http://kanemar.com/2006/07/23/technical-debt-and-the-death-of-design-part-1/.

Martin, Robert C. 2008. *Clean Code: A Handbook of Agile Software Craftsmanship*. Prentice Hall.

Page, Scott. 2007. *The Difference: How the Power of Diversity Creates Better Groups, Firms, Schools, and Societies*. Princeton University Press.

Patton, Jeff. 2008. Exemplo de release incremental. Comunicação pessoal.

———. 2009. "Telling Better User Stories: Mapping the Path to Success." *Better Software*, November/December, 24–29.

Pelrine, Joseph. 2011. "Is Software Development Complex." Guest post em um blog encontrado em http://cognitive-edge.com/blog/entry/4597/is-software-development-complex.

Pichler, Roman. 2010. *Agile Product Management with Scrum: Creating Products That Customers Love*. Addison-Wesley Professional.

PMI. 2008. *A Guide to the Project Management Body of Knowledge (PMBOK® Guide)*, 4th ed. Project Management Institute, Inc.

Poppendieck, Mary e Tom Poppendieck. 2003. *Lean Software Development: An Agile Toolkit*. Addison-Wesley Professional.

Putnam, Doug. 1996. "Team Size Can Be the Key to a Successful Project." An article in QSM's Process Improvement Series. www.qsm.com/process_01.html.

Putnam, Lawrence H. e Ware Myers. 1998. "Familiar Metrics Management: Small Is Beautiful—Once Again." *IT Metrics Strategies* IV:8: 12–16. Cutter Information Corp.

Reinertsen, Donald G. 2009a. "Types of Processes." Guest post em um blog encontrado em: www.netobjectives.com/blogs/Types-of-Processes.

———. 2009b. *The Principles of Product Development Flow: Second Generation Lean Product Development*. Celeritas Publishing.

Ries, Eric. 2011. *The Lean Startup: How Today's Entrepreneurs Use Continuous Innovation to Create Radically Successful Businesses*. Crown Business.

Schwaber, Ken. 1995. "Scrum Development Process." In *OOPSLA Business Object Design and Implementation Workshop*, ed. J. Sutherland et al. Springer.

———. 2004. *Agile Software Development with Scrum*. Microsoft Press.

Schwaber, Ken e Mike Beedle. 2001. *Agile Software Development with Scrum*. Prentice Hall.

Schwaber, Ken e Jeff Sutherland. 2011. "The Scrum Guide." Disponível em www.scrum.org.

SEI. 2010. "CMMI for Development, Version 1.3." Software Engineering Institute, Carnegie Mellon University. Disponível em www.sei.cmu.edu/library/abstracts/reports/10tr033.cfm.

———. 2011. Second International Workshop on Managing Technical Debt, May 23. Colocated with ICSE 2011, Waikiki, Honolulu, Hawaii. Disponível em www.sei.cmu.edu/community/td2011/.

Smith, Preston G. e Donald G. Reinertsen. 1998. *Developing Products in Half the Time: New Rules, New Tools.* Van Nostrand Reinhold.

Snowden, David J. e Mary E. Boone. 2007. "A Leader's Framework for Decision Making." *Harvard Business Review*, November.

Staats, Bradley R. 2011. *Unpacking Team Familiarity: The Effects of Geographic Location and Hierarchical Role.* University of North Carolina at Chapel Hill.

Takeuchi, Hirotaka e Ikujiro Nonaka. 1986. "The New New Product Development Game." *Harvard Business Review*, January, 137–146.

Tuckman, Bruce W. 1965. "Developmental Sequence in Small Groups." *Psychological Bulletin* 63: 384–399. O artigo foi reimpresso em *Group Facilitation: A Research and Applications Journal*, no. 3, Spring 2001.

VersionOne. 2011. "The State of Agile Development: Sixth Annual Survey." Postado como um PDF para download na Library of White Papers em www.versionone.com.

Wake, William C. 2003. "INVEST in Good Stories, and SMART Tasks." www.xp123.com.

Wheelwright, Steven C. e Kim B. Clark. 1992. *Revolutionizing Product Development: Quantum Leaps in Speed, Efficiency, and Quality.* The Free Press.

Wiseman, John "Lofty." 2010. *SAS Survival Guide: For Any Climate, in Any Situation*, rev. ed. Collins Reference.

ÍNDICE

A

Abordagem
definição, 402
o scrum essencial inclui, xxix
realizando práticas Scrum, 13
Abordagem duas partes para o sprint
planning, 338-339
Abordagem 'uma parte' para a sprint
planning, 339-340
Acceptance-test-driven development (ATTD),
85-86, 402
Ações resultantes da retrospectiva
como output da sprint retrospective, 381
decidindo que ações tomar, 389-390
determinando possíveis ações, 387-388
follow through das, 391-392
selecionando insights em cima dos quais
agir, 388
Acúmulo de dívida técnica, gerenciando o,
149-152
Acurácia
definição, 402
vs. precisão em estimação, 125, 274-275
Adaptação. *Veja também* Princípio de predição
e adaptação no desenvolvimento ágil
baseada na revisão do produto, 371
como foco do planejamento em vez de
conformidade, 249-251
daily scrum como uma atividade de
inspeção e adaptação, 354
definição, 402
descobrindo seu próprio caminho adiante,
396
desenvolvimento orientado a plano
comparado com o desenvolvimento
ágil, 59
equilibrando trabalho preditivo com
trabalho adaptativo, 43-44
e exploração na abordagem de
desenvolvimento, 39-40
responsabilidades da equipe de
desenvolvimento, 197-198
sprint retrospective e, 375
sprint review e, 363
tirando proveito da variabilidade, 35-36
Agéis, princípios

abordagem iterativa e incremental para o
desenvolvimento, 33-35
abraçando a variabilidade útil, 32-33
aceitando que você não consegue entender
tudo antecipadamente, 38-39
adaptativo, abordagem exploratória, 39-40
adaptando em resposta a informações em
tempo real e replanejando baseado nos,
54
aprendizado validado nos, 44-45
custo da mudança e os, 40-43
custo dos atrasos e os, 52-54
entrega centrada no valor nos, 55
equilibrando trabalho preditivo com
trabalho adaptativo, 43-44
focando no trabalho ocioso, 51-52
gerenciamento de inventário, 49-50
inspeção, adaptação e transparência, 35-36
loops de aprendizagem nos, 45-46
mantendo as opções abertas nos, 37-38
medindo o progresso pela validação de
recursos, 54-55
minimizando a formalidade desnecessária,
57-58
organizando o workflow para um feedback
rápido, 46-47
passo sustentável na performance do
trabalho, 56
predição e adaptação, 37
qualidade construída no processo de
desenvolvimento, 56-57
reduzindo incertezas, 36-37
tamanho dos lotes nos, 48-49
trabalho em processo (work in process —
WIP) e os, 48
variabilidade e incerteza e os, 32
visão geral dos, 29-32
Agendas
atividades Scrum previsíveis, 68
benefícios de lotes pequenos no
cronograma, 49
para sprint review, 366-367
problemas de comparecimento e, 392
Agente de mudança, o ScrumMaster como,
187, 191
Ágil, desenvolvimento

abordagem orientada a plano comparada com o, 59-60
compartilhando as boas práticas, 396-397
definição, 402
gerentes promovendo os valores ágeis, 233-234
preocupações sobre a adoção, 225
product backlog no, 1
sem estado final no, 395
visão geral do, 1-3
Agile Retrospectives (Derby and Larsen), 379
Agrupamento silencioso, exercício
definição, 416
para a criação de clusters de insights, 386
Alegria, benefícios do Scrum, 6
All-at-once, desenvolvimento de produto
definição, 402
nas origens do Scrum, 3
Alvo, dívida técnica
definição, 419
pagando, 155
Ambiente, responsabilidades dos gerentes
alinhando grupos internos, 234
alinhando parceiros, 234-235
promovendo valores ágeis, 233-234
removendo impedimentos organizacionais, 234
Antecipatório, processo. *Veja* desenvolvimento orientado a planos
Apenas o suficiente (Just enough)
de planejamento preditivo, 300
detalhe apropriado no product backlog, 101
requisitos, 79
Appelo, Jurgen, 230
Aprendendo
aprendizado rápido combinado com pivoteamento, 254-255
descobrindo seu próprio caminho adiante, 396
economia do planejamento do produto, 305
papel dos gerentes no desenvolvimento de competência, 231-232
Aprendizado validado
definição, 421
loops concorrentes de aprendizado, 45-46
planejamento de produto e, 303-304
organizando o workflow para um feedback rápido, 46-47
visão geral, 44-45
Aquisição de conhecimento
como um item do product backlog, 100-101
sprint para, 298
user stories, 93-95
Artefatos

abordagem just-in-time para a criação de produtos de trabalho, 43
definição, 402
gerenciando o inventário dos artefatos de planejamento, 251-252
incremento potencialmente entregável do produto como, 25-26
product backlog como, 18-19
sprint backlog como, 18
Aspecto de resumo da sprint review, 369-370
Atividades
definição, 402
visão geral das, 16-18
Atmosfera, definindo a atmosfera para a sprint retrospective, 382
Atraso, custo do. *Veja* Custo do atraso
ATTD (Acceptance-test-driven development), 85-86, 402
Auto-organização
definição, 416
minando, 231
pela equipe de desenvolvimento, 198-200
sprint execution, 348
Autoridade, níveis de (Appelo), 230
Autoridade do processo, ScrumMaster como, 186-187

B

Bagunça (Martin), terminologia para dívida técnica, 140
Benefícios do Scrum, 4-5
Burndown, gráfico de
definição, 403
para release de escopo fixo, 327-328
sprint, 357-359
Burnup, gráfico de
definição, 403
para release de escopo fixo, 328-329
sprint, 359-360

C

Cadência
benefícios de uma duração consistente dos sprints, 67-68
definição, 403
Caminho adiante
compartilhando boas práticas, 396-397
descobrindo, 396
sem estado final no Scrum, 395
superando o status quo, 398-399
usando o Scrum para descobrir, 397-398
Caótico, domínio
definição, 403
no framework Cynefin, 6-7, 9
Capacidade

definição, 403
  medindo em esforço-hora, 342–343
  medindo em story points, 342
  no Kanban, 10
  sprint planning, 22, 340–342
  subutilização da, 351
Cartão, formato para user stories, 83–84
Cerimônia
  definição, 403
  desenvolvimento orientado a plano
    comparado com o desenvolvimento
    ágil, 60
  minimizando cerimônia desnecessária,
    57–58, 368
Checkpoints, a duração curta dos sprints
    providenciando frequentes, 66–67
Clarificação dos sprint goals, 69–70
CMMI, modelo de maturidade, 395
Coach
  ScrumMaster como, 16, 185–186
  um dia na vida do ScrumMaster, 190
Cohn, Mike, xxv, xxxiii–xxxiv, 129–130, 206,
    395, 397–398
Colaboração
  afunilando através do gerente de projeto,
    242–243
  benefícios da comunicação face a face, 205
  cross-cluster, 240–241
  do product owner com a equipe de
    desenvolvimento, 170–171
  do product owner com os stakeholders, 171
  habilidades do ScrumMaster, 189
  na sprint review, 370
Colhedores (Goldberg e Rubin), 217
Comercial, projetos de desenvolvimento,
    177–179
Commercial-off-the-shelf (COTS), 8
Comparecimento
  sprint retrospective, questões, 392
  sprint review, questões, 372–373
Competência, gerentes desenvolvendo-a nos
    membros da equipe, 231–232
Complexo, domínio
  definição, 404
  no framework Cynefin, 6–8
Complicado, domínio
  definição, 404
  no framework Cynefin, 6–8
Complexidade, o Scrum fornecendo confiança
    no tratamento da, 6
Compromisso
  como base dos sprint goals, 69
  comparecimento esporádico e, 372–373
  da equipe de desenvolvimento, 207–208
  definição, 404

estimativas contrastadas com o, 124–125
  mudança e, 71
  resultados do sprint planning e, 17–18, 346
  verificando se é realista, 344–345
Comunicação
  canais entre equipes, 240–241
  do progresso da sprint execution, 356
  do progresso de um planejamento de
    release de data fixa, 327–329
  do progresso de uma release de data fixa,
    329–330
  equipe de desenvolvimento, habilidades/
    características, 204–205
  facilitando o entendimento compartilhado,
    81–82
  product owner, habilidades, 172–173
  ScrumMaster, habilidades, 189–190
  transparência da, 205–206
Comunicação em alta largura de banda,
    habilidades/características da equipe de
    desenvolvimento, 204–205
Componente, equipes de
  ao se definir um produto, 116
  combinando com as equipes de feature,
    217–218
  definição, 404
  equipes de feature em comparação com as,
    213–216
  product owner para, 177, 180–181
  quando usar, 216
Componentes
  desenvolvimento de, 213–214
  integração e testes, 46–47
  projetos de desenvolvimento, 180–181
Concepção (Envisioning). *Veja* Planejamento
    de produto
Condições de satisfação, 404. *Veja também*
    Critérios de aceitação
Confiança, adquirindo no sprint planning,
    344–346
Confiança, limite de
  almejando um realista, 300–302
  definição, 404
  para o planejamento de produto, 290, 298
Confiança, papel dos gerentes no
    estabelecimento de, 231
Conformidade com os planos no
    desenvolvimento orientado a plano, 54,
    60, 250
Conhecida, dívida técnica
  definição, 410
  pagando, 155–156
  pagando enquanto realiza trabalho valioso
    para o consumidor, 160–161

pagando incrementalmente, 159
Conhecimento tácito
　da dívida técnica, 154
　definição, 419
Conhecimento técnico, habilidades do ScrumMaster, 188
Consumidor, incerteza de
　definição, 405
　reduzindo a, 36
Consumidores
　entrega centrada no valor focada nas necessidades dos, 55
　padrão de engajamento com os, 170-171
　pagando a dívida técnica enquanto realiza trabalho de valor para o consumidor, 160-162
　planejando a release de features para os, 307
　product owner entendendo as necessidades dos, 166
　valor das user stories para os, 90
Contexto compartilhado
　criando-o para a sprint retrospective, 382-384
　minerando em busca de insights, 385
　sismograma de emoções como auxiliar na criação de, 384-385
　timeline de eventos como auxiliar na criação de, 384
Contratar/despedir, autoridade dos gerentes, 229
Contratos, limitações dos contratos de preço fixo, 235
Controle empírico de processos (Schwaber e Beedle), 35, 406
Conversações
　facilitando o entendimento compartilhado, 81-82
　no desenvolvimento de user stories, 84-85
Coordenação. *Veja também* Colaboração
　afunilando através do gerente de projeto, 242-243
　cross-cluster, 240-241
COTS (Commercial-off-the-shelf), 8
Critérios de aceitação
　condições de satisfação relacionadas ao product backlog, 77
　definição, 401
　definição de ready e, 110
　product owner definindo e verificando, 169-170
　user stories contendo informações de confimação, 85-86
Cross-cluster, colaboração, 240-241

Cross-funcional, diversidade e suficiência cross-funcional da equipe de desenvolvimento, 200-201
Cross-funcional, equipes
　comunicação de alta largura de banda e, 205
　definição, 405
　equipes de feature, 213
　gerentes formando, 228-229
　no desenvolvimento ágil, 2
　qualidade construída no processo de desenvolvimento, 56-57
　vs. equipes de papéis específicos, 195-196
Culpa
　criando uma atmosfera livre de culpa para a sprint retrospective, 382
　sprint retrospective, questões da, 393
Cunningham, Ward
　sobre a refatoração, 149
　sobre dívida técnica, 139-140
Custos
　calculando no processo de planejamento de release, 325-326
　dívida técnica impactando os custos de desenvolvimento, 142-143
　do trabalho ocioso, 52-53
　Scrum reduzindo os, 6
　tratando do custo de mudança, 40-43
Custo do atraso
　comparando desenvolvimento orientado a plano com desenvolvimento ágil, 60
　definição, 404
　para quantificar apropriadamente a economia da dívida técnica, 150-152
　planejamento de portfólio e, 271-274
　princípios ágeis e o, 52-54
Cynefin, framework
　definição, 405
　para tomada de decisão apropriada à situação, 6-7

D

Dados objetivos
　coletando para a sprint retrospective, 379
　inputs para a sprint retrospective, 380
Dados subjetivos, comunicando-os na sprint retrospective, 383
Daily scrum
　abordagens para o, 397
　definição, 405
　quando o grooming ocorre e o, 108
　planejamento diário durante o, 264-265
　sprint execution e, 354
　sprints e, 23-25
Daily stand-up. *Veja* Daily scrum

Data e escopo fixos, restrições no
 planejamento de release, 312-313
Data fixa, release de
 calculando custos em, 325-326
 comunicando progresso da, 329-330
 definição, 408
 planejamento e, 67-68
 visão geral, 318-323
Data fixa, restrição no planejamento de
 release, 313-314
Data, restrição de
 data e escopo, abordagem, 312-313
 data fixa, abordagem, 313-314
 escopo fixo, abordagem, 313
 no planejamento de release, 311
 tudo fixo, abordagem, 311-312
Deadlines, resultando em dívida técnica,
 144-145
DEEP (Detalhado apropriadamente, Emergent,
 Estimado e Priorizado)
 apropriadamente detalhado, 101-102
 características de um bom product backlog,
 101
 definição, 405
 estimativas de tamanho em, 102-103
 natureza emergente do, 102
 priorização em, 103-104
Defeitos
 como dívida técnica, 139
 como um item do product backlog, 100-101
 definindo quando o sprint está completo ou
 pronto e os, 75
 se compondo, 142
Definição de pronto
 checklist, 74-76
 definição, 405
 equipe de desenvolvimento precisa de
 habilidades para atender à, 200-201
 evoluindo com o tempo, 76-77
 limite de confiança como concepção, 290
 para o gerenciamento da dívida técnica,
 149-150
 prevenindo o acúmulo de dívida técnica,
 150
 que trabalho precisa ser feito, 353-354
 requisitos não funcionais para inclusão na,
 93
 sem estado final no Scrum, 395
 versus critérios de aceitação, 77
 visão geral, 25-26
Definição de ready
 checklist, 109-110
 critérios de aceitação, 169
 definição, 405

entendendo como demonstrar itens na
 sprint review, 370
fornecendo limites para o trabalho no nível
 de tarefa, 353
itens do product backlog para o
 planejamento de sprint, 336
selecionando itens do product backlog e,
 344
visão geral, 108-110
Delegação como meio de empoderar equipes,
 230
Deliverables. *Veja também* Potentially
 shippable product increments (PSIs)
 dívida técnica aumentando o tempo para a
 entrega, 142
 sprints de curta duração e, 65-66
Demonstração, aspecto da sprint review, 368,
 370
Deployment contínuo (entrega)
 definição, 404
 planejando o release de features para os
 consumidores, 308
 roadmap do produto e, 260
Desconhecida, dívida técnica, 155, 158-159,
 408
Desconhecidos não conhecidos
 definição, 420
 incerteza e, 37
Desenvolvimento centrado no processo, 60
Desenvolvimento com testes em primeiro, 353,
 420
Desenvolvimento de produto
 benefícios do Scrum para, 10
 calculando a duração a partir do tamanho
 estimado e da velocidade medida,
 119-120
 definição, 413
 economia de escala, 48
 focando no trabalho ocioso e não nos
 trabalhadores ociosos, 51-52
 gerenciamento de inventário, 50
 vs. manufatura de produto, 32-33
Desenvolvimento de software, questões
 relacionadas ao, 5
Desenvolvimento incremental
 definição, 409
 princípios ágeis subjacentes ao Scrum,
 33-35
 sprints de curta duração rejuvenescendo a
 excitação dos participantes, 65
Desenvolvimento orientado a plano
 abordagem todo antes de algum para o
 trabalho em processo, 48
 abordagem linear da incerteza no, 36

abordagem sequencial comparada com a abordagem exploratória dos métodos ágeis, 39–40
crenças com relação ao, 30
custo da mudança no, 43
como uma abordagem de alta cerimônia, 57
integração e testagem de componentes no, 46–47
definição, 412
limitações com relação ao replanejamento, 54
orientação de fase vs. expectativas do consumidor, 54–55
princípios ágeis comparados com, 59–60
processo definido no, 32
riscos relacionados a planejamento antecipado, 38–39
suposições em, 45
requisitos no, 79
tipos de, 29
variabilidade não levada em conta no, 35

Desenvolvimento orientado a testes (TDD), 378, 419–420

Desenvolvimento sequencial. *Veja* Desenvolvimento orientado a plano

Desordem, domínio
definição, 406
no framework Cynefin, 6–7, 9

Desperdício
definição, 421
desperdício de inovação, 90

Detalhe
nas user stories, 86–88
no product backlog, 101–102

Discussões
ao se escrever user stories, 81–82, 85
ao se fazer estimativas, 121–122
na sprint review, 371

Diversidade da equipe de desenvolvimento, 200–201

Dívida técnica
causas da, 144–148
consequências da, 141–144
definição, 419
definição de pronto e, 76
economia da, 150–152
gerenciando, 148
gerenciando o acúmulo de, 149–150
pagando, 155–156
pagando enquanto realiza trabalho de valor para o consumidor, 160–162
pagando incrementalmente, 159
pagando primeiro as dívidas com juros altos, 160
qualidade variável e, 314

razões para não pagar, 157–158
regra dos Escoteiros para o pagamento de, 158–159
tornando-a visível com o balancete, 153–154
tornando-a visível no nível de negócios, 153–154
tornando-a visível no nível técnico, 154–155
visão geral, 139–141

Documentação
conversas em comparação com a, 81–82
desenvolvimento orientado a plano como um processo centrado em documentos, 57
exemplo de custo de atraso envolvendo, 53–54
falta de documentação na pesquisa VersionOne 2011, 225
na definição de pronto, 74
no desenvolvimento Scrum, 57–58
suplementando user stories, 84

Duração dos sprints
calculando a partir do tamanho estimado e da velocidade medida, 119–120
consistência da, 67–68
preferência por curta duração, 64–67
story points no cálculo da, 128

Duto de requisitos, o product backlog como um, 112

E

Economia
almejando um limite de confiança realista, 300–302
aprendendo rápido e pivoteando conforme a necessidade, 305
aprendizado validado, 303–304
da abordagem da release, 253
da dívida técnica, 150–152
da mudança, 70–71
da release única versus múltiplas releases, 252–253
das equipes de componente, 218
das equipes duradouras, 210
de alinhar todas as equipes com um único product backlog, 115–116
de desenvolver um plano de projeto por sprint, 349
de releases menores e mais frequentes, 279–280
do cancelamento anormal do sprint, 72–73
do planejamento de produto, 299–300
dos custos crescentes do desenvolvimento, 142
economia marginal aplicada aos produtos em processo, 283–285

financiamento incremental/provisório, 304–305
focando no horizonte de curto prazo no planejamento de produto, 302
gerenciando, 167–168, 236
melhorada pelo feedback rápido, 65
velocidade e eficiência e, 302–303
Economia marginal, aplicada a produtos em processo, 283–285
Economias de escala, manufatura vs desenvolvimento de produto, 48
Emergentes, oportunidades
　abraçando rapidamente as, 278–279
　definição, 406
Entendido, habilidades do ScrumMaster, 188
Enterprise Transition Community (ETC), 398
Entrega centrada no valor, 55, 60
Épicos
　definição, 406
　estimando, 103
　no release train, 221
　representando itens do product backlog, 294–295
　tamanhos das user stories e, 86–88
　técnica de mapeamento de user story e, 96
Equipe de desenvolvimento
　a natureza duradoura, 209–211
　atitude de Mosqueteiro (um por todos e todos por um), 203–204
　como um papel do Scrum, 16
　daily scrum para, 23
　definição, 405
　diversidade e suficiência cross-funcional da, 200–201
　equipes de papéis específicos, 195–196
　fazendo o grooming do product backlog, 105–106
　foco e compromisso da, 207–208
　habilidades de comunicação da, 204–205
　múltiplas equipes com um product backlog, 115–116
　natureza auto-organizada da, 198–200
　papel da, 16
　participando na sprint execution, 348
　participando na sprint retrospective, 377
　participando na sprint review, 364–365
　participando nas conversações sobre requisitos, 84
　participando no planejamento de release, 308
　participando no planejamento do produto, 288–289
　participando no sprint planning, 335
　passo sustentável na performance do trabalho, 208–209

PBI, estimação de, 123–124
práticas técnicas para a performance na tarefa, 355–356
product owner colaborando com, 166, 170–171
quando o grooming ocorre e a, 107–108
regras do Planning Poker e, 132
responsabilidade do product owner com a, 173
responsabilidades da, 196–197
sprint planning, 21–23
T-shaped, habilidades, 201–203
tamanho pequeno da, 206
transparência de comunicação, 205–206
uma equipe com múltiplos product backlogs, 117–118
visão geral, 195
Equipe Scrum
　definição, 416
　equipe de desenvolvimento. *Veja* Equipe de desenvolvimento
　papéis da, 14–15
　product owner, papel do. *Veja* Product owner
　ScrumMaster. *Veja* ScrumMaster
Equipes
　comparadas com grupos, 209–210
　coordenando múltiplas, 218–220
　cross-funcional. *Veja* Cross-funcionais, equipes
　definição, 419
　desenvolvimento. *Veja* Equipe de desenvolvimento
　product owner como, 182–183
　swarming, 351
　unidade de capacidade, 233, 282
　use equipes completas e engajadas, 282–283
Equipes, criando
　definindo limites das equipes, 227
　empoderando equipes, 230–231
　formando equipes, 228–229
　fornecendo objetivos de equipe, 228
　mudando a composição das equipes, 229
　visão geral, 226
Equipes, cuidando
　desenvolvendo competência dos membros da equipe, 231–232
　energizando membros da equipe, 231
　fornecendo liderança em áreas funcionais, 232–233
　mantendo a integridade da equipe, 233
Equipes de feature

combinando com as equipes de
  componente, 217–218
comparando com as equipes de
  componente, 213–216
definição, 407
product owner, 180-181
Equipes de papéis específicos em comparação
  com equipes cross-funcionais, 195–196
Equipes de subsistemas, 214. *Veja também*
  Equipes de componentes
Equipes pequenas
  comunicações em alta largura de banca e,
    205
  preferidas no desenvolvimento em Scrum,
    206
Erros, definindo limite nos, 65
Escala
  múltiplas equipes pequenas vs. uma única
    equipe grande, 218
  na atribuição de estimativas, 130
  scrum de scrums, 218–220
  trem de releases, 220–223
Escopo, restrição de
  abordagem de data fixa, 313–314
  abordagem de data e escopo fixos, 312–313
  abordagem de escopo fixo, 313
  abordagem de tudo fixo, 311–312
  no planejamento de release, 311
Escopo fixo, release de
  calculando custos em, 325–326
  comunicando progresso de, 327–329
  definição, 408
  planejamento, 323–325
  roadmap do produto e, 260–261
Escopo fixo, restrição no planejamento de
  release, 313
Escoteiros, regra dos
  definição, 403
  pagando a dívida técnica quando você a
    encontrar, 158–159
Escudo contra interferência, ScrumMaster
  como, 187
Esforço/custo, agendando itens do portfólio
  backlog e, 274
Esforço-hora
  capacidade em, 342–343
  tarefas em, 122
  verificando se o compromisso é realista,
    344–345
Especialistas na equipe de desenvolvimento,
  202
Especificação por exemplo, 85, 417
Estimação
  acurácia vs. precisão, 125, 274–275
  compromissos contrastados com, 124–125

de PBIs, 121
de tarefas, 122
definição, 407
do product backlog, 121–122
equipe de desenvolvimento na estimação de
  PBI, 123–124
escala em, 130
ideal days para medidas em, 128–129
o que e o quando da, 120–121
Planning Poker, abordagem, 129–133
product owner e, 175
story points para medidas de, 128
tamanhos relativos vs. tamanhos absolutos,
  125–128
unidades para, 128
visão geral, 119–120
Estimável, critério da INVEST, 91–92
Estratégia do refinamento progressivo
  aplicando a requisitos, 82
  definição, 414
  nível de detalhe, 86
Estratégias de cronograma no planejamento de
  portfólio
  calculando os custos do atraso, 271–274
  estimando para acurácia e não para
    precisão, 274–275
  otimizando para lucratibilidade de ciclo de
    vida, 270–271
  visão geral, 270
Estratégica, dívida técnica, 140, 418
Estrutura do processo, 59
Estruturas de equipes
  coordenação de múltplas equipes, 218
  coordenando múltiplas equipes usando
    a abordagem trem de releases
    (Leffingwell), 220–223
  coordenando múltiplas equipes usando
    scrum de scrums, 218–220
  equipes de feature vs. equipes de
    componentes, 213–218
  visão geral, 213
ETC (Enterprise Transition Community), 398
Excitação/entusiasmo, sprints de curta duração
  rejuvenescendo, 65–66
Exercícios
  inputs para a sprint retrospective, 380
  selecionando para uso na sprint
    retrospective, 379
Experimentos, user stories de aquisição de
  conhecimento, 93
Exploitation, 407
Exploração
  definição, 407

desenvolvimento orientado a plano comparado com desenvolvimento ágil, 39-40, 59
user stories de aquisição de conhecimento, 93-95
Extreme Programming (Beck e Andres), 355, 407

F

Face a face, comunicação, 205
Facilitador
    para a sprint execution, 348
    para o sprint planning, 335-336
    para a sprint retrospective, 393
    para a sprint review, 368
    ScrumMaster como, 16
Faixa de velocidade, calculando, 134-135
Fail fast, 305, 407
Falhas de design, dívida técnica como, 139
Features
    como item do product backlog, 100-101
    definição, 407
    gerenciamento do fluxo de release e, 110-111
    user stories e, 87-88
Features do tipo 'não vai ter'
    definição, 422
    gerenciamento do fluxo de release e, 110-111
Features do tipo 'seria bom se tivesse'
    definição, 412
    gerenciamento do fluxo de releases e as, 110-111
    planejamento de release, 314, 320
Features do tipo 'tem que ter'
    ao focar num horizonte de curto prazo, 302
    definição, 411
    definindo o roadmap do produto e as, 295
    determinando-as no planejamento de release, 320
    gerenciamento do fluxo de releases e as, 110-111
Fechamento, timeboxing forçando o, 63
Fechando retrospectivas, 390-391
Feedback. *Veja também* Feedback rápido
    aprendendo rápido e pivoteando se necessário, 305
    desenvolvimento orientado a plano comparado com desenvolvimento ágil, 59
    feedback de performance dado por gerentes, 232
    loops de aprendizado e, 45-46
    na priorização de iterações, 2
    no desenvolvimento iterativo e incremental, 34-35
    organizando o workflow para, 46-47
    sprint review e, 364-365
    sprints de curta duração auxiliando, 64-65
Feedback rápido. *Veja também* Feedback
    definição, 407
    desenvolvimento orientado a plano comparado com desenvolvimento ágil, 59
    dívida técnica e, 139
    monitoração e relatórios alinhados com, 236
    organizando o workflow para, 46-47
    revisão antecipada e, 367
    sprints de curta duração auxiliando, 64-65
"Ferver o oceano", projetos tipo, 65
Fila
    definição, 414
    impacto da utilização no tamanho da fila (atraso), 52-53
    portfolio backlog e, 280
Filtro econômico
    definição, 406
    para tomadas de decisão go/no-go, 275-276
Filtros estratégicos
    definição, 418
    filtros econômicos, 275-276, 406
Fim da vida, não pagamento de dívida técnica para produtos chegando no, 157
Fim, incerteza de
    definição, 406
    reduzindo incerteza, 36
Financiamento, abordagem incremental/provisória para o, 304-305
Financiamento incremental
    definição, 409
    economia do planejamento do produto, 304-305
Fluxo
    daily scrum no gerenciamento de, 354
    decidindo que trabalho começar, 352
    decidindo que trabalho precisa ser feito, 353-354
    definição, 408
    gerenciamento de fluxo de release, 110-111
    gerenciamento do fluxo do sprint, 111-112, 349-350
    gerenciando na sprint execution, 349-350
    organizando o trabalho das tarefas, 352-353
    organizando o workflow para um feedback rápido, 46-47
    quem faz o trabalho, 354

Scrum usado na organização do fluxo de
    trabalho, 3
trabalho paralelo e swarming, 350–352
Fluxo de criação de valor, papel do gerente no
    gerenciando a economia, 236
    monitorando medidas e relatórios, 236–237
    perspectiva de sistema do, 235
Foco
    da equipe de desenvolvimento, 207–208
    da sprint retrospective, 378–379
Formalidade
    definição de formalidade desnecessária,
        420
    desenvolvimento orientado a plano
        comparado com desenvolvimento ágil,
        60
    minimizando formalidade desnecessária,
        57–58
Formalidade desnecessária. *Veja* Formalidade
Framework para o Scrum
    atividades e artefatos, 16–18
    daily scrum, 23–25
    definição, 408, 416
    papéis, 14–16
    práticas, 14
    product backlog, 18–20
    revisão no fechamento, 28
    sprint execution, 23
    sprint planning, 21–23
    sprint results, 25–26
    sprint retrospective, 27–28
    sprint review, 26–27
    sprints, 20–21, 61
    valores, pincípios e práticas centrais no,
        xxix
    visão geral, 13
Frustração, dívida técnica resultando em, 144

G

Galinhas e porcos, 25, 403
Gantt, gráfico de
    do plano antecipado, 250
    sprint execution e, 349
Gerenciamento de tempo
    aja rapidamente, 302–303
    foque no horizonte de curto prazo no
        planejamento do produto, 302
    timeboxing para, 62
Gerentes
    alinhando grupos internos, 234
    alinhando parceiros, 234–235
    criando equipes, 226
    definindo os limites da equipe, 227
    desenvolvendo competência do membro da
        equipe, 231–232
    empoderando equipes, 230–231
    energizando os membros da equipe, 231
    formando equipes, 228–229
    fornecendo liderança em áreas funcionais,
        232–233
    fornecendo objetivos para a equipe, 228
    gerenciando a economia, 236
    mantendo a integridade da equipe, 233
    monitorando medidas e relatórios, 236–237
    mudando a composição das equipes, 229
    participando na sprint retrospective, 377
    perspectiva de sistema dos, 235
    promovendo valores ágeis, 233–234
    quando manter um papel de gerente de
        projeto separado, 239–243
    removendo impedimentos organizacionais,
        234
    responsabilidades de gerência de projetos,
        237–239
    visão geral, 225–226
Gerentes de projeto. *Veja também* Gerente,
    responsabilidades do, 237–239
    quando reter um papel separado de gerente
        de projeto, 239–243
Gerentes de recursos, 229. *Veja também*
    Gerentes
Gerentes funcionais. *Veja* Gerentes
Gerenciamento de integração e dívida técnica,
    140
Go/no-go, tomada de decisão
    decisões de financiamento, 299
    filtro econômico para, 275–276
Grenning, James, 129
Grooming
    definição, 408
    insight backlog, 390
    no framework Scrum, 17
    o que é, 104–105
    product backlog, 19, 315
    quando ocorre, 106–108
    quem faz ele, 105–106
    responsabilidade do product owner, 169
    responsabilidades da equipe de
        desenvolvimento, 197
    ScrumMaster trabalhando com o product
        owner no, 190
    visão geral, 104
Grupos
    comparados com equipes, 209–210
    definição, 408
    papel dos gerentes no alinhamento dos
        grupos internos, 234

H

Habilidades
  do product owner, 171-173
  do ScrumMaster, 188-190
  inputs no sprint planning, 338
  papel dos gerentes no desenvolvimento de competência, 231-232
  práticas técnicas para performance nas tarefas, 355-356
Habilidades de domínio do product owner, 171-172
Habilidades interpessoais do product owner, 172-173
Homem-hora. tarefas estimadas em, 122
Hora-extra, impacto na qualidade e velocidade, 136-137
Hora ideal
  definição, 408
  tarefas estimadas em, 122

I

Ideação, 288
Ideal days
  como medida de tamanho relativo, 20
  definição, 408
  medindo a magnitude do PBI, 128-129
Impedimentos
  definição, 409
  gerentes removendo, 234
  ScrumMaster removendo, 187, 191
Impedimentos organizacionais. *Veja* Impedimentos
Implementáveis, user stories
  definição, 409
  tamanho das user stories e, 87
  técnica de mapeamento de user stories, 97
Inevitável, dívida técnica, 140, 420
Incerteza. *Veja também* Variabilidade
  comparando o desenvolvimento orientado a plano com o desenvolvimento ágil, 59
  gerenciamento de fluxo e, 110
  reduzindo, 36-37
  tipo de, 36
Incremental, abordagem para o pagamento da dívida técnica, 159
Incrementos potencialmente entregáveis do produto (Potentially shippable product increments — PSIs)
  como input para a sprint review, 368-369
  como resultado do processo iterativo, 2-3
  definição, 413
  definindo quando o sprint está completo ou pronto, 74-78
  inspecionando e adaptando durante a sprint review, 363
  planejando a release de features para os consumidores, 307
  resultados do sprint, 25-26
  trem de releases, abordagem (Leffingwell) e, 220, 222-223
Independent, critérios INVEST, 88-89
Inflação de pontos, 138, 412
Inflow, estratégias de inflow no planejamento de portfólio
  abraçando as oportunidades emergentes, 278-279
  equilibrando o fluxo de produtos para dentro e para fora do portfolio backlog, 276-278
  filtro econômico para tomadas de decisão go/no-go, 275-276
  releases pequenas e frequentes, 279-280
  visão geral, 275
Informações de confirmação em user stories, 85-86
Informações em tempo real, adaptando-se a elas e replanejando com base nelas, 54
Ingênua, dívida técnica, 140, 412
Início/fim, datas. *Veja* Timeboxing
Inovação, contabilidade de
  definição, 409
  métricas na, 236-237
Inovação, desperdício de, 90, 409
Insight backlog
  como fonte de insights, 386
  definição, 409
  grooming, 390
  inputs para a sprint retrospective, 381
Insight, cartões de, 386-387
Insights na sprint retrospective
  identificando, 385-387
  inputs para a sprint retrospective, 381
  insight backlog, 390
  selecionando entre, 388-389
Inspeção
  daily scrum como atividade de inspeção e adaptação, 354
  definição, 409-410
  descobrindo seu próprio caminho adiante, 396
  planejando baseado na inspeção e adaptação, 248
  responsabilidades da equipe de desenvolvimento, 197-198
  sprint retrospective e, 375
  sprint review e, 363
  tirando proveito da variabilidade, 35-36
Integração contínua
  ajudando o trabalho em um passo sustentável, 209

definição, 404
prática técnica, 355
uso de boas práticas previne o acúmulo de dívida técnica, 149
Itens do product backlog (Product backlog items — PBIs)
  como placeholders para requisitos, 80–81
  criando uma lista de alto nível no processo de planejamento do produto, 294–295
  decidindo que trabalho começar, 352
  definição, 413
  definição de ready, 109–110
  detalhamento apropriado, 101–102
  estimando. *Veja* PBI, estimação de
  estimativas de tamanho, 102–103
  mapeando nos sprints, 316–318
  medindo a velocidade e, 133
  natureza emergente do, 102
  organizando o trabalho das tarefas e, 352–353
  priorizando, 103–104
  representando dívida técnica, 155
  selecionando no sprint planning, 343–344
  sign-offs e, 372
  tarefas de grooming relacionadas a, 104–105
  trabalho paralelo e swarming, 350
  user stories adicionando itens detalhados, 315
  visão geral, 100–101
Integração
  abordagem trem de releases (Leffingwell) e, 222
  de ações de melhoria, 391
  de componentes, 46–47
  definição, 410
  prática da integração contínua, 149, 404
Internacionalização, testando na definição de pronto, 75
Inventário
  definição, 410
  desenvolvimento orientado a plano comparado com desenvolvimento ágil, 60
  gerenciando artefatos de planejamento, 251–252
  gerenciando no desenvolvimento ágil, 49–50
INVEST, critérios para user story
  definição, 410
  estimáveis, 91–92
  independentes, 88–89
  negociáveis, 89–90
  sucintos (dimensionados apropriadamente), 92
  testáveis, 92
  valiosos, 90–91
  visão geral, 88
Investimento, mudança impactando, 70–71
Irradiador de informações. *Veja também* Comunicação
  definição, 409
  elementos do, 356
Iterativo, desenvolvimento
  definição, 410
  no desenvolvimento ágil, 2–3
  princípios ágeis subjacentes ao Scrum, 33–35

J

Jeffries, Ron, xxvii–xxviii, xxxiv, 83
JIT (just in time). *Veja* Just in time (JIT)
Just in time (JIT)
  criando produtos de trabalho, 43
  definição, 410
  detalhes apropriados no product backlog, 101
  equilibrando planejamento adiantado com planejamento just-in-time, 248
  equilibrando trabalho preditivo com trabalho adaptativo, 43–44
  mantendo as opções abertas, 249
  requisitos e, 79
  sprint planning, 335

K

Kanban
  definição, 410
  processo de desenvolvimento adequado para trabalhos orientados a interrupção, 9–10
Katz, Ralph, 210
Kerth, Norm, 375, 379

L

Leffingwell, Dean, 272
Líder servil
  definição, 416
  ScrumMaster como líder servil da equipe Scrum, 186
Liderança
  gerentes fornecendo nas áreas funcionais, 232–233
  papel do product owner, 15
Loops de aprendizado
  alinhando o feedback da performance com os, 45–46
  definição, 411
LRM (último momento responsável) (Poppendieck e Poppendieck)

definição, 411
mantendo as opções abertas, 37
Lucros de ciclo de vida
   definição, 411
   impacto do custo de atraso, 54
   otimizando o agendamento para a lucratibilidade do ciclo de vida, 270–271

M

Manufatura de produtos
   comparando desenvolvimento orientado a plano com desenvolvimento ágil, 59
   economia de escala, 48
   gerenciamento de inventário, 49–50
   vs. desenvolvimento de produto, 32–33
Manufaturando. *Veja* Manufatura de produto
Medidas (métricas)
   de capacidade, 342–343
   gerentes monitorando, 236–237
Meio, incerteza de
   definição, 411
   reduzindo incerteza, 36
Melhores práticas, 396–397
Melhoria contínua
   ao aplicar desenvolvimento iterativo e incremental, 34
   nenhum estado final no Scrum, 395
   sprint retrospective e, 375
Milestones em sprints de curta duração, 66–67
Minimum marketable features (MMFs). *Veja* Minimum releasable features (MRFs)
Minimum releasable features (MRFs)
   definição, 411
   definindo o product roadmap e as, 295–296
   determinando no planejamento de release, 309–310, 320
   economia marginal aplicada a produtos em processo, 284
   refinando, 316
   valores-base para métricas acionáveis, 237
Minimum viable product (MVP). *Veja* Minimum releasable features (MRFs)
MMFs (minimum marketable features). *Veja* Minimum releasable features (MRFs)
Modelos de maturidade não sendo parte do Scrum, 395
Monitorando medidas e relatórios, gerentes, 236–237
Mosqueteiro, atitude de (um por todos e todos por um)
   definição, 411
   habilidades/características da equipe de desenvolvimento, 203–204
Motivação
   habilidades do product owner, 173
   papel dos gerentes de energizar as pessoas, 231
MRFs (Minimum releasable features). *Veja* Minimum releasable features (MRFs)
Mudança
   como um item do product backlog, 101
   consequências da, 70–71
   custo de tratamento da, 40–43
   gerenciando, 79
   mantendo os sprint goals apesar das, 69–73
   superando o status quo, 398–399
Múltiplas equipes
   coordenando usando a abordagem trem de releases, 220–223
   coordenando usando o scrum de scrums, 218–220
Multitarefa, custo da, 350–351
MVP (Minimum viable product). *Veja* Minimum releasable features (MRFs)

N

Não intencional, dívida técnica (McConnell), 140
Negociável, critério INVEST, 89–90
Negócios
   padrão de engajamento com, 170
   habilidades do ScrumMaster relacionadas com o domínio do negócio, 188
   tornando a dívida técnica visível no nível de negócios, 153–154
Nonaka, Ikujiro, 3
Novos produtos
   planejamento de portfólio. *Veja* Planejamento de portfólio
   planejamento de produto. *Veja* Planejamento de produto

O

Objetivo da release
   comunicando progresso usando gráfico de burndown, 327–328
   comunicando progresso usando gráfico de burnup, 359
   definição, 415
   economia do, 167
   grooming do product backlog e, 315
   roadmap do produto e, 296
Objetivos. *Veja também* Sprint goal
   gerentes fornecendo objetivos para as equipes, 228
   sem estado final para, 395
Ocultas, transparência e agendas ocultas, 189
Opções, mantendo as opções abertas, 37–38, 249

Oportunidades, abraçando oportunidades emergentes rapidamente, 278-279
Orçamento, restrição de
  data fixa, abordagem, 313-314
  escopo e data fixos, abordagem, 312-313
  escopo fixo, abordagem, 313
  no planejamento de release, 311
  tudo fixo, abordagem, 311-312
Ordenada, terminologia para sequências no product backlog, 20
Outflow, estratégias de outflow no planejamento de portfólio
  esperando até que toda a equipe esteja no lugar, 282-283
  estabelecendo limites WIP, 281-282
  focando no trabalho ocioso não nos trabalhadores ociosos, 281
  visão geral, 280

P

Paciência, habilidades do ScrumMaster, 189
Pagamento de dívida técnica
  ao realizar trabalho de valor para o consumidor, 160-162
  incremental, 159
  pagando primeiro as dívidas com juros altos, 160
  razões para não pagar, 157-158
  regra dos Escoteiros para, 158-159
  visão geral, 155-156
Papel do usuário
  definição, 420
Papéis (personas) em user stories, 96
Papéis (roles)
  combinando o product owner com outro, 181-182
  combinando o ScrumMaster com outro, 192-193
  definição, 415
  equipe de desenvolvimento, 16
  product owner, 15-16
  ScrumMaster, 16
  visão geral, 14-15
Parceiros, gerentes alinhando, 234-235
Participantes
  no planejamento de portfólio, 268
  no planejamento de produto, 288-289
  no planejamento de release, 308
  na sprint execution, 348
  na sprint planning, 335-336
  na sprint retrospective, 377-378
  na sprint review, 364-365
Passo rápido no desenvolvimento
  entrega rápida como um benefício do Scrum, 6
  vá rápido mas nunca se apresse, 56
Passo sustentável
  da equipe de desenvolvimento na realização de trabalho, 56, 208-209
  definição, 418
Patton, Jeff, 96
PBI, estimação
  acurácia vs. precisão em, 125
  contrastando estimativas com compromissos, 124-125
  equipe de desenvolvimento na, 123-124
  Planning Poker, abordagem para, 129-130
  tamanhos relativos vs. tamanhos absolutos, 125-128
  unidades para, 128-129
  visão geral, 121-122
PBIs (itens do product backlog). *Veja* Itens do product backlog (PBIs)
Perfeccionismo, evitando perfeccionismo desnecessário, 63
Performance
  definição de pronto e, 75
  definição de ready e, 110
  dívida técnica resultando em subperformance, 143
  feedback dados pelos gerentes, 232
Performance, princípio no desenvolvimento ágil
  minimizando formalidade desnecessária, 57-58
  passo sustentável na performance do trabalho, 56
  qualidade construída no processo de desenvolvimento, 56-57
  visão geral, 56
Personas (papéis)
  definição, 412
  nas user stories, 96
Perspectiva de sistema dos gerentes, 235
Pessoa-hora, tarefas estimadas em, 122
Pichler, Roman, 101
Pivoteando
  concepção (envisioning), 288-289
  contabilidade de inovação, 237
  definição, 412
  economia do planejamento de produto, 305
  economia marginal aplicada a produtos em processo, 283-284
  planejamento e, 254-255
Placeholders
  itens do product backlog (PBIs) como placeholders de requisitos, 80-81

user stories marcando trabalho de exploração, 94
Planejamento
    abordagem multinível ao, 257–258
    aceitando que você não vai entender tudo antecipadamente, 38–39
    adaptando-se às informações em tempo real, 54
    duração consistente dos sprints simplificando o, 67–68
    duração curta dos sprints auxiliando no, 64
    planejamento de portfólio. *Veja* Planejamento de portfólio
    planejamento diário, 264–265
    planejamento do produto. *Veja* Planejamento do produto
    planejamento de release. *Veja* Planejamento de release
    product owner participando no, 168–169
    sprint execution, 349
    sprint planning. *Veja* Sprint planning
    sprints, 21–23
    um dia na vida do product owner, 175
Planejamento de estratégia, 257
Planejamento de longo prazo. *Veja* Planejamento de release
Planejamento de portfólio
    abraçando oportunidades emergentes, 278–279
    calculando custo do atraso, 271–274
    definição, 413
    detalhes do nível de planejamento para o, 258
    economia marginal aplicada aos produtos em processo, 283–285
    esperando até que a equipe inteira esteja pronta, 282–283
    equilibrando o fluxo de produtos para dentro e para fora do portfolio backlog, 276–278
    estabelecendo limites WIP, 281–282
    estimando para acurácia e não para precisão, 274–275
    estratégias de inflow, 275
    estratégias de outflow, 280
    estratégias para produtos in-process, 283
    estratégias para sequência de produtos, 270
    filtro econômico para tomadas de decisão go/no-go, 275–276
    focando no trabalho ocioso e não nos trabalhadores ociosos, 281
    gerenciando a economia do, 236
    otimizando o agendamento para a lucratibilidade de ciclo de vida, 270–271
    no planejamento multinível, 259

    participantes no, 268
    processo de, 268–270
    product owner participando no, 168
    releases pequenas e frequentes no, 279–280
    timing do, 267
    visão geral, 267
Planejamento de produto
    aprendendo rápido e pivoteando se necessário, 305
    aprendizado validado no, 303–304 criando o product backlog, 294–295
    almejando um limite de confiança realista, 300–302
    definição, 414
    definindo o roadmap do produto, 295–297
    detalhes do nível de planejamento para o, 290
    exemplo de novo produto, 290–291
    filtro econômico na tomada de decisão go/no-go, 275–276
    financiamento incremental/provisório, 304–305
    horizonte de curto prazo como foco do, 302
    no planejamento multinível, 259
    outros tipos de trabalho no, 298–299
    participantes no, 288–289
    product backlog e, 259–260
    product owner participando no, 168–169
    roadmap do produto e, 260–261
    sensibilidade econômica no, 299–300
    timing do, 287–288
    um dia na vida do product owner, 175
    velocidade e eficiência do, 302–303
    visão do produto, 259, 291–294
    visão geral, 287
Planejamento de release
    abordagem de tudo tudo fixo, 311–312
    atualizando restrições, 314
    calculando custos no, 325–326
    comunicando progresso em release de data fixa, 329–330
    comunicando progresso em release de escopo fixo, 327–329
    definição, 415
    definindo o roadmap do produto e, 296
    detalhes do nível de planejamento para, 258
    dívida técnica e, 140
    ênfase em releases menores e frequentes, 252–254
    gerenciamento de fluxo e, 110–111
    gerenciando a economia do, 167–168
    grooming do product backlog, 315
    grooming inicial durante, 107
    mapeamento de sprint, 316–318

no planejamento multinível, 261–263
participantes no, 308
planejamento de release de data fixa, 318–323
planejamento de release de escopo fixo, 323–325
plano atualizado como output da sprint review, 369
processo de, 309–311
refinando MRFs, 316
restrição de data fixa, 313–314
restrição de data e escopo fixos, 312–313
restrição de escopo fixo, 313
restrições na release, 311
restrição de qualidade variável, 313–314
timing do, 308–309
um dia na vida do product owner, 175
visão geral, 307–308
velocidade e, 133
Planejamento diário, 258, 264–265
Planejamento multinível
planejamento de portfólio, 259
planejamento de produto, 259–261
planejamento de release, 261–263
planejamento de sprint, 263
planejamento diário, 264–265
visão geral, 257–258
Planejamento orientado a milestone. *Veja* Planejamento de release
Planning Poker
definição, 412
como usar, 131–133
escala na atribuição de estimativas, 130
visão geral, 129–130
Planos antecipados
aceitando que você não vai acertar tudo antecipadamente, 38–39
apenas o suficiente de planejamento preditivo, 300
foque na adaptação e no replanejamento em vez de na conformidade, 249–251
foque em fazer planos úteis mas não excessivos, 248–249
não assumir que você esteja certo, 248
Plataformas
falta de experiência resultando em dívida técnica, 140
testando-as na definição de pronto, 75
PMI (Project Management Institute), 237–239
Polinizadores (Goldberg e Rubin), 217
Ponto, votação por
definição, 406
selecionando os insights a serem trabalhados, 388
Porcos e galinhas, 25, 412

Portfolio backlog
abordagem trem de releases (Leffingwell), 221
definição, 413
estimação, 121
estratégias de inflow, 275–280
estratégias de outflow, 280–283
estratégias in-process, 283–285
planejamento de portfólio e, 267, 269
Pragmatic Marketing Framework, 178–179
Pragmatismo
regra de não alteração de objetivos e o, 72
Prática
artefatos. *Veja* Artefatos
atividades. *Veja* Atividades
definição, 413
no framework Scrum, 14
papéis. *Veja* Papéis (roles)
regras. *Veja* Regras
Práticas técnicas
definição, 419
para performance na tarefa, 355–356
uso de boas práticas previne o acúmulo de dívida técnica, 149
Precisão
definição, 413
vs. acurácia na estimação, 125, 274–275
Preço fixo, limitações dos contratos de, 235
Predição
desenvolvimento orientado a plano comparado com desenvolvimento ágil, 59
dívida técnica diminuindo a previsibilidade, 143
equilibrando trabalho preditivo com trabalho adaptativo, 43–44
somente o suficiente de planejamento preditivo, 300
timeboxing melhorando a previsibilidade, 64
Predição e adaptação, princípio do desenvolvimento ágil
abordagem adaptativa e exploratória na, 39–40
aceitando que você não consegue entender tudo antecipadamente, 38–39
equilibrando trabalho preditivo com trabalho adaptativo, 43–44
lidando com o custo da mudança, 40–43
mantendo as opções abertas, 37–38
pivoteando e, 254–255
visão geral, 37
Previsão (forecast)
definição, 408

escolhas de terminologia para os resultados do sprint planning, 17–18
velocidade, 135
vs. compromisso, 346
Princípio da menor surpresa
definição, 413
transparência de comunicação e, 206
Princípio de progresso no desenvolvimento ágil
adaptando-se às informações em tempo real e replanejando baseado no, 54
entrega centrada no valor no, 55
medindo progresso ao validar recursos funcionais, 54–55
visão geral, 54
Princípios. *Veja* Princípios ágeis
Princípios de planejamento
aprendendo rápido e pivoteando conforme a necessidade, 254–255
ênfase em releases menores e mais frequentes, 252–254
foco em adaptar e replanejar em vez de conformar, 249–251
gerenciando inventário de artefatos de planejamento, 251–252
mantendo as opções abertas, 249
não assumir que planos antecipados estejam certos, 248
planejamento antecipado deve ser útil e não excessivo, 248–249
visão geral, 247–248
Priorização
comparecimento esporádico e, 372–373
escolhas de terminologia para as sequências no product backlog, 20
no product backlog, 103–104
timeboxing forçando a, 62
Processo de desenvolvimento tradicional. *Veja* Desenvolvimento orientado a plano
Processo definido no desenvolvimento orientado a plano, 32
Processo preditivo. *Veja* Desenvolvimento orientado a plano
Processo prescritivo. *Veja* Desenvolvimento orientado a plano
Product backlog
como input para o sprint planning, 337
condições de satisfação, 77
criando uma lista de alto nível no processo de planejamento de produto, 294–295
decidindo qual e quantos formar, 112–113
definição, 413
definição de ready, 108–110
detalhamento apropriado no, 101–102
determinando o que é um produto, 113–114

economia, 168
estimando, 121–122
estimativas de tamanho no, 102–103
gerenciamento do fluxo da release, 110–111
gerenciamento do fluxo no sprint, 111–112
grandes produtos com backlogs hierárquicos, 114–115
grooming, 104–108, 369, 413
mapeando nas releases, 263
múltiplas equipes com um product backlog, 115–116
natureza emergente do, 102
no desenvolvimento ágil, 1–2
no framework Scrum, 18–20
PBIs no, 100–101
planejamento do produto e, 259–260
planejamento de release e, 320–321
priorização no, 103–104
product owner responsável pelo grooming do, 169
representando dívidas técnicas, 155
sprint planning e, 17, 21–23
uma equipe com múltiplos product backlogs, 117–118
visão geral, 99
Product backlogs hierárquicos para grandes produtos, 114–115
Product owner
abordagem de equipe ao, 182–183
colaborando com a equipe de desenvolvimento, 170–171
colaborando com os stakeholders, 171
combinando com outros papéis, 181–182
criando/verificando critérios de aceitação, 169–170
decidindo se o trabalho está pronto, 367
definição, 414
entendendo o valor de user stories técnicas, 90–91
função relativa ao processo de estimação, 123
funções de planejamento do, 168–169
gerenciando a economia, 167–168
grooming do product backlog, 105–106, 169
habilidades de domínio do, 171–172
habilidades interpessoais do, 172–173
na visão geral dos papéis Scrum, 15–16
no sprint planning, 21–22
para desenvolvimento comercial, 177–179
para desenvolvimento interno, 176–177
para desenvolvimento terceirizado, 180
para o desenvolvimento de componentes, 180–181
participante na conversação de requisitos, 84
participante na sprint execution, 348

participante na sprint retrospective, 377
participante na sprint review, 364-365
participante no planejamento do produto, 288-289
participante no portfólio do produto, 268
participante no sprint planning, 335
product owner chefe, 183-184
proxy de product owner, 183
quem deve preencher esse papel, 176
regras do Planning Poker, 132
responsabilidade (accountability) do, 173
responsabilidades do, 166
tomada de decisão pelo, 173
um dia na vida do, 174-176
visão geral, 165-166
Product owner chefe, 183-184, 404
Produtividade, múltiplos projetos e a, 207
Produtos em processo
   definição, 409
   economia marginal aplicada a, 283-285
   planejamento de portfólio planning e, 268
   visão geral, 283
Produto entregável. *Veja* Incremento potencialmente entregável do produto (Potentially shippable product increments — PSIs)
Produtos
   atrofia do apelo devido à dívida técnica, 143
   definição, 413
   determinando o que é um produto, 113-114
   equipe de desenvolvimento responsável por inspecionar e adaptar, 197
   grandes produtos com backlogs hierárquicos, 114-115
   não pagamento de dívida técnica para produtos com vida curta, 157-158
   não pagamento da dívida técnica para produtos próximos do fim da vida, 157
   planejando novos. *Veja* Planejamento de produto
   portfólio de novos. *Veja* Planejamento de portfólio
Profecia autorrealizável, 41-42
Program backlog, 221
Progresso
   comparando desenvolvimento orientado a plano como desenvolvimento ágil, 60
   comunicando numa release de data fixa, 329-330
   comunicando numa release de escopo fixo, 327
   da sprint execution, 356
   timeboxing demonstrando, 62-63
Project chartering, 299, 414. *Veja também* Planejamento de produto

Project inception, 299. *Veja também* Planejamento de produto
Project initiation, 299. *Veja também* Planejamento de produto
Project Management Institute (PMI), 237-239
Project Retrospectives (Kerth), 375, 379
Projetos de desenvolvimento interno, escolhendo o product owner para, 176-177
Pronto
   checklist, 74-76
   confirmando na sprint review, 367-368
   critérios de aceitação comparados com, 77
   definição, 406
   evolução da definição de pronto com o tempo, 76-77
   pronto vs. pronto-pronto, 77-78
   sem estado final no Scrum, 395
   valor de uma definição de pronto forte na prevenção do acúmulo de dívida técnica, 149-150
Protótipos
   não pagamento de dívida técnica para protótipos descartáveis, 157
   user stories de aquisição de conhecimento, 93
Prova de conceito, 93
Proxy de product owner, 183, 414
PSIs. *Veja* Incrementos potencialmente entregáveis do produto (PSIs)

Q

Quadro de tarefas
   definição, 419
   para comunicação do progresso da sprint execution, 356-357
Qualidade
   comparando desenvolvimento orientado a planos com o desenvolvimento ágil, 60
   construindo em qualidade no processo de desenvolvimento, 56-57
   diversidade de equipes leva à, 201
   hora-extra e, 137
   influenciado por equipes longa duração, 210
   pressão para atender uma deadline afeta, 144-148
   reduzida devido a trabalhar em muitos itens em paralelo, 350-351
   responsabilidade tradicional de gerenciamento de projeto, 238
   restrições de release, 311
   variabilidade devida a restrições, 313-314
Questionando habilidade, habilidades do ScrumMaster, 188-189

R

Reclamações, problemas da sprint retrospective, 393
Recursos, equipes de, 214. *Veja também* Componente, equipes de
Recursos (Assets)
  medindo o progresso pela validação de recursos, 54–55
  monitoração e relatórios focados na validação de recursos, 236
Refatoração de código. *Veja* Refatorando código
Regra 'um produto um product backlog'
  grandes produtos e, 114–115
  múltiplas equipes e, 115–116
  o que é um produto e, 113–114
Requisitos não funcionais, 93, 412
Responsabilidade (accountability) do product owner, 173
Restrições, no planejamento de release
  atualizando as, 314
  data e escopo fixos, 312–313
  data fixa, 313–314
  escopo fixo, 313
  inputs para o sprint planning, 338
  qualidade da variável e, 313–314
  tudo fixo, abordagem, 311–312
  visão geral das, 311
Roadmap do produto
  definição, 295–297
  definição do, 414
  planejamento do produto e, 260–261
  planejamento de release e, 262–263
Reckless debt (Fowler), 140
Refatorando código
  como meio de pagar dívida técnica, 141
  definição, 414
  uso de boas práticas previne o acúmulo de dívida técnica, 149
Regra 'comece apenas o que puder finalizar', 344
Regras
  definição, 415
  práticas do Scrum, 14
  regra da 'alocação de até dez por cento da capacidade para o grooming', 106
  regra da duração consistente de sprints, 67
  regra de 'evitar sprints específicos para dívida técnica', 159
  regra dos Escoteiros, 158–159, 403
  regra 'envolva todos os membros da equipe na escrita de user stories', 294
  regra 'equipe de desenvolvimento deve ter entre cinco a nove pessoas', 206
  regra 'equipe de desenvolvimento deve ter vida longa', 210
  regra 'equipes devem lidar com sua própria coordenação', 239–240
  regra 'inicie apenas o que você pode terminar', 344
  regra 'pessoas que fazem o trabalho fornecem as estimativas', 123
  regra 'sem mudanças que alterem o objetivo', 20, 72
  regra 'tarefas não devem ter mais de oito horas', 338
  regra 'um produto um product backlog', 114–116
  regra 'uma hora por semana de sprint', 367
Reinertsen, Donald G.
  sobre o custo do atraso, 53
  sobre o lucro de ciclo de vida, 270
  sobre questões de tamanho de lote, 48–49
Releases
  definição, 415
  releases pequenas e frequentes no planejamento de portfólio, 279–280
Replanejamento como foco no planejamento em vez da conformidade, 249–251
Relatórios, gerentes monitorando, 236–237
Requisitos
  coletando user stories, 95
  conversações facilitando o entendimento compartilhado, 81–82
  conversações no desenvolvimento de user stories, 84–85
  critério de independência para user stories, 88–89
  critério de negociabilidade para user stories, 89–90
  critério de tamanho apropriado para user stories, 92
  critério de testabilidade para user stories, 92
  critério de valor para user stories, 90–91
  critérios estimáveis para user stories, 91–92
  formato de cartão para user stories, 83–84
  informações de confirmação em user stories, 85–86
  INVEST, critérios aplicados às user stories, 88
  não funcional, 93
  nível de detalhe nas user stories, 86–88
  placeholders para, 80–81
  refinamento progressivo da, 82
  técnica de mapeamento de user story, 96–98
  user stories e, 83
  user stories de aquisição de conhecimento, 93–95
  visão geral, 79–80

workshop para a escrita de user stories, 95–96
Responsabilidades da equipe de desenvolvimento,
   fazer o grooming do product backlog, 197
   inspecionar e adaptar a cada dia, 197
   inspecionar e adaptar o produto e o processo, 197
   planejar o sprint, 197
   realizar a sprint execution, 196
Responsabilidades do product owner
   colaborando com a equipe de desenvolvimento, 170–171
   colaborando com os stakeholders, 171
   criando/verificando critérios de aceitação, 169–170
   gerenciando a economia, 167–168
   grooming do product backlog, 169
   participando no planejamento, 168–169
Responsabilidades do ScrumMaster,
   agente de mudanças, 187
   autoridade do processo, 186–187
   coach, 185
   escudo contra interferências, 187
   líder servil, 186
   removedor de impedimentos, 187
Resultados do sprint. *Veja* Incremento potencialmente entregável do produto (Potentially shippable product increments — PSIs)
Retrospectivas, 375. *Veja também* Sprint retrospective
Retorno de Investimento (ROI)
   benefícios do Scrum, 6
   custo de atraso e, 271–272
   duração curta dos sprints melhorando, 65
   releases menores e frequentes melhorando, 252, 254
   responsabilidade do product owner para garantir o, 168
Ries, Eric, 44, 157, 236, 254–255
Risco
   associado com a definição do limite de confiança, 301
   da má interpretação no uso de ideal days, 128–129
   de contratos de preço fixo, 180
   definição, 415
   responsabilidade tradicional do gerenciamento de projeto, 238
   suposições e, 45
   tamanho de lote menores reduzindo, 49
Roadmap. *Veja* Roadmap do produto
ROI. *Veja* Retorno do Investimento (ROI)
Rolling look-ahead, planejamento (Cohn), 318

S
Satisfação do cliente
   benefícios do Scrum, 6
   dívida técnica diminuindo a, 144
Schwaber, Ken, xxix–xxx, 3
Scrum, framework. *Veja* Framework para Scrum
Scrum, introdução ao
   benefícios para a Genomica, 4–5
   benefícios para organizações, 5–7
   framework Cynefin e, 6–10
   o que é, 1–3
   origens do, 3
   visão geral do framework, 13–14
Scrum de scrums (SoS)
   definição, 416
   para a coordenação de múltiplas equipes, 206, 218–220
ScrumMaster
   combinando com outros papéis, 192–193
   definição, 416
   facilitando a sprint review, 368
   facilitando o daily scrum, 24
   função dele em relação ao processo de estimação, 123
   grooming do product backlog, 105–106
   habilidades do, 188–190
   na visão geral dos papéis no Scrum, 16
   no sprint planning, 21–22
   participante na sprint execution, 348
   participante na sprint planning, 335–336
   participante na sprint retrospective, 377
   participante na sprint review, 364–365
   participante no planejamento de produto, 288–289
   problemas da sprint retrospective, 393
   quem deve preencher esse papel, 191–192
   responsabilidades do, 185–187
   scrum de scrums e, 219
   tempo integral vs. meio período, 192
   um dia na vida, 190–191
   visão geral, 185
Scrummerfall, 34, 421
Segurança, definindo a atmosfera para a sprint retrospective, 382
Sincronização
   de múltiplas equipes, 220, 222
   definição, 418
Sign-offs, questões da sprint review, 372
Simples, domínio
   definição, 417
   no Cynefin framework, 6–8
Single-piece, fluxo, 48, 417
Sismograma de emoções
   definição, 406
   minerando em busca de insights, 385

sprint retrospective e o, 384-385
Sistema
    foco em nível de sistema na sprint retrospective, 385
    restrições de nível de sistema expressadas através de requisitos não funcionais, 93
    testando na definição de pronto, 75
Sistemas adaptativos complexos
    definição, 404
    origens do Scrum e, 3
    padrão de voo dos gansos ilustrando os, 199
Six Sigma, 8
SMEs (Subject matter experts), 169
Spikes, user stories de aquisição de conhecimento, 93
Stakeholders externos
    definição, 407
    product owner colaborando com, 171
Stakeholders internos
    definição, 410
    product owner colaborando com, 171
Subutilização da capacidade, 351
Sucinto, critério INVEST, 92
Soluções
    benefícios do Scrum para, 4
    definição, 417
    inovativas, 32
    mais rápidas e melhores, 201
Sprint backlog
    como input na sprint review, 368-369
    definição, 417
    estimando, 122
    sprint planning e o, 264
Sprint burndown, gráfico de, 357-359
Sprint burnup, gráfico de, 359-360
Sprint demo, 368, 370, 417
Sprint execution
    comunicando o progresso da, 356
    daily scrum e a, 354
    decidindo que trabalho começar, 352
    determinando que trabalho precisa ser feito, 353-354
    gerenciamento de fluxo e, 111-112, 349-350
    gráfico de sprint burndown e a, 357-359
    gráfico de sprint burnup e a, 359-360
    organizando o trabalho das tarefas, 352-353
    participantes na, 348
    planejamento, 349
    práticas técnicas para a performance na tarefa, 355-356
    processo de, 348-349
    quadro de tarefas e a, 356-357
    quem faz o trabalho, 354

realizada pela equipe de desenvolvimento, 196-197
timing da, 347
trabalho paralelo e swarming, 350-352
visão geral, 23, 347
Sprint goal
    definição, 417
    inputs to sprint planning, 338
    inputs to sprint review, 368-369
    mantendo apesar das mudanças, 69-73
    refinando, 346
    selecionando itens do product backlog alinhados com, 343-344
    configuração no processo de planejamento, 21
Sprint maps, no release planning, 310, 316-318
Sprint planning
    abordagem de uma parte, 339-340
    abordagem de duas partes, 338-339
    adquirindo confiança, 344-346
    definição, 417
    detalhes do nível de planejamento para, 258
    determinando a capacidade no, 340-343
    escolhas de terminologia para os resultados do sprint planning, 17-18
    finalizando o compromisso, 346
    gerenciando a economia do, 168
    no planejamento multinível, 263
    participantes do, 335-336
    processo de, 336-338
    product owner participando no, 169
    refinando o sprint goal, 346
    responsabilidades da equipe de desenvolvimento, 197
    selecionando itens para itens do product backlog, 343-344
    timing do, 335
    uma dia na vida do product owner, 175
    visão geral, 21-23, 335
Sprint retrospective
    abordagem da, 380-382
    acompanhamento (follow through) da, 391-392
    coletando dados objetivos, 379
    criando um contexto compartilhado, 382-384
    decidindo entre ações, 389-390
    definição, 417
    definindo a atmosfera para a, 382
    definindo o foco da, 378-379
    determinando ações, 387-388
    estruturando, 380
    fechando a retrospectiva, 390
    identificando insights, 385-387
    insight backlog, 390
    participantes da, 377-378

pré-trabalho necessário para a, 378
questões relacionadas à, 392–393
responsabilidades da equipe de desenvolvimento, 197
selecionando entre insights, 388–389
selecionando exercícios para uso na, 379
sismograma de emoções na, 384–385
timeline de eventos na, 384
visão geral, 27–28, 375–377

Sprint review
abordagem para a, 368–369
adaptando com base na, 371
agendamento, 366–367
aspecto de demonstração da, 370
confirmando que o trabalho do sprint está pronto, 367–368
definição, 418
determinando o facilitador para a, 368
determinando quem convidar, 366
discussões na, 371
para grande projetos de desenvolvimento, 373
participantes na, 364–365
pré-trabalho necessário para a, 365–366
preparando para a demonstração, 368
quando o grooming ocorre e, 108
questões de comparecimento, 372–373
responsabilidades da equipe de desenvolvimento, 197
resumo do sprint goal e dos resultados do sprint, 369–370
sign-offs, 372
visão geral, 26–27, 363–364

Sprintable stories
definição, 417
tamanho das user stories e, 87
técnica de mapeamento de user story e, 96

Sprints
abordagem iterativa e incremental ao desenvolvimento, 34
cancelamento anormal de, 72–73
daily scrum e os, 23–25
definição, 417
definindo quando ele está completo ou pronto, 74–78
duração consistente dos, 67–68
duração curta dos, 64–67
mantendo os sprint goals apesar das mudanças, 69–73
no framework Scrum, 17
organizando o planejamento do produto em, 298
timeboxing, 62–64
visão geral, 20–21, 61–62

Staats, Bradley R., 210
Stakeholder, valor para o
áreas de, 292–294
definição, 418

Stakeholders
como participantes nas conversações sobre requisitos, 84
definição, 418
definindo o product backlog, 18
obtendo feedback no desenvolvimento ágil, 2
participantes na sprint retrospective, 377
participantes na sprint review, 364–365
participantes no grooming do product backlog, 105–106
participantes no planejamento de portfólio, 268
participantes no planejamento do produto, 288–289
participantes no planejamento de release, 308
product owner colaborando com, 166, 171
responsabilidade (accountability) do product owner com relação aos, 173

Stories. *Veja* User stories

Story points
como medida de tamanho relativo, 20
definição, 418
medindo a capacidade em, 342
medindo a magnitude do PBI, 128
Planning Poker, 129-133

Subject matter experts (SMEs), 169

Succeeding with Agile (Cohn), xxv, 397

Suposições
aprendizado validado e, 45, 304
calculando os custos da release e as, 325–326
definição, 402
replanejando baseado na validação das, 251

Sutherland, Jeff, xxix–xxx, 3

Swarming
definição 418
sprint execution e, 351–352
T-shaped, habilidades, 201–203

T

T-shaped, habilidades
definição, 420
diversidade da equipe de desenvolvimento e, 201–203
encontrando equilíbrio na utilização das, 351
escolha de quem trabalha e a, 354

Takeuchi, Hirotaka, 3

Tamanho

Índice **449**

estimativas de, 102–103
 na avaliação de custos relacionada ao product backlog, 20
Tamanho de lote
 comparando o desenvolvimento orientado a planos com o desenvolvimento ágil, 60
 definição, 403
 no desenvolvimento ágil, 48–49
Tamanho relativo, medidas de
 definição, 415
 na avaliação de custos, 20
 vs. tamanhos absolutos na estimação, 125–128
Tamanhos absolutos, vs. tamanhos relativos em estimativas, 125–128
Tarefas
 definição, 419
 durante o sprint planning, 22
 estimando o sprint backlog, 122
 organizando o trabalho das tarefas, 352–353
 práticas técnicas para a performance das, 355–356
TDD (desenvolvimento orientado a testes), 378, 419–420
Técnica de mapeamento de user stories (Patton), 96–98, 418
Temas
 definição, 420
 técnica de mapeamento de user story e, 96
 user stories e, 87–88
Terceirizando
 escolhendo o product owner para projetos terceirizados, 180
 limitações de contratos de preço fixo, 235
Testando
 abordagem trem de releases (Leffingwell) e, 222
 componentes, 46–47
 mito de que menos testes acelera a velocidade, 145–147
 qualidade construída no processo de desenvolvimento, 56–57
 testes automatizados, 355–356
 testes manuais excessivos resultando em dívida técnica, 139
 tipos de testes, 75
Testável, critério INVEST, 92
Testes automatizados, 149, 355–356
Testes de aceitação
 condições de satisfação expressadas via, 85
 definição, 401
 responsabilidades do product owner e, 169
Testes de integração, 75
Testes de unidade, 75

The Agile Manifesto (Beck), xxxi, 30, 204–205, 210
"The Scrum Guide" (Sutherland e Schwaber), xxix–xxx
Timeboxing
 benefícios do, 62–64
 datas de início e fim, 20–21
 definição, 420
 sprint retrospective e, 379
Timeline, criando uma timeline de eventos para a sprint retrospective, 384
Timeline de eventos
 definição, 407
 minerando em busca de insights, 385
 sprint retrospective e, 384
Timing
 da sprint execution, 347
 da sprint planning, 335
 do planejamento de portfólio, 267
 do planejamento do produto, 287–288
 do planejamento de release, 308–309
Tipping point imprevisível, características da dívida técnica, 142
Todo antes de algum, abordagem
 definição, 402
 no trabalho em processo, 48
Trabalhadores ociosos, 51–52, 281, 409
Trabalho em processo (Work in Process — WIP)
 comparando desenvolvimento orientado a plano com desenvolvimento ágil, 60
 considerando os custos do atraso, 52–54
 definição, 422
 estabelecendo limites de WIP, 281–282
 gerenciamento de inventário, 49–50
 Kanban e, 10
 participantes na sprint execution, 51–52
 tamanho de lote em, 48–49
 timeboxing definindo limites para, 62
 visão geral, 48
Trabalho ocioso
 comparando desenvolvimento orientado a plano com desenvolvimento ágil, 60
 definição, 409
 focando no trabalho ocioso e não nos trabalhadores ociosos, 51–52, 281
 monitoração e relatórios focando em, 236
Trabalho orientado a interrupção, Scrum não sendo adequado para, 9–10
Trabalho paralelo e a sprint execution, 350–352
Trabalho técnico como um item do product backlog, 100–101
Transparência
 da equipe de desenvolvimento, 205–206
 definição, 420

do ScrumMaster, 189–190
tirando proveito da variabilidade, 35–36
Treinamento
  papel dos gerentes no desenvolvimento de competências, 231–232
  uma dia na vida do ScrumMaster, 190
Trem de releases (Leffingwell)
  coordenando múltiplas equipes usando, 220–223
  definição, 415
Tudo fixo, restrição no planejamento de release, 311–312
  verificando condições de satisfação, 77

U

Último momento responsável (Last responsible moment — LRM) (Poppendieck e Poppendieck)
  definição, 411
  mantendo as opções abertas, 37
  user stories e, 83, 96
Unidades para a estimação de itens do product backlog
User stories. *Veja também* Requisitos
  benefícios das, 79
  coleta, 95
  conversações no desenvolvimento de, 84–85
  critério 'estimável' para as, 91–92
  critério 'independente' para as, 88–89
  critério 'negociável' para as, 89–90
  critério 'sucinta (tamanho apropriado)' para as, 92
  critério 'testável' para as, 92
  critério 'valiosa' para as, 90–91
  critérios INVEST aplicados às, 88
  definição, 421
  formato de cartão para, 83–84
  ideal days, 128–129
  informações de confirmação nas, 85–86
  itens do product backlog detalhados resultantes das, 315, 320
  nível de detalhes nas, 86–88
  para representar itens do product backlog, 294–295
  requisitos não funcionais expressados via, 93
  story points, 128
  técnicas de mapeamento de user stories, 96–98
  user stories de aquisição de conhecimento, 93–95
  visão geral, 83
  workshop para escrita de, 95–96
User stories técnicas
  definição, 419
  valor das, 90
Utilização, relacionamento com o tamanho da fila (atraso), 52

V

Validação, medindo o progresso pela validação de recursos, 54–55
Validando suposições importantes, 45
Valiosa, critério INVEST, 90–91
Valores
  definição, 421
  no framework Scrum, 13
Variabilidade
  abordagem iterativa e incremental para o desenvolvimento, 33–35
  abraçando a variabilidade útil, 32–33
  definição, 421
  inspeção, adaptação e transparência, 35–36
  reduzindo incerteza, 36–37
  visão geral, 32
Velocidade do trabalho
  afetando, 135–137
  calculando a faixa de, 134–135
  definição, 421
  diminuindo à medida que a dívida técnica aumenta, 147
  dívida técnica aumentando o tempo de entrega, 142
  gráfico de burndown para release de escopo fixo, 327
  inputs para o sprint planning, 337
  mau uso da, 137–138
  mito de que redução nos testes pode acelerar a velocidade, 145–147
  o que é, 133–134
  pressão para acelerar resultando em dívida técnica, 145
  previsão (forecasting), 135
  usando a velocidade prevista para verificar se o compromisso é realista, 344–345

visão geral da, 119–120
Visão
    baseando em áreas de valor para o stakeholder, 293–294
    criando uma visão compartilhada, 291–292
    definição, 414
    formatos para, 292–293
    planejamento de produto (concepção — envisioning) e, 259
Visão do produto. *Veja* Visão

W

Waterfall, desenvolvimento. *Veja também* desenvolvimento orientado a plano
    definição, 421
    desvantagem da aplicação na sprint execution, 351–352
    erro de sobrepor o Scrum no, 34
    Scrum comparado com, 5
    tipos de abordagens orientadas a plano, 29
WaterScrum, 34, 422
Weighted shortest job first (WSJF)
    definição, 422
    estratégias de agendamento e, 271
Workflow, organizando para feedback rápido, 46–47
Workshop para escrita de user stories, 95–96
WSJF (Weighted shortest job first)
    definição, 422
    estratégias de agendamento e, 271

Impressão e acabamento:

Exklusiva
GRÁFICA E EDITORA